HARAS
de Normandie

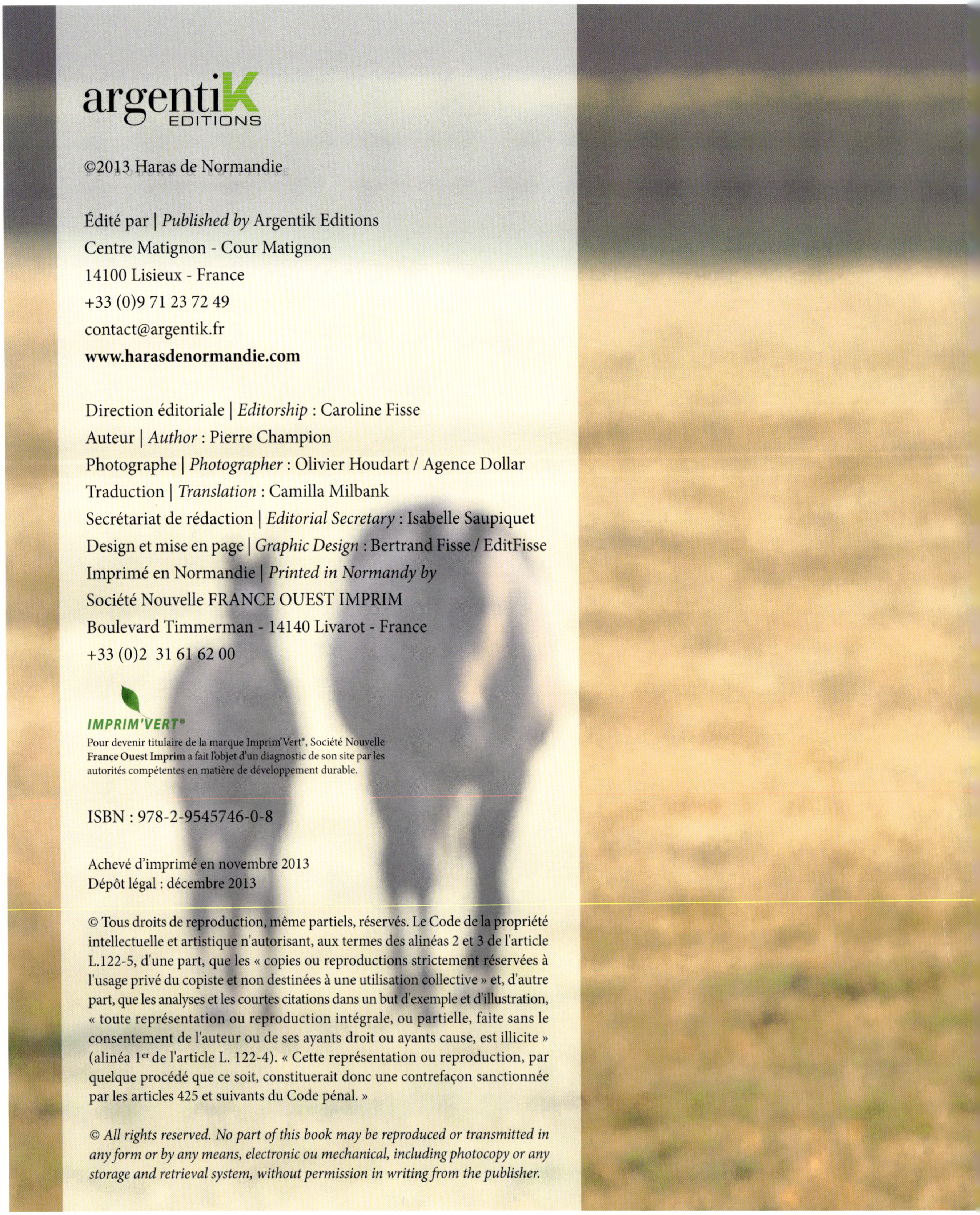

argentiK EDITIONS

Édité par | *Published by* Argentik Editions
Centre Matignon - Cour Matignon
14100 Lisieux - France
+33 (0)9 71 23 72 49
contact@argentik.fr
www.harasdenormandie.com

Direction éditoriale | *Editorship* : Caroline Fisse
Auteur | *Author* : Pierre Champion
Photographe | *Photographer* : Olivier Houdart / Agence Dollar
Traduction | *Translation* : Camilla Milbank
Secrétariat de rédaction | *Editorial Secretary* : Isabelle Saupiquet
Design et mise en page | *Graphic Design* : Bertrand Fisse / EditFisse
Imprimé en Normandie | *Printed in Normandy by*
Société Nouvelle FRANCE OUEST IMPRIM
Boulevard Timmerman - 14140 Livarot - France
+33 (0)2 31 61 62 00

IMPRIM'VERT®
Pour devenir titulaire de la marque Imprim'Vert®, Société Nouvelle **France Ouest Imprim** a fait l'objet d'un diagnostic de son site par les autorités compétentes en matière de développement durable.

ISBN : 978-2-9545746-0-8

Achevé d'imprimé en novembre 2013
Dépôt légal : décembre 2013

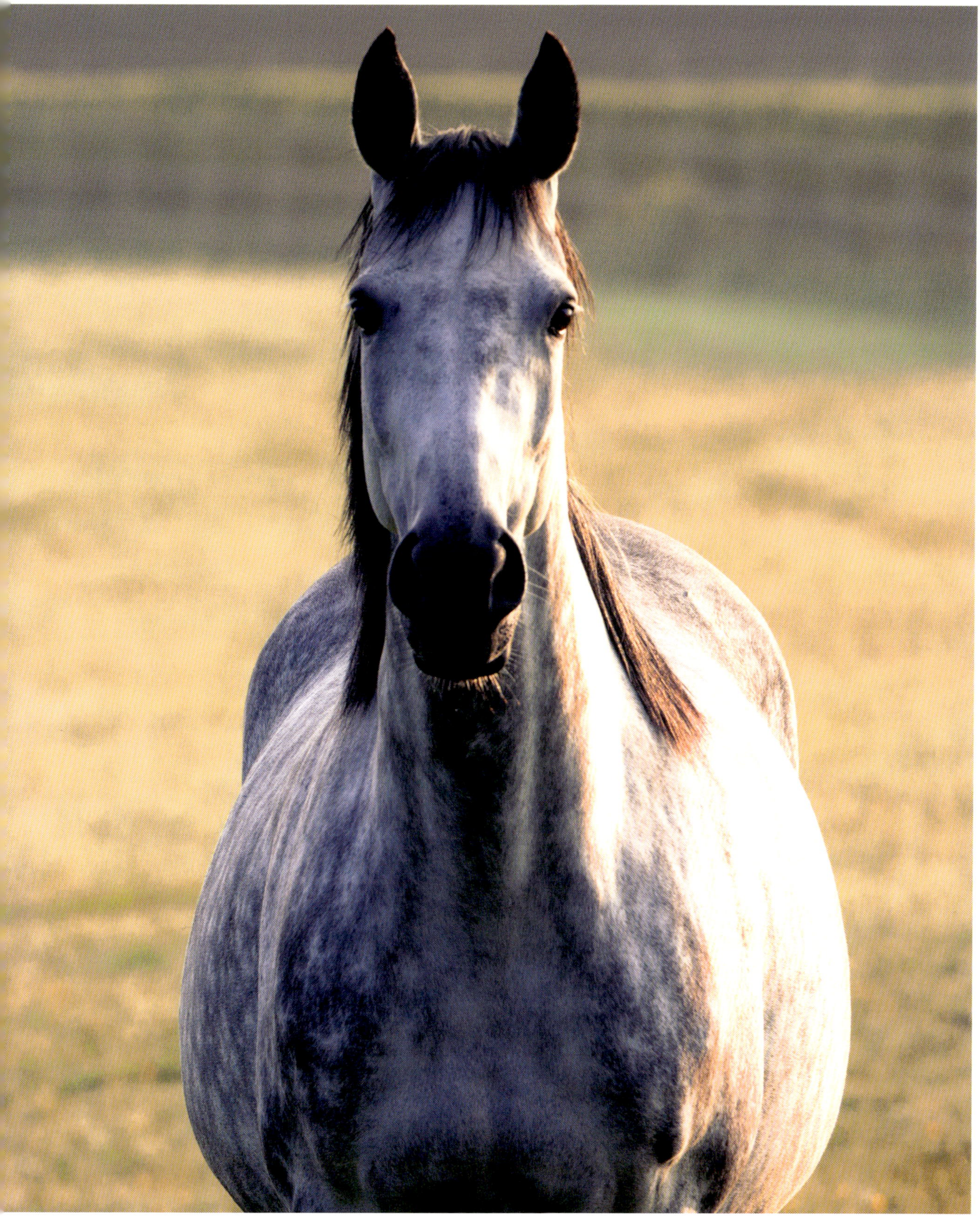

Préface

Réaliser un livre sur les haras de Normandie, c'est mettre en lumière l'un des plus beaux trésors que recèle cette magnifique région. Enfant, lorsque, venus du Mesnil-le-Roi, où mon père était installé, nous passions nos vacances à Deauville, j'étais déjà admiratif et plein de curiosité envers ces hauts lieux de l'élevage alentour, dont le seul nom me faisait rêver. Beaucoup plus tard, lorsque nous reprîmes le Quesnay, acheté à la famille Makomber, le rêve, pour moi, devenait réalité. Dieu sait pourtant que l'aventure était hasardeuse, car tout était à refaire au Quesnay, qui avait bien souffert de la guerre et de ses affres… La structure était là cependant, endommagée, mais splendide. Et puis l'appel de l'élevage était le plus fort ! J'étais arrivé à un stade de ma carrière professionnelle où il fallait que je franchisse le pas. Les origines et les croisements m'avaient toujours intéressé. Je devais alors aller au-delà de l'entraînement. Il est vrai que j'avais eu la chance de côtoyer, en tant que mentor de leurs chevaux, de grands propriétaires-éleveurs, tels Pierre Wertheimer et le prince Aly Khan. Ces gens-là vous insufflent leur passion ! J'ai été très proche, en particulier, d'Aly Khan. C'était un homme exceptionnel, passionné comme j'en ai rarement vu. Il connaissait tout de la chose hippique. Il fut éleveur, propriétaire, cavalier ; il aurait tout aussi bien pu être entraîneur. Sa trajectoire fut trop brève. Ce fut une énorme perte.

La passion, disais-je, c'est bien là le mot clef. C'est elle qui sous-tend toutes les grandes œuvres et l'élevage des chevaux de course en est une, parmi les plus captivantes. Or, celui-ci a trouvé sa terre d'élection en Normandie, région si favorable à son expression, du fait de sa situation géographique, de son climat et de la qualité de son sol. Tout y est en vérité, l'esthétique en prime, car y a-t-il, au fond, plus belle contrée ? Et existe-t-il de plus beaux endroits que ceux qui y sont édifiés à la gloire du pur-sang ? Ce livre vous y emmène, vous y emporte, et vous ne pouvez qu'être sensible à ce voyage, qui vous ravira, même, que vous soyez spécialiste ou non, car le parti pris des auteurs est la pédagogie et la clarté, assorti d'un appréciable souci historique et documentaire, ainsi que d'un savoureux penchant pour l'anecdote. Ce livre est vivant et passionnant, on y revient ! Vous y apprendrez beaucoup, y compris, si, comme moi, vous n'êtes pas néophyte et avez blanchi sous le harnois ! C'est que le sujet est si riche qu'il n'est jamais épuisé.

Cet ouvrage associe, qui plus est, en une déterminante complémentarité, le talent de l'écrivain à celui du photographe. La plume de l'un et l'objectif de l'autre se relaient toujours favorablement, pour nous faire découvrir et apprécier comme il convient les haras qui peuplent leur région natale à tous les deux. Car Pierre Champion et Olivier Houdart sont non seulement des contributeurs hippiques reconnus, mais ils sont normands, à l'instar de l'ensemble de l'équipe qui produit ce livre « haut de gamme », appelé à faire date et référence. Un autre de ses attraits est d'être bilingue, la traduction en anglais assurant la plus grande diffusion à laquelle, légitimement, il aspire. Alors soyez nombreux à vous y plonger ! Professionnels ou amateurs, vous ne pouvez qu'être conquis par ce livre superbe, dédié tout entier à cette merveille qu'est la Normandie du cheval et des haras.

Alec Head,
jockey, entraîneur, mais, avant tout, éleveur

Writing a book on Normandy studs means highlighting one of the most beautiful treasures this magnificent region holds. As a child, when we came from Mesnil-le-Roi where my father was based to spend our holidays in Deauville, I was already full of admiration and curiosity for the surrounding area, a mecca for breeding whose name alone was the stuff of dreams. Much later, when we took on Quesnay, which we bought from the Makomber family, this dream came true for me. God only knows how risky the venture was as Quesnay had to be completely rebuilt, having suffered so much from the war and its atrocities… That said, its structure was damaged but splendid. And above all, the call for breeding horses was overwhelming! I had reached a point in my career where I needed to take the next step. Pedigrees and matings had always interested me, I therefore had to go beyond training. It is true that I had been lucky enough to meet when I trained for them, some of the great owner breeders such as Pierre Wertheimer and Prince Aly Khan. People like that inspire you with their passion! I was very close to Aly Khan in particular. He was an exceptional man, more passionate than anyone I have ever met. He knew everything about horses. He was a breeder, owner and rider; he could just as easily have been a trainer. His journey was all too brief. It was a huge loss.

« La passion, disais-je, c'est bien là le mot clef. C'est elle qui sous-tend toutes les grandes œuvres et l'élevage des chevaux de course en est une, parmi les plus captivantes. »

Passion, as I was saying, is indeed the keyword. It is what underlies all great works and breeding racehorses is one of the most captivating. Yet it has found its promised land in Normandy, a region so conducive to it thanks to its geographical location, climate and the quality of its soil. In truth, everything here is at its aesthetic prime, for has there ever been a more beautiful country? And are there more splendid places than those built here in honour of the thoroughbred? This book will take you to these places and will win you over. You will not stay immune to this journey which will delight you whether you are an expert or not, as the author's focus is on teaching and clarity, combined with a significant concern for history as well as a tasty penchant for anecdotes. Once again, this book is exciting and full of life! You will learn a lot from it, even if like me, you are no novice and have a world of experience. This is because the subject matter is so rich that it never runs dry. What is more this book combines the distinct complementarity of the author's talent with that of the photographer's. The former's penmanship with the latter's lens always relay each other favourably in order to give us the opportunity to discover and fully appreciate the studs which inhabit both their native region. For Pierre Champion and Olivier Houdart are not just established equine contributors, they are also Norman, as is the whole team that produced this upmarket book, which is bound to go down in history and be used as a reference tool. Another of its attractions is that it is bilingual, its English translation ensuring the widest distribution to which it quite logically aspires. So let there be many of you to immerse yourselves in it! Professional or amateur, you cannot help but be captivated by this beautiful book, which is dedicated to the wonder that is Normandy with its horses and stud farms.

Alec Head,
jockey, trainer, but above all breeder

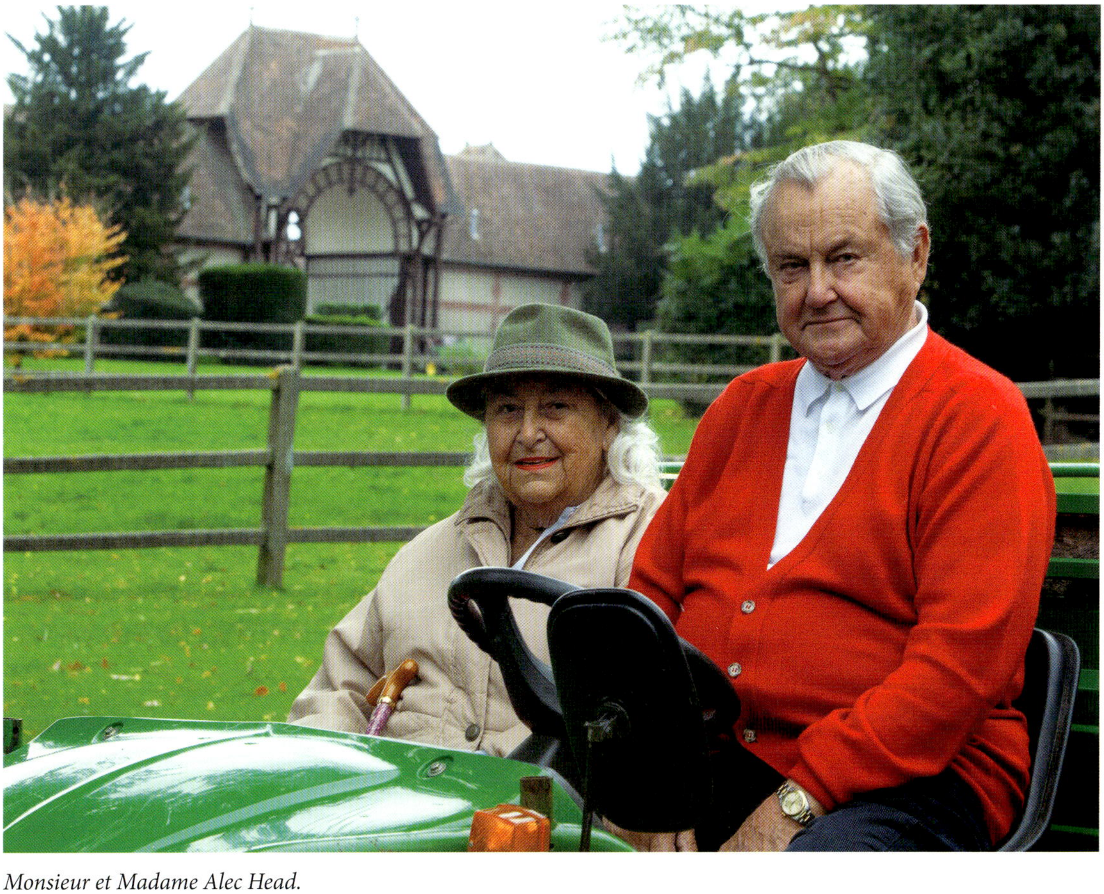

Monsieur et Madame Alec Head.

Sommaire

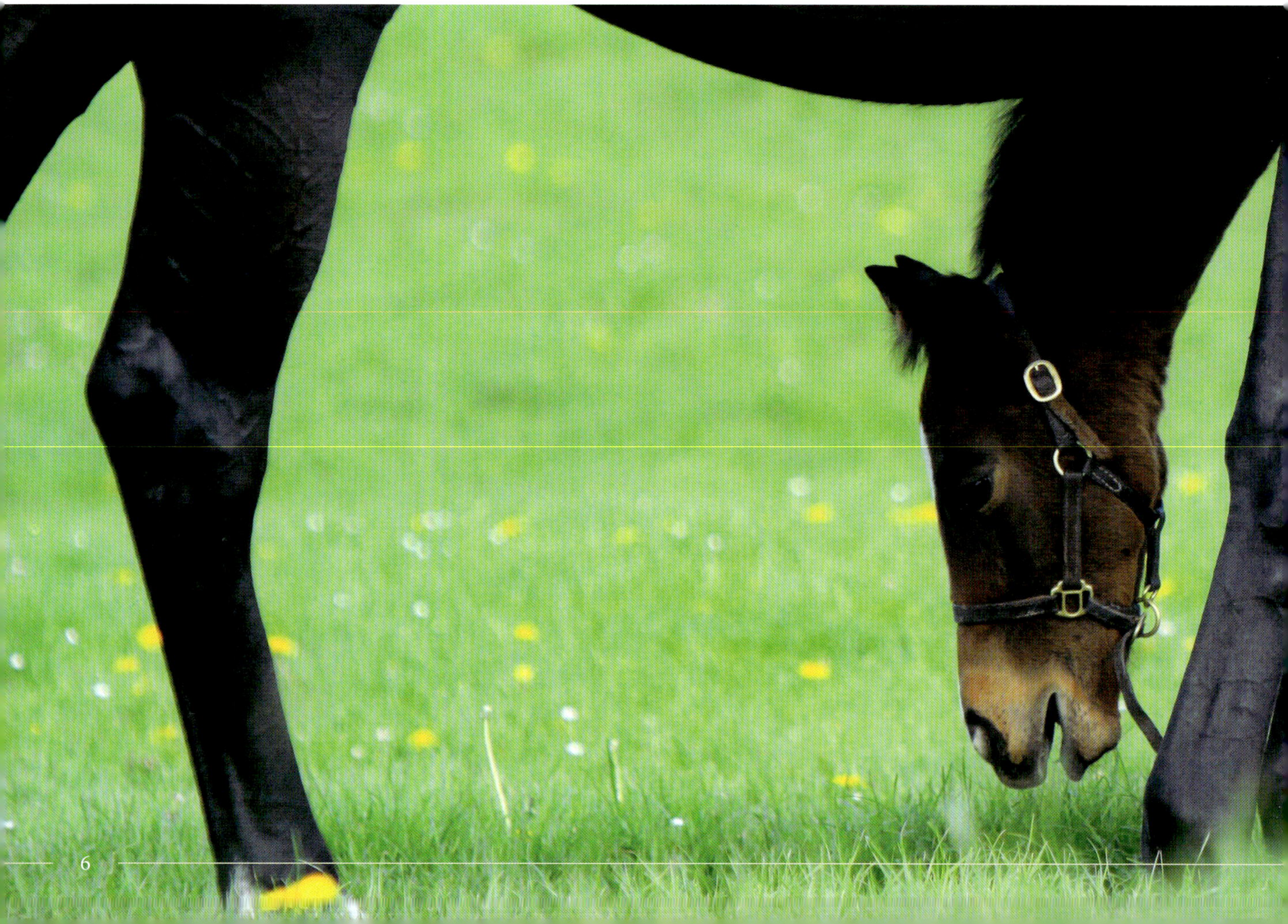

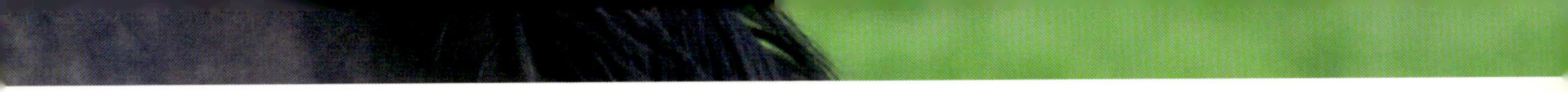

Contents

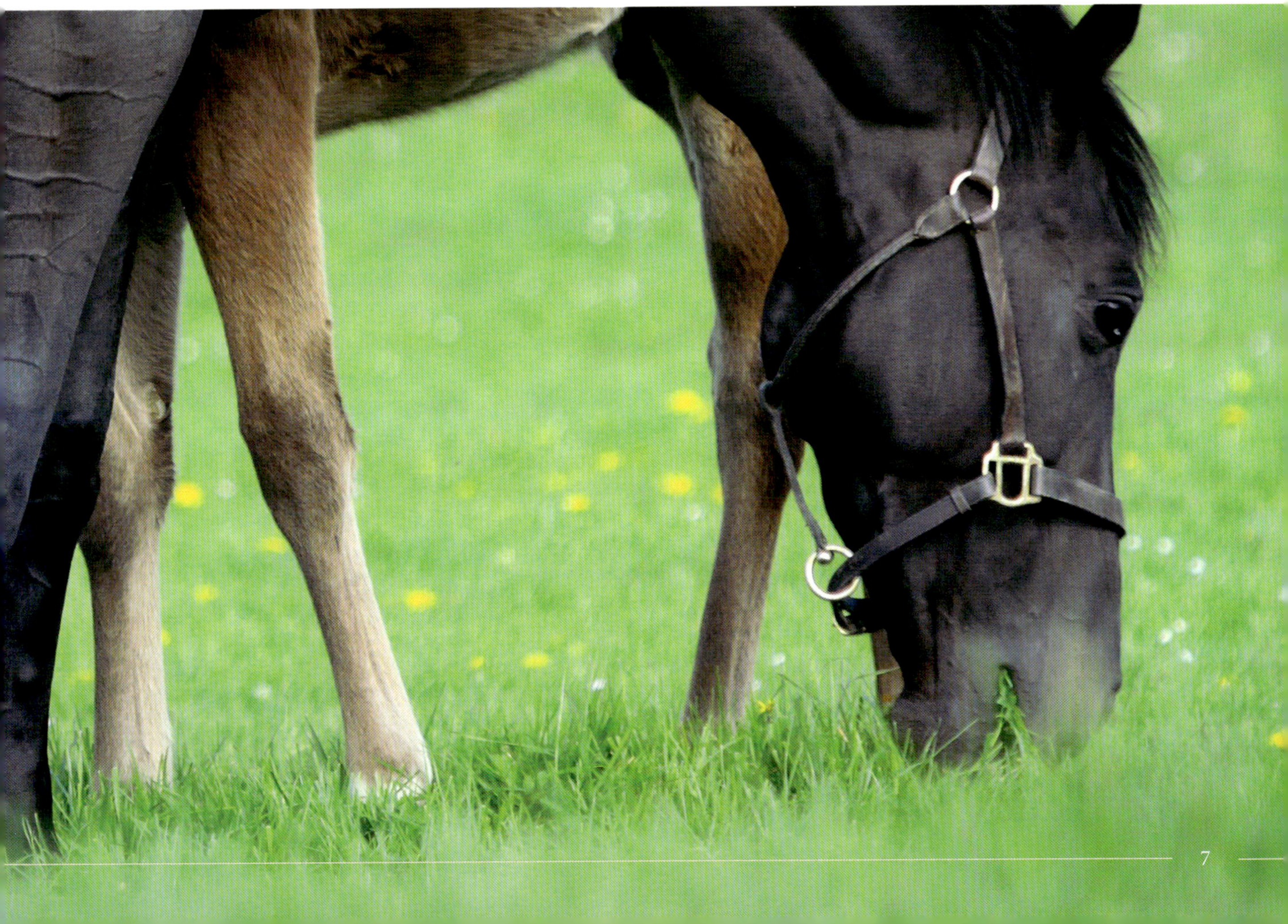

HARAS
de Normandie

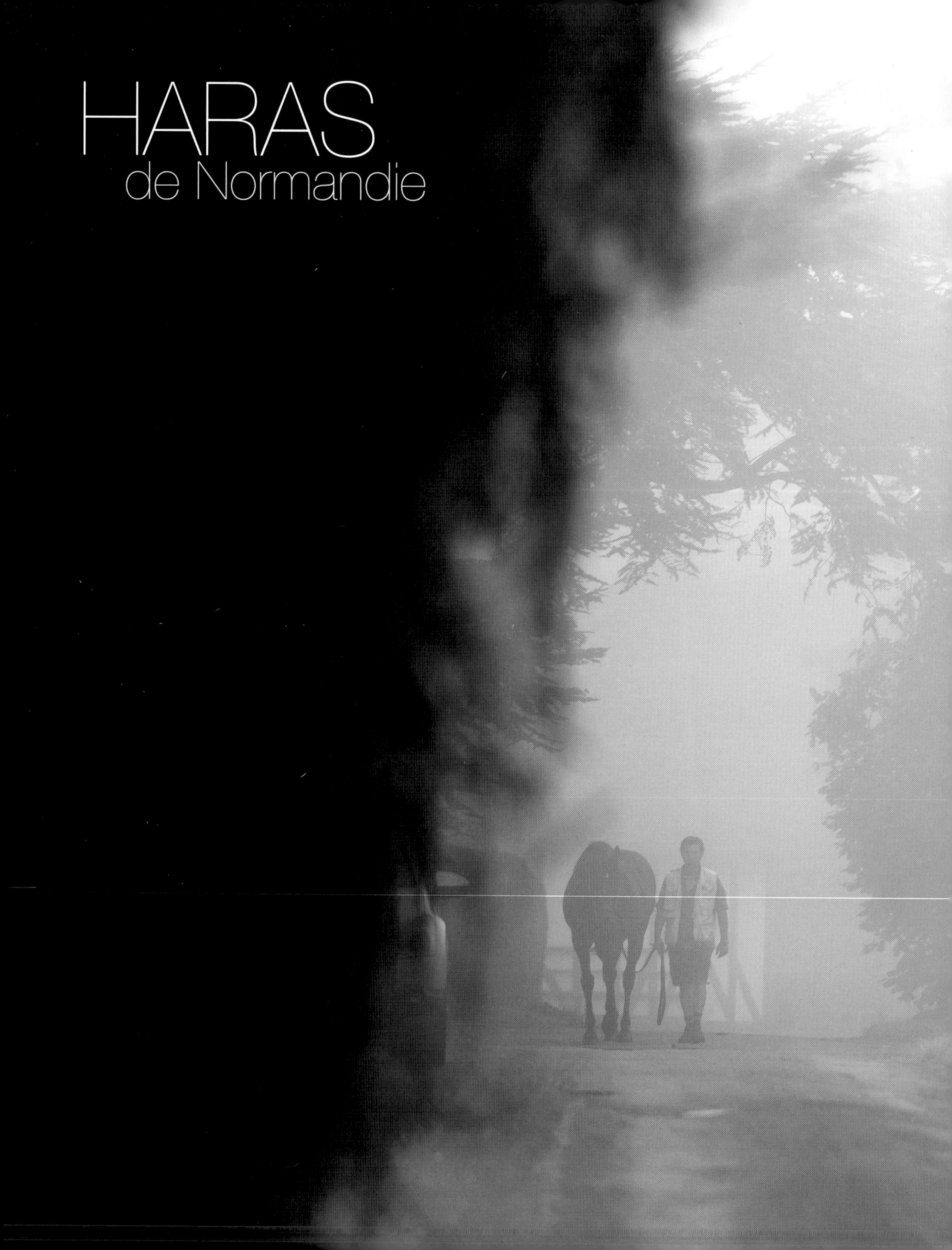

Nous nous devions de le faire ! Normands que nous sommes, passionnés d'élevage et de courses, il nous fallait rendre cet hommage à toute une région et à tous les haras qui la peuplent ; à tous ceux qui les animent, aussi, avec une égale ferveur. Notre intention n'est pas de nier qu'il y ait d'autres lieux d'élevage que la Normandie, mais il n'est pas davantage possible de prétendre que celle-ci ne soit pas la contrée reine en la matière en France. Au reste, la densité des haras prenant place dans les cinq départements normands, essentiellement en Basse-Normandie, ne laisse planer aucun doute à ce sujet. Les facteurs naturels en sont la cause, grâce à un climat adapté et à un environnement approprié, qualité des sols et des eaux à la clef. Au temps de Guillaume le Conquérant, déjà, la cavalerie était normande et vainquit à Hastings...

Les haras de pur-sang ont été notre matière, pour ce premier livre. Qui sait si, un jour, il n'y en aura pas un autre sur ceux élevant des trotteurs, voire des selle français ? Une chose est sûre : les traiter tous à la fois eût été trop lourd et, sans doute, impropre, car les éleveurs de pur-sang, de trotteurs et de selle français, si leur trait d'union est le cheval, sont à mettre différemment en perspective, ne serait-ce qu'historiquement. Aussi n'était-il pas souhaitable, en l'espèce, de faire œuvre commune.

Plus de quatre-vingts haras sont visités dans ce livre. Pour autant, ils n'y sont pas tous. Certains, très rares, n'ont pas souhaité, pour des raisons qui leur appartiennent, être de la partie. D'autres n'ont pas été retenus. Qu'ils ne se sentent pas oubliés. Il serait vain de vouloir être exhaustif. Au moins notre choix, tout de même fort large, est-il représentatif. Et puis les principaux haras – entendons par là les plus fameux – ne font pas défaut : il n'en manque pas un. Le classement par ordre alphabétique les disperse, çà et là, dans le livre, et l'ensemble n'en apparaît que plus varié et plus coloré.

Enfin, il nous faut dire qu'outre les informations glanées « sur le terrain », au contact de nos interlocuteurs ou à l'examen des documents fournis par leurs soins, un certain nombre de publications ou de parutions nous ont été précieuses dans nos recherches, comme celles de l'historien des courses, Guy Thibault, incontournables, ou de Jacques Billy, qui fit déjà un état des lieux des haras normands voilà une trentaine d'années ; sans oublier le quotidien hippique *Paris-Turf*, ni son confrère sur support électronique *Jour de Galop*, non plus que les périodiques *Courses & Élevage*, *Jours de Cheval* ou encore *Trot Informations*, puis *Trot Infos*. Notre cher La Varende et ses *Châteaux de Normandie*, ainsi que son opuscule sur *Le Haras du Pin*, furent également nos compagnons d'écriture, de même que *Les châteaux normands* de Patrice et Yves Tartinville. Ce furent là d'indispensables références.

We owed it to ourselves to do it! As Normans, and passionate about breeding and racing, we had to pay this tribute to the entire region and all the studs that populate it; to all those who own and manage them too, with equal enthusiasm. Our intention is in no way to pretend that there is no other place to breed horses than Normandy but it is even more impossible to argue that this area is anything but chief expert on the matter in France. Moreover the sheer density of the studs located in the five Normandy departments, largely in Lower Normandy, leaves no room for doubt. Natural factors are at the root of this, with a suitable climate and appropriate environment, the quality of the land and water are key. Already at the time of William the Conqueror, the cavalry which conquered at Hastings was Norman...

Thoroughbred studs provided the material for this first book. Who knows if one day there won't be another on those producing trotters or even selle français? One thing is for certain: to deal with them all at once would have been too cumbersome and almost certainly inappropriate as breeders of thoroughbreds, trotters and selle français, though they have horses in common, need to be viewed from different perspectives, if only from an historical point of view. As such, it wasn't right on this occasion to treat all of them as one.

Over eighty studs were visited in this book. That said not all are in it. A few very rare ones, for reasons of their own, preferred not to be involved. Others were not kept in. They should not feel overlooked. To attempt to be all inclusive would be in vain. At least our selection, which is still extremely extensive, is representative. And all the major studs – by this we mean the most famous ones – have not defaulted. The alphabetical classification scatters them here, there and everywhere and the book as a whole seems all the more varied and colourful for it.

Lastly it needs to be said that in addition to the information gathered « in the field » from those we were interviewing or from reading documents provided by them, a number of publications or articles have been invaluable in our research, such as those of the racing historian Guy Thibault which proved essential, and those of Jacques Billy, who already wrote an inventory of the Normandy stud farms thirty years ago, not to mention the daily racing paper Paris-Turf *or its fellow email publication* Jour de Galop, *and the periodicals* Courses & Élevage, Jours de Cheval, Trot Informations, *and* Trot Infos. *Our beloved La Varende and his* Châteaux de Normandie *and his pamphlet on* Le Haras du Pin *were also our writing companions, as well as* Les châteaux normands *written by Patrice and Yves Tartinville. All these were essential reference tools.*

Pierre Champion

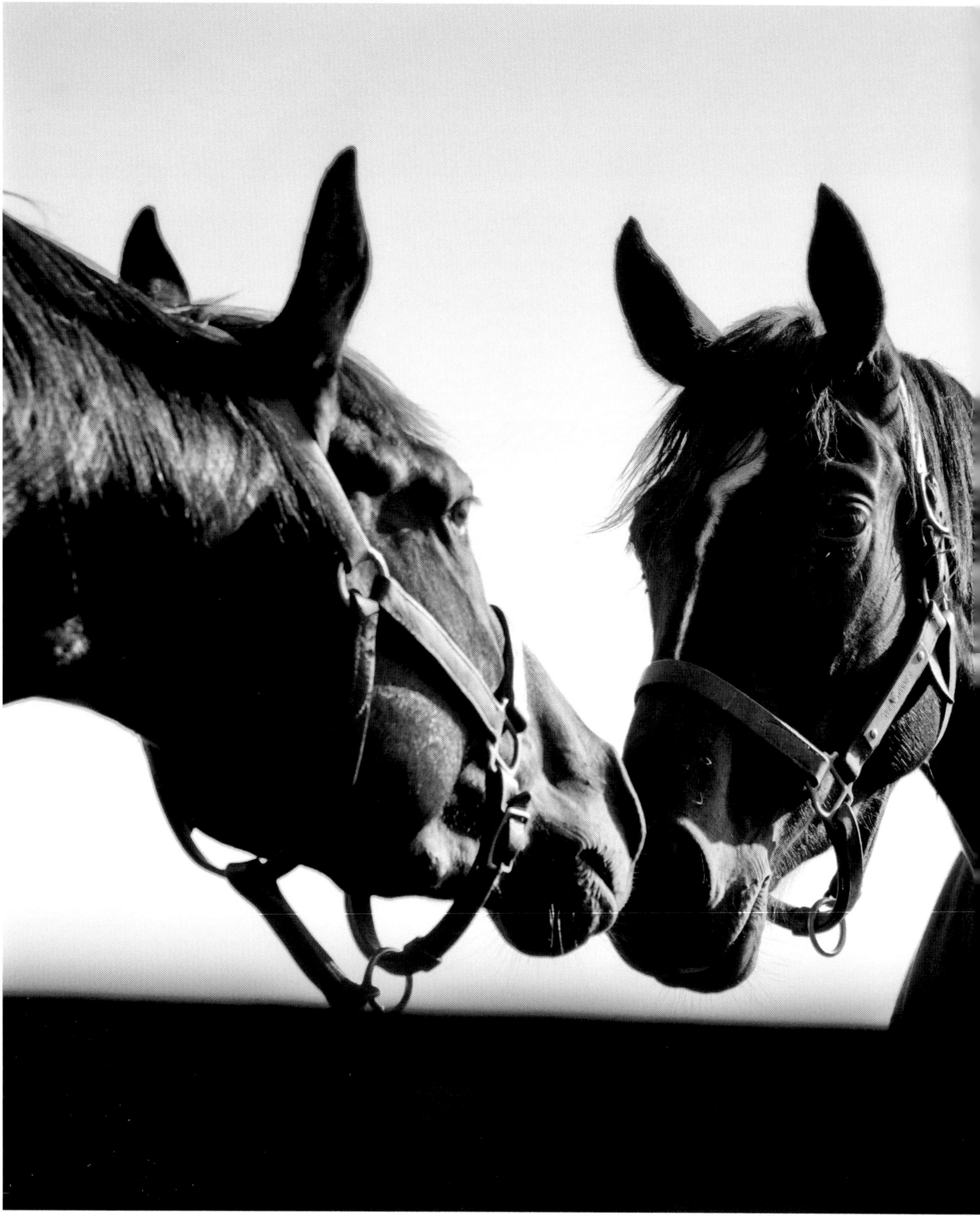

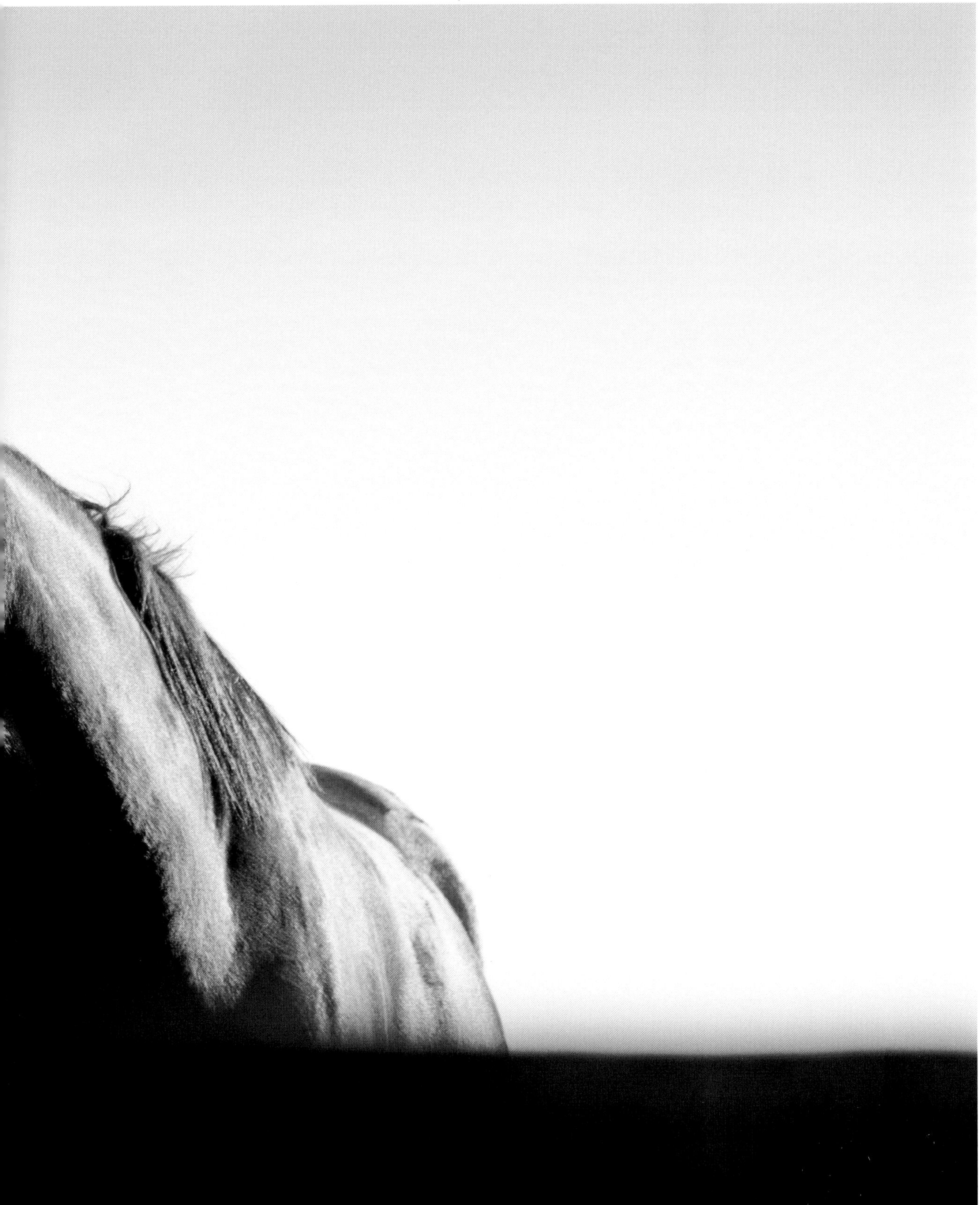

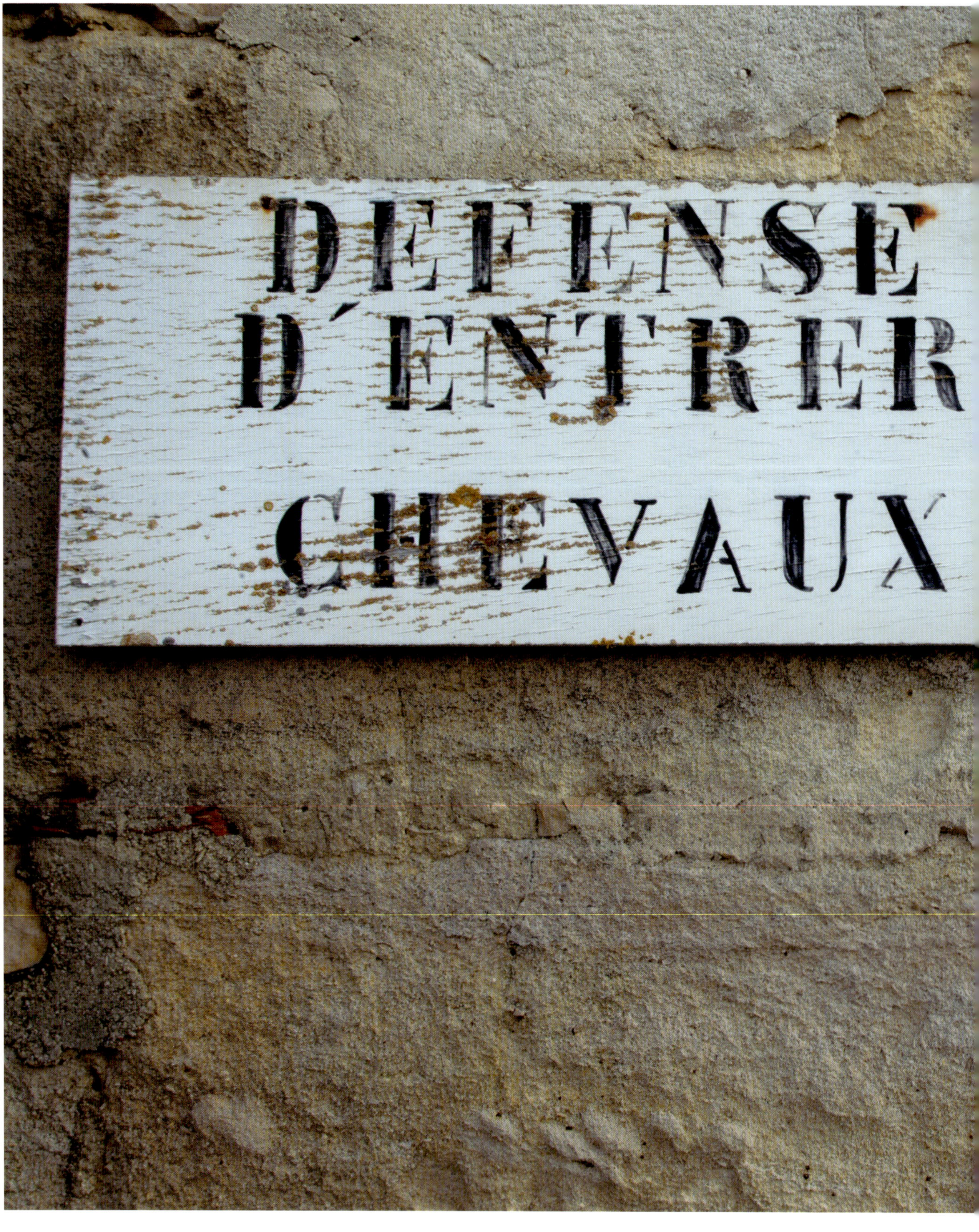
DEFENSE
D´ENTRER
CHEVAUX

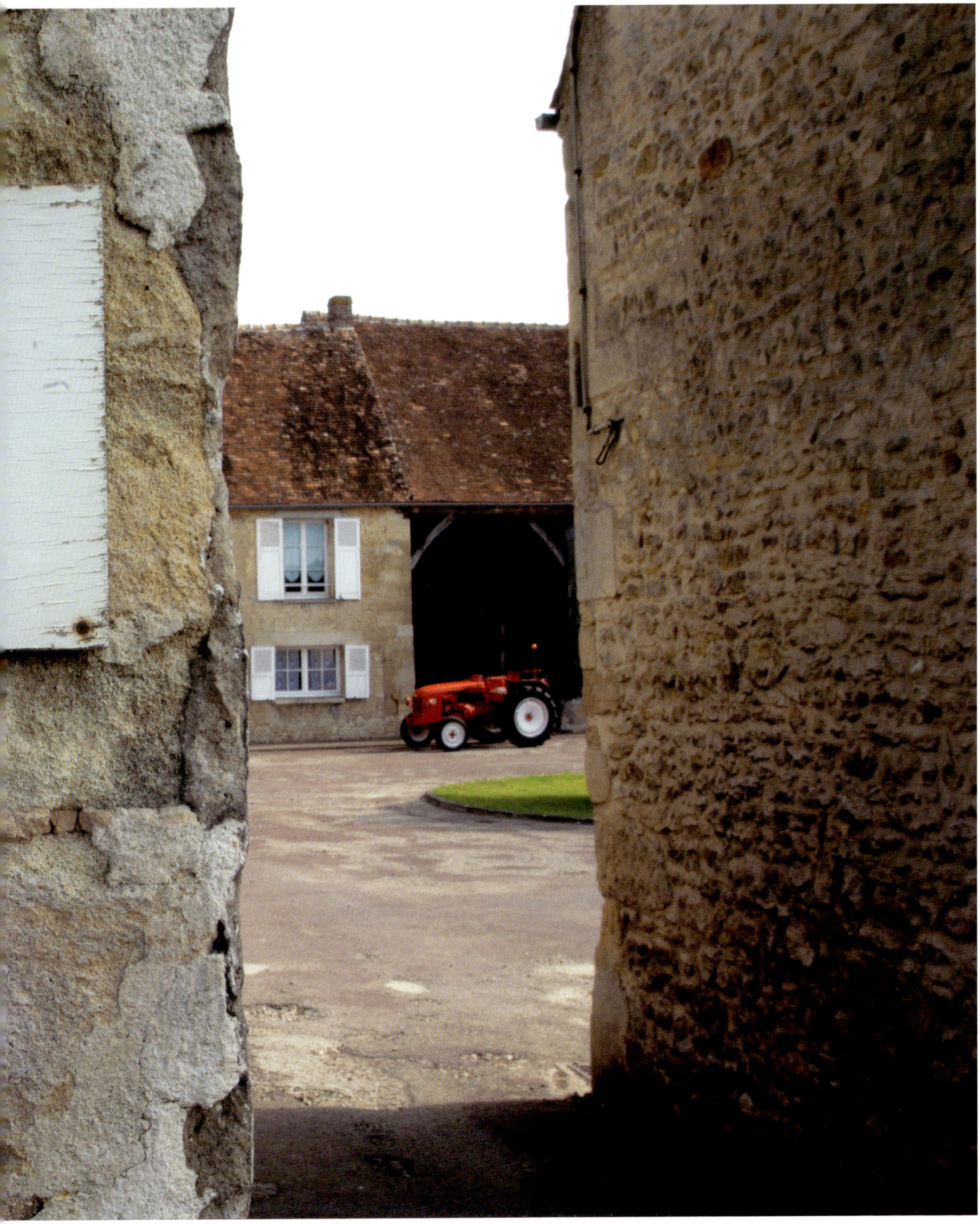

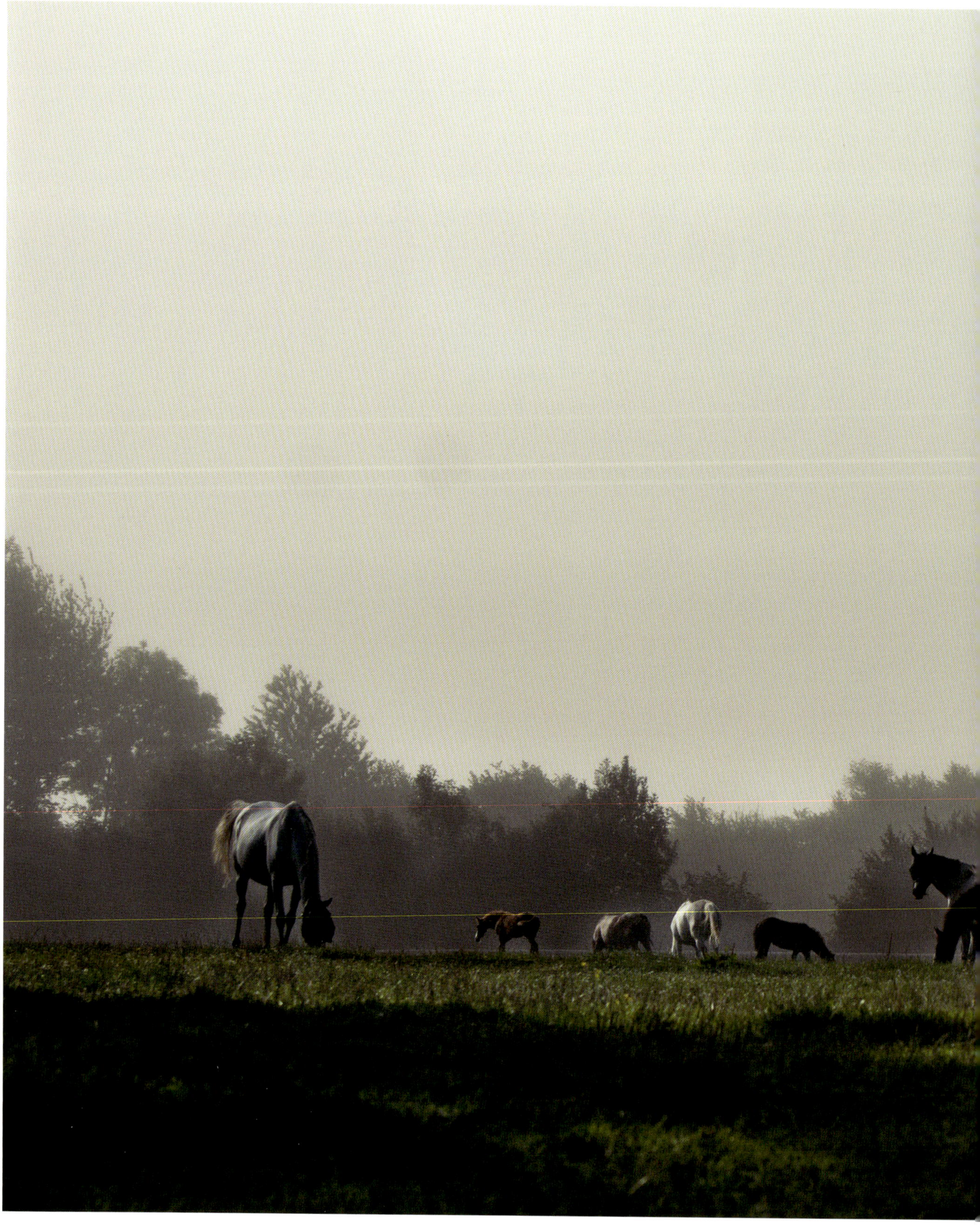

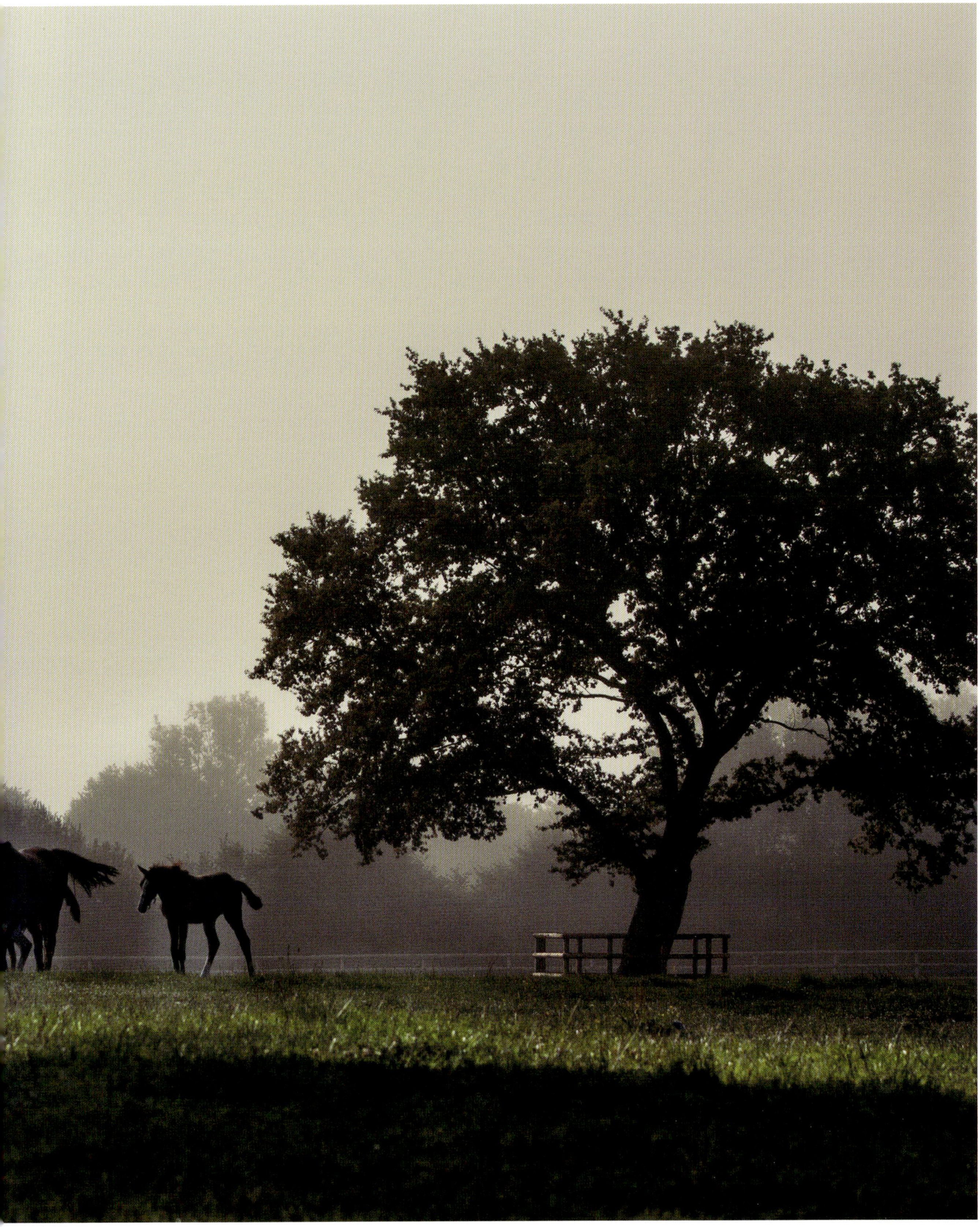

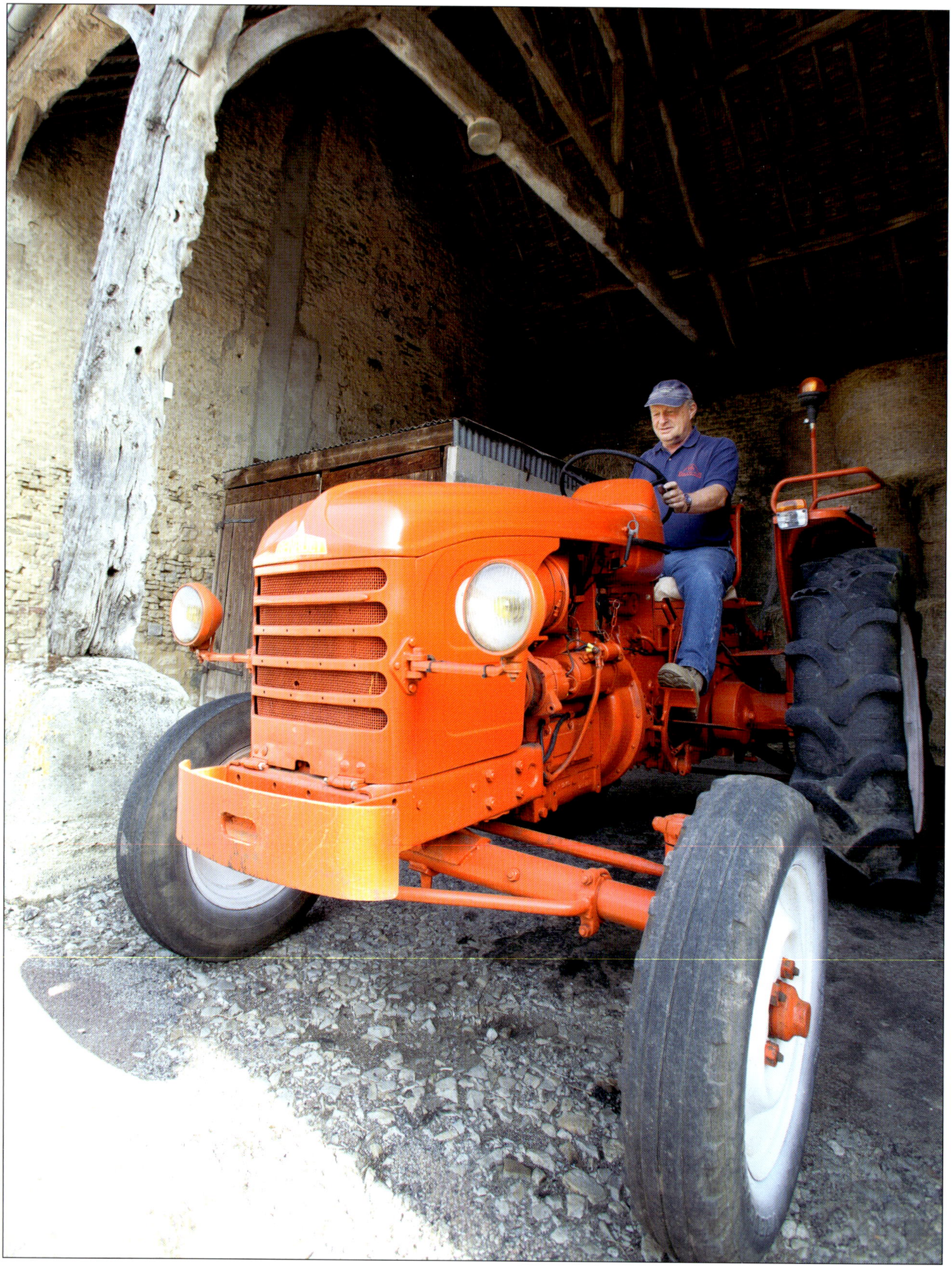

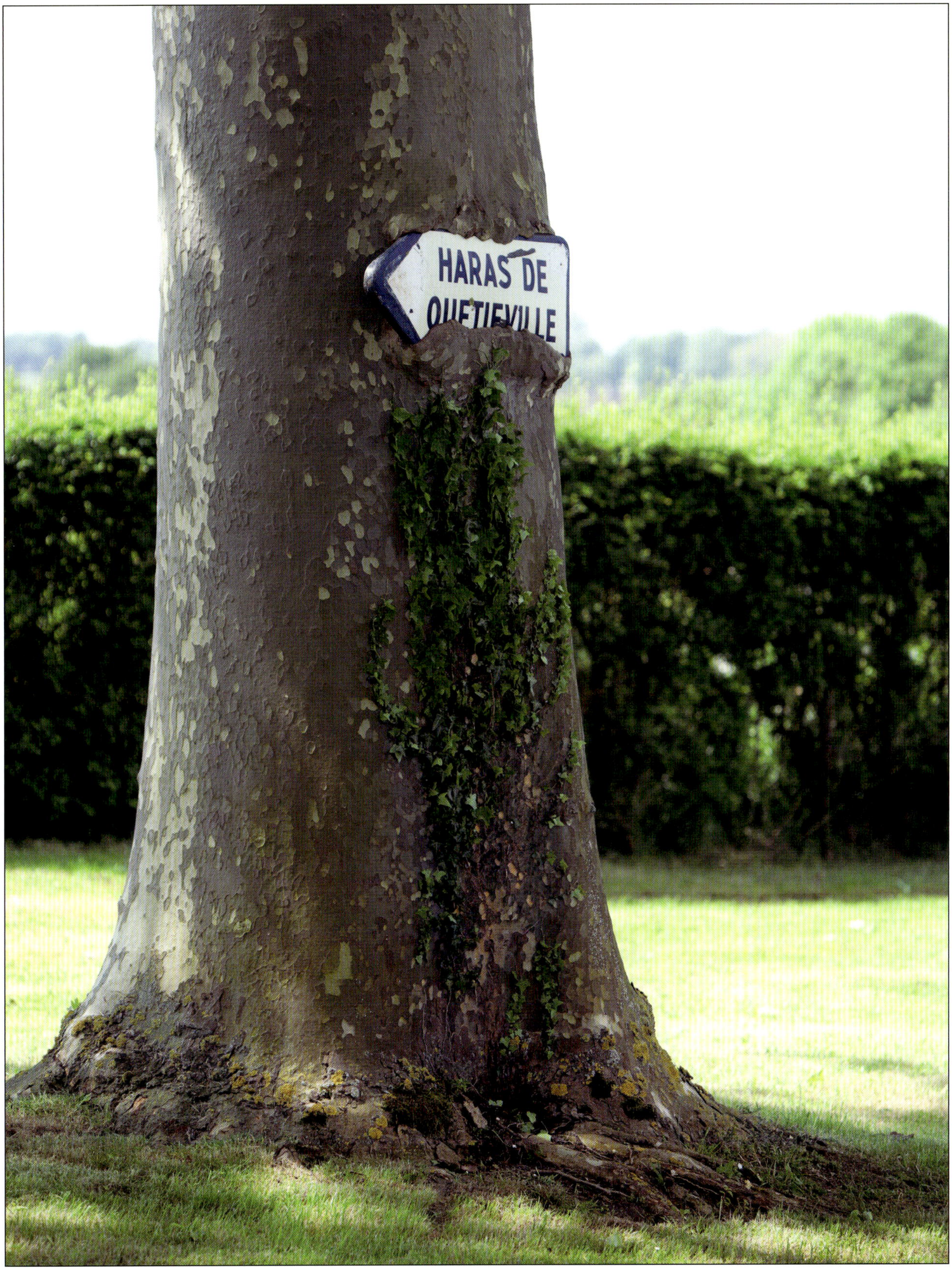
HARAS DE
QUETIEVILLE

Angeville

Le Haras d'Angeville fut d'abord le creuset de l'élevage Nudd-Mitchell, qui y fit naître et grandir maints sujets de valeur. Situé dans le Calvados, sur la commune de Reux, tout près de l'historique haras du même nom aujourd'hui tourné vers les chevaux de sport, il donne sur la route qui mène à l'église du village, à quelques encablures de Pont-l'Évêque, dans la direction de Caen. Depuis le milieu des années quatre-vingt, cette ferme typique du Pays d'Auge, remaniée en haras, sur le site d'une ancienne fromagerie, appartient à la famille Girard. C'est Michel Girard, banquier parisien, qui l'acquit et y basa son petit élevage, ainsi que celui de plusieurs clients. Dans le même temps, Michel Girard fit acheter le Haras de Manneville à Issam Farès et le dirigea pendant un moment.

Michel Girard n'est plus, aujourd'hui, mais Angeville est demeuré la propriété familiale, l'un de ses trois fils, Guillaume, habitant même sur place. Le haras est dirigé depuis les origines, ou presque, par Frédéric Affagard. Celui-ci veille, avec le concours d'un salarié, sur une quinzaine de poulinières et leurs produits, appartenant, dans leur grande majorité, à des clients. Le propriétaire américain George Strawbridge éleva ainsi, à Angeville, l'excellente jument de fond Montare ou encore la bonne Urgèle, tandis que l'actuel et « top miler » Toronado y séjourna pendant plusieurs mois, pour le compte du courtier Paul Nataf, sans oublier la talentueuse sauteuse Kruguyrova, pour celui de Ralph Alfandari. Le haras s'étend sur une quarantaine d'hectares et, s'il ne prétend pas rivaliser avec ses plus grands homologues français, il n'en est pas moins frappé du sceau de la qualité.

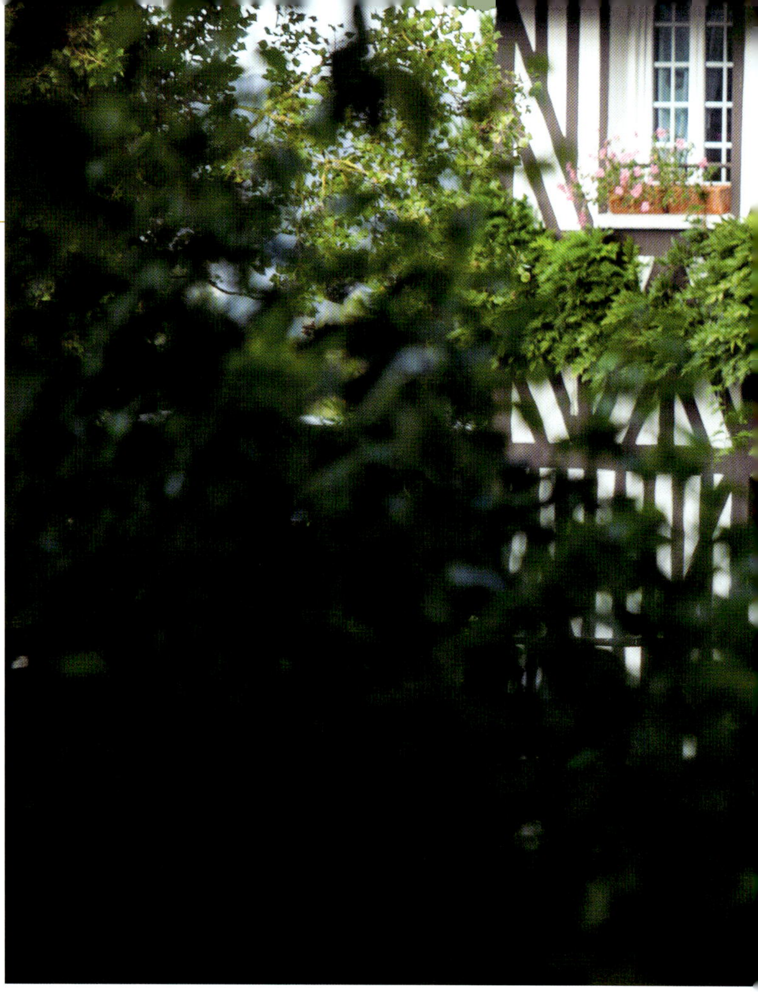

The Haras d'Angeville was originally the melting pot for the Nudd-Mitchell breeding operation which bred and raised many valuable horses there. Situated in the Calvados region in the municipality of Reux and close to the historical stud bearing the same name, which has now turned its focus to sport horses, it overlooks the road leading to the village church, not far from Pont-L'Évêque in the direction of Caen. Since the mid-eighties this farm which is typical of the Pays d'Auge and has now been turned into a stud, sitting on the site of a former old cheese factory, is owned by the Girard family. It was Michel Girard, a Parisian banker who bought it and based his small breeding operation there as well as that of several clients. At the same time, or pretty much so, Michel Girard made Issam Farès buy the Haras de Manneville which he directed for a time. Michel Girard is no longer with us but Angeville remains

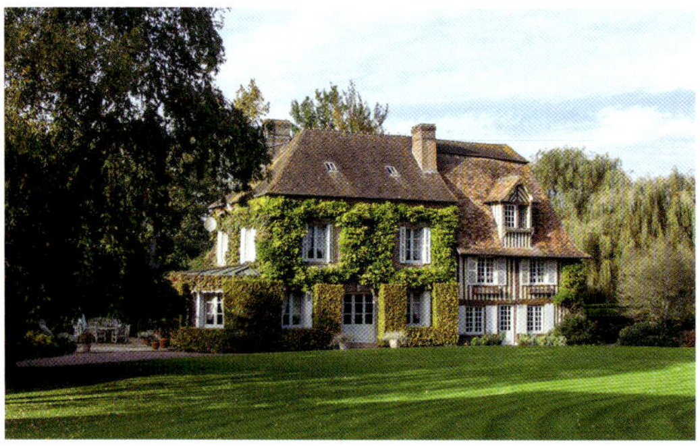

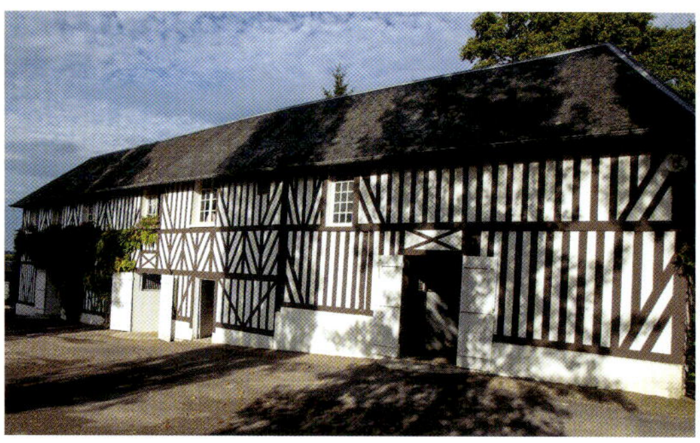

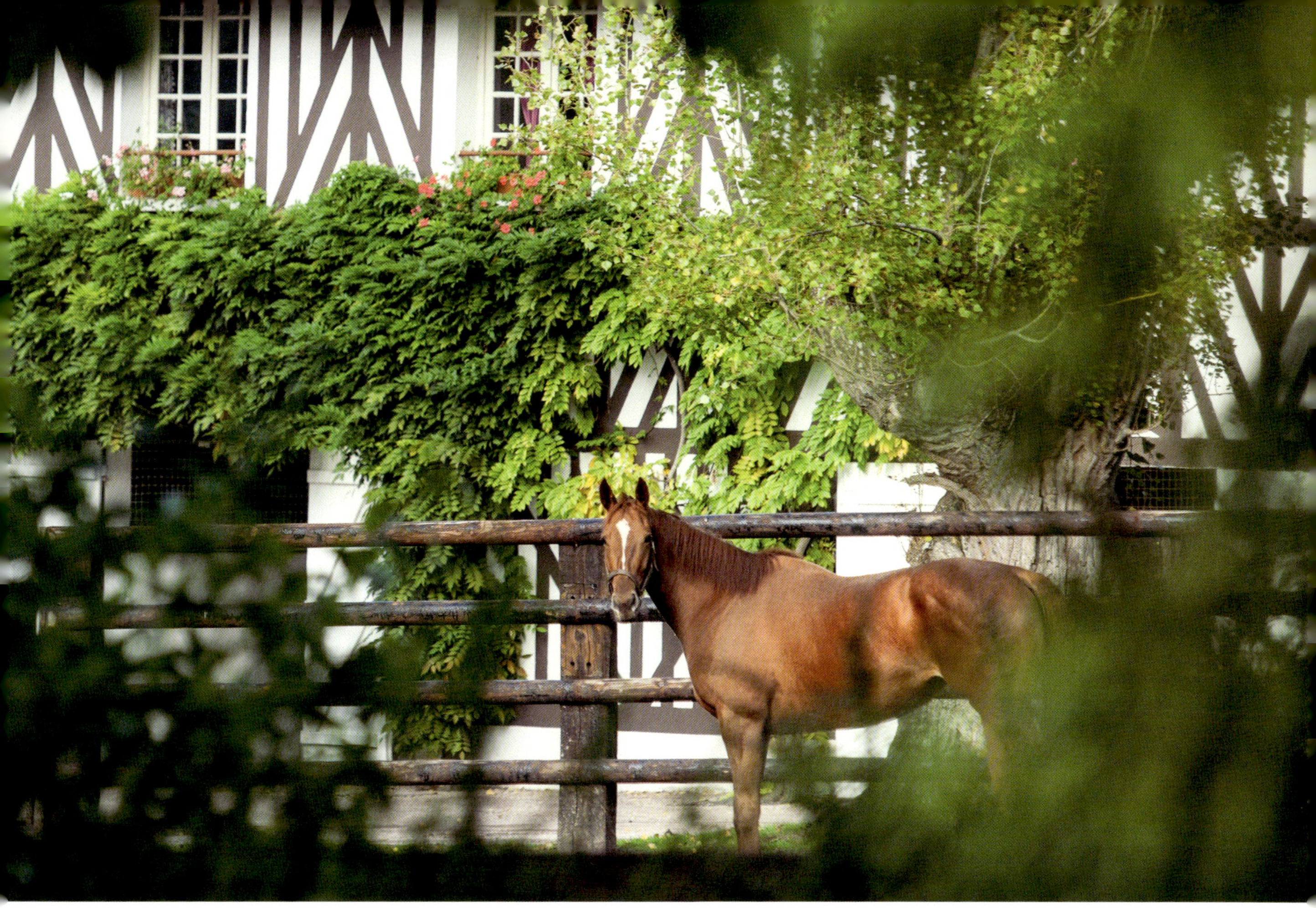

the family property, with one of his three sons, William, living on site. From the beginning, or pretty much since then, the stud has been run by Frédéric Affagard. With the assistance of an employee he looks after around fifteen mares and their offspring which belong largely to clients. The American owner George Strawbridge has therefore bred the excellent staying mare Montare at Angeville as well as the good Urgèle, while the current « top miler » Toronado spent several months there thanks to bloodstock agent Paul Nataf and not forgetting talented jumper Kruguyrova belonging to Ralph Alfandari. The stud extends to over forty hectares and while it does not claim to compete with its larger French counterparts, it is nonetheless stamped with the seal of quality.

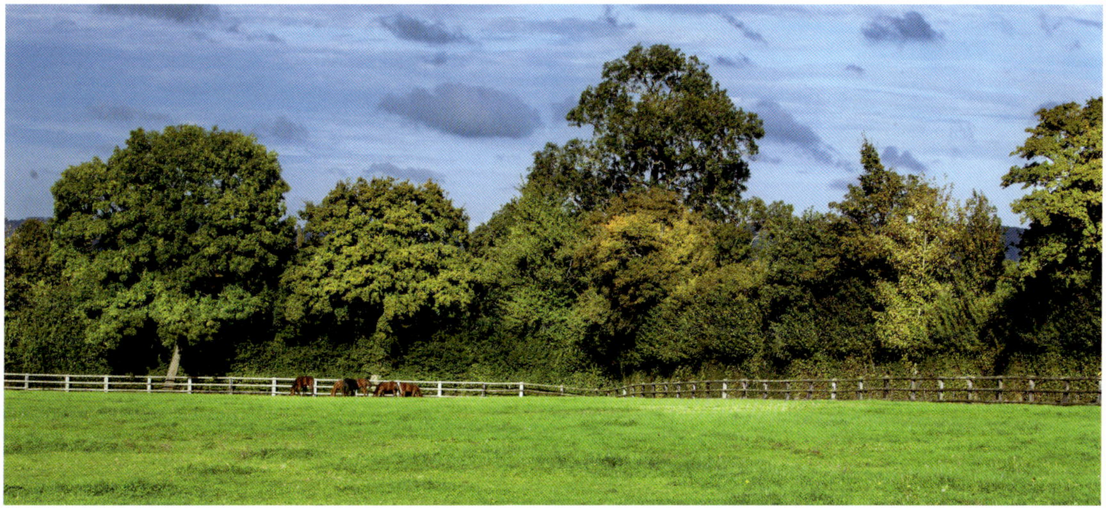

La Beauvoisinière – La Brosse – La Gastine

L'éclectique et grand homme de cheval qu'est Jean-Pierre Dubois exploite plusieurs centaines d'hectares dans le département de l'Orne, se répartissant sur trois haras, La Beauvoisinière et La Gastine, dont les terres se jouxtent, sur la route qui va du Merlerault à Échauffour, et La Brosse, au-dessus de Nonant-le-Pin, en direction de Gacé. Si le Haras de la Brosse est voué aux trotteurs, comportant notamment une importante station d'étalons, La Beauvoisinière et La Gastine sont principalement orientées vers le galop, discipline dans laquelle leur animateur a beaucoup développé son activité au fil des années.

Le Haras de la Beauvoisinière a été créé en 1925, abritant, tour à tour, les élevages Bertrin et Daubin. Tous deux – le premier jusqu'à la guerre, le second jusqu'à la fin du siècle dernier – connurent de fort belles et durables réussites, au galop comme au trot. L'élevage Daubin, en particulier, produisit de remarquables performers, telles deux gagnantes du Prix Vermeille, Folle Nuit, en 1943, et Mi Carina, en 1959, un vainqueur du Prix Robert Papin, Quiqui, en 1962, et un très bon trotteur au palmarès international, Dauga, dans les années soixante-dix. Plus près de nous, il y eut aussi Pampa Bella, qui fut troisième des Prix de Diane et Saint-Alary, avant d'être vendue à Daniel Wildenstein et de lui procurer le champion Pistolet Bleu. Décisivement relayé, sur le terrain de l'entraînement, par des professionnels de la trempe de René Pelat et de Jean-François Daubin, le fils de la maison, le Haras de la Beauvoisinière eut également d'excellents ambassadeurs en obstacle, discipline à laquelle prédisposaient plusieurs des étalons qui, à tour de rôle, y séjournèrent, comme Caldarium et Armos par exemple. Mais, en matière d'étalons, la Beauvoisinière eut des hôtes plus prestigieux encore, tels Sica Boy, gagnant du Prix de l'Arc de Triomphe, Herbager, lauréat du Prix du Jockey Club, et le « fonctionnaire » Labus, que le Haras du Pin délégua un temps là-bas.

Suzy Daubin devait cesser ses activités en 1995, vendant son haras à Jean-Pierre Dubois. S'étendant sur cent quatre-vingts hectares et doté d'une capacité de cent quarante boxes, le domaine, imposant jusque dans sa construction, aux formes massives, se prêtait à l'esprit d'entreprise et d'expansion de son repreneur, qui y aménageait bientôt un centre d'entraînement, dont François Doumen sera un moment le locataire, en attendant de s'installer à Écouves. Aujourd'hui, La Beauvoisinière est un peu le quartier général de Jean-Pierre Dubois.

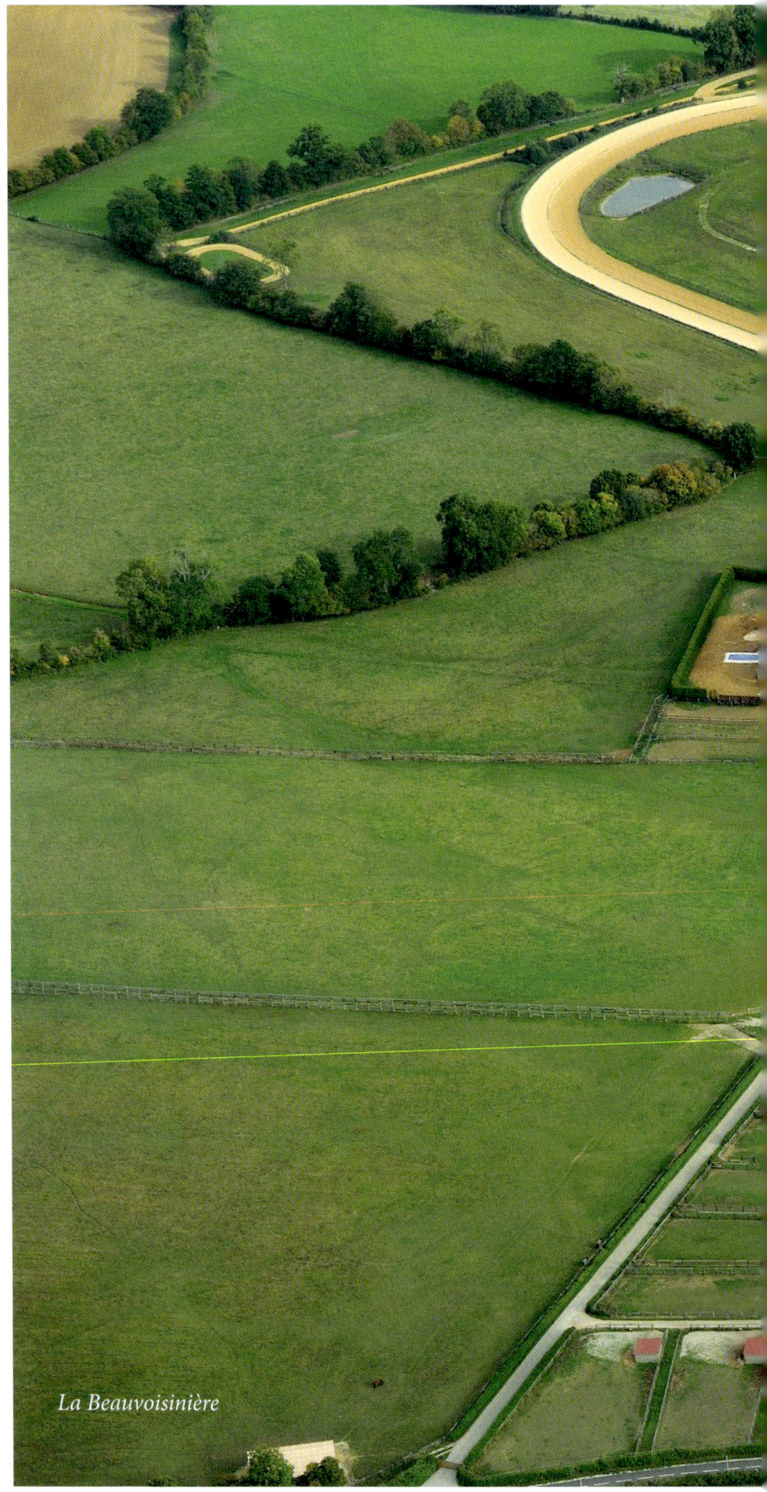

La Beauvoisinière

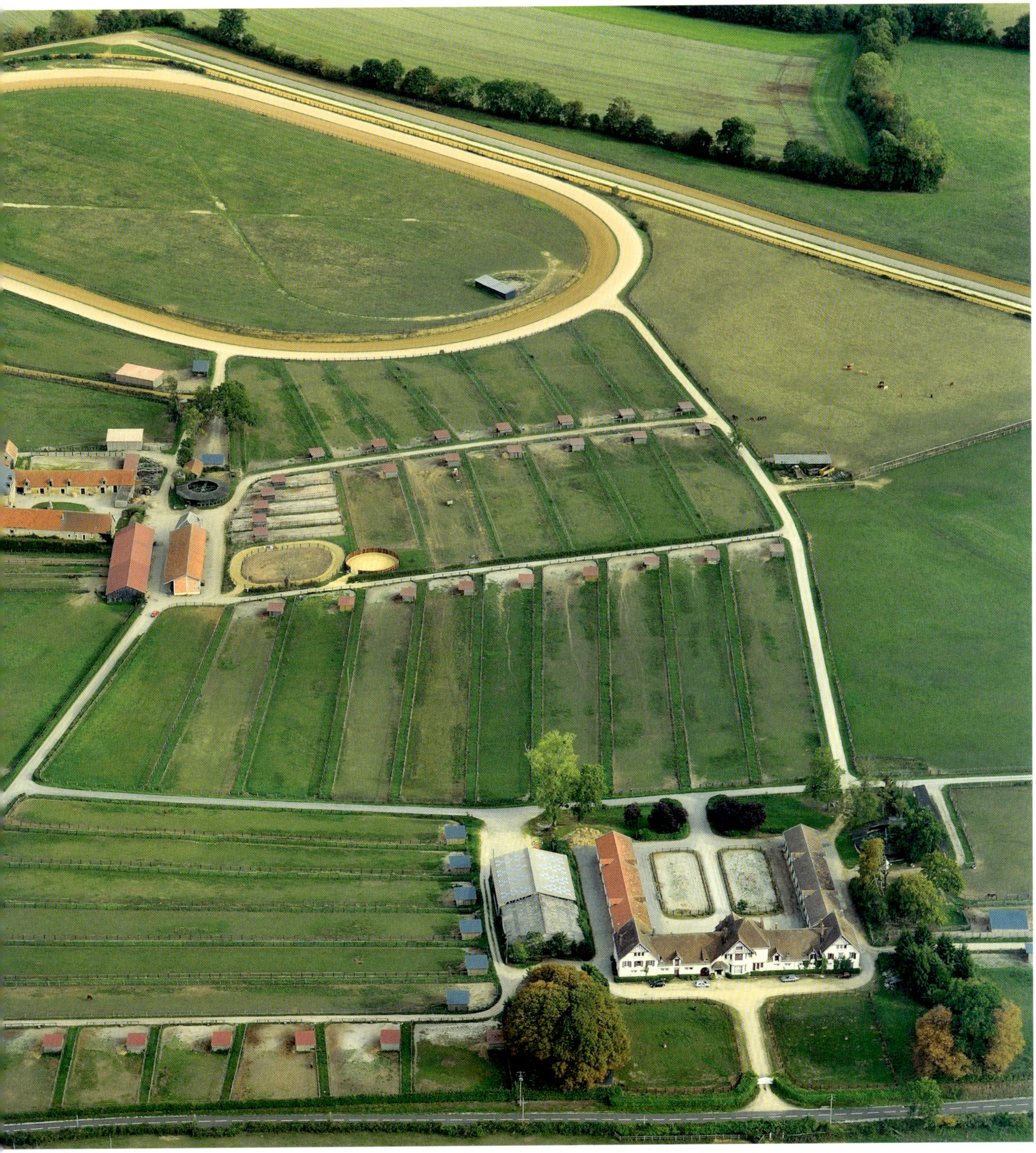

Photo : Fabrice Simon

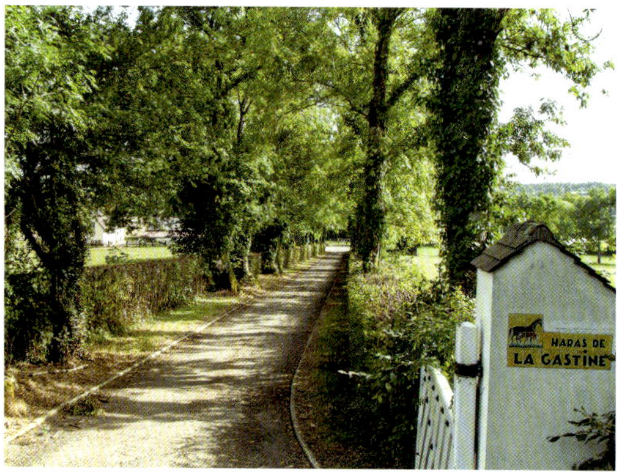

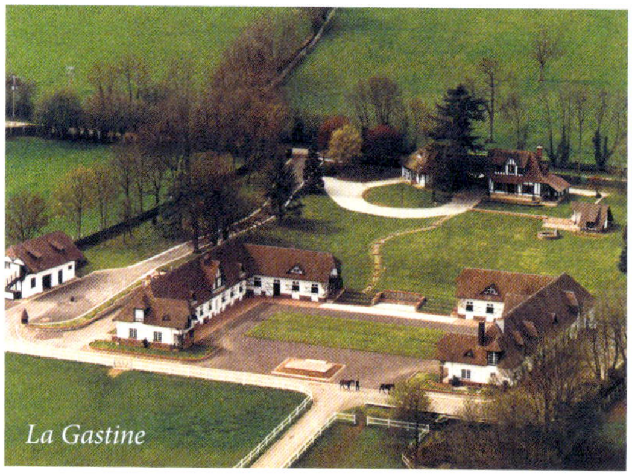
La Gastine

Il y entraîne et élève pur-sang et trotteurs. Le terroir se prête spécialement à l'élevage et, si le climat y est souvent rude l'hiver – localement, ne nomme-t-on pas cette contrée la « petite Sibérie » ! –, ce n'est pas forcément pour déplaire aux chevaux, qui, en outre, s'y aguerrissent. Au reste, Jean-Pierre Dubois a de quoi se réjouir des résultats obtenus depuis quinze ans, le meilleur d'entre tous ayant pour nom Stacelita, championne de sa génération en 2009, année où elle a réussi le coup de trois des Prix Saint-Alary, de Diane et Vermeille.

La Gastine est de création plus récente. Arrosé par la Touques, qui en est, en l'espèce, à ses prémices et qui coule aussi dans les herbages de La Beauvoisinière, le haras se découvre à flanc de colline, juste au-dessus des Authieux-du-Puits, où prenait place, naguère, l'éle-

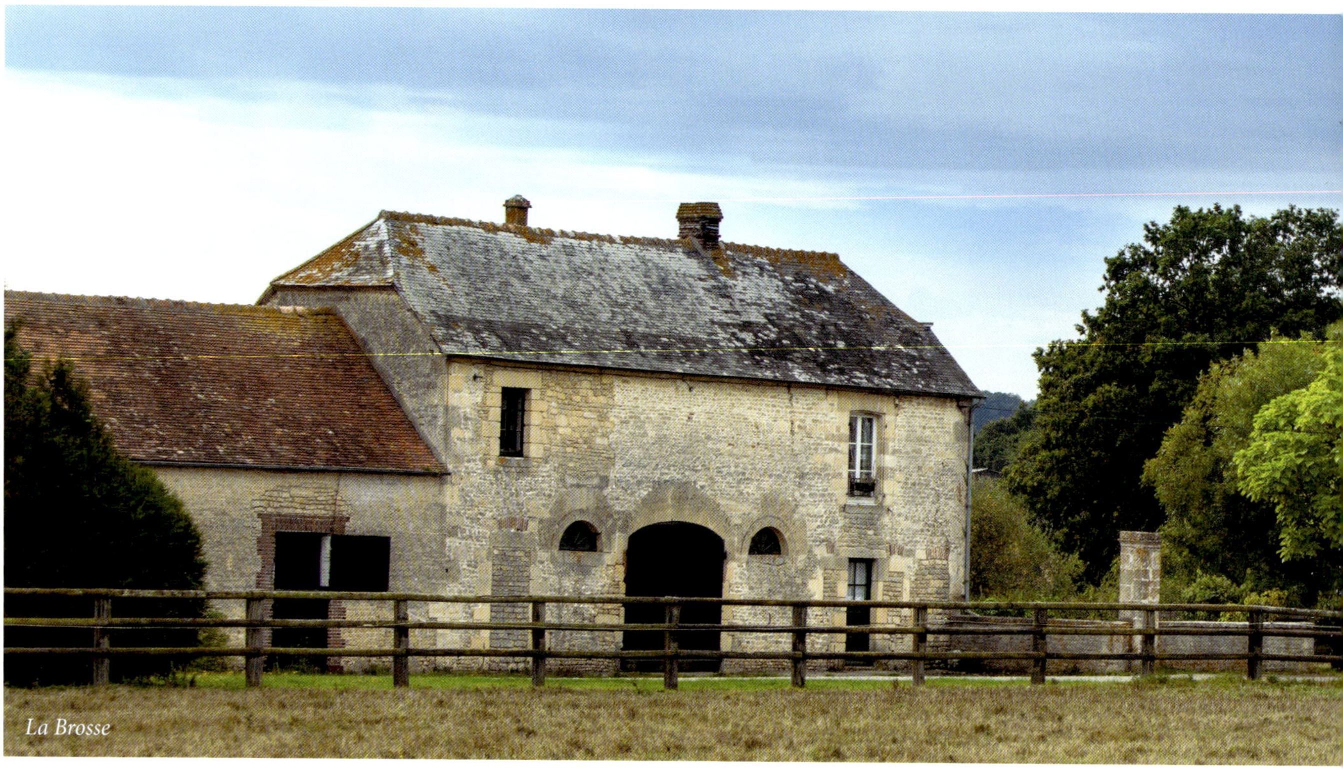
La Brosse

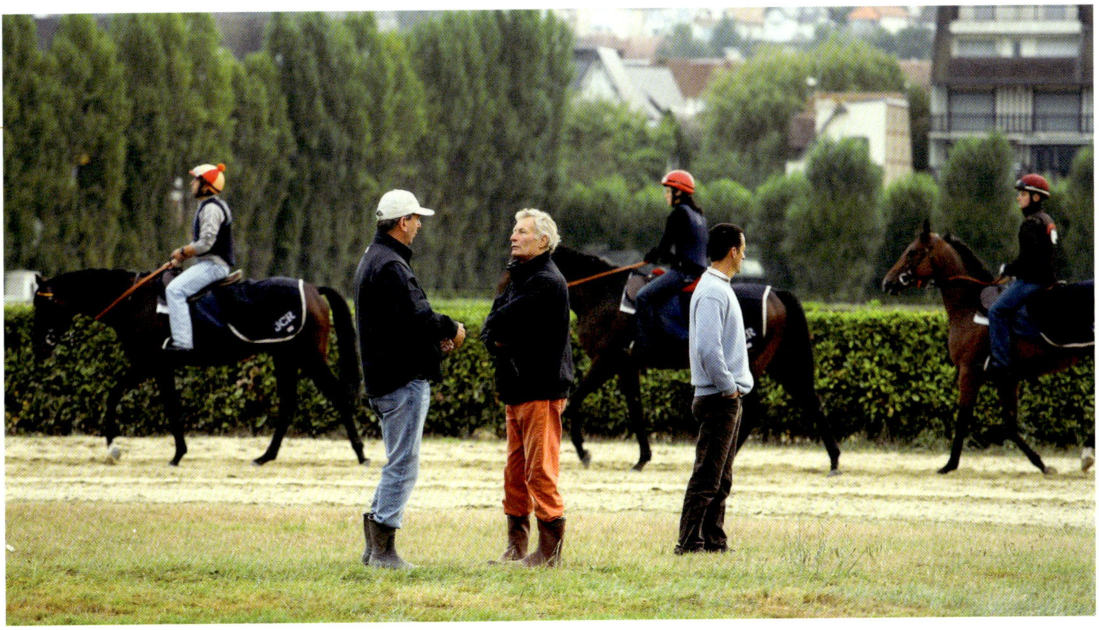

Photo : Thierry Boisson

Jean-Pierre Dubois et Jean-Claude Rouget à Deauville.

vage trotteur de la famille Dejean. On y voit les prairies descendre en pente douce vers la vallée. Il y a là plus de cent hectares de prés de la meilleure qualité. Jean Dolbeau, qui eut sous ses couleurs la susnommée Mi Carina, élève du haras voisin, y avait basé son élevage au début des années soixante. L'un des fleurons en sera Lionel, deux fois vainqueur du Grand Prix de Deauville et troisième du Prix de l'Arc de Triomphe. On citera également Gag, bon cheval de plat et d'obstacle, revenu faire la monte sur son lieu de naissance. Présentement, c'est à la Gastine que Jean-Pierre Dubois a choisi d'installer ses étalons pur-sang, le très efficace Sageburg,

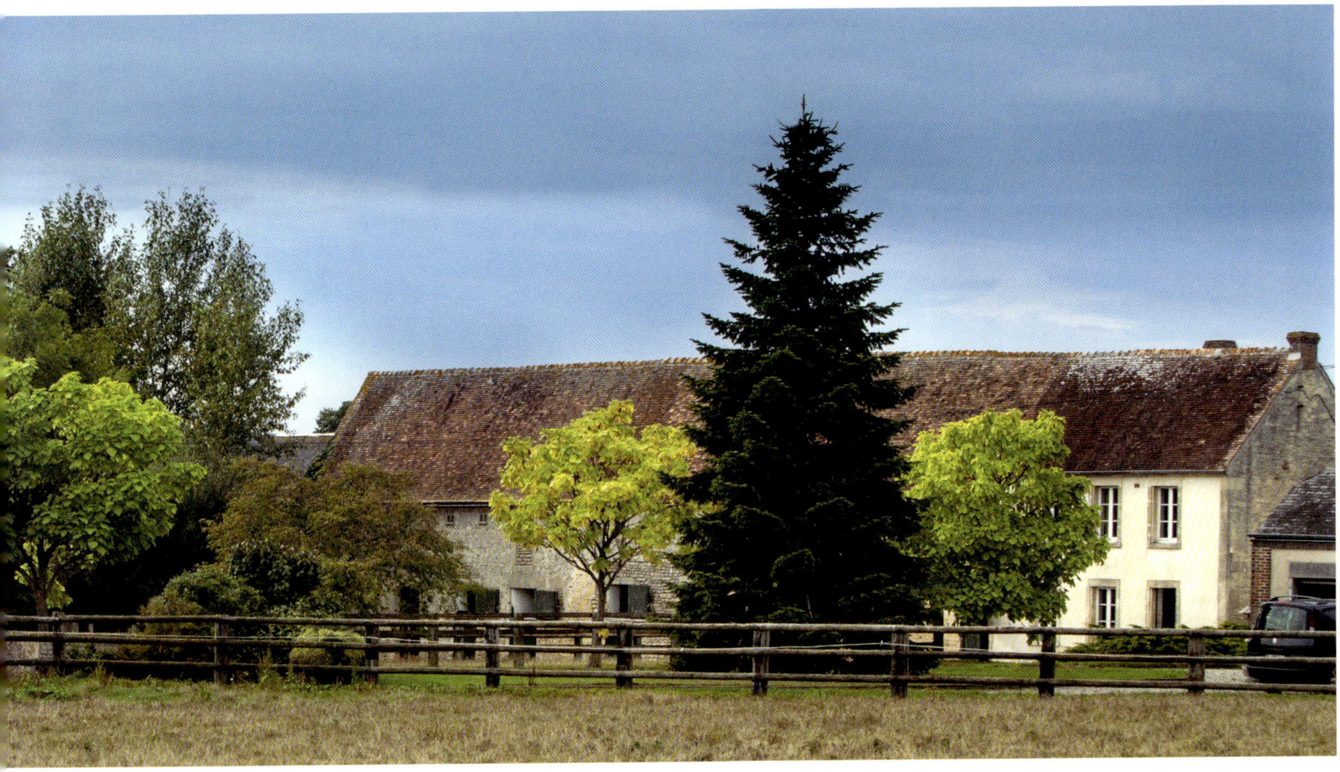

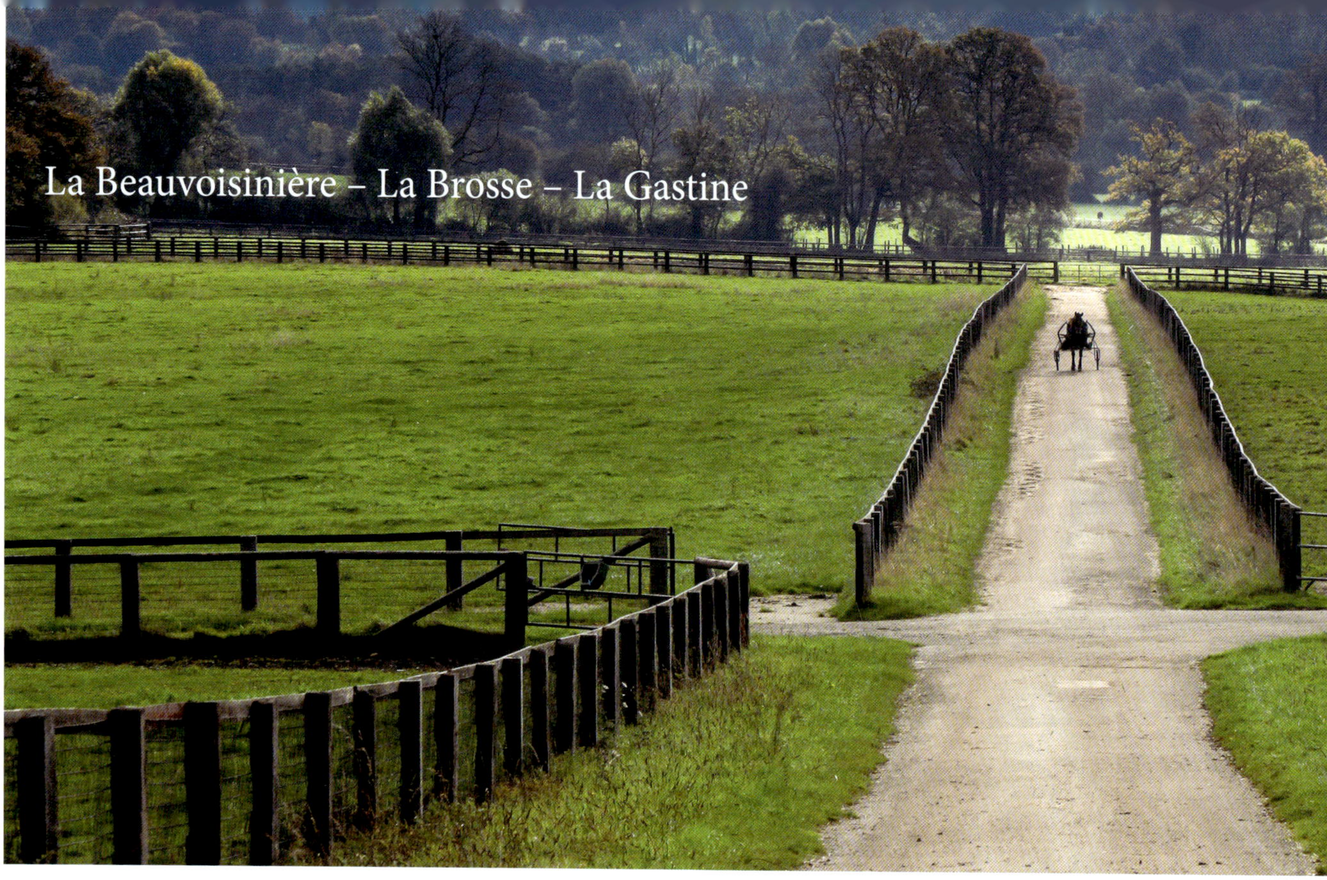

La Beauvoisinière – La Brosse – La Gastine

acheté à Son Altesse l'Aga Khan, qui lui a donné la talentueuse Peace Burg, et le jeune et fort bien né Alex the Winner, un fils de Storm Cat acquis yearling aux États-Unis, n'ayant pu faire carrière en raison d'un accident, mais qui montrait des moyens à l'exercice et a ainsi gagné son billet pour la reproduction.

The eclectic and great horseman Jean-Pierre Dubois farms several hundred hectares in the Orne department, divided into three studs: La Beauvoisinière and La Gastine whose lands are adjacent, on the road between Merlerault and Échauffour, and La Brosse to the north of Nonant-le-Pin in the direction of Gacé. While the Haras de la Brosse is dedicated to trotters and includes a significant stallion station, la Beauvoisinière and la Gastine are mainly geared towards thoroughbreds, a discipline in which their owner has greatly increased its activity over the years.

The Haras de la Beauvoisinière was created in 1925 housing in turn the Bertrin and the Daubin stock. Both of them – the first until the war, the second until the end of the last century – were responsible for some great and lasting successes both trotting and galloping. The Daubin breeding operation in particular produced some outstanding performers such as the two winners of the Prix Vermeille Folle Nuit in 1943 and Mi Carina in 1959, a winner of the Prix Robert Papin Quiqui in 1962 and a very good trotter with an international race record in Dauga in the seventies. Closer to home there was also Pampa Bella who was third in the Prix de Diane and Prix Saint-Alary before being sold to Daniel Wildenstein and producing the champion Pistolet Bleu for him. Under the leadership of trainers of the caliber of René Pelat and Jean-François Daubin, the owner's son, the Haras de la Beauvoisinière was also responsible for some excellent ambassadors over jumps, a discipline towards which many of the stallions who in turn stood there were predisposed, such as Caldarium and Armos. That said in terms of stallions Beauvoisinière has had even more prestigious guests such as Sica Boy, winner of the Prix de l'Arc de Triomphe, Herbager, Prix du Jockey Club victor, and the « civil servant » Labus, whom the Haras du Pin dispatched there for a time.

Suzy Daubin was to cease her activities in 1995, selling her stud to Jean-Pierre Dubois. Extending over one hundred and eighty hectares and with a capacity of one hundred and forty boxes, the estate which is imposing in every way including the buildings which are huge, lent itself to the spirit of entrepreneurship and expansion of its buyer, who soon set up a training centre there, which Francois Doumen rented for a while before he moved to Écouves. Today Beauvoisinière more or less acts as Jean-Pierre Dubois' headquarters. He trains and

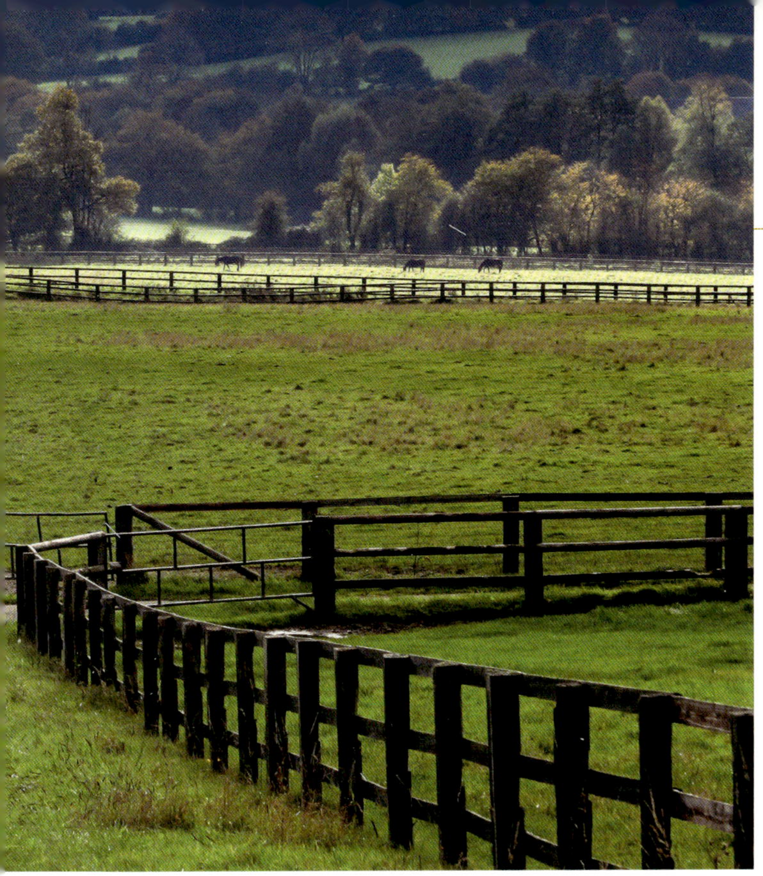

breeds both thoroughbreds and trotters. The land is particularly well suited to breeding and though the weather is often harsh winter – locally the region is known as « Little Siberia »! – this doesn't necessarily displease the horses who moreover toughen up from it. In any case Jean-Pierre Dubois can be pretty pleased with the results of the last fifteen years, the best of which bears the name of Stacelita who was champion of her generation in 2009 when she completed the Prix Saint-Alary, Prix de Diane and Prix Vermeille treble.

Gastine is a more recent creation. Fed by the Touques river which in this area is in its infancy and also flows into the Beauvoisinière paddocks, the stud sits on a hillside just above Authieux-du-Puits where the Dejean family's trotting stud was once based. One can see meadows sloping gently down to the valley. There are over a hundred hectares of pastures of the highest quality. Jean Dolbeau, for whom the aforementioned Mi Carina who was a graduate of the neighbouring stud, ran, based his operation there in the early sixties. One of its best horses became Lionel, dual winner of the Grand Prix de Deauville and third in the Prix de l'Arc de Triomphe. Also worth a mention is the excellent dual purpose horse Gag who returned to his place of birth to stand as a stallion. Today it is at La Gastine which Jean-Pierre Dubois has chosen to stand his thoroughbred stallions, including the very effective Sageburg whom he bought from the Aga Khan, and who has produced the talented Peace Burg, and the young and very well bred Alex the Winner, a son of Storm Cat who was bought as a yearling in the United States and was unraced due to injury but who showed ability in training and therefore earned his ticket to become a stallion.

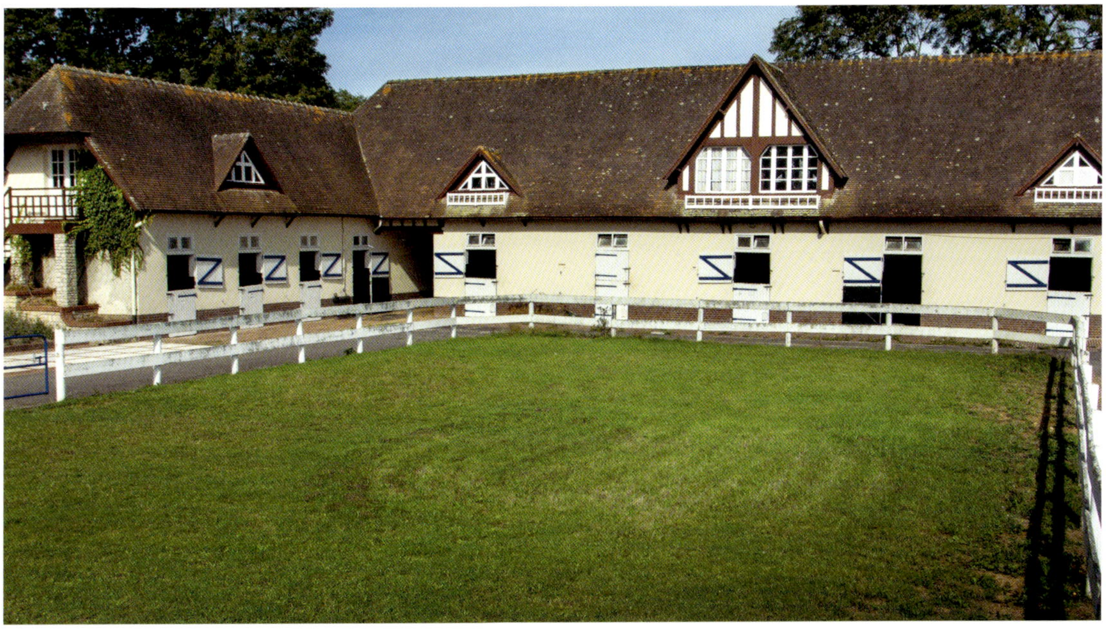

Bernesq

Le Haras de Bernesq est le fief de la famille Benillouche depuis plus de trois décennies. Après avoir loué le Haras de Bouttemont, annexe de Victot, pendant huit ans, Sylvain Benillouche s'est, en effet, installé à Bernesq en 1981, transformant une ancienne ferme en haras. Géographiquement, nous nous situons à l'ouest de Bayeux, sur les riches terres du Bessin. Dans les années soixante, Sylvain Benillouche, industriel du textile, possédait une maison de campagne dans la région, près d'Omaha Beach. Il s'y plaisait et avait remarqué la qualité du sol. Aussi, lorsque, plus tard, il décida d'investir dans un haras – sa passion pour les chevaux de course, d'abord de turfiste, puis de propriétaire et d'éleveur, l'y ayant amené –, il choisit cet endroit, à la lisière des départements du Calvados et de la Manche, sur des terres neuves, jusque-là vouées principalement aux bovins.

Acheté aux Dupont d'Isigny, les fabricants des célèbres caramels, le domaine s'étend autour d'un beau et singulier château en pierres du Bessin, construit en forme de « L », avec quatre façades différentes. L'édifice date de la Renaissance et fut dédié, dit-on, à l'une des plus belles femmes de la cour du roi François Ier… Il y a là cent hectares d'herbages et une vingtaine constitués de bois. Les Benillouche ont fait de la propriété un haras moderne et fonctionnel, doté de quatre-vingts boxes et de toutes les installations complémentaires nécessaires, le tout agencé avec élégance. Une douzaine de personnes travaillent sur place, veillant sur quarante-cinq poulinières et leurs produits, ainsi que sur quatre étalons, Exécute, Hannouma, Royal Assault et Vol de Nuit. Le haras est aujourd'hui animé par Franck Benillouche, qui y a pris le relais de son père, après avoir également « tâté » de l'entraînement aux côtés du maître Maurice Zilber, dont il fut un temps l'assistant, et monté en course dans les rangs des gentlemen-riders. Les deux fils de Franck Benillouche, Arry et Alec, se destinent également, soit dit au passage, à des métiers du cheval, le premier effectuant actuellement un stage

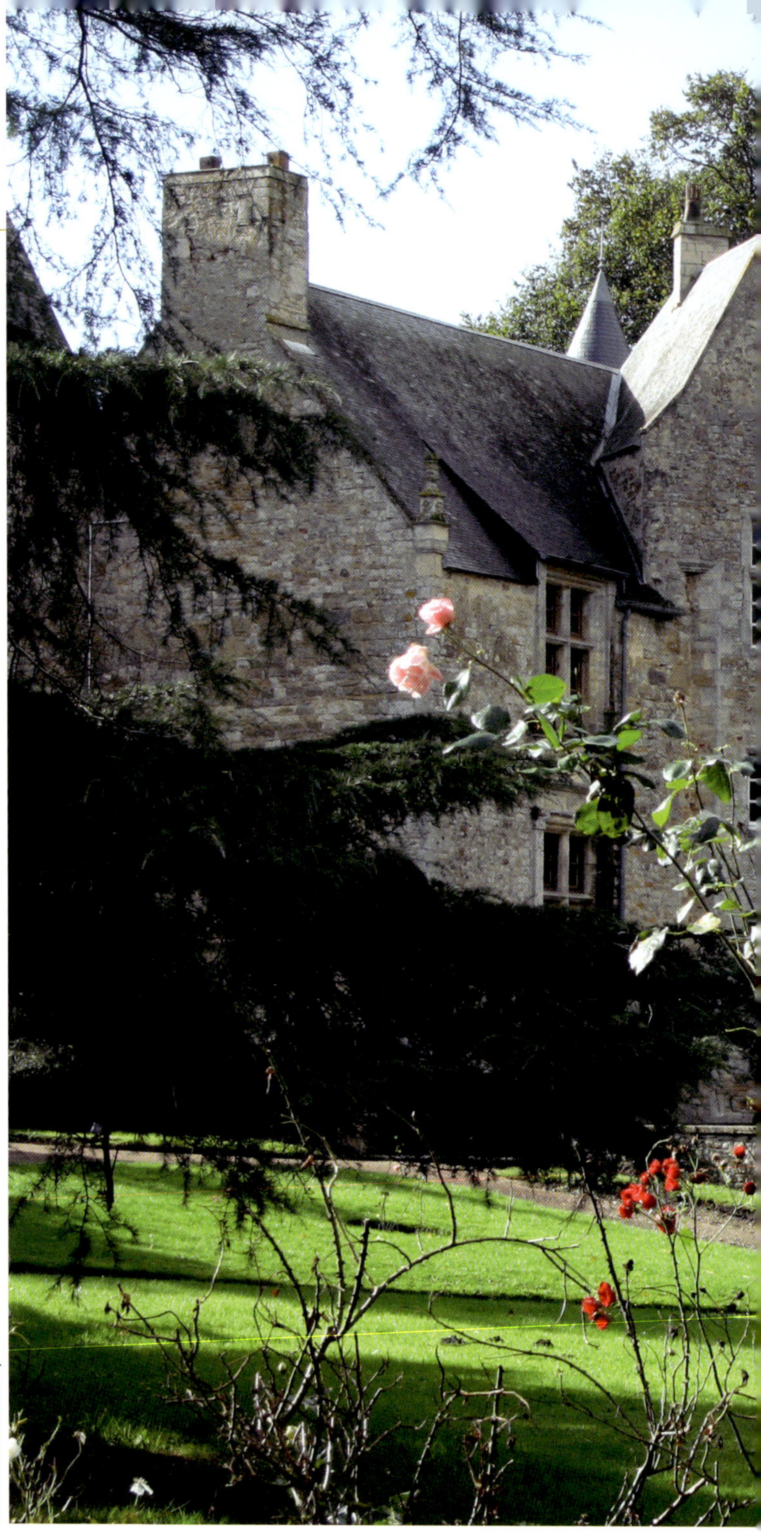

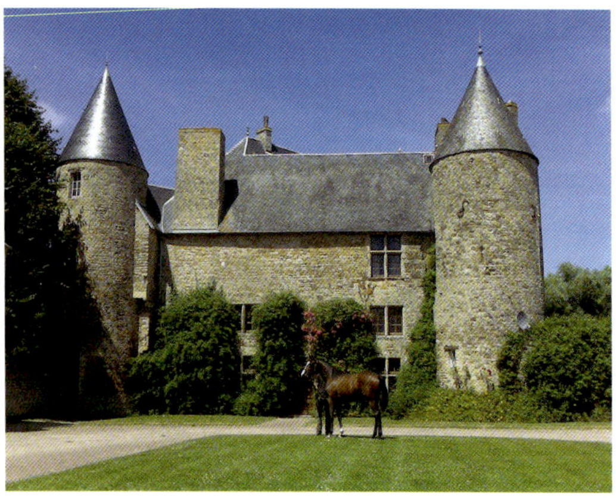

Photos : Collection Haras de Bernesq

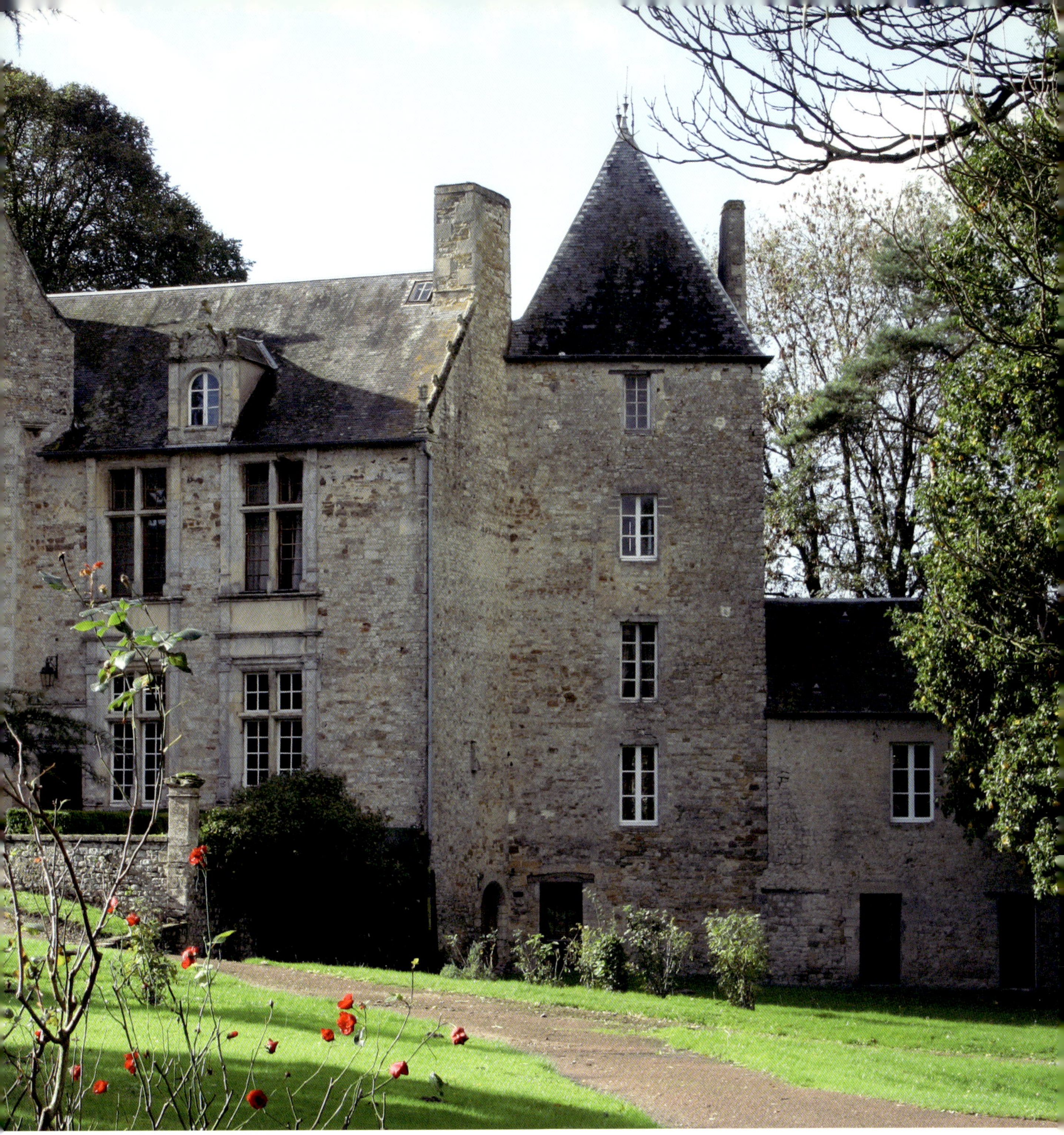

en Irlande, chez l'entraîneur Jim Bolger. Bernesq est, depuis toujours, un haras vendeur de yearlings. Cependant, les vicissitudes du marché l'exposent parfois à en garder, puis à les faire courir. Sa production, de qualité et le plus souvent précoce, est recherchée, avec d'excellents résultats dans les courses de 2 ans : Lost World et Miss Tahiti, gagnants de Groupe I à 2 ans, y ont ainsi été élevés pour le compte de Daniel Wildenstein, sans oublier Quad's Melody, pour celui de Fabien Ouaki, arrivée invaincue sur le Prix Marcel Boussac, le Critérium des Pouliches de 2 ans, Harbour Master, qui fut le premier gagnant de Groupe en plat de l'entraîneur vedette irlandais Aidan O'Brien, dans les Coventry Stakes, à Royal Ascot, ou encore Grafelli, issu de la pro-

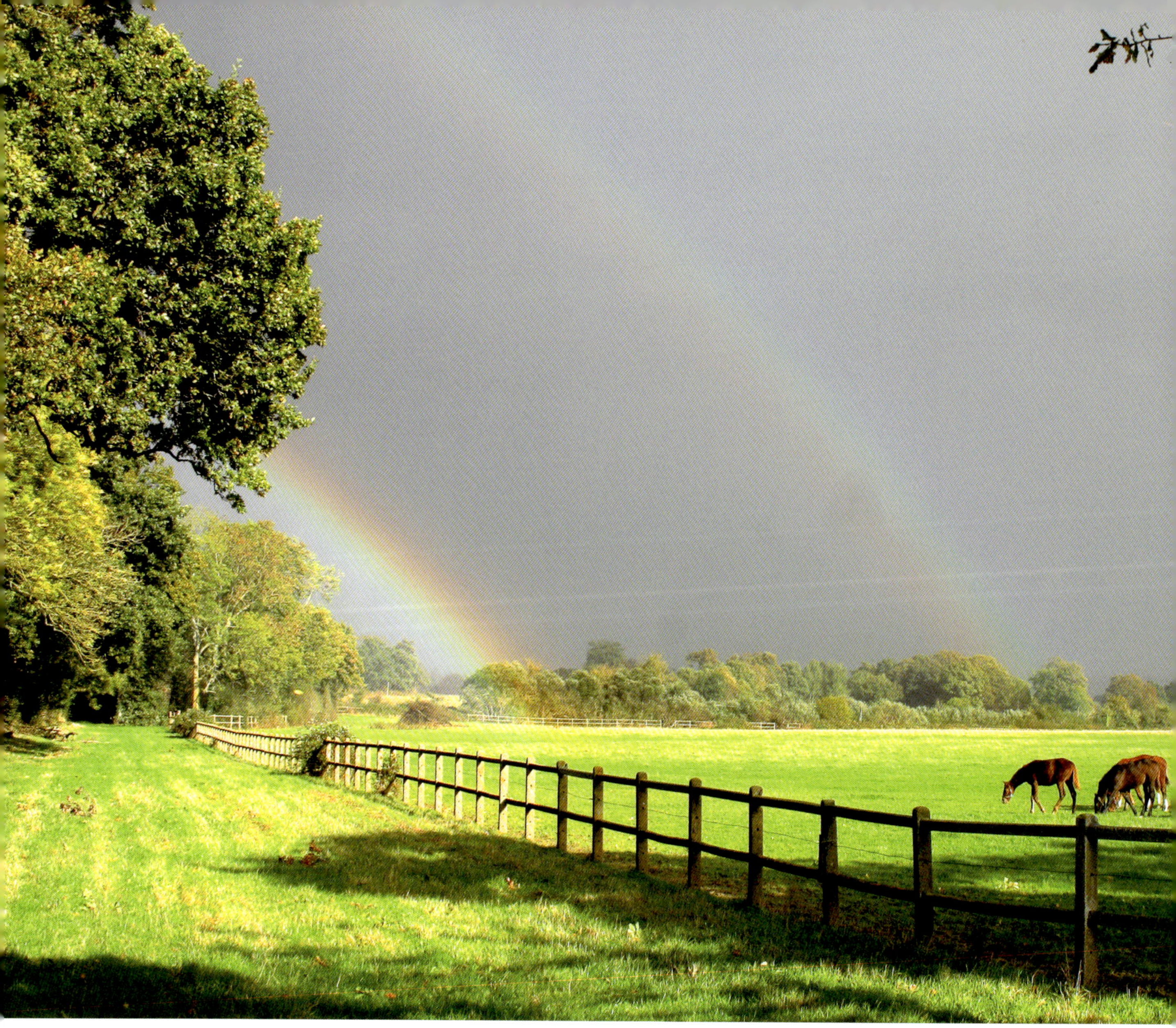

duction initiale du jeune étalon maison Hannouma, double vainqueur de Groupe en Irlande, à quatre jours d'intervalle, durant l'été de ses 2 ans. Par le passé, Bernesq a déjà révélé les talents de plusieurs géniteurs, en tête desquels figure le très améliorateur Marchand de Sable.

The Haras de Bernesq has been the stronghold of the Benillouche family for over three decades. Indeed, having rented the Haras de Bouttemont, an annex to Victot, for eight years Sylvain Benillouche set up Bernesq in 1981 transforming a former farm into a stud. Geographically it is located west of Bayeux on the fertile lands of the Bessin region. In the sixties Sylvain Benillouche, a textiles manufacturer, had a country house in the area near Omaha Beach. He loved it there and had noticed the quality of the soil. So when he later decided to invest in a stud – his passion for horseracing, first as a gambler then as an owner and breeder, leading him to make this decision – he chose this location on the boundary between the Calvados and Manche departments on new land which had hitherto been mainly devoted to cattle. Bought from the Dupont d'Isigny family who were manufacturers of the famous caramels, the property extends around a beautiful and unique château built from Bessin stone and « L » shaped with four different facades. The building dates back to the Renaissance and was apparently dedicated to one of the most beautiful women in the court of King François I ... The estate is made up of a hundred hectares of pasture and twenty of woodland. The Benillouche family has turned the property into a modern and functional stud

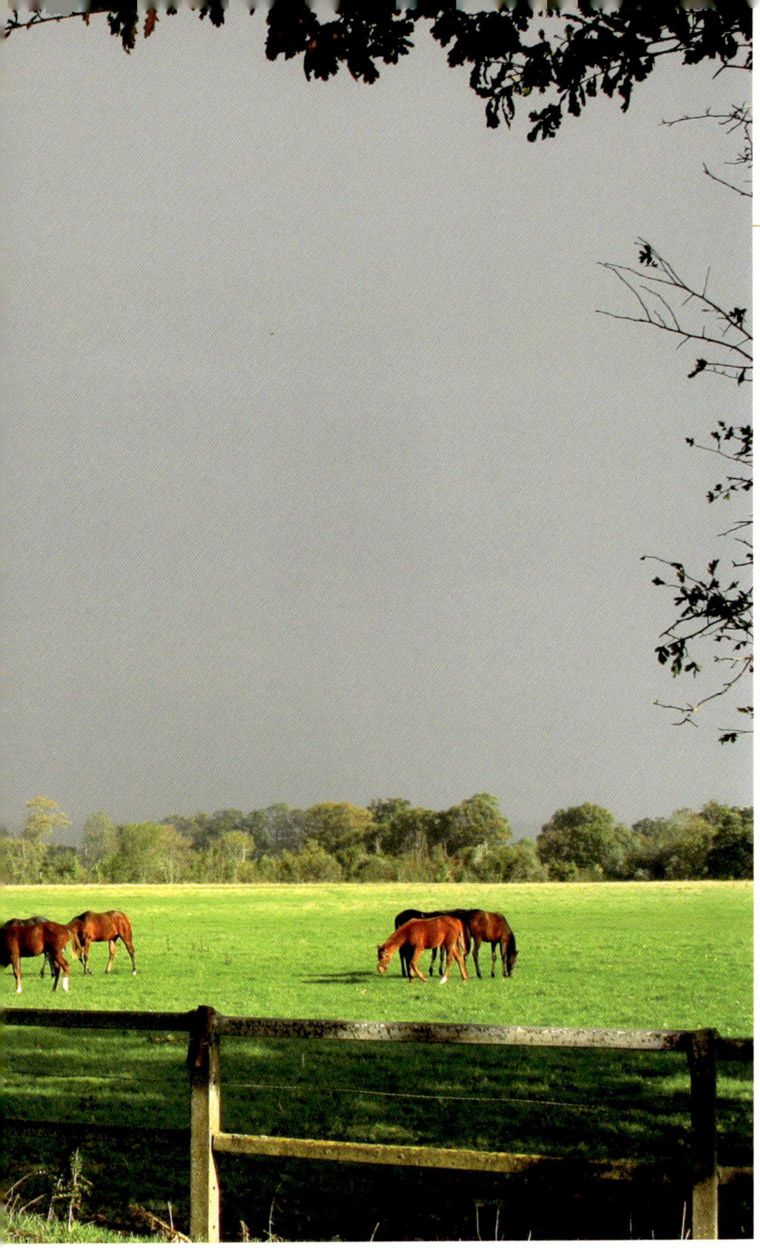

Bernesq

with some eighty boxes and all the necessary additional facilities, every bit of it designed with great taste. A dozen staff are employed and watch over forty-five mares and their offspring, as well as the four stallions Exécute, Hannouma, Royal Assault and Vol de Nuit. The stud is now run by Franck Benillouche who took over from his father having also « dabbled » with training alongside master trainer Maurice Zilber, to whom he was assistant for a time and ridden in races as an amateur. It is also worth mentioning in passing that both Franck Benillouche's sons Arry and Alec intend to work in the industry, with the former currently doing a stint in Ireland with trainer Jim Bolger.

Bernesq has always sold its yearlings though the market sometimes dictates that it keeps the odd one and runs in its name. The stud's stock is sought after and of good quality, often precocious with excellent results in two year old races: Lost World and Miss Tahiti both Group I winners at two were bred there on behalf of Daniel Wildenstein, as was Fabien Ouaki's Quad's Melody who came unbeaten to the Prix Marcel Boussac, Championship race for 2 year old fillies, Harbour Master, who became the first Group winner on the flat for Champion Irish trainer Aidan O'Brien when taking the Coventry Stakes at Royal Ascot, or even Grafelli, from the first crop of young in house stallion Hannouma and twice a Group winner in Ireland within just four days during the summer of his second year. In the past Bernesq has been responsible for revealing the talents of many a stallion, chief among which was Marchand de Sable who was so known for improving his mares.

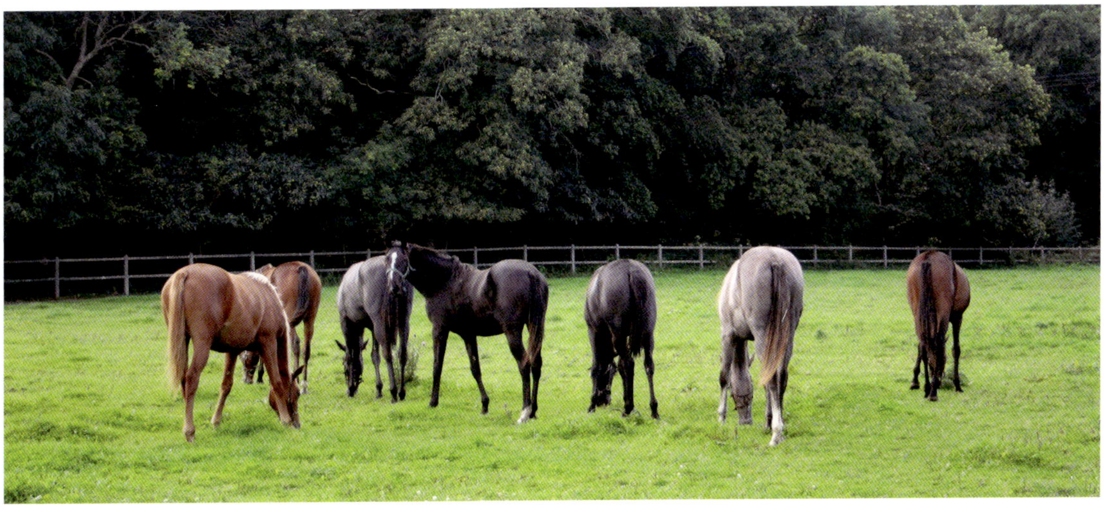

Bois-Carrouges

À la fin des années quatre-vingt, Florent Couturier s'était rapproché de Pierre-Charles Le Métayer et de Yann Houyvet pour former les Neustrian Associates autour du Haras du Buff, à Colombiers, dans l'Orne, le nom de l'association faisant référence à la vieille Neustrie mérovingienne, qui désignait géographiquement le nord-ouest de la France. Peu après, toutefois, une opportunité se fait jour pour Florent Couturier : celle d'acheter une partie des terres voisines de Berthe Perrier, dite « La Berthe », pittoresque animatrice de la ferme étalon de la commune, baptisée Briante et arrosée par la rivière du même nom. Notre homme saisit l'occasion et se porte acquéreur d'une quarantaine d'hectares, qu'il complétera, plus tard, d'une vingtaine d'autres. Ainsi naît Bois-Carrouges, qui a tout juste vingt ans aujourd'hui, mais déjà un certain nombre de titres à son actif.

> Florent Couturier a créé Bois-Carrouges de toutes pièces, construisant les bâtiments et les boxes, au nombre de trente.

Florent Couturier a créé Bois-Carrouges de toutes pièces, construisant les bâtiments et les boxes, au nombre de trente. Il a voulu son haras fonctionnel, mais également esthétique, dans le ton de la région. Il a eu jusqu'à une douzaine de poulinières, mais a réduit depuis son effectif de moitié, car, dans l'impossibilité de s'agrandir en raison de l'intervention de la SAFER (Société d'Aménagement Foncier et d'Établissement

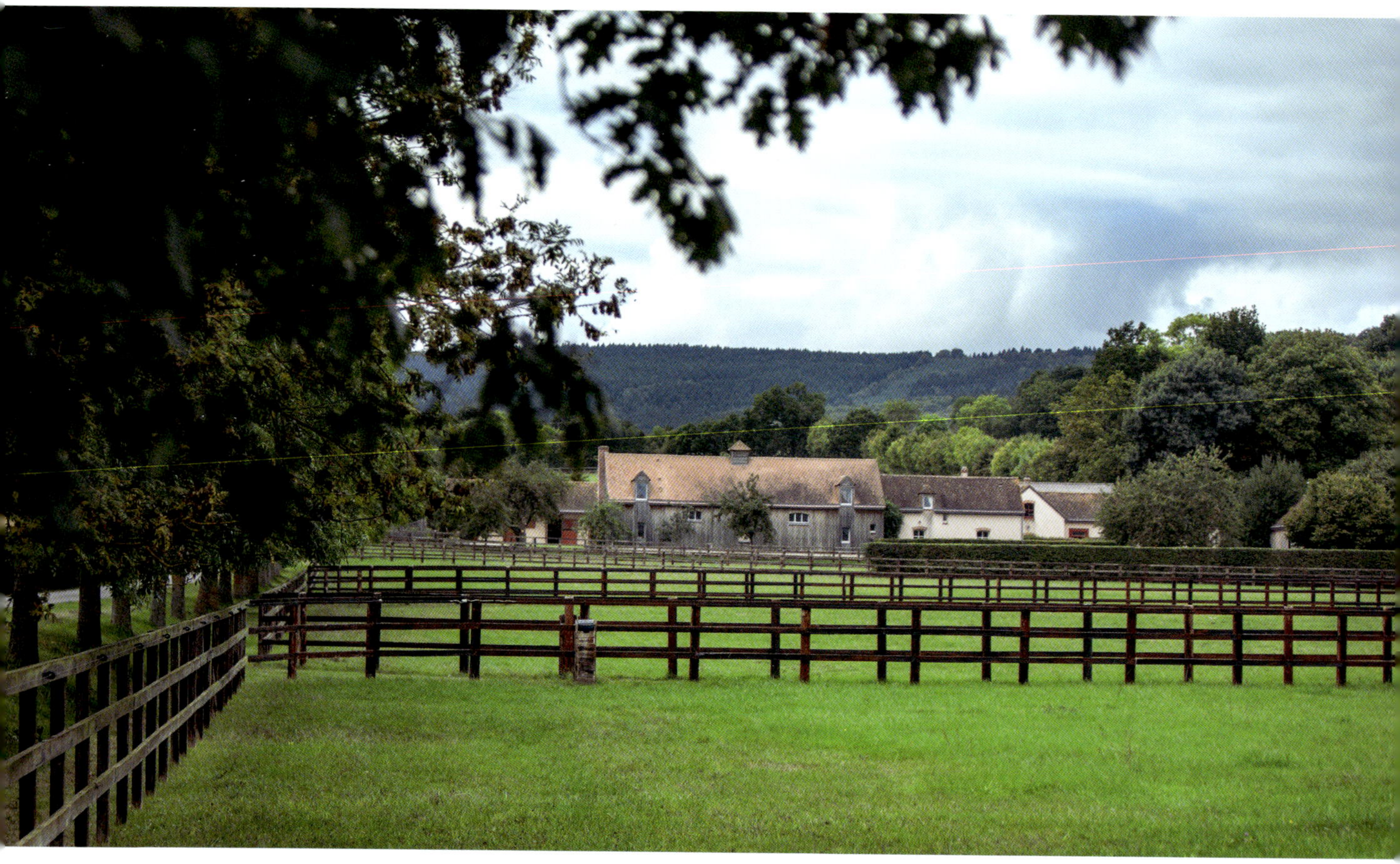

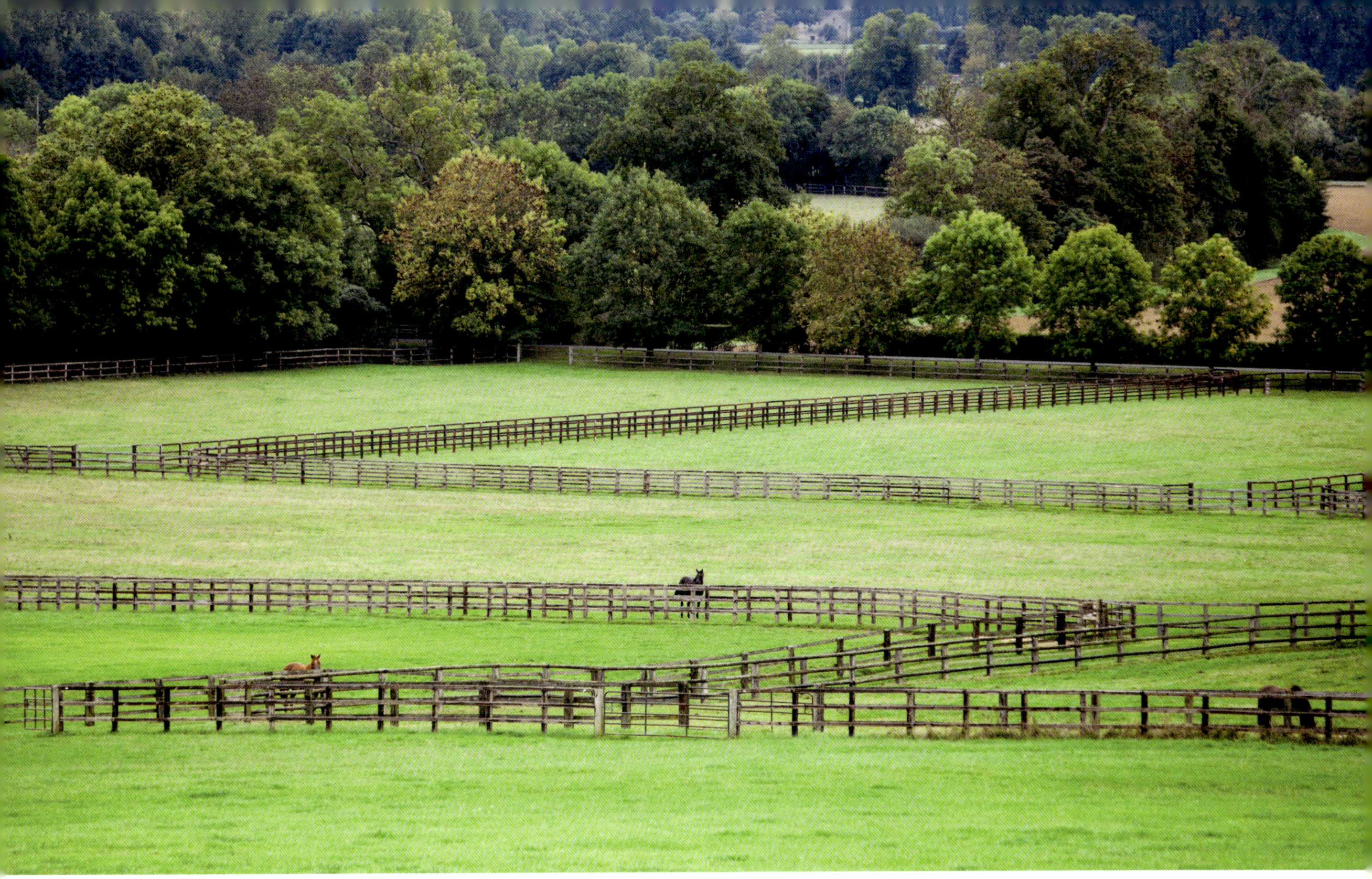

Rural), il a reporté une partie de ses ambitions sur les États-Unis, investissant dans un haras d'une centaine d'hectares au sein de la fameuse contrée d'élevage qu'est le Kentucky. Mais, si Bois-Carrouges est un peu en retrait actuellement, c'est pour mieux rebondir le moment venu et rappeler qu'il a été le berceau des gagnants de Groupe Roi Gironde et Tahreeb, pour ne citer qu'eux, ainsi que d'un « top-price », à Deauville, à 700 000 euros, en 2004. Car Bois-Carrouges est un haras vendeur, à d'évidentes fins de rentabilité. Florent Couturier, diplômé de HEC. et ex-homme d'affaires, ayant œuvré dans l'immobilier et dans l'informatique,

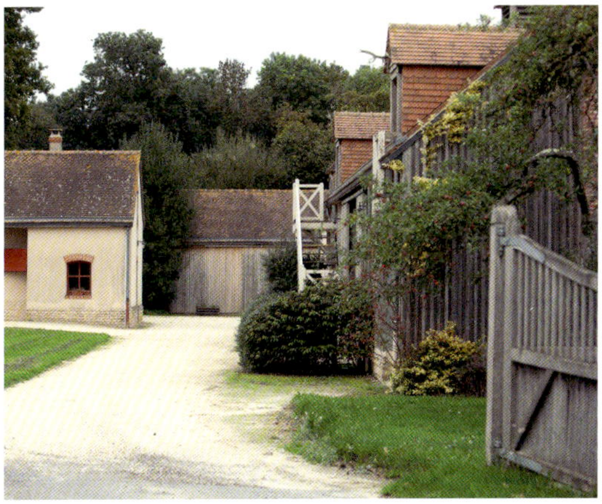

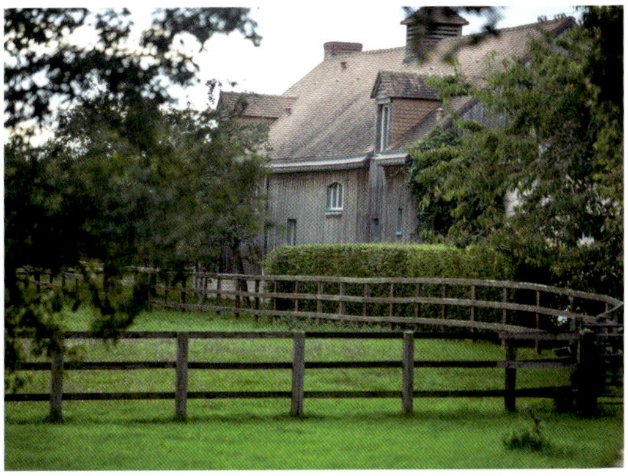

n'ignore pas, en effet, que pour courir, il faut tenir. Prédisposé familialement, avec un père officier qui le mit à cheval de bonne heure et un grand-père qui avait une écurie de trot avant-guerre, il a monté en concours hippique jusqu'à l'âge de 40 ans, puis s'est tourné vers les courses, où il a eu tôt fait de se trouver dans son élément, avec la précieuse assistance de son homme de confiance à Bois-Carrouges, Stéphane Delpeuch.

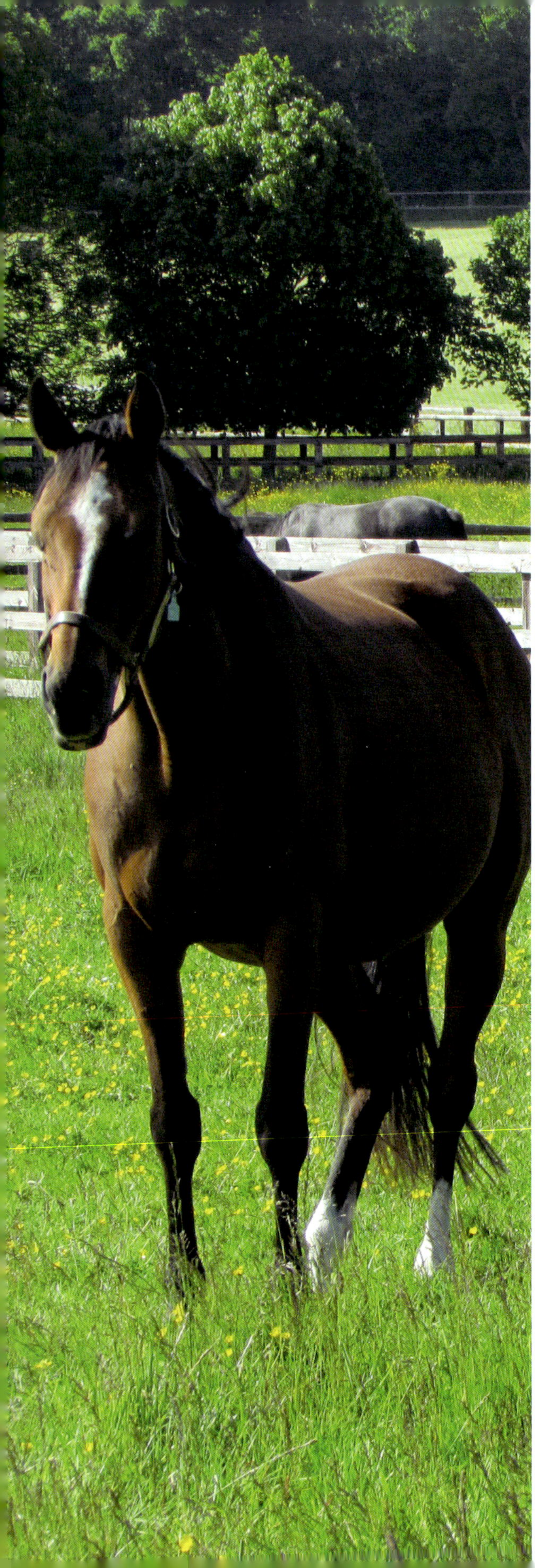

Bois-Carrouges

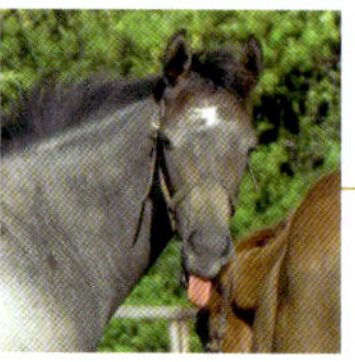

In the late eighties Florent Couturier was close to Pierre-Charles Le Métayer and Yann Houyvet and formed the Neustrian Associates partnership based at the Haras du Buff in Colombiers in the Orne region, the name of the association referring to the old Merovingian Neustria which designated the geographical north west of France. Shortly after however an opportunity emerged for Florent Couturier to buy some adjacent land from Berthe Perrier, known as « La Berthe » and the charismatic owner of this stallion station located in the municipality of Briante and fed by the river of the same name. Our man jumped on this opportunity and bought forty hectares, to which he added another twenty sometime later. Thus was born Bois-Carrouges which is now just twenty years old but already has a number of achievements to its credit.

Florent Couturier created Bois-Carrouges from scratch including all the buildings and boxes which number thirty. He wanted his stud to be functional but also pleasing to the eye and in the local style. He kept up to a dozen mares on site but has since reduced the stock by half because he was unable to expand due to the intervention of SAFER (association of property and rural management) and transferred his ambitions to the United States investing in a hundred hectare stud in the famous breeding region that is Kentucky. Though Bois-Carrouges is somewhat quiet right now it will undoubtedly bounce back in due course and remind everyone that it was the birthplace of Group winners King Gironde and Tahreeb to name but a few, as well as a top price Deauville yearling sold for €700,000 in 2004. Bois-Carrouges is a commercial stud clearly aimed at being profitable. Florent Couturier is graduate of HEC. and a former businessman who worked in real estate and in the computer industry and is well aware of the patience required to be successful. Predisposed toward racing through his family, with his father an officer who taught him to ride from a young age and a grandfather who owned a trotting stable before the war, he rode showjumpers until the age of 40 before turning his attention to racing where he soon found himself in his element with the valuable assistance of his trusted right hand man at Bois-Carrouges Stéphane Delpeuch.

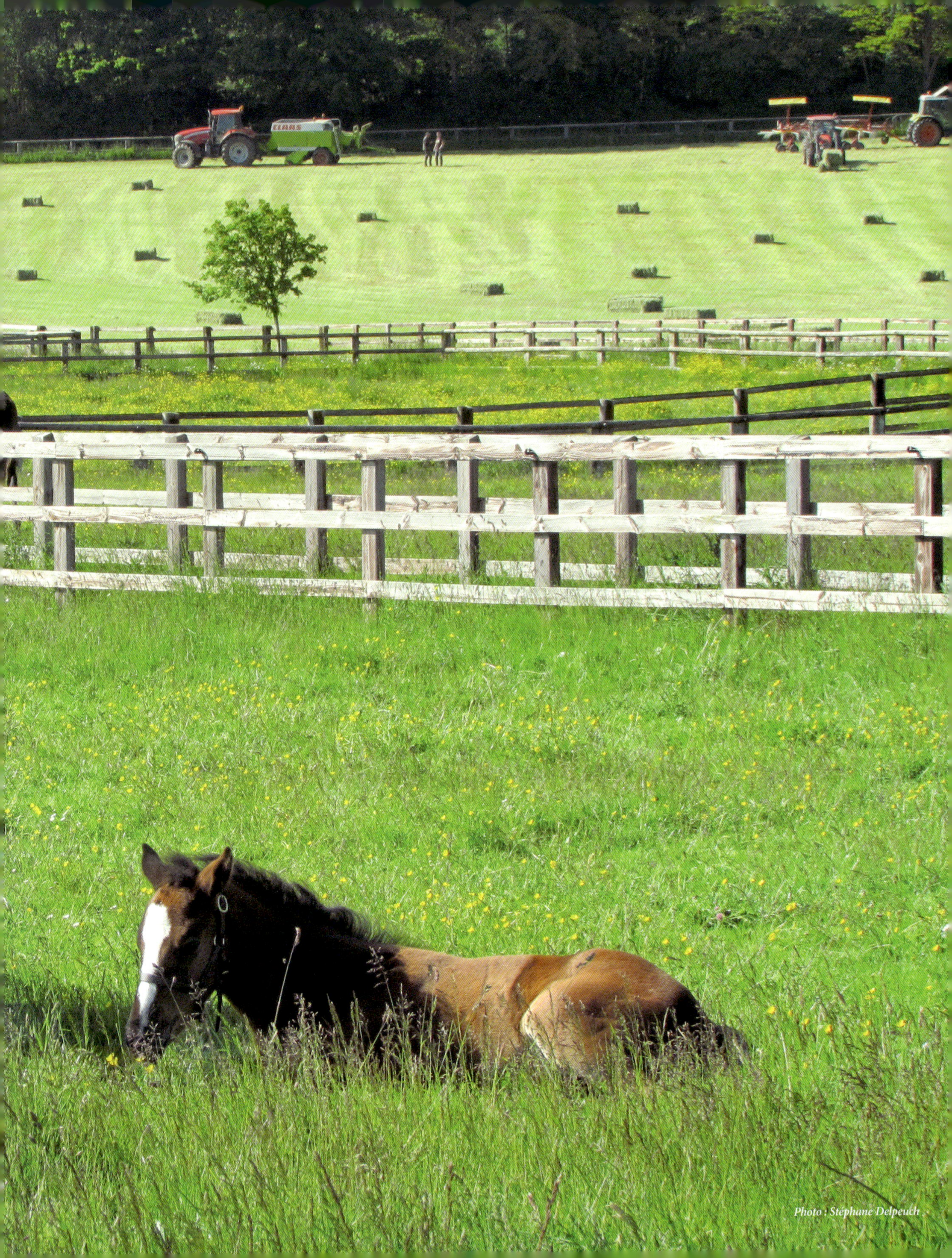

Photo : Stéphane Delpeuch

Bois-Roussel

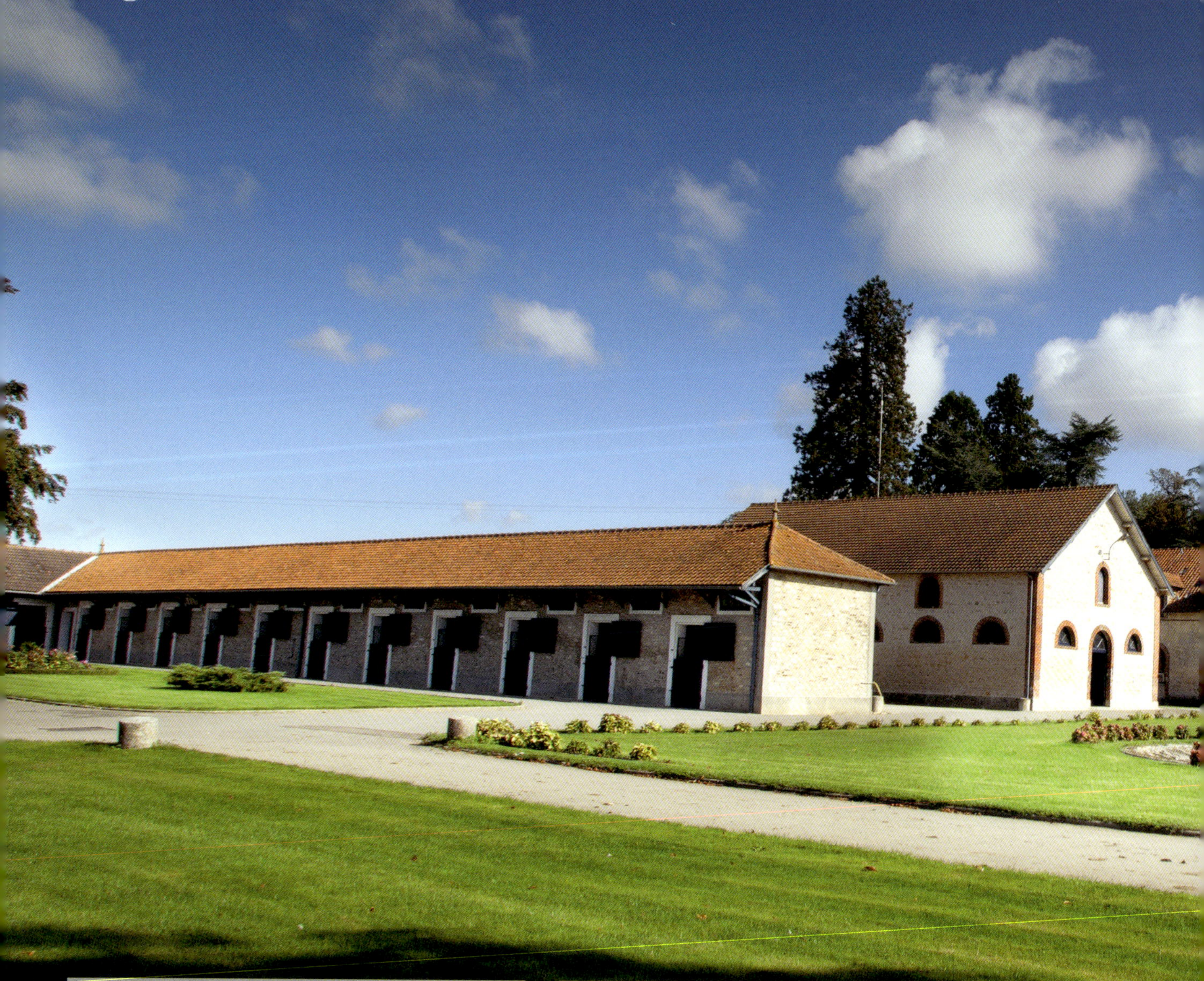

Le Haras de Bois-Roussel est l'un des plus anciens haras français. Situé à une dizaine de kilomètres au sud de Sées, à Bursard, dans l'Orne, où il fait face au Haras de Sou et à Hamel Stud, il s'étend présentement sur cent quatre-vingts hectares, dont une partie déborde sur la commune voisine d'Essay. Entouré de trois forêts – celles d'Écouves, de Bourse et, au loin, de Perseigne –, le site est splendide, avec ses vastes prairies, parsemées de sources, qui descendent en pente douce vers la vallée de la Vésonne et de ses affluents. Les bâtiments et dépendances, qui datent du début du dix-neuvième siècle, soulignent la majesté de l'endroit, jusqu'aux rotondes se dispersant gracieusement aux quatre coins de la propriété. Il n'y manque que le château, incendié, dont ne subsistent que quelques ruines, au cœur du parc aux arbres centenaires.

Dès l'Empire, il est fait mention d'élevage de chevaux à Bois-Roussel, mais à destination de l'armée, sous l'impulsion du comte Roederer, ministre de Napoléon. Puis, à partir du milieu du dix-neuvième siècle, le cheval de course devient l'objet principal du haras. C'est à cette époque que Pierre-Louis Roederer s'associe avec Henry Delamare pour créer une société civile agricole s'appuyant sur un important élevage de chevaux et de bovins, à la faveur d'un domaine alors vaste de trois cents hectares

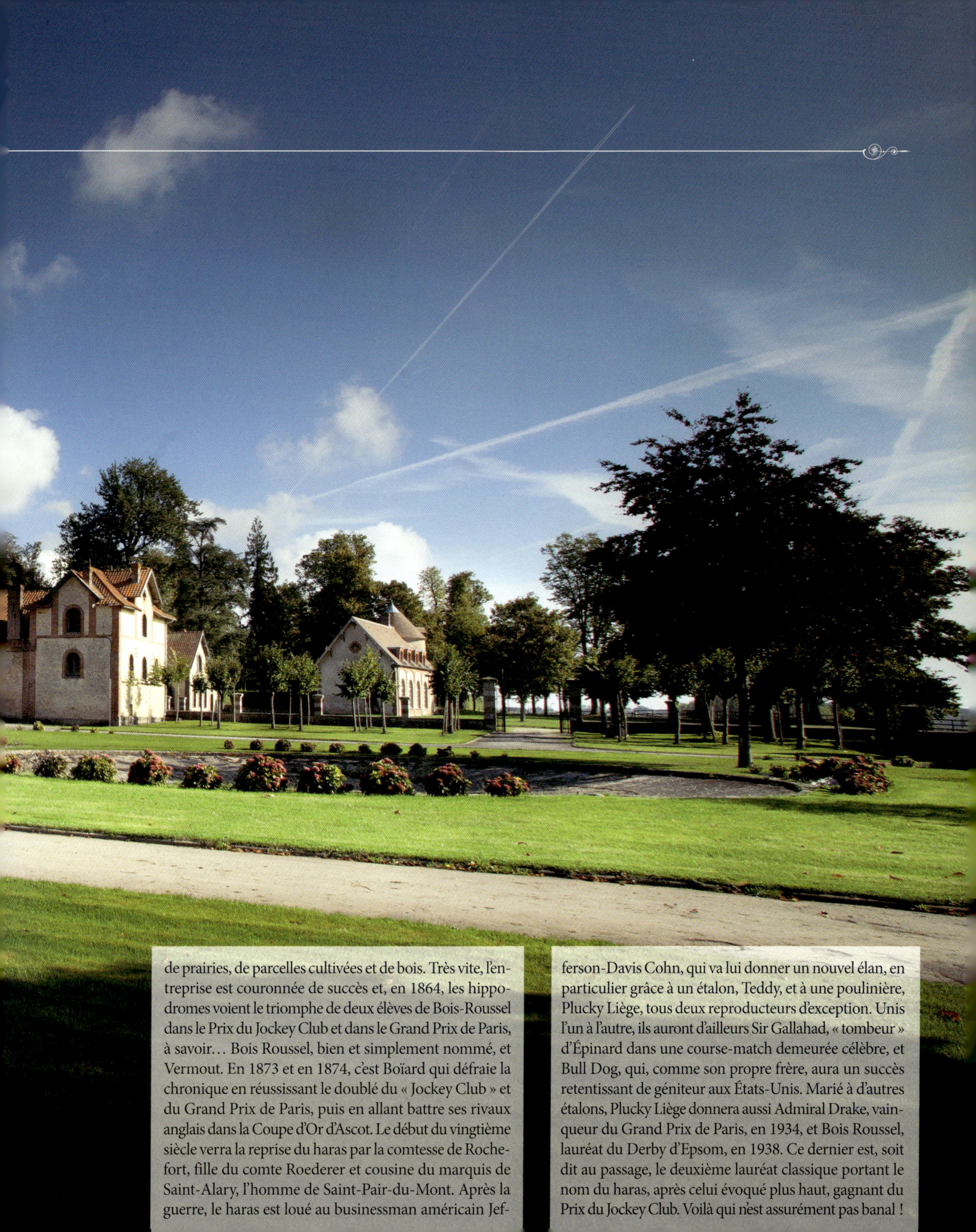

de prairies, de parcelles cultivées et de bois. Très vite, l'entreprise est couronnée de succès et, en 1864, les hippodromes voient le triomphe de deux élèves de Bois-Roussel dans le Prix du Jockey Club et dans le Grand Prix de Paris, à savoir… Bois Roussel, bien et simplement nommé, et Vermout. En 1873 et en 1874, c'est Boïard qui défraie la chronique en réussissant le doublé du « Jockey Club » et du Grand Prix de Paris, puis en allant battre ses rivaux anglais dans la Coupe d'Or d'Ascot. Le début du vingtième siècle verra la reprise du haras par la comtesse de Rochefort, fille du comte Roederer et cousine du marquis de Saint-Alary, l'homme de Saint-Pair-du-Mont. Après la guerre, le haras est loué au businessman américain Jefferson-Davis Cohn, qui va lui donner un nouvel élan, en particulier grâce à un étalon, Teddy, et à une poulinière, Plucky Liège, tous deux reproducteurs d'exception. Unis l'un à l'autre, ils auront d'ailleurs Sir Gallahad, « tombeur » d'Épinard dans une course-match demeurée célèbre, et Bull Dog, qui, comme son propre frère, aura un succès retentissant de géniteur aux États-Unis. Marié à d'autres étalons, Plucky Liège donnera aussi Admiral Drake, vainqueur du Grand Prix de Paris, en 1934, et Bois Roussel, lauréat du Derby d'Epsom, en 1938. Ce dernier est, soit dit au passage, le deuxième lauréat classique portant le nom du haras, après celui évoqué plus haut, gagnant du Prix du Jockey Club. Voilà qui n'est assurément pas banal !

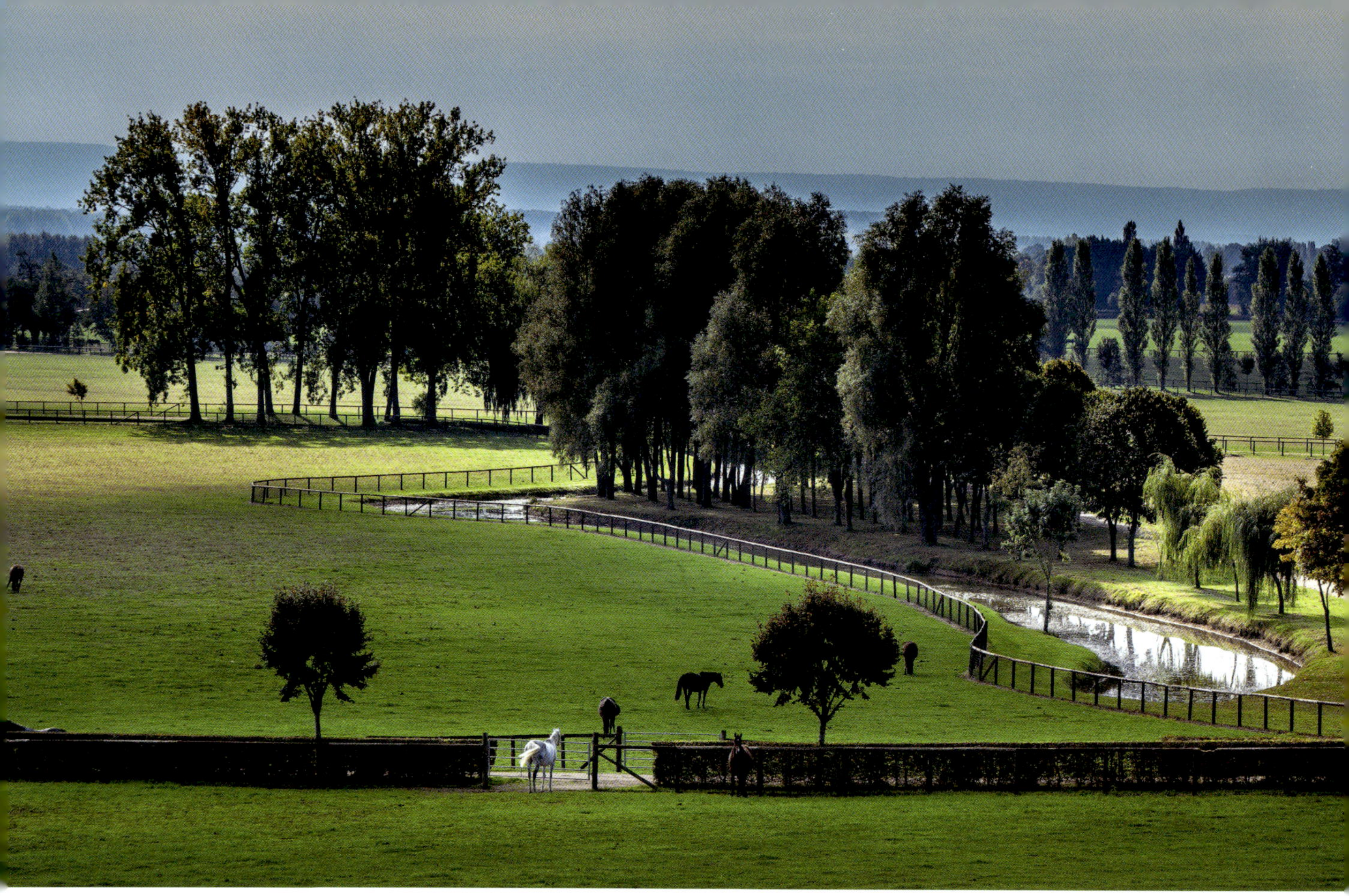

J.-D. Cohn n'aura cependant pas bénéficié jusqu'au bout de l'extraordinaire réussite de Teddy et de Plucky Liège. Victime du krach boursier de 1929, il se voit contraint de vendre Teddy aux États-Unis, en 1931, puis la plus grande partie de ses chevaux à l'entraînement, en 1932, et, enfin, de gager auprès d'une banque son effectif à l'élevage et ce qui lui reste de son écurie. Le repreneur en sera, en 1933, Léon Volterra, homme de spectacle spécialisé dans le music-hall et le théâtre –il sera d'ailleurs l'organisateur, entre 1934 et 1939, des fameuses « Nuits de Longchamp », inoubliables soirées festives, mêlant courses sous les sunlights, attractions diverses, représentations théâtrales et de danse, jusqu'au feu d'artifice final–, qui en obtiendra tout de suite le précité Admiral Drake ou encore Mary Tudor, lauréate de la Poule d'Essai des Pouliches et du Prix Vermeille, puis mère, une fois revendue, d'Owen Tudor, gagnant du Derby d'Epsom et grand étalon. Nous sommes en 1934 et la saison est particulièrement fructueuse pour Léon Volterra, qui a aussi Duplex, vainqueur du Prix du Jockey Club. Volterra avait non seulement repris les chevaux de Cohn, mais il avait renouvelé le contrat de location de Bois-Roussel. Pendant quinze ans, il y élèvera une kyrielle de classiques, parmi lesquels Vatellor, brillant étalon qui assiéra sa réussite, Bois Roussel, déjà mentionné, My Love et Royal Drake, qui firent afficher le jumelé du Derby d'Epsom, en 1948, ou encore Amour Drake, qui échoue d'une tête dans le Derby, en 1949, quelques jours avant le décès de son propriétaire.

À la disparition de Léon Volterra, sa veuve, Suzy, choisit de poursuivre l'œuvre de son époux, mais aussi de transférer ses effectifs au Haras de l'Orne, non loin de Fresnay-le-Buffard. Le comte et la comtesse de Rochefort reprennent donc les rênes de leur haras, mais ils n'ont pas la même ambition d'avoir une écurie de premier plan et, pendant vingt ans, Bois-Roussel va se tenir un peu en retrait, sinon sur le plan strictement agricole, aux soins de Marcel Deroubaix, homme de confiance de la comtesse. En 1970, le haras est vendu à la comtesse Batthyány, qui nous vient d'outre-Rhin et relance pleinement l'activité du site, sous la houlette d'un tandem formé par Louis Champion, alors animateur de feu le Haras de Chemoitou, et Emmanuel Bodard, futur directeur du Haras de Clairfeuille, aujourd'hui voué aux chevaux arabes. C'est à ce moment-là que Bois-Roussel accueille Caro, élève de sa nouvelle propriétaire, excellent sur les pistes et meilleur encore à la reproduction, ce qui, d'ailleurs, conduira à son exportation aux États-Unis. Le tout bon miler et dauphin de Blushing Groom, Pharly, est un autre des hôtes marquants du haras à cette époque. Quant aux élèves maison, ils se nomment

Bois-Roussel

Almeira, lauréate du Prix Marcel Boussac, Galetto, gagnant du Prix Lupin et troisième du « Jockey Club », ou bien, pour s'en tenir là, le rapide Nikos, qui se révélera ensuite un étalon de première importance en obstacle.

Au décès de la comtesse Batthyány, un imbroglio judiciaire et financier opposera les héritiers, qui bloquera le haras plusieurs années durant, Jean-Patrick Vitse assurant cependant l'intérim à sa direction. Une décision juridique sera finalement entérinée et le haras pourra être vendu et reprendre le cours de son histoire. C'est ainsi qu'à compter de 2001 y résident les juments de Daniel Wildenstein, puis de sa famille. Les hôtes de Bois-Roussel sont toujours aussi prestigieux et les résultats continuent de s'ensuivre par progéniture interposée, sous la houlette d'Alec Waugh et de son bras droit, Jacques Boudet, transfuge de l'écurie de François Doumen, assistés de huit salariés. Environ soixante-dix poulinières sont de la partie et cent boxes sont à leur disposition. Un autre chiffre, pour l'anecdote : il y a, à Bois-Roussel, domaine magnifiquement quadrillé, cinquante-deux kilomètres de clôtures ! Ajoutons pour conclure qu'Alec Waugh a,

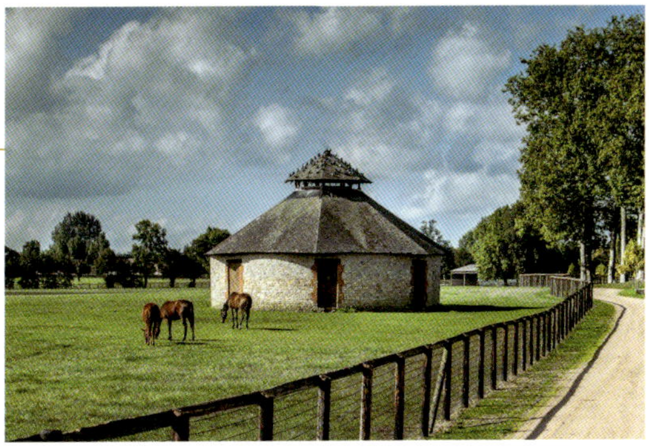

parallèlement, son propre haras, Jedburgh Stud, dans le Bessin, tout près d'Étréham, où il fit en partie ses classes en tant qu'étalonnier aux côtés de Georges Rimaud, désormais au service de Son Altesse l'Aga Khan.

The Haras de Bois-Roussel is one of the oldest studs in France. Situated about ten kilometers south of Sées in the town of Bursard in the Orne region where it faces the Haras de Sou and Hamel Stud, it extends these days over one hundred and eighty hectares, part of which overflows onto the neighbouring municipality of Essay.

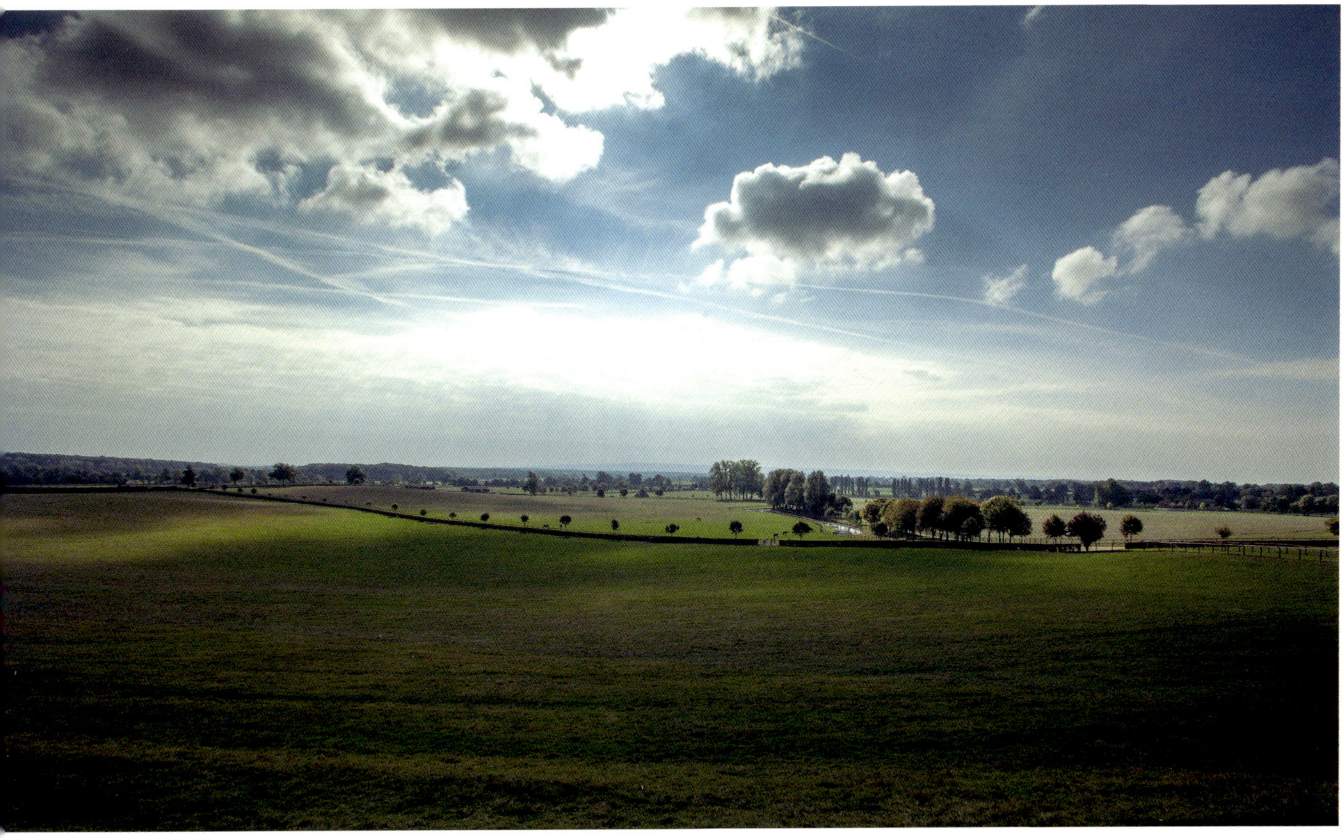

Bois-Roussel

Surrounded by three forests – those of Écouves, Bourse and further away Perseigne – the location is a beautiful one, with its vast pastures interspersed with springs which gently slope towards the Vésonne valley and its tributaries. The buildings and outbuildings, which date back to the early nineteenth century, emphasize the majesty of the place including the rotundas which are dotted around the property. The only thing missing is the château which burnt down and of which only a few ruins remain at the heart of the park with its century old trees.

There have been references to horse breeding at Bois-Roussel since the Empire, though they were destined for the army under the leadership of Count Roederer, Minister to Napoleon. Then from the middle of the nineteenth century the racehorse has become the principal focus of the stud. It was at this time that Pierre-Louis Roederer went into partnership with Henry Delamare to create a « société civile agricole » (agricultural development company) based on a large horse and cattle stud farm taking advantage of the estate which was then made up of three hundred hectares of paddocks, crops and woods. The business was very soon crowned with success and in 1864 racecourses witnessed the triumphs of two Bois Roussel graduates in the Prix du Jockey Club and the Grand Prix de Paris, namely of... the well and simply named Bois Roussel and Vermout. In 1873 and 1874 it was Boïard who made headlines thanks to his « Jockey Club » and Grand Prix de Paris double before going on to beat his British rivals in the Ascot Gold Cup. The early twentieth century saw the stud go into the hands of the Countess de Rochefort, daughter of Count Roederer and a cousin of the Marquis de Saint-Alary who owned Saint-Pair-du-Mont. After the war the stud was leased to the American businessman Jefferson Davis Cohn who gave it a new impetus, particularly thanks to one stallion Teddy and one broodmare Plucky Liege, both of whom have proved exceptional in the breeding shed. When mated with each other they produced Sir Gallahad who defeated Épinard in a match race which is still famous to this day, and Bull Dog who like his brother became a very successful stallion in the United States. Mated with other stallions Plucky Liège also produced Admiral Drake, winner of the Grand Prix de Paris in 1934 and Bois Roussel winner of the Epsom Derby in 1938. The latter is also the second Classic winner bearing the name of the stud, after the aforementioned winner of the Prix du Jockey Club. A fact which is certainly not commonplace!

However J.D. Cohn did not benefit from the extraordinary success of Teddy and Plucky Liège right to the end. A victim of the 1929 stock market crisis, he was forced to sell Teddy to the United States in 1931, followed by most of his horses in training in 1932, before eventually having to pledge the rest of his breeding stock and what remained of his racing stable to the bank. ts buyer in 1933 was Léon Volterra who was involved in show business and specialised in music halls and theaters. He was also the one to organise the famous « Nuits de Longchamp », unforgettable festive evenings which mixed racing under floodlights with various attractions, theater and dance and a grand fireworks finale, between 1934 and 1939. Volterra immediately obtained the aforementioned Admiral Drake as well as Mary Tudor, winner of the Poule d'Essai des Pouliches and the Prix Vermeille before becoming, once sold, the dam of Owen Tudor, Epsom Derby winner and later a great stallion. This was in 1934, a season which proved particularly fruitful for Léon Volterra, who also bred Duplex who landed the Prix du Jockey Club. Volterra had not only taken on Cohn's horses, he had also renewed the lease on Bois-Roussel.

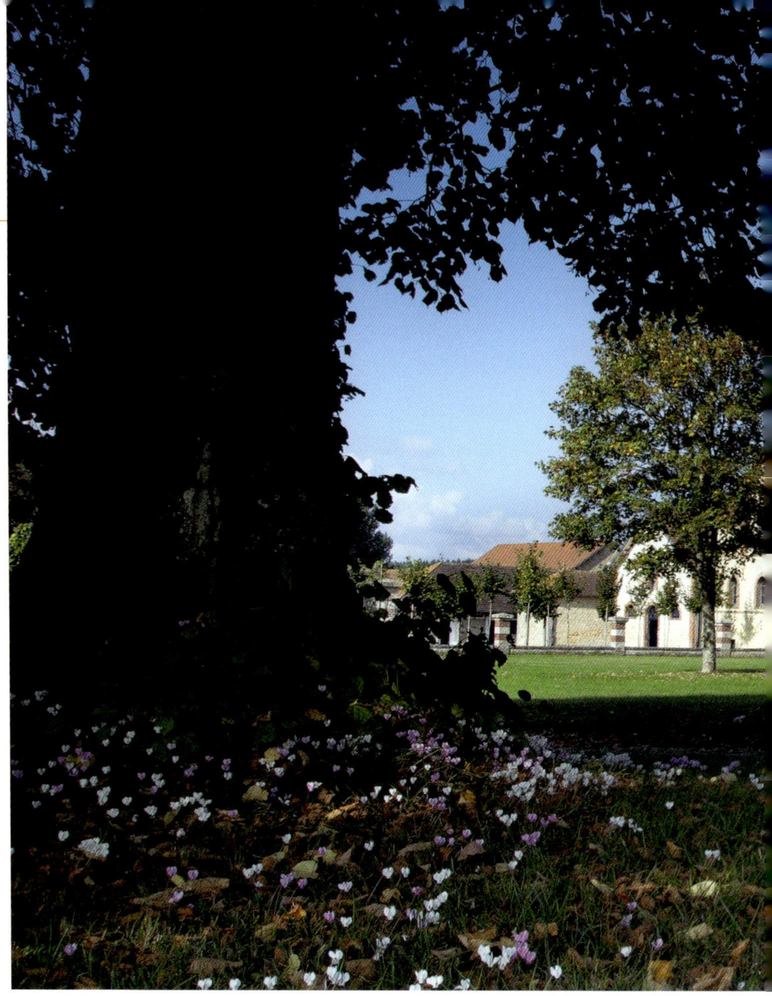

For fifteen years he was to breed a host of Classic horses including Vatellor, a brilliant stallion who established his success, Bois Roussel, who was mentioned earlier, My Love and Royal Drake, who finished first and second in the

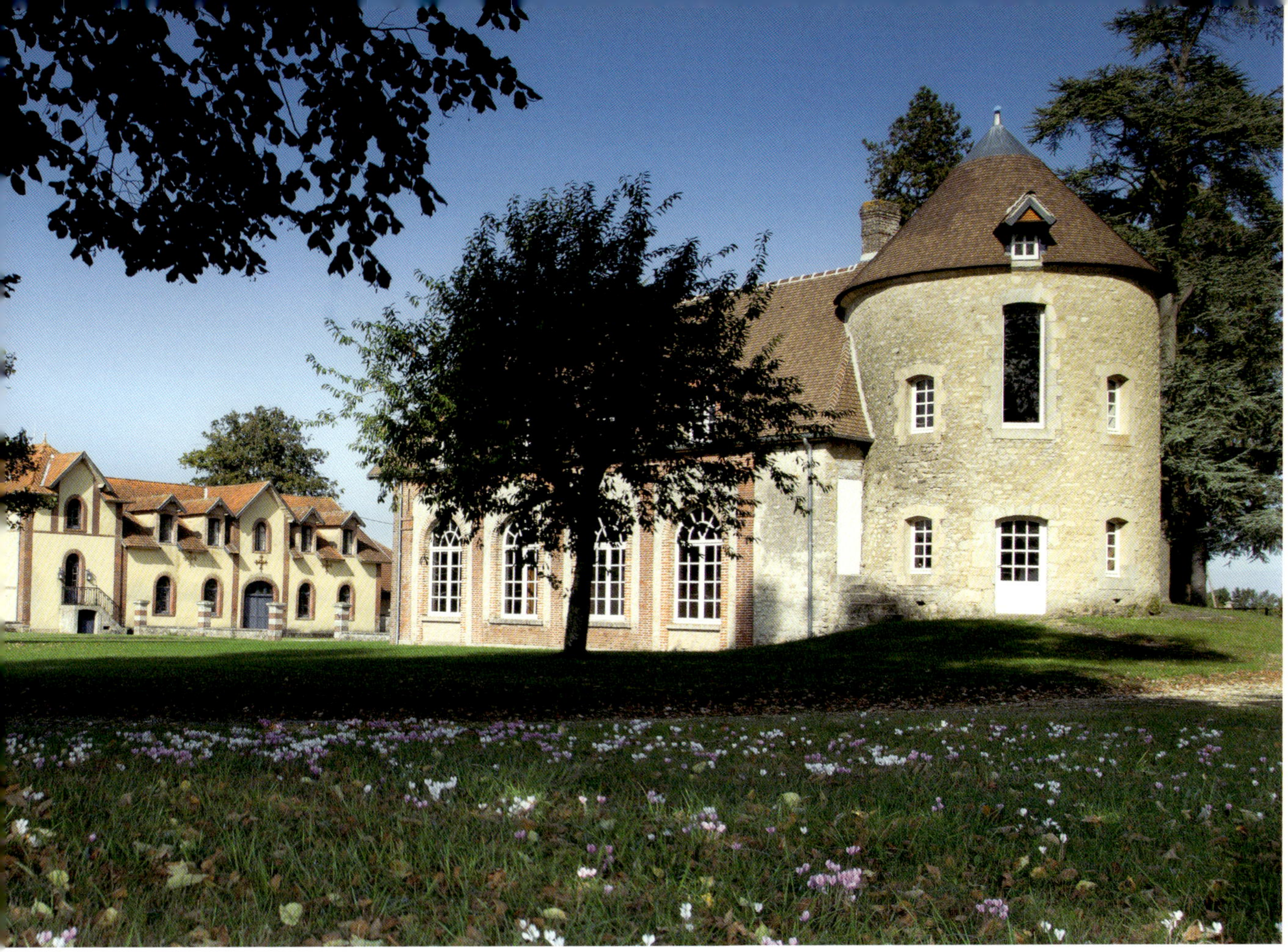

Epsom Derby in 1948, or even Amour Drake, who was beaten a head in the 1949 Derby, just a few days before the death of its owner.

When Léon Volterra died, his widow Suzy decided to continue the work of her husband but also to transfer his stock to the Haras de l'Orne, not far from Fresnay-le-Buffard. The Earl and Countess of Rochefort therefore once again took over the reins of their stud but they did not have the same ambition of owning a first rate racing stable and for twenty years Bois-Roussel flew at half mast, if not entirely on farming basis, in the care of Marcel Deroubaix who was right-hand man to the countess. In 1970, the stud was sold to the Countess Batthyány who came from Germany and who totally relaunched the stud's activity, under the leadership of the tandem made up of Louis Champion, then manager of the now extinct Haras de Chemoitou and Emmanuel Bodard, future director of the Haras de Clairfeuille, nowadays dedicated to purebred Arabian horses. It was at this time that Bois-Roussel welcomed Caro who belonged to its owner and was a great racehorse and an even better stallion, which for that matter lead to him being exported to the United States. The top class miler and runner up to Blushing Groom, Pharly was another notable resident of the stud at this time. As for the homebreds, their names are Almeira, winner of the Prix Marcel Boussac, Galetto, the Prix Lupin victor and « Jockey Club » third, and to name just one more, the speedy Nikos, who later turned out to be a top class stallion over jumps.

Upon the death of the Countess Batthyány, a judicial and financial imbroglio opposed her heirs which blocked the stud several years, with Jean-Patrick Vitse nonetheless ensuring its leadership in the interim. A legal decision was finally confirmed and the stud could be sold and carry on with its journey. This is how since 2001 Daniel Wildenstein's and now his family's mares board at the stud. The Bois-Roussel's owners are just as prestigious and its results continue to follow suit through its progeny under the leadership of Alec Waugh and his right hand man Jacques Boudet, who came from the François Doumen outfit, assisted by eight employees. About seventy mares make up the stock and one hundred boxes are available to them. Another fact for the record: there are at Bois-Roussel, a beautifully sectioned property, fifty two kilometres of fencing! It is also worth mentioning in conclusion that Alec Waugh also has his own farm, Jedburgh Stud, in the Bessin region, very close to Étréham, where he learnt some of his trade as a stallion man alongside Georges Rimaud who now works for His Highness The Aga Khan.

Bonneval – Ouilly – Saint-Crespin

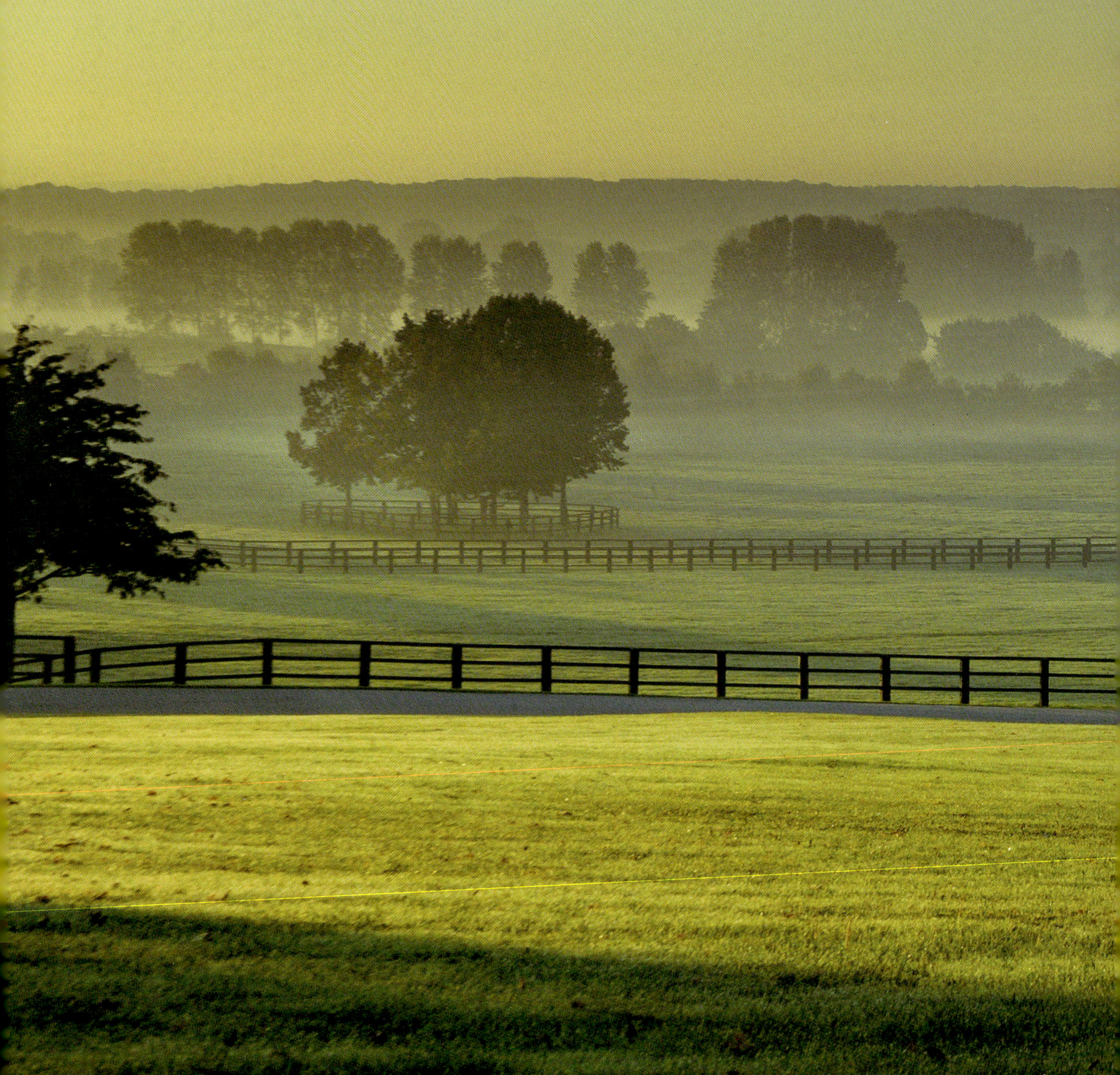

Depuis les origines, les couleurs de la famille Aga Khan comptent neuf victoires dans le Derby d'Epsom – grâce à Blenheim (1930), Bahram (1935), Mahmoud (1936), My Love (1948), Tulyar (1952), Shergar (1981), Shahrastani (1986), Kahyasi (1988) et Sinndar (2000) – huit succès dans le Prix du Jockey Club – par l'entremise de Pot au Feu (1924), Charlottesville (1960), Top Ville (1979), Darshaan (1984), Mouktar (1985), Natroun (1987), Dalakhani (2003) et Darsi (2006) – ou encore sept distinctions dans le Prix de l'Arc de Triomphe, via Migoli (1948), Nuccio (1952), Saint Crespin (1959), Akiyda (1982), Sinndar (2001), Dalakhani (2003)

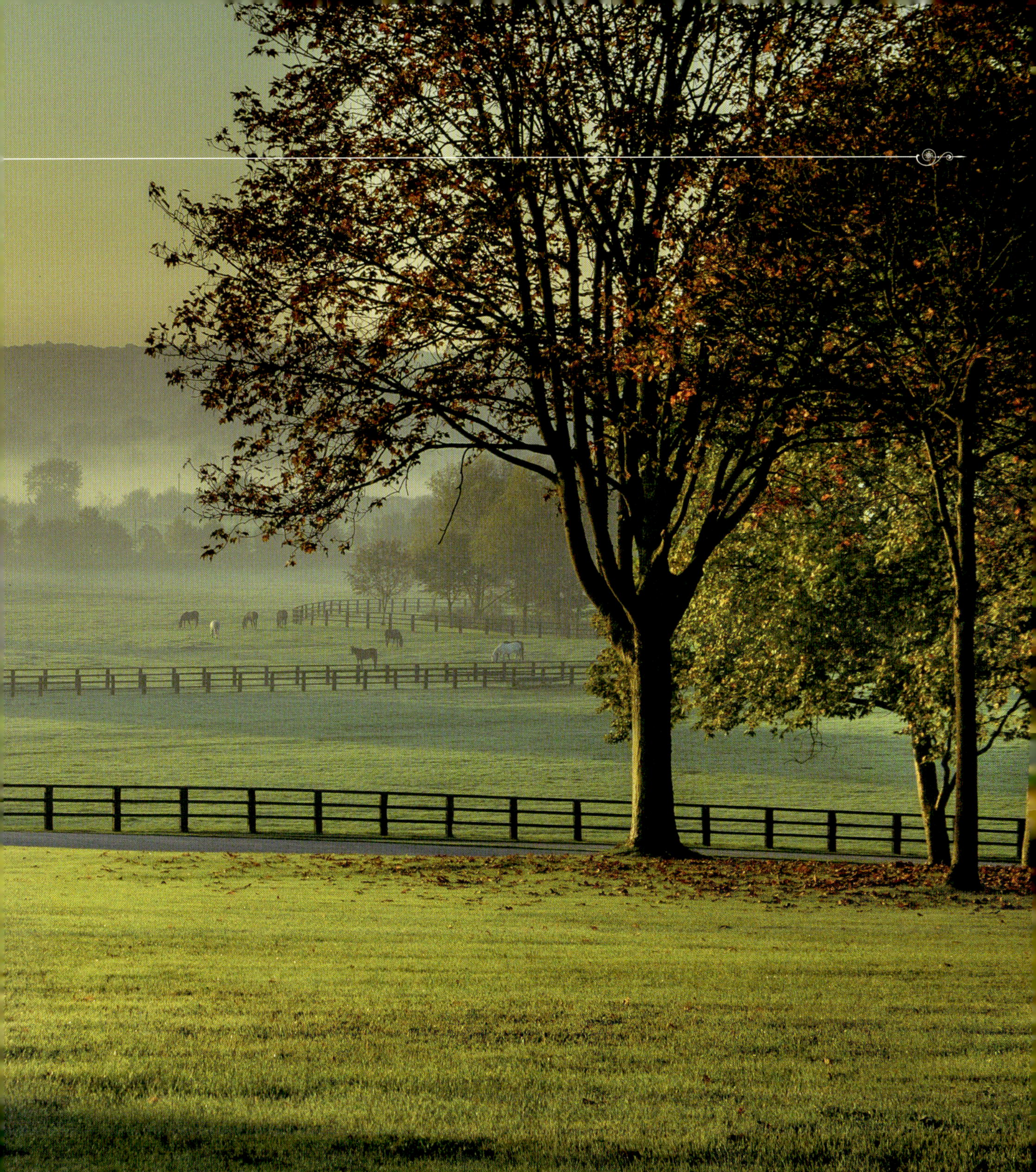

et Zarkava (2008). La rétrospective est éloquente, d'autant que presque tous ces chevaux sont des élèves maison. Nasrullah, qui eut une influence considérable sur l'élevage mondial, est une autre des plus fameuses contributions de la famille princière au sport hippique. Il s'agit d'un petit-fils de la « grise volante », Mumtaz Mahal, que valorisa

en course, puis à l'élevage, le prince Aga Khan III, au point d'en faire ce qu'il est convenu d'appeler une jument base. À l'instant cité, le prince Aga Khan III est le grand initiateur de l'élevage familial en Europe. Cela remonte aux années vingt et aux multiples investissements qu'il y consentit pour devenir un acteur majeur du monde des

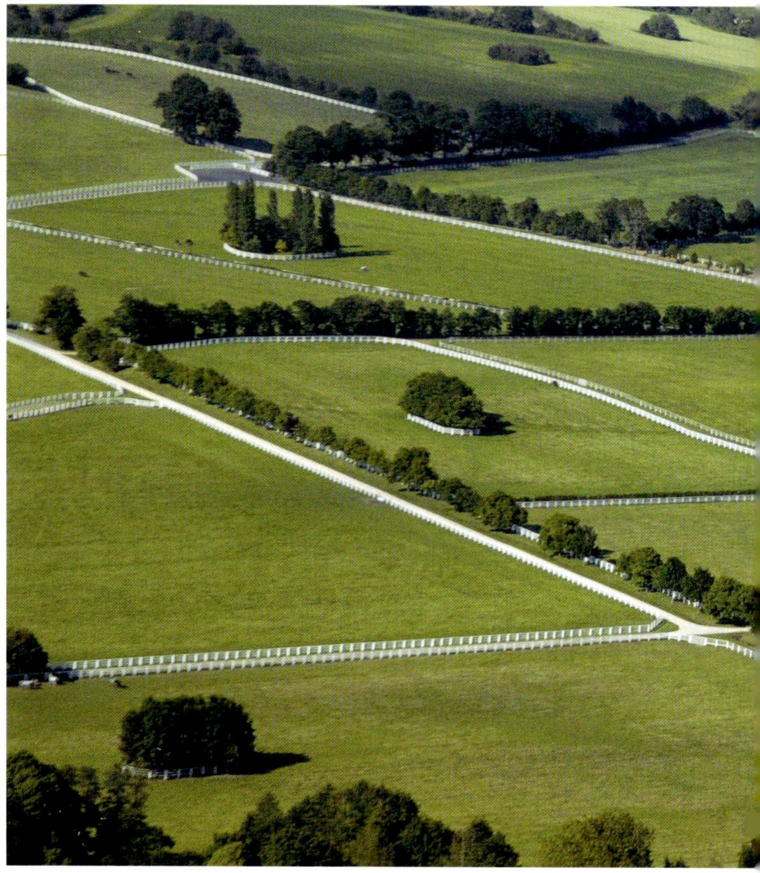

courses. S'entourant de collaborateurs avisés, il commence par acheter des yearlings, surtout des femelles, aux origines triées sur le volet, afin d'en faire le socle de sa jumenterie. Dès cette époque, sa casaque est présente des deux côtés de la Manche et, si plusieurs haras sont acquis en Irlande, quatre le sont en France, à savoir La Coquenne, en 1923, Marly-la-Ville, en 1926, Saint-Crespin, en 1927, avec les effectifs de son propriétaire disparu, Édouard Kann, et, enfin, Lassy. La politique d'envergure du prince Aga Khan III ne tarde pas à porter ses fruits et les plus anciens vainqueurs susmentionnés sont son œuvre. À sa mort, en 1957, son écurie et son élevage sont des modèles en Europe. Très passionné également, le prince Aly Khan n'aura guère le temps de faire fructifier l'héritage paternel, disparaissant dans un tragique accident de la route en 1960. Mais, durant ces trois années, les couleurs familiales brillent de mille feux et, en 1959, elles dominent tant le turf anglais que français, grâce à Petite Étoile, qui gagne les Mille Guinées, les Oaks et les Champion Stakes, et à Saint Crespin, le bien nommé, qui remporte les Eclipse Stakes et le Prix de l'Arc de Triomphe. Cette saison-là, le prince Aly Khan est tête de liste des propriétaires en France et en Angleterre. Son fils, Karim, n'a que 23 ans, à l'époque, et n'est pas encore féru de la chose hippique. Cependant, il relève courageusement le défi d'assurer une continuité dont il sait qu'elle ne peut être que celle de l'excellence.

Son Altesse l'Aga Khan va se révéler, à la fois, un remarquable éleveur et un brillant gestionnaire. Au fil des ans, il va beaucoup développer la partie française de son entre-

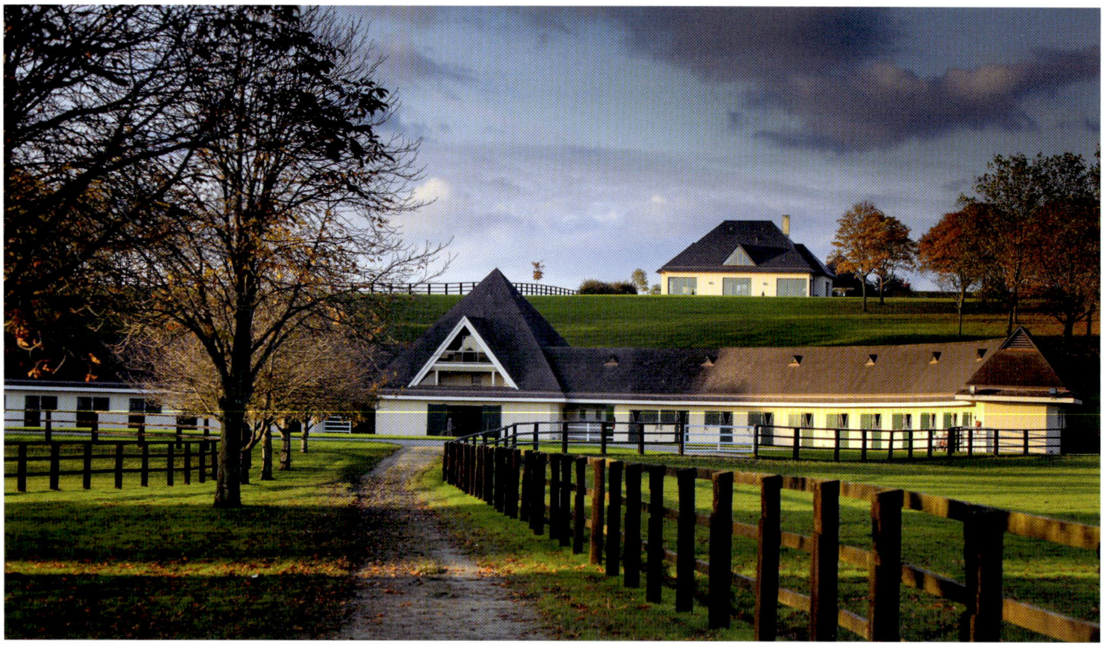

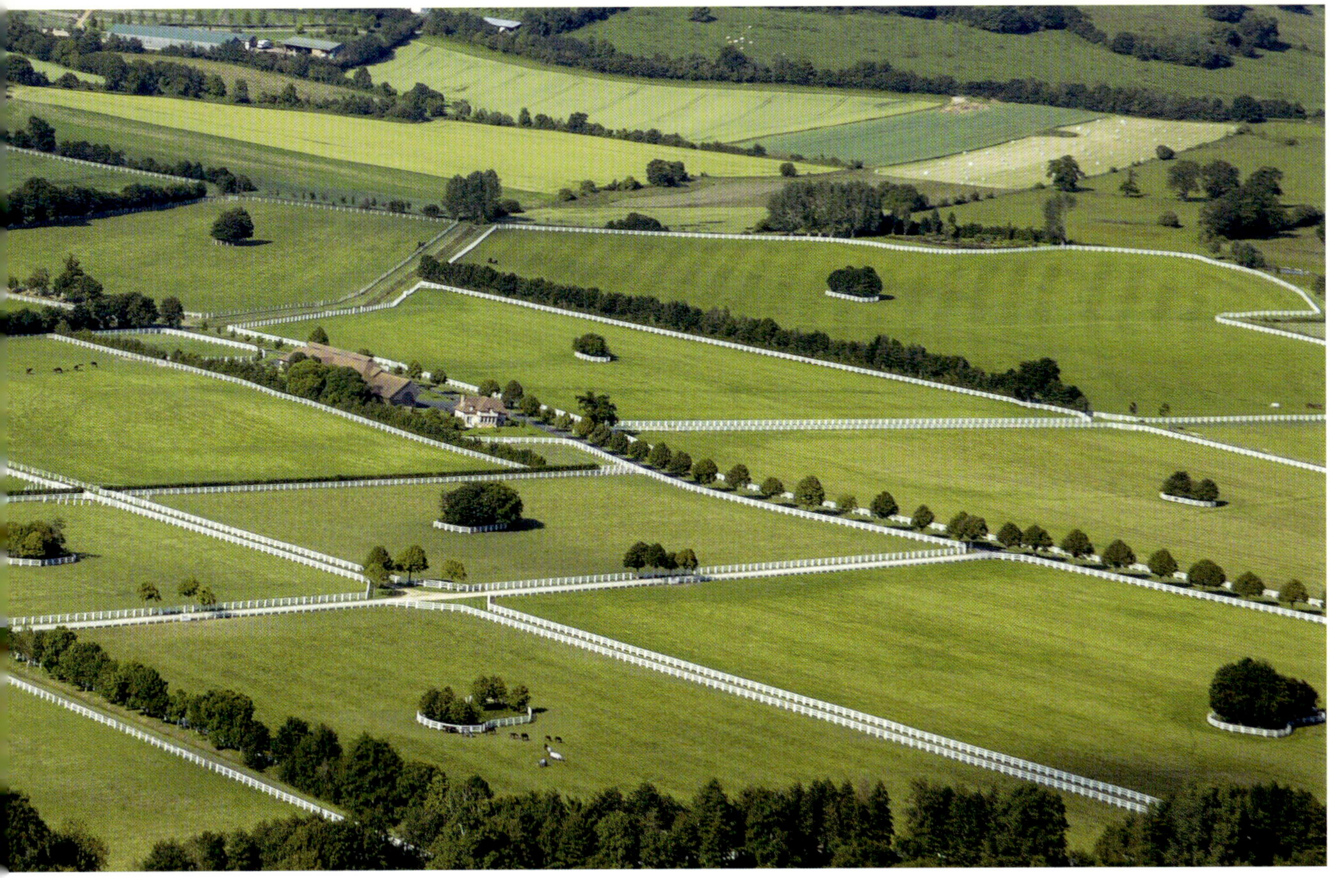

prise hippique, en particulier en effectuant trois acquisitions majeures : celle des chevaux de madame François Dupré, en 1977, puis de Marcel Boussac, en 1978, et de Jean-Luc Lagardère, en 2005. À la succession de celui-ci, il achètera également les haras d'Ouilly, de Tupot et du Val-Henry. En reprenant l'intégralité, ou quasiment, de ces prestigieux effectifs, Son Altesse l'Aga Khan concrétisait un formidable apport, celui de trois élevages d'exception à même de renouveler, on ne peut plus favorablement, ses propres lignées. Au reste, cette politique de diversification, d'achats, mais aussi de ventes – les pouliches et poulinières « Aga Khan » ne sont pas rares sur les marchés de l'arrière-saison –, est une habitude de la dynastie et lui a toujours souri. Les souches Dupré fourniront, de la sorte, trois Prix du Jockey Club à Son Altesse l'Aga Khan, avec Top Ville, Mouktar et Natroun ; *idem* pour ce qui est des souches Boussac, avec Darshaan, Dalakhani et Darsi, qui y ajouteront trois Prix de l'Arc de Triomphe, avec Akiyda, Sinndar et Dalakhani, et un Derby, avec Sinndar. On a moins de recul pour juger des réussites « Lagardère », qui sont, toutefois, déjà nombreuses, spécialement dans le registre de la vitesse et de la précocité, eu égard au sang américain ainsi introduit au sein de la jumenterie princière.

Autre précieux « legs » de Jean-Luc Lagardère est le Haras d'Ouilly, un haut lieu de l'élevage du pur-sang depuis la fin du dix-neuvième siècle. Le haras est situé sur la commune de Pont-d'Ouilly, en lisière du Calvados et de l'Orne, à peu près à égale distance entre Falaise et Condé-sur-Noireau. Le sol y est riche en minéraux, particulièrement favorables à l'élevage des chevaux de course. Le prince d'Arenberg, qui fut aussi président de la Société d'Encouragement, est l'un des premiers animateurs d'Ouilly, précédant le duc Decazes, qui, en 1921, s'associe avec un certain François Dupré. C'est le commencement de la grande épopée d'Ouilly, dont François Dupré devient

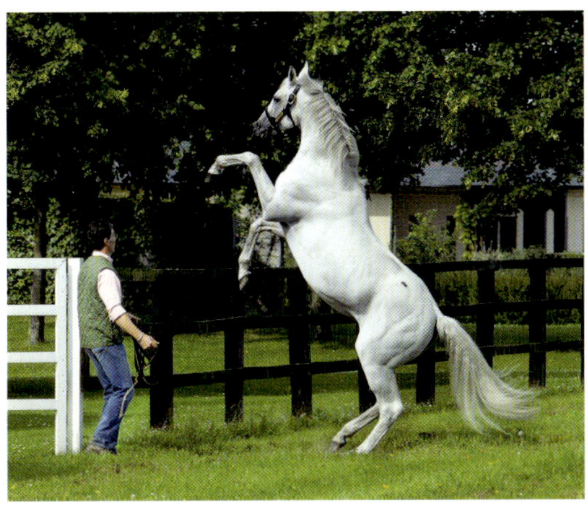

rapidement l'unique propriétaire. Le domaine s'étend alors sur cent quatre-vingts hectares – aujourd'hui, avec l'adjonction du haras voisin de Tupot, annexe vouée au débourrage et au pré-entraînement, il y en a deux cent cinquante – et va voir naître et grandir une kyrielle de champions, dont le plus célèbre demeure Tantième, l'un des six chevaux étant parvenus à remporter le Prix de l'Arc de Triomphe à deux reprises. Tantième sera, en outre, un grand étalon, ce qui finira de l'inscrire dans la mémoire collective. À la disparition de François Dupré, en 1966, sa veuve continuera l'activité pendant une dizaine d'années, jusqu'à son décès. Ouilly sera alors vendu à un exploitant allemand, qui y élèvera des bovins. La paren-

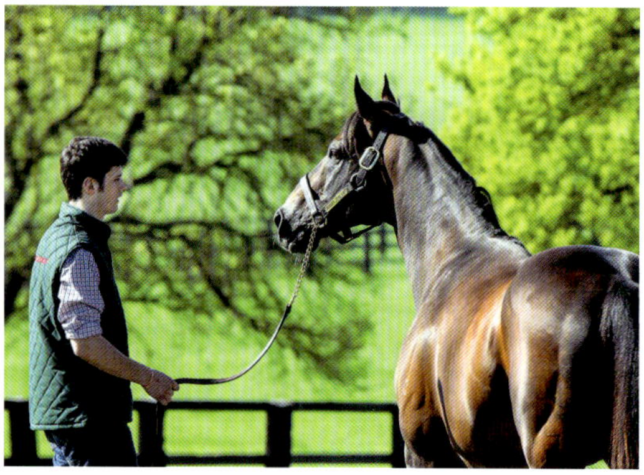

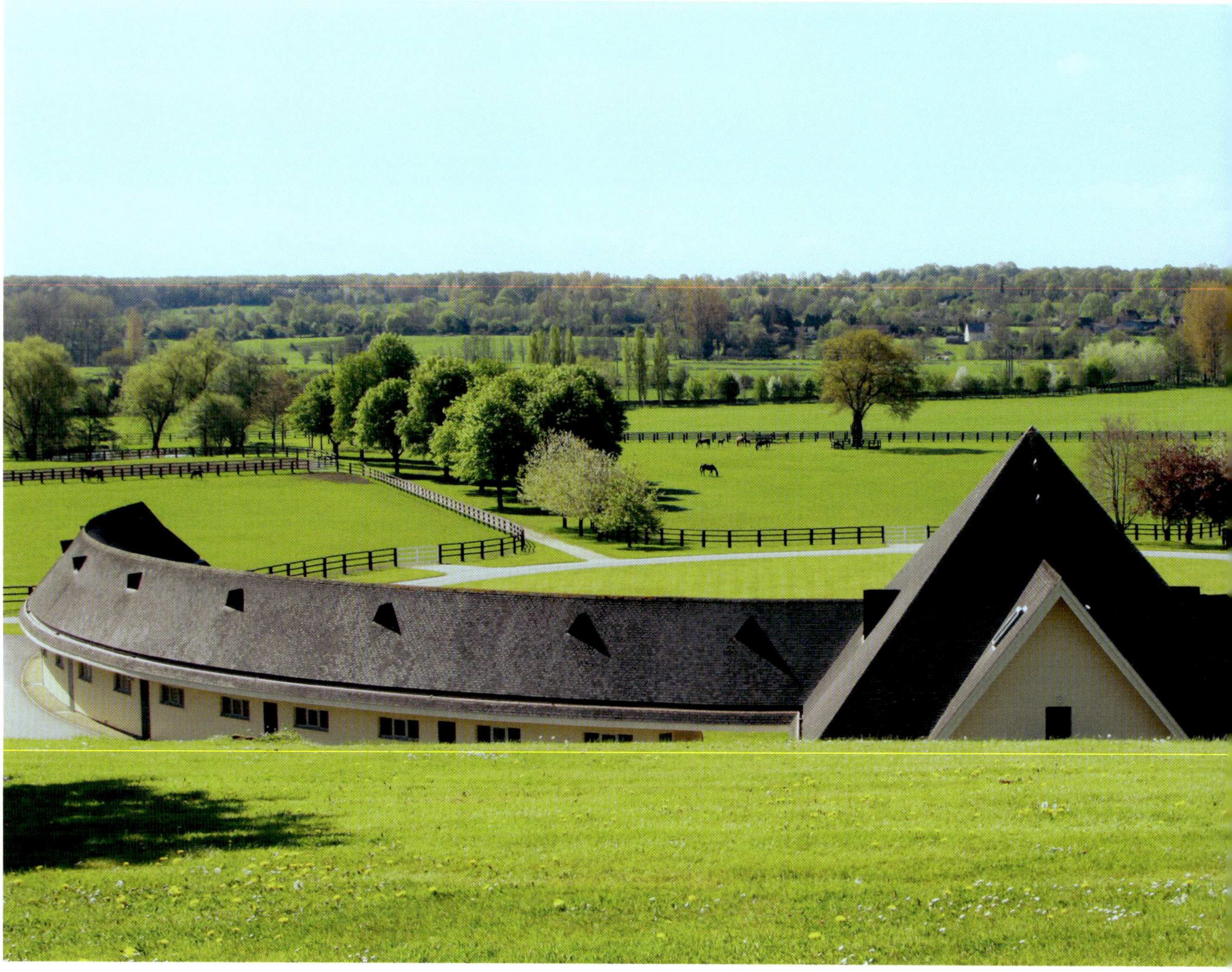

thèse permit sûrement aux terres de « respirer » et de se reposer du pâturage, toujours exigeant, des chevaux. Jean-Luc Lagardère arriva ensuite, ne se satisfaisant pas de son haras du Val-Henry et trouvant à Ouilly la structure propre à l'épanouissement de son élevage, dont le joyau sera le miler d'élite et étalon de tête Linamix. En 2005, ce fut une chance que Son Altesse l'Aga Khan achète Ouilly aux héritiers Lagardère, car il fallait, pour ce site de prestige, un hôte à sa mesure.

Des quatre haras français qu'il hérita de son père, Son Altesse l'Aga Khan n'a conservé que Saint-Crespin, qu'il a augmenté de Bonneval, acquis en 1963. Les deux haras

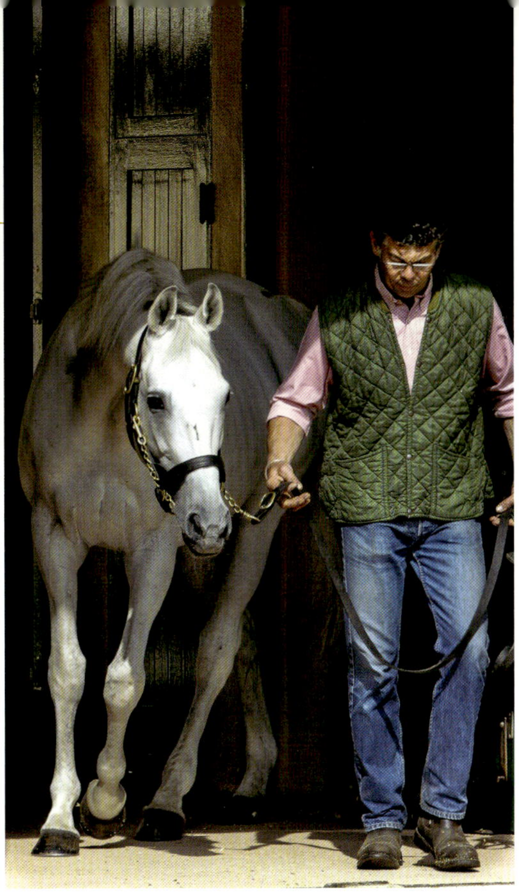

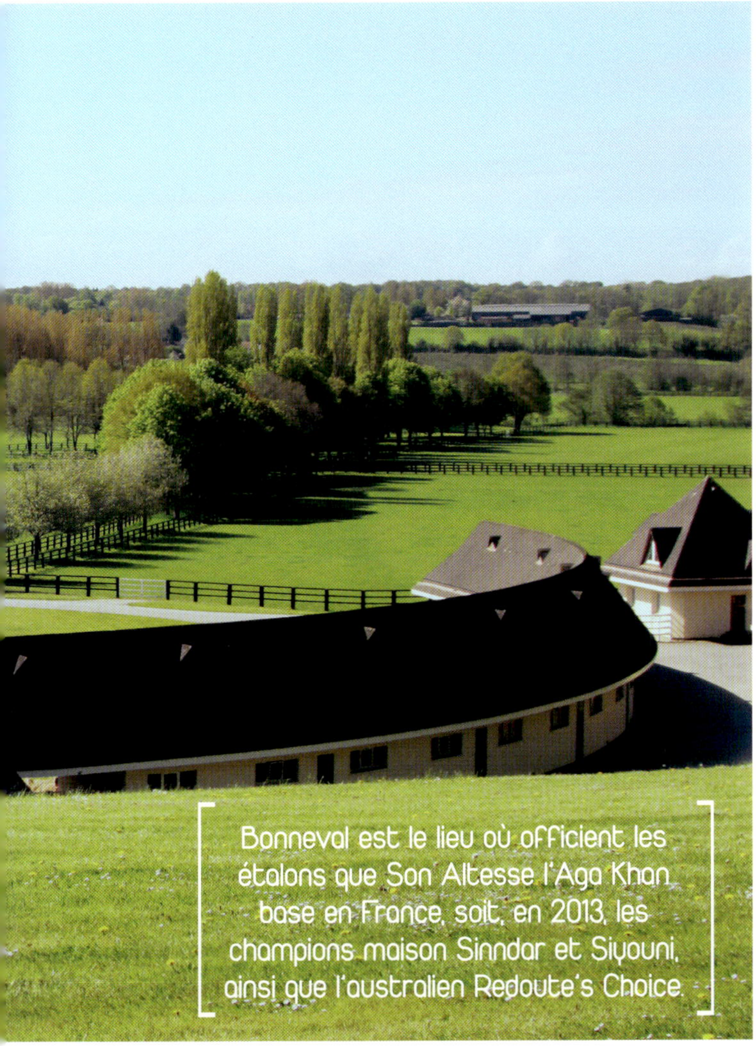

sont très proches, sis sur la même commune du Mesnil-Mauger, au sud de Crèvecœur-en-Auge, et ils se complètent favorablement. De conception moderne, avec une très singulière cour circulaire, en forme de croissant de lune, afin que les boxes et, par voie de conséquence, les chevaux qui y résident, bénéficient d'une exposition maximale au soleil – celui-ci générant chaleur et lumière, facteurs positifs en termes de croissance et de reproduction –, Bonneval est le lieu où officient les étalons que Son Altesse l'Aga Khan base en France, soit, en 2013, les champions maison Sinndar et Siyouni, ainsi que l'australien Redoute's Choice. On y accueille également, en pension, des juments venant à la saillie. En regard, Saint-Crespin est, sans doute, davantage privé. C'est là, par exemple, que Zarkava s'installa, au sortir de sa carrière de course. Saint-Crespin est un magnifique endroit, avec sa maison à colombages du seizième siècle, au toit de tuiles, sur laquelle ont été calqués les autres aménagements architecturaux du domaine ; avec ses clôtures blanches, aussi, dans la tradition américaine. Le style y est évidemment différent de celui de Bonneval, de création récente.

On ne terminera pas sans souligner que l'arrivée de Georges Rimaud à la tête des haras français, en 2000, a coïncidé avec un développement très sensible de l'élevage Aga Khan sur notre territoire, où son activité était, en fin de compte, jusque-là, assez réduite, au bénéfice de l'Irlande. Il est sûr également que les encouragements de France Galop à élever en France, via l'octroi d'importantes primes à l'éleveur et au propriétaire, ont pesé dans la balance. On ne peut que se réjouir de cet infléchissement, ne serait-ce que pour l'image de marque de la France en matière d'élevage, comme, dans un autre registre, de l'implication grandissante de la princesse Zahra Aga Khan, fille de Son Altesse l'Aga Khan, dans la gestion de l'élevage et de l'écurie. La relève, assurément, est déjà là.

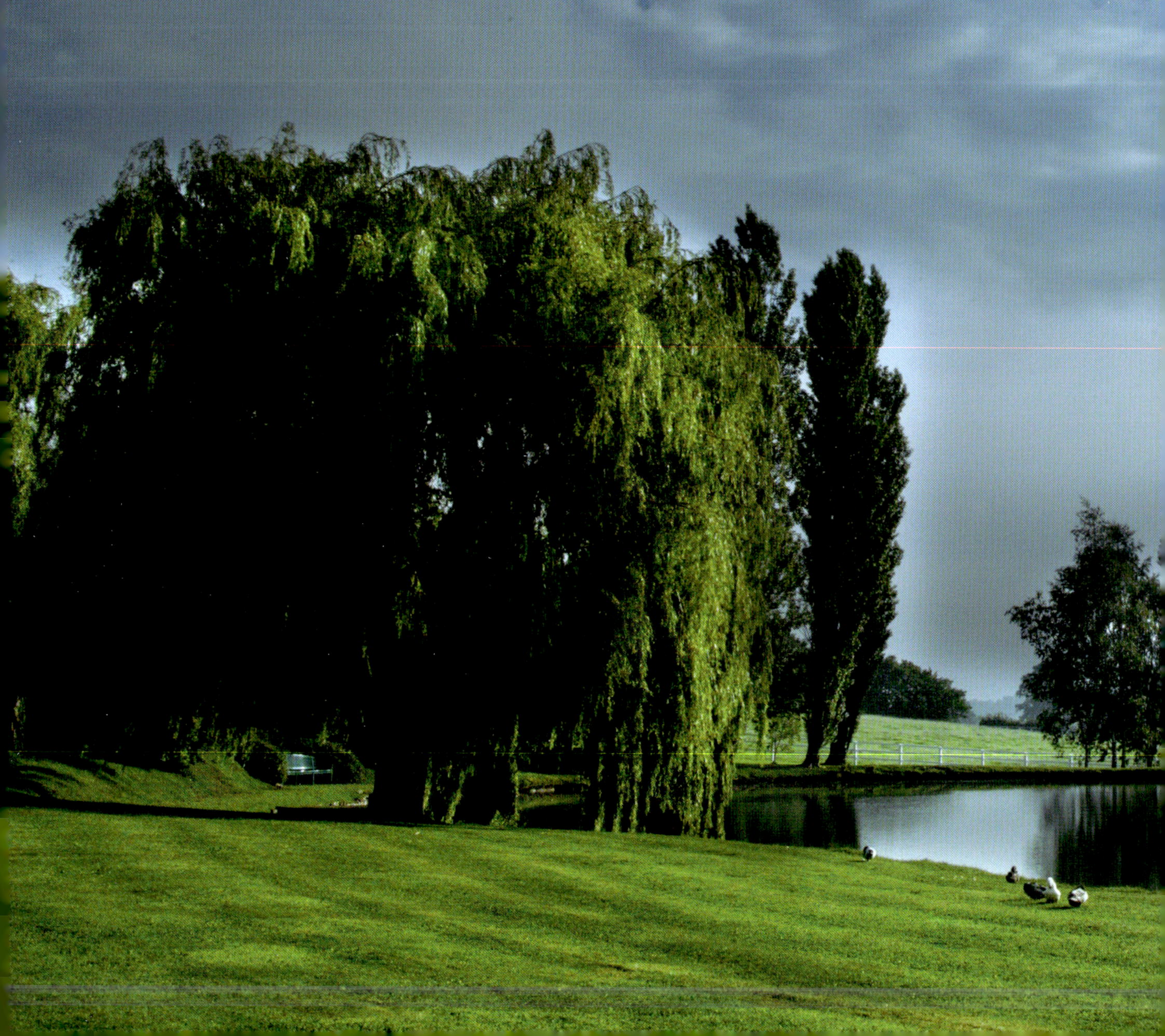

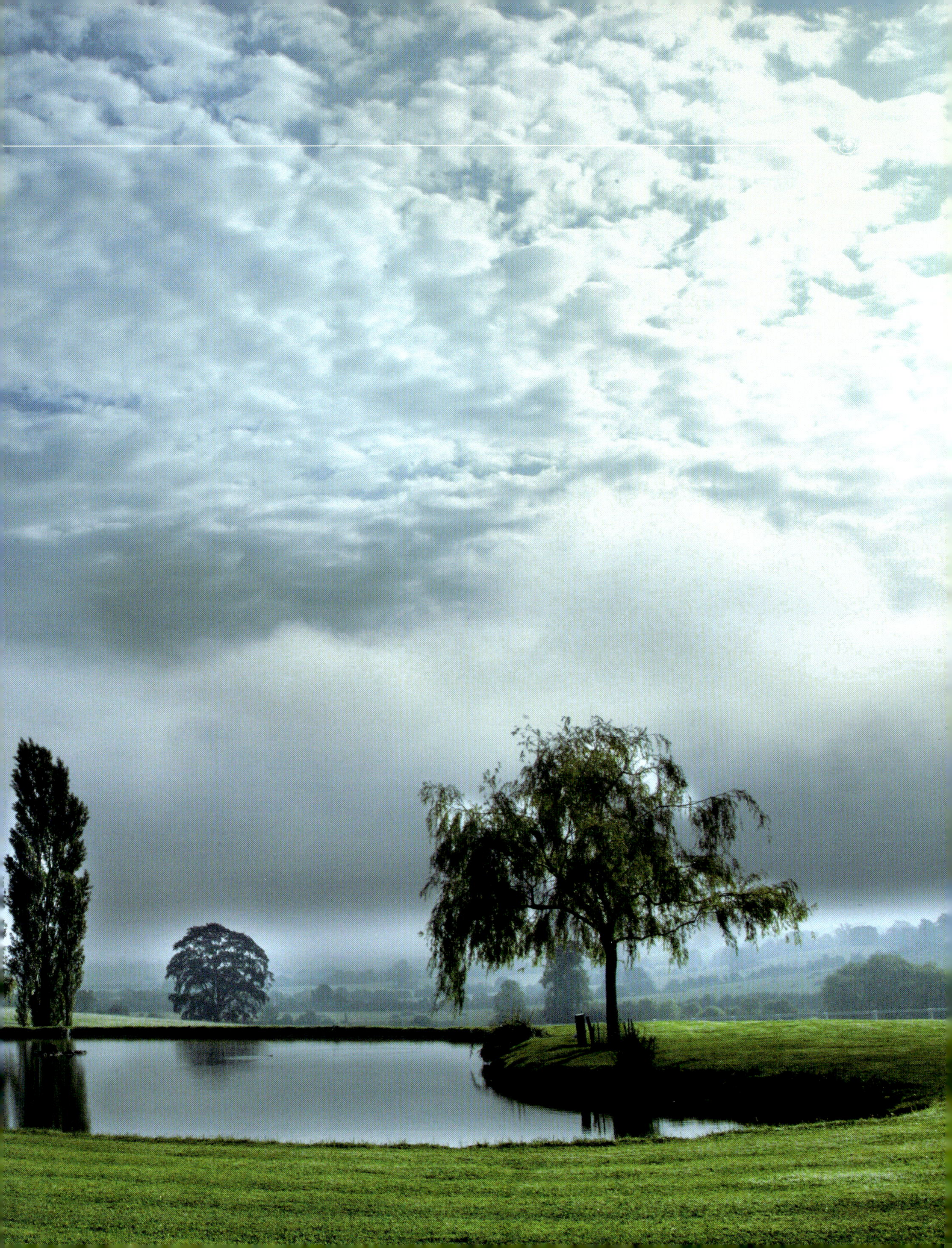

Bonneval – Ouilly – Saint-Crespin

From their inception the colours of the Aga Khan family have nine victories in the Epsom Derby to their name – thanks to Blenheim (1930), Bahram (1935), Mahmoud (1936), My Love (1948), Tulyar (1952), Shergar (1981), Shahrastani (1986), Kahyasi (1988) and Sinndar (2000) –, eight wins in the Prix du Jockey Club – through Pot au Feu (1924), Charlottesville (1960), Top Ville (1979), Darshaan (1984), Mouktar (1985), Natroun (1987), Dalakhani (2003) and Darsi (2006) – as well as seven successes in the Prix de l' Arc de Triomphe, via Migoli (1948), Nuccio (1952), Saint Crespin (1959), Akiyda (1982), Sinndar (2001), Dalakhani (2003) and Zarkava (2008). This retrospective is very telling, particularly as almost all of these horses were homebreds. Nasrullah who had considerable influence on global breeding is another major contribution from this family to the sport of horses. He was a grandson of the « flying grey » Mumtaz Mahal, whom the late Aga Khan III raced before retiring to stud where she became what can only be described as one of the sport's foundation mares.

In his time the Aga Khan III was the great initiator of the family's breeding operation in Europe. This goes back to the twenties and to the many investments that he devoted to it in order to become a major player in the racing world. Surrounding himself with well-informed advisers he started off by buying yearlings, largely fillies, with handpicked pedigrees in order to form the basis of his broodmare band. From the beginning, his colours were active on both sides of the Channel and though several studs were acquired in Ireland, four were also bought in France, namely La Coquenne in 1923, Marly-la-Ville in 1926, Saint-Crespin in 1927 together with the stock from its late owner Édouard Kann and lastly

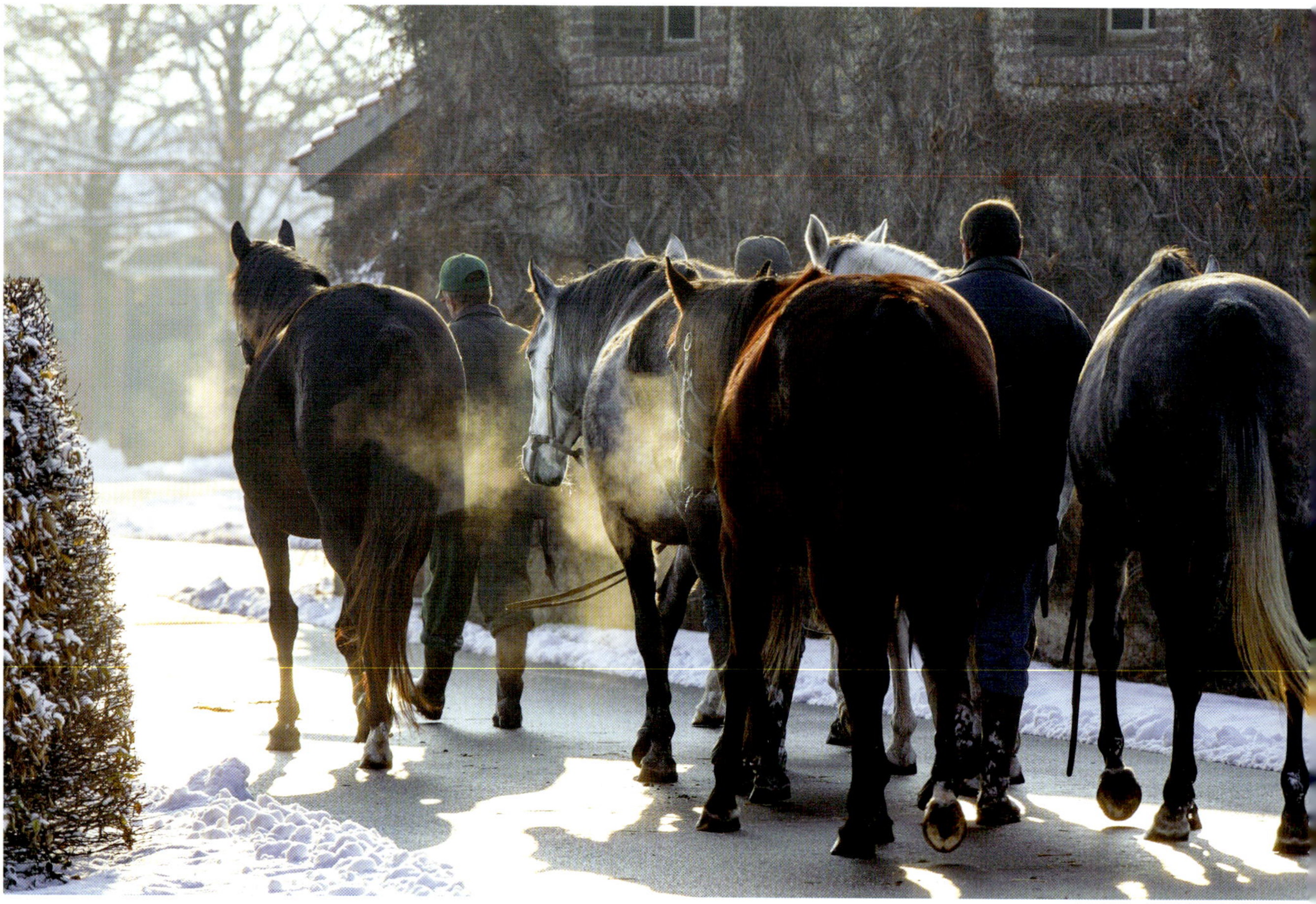

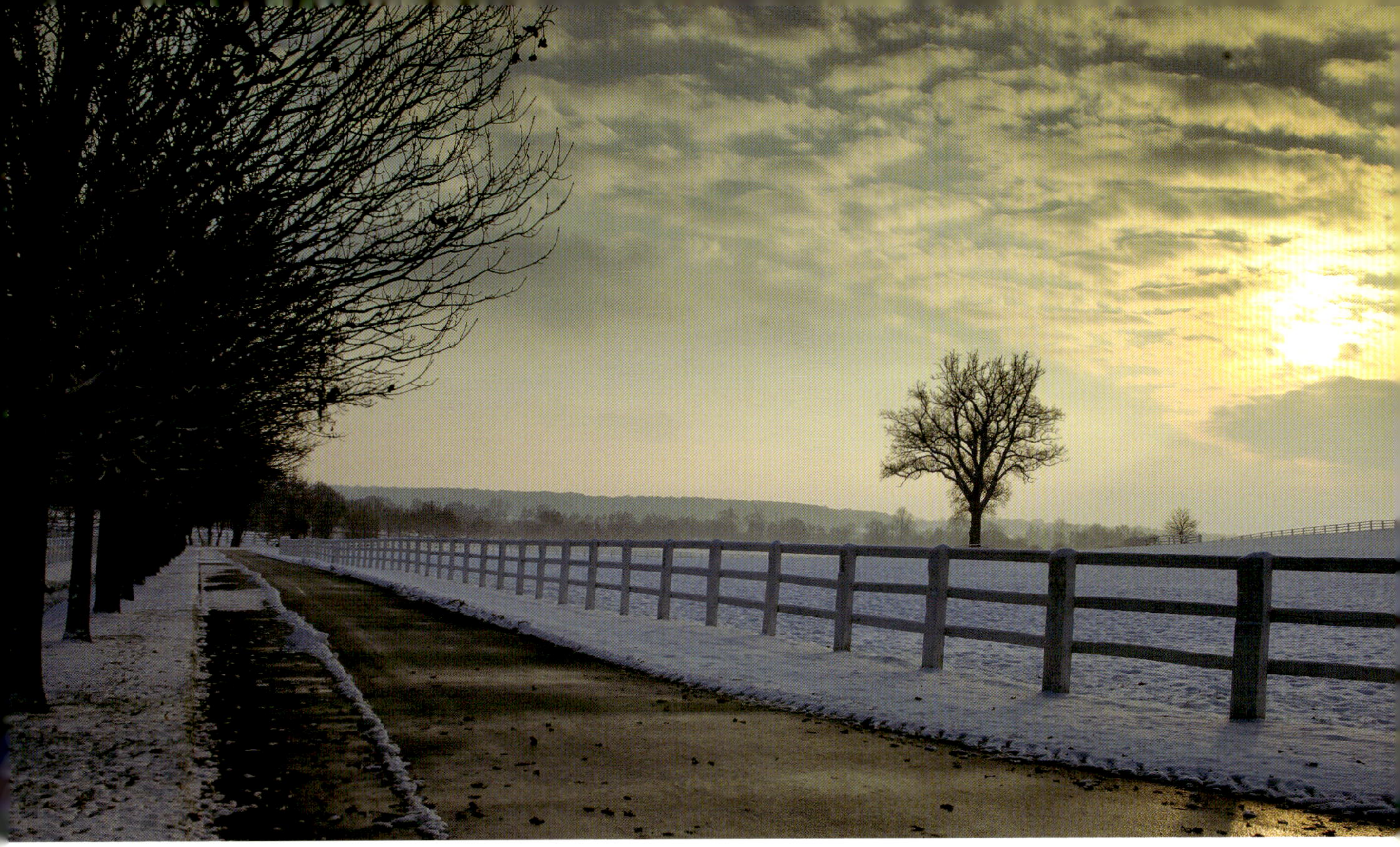

Lassy. The Aga Khan III's large scale strategy was soon to bear fruit and the oldest aforementioned winners are the result of his work. At his death in 1957, his racing stable and his breeding operation were models in Europe. Also very passionate, Prince Aly Khan would have no time to develop his paternal inheritance, tragically dying in a car accident in 1960. But during his three years the family colours were constantly in the limelight and in 1959 they dominated both English and French racing thanks to Petite Étoile, who won the 1,000 Guineas, the Oaks and the Champion Stakes, and the aptly named Saint Crespin who won the Eclipse Stakes and the Prix de l'Arc de Triomphe. That season Prince Aly Khan was leading owner in France and England. His son Karim was only 23 years old at the time and was not yet at that stage passionate about horses. However he courageously took on the challenge of ensuring a continuity which he knows can be nothing other than excellence.

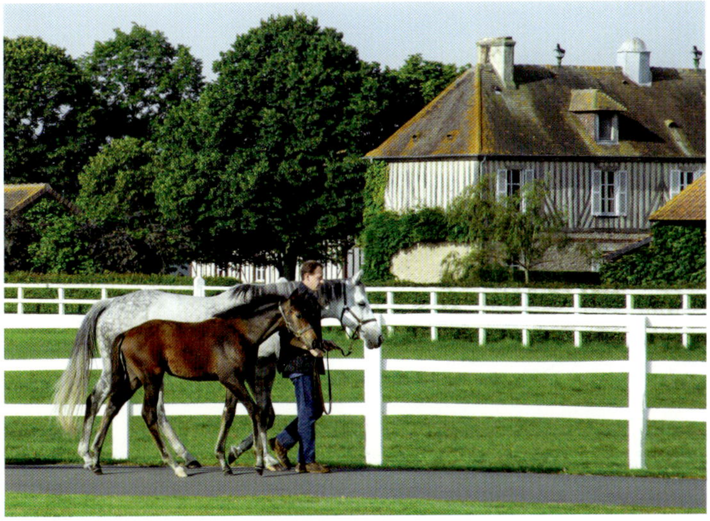

His Highness the Aga Khan turned out to be both a remarkable breeder and a brilliant manager. Over the years he would hugely develop the French arm of his racing business, particularly through three major acquisitions: the stock of Mrs François Dupré in 1977, followed by Marcel Boussac in 1978 and Jean-Luc Lagardère in 2005. From the successors of the latter he also bought Ouilly, Tupot and Val Henry studs. By taking on the prestigious operations in their entirety, His Highness the Aga Khan was achieving a very positive addition, with the stock from these three exceptional studs capable of renewing his own bloodlines most favourably. Moreover, the policy

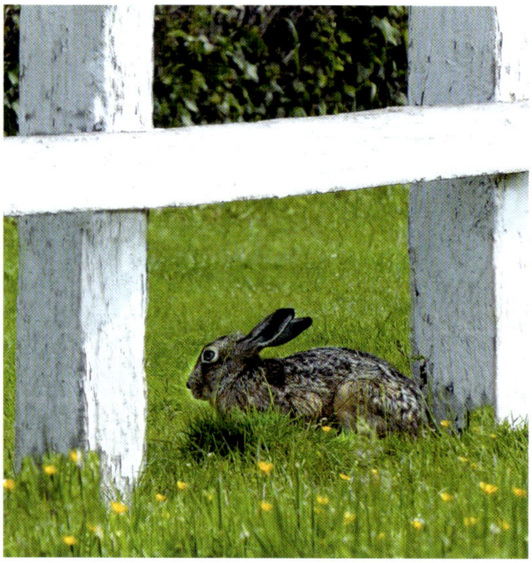

of diversification through buying and selling – « Aga Khan » fillies and mares are not uncommon in the sales at the tail end of the season – has been practised regularly by the dynasty and with great success. The Dupré families would in this way provide His Highness the Aga Khan with three Prix du Jockey Club victories thanks to Top Ville, Mouktar and Natroun, ditto the Boussac stock with the help of Darshaan, Dalakhani and Darsi, as well as three Prix de l'Arc de Triomphe with Akiyda, Sinndar and Dalakhani and an Epsom Derby with Sinndar. There has been less time to make a judgement on the successes of the « Lagardères », which are however already plentiful, particularly in the field of speed and precocity, given the injection of American bloodlines to the broodmare band.

Another precious « legacy » from Jean-Luc Lagardère is the Haras d'Ouilly, a Mecca for thoroughbred breeding since the late nineteenth century. The stud is located in the municipality of Pont-d'Ouilly on the border between the Calvados and the Orne region, roughly equidistant between Falaise and Condé-sur-Noireau. The soil is rich in minerals which are particularly favorable for the breeding of racehorses. The Prince d'Arenberg, who was also president of the Société d'Encouragement is one of the first owners of Ouilly, before the Duke Decazes who teamed up with a certain François Dupré. This marked the beginning of the Ouilly epic with François Dupré soon becoming its sole owner. The area then extended to over one hundred and eighty hectares – now with the addition of the neighboring stud of Tupot, an annex

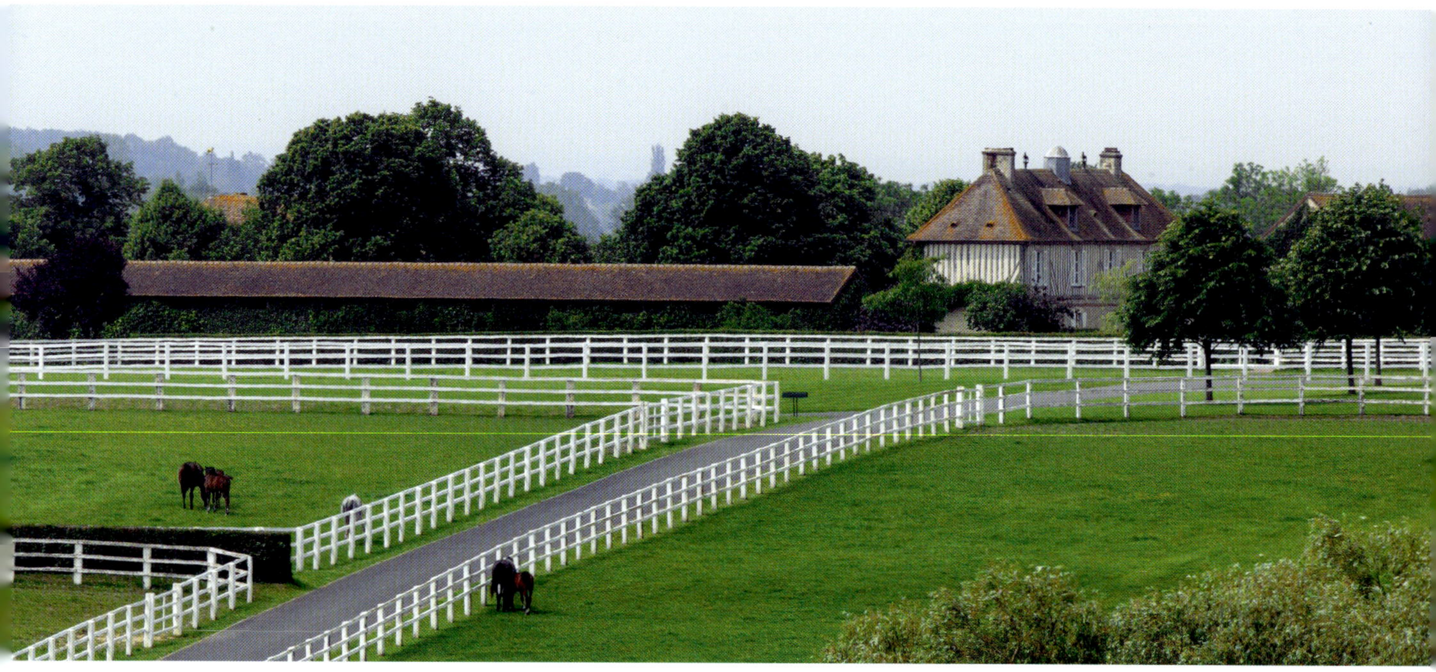

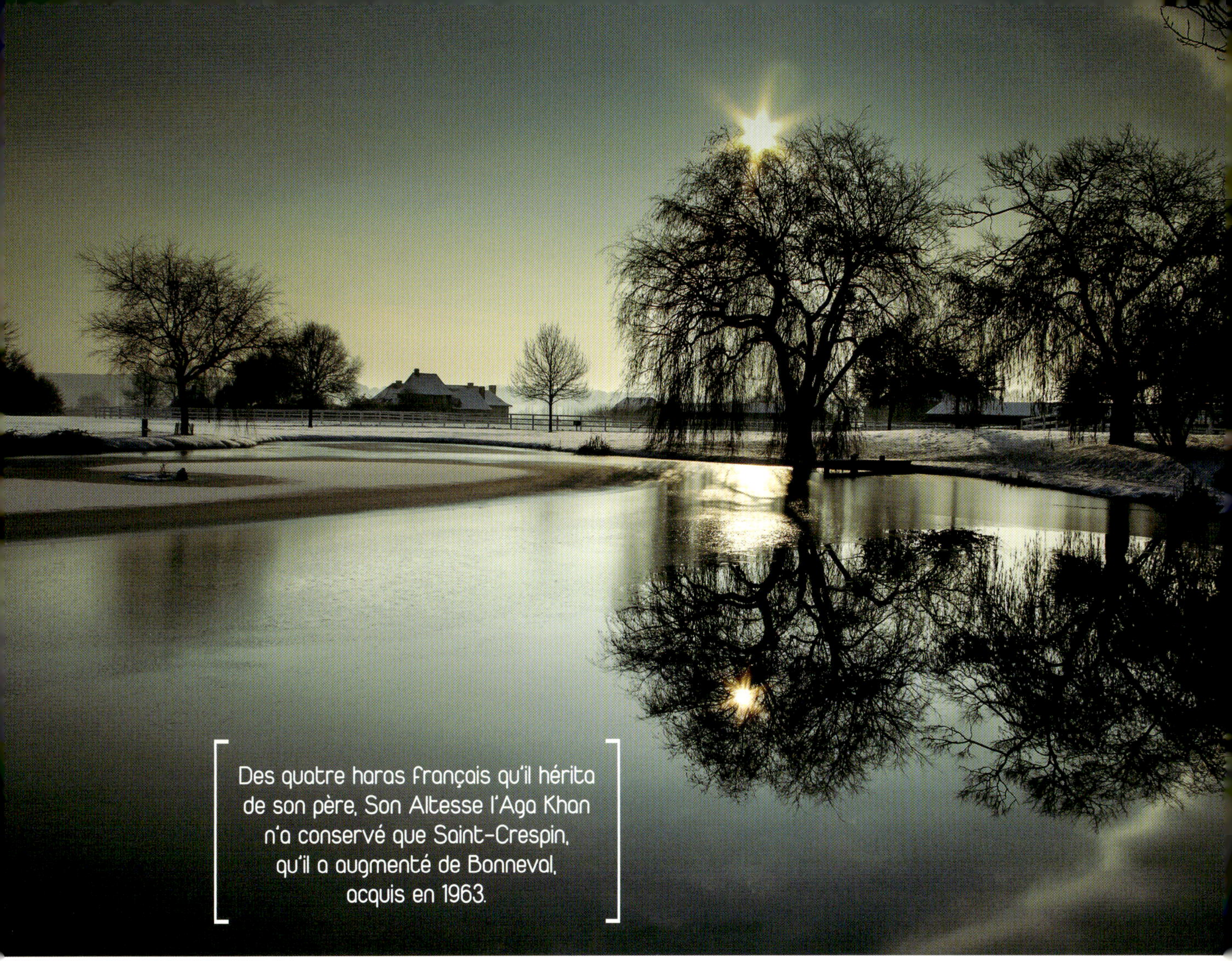

dedicated to the breaking and pretraining, there are two hundred and fifty hectares – and will see the birth and growth of a host of champions, the most famous of which is still Tantième, one of just six horses to have won the Prix de l'Arc de Triomphe twice. Tantième was also a great stallion, which ensured his place among the greats. Upon the death of François Dupré in 1966 his widow kept up the good work for ten years until she died. Ouilly was then sold to a German businessman who raised cattle there. This break undoubtedly gave the land a chance to « breath » and to rest from the constant grazing by horses. Jean-Luc Lagardère came next, not satisfied with his Haras du Val Henry and finding in Ouilly a structure more in line with the development of his stud, of whom the jewel in the crown was the champion miler and leading stallion Linamix. In 2005 it was fortunate His Highness the Aga Khan bought Ouilly from Lagardère's successors, as it was important for this prestigious site to have an owner who was up to its standard.

Of the four French studs he inherited from his father, His Highness the Aga Khan has kept only Saint-Crespin, to which he has added Bonneval, bought in 1963. Both studs are very close, located by the same town of Le Mesnil-Mauger south of Crèvecœur-en-Auge, and they complement each other favorably. Of a modern design with a very unique circular courtyard in the shape of a crescent moon

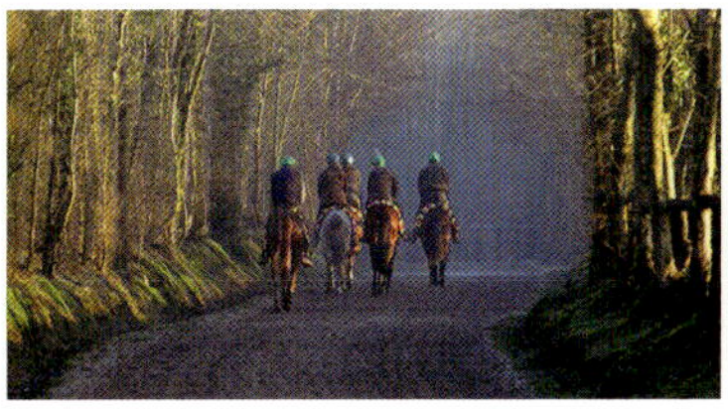

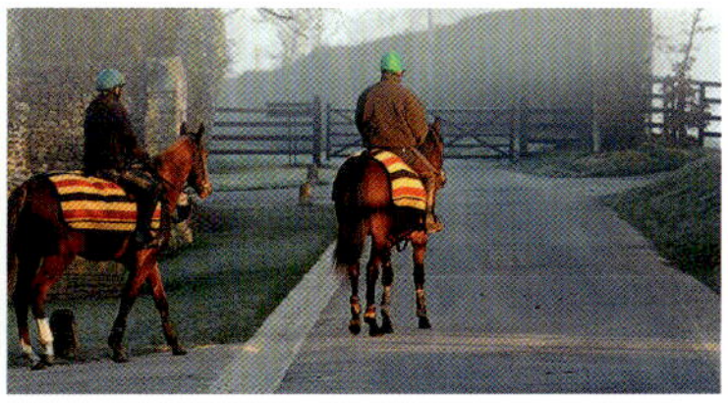

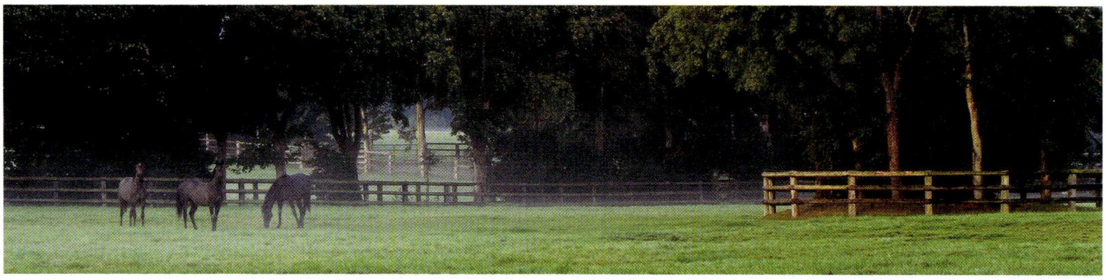

so that the boxes and consequently the horses who live there get maximum exposure to the sun – the latter generating heat and light, both of which are positive factors in terms of growth and reproduction – Bonneval is where the Prince's stallions stand in France, which in 2013 included the homebred Sinndar and Siyouni and Australian champion Redoute 's Choice. It also welcomes boarding mares who come to be covered. In comparison Saint-Crespin is undoubtedly more private. This is for example where Zarkava retired to at the end of her racing career. Saint-Crespin is a beautiful place with its sixteenth century timbered house and tiled roof on which were modeled the estate's other architectural developments with its white picket fences in the American tradition. The style is obviously different from the recently created Bonneval.

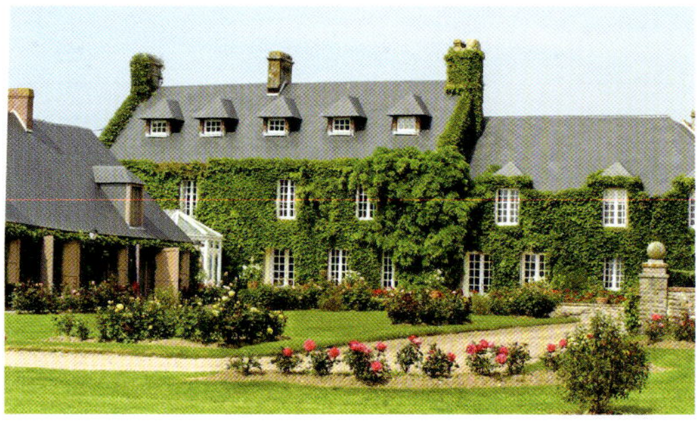

We will not end without mentioning the arrival of Georges Rimaud at the head of French studs in 2000 coincided with a very noticeable growth of the Aga Khan Studs in France, where his activity had hitherto been relatively small, to the benefit of the Irish operation. It is also certain that the incentives from France Galop to breed in France by granting important premiums to breeders and owners had an impact. This is a very welcome shift, if only for the reputation of France as a breeding ground. As is on another note the growing involvement of Princess Zahra Aga Khan, daughter of His Highness the Aga Khan, in the management of his bloodstock and racing stable. The next in line looks to be already in place.

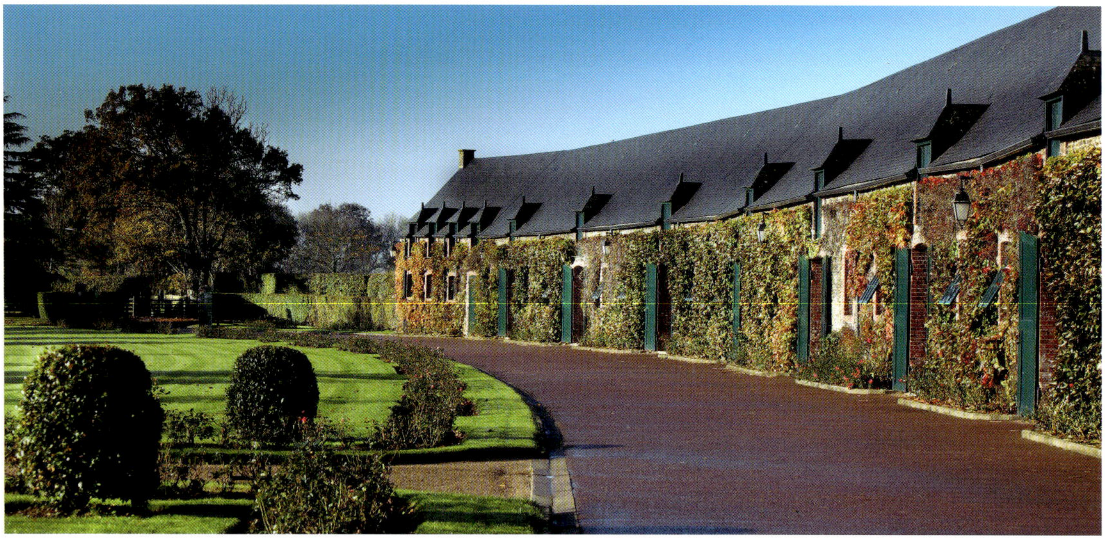

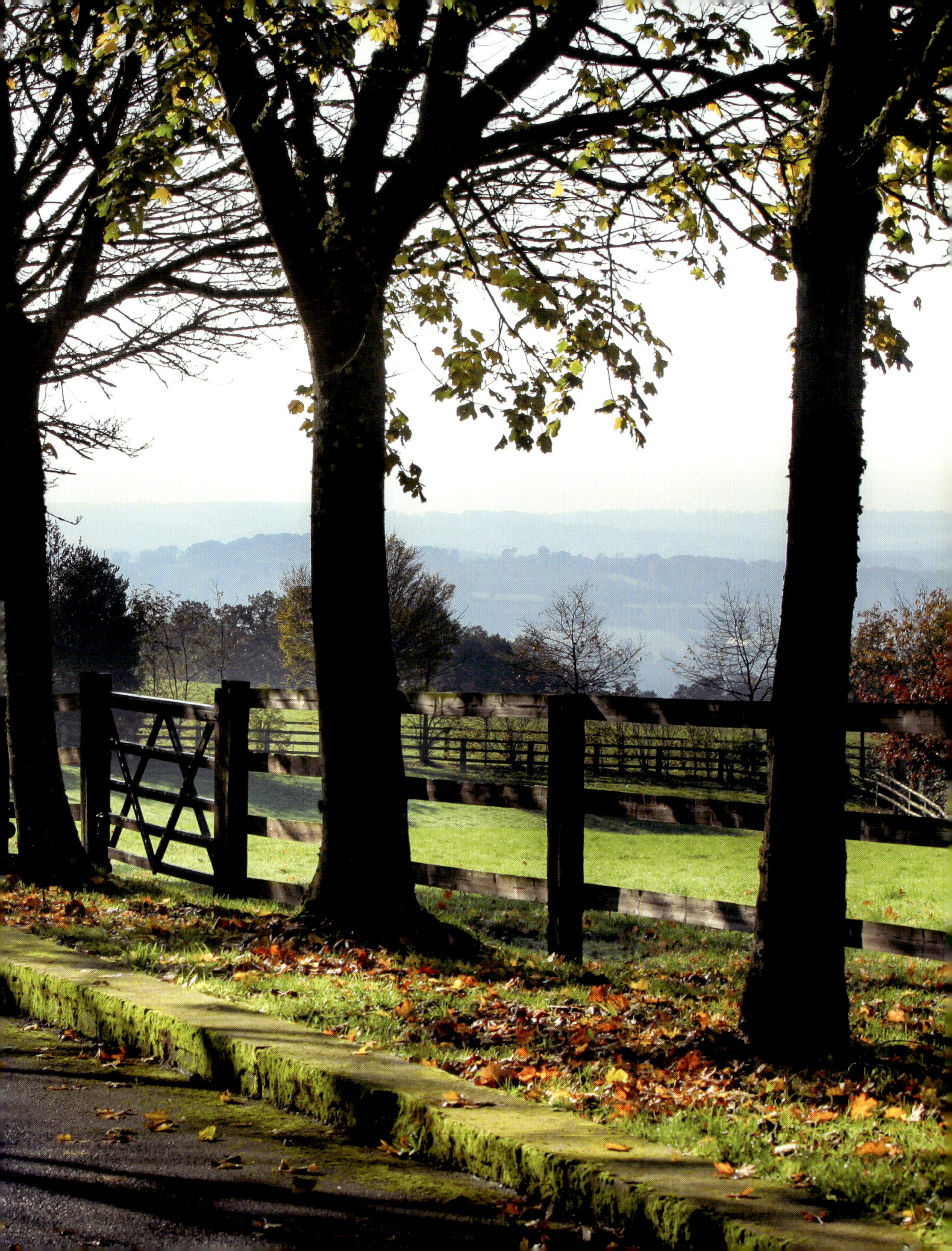

Zarkava, insolente et invincible

La famille Aga Khan élève des chevaux de course depuis cinq générations, les deux premières en Inde, les trois suivantes en Europe. Or, Zarkava est, assurément l'un de ses plus beaux fleurons, qui descend, de surcroît, des pépites de l'élevage maison que sont Petite Étoile, sa cinquième mère, et Mumtaz Mahal, la neuvième. Pour faire honneur à cette glorieuse ascendance, Zarkava n'a pas lésiné, se forgeant, tout bonnement, un palmarès vierge de défaite et laissant une inoubliable impression.

Née des œuvres de Zamindar et de Zarkasha, une jument n'ayant jamais couru, Zarkava prit part à deux compétitions à 2 ans, gagnant d'abord le Prix de la Cascade, une course pour pouliches inédites disputée sur l'hippodrome de Longchamp, puis le Prix Marcel Boussac, le Critérium des Pouliches de 2 ans. Le ton était donné. L'année suivante, Zarkava n'allait plus quitter les hauteurs, remportant le Prix de la Grotte (Groupe III), la Poule d'Essai des Pouliches (Groupe I), le Prix de Diane (Groupe I), le Prix Vermeille (Groupe I) et le Prix de l'Arc de Triomphe (Groupe I). Ce faisant, elle se montrait la meilleure sur un éventail de distances allant de 1 600 à 2 400 mètres et affichait un bilan de sept victoires, dont cinq au plus haut niveau. Six de ses sept apparitions publiques eurent lieu à Longchamp, la septième ayant pour cadre Chantilly, à la faveur du sacre du Prix de Diane. Il va de soi que Zarkava battit, au long de sa carrière, les meilleurs chevaux du moment, que ceux-ci fussent ses contemporains ou ses aînés. Parmi eux figure Goldikova, la championne des frères Wertheimer, qui fut sa dauphine dans la Poule d'Essai des Pouliches, puis dans le Prix de Diane, Gagnoa s'insérant entre elles ce jour-là.

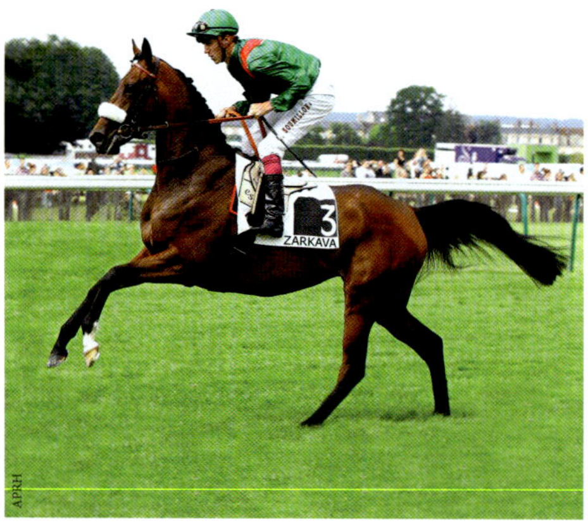

APRH

Zarkava avait, en outre, une forte personnalité, étant capable de facéties qui ne furent pas sans donner des sueurs froides à son entourage, comme lorsqu'elle manqua son départ dans le Prix Vermeille, perdant un terrain considérable, mais n'en revenant pas moins gagner aisément, ou lorsqu'elle esquissa une dérobade, à la sortie des stalles, dans le Prix de l'Arc de Triomphe, pour ensuite transpercer le peloton, à mi-ligne d'arrivée, sans autre forme de procès… Quel talent et, en même temps, quelle insolence ! Avant elle, seules Pearl Cap, en 1931, et Nikellora, en 1945, avaient pu réussir, à 3 ans, le coup de quatre de la Poule d'Essai, du Prix de Diane, du Prix Vermeille et de l'« Arc ». Zarkava y a ajouté le Prix Marcel Boussac, qui n'existait pas du temps des deux susnommées. La séquence ainsi réalisée est unique et n'est sans doute pas près d'être renouvelée.

Zarkava, insolent and invincible

The Aga Khan family has been breeding racehorses for five generations, the first two of which were in India followed by three in Europe. But Zarkava has to be one of the finest examples of their work, hailing from generations of homebred stock such as Petite Étoile, her fifth dam and Mumtaz Mahal, her ninth. Zarkava did not skimp in her bid to honour this glorious heritage, quite simply achieving a faultless race record with no defeats and leaving behind a lasting impression.

Born from a mating between Zamindar and the unraced mare Zarkasha, Zarkava took part in two races at two years, first winning the Prix de la Cascade, a race for unraced fillies run at Longchamp, followed by the Prix Marcel Boussac, championship race for two year old fillies. The tone was thus set. The following year Zarkava scaled to even greater heights, winning the Prix de la Grotte (Group III), the Poule d'Essai des Pouliches (Group I), the Prix de Diane (Group I), the Prix Vermeille (Group I) and the Prix de l'Arc de Triomphe (Group I). In doing so she proved herself the best over a range of distances from 1,600 to 2,400 metres and boasted a race record of seven wins, five of which were at the highest level. Six of her seven public appearances took place at Longchamp, with the seventh at Chantilly where she triumphed in the Prix de Diane. It goes without saying

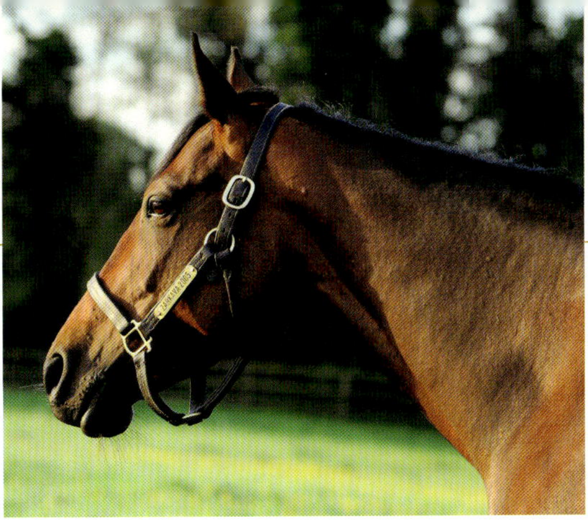

Zarkava avait, en outre, une forte personnalité, étant capable de facéties qui ne furent pas sans donner des sueurs froides à son entourage...

that throughout her career Zarkava defeated the best horses of the time, be they her contemporaries or her seniors. Among them featured Goldikova, the Wertheimer brothers' champion racemare who finished behind her in the Poule d'Essai des Pouliches and the Prix de Diane, a race in which Gagnoa finished between them on the day.

Added to her talent Zarkava had a strong personality, capable of quirks which gave cold sweats to her connections, as when she missed the start in the Prix Vermeille, losing considerable ground but making it up to win with great ease or when she jinxed when coming out of the stalls in the Prix de l'Arc de Triomphe and then bolted through the field halfway up the straight to win without further ado... What talent combined with such insolence! Before her only Pearl Cap in 1931 and Nikellora in 1945 had succeeded in completing the Poule d'Essai, Prix de Diane, Prix Vermeille and « Arc » four-timer at three. Zarkava also managed to win the Prix Marcel Boussac which did not exist at the time of the two aforementioned fillies. The sequence she achieved is therefore unique and not likely to be repeated in a hurry.

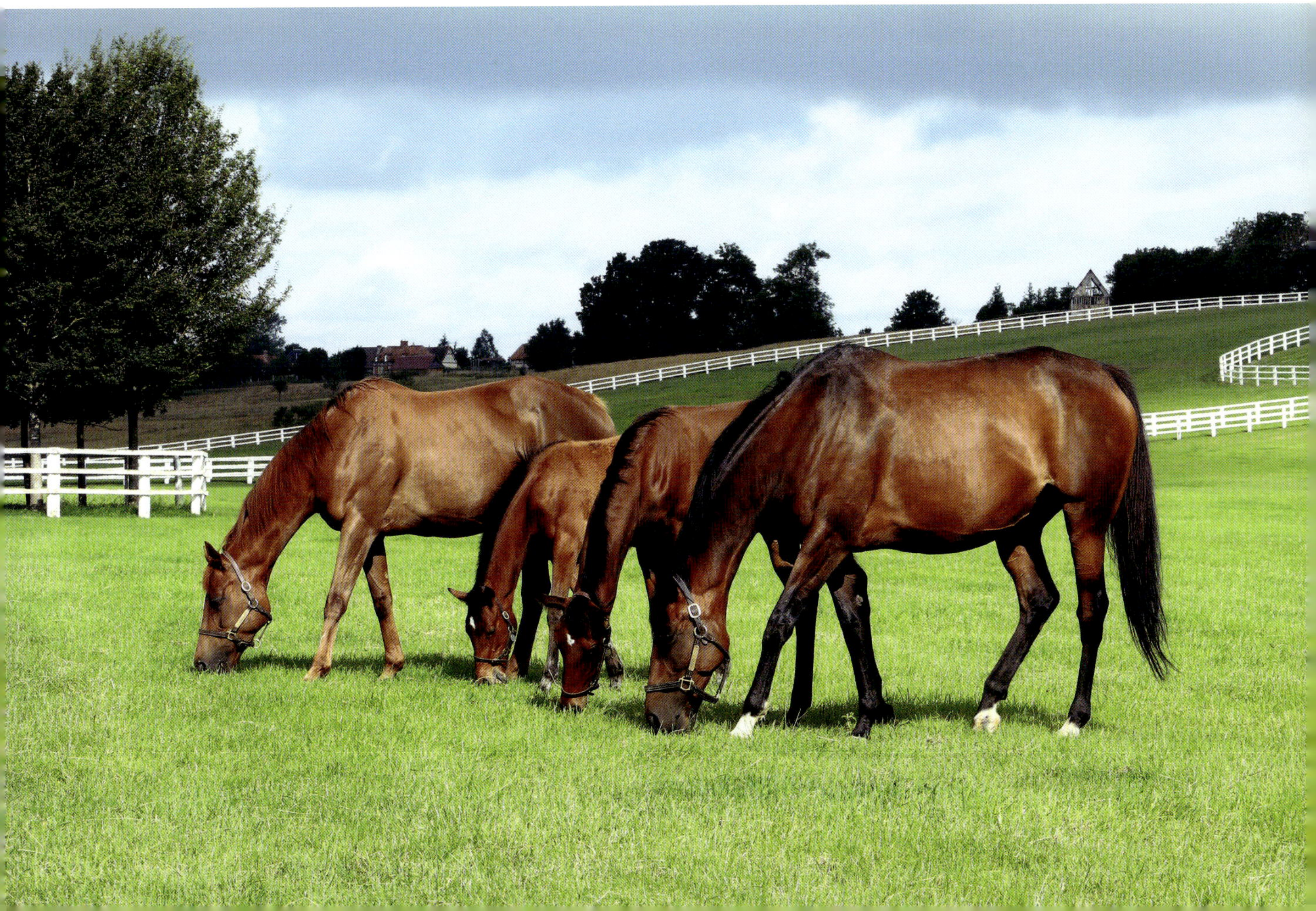

Bouquetot

Le Haras de Bouquetot est en plein renouveau ! C'est Alec Weisweiller qui, à l'aube des années soixante, donna ses lettres de noblesse à l'endroit, y développant un élevage de grande qualité, au galop comme au trot. Dans les rangs des pur-sang, il y eut notamment, à l'époque, Béhistoun, vainqueur du Prix Lupin, du Washington D.C.I. et du Prix Ganay, fils de l'étalon maison, O'Grady, et de Béotie, laquelle, avec Violon d'Ingres, autre géniteur du haras, donnera aussi Ingrette, lauréate des Prix Yacowlef et de Malleret. Et puis il y eut Cambrizzia, fille de Cambremont et Aliziane, qui eut la malchance d'être confrontée à une contemporaine exceptionnelle en Pistol Packer. Celle-ci la défit ainsi de justesse dans le Prix de Diane – le verdict de la photographie fut particulièrement long à être rendu et beaucoup croyaient que Cambrizzia l'avait emporté, commençant même de féliciter son propriétaire-éleveur –, puis, plus nettement, dans les Prix de la Nonette et Vermeille, alors que dans le Prix de l'Arc de Triomphe, toutes deux devaient s'incliner face au crack Mill Reef.

Après le retrait d'Alec Weisweiller, le Haras de Bouquetot connut une période de demi-sommeil, dont vient de le réveiller le cheikh Joaan Bin Hamad Al Thani, repreneur du site, dans le but d'y relancer une activité d'élevage de grande envergure, avec, dès 2014, la présence d'un étalon de renom, puisqu'il s'agit du vainqueur de la Poule d'Essai des Poulains, Style Vendôme. À terme, peut-être Toronado et Olympic Glory, autres champions porteurs de la casaque du cheikh Joaan, viendront-ils à leur tour rejoindre Style Vendôme à Bouquetot… De même, Trêve, qui a fait briller les couleurs maison au plus haut niveau dans le Prix de l'Arc de Triomphe, est-elle attendue là-bas le moment venu. C'est dire si Bouquetot se pare à nouveau de ses habits les plus beaux. Au reste, la quinzaine de poulinières qui y est arrivée cette année avait déjà fière allure, emmenée par la gagnante de Breeders'Cup Zagora, testée pleine du phénomène Frankel. À ses côtés figurent les lauréates de Groupes I américains Eden's Moon et Harmonious, respectivement pleines de Frankel et de Dubawi, mais aussi Twyla Tharp, mère de la championne The Fugue, suitée d'une femelle d'Oasis Dream et pleine de Dansili, pour « refaire » The Fugue, précisément. On peut encore citer, parmi ces poulinières de premier choix, Riwa, placée du Prix de Diane, qui sera saillie pour la première fois l'an prochain. Ce n'est là qu'un échantillon, mais il est représentatif.

Pour diriger Bouquetot, le cheikh Joaan Al Thani a recruté Benoît Jeffroy, issu d'une famille d'éleveurs bretons – ceux de Texalina, Never on Sunday, Holy Dazzle, Abu Sidra et autres – et formé à l'école de Darley, l'entité internationale du cheikh Mohammed Al Maktoum. Benoît Jeffroy est secondé par Audrey Leyval, responsable du marketing. Au total, une demi-douzaine de personnes travaillent, pour l'heure, à Bouquetot. Mais l'effectif est assurément appelé à se développer, le haras étant en cours de restructuration, avec pour but, notamment, de le doter d'une unité spéciale pour les étalons, comprenant un manège de monte, et de porter le nombre de boxes à disposition à quatre-vingts. La résidence, dont la plus ancienne partie date de la fin du seizième siècle, au temps des sieurs de Bouquetot, est également en passe d'être restaurée. La superficie du haras demeure quant à elle inchangée, culminant à cent vingt hectares, dont quatre-vingts de prairies de la meilleure qualité, puisque nous sommes au cœur du Pays d'Auge, sur la commune calvadosienne de Clarbec, à une douzaine de kilomètres au nord-ouest de Lisieux. Il est heureux que Bouquetot renoue avec ses belles heures, comme il est heureux que son nouveau propriétaire, frère de l'émir du Qatar, soit récompensé sur la piste de ses investissements et de ceux de son pays dans nos courses et nos chevaux. Reste maintenant à obtenir la récompense suprême par l'entremise de l'élevage et gageons que, pour ce faire, Bouquetot sera l'outil idéal.

The Haras de Bouquetot is undergoing a revival! It was Alec Weisweiller who in the early sixties gave the place its credentials by developing a high class breeding

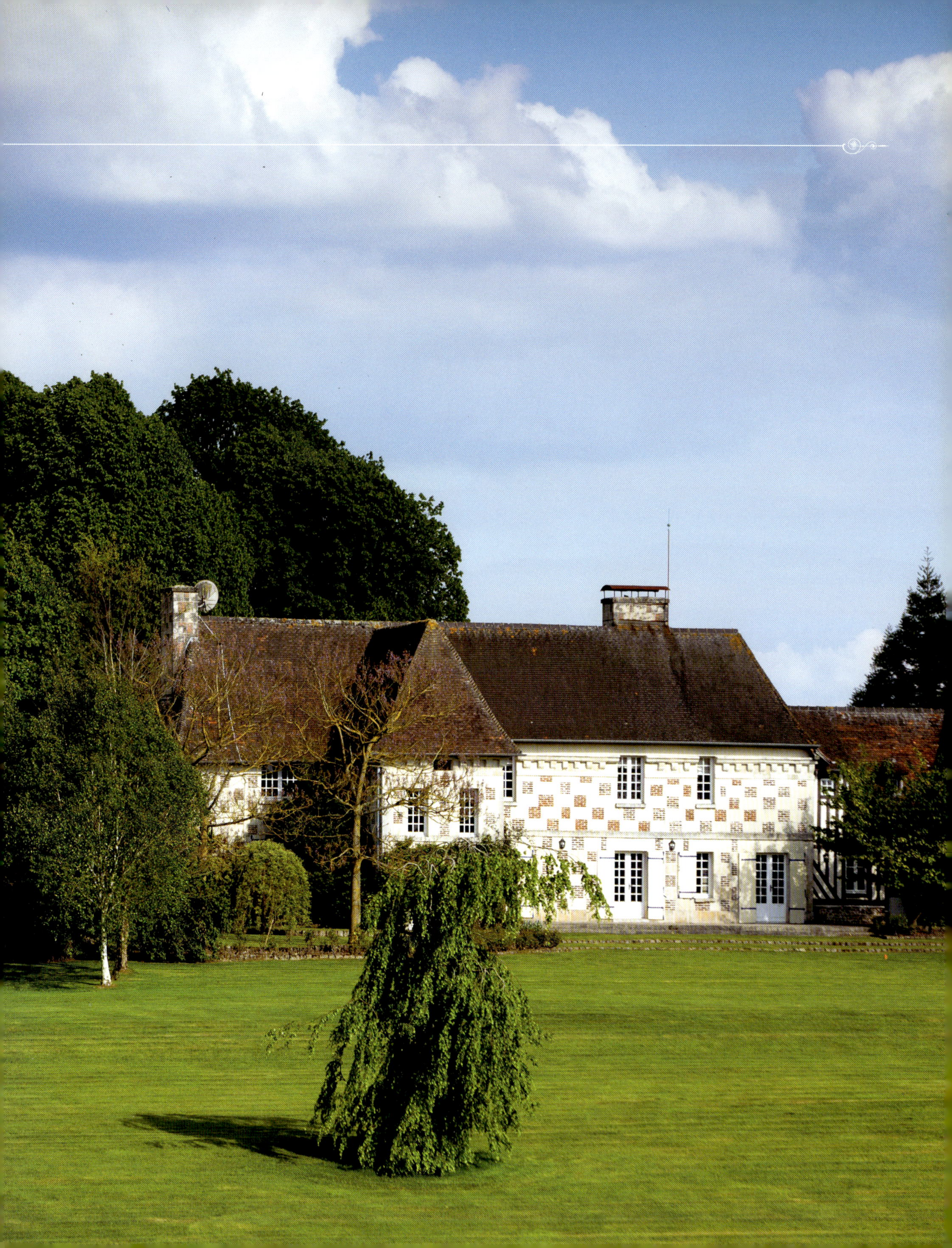

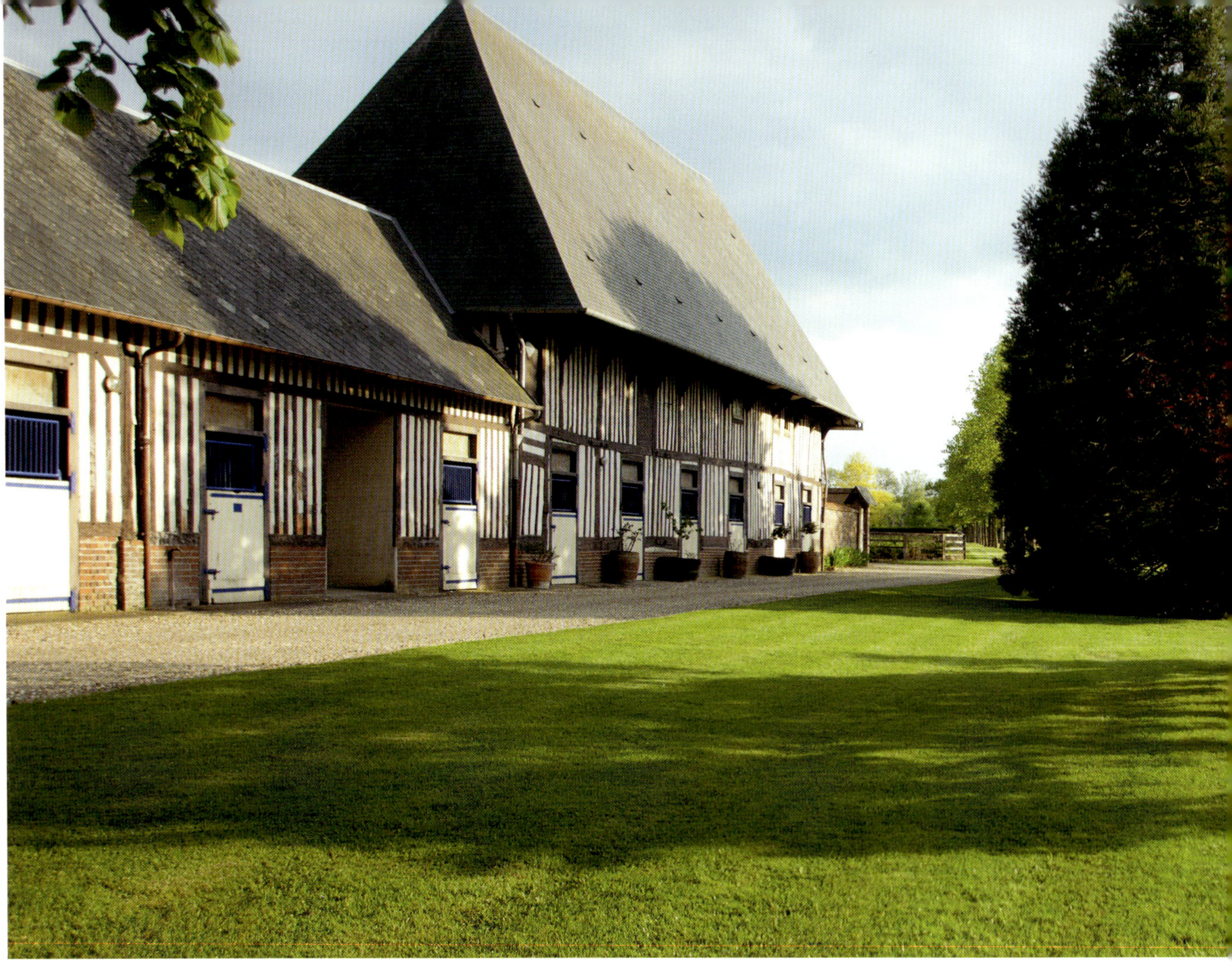

entity there, both for thoroughbreds and trotters. Among the thoroughbreds, notable horses of the time included Béhistoun, winner of the Prix Lupin, Washington DCI and Prix Ganay, and a son of the in-house stallion O'Grady out of Béotie, who when crossed with Violon d'Ingres, another resident sire, also produced Ingrette who won the the Prix Yacowlef and Prix de Malleret. Then there was Cambrizzia, a daughter of Cambremont and Aliziane, who had the misfortune of being confronted with an exceptional contemporary in Pistol Packer. The last named narrowly defeated her in the Prix de Diane – the result of the photo finish took a particularly long time to come out and many thought that Cambrizzia had prevailed and had even started to congratulate her owner breeder. She was then beaten more decisively in the Prix de la Nonette and Prix Vermeille, while they both had to defer to champion Mill Reef in the

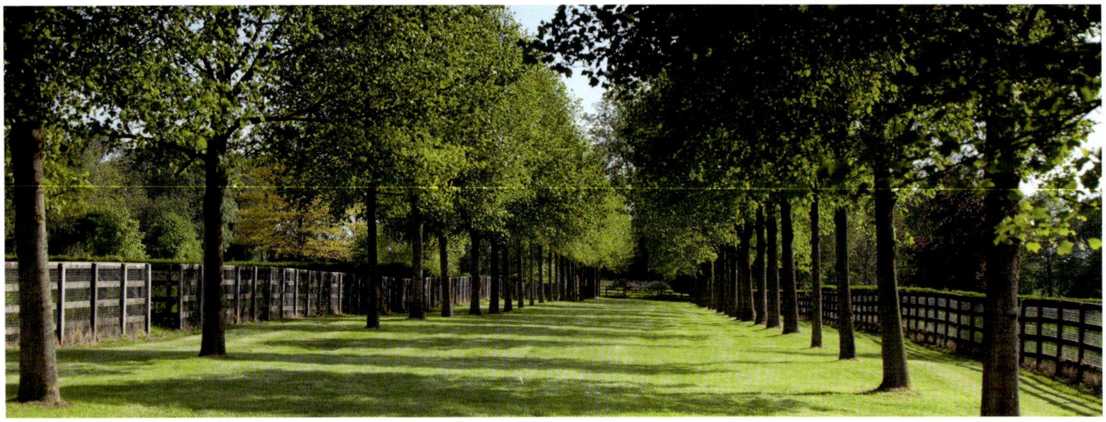

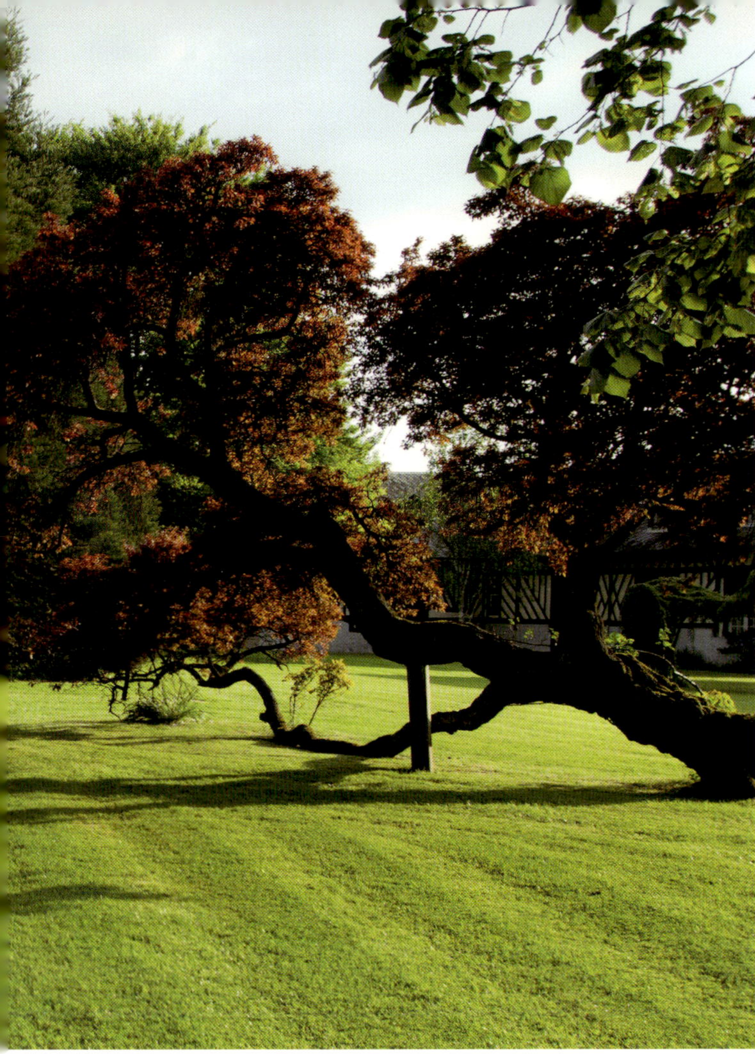

Prix de l'Arc de Triomphe. After the retirement of Alec Weisweiller the Haras de Bouquetot went through a quiet patch from which Sheikh Joaan Bin Hamad Al Thani, who has bought the property, has come to wake it with the aim of developing a major stud including, from 2014, the presence of a renowned stallion in Poule d'Essai des Poulains winner Style Vendôme. Eventually perhaps Toronado and Olympic Glory, two other champions who run in Sheikh Joaan's colours, could also in turn join Style Vendôme at Bouquetot... Similarly, Trêve, who carried her owner's colours to glory at the highest level in the Prix de l'Arc de Triomphe, is expected there when the time comes. All this points to Bouquetot once again donning its finest clothes. Moreover the fifteen or so mares who arrived at the stud this year are already a fine looking bunch, headed by the Breeders' Cup winner Zagora – tested in foal to the phenomenal Frankel. At her side are the American Group I winners Eden's Moon and Harmonious – respectively in foal to Frankel and Dubawi – as well as Twyla Tharp – dam of the champion The Fugue, who has a filly foal by Oasis Dream and is in foal to Dansili in a bid to produce another The Fugue. Others worth a mention among these first choice mares include Riwa who was placed in the Prix de Diane and will be covered for the first time next year. These are just a sample of the mares on offer, but a representative one nonetheless.

To manage Bouquetot, Sheikh Joaan Al Thani has picked out Benoît Jeffroy who comes from a family of Brittany based breeders – responsible for Texalina, Never on Sunday, Holy Dazzle, Abu Sidra and others – and who served his apprenticeship with Darley, Sheikh Mohammed Al Maktoum's international arm. Benoît Jeffroy is assisted by Audrey Leyval who is responsible for marketing the stud. In total half a dozen people now work at Bouquetot. But that number is surely expected to grow as the stud is being restructured with the aim of establishing, amongst others, a purpose built stallion unit including a covering shed and increasing the number of available boxes to eighty. The house, whose oldest part dates from the late sixteenth century, time of the squires of Bouquetot, is also in the process of being restored. The stud's surface area remains unchanged, extending over one hundred and twenty hectares, eighty of which are finest quality paddocks, given that they are in the heart of the Pays d'Auge in the Calvados town of Clarbec, a dozen or so kilometres northwest of Lisieux. It is fantastic that Bouquetot is being revived to its finest hour, just as it is

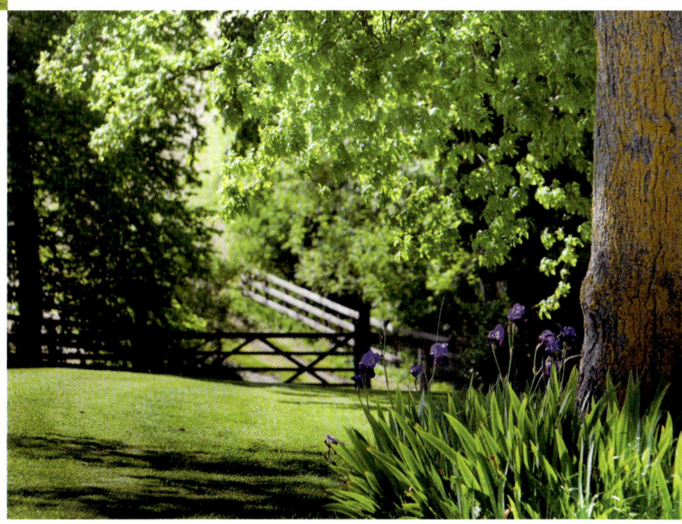

great that its new owner, a brother to the Emir of Qatar and his countrymen are being rewarded on the track for their investments in our races and our horses. All that remains now is for them to reap the ultimate prize as breeders and at a guess it appears that Bouquetot is the right tool for the job.

Bourgeauville

Bourgeauville est presque un village satellite de Deauville, en termes de proximité en tout cas, puisque situé à moins de dix kilomètres de la ville phare des courses et de l'élevage en Normandie. Les haras se succèdent les uns aux autres dans cette aire géographique. Bourgeauville est l'un d'eux, niché au sein de la petite commune du même nom, rassemblant moins de cent cinquante âmes. Voilà une vingtaine d'années qu'Amélie Ehrnrooth, d'origine finlandaise, y assouvit sa passion de l'élevage, avec le concours de son fils, Philip Lybeck, à la tête de l'exploitation, qui s'étend sur un peu plus de cinquante hectares.

La casaque Ehrnrooth est désormais bien connue en France, sur fond gros bleu assorti d'une croix de Saint-André verte et surmonté d'une toque écartelée vert et gros bleu. Cela signifie que le haras conserve une partie de sa production, mais celle-ci est minoritaire. Les ventes de yearlings d'Arqana, à Deauville, sont en effet le tremplin de la plupart des produits maison, ainsi voués à être commercialisés. Dans cette perspective,

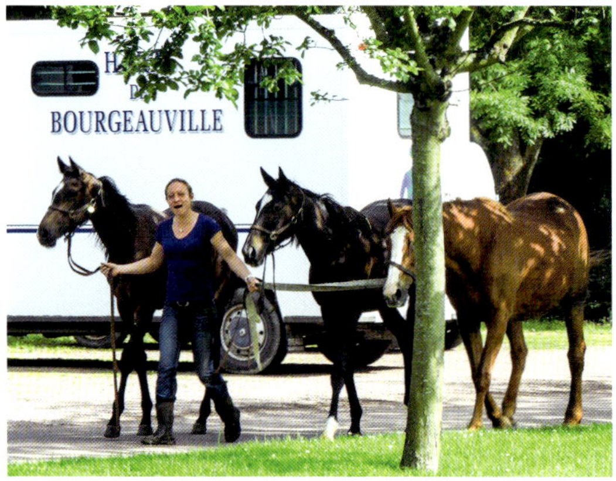

la vingtaine de poulinières du haras se partagent entre des étalons « haut de gamme », qu'ils soient basés en France, en Angleterre ou en Irlande.

Mais, si le parti de Bourgeauville est de vendre l'essentiel de sa production, il est aussi de constamment réinvestir

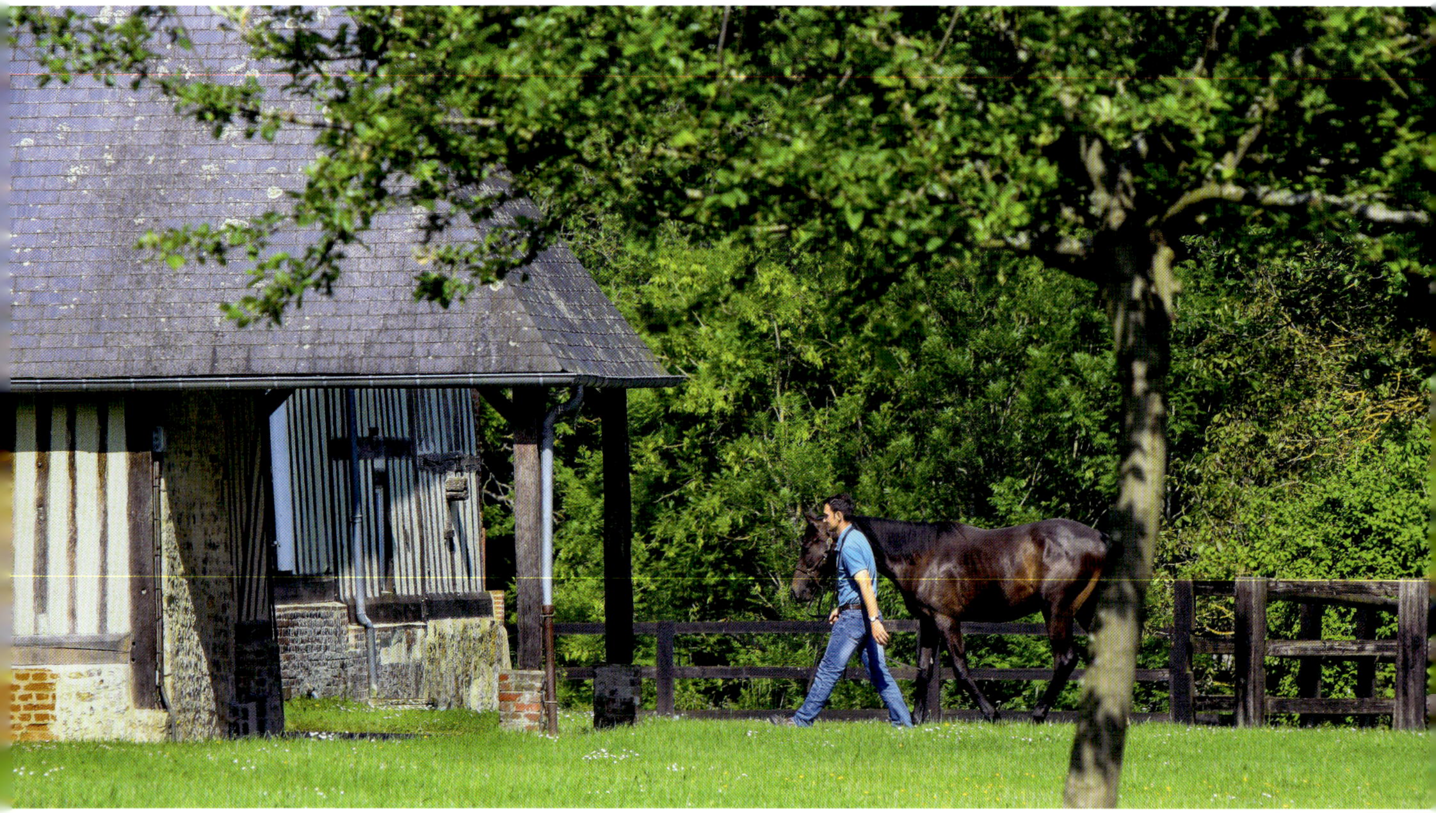

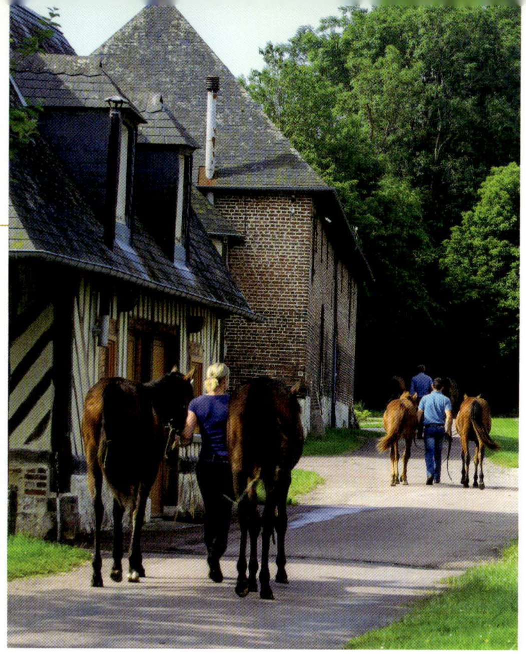

dans des poulinières ou des pouliches. De la sorte, Sarah Lynx, issue de l'union de Montjeu avec une fille de Danehill, soit l'un des plus beaux croisements de l'élevage contemporain, fut achetée yearling à Newmarket, en 2008. Sous les couleurs Ehrnrooth et l'entraînement de John Hammond, elle devait s'imposer dans notre Prix de Pomone, face aux seules femelles, puis dans le Canadian International, contre les mâles. Sarah Lynx présente, en outre, la particularité d'être consanguine à la fois sur le chef de race Northern Dancer et sur la mère de celui-ci, Natalma, possédant trois courants de sang du premier et quatre de la seconde. Autrement dit, voilà de la graine de poulinière !

Bourgeauville is almost a satellite village of Deauville, at least in terms of proximity, as it is located less than ten kilometers from this key Normandy racing and breeding town. Studs run into one another in this geographical area. Bourgeauville is one of these studs, located in the small town bearing the same name and with a population of less than one hundred and fifty. For some twenty years now Amelie Ehrnrooth, who was born in Finland, has been satisfying her passion for breeding with the help of her son Philip Lybeck who runs the stud, which extends to over a little more than fifty hectares.

The Ehrnrooth silks, with their green cross on a blue background and blue and green checked cap, are well known in France these days. The stud retains a small part of its stock each year but only really a fraction of the total. Indeed the Arqana yearling sales in Deauville are the springboard for most of the homebred stock which is destined to be sold. With this in mind, the twenty or so mares belonging to the stud are sent to top of the range stallions based in France, England and Ireland.

Even though Bourgeauville's policy is to sell the majority of its stock, it is also to constantly reinvests in its fillies and mares. In view of this Sarah Lynx, who was the result of a mating between Montjeu and a daughter of Danehill, one of the most successful crosses in modern breeding, was bought as a yearling at Newmarket in 2008. In the Ehrnrooth colours and trained by John Hammond she went on to win the Prix de Pomone against fillies followed by the Canadian International this time against colts. Sarah Lynx has the distinction of being inbred to both the chef de race Northern Dancer and his dam Natalma, the former appearing three times in her pedigree and the latter appearing four times. In other words, an excellent basis for a young broodmare!

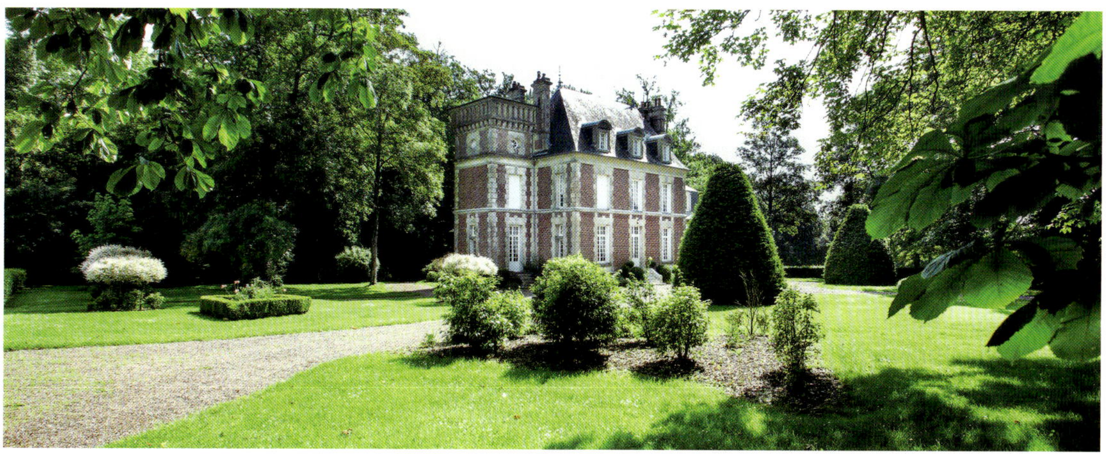

Le Buff

Au Haras du Buff, on élève des pur-sang depuis une centaine d'années. Au début du vingtième siècle, les courses et l'élevage français se sont sensiblement internationalisés, sous l'impulsion, notamment, de grands investisseurs américains, les Vanderbilt, Belmont, Duryea et autres Widener. Ancien magnat du pétrole en Russie, Léon Mantacheff les imitera et s'implantera au Buff, auquel il commencera de donner ses lettres de noblesse. Entre les deux guerres, Mantacheff sera ainsi à la tête d'une écurie connaissant le succès au plus haut niveau. Les principaux animateurs en furent Bahadur et Transvaal, ce dernier resté célèbre pour avoir remporté le Grand Prix de Paris, en 1924, à la cote astronomique de 120/1 (*sic* !).

Une autre page de l'histoire du Buff s'écrira avec le très bel élevage d'obstacle qu'y développera André Michel à partir des années cinquante et soixante. On ne compte plus les valeureux sauteurs ayant défendu la casaque rose à coutures grises, principalement sous l'entraînement de René Pelat, de Jean-François Daubin et de Bernard Sécly. C'est ce dernier qui offrira cependant sa victoire la plus prestigieuse à André Michel, lui apportant la consécration classique, en plat, dans le Grand Prix de Paris, en 1980, avec Valiant Heart, comme en écho au succès de Transvaal, cinquante-six ans plus tôt… En guise d'hommage, une course porte aujourd'hui le nom d'André Michel à Auteuil. Il s'agit d'une épreuve de sélection pour femelles, labellisée Groupe III. Les pouliches et juments qui y prennent part sont souvent en partance pour le haras et la compétition remplit parfaitement son office de valorisation en vue de l'élevage.

Depuis un quart de siècle, c'est la famille Le Métayer qui préside aux destinées du Haras du Buff, sous la bannière de Neustrian Associates, une structure commerciale créée à la fin des années quatre-vingt par Pierre-Charles Le Métayer, en association avec Yann

> Le Haras du Buff prend place dans la pointe sud du département de l'Orne, sur la commune de Colombiers, juste un peu au nord d'Alençon.

Houyvet et Florent Couturier. Au bout de quelque temps, les associés devaient se séparer, Florent Couturier s'installant sur le site voisin de Bois-Carrouges, mais Pierre-Charles Le Métayer n'en poursuivait pas moins seul la route, se partageant entre l'élevage et ses activités de courtier, jusqu'à son décès prématuré en 2000. Courageuse-

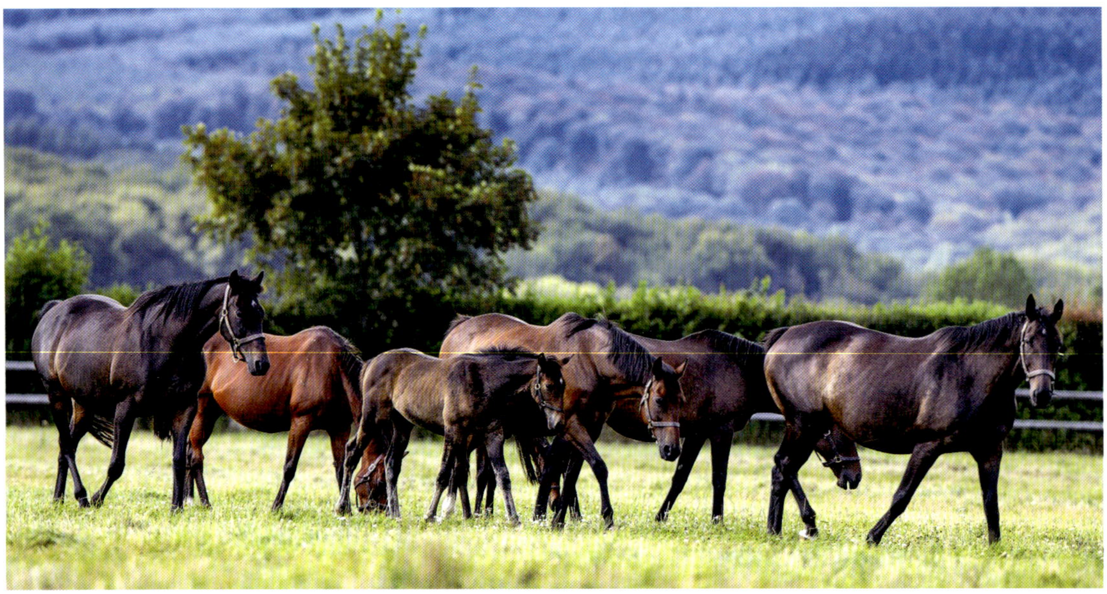

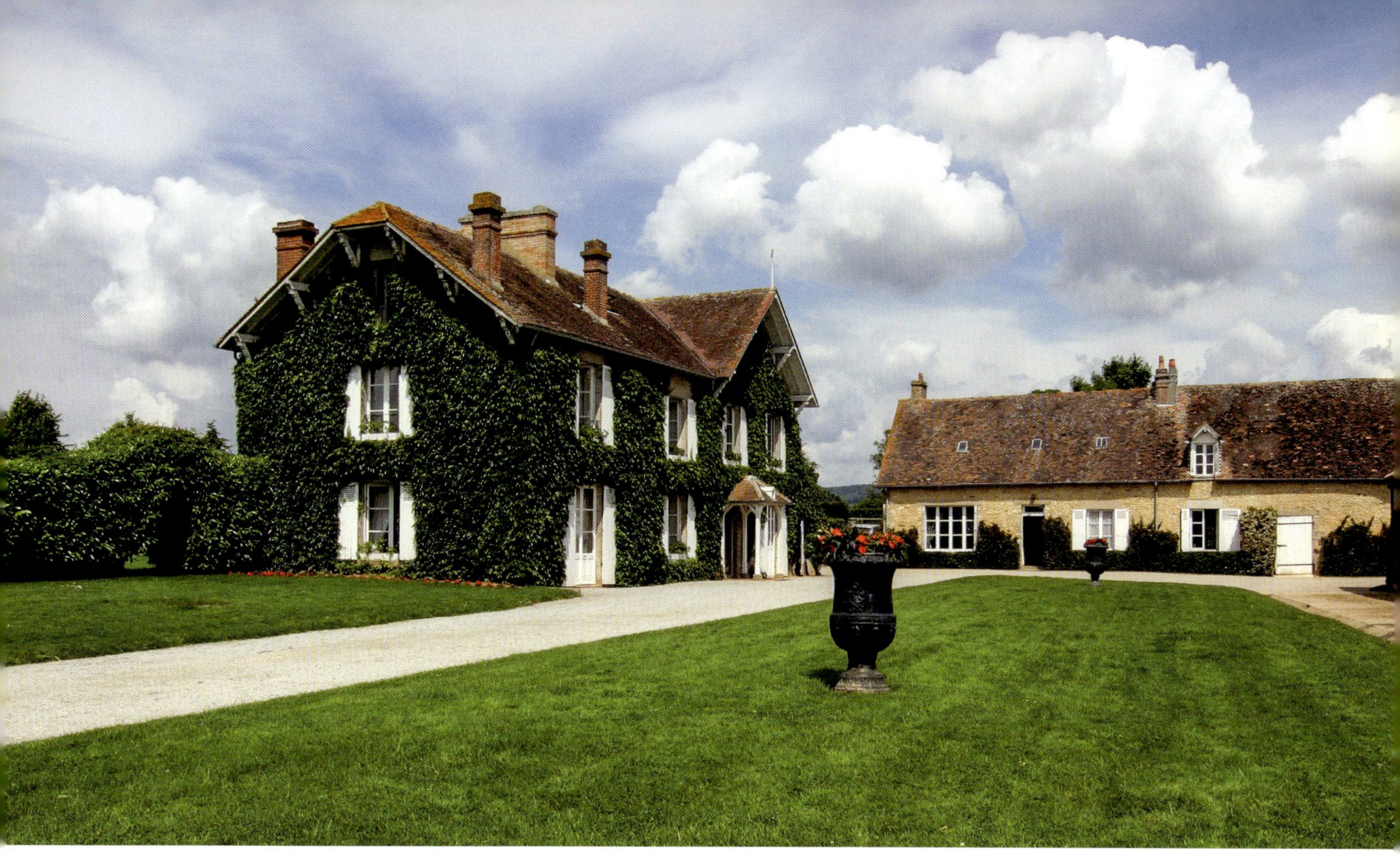

ment, Edwige Le Métayer, épouse du disparu, reprit alors le flambeau, avec le soutien de ses fils, et elle peut aujourd'hui regarder droit devant elle, fière du chemin parcouru et des résultats qui sont au bout.

Le Haras du Buff prend place dans la pointe sud du département de l'Orne, sur la commune de Colombiers, juste un peu au nord d'Alençon. Arrosé par la Briante, un affluent de la Sarthe, il bénéficie de terres particulièrement fraîches en été, qui jouxtent presque celles du Haras de Lonray, niché au creux de la même vallée. Edwige Le Métayer exploite là cent quinze hectares et y dispose de cinquante boxes, pour autant de chevaux, appartenant, pour leur plus grande part, à des clients anglo-saxons, lesquels avaient déjà la préférence de Pierre-Charles Le Métayer. La cour du haras est coquette et a aussi beaucoup de cachet. On y sent le passé des lieux tout entier rassemblé. C'est là que Pierre-Charles, puis Edwige Le Métayer ont vu naître ou grandir les Denham Red, Gold and Steel, Lucayan, Maille Pistol, Nakir, Top Waltz et autres Xua, pour ne citer qu'un échantillon de leur contribution au meilleur du sport hippique européen.

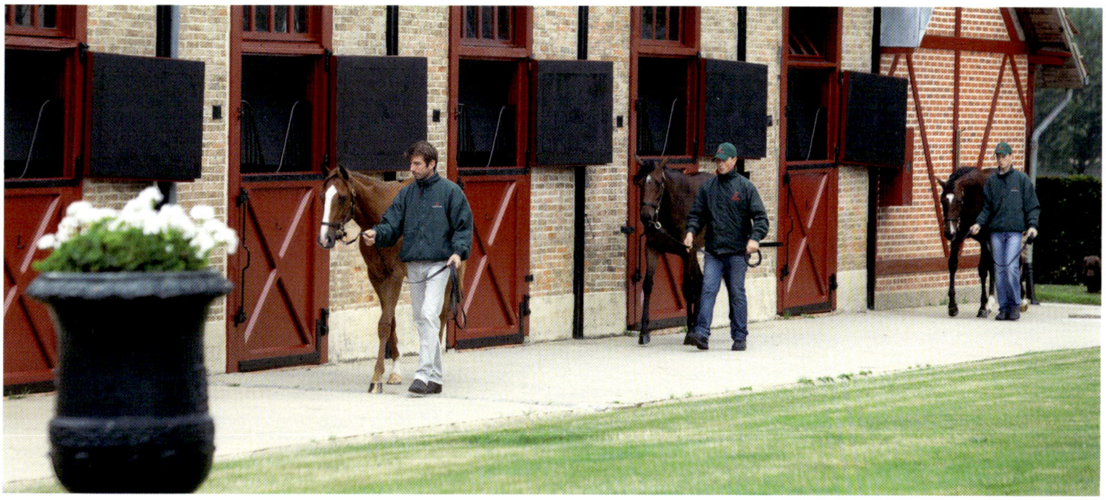

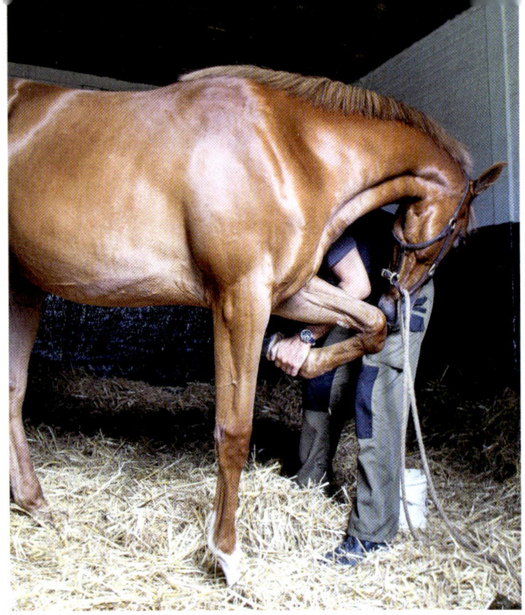

Le Buff

The Haras du Buff has been breeding thoroughbreds for around a hundred years. In the early twentieth century French racing and breeding became increasingly international thanks in particular to major U.S. investors such as Vanderbilt, Belmont, Duryea and Widener. A former oil tycoon in Russia, Leon Mantacheff copied them and set himself up at the Buff and was the first to bring it acclaim. Between the two wars Mantacheff became the head of a team experiencing success at the highest level. The main protagonists were Bahadur and Transvaal, the latter still famous for winning the Grand Prix de Paris in 1924 at the astronomical odds of 120/1 (sic!).

Another page in the history of the Buff was written with the excellent national hunt breeding operation developed by André Michel in the fifties and sixties. There are countless top class jumpers who carried the pink silks with grey seams to victory, mainly trained by René Pelat, Jean-François Daubin and Bernard Sécly. It was the latter however who gave André Michel his most prestigious victory with a Classic win on the flat from Valiant Heart in the Grand Prix de Paris in 1980, echoing the success of Transvaal fifty-six years earlier... As a tribute a race is now named after André Michel at Auteuil. The race is a Group III for fillies and mares and those who take part are often bound for stud, with the result that the race perfectly fulfils its role of adding value for breeding purposes.

For a quarter century the Métayer family has now been in charge of the Haras du Buff's destiny under the banner of Neustrian Associates, a commercial structure created in the late eighties by Pierre-Charles Le Métayer in association with Yann Houyvet and Florent Couturier. After some time the partnership dissolved with Florent Couturier setting himself up on the neighboring site of Bois-Carrouges and leaving Pierre-Charles Le Métayer to carry on by himself and to combine his work as a breeder and as a bloodstock agent until his tragic early death in 2000. His widow Edwige Le Métayer most courageously then took up the torch with the support of her sons and can now be proud of the progress and the results that they have achieved.

The Haras du Buff is located at the southern tip of the Orne department in the village of Colombiers just north of Alencon. Fed by the river Briante, a tributary of the Sarthe, the stud benefits from land which stays particularly cool in summer, adjacent to the Haras de

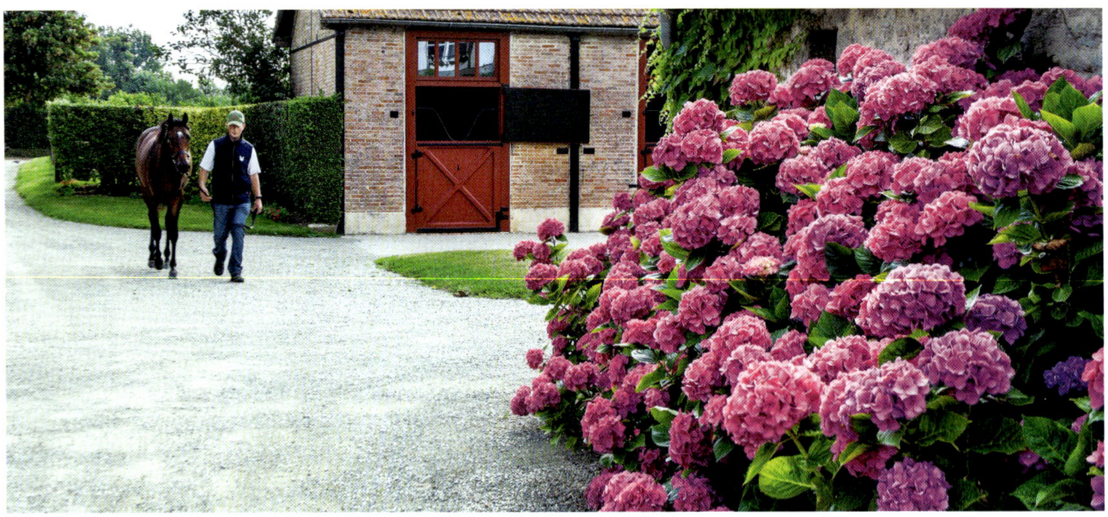

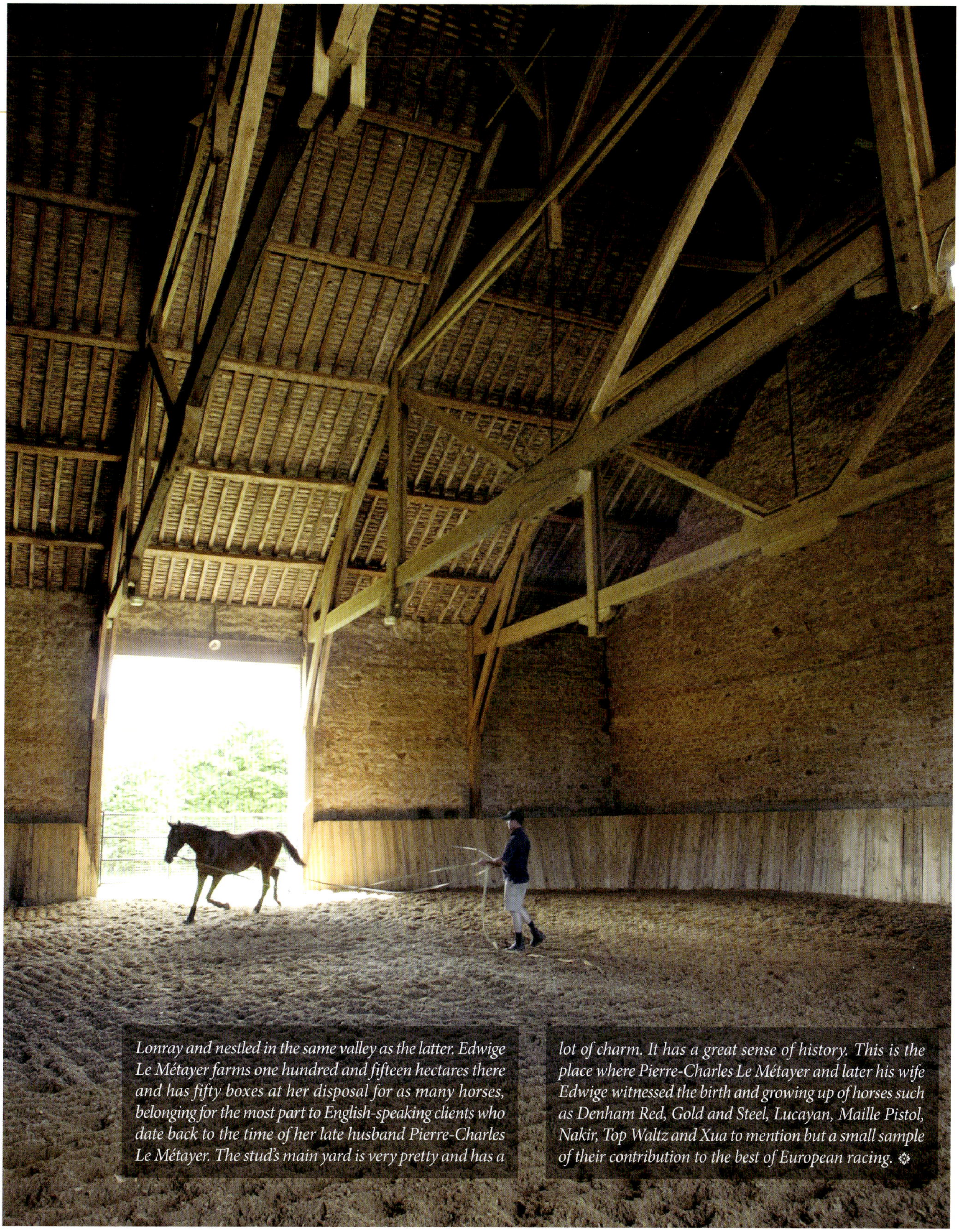

Lonray and nestled in the same valley as the latter. Edwige Le Métayer farms one hundred and fifteen hectares there and has fifty boxes at her disposal for as many horses, belonging for the most part to English-speaking clients who date back to the time of her late husband Pierre-Charles Le Métayer. The stud's main yard is very pretty and has a lot of charm. It has a great sense of history. This is the place where Pierre-Charles Le Métayer and later his wife Edwige witnessed the birth and growing up of horses such as Denham Red, Gold and Steel, Lucayan, Maille Pistol, Nakir, Top Waltz and Xua to mention but a small sample of their contribution to the best of European racing.

Le Cadran

Situé sur la commune ornaise d'Omméel, au bord de la route qui relie Gacé à Trun, le Haras du Cadran est le fief, depuis plus de trente ans, de Pierre Talvard, qui y est aujourd'hui associé avec son fils, Emmanuel. Originaire de Vendée, Pierre Talvard n'est pas né dans le sérail, mais a éprouvé l'envie de monter à cheval dès son jeune âge, durant lequel il fréquente régulièrement les clubs hippiques. Plus tard, au sortir de l'adolescence, il s'en ira en Camargue, toujours pour être au contact des chevaux. De retour en Vendée, sa vocation ne fait plus de doute et il se rapproche de l'éleveur local de demi-sang, comme on dit à l'époque, Michel de Gigou, qui l'embauche et auprès duquel il va commencer d'apprendre le métier. Pierre Talvard passera cinq ans là-bas, puis cinq autres années au Haras de Préaux, chez Jean-Louis Lucas, parachevant ainsi une solide et éclectique formation, partagée entre l'élevage traditionnel des AQPS et l'élevage moderne des pur-sang.

En 1981, c'est l'installation au Cadran. Pierre Talvard souhaite maintenant voler de ses propres ailes et achète cette ancienne ferme herbagère qui a été transformée en clinique par le docteur Esling, vétérinaire équin bien connu, dont on sait sans doute moins, significativement pourtant, que son père a gagné le Prix de l'Arc de Triomphe en 1928, en selle sur Kantar… Revenons cependant au nouvel occupant des lieux, qui n'acquiert, au commencement, que dix-huit hectares, mais bénéficie du soutien de son client de la première heure, l'homme de presse Jean-Claude Seroul, qui l'a connu à Préaux et

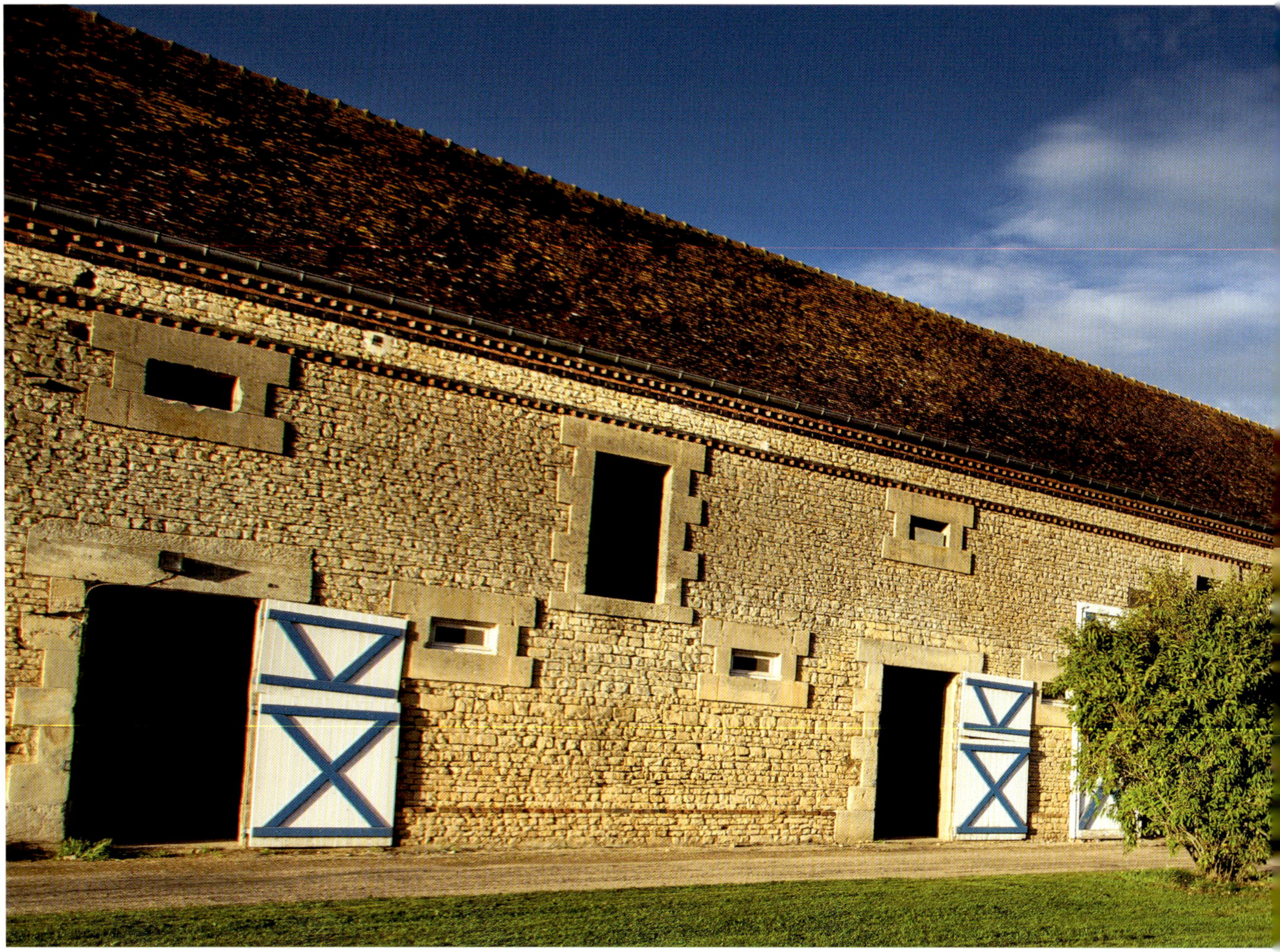

lui donne sa chance en lui confiant son élevage. Une collaboration qui se poursuit aujourd'hui, avec beaucoup de réussite, dans un tout autre contexte, puisqu'au Cadran, Pierre Talvard est désormais à la tête de deux cent cinquante hectares et d'un cheptel de cent poulinières. Notre homme a des participations dans une quarantaine d'entre elles, prônant les vertus de l'association et, ce faisant, de la répartition des frais. Vendeur de ses produits, il compte parmi les clients les plus réguliers et les plus importants des ventes de yearlings d'Arqana. Un temps étalonnier, il ne l'est plus depuis quelques années, préférant se concentrer sur l'élevage à proprement parler. Ajoutons que treize personnes œuvrent à l'année au Cadran et que la capacité d'accueil est de deux cents boxes.

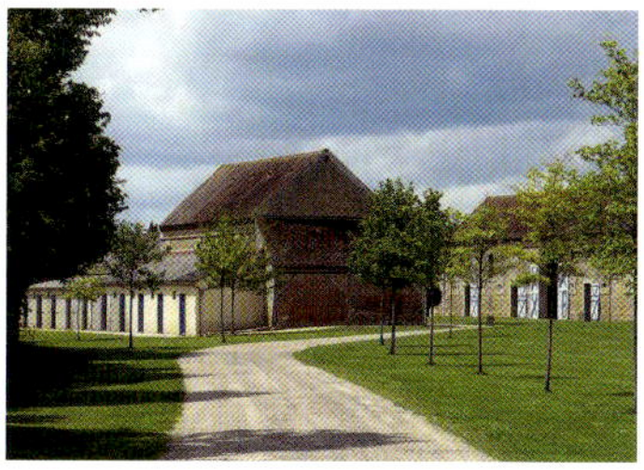

Pierre Talvard aime à vanter non pas tant la qualité des terres du Cadran, que son environnement... Les chevaux se plaisent là-bas, se sentent bien. La réussite lui a souri et même fait un clin d'œil, en ce qu'il a produit deux gagnants du Prix du... Cadran à Longchamp, Mercalle et Gentoo. Pierre Talvard a une tendresse particulière pour Mercalle, qu'il a rachetée alors qu'elle était vide et âgée de 17 ans. Pour le remer-

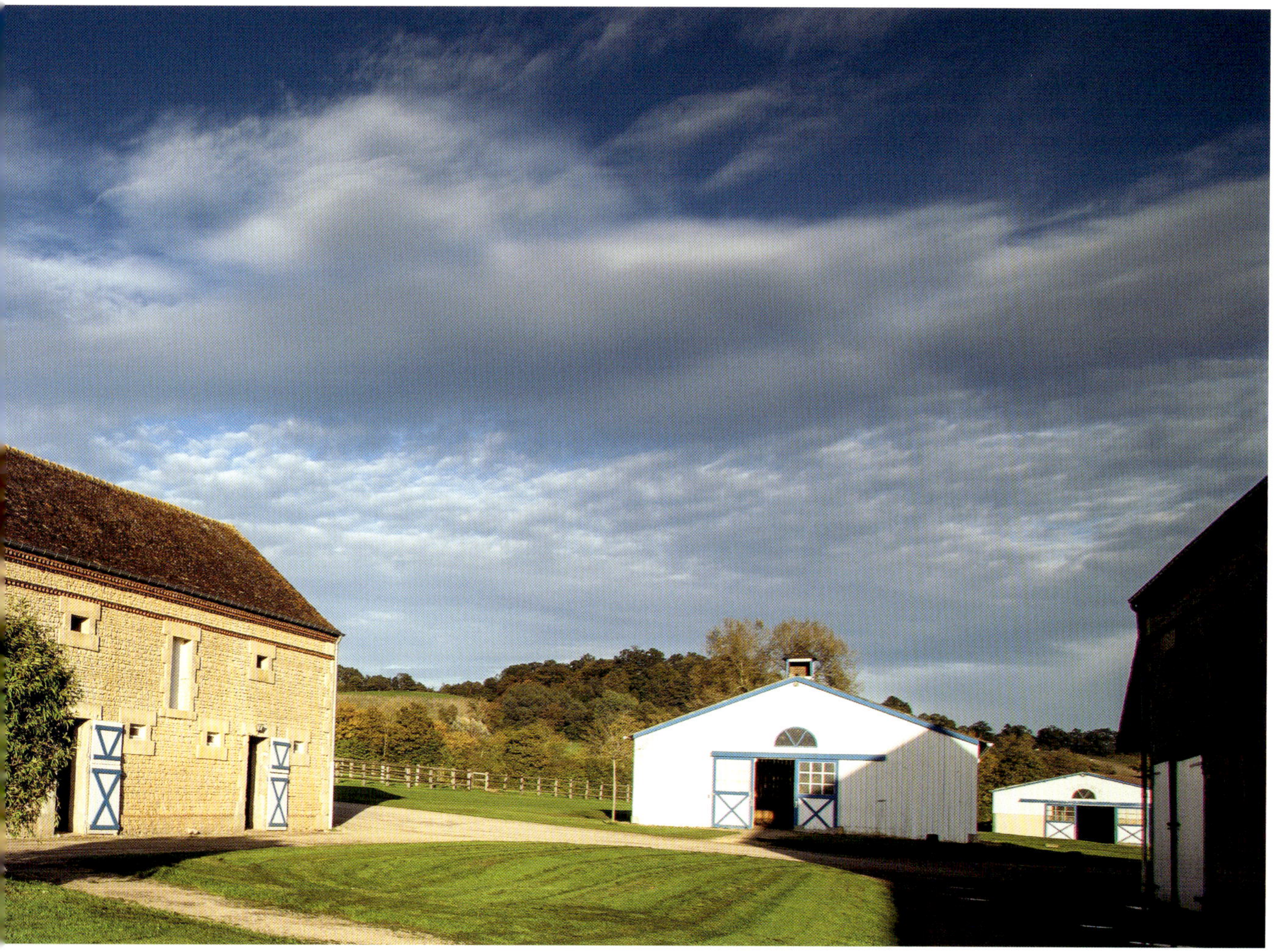

Le Cadran

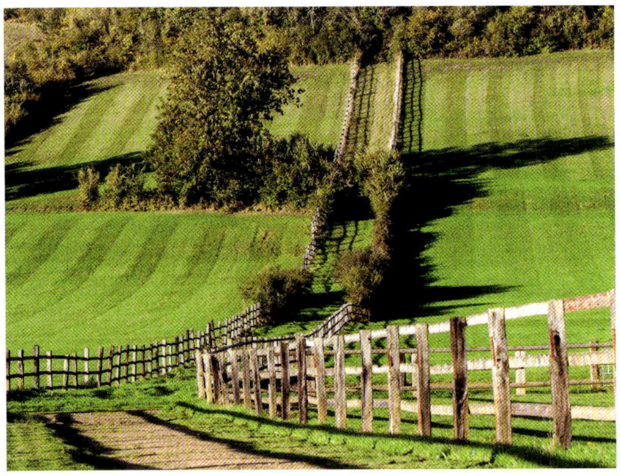

cier, la jument lui a donné, un peu plus tard, la bonne Lady Deauville – l'un des nombreux vainqueurs de Groupe élevés au haras –, avant de connaître une retraite heureuse et de disparaître récemment, à l'âge de 27 ans. D'une manière plus générale et un peu à l'opposé de ce qui vient d'être dit, à propos des stayers tardifs que furent Mercalle et Gentoo, Le Cadran est un haras éleveur de sujets précoces, en provenance duquel on dénombre, par exemple, aux premiers jours du mois d'octobre, les lauréats de ving-trois courses de 2 ans en 2013, dont Védeux, gagnant du semi-classique Prix du Bois. C'est là un parti pris, les Talvard faisant le nécessaire pour produire des chevaux tôt « sur la jambe » et estimant qu'il est plus facile de tirer ainsi son épingle du jeu, en l'absence de la concurrence des grandes écuries classiques dans ce créneau.

Located in the Orne town of Omméel, on the side of the road which connects Gacé and Trun, the Haras du Cadran has been the home of Pierre Talvard, who is now associated with his son Emmanuel for more than thirty years. Originally from the Vendée region, Pierre Talvard was not born into the industry but loved riding from a young age and regularly went to riding schools. Later, in his late teenage years, he went into the Camargue, once again just to be around horses. Back in Vendée his vocation in life was no longer in doubt and he befriended Michel Gigou the local breeder of part bred horses, as they referred to them at the time, who took him on and from whom he began to learn his trade. Pierre Talvard spent five years there followed by another five at the Haras de Préaux with Jean-Louis Lucas, thus obtaining a solid and versatile foundation shared between the traditional breeding of AQPS horses and the modern breeding of thoroughbreds.

1981 was the year he set himself up at Cadran. By then Pierre Talvard wanted to fly by his own wings and bought this old cattle farm which had been transformed into a clinic by Dr. Esling, the well-known equine vet who is probably less known for the nonetheless significant fact that his father won the Prix de l'Arc de Triomphe in 1928 on board Kantar... That said, let's turn our focus back to the new occupants of the farm who initially only bought eighteen hectares, but who had the support of his very first client, the media man Jean-Claude Seroul, whom he met at Préaux and who gave him a chance by entrusting him with his breeding operation. The partnership is still alive today and with great success and now in a completely different league as Pierre Talvard is now at the head of two hundred and fifty hectares at le Cadran together with a broodmare band numbering one hundred. Our man has shares in forty of them, a great believer in the advantages of partnerships and the allocation of costs. A vendor of his stock, he is one of the most regular and most important clients of the Arqana yearling sales. Having once stood stallions, he hasn't done so for a few years preferring to concentrate on the breeding itself. Also worth noting is that 13 people work at Cadran all year round and that the stud has 200 boxes at its disposal.

Pierre Talvard loves to sing the praises not so much of the quality of the land at Cadran but its setting… The horses like the place which has a sense of wellbeing. Fate has looked down on him favourably and even rather cheekily as he has bred two winners of the Prix du... Cadran at Longchamp in Mercalle and Gentoo. Pierre Talvard has a particular fondness for Mercalle, whom he bought back when she was barren at the age of 17. As a thank you, the mare produced the talented Lady Deauville a short while later – one of the many Group winners bred at the stud –, before being happily retired and passing away recently at the age of 27. More generally and slightly against what has just been said concerning the late maturing stayers that were Mercalle and Gentoo, Cadran is a stud which breeds early types and was already responsible by early October for the winners of twenty-three two year old races in 2013, including Védeux, winner of the Group III Prix du Bois. This was a conscious decision by the Talvards making sure they breed early types who are ready to run and making the call that it is easier to play one's cards right in this niche market which benefits from the absence of competition from the larger classic stables.

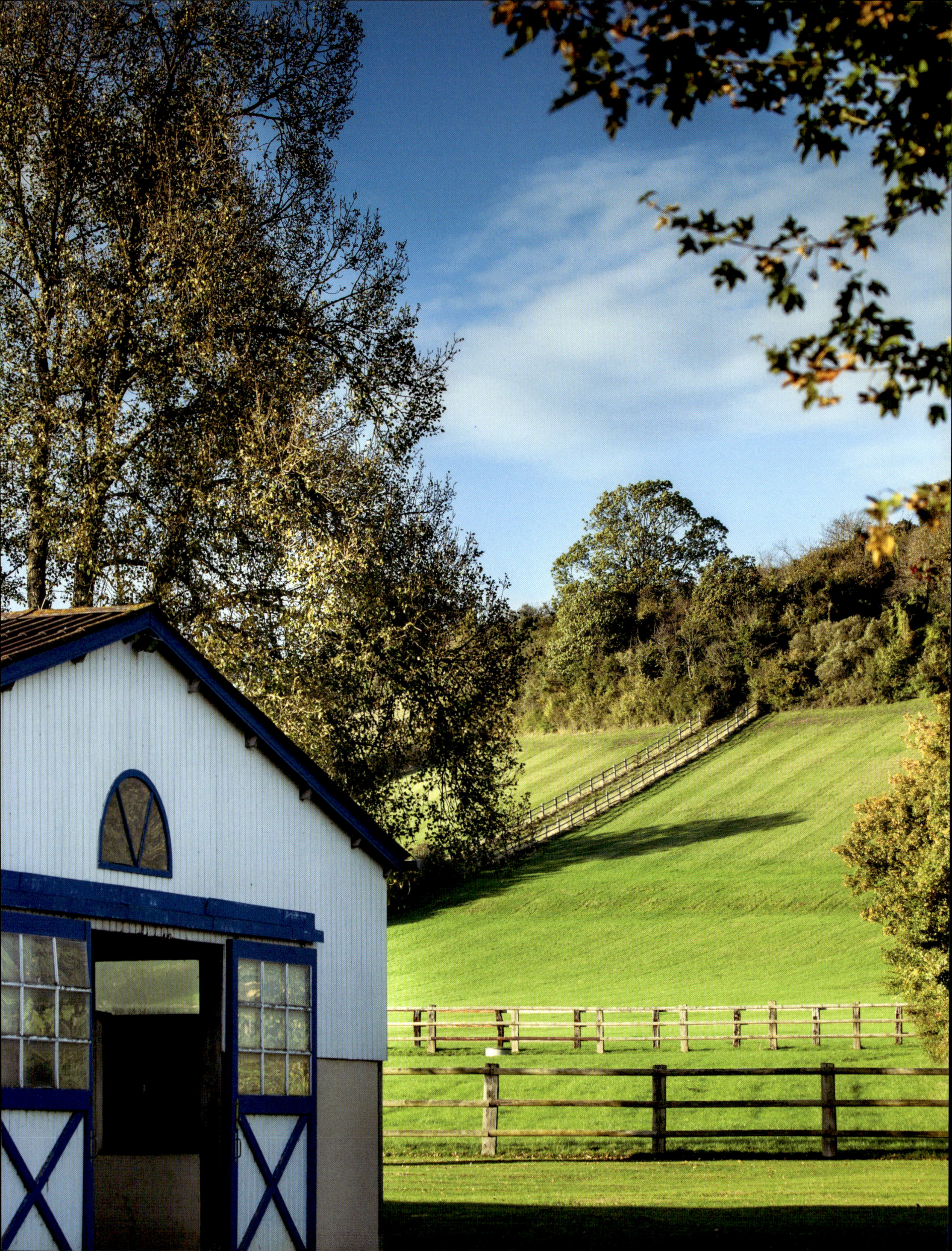

Le Camp-Bénard

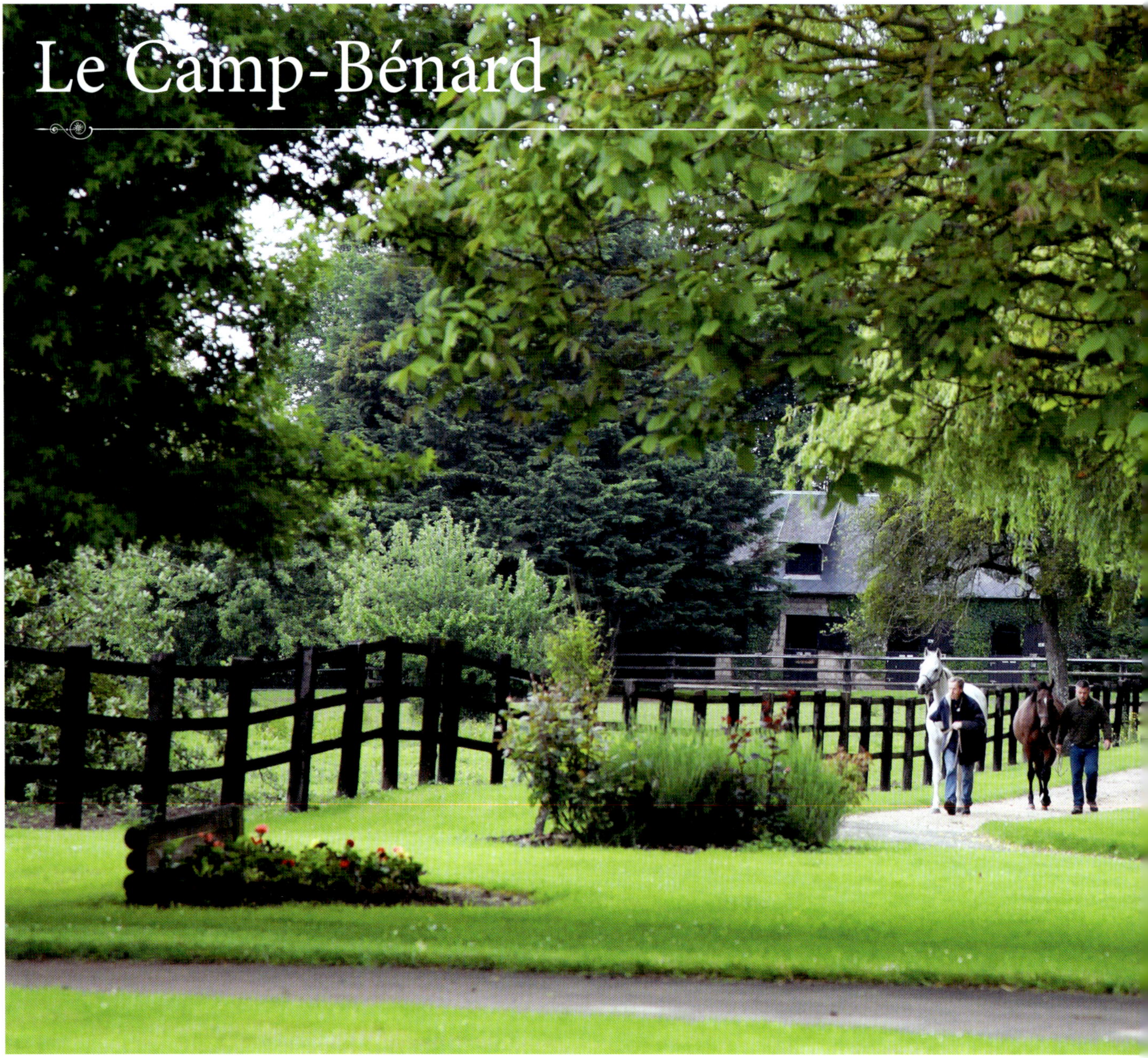

Le Haras du Camp-Bénard est animé par Martine van de Kerchove et sa fille, Fabienne Simoès de Almeida. Ancré sur la commune de Bonnebosq, à une vingtaine de kilomètres de Deauville, non loin de l'axe reliant Pont-l'Évêque à Caen, il s'étend sur une centaine d'hectares, dans un beau cadre, paisible et séculaire. Se partageant entre les effectifs, à proprement parler, maison et ceux d'une fidèle clientèle, les poulinières et leurs produits y disposent de quelque quatre-vingt-cinq boxes. La préparation aux ventes de yearlings est assurée, en même temps que les soins aux chevaux au repos. L'étalonnage est une autre des activités du Camp-Bénard, dont les deux sires actuels sont Super Célèbre et On Est Bien. Le haras n'est pas sans se réclamer d'un glorieux passé, qui fait remonter sa création au temps du duc d'Estissac, qui y éleva notamment le champion Maurepas, grand rival de Djebel au début de la guerre, vainqueur du Grand Prix de Paris, puis, à 4 ans, du Prix des Sablons, aujourd'hui rebaptisé Prix Ganay, du Prix du Cadran et du Grand Prix de Saint-Cloud. Après quoi, le domaine fut acquis par le père de Martine van de Kerchove, venu de Belgique et s'intéressant initialement aux selle français, en tant que cavalier de concours. Peu à peu, toutefois, sur les conseils du marquis de Rose, dont le nom reste attaché à l'agence de courtage Flying Fox et qui était un grand connaisseur

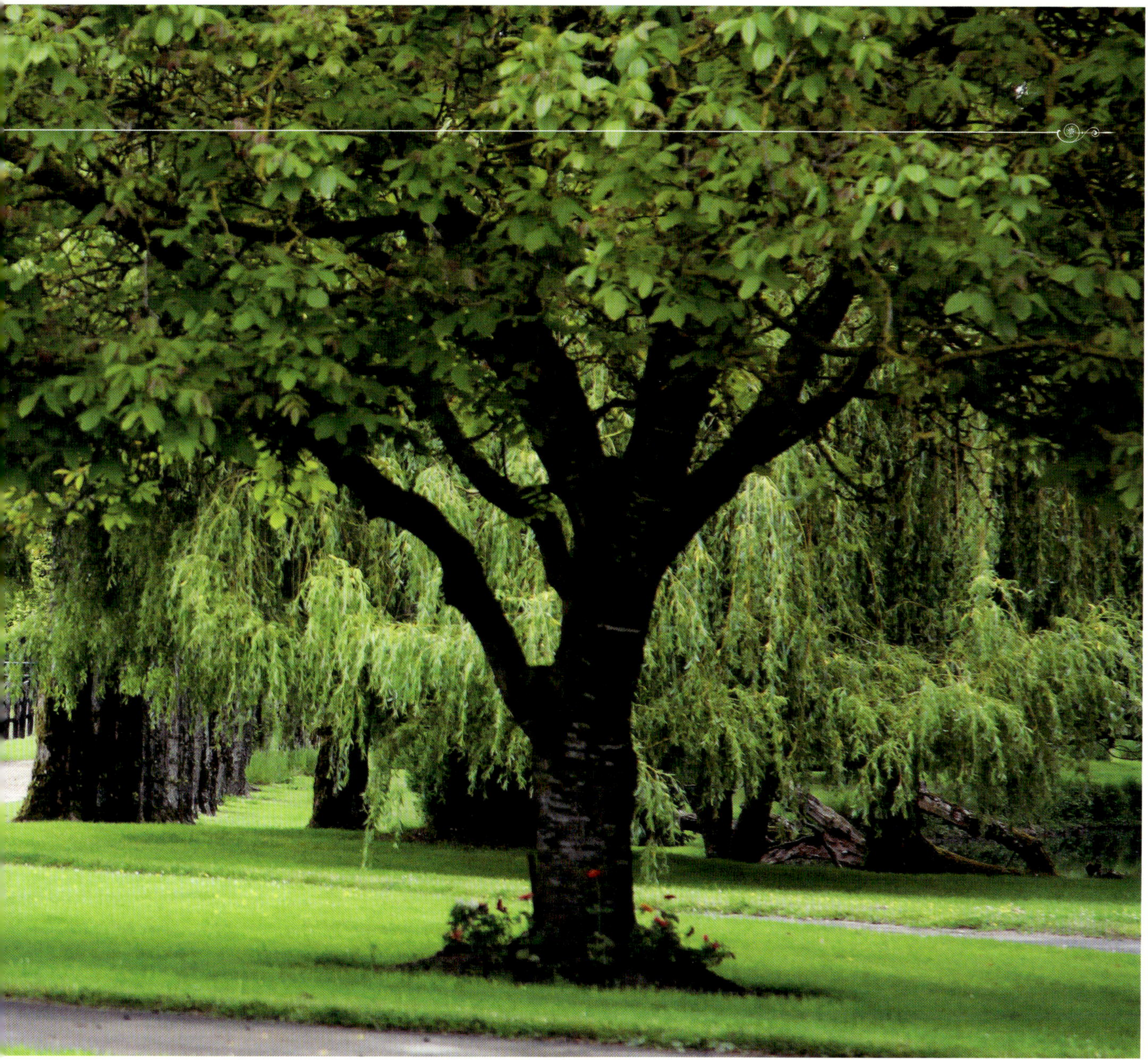

des courses et de l'élevage, Le Camp-Bénard allait s'ouvrir aux pur-sang et la réussite n'allait pas tarder à poindre, grâce à Amati, vainqueur de la Grande Course de Haies d'Auteuil en 1950, sous les couleurs d'Alec Weisweiller, puis à Florian IV, gagnant en 1951 du Prix du Conseil Municipal, devenu aujourd'hui le Prix du Conseil de Paris, et deuxième du Grand Prix de Saint-Cloud, avant d'être acheté par les Haras Nationaux. La petite histoire conte que Great Daisy, la mère de Florian IV, connut une drôle de mésaventure au cours de sa carrière de poulinière, étant saillie malencontreusement par un étalon de passage, emmenant une roulotte de bohémiens… Mais que l'on soit rassuré : ce n'est pas de cette union improbable que naquit Florian IV, bel et bien fils du très respectable élève de Marcel Boussac, Jock !

En 1963, Armenio Simoès de Almeida, venu de son Portugal natal, arrive au Camp-Bénard pour y épauler les maîtres des lieux. Quelques années plus tard, il épouse Martine van de Kerchove et tous deux, avant que leurs chemins ne se séparent, vont considérablement développer les activités du haras, qui connaîtra ses heures de gloire avec la progéniture de Nyd Win, prolifique et talentueuse génitrice, et, plus encore avec l'avènement de la championne de l'endroit, la merveilleuse Magic

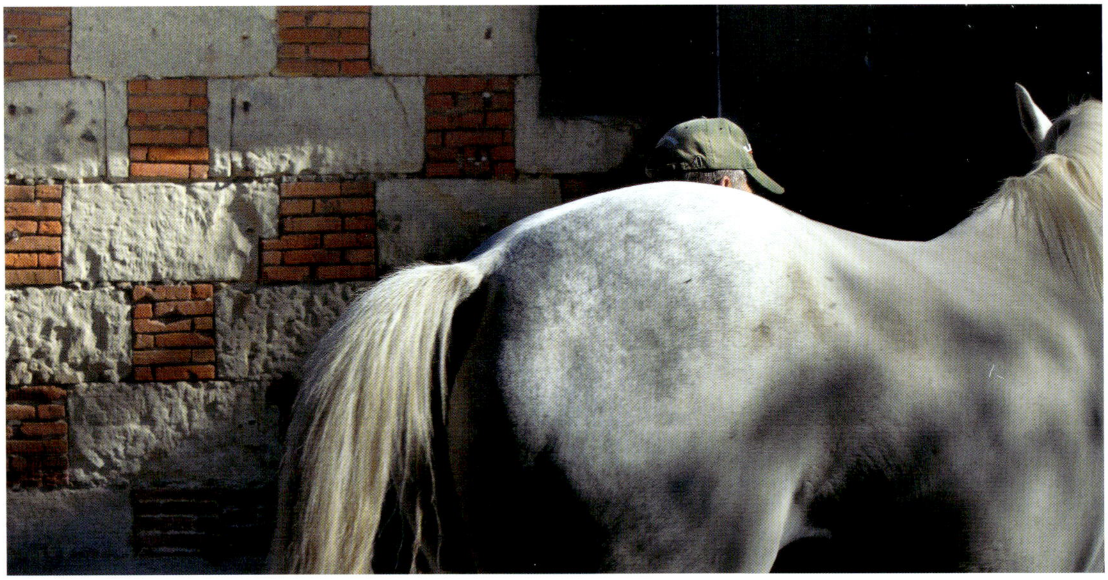

Night, véritable « cendrillon » du turf, fille de l'étalon public, à la faible cote commerciale, Le Nain Jaune et d'une jument, Pin Up Babe, par l'oublié Prominer. Martine van de Kerchove acheta cette dernière 2 500 francs, soit moins de 400 euros (sic !), la récupérant à une vente sur saisie, afin de la sauver du sort funeste qui, assurément, l'attendait. On reconnaît bien là tout l'amour des chevaux de la « dame » du Camp-Bénard, qui ne voulut pas laisser ainsi partir la fille aînée de l'une de ses poulinières phares, en l'occurrence Mini Skirt. Martine van de Kerchove allait être récompensée de son geste au centuple, car Magic Night fut, ni plus ni moins, la meilleure pouliche de son année en 1991, gagnant le Prix Vermeille et se classant deuxième tant du Prix de Diane que du Prix de l'Arc de Triomphe et de la Japan Cup. Quelle belle histoire !

The Haras du Camp-Bénard is managed by Martine Van de Kerchove and her daughter Fabienne Simoès de Almeida. Situated in the town of Bonnebosq, about twenty kilometres from Deauville and close to the axis connecting Pont-l'Évêque and Caen, it extends to over a hundred hectares in a beautiful setting, which is both peaceful and ancient. The mares and their offspring, which are made up of home owned stock and that of loyal clients, have some eighty five boxes to themselves. Yearling sales preparation is one of the services provided, as is the spelling of horses. Camp-Bénard is also a stallion station whose two current resident sires are Super Célèbre and On Est Bien. The stud lays claim to a glorious past which traces back to the time of the

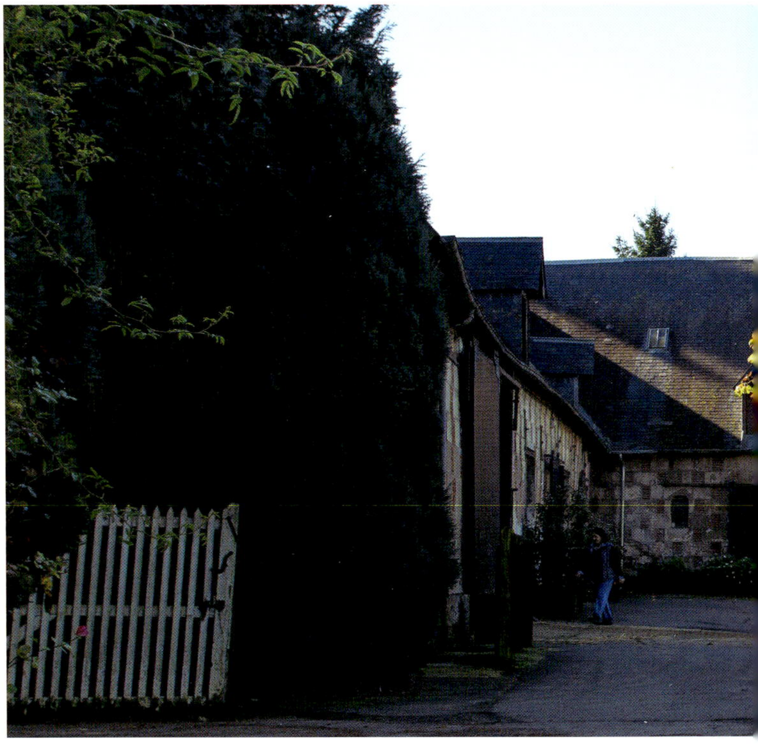

Duc d'Estissac, who most notably bred the champion Maurepas, great rival to Djebel at the beginning of the war and winner of the Grand Prix de Paris before winning the Prix des Sablons, now known as the Prix Ganay, at four. After which time the stud was bought by Martine Van de Kerckhove's father who came from Belgium and was initially interested in the « selle Français » breed as a competition rider himself. Gradually however on the advice of the Marquis de Rose, whose name is still linked to the Flying Fox bloodstock agency and who was a great connoisseur of racing and breeding, Camp-Bénard began to open up to thoroughbreds and success was very soon on the agenda thanks to Amati, winner of the Grande Course de Haies d'Auteuil in 1950 in the colours of Alec Weisweiller, then through Florian IV, winner in 1951 of the Prix du Conseil Municipal, now known as the Prix du Conseil de Paris, and second in the Grand Prix de Saint-Cloud before being bought by the National Studs. Rumour has it that Great Daisy, the dam of Florian IV, had a curious mishap during her career as a broodmare in that she was inadvertently covered by a passing stallion who was pulling a gypsy caravan… But rest assured, it is not from this unlikely union that Florian IV was born, he was well and truly the son of Marcel Boussac's very respectable protégé Jock! In 1963 Armenio Simoès de Almeida, who came from his native Portugal, arrived at Camp-Bénard with a view to assisting the owners. A few years later he married Martine Van de Kerchove and both of them went on to considerably develop the stud's activities before going their separate ways. The stud had its heyday thanks to the offspring of the prolific and talented broodmare Nyd Win, and even more so with the advent of their real champion, the wonderful Magic Night, a real « Cinderella » of the turf, the daughter of the little-known and uncommercial stallion Le Nain Jaune and the mare Pin Up Babe by the forgotten Prominer, whom Martine Van de Kerchove bought for just 2,500 francs, less than 400 euros (sic!) picking her up at a bankruptcy auction and no doubt saving her from a sinister end. Such an act shows the love of horses so typical of the « Lady » of Camp-Bénard who would not leave the eldest daughter of one of her flagship broodmares, in this case Mini Skirt, to this fate. Martine Van de Kerchove would be rewarded a hundredfold for her kind gesture, as Magic Night ended up being no less than the best filly of her generation in 1991, winning the Prix Vermeille and finishing second in the Prix de Diane, the Prix de l'Arc de Triomphe and the Japan Cup. What a beautiful story!

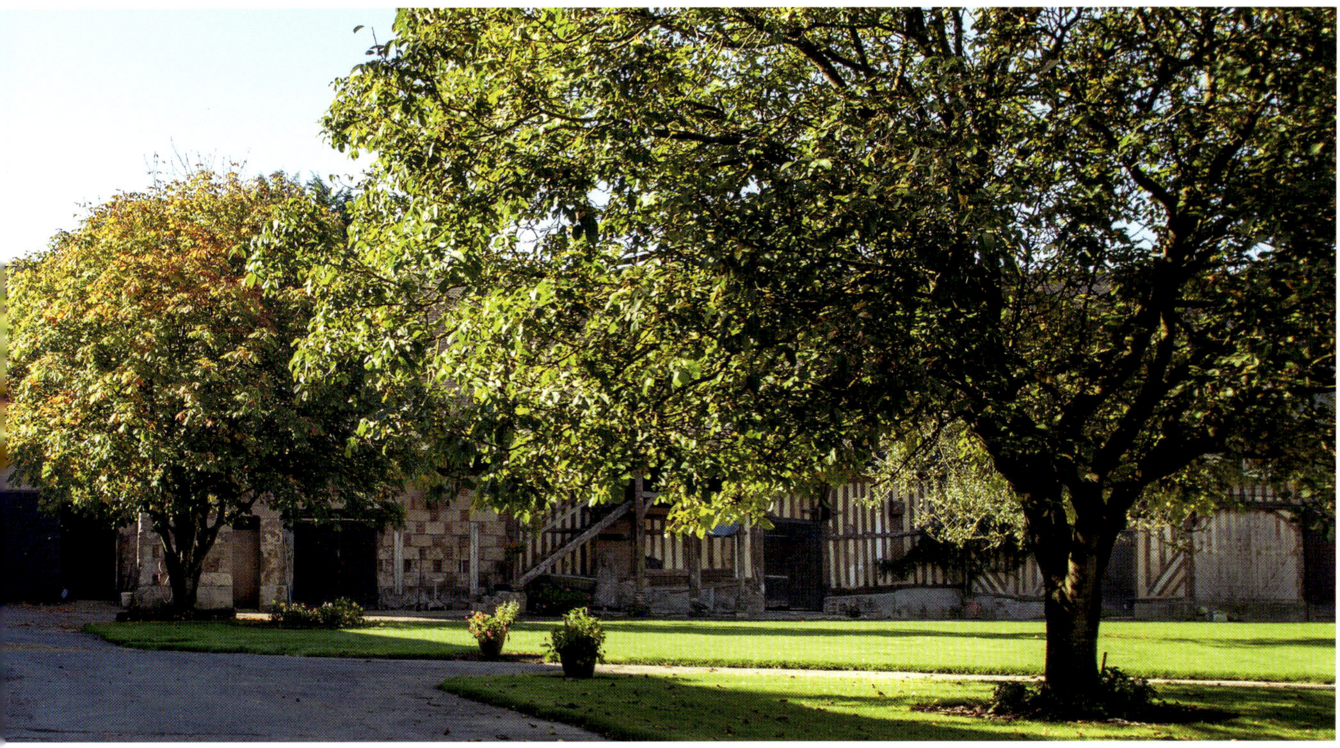

Les Capucines

Créé en 1993, le Haras des Capucines est le fruit de la réunion des terres des haras du Gué-Foulon et du Val-d'Or, qui furent longtemps exploitées par la famille Barjot. Éric Puerari est à l'origine de cette fusion et de l'avènement de la nouvelle structure, en association avec Michel Zerolo. Tous deux sont courtiers, l'un sur notre sol, l'autre outre-Atlantique. Leur tandem est remarquablement performant, en particulier au travers de la vente de yearlings sur le marché public, dont le haras s'est fait une spécialité, en France, mais aussi en Angleterre. Pour se référer au seul ring de Deauville, il n'est que de constater que Les Capucines y délèguent, chaque année, soixante à soixante-dix sujets. En prolongement, le haras se distingue sur les hippodromes, où les exercices 2012 et 2013 l'ont vu spécialement en verve, grâce, principalement, à Flotilla, lauréate de la Poule d'Essai des Pouliches et du Breeders' Cup Juvenile Fillies Turf, Morandi, vainqueur du Critérium de Saint-Cloud et deuxième du Prix du Jockey Club, Triple Threat, gagnant du Prix Eugène Adam, et Zagora, à l'honneur dans le Breeders' Cup Filly

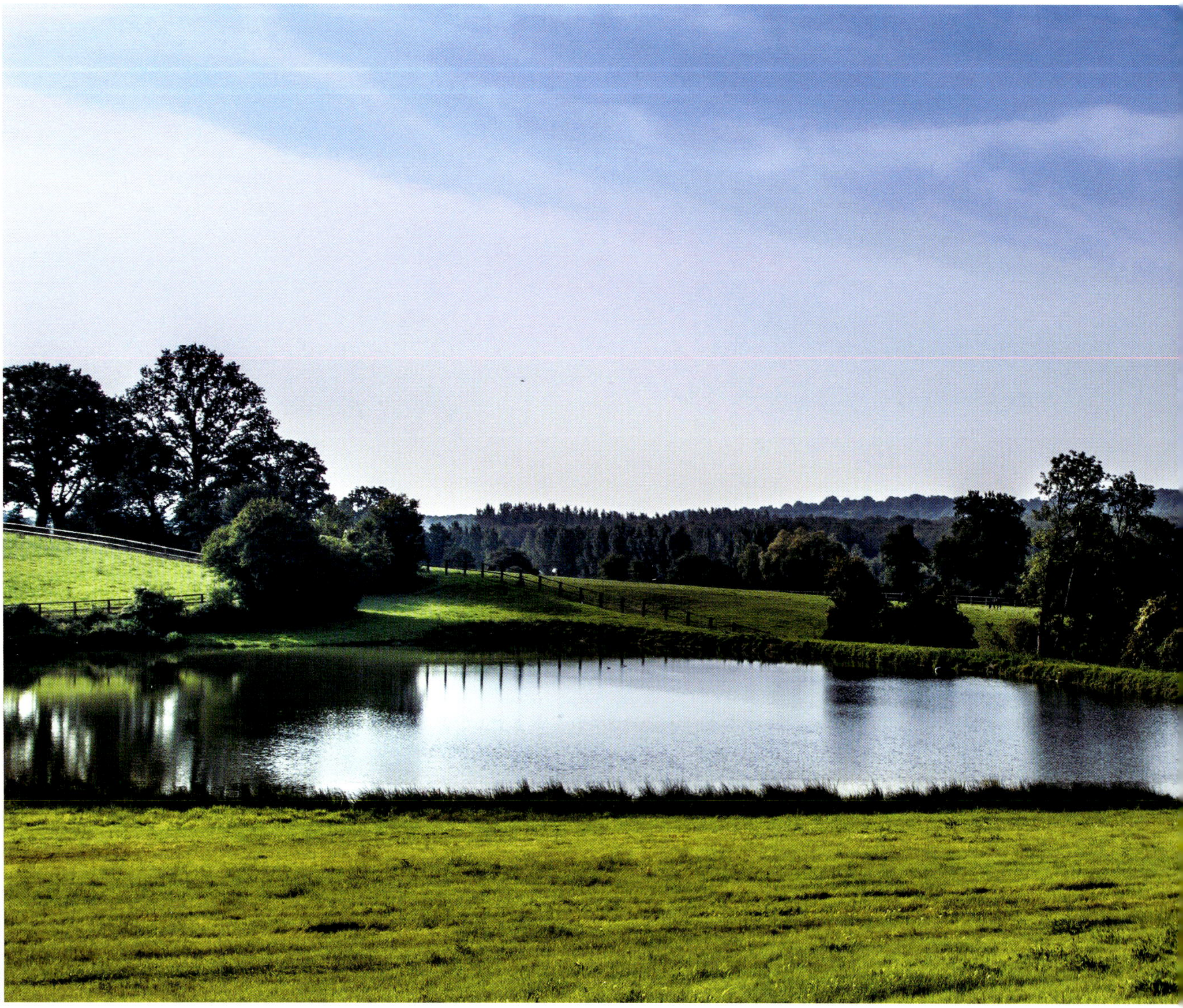

Photos : Renaud de Marcuil

& Mare Turf. Ainsi, l'automne dernier, l'élevage d'Éric Puerari et Michel Zerolo inscrivait-il à son palmarès deux épreuves de la Breeders' Cup, lors du week-end de gala des courses américaines. Une fameuse performance.

Le Haras des Capucines se trouve sur la commune de La Cochère, dans le département de l'Orne, à un kilomètre du Haras du Pin. Ses terres jouxtent celles du Haras de la Reboursière et de Montaigu. Il y a là cent quatre-vingts hectares, pour cent boxes. Environ cinquante poulinières

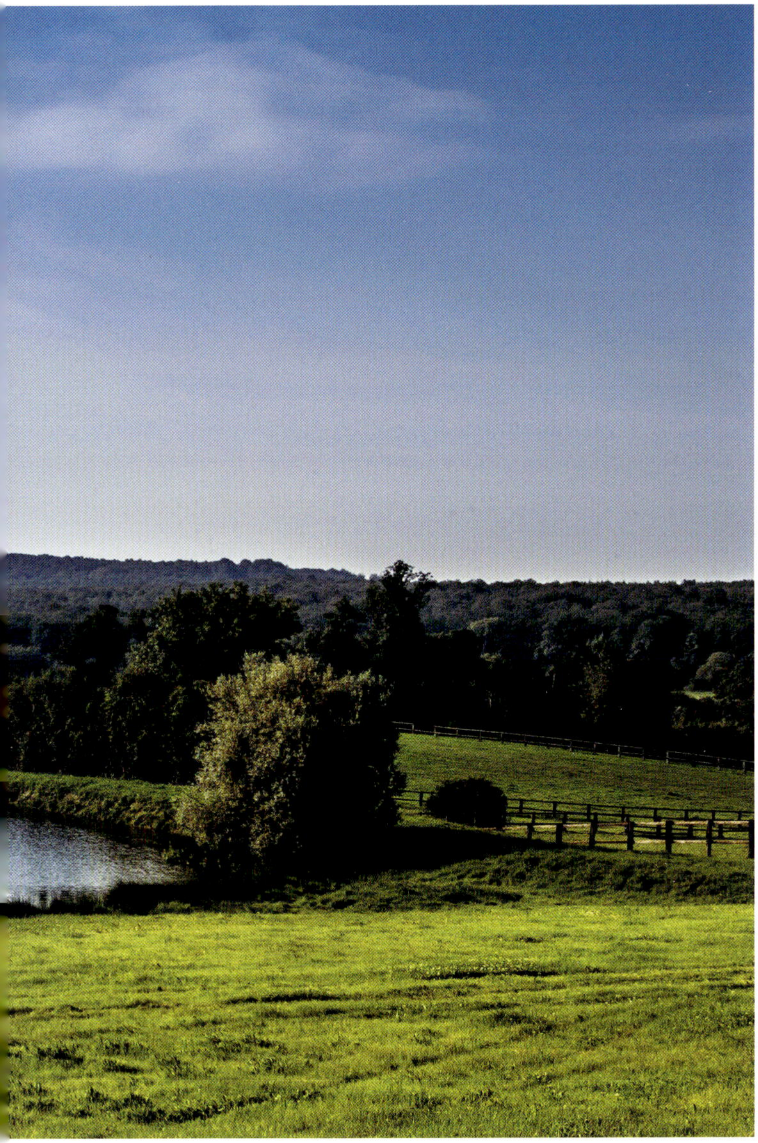

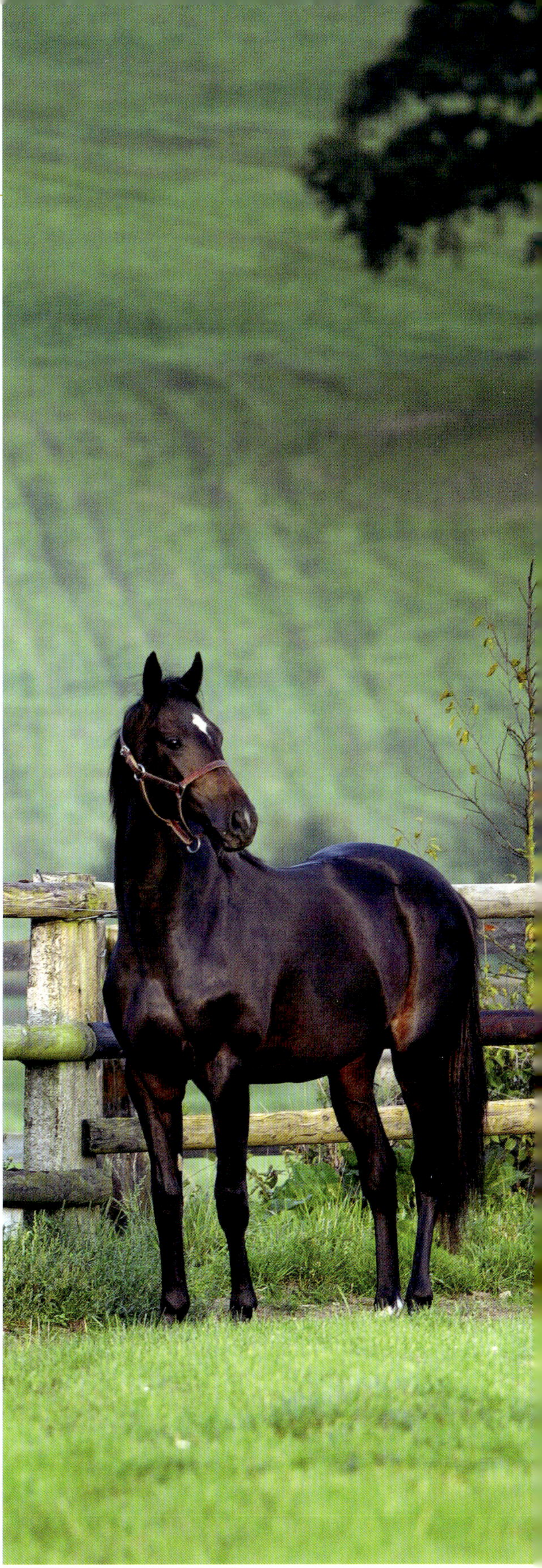

Les Capucines

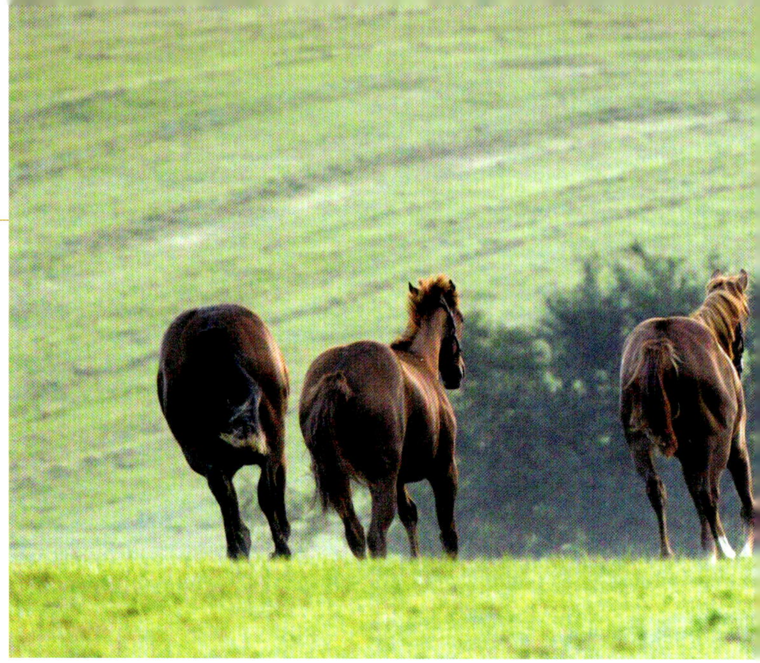

sont à demeure. Il n'y a pas d'étalon, car ce n'est pas le propos du haras. Quinze personnes travaillent sur place, emmenées par Élise Drouet, qui occupe cette fonction depuis 2001. Winged Love a été le premier vainqueur de Groupe I en provenance des Capucines, à l'échelon international qui plus est, puisqu'il a fait sien l'Irish Derby, après s'être classé troisième du Prix du Jockey Club. C'était le tout début de l'histoire, sachant que nous étions alors en 1995. Vingt ans plus tard, l'aventure continue et ses initiateurs escomptent bien la poursuivre longtemps encore.

Les Capucines ont été nommées ainsi en référence au prénom de la sœur d'Éric Puerari. Parisien, issu d'une famille de banquiers, celui-ci s'est pris de passion pour les courses et les chevaux, au contact de son père, Claude, propriétaire-éleveur qui connut une belle réussite dans les années soixante et soixante-dix, grâce à Silver Cloud, laquelle défit les mâles dans le Grand Critérium, Sea Hawk, lauréat du Grand Prix de Saint-Cloud – sous les couleurs de la comtesse de la Valdène –, ou encore Henri le Balafré, qui s'imposa dans le Prix Royal-Oak. Enfant, puis adolescent, Éric Puerari allait régulièrement aux courses et passait ses étés à Deauville. Son premier souvenir marquant sur un hippodrome remonte au Grand Prix de Paris de Rheffic, en 1971. Plus tard, tenté par l'entraînement, il fit des stages chez Alain de Royer-Dupré, alors installé en province, Maurice Zilber et John Dunlop, en Angleterre. Mais il s'orienta, en fin de compte, vers le courtage, puis vers l'élevage. Pour ce faire, il loua d'abord le Haras du Val-d'Or, avec Patrick Chédeville, l'homme du Petit-Tellier, pour l'acheter, peu de temps après, ainsi que Le Gué-Foulon. Au fil des ans, il étendit le périmètre, à mesure que la réussite se faisait jour. Entreprise d'envergure, Les Capucines sont devenues, en deux décennies, l'un des haras normands les plus performants.

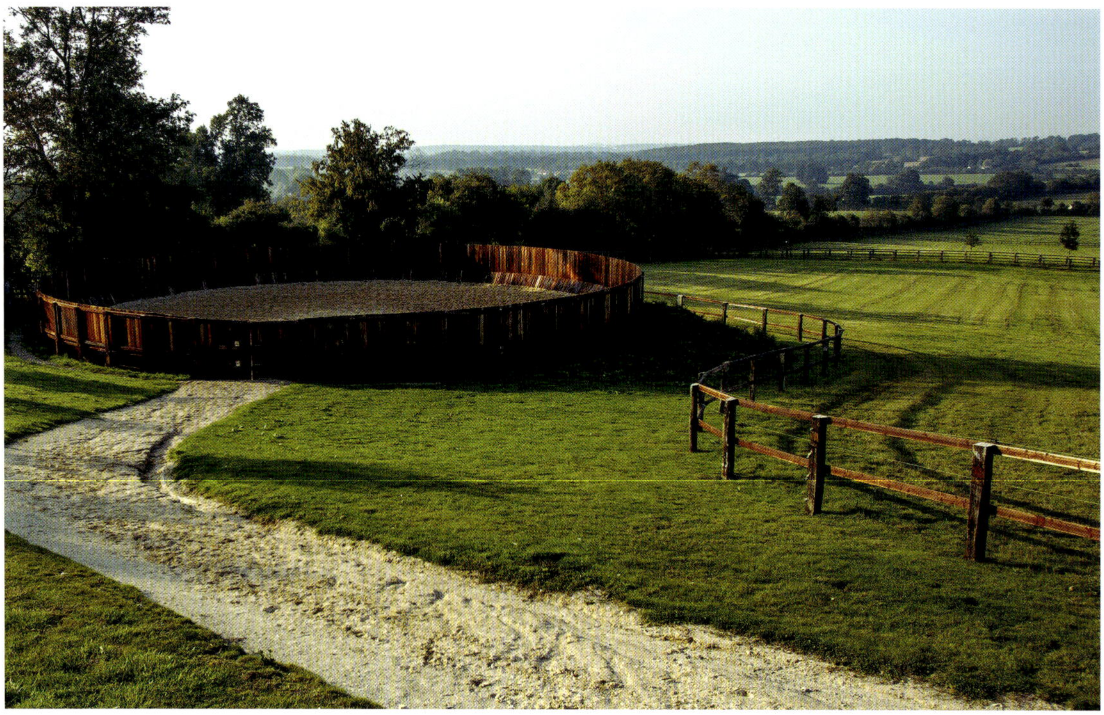

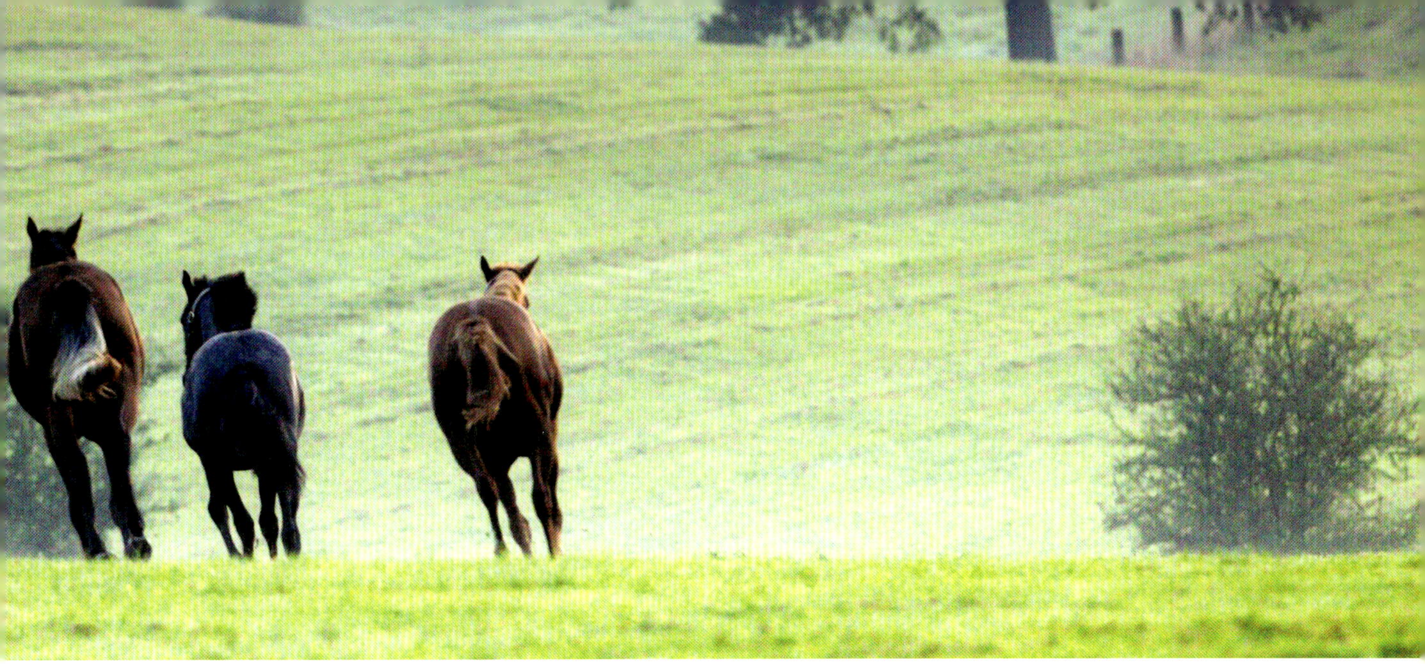

Founded in 1993 the Haras des Capucines was created as a result of merging the lands of Gué-Foulon and Val-d'Or studs, which were for a long time farmed by the Barjot family. Éric Puerari is responsible for the union and the advent of this new organisation, in conjunction with Michel Zerolo. Both are bloodstock agents, one on our soil and the other the far side of the Atlantic. The tandem is remarkably successful, particularly through the sale of its yearlings at public auction, which the stud has specialised in France, but also in England. To refer only to the Deauville sales ring, it is worth noting that Capucines sends sixty to seventy yearlings there each year. By extension, the stud has also been very successful on the track where the 2012 and 2013 vintages have been in particularly fine fettle, thanks mainly to Flotilla, winner of the Poule d'Essai des Pouliches and the Breeders' Cup Juvenile Fillies Turf, Morandi who won the Critérium de Saint-

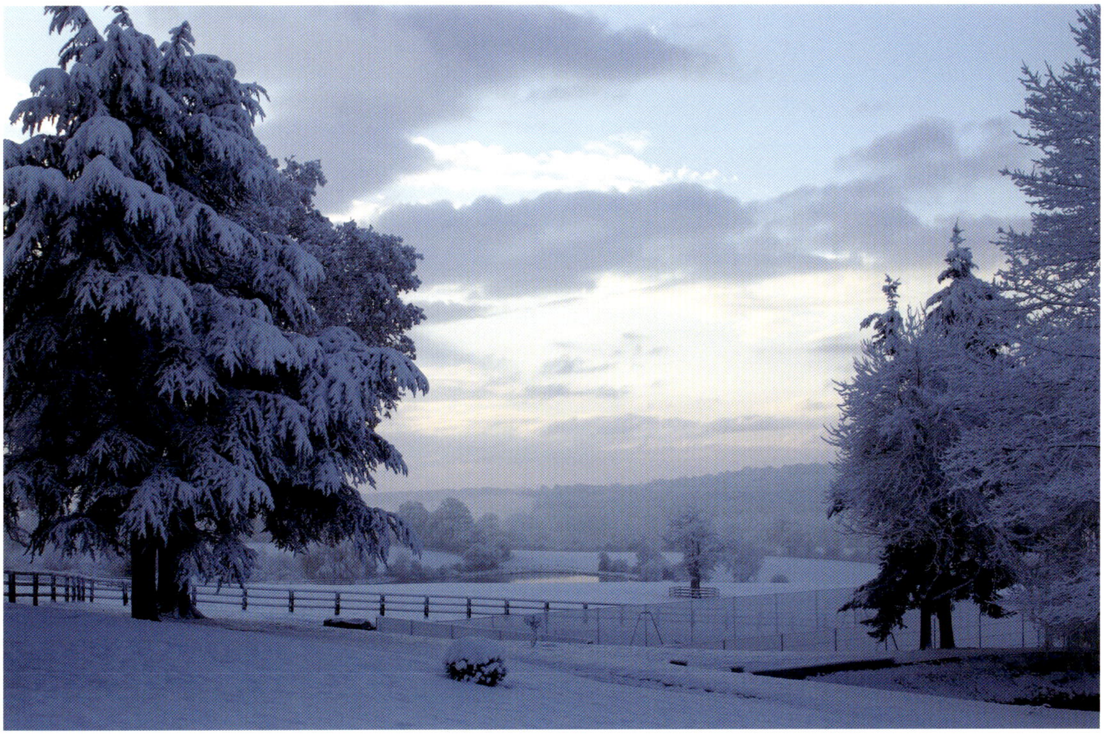

Photo : collection Haras des Capucines

Cloud and was second in the Prix du Jockey Club, Triple Threat who landed the Prix Eugène Adam and Zagora who took the honours in the Breeders' Cup Filly & Mare Turf. As a result last autumn Éric Puerari and Michel Zerolo's breeding operation added two races to its honours' list from the Breeders' Cup, gala weekend of American racing. A remarkable performance.

The Haras des Capucines is located in the municipality of La Cochère in the Orne department, just one kilometre from the Haras du Pin. Its lands touches that of the Haras de la Reboursière et de Montaigu. There are some hundred and eighty hectares and one hundred boxes. It is home to about fifty mares. There is no stallion as that is not the purpose of the stud. Fifteen people work on site under Élise Drouet, who has held this position since 2001. Winged Love was the first Group I winner to come out of Capucines, and what is more at international level as he landed the Irish Derby, having finished third in the Prix du Jockey Club. This was at the very beginning of the stud's story, given that we were then in 1995. Twenty years later the adventure continues and its creators fully expect it to last a good while longer.

Les Capucines was named with reference to Éric Puerari's sister. From Paris and born into a family of bankers, he holds his passion for racing and horses from his father Claude, an owner breeder who enjoyed great success in the sixties and seventies thanks to Silver Cloud who defeated the colts in the Grand Critérium, Sea Hawk winner of the Grand Prix de Saint-Cloud – in the colours of the Comtesse de la Valdène – as well as Henri le Balafré who won the Prix Royal-Oak. As a child and then as a teenager Éric Puerari regularly went to the races and spent his summers in Deauville. His first vivid memory of a racecourse dates back to the Grand Prix de Paris won by Rheffic in 1971. Later, tempted to become a trainer, he did work placements with Alain de Royer Dupré, who was then based in the provinces, Maurice Zilber and John Dunlop in England. But in the end he turned to bloodstock agency work, then to breeding. To do this he initially leased the Haras du Val-d'Or with Patrick Chédeville, who owned Petit Tellier, and bought it soon after together with Gué-Foulon. Over the years he has expanded its size in measure with his success. Now a sizeable company, Capucines has become, in just two decades, one of the most successful studs in Normandy.

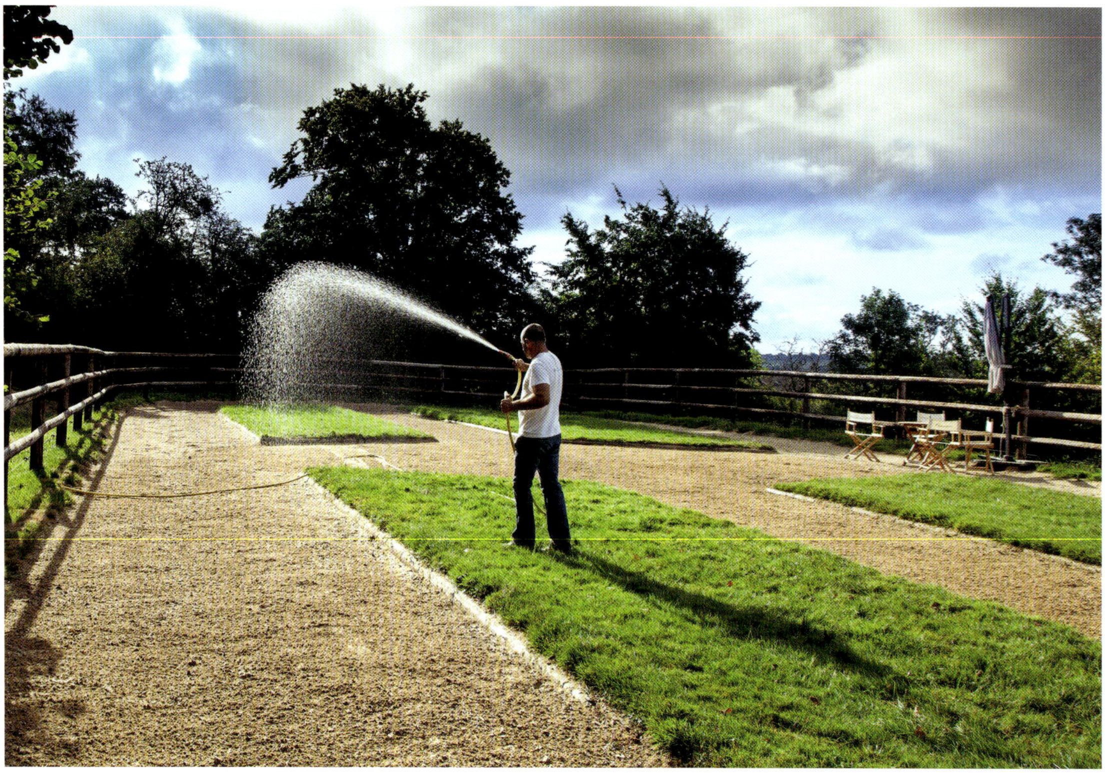

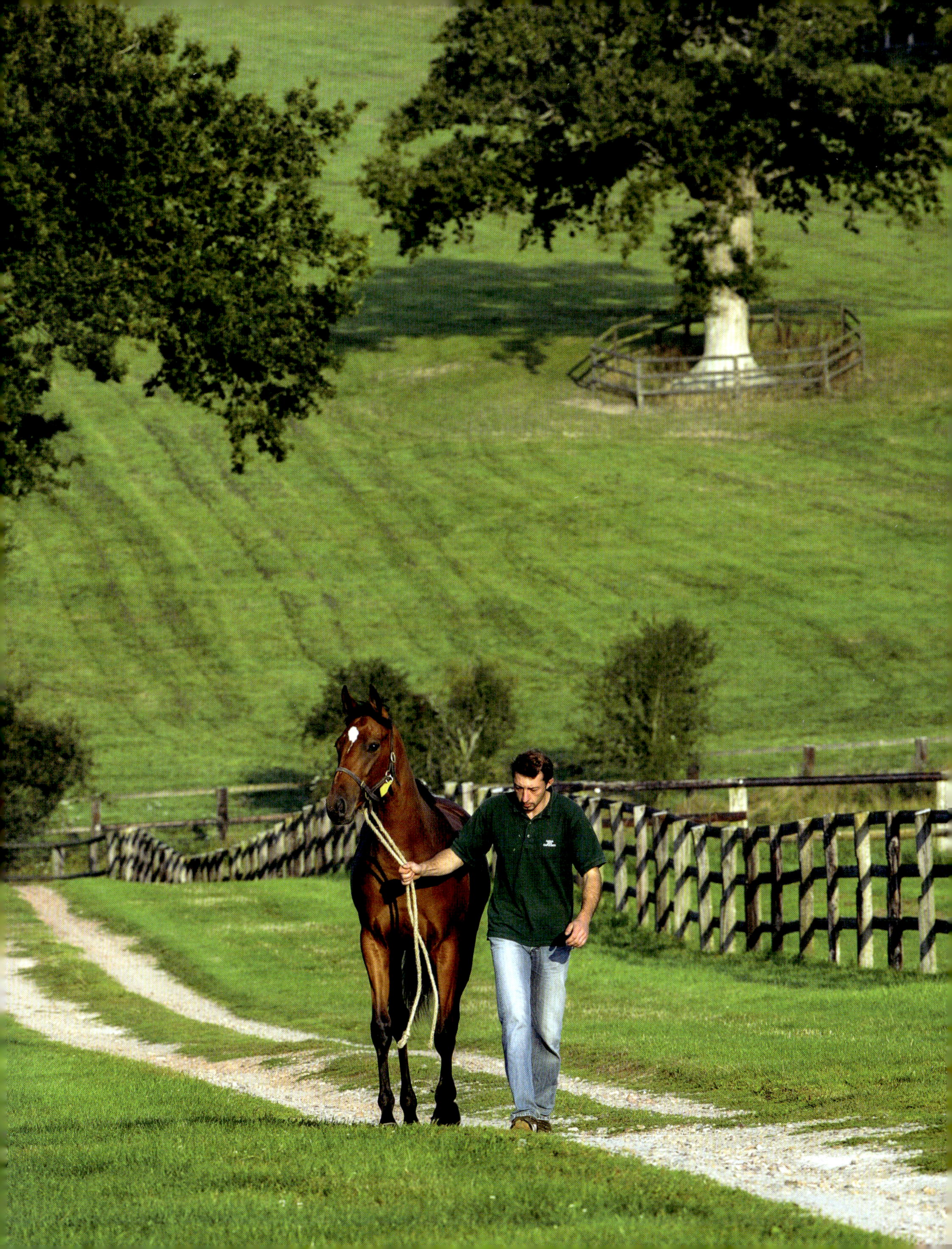

La Cauvinière

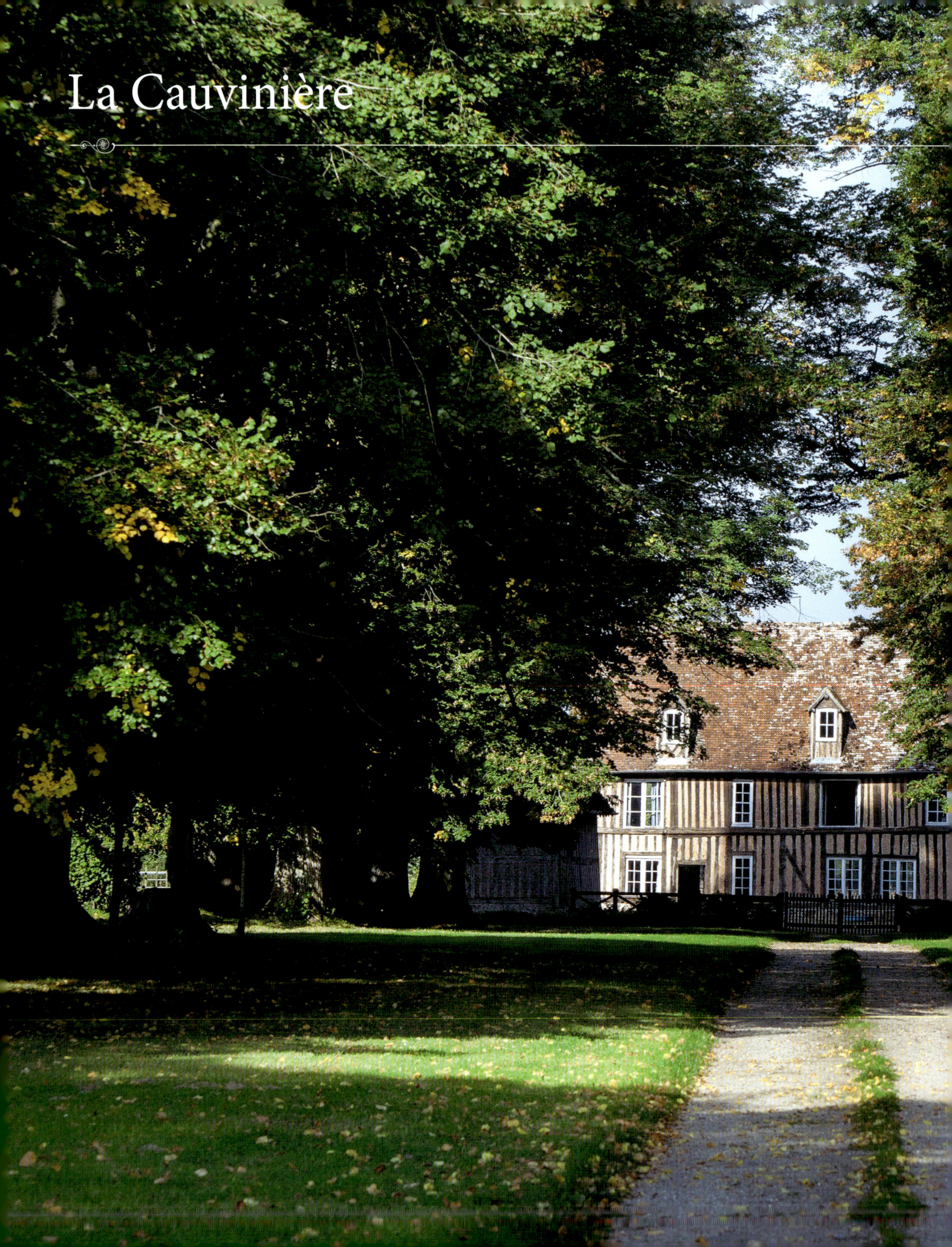

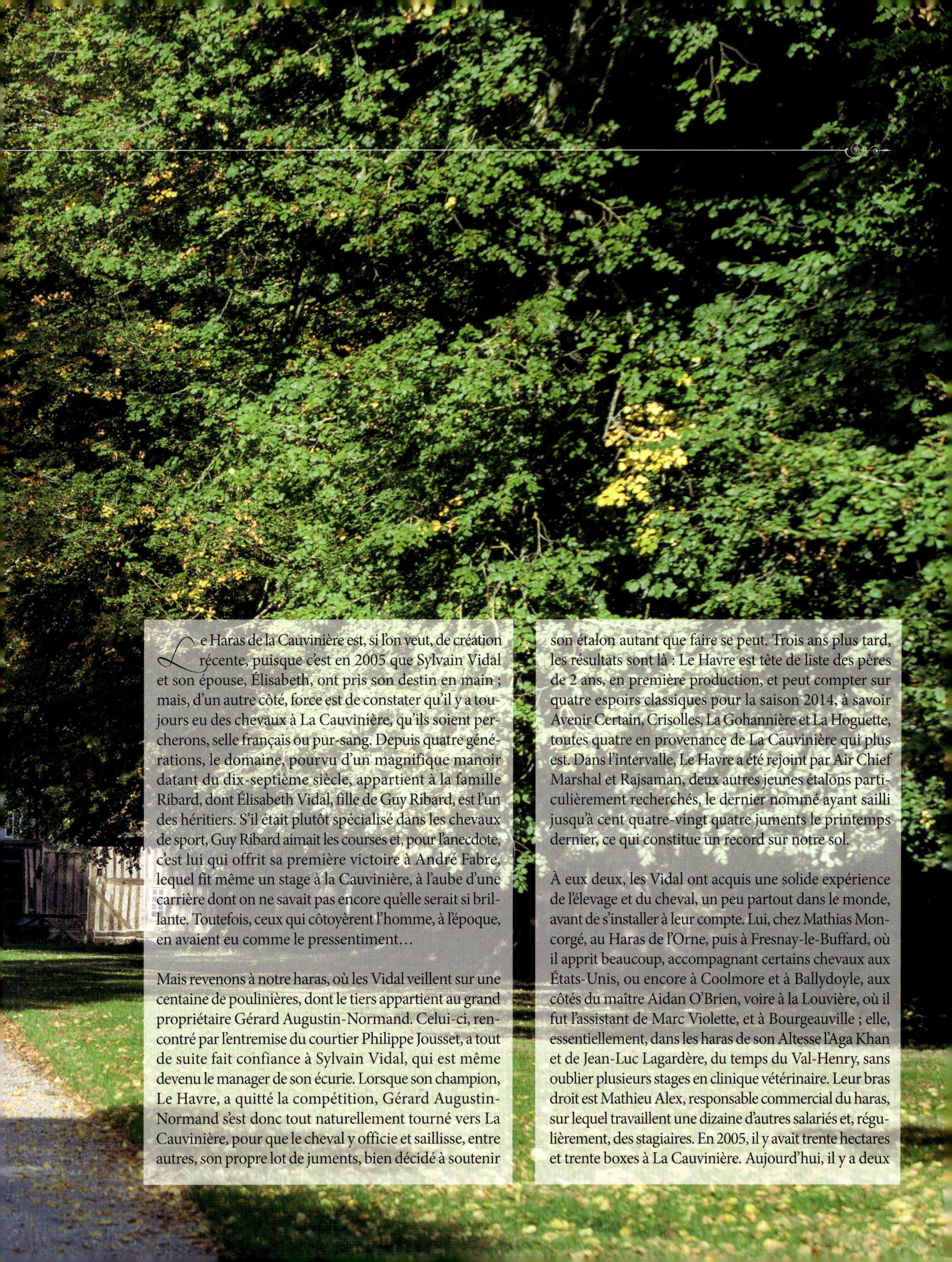

Le Haras de la Cauvinière est, si l'on veut, de création récente, puisque c'est en 2005 que Sylvain Vidal et son épouse, Élisabeth, ont pris son destin en main ; mais, d'un autre côté, force est de constater qu'il y a toujours eu des chevaux à La Cauvinière, qu'ils soient percherons, selle français ou pur-sang. Depuis quatre générations, le domaine, pourvu d'un magnifique manoir datant du dix-septième siècle, appartient à la famille Ribard, dont Élisabeth Vidal, fille de Guy Ribard, est l'un des héritiers. S'il était plutôt spécialisé dans les chevaux de sport, Guy Ribard aimait les courses et, pour l'anecdote, c'est lui qui offrit sa première victoire à André Fabre, lequel fit même un stage à la Cauvinière, à l'aube d'une carrière dont on ne savait pas encore qu'elle serait si brillante. Toutefois, ceux qui côtoyèrent l'homme, à l'époque, en avaient eu comme le pressentiment…

Mais revenons à notre haras, où les Vidal veillent sur une centaine de poulinières, dont le tiers appartient au grand propriétaire Gérard Augustin-Normand. Celui-ci, rencontré par l'entremise du courtier Philippe Jousset, a tout de suite fait confiance à Sylvain Vidal, qui est même devenu le manager de son écurie. Lorsque son champion, Le Havre, a quitté la compétition, Gérard Augustin-Normand s'est donc tout naturellement tourné vers La Cauvinière, pour que le cheval y officie et saillisse, entre autres, son propre lot de juments, bien décidé à soutenir son étalon autant que faire se peut. Trois ans plus tard, les résultats sont là : Le Havre est tête de liste des pères de 2 ans, en première production, et peut compter sur quatre espoirs classiques pour la saison 2014, à savoir Avenir Certain, Crisolles, La Gohannière et La Hoguette, toutes quatre en provenance de La Cauvinière qui plus est. Dans l'intervalle, Le Havre a été rejoint par Air Chief Marshal et Rajsaman, deux autres jeunes étalons particulièrement recherchés, le dernier nommé ayant sailli jusqu'à cent quatre-vingt quatre juments le printemps dernier, ce qui constitue un record sur notre sol.

À eux deux, les Vidal ont acquis une solide expérience de l'élevage et du cheval, un peu partout dans le monde, avant de s'installer à leur compte. Lui, chez Mathias Moncorgé, au Haras de l'Orne, puis à Fresnay-le-Buffard, où il apprit beaucoup, accompagnant certains chevaux aux États-Unis, ou encore à Coolmore et à Ballydoyle, aux côtés du maître Aidan O'Brien, voire à la Louvière, où il fut l'assistant de Marc Violette, et à Bourgeauville ; elle, essentiellement, dans les haras de son Altesse l'Aga Khan et de Jean-Luc Lagardère, du temps du Val-Henry, sans oublier plusieurs stages en clinique vétérinaire. Leur bras droit est Mathieu Alex, responsable commercial du haras, sur lequel travaillent une dizaine d'autres salariés et, régulièrement, des stagiaires. En 2005, il y avait trente hectares et trente boxes à La Cauvinière. Aujourd'hui, il y a deux

La Cauvinière

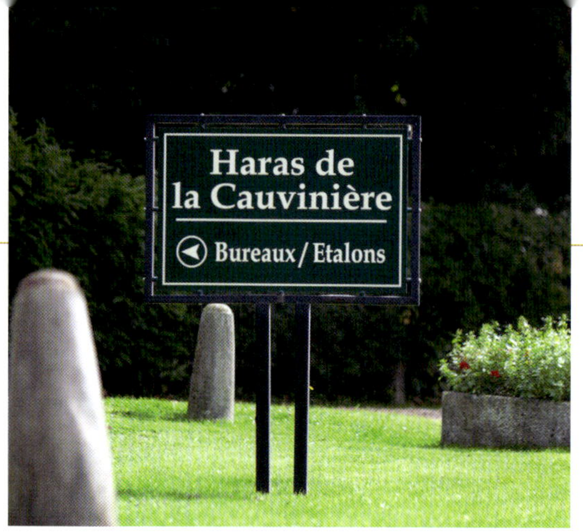

cent trente hectares et cent soixante-dix boxes. Voilà qui résume la montée en puissance de la structure, plus encore que de longs discours. Cela a été possible grâce à l'acquisition de plusieurs annexes ou haras voisins, comme celui de Montfort, dont le regretté Albert Dauphin avait fait, en peu d'années, une référence dans l'élevage du trotteur. Les terres de la région sont, il est vrai, remarquables. Si Montfort est situé sur la commune de Meulles, La Cauvinière s'étend tout près de là, sur celle de Notre-Dame-de-Courson. Nous sommes dans la pointe sud-est du département du Calvados, entre Orbec et Livarot, où se trouve également le Haras de Préaux. Déjà, le Haras de la Cauvinière se recommande d'un vainqueur de Groupe I, la pouliche Éclair de Lune, qui a gagné les Beverly D. Stakes, sur l'hippodrome d'Arlington Park, aux États-Unis, durant l'été 2010.

The Haras de la Cauvinière was created relatively recently as it was in 2005 that Sylvain Vidal and his wife Elizabeth took its destiny into their hands, though it should be noted that there have always been horses at Cauvinière, be they Percherons, French warm bloods or thoroughbreds. For four generations the estate, which boasts a magnificent seventeenth century manor house, has belonged to the Ribard family of which Élisabeth Vidal, daughter of Guy Ribard, is one of the heirs. Though he was rather more specialised in sport horses, Guy Ribard loved racing and for the record, he was the one to give André Fabre his first winner. The latter even did a work placement at Cauvinière, very early on in a career which nobody knew would be so brilliant. That said, those who were friendly with the man at the time suspected that might be the case.

But back to the stud where the Vidals watch over a hundred mares, a third of which belong to the great owner Gérard Augustin-Normand. The last named, who was introduced by bloodstock agent Philippe Jousset, immediately trusted Sylvain Vidal, who even became his racing manager. When his champion Le Havre retired from racing Gérard Augustin-Normand naturally turned to Cauvinière for the horse to stand and cover among others his own broodmare band, determined to support his own stallion

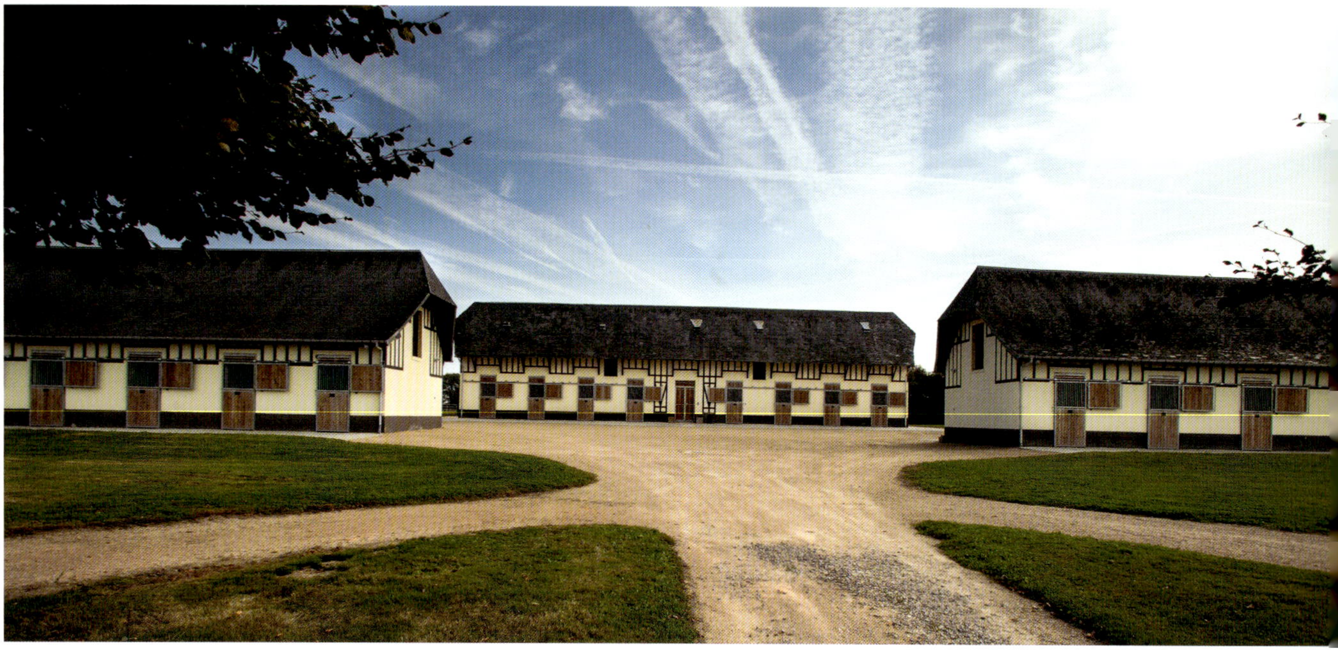

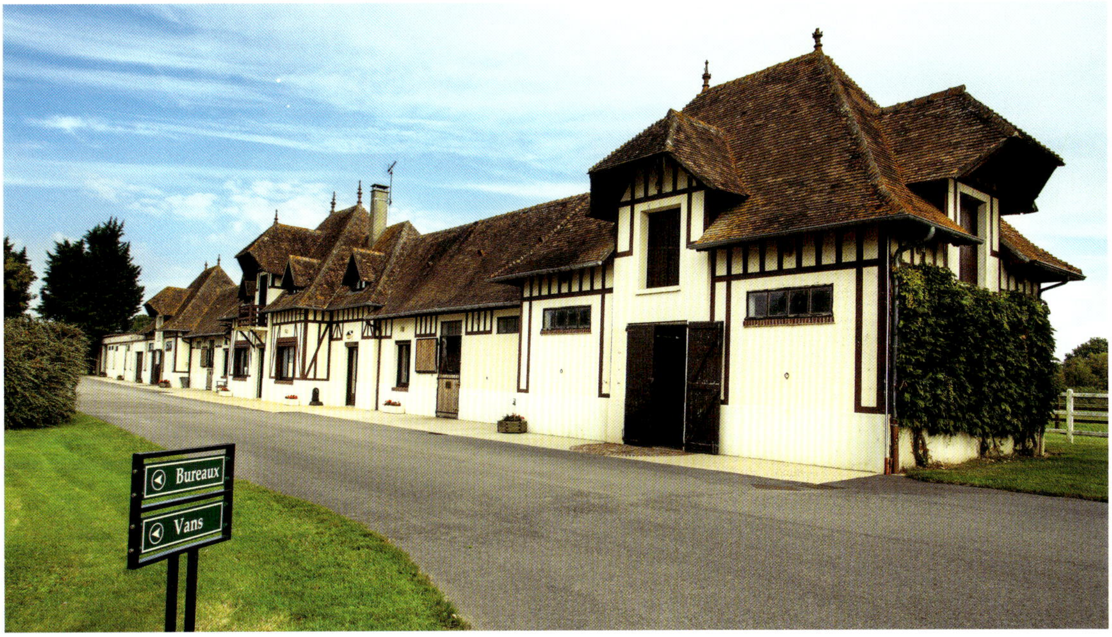

as far as he sensibly could. Three years later the results speak for themselves: Le Havre is leading first crop sire of two year olds and has four classic prospects to rely on in 2014, namely Avenir Certain, Crisolles, La Gohannière and La Hoguette, and what is more all four are from Cauvinière. In the meantime Le Havre has been joined by Air Chief Marshal and Rajsaman, two young stallions who have been particularly popular, the last named having covered up to one hundred eighty-four mares last spring, which is a new French record. Between them the Vidals have gained a wealth of experience in horses and breeding throughout the world before setting up on their own account. He was with Mathias Moncorgé at the Haras de l'Orne, then at Fresnay-le-Buffard where he learned a lot accompanying horses to the United States, and also with Coolmore and Ballydoyle alongside master trainer Aidan O'Brien as well as Louvière, where he was assistant to Marc Violette, and Bourgeauville; she was mainly with the Aga Khan Studs and with Jean-Luc Lagardère at the time of Val-Henry, not to mention several internships with veterinary clinics. Their right hand man is Mathieu Alex, who is also sales manager to the stud, on which a further ten employees work as well as regular students. In 2005 there were thirty hectares and thirty boxes at Cauvinière. Today there are two hundred and thirty hectares and one hundred and seventy boxes. This illustrates the growth of the enterprise better than any long speech. It was made possible by the purchase of several annexes and neighbouring studs such as Montfort, whose late owner Albert Dauphin, had made it into such a successful stud for trotters in just a few years. It has to be said that the land for the surrounding area is quite remarkable. Though Montfort is located in the municipality of Meulles, Cauvinière is very close by at Notre-Dame-de-Courson. We are at the southeastern tip of the Calvados department between Orbec and Livarot where the Haras de Préaux is also situated. The Haras de la Cauvinière already has a Group I winner to its name thanks to the filly Éclair de Lune who won the Beverly D. Stakes at Arlington Park racecourse in the United States during the summer of 2010.

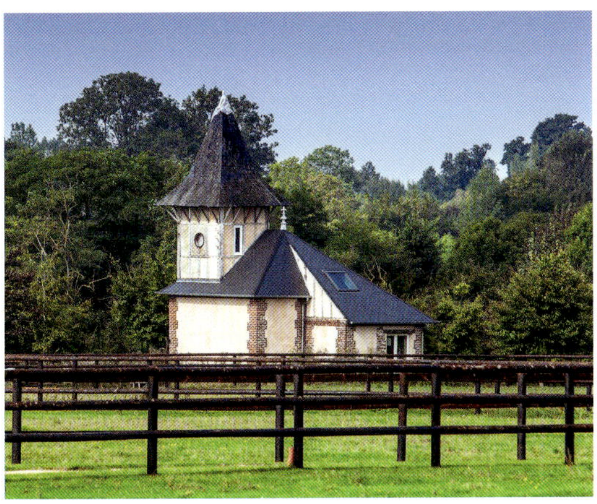

Le Chenet

Le Chenet est l'un des nombreux haras implantés à proximité du Haras du Pin, en l'occurrence sur la commune de Villebadin, dans les parages d'Exmes. L'initiateur en est Jean Besnouin, cousin germain d'André et Roger Besnouin, qui animaient alors, non loin, les haras du Marais et de Grand'Cour. Il s'agit là, indubitablement, d'une famille d'hommes de cheval. Jean Besnouin opéra cependant de façon sensiblement différente de ses cousins, développant progressivement son élevage de chevaux, au sein d'une exploitation agricole de type traditionnel. N'ayant que peu de poulinières, à ses débuts, et conscient de la difficulté qu'il pouvait y avoir à jouer dans la cour des grands dans la discipline du plat, il a orienté son élevage davantage vers l'obstacle et l'a, peu à peu, hissé au sommet de la spécialité. Il y est parvenu en famille, avec le dynamique concours de son épouse et de sa fille, Marie-Laure, aujourd'hui à la tête de l'exploitation, laquelle demeure diversifiée, se partageant entre un troupeau de bovins et un cheptel d'une douzaine de poulinières, paissant sur cent vingt hectares.

S'il fallait ne retenir qu'un nom parmi les chevaux ayant assuré la notoriété du Chenet, ce serait celui de Tchéla, véritable matrone des lieux, où elle est née et a été élevée, avant d'y revenir à la reproduction et de s'y révéler exceptionnelle. Tchéla est ainsi la mère, entre autres, de Galant Moss, Iris Royal, Ma Royale, Saint du Chenet et Tanaïs du Chenet, soit cinq champions sauteurs, que ce soit en France ou outre-Manche. Jean Besnouin avait obtenu Tchéla des œuvres de Le Nain Jaune, étalon au Pin. Il était, il est vrai, un client assidu du Haras National ornais et celui-ci le lui rendit bien en termes de réussite, lui procurant également, via Garde Royale, la pouliche classique, en plat, Gazelle Royale, deuxième des Oaks d'Epsom.

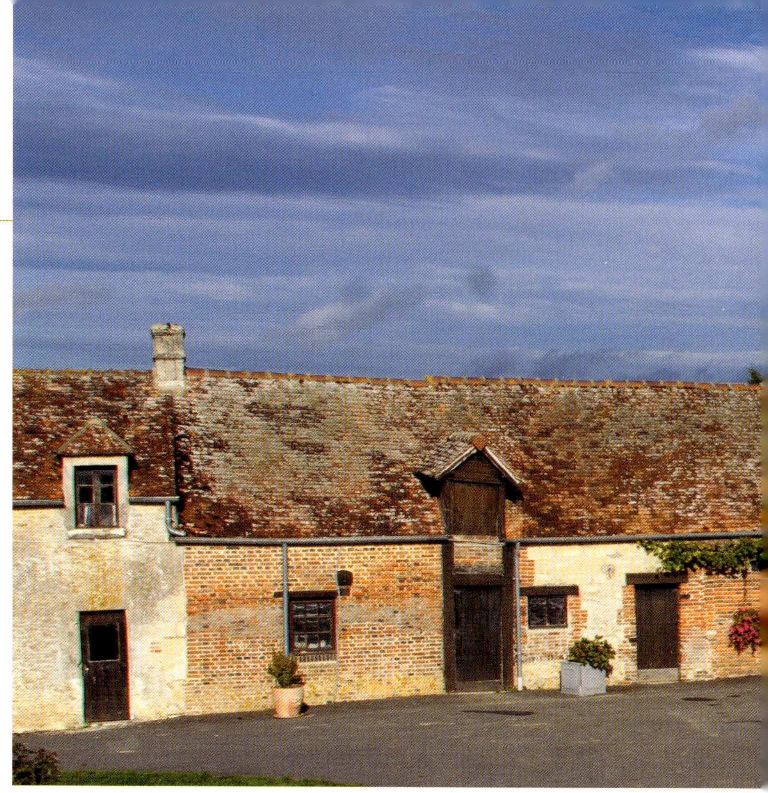

Le Chenet is one of the many stud farms located close to the Haras du Pin, in this case near the town of Villebadin in the vicinity of Exmes. Its founder is Jean Besnouin, cousin of André and Roger Besnouin, who

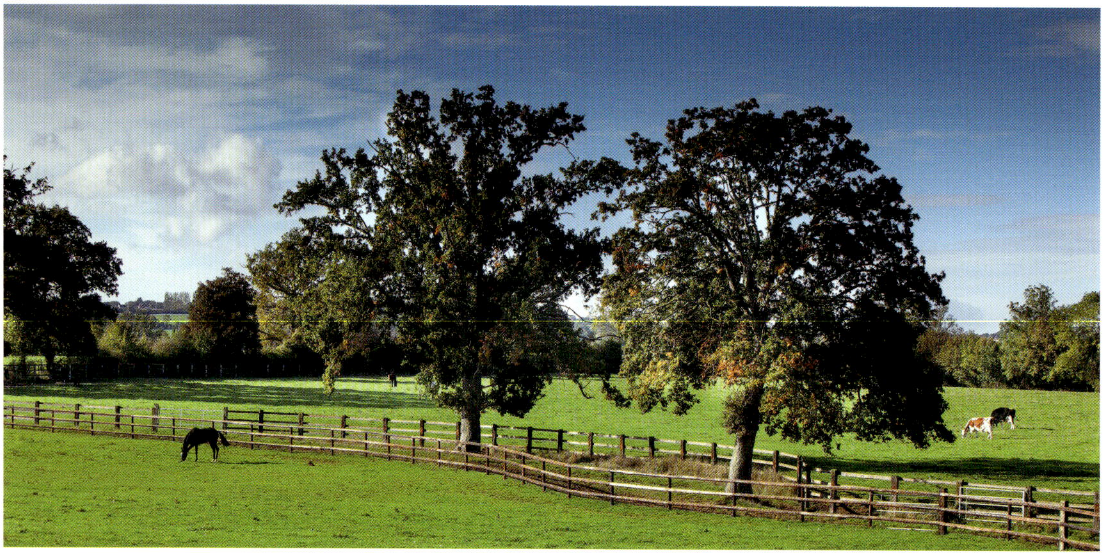

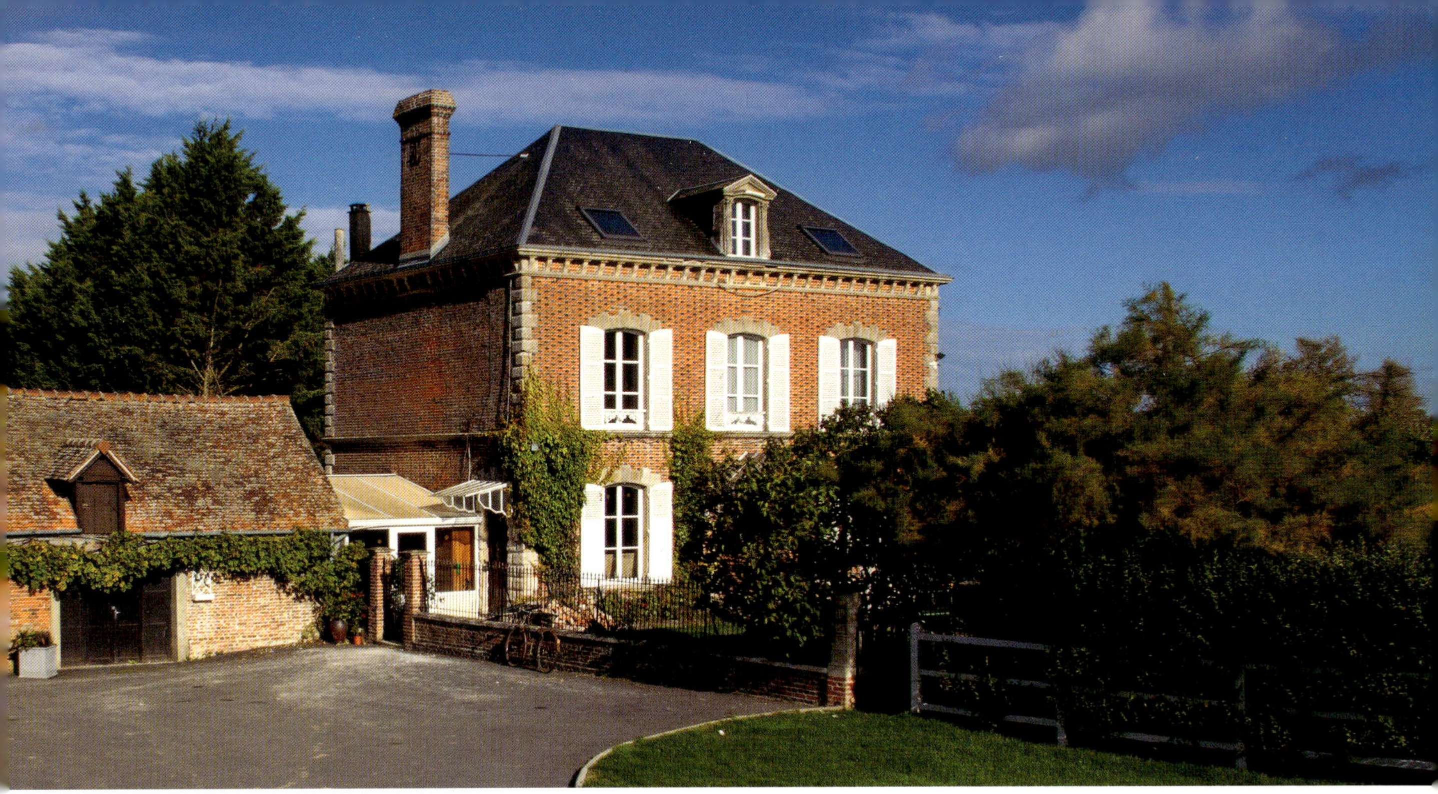

were then at the helm of the nearby Marais and Grand'Cour studs. All the aforementioned men undoubtedly form a family of horsemen. Jean Besnouin however operated completely differently to his cousins, gradually developing his stud at the heart of a very traditional farming operation. With only a few mares to his name at the beginning and aware of the difficulties he could face by trying to play in the major league on the flat, he geared his breeding operation more towards jumping and has gradually made his way to the top in this discipline. Their success is a family one and was achieved with the help of his dynamic wife and his daughter Marie-Laure who is now at the head of the operation, which has stayed diverse, divided between a herd of cattle and band of a dozen broodmares grazing on a hundred and twenty hectares. If there was just one name to remember out of the horses who have helped to build the reputation of Chenet it would be that of Tchéla, real matriarch of the place where she was born and raised before returning to breed, something at which she proved exceptional. Tchéla is thus the dam among others of Galant Moss, Iris Royal, Ma Royale, Saint du Chenet and Tanaïs du Chenet, namely five champion jumpers either in France or in England. Jean Besnouin had bred Tchéla by using Le Nain Jaune who stood at Le Pin. He was, it has to be said, a regular client of the Orne based National Stud which very much returned the favour in terms of success by providing him, via Garde Royale, with the classic filly on the flat Gazelle Royale who finished second in the Epsom Oaks.

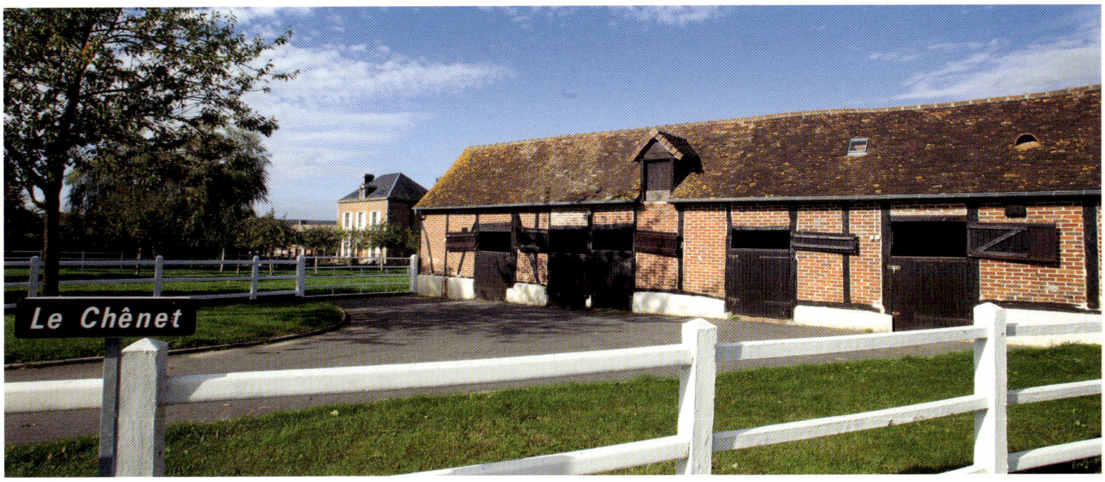

Chevotel de la Hauquerie

C'est un concept original qu'a créé l'industriel allemand Horst Rapp au Haras de la Hauquerie, où il est à la tête à la fois d'un hôtel et d'un élevage de chevaux ! « Un hôtel de charme au cœur d'un haras » : tel est le slogan de la maison, qui justifie son appellation. Horst Rapp achète le Haras de la Hauquerie à la famille Lombard en 1998. Il rénove et agrandit l'endroit. Sa passion est le cheval de course et il veut développer là un élevage, mais, tirant profit de la situation géographique du domaine, entre Deauville et Honfleur, sur un itinéraire particulièrement touristique, il joint l'utile à l'agréable et

> Entre Deauville et Honfleur, « un hôtel de charme au cœur d'un haras »

y implante aussi un hôtel tout ce qu'il y a de coquet, ouvert à la belle saison, de Pâques à la Toussaint. Animé par Catherine Jérôme, l'établissement propose une vingtaine de chambres, avec vue sur les deux cours du haras, entre lesquelles il prend place.

Du côté de l'élevage, c'est Nicolas Kornberg qui est « aux commandes » depuis cinq ans, épaulé par trois salariés. Notre homme a la responsabilité des huit poulinières et de leurs produits, qui disposent de vingt hectares et de trente boxes. Même s'il vend, de temps à autre, Horst Rapp fait principalement courir, ayant en permanence dix à quinze chevaux à l'entraînement en France, presque tous en provenance de La Hauquerie. Son entraîneur est, au premier chef, Henri-Alex Pantall, mais il y a également Yann Barberot et, pour l'obstacle, Marcel Rolland. À partir du milieu des années 2000, on a vu les chevaux de Horst Rapp s'illustrer régulièrement sur les hippodromes français, voire européens, jusque dans les courses de sélection. Citons les classiques Très Blue, deuxième du Derby allemand, cet été, puis vainqueur du Grand Prix de Deauville, et Orion Star, troisième du Grand Prix de Paris, ou encore le stayer Très Rock Danon et les pouliches Très Rapide, Orion Love et Orion Moon, laquelle s'est même imposée par deux fois aux États-Unis. Ajoutons enfin que Horst Rapp a un étalon, Speedmaster, un fils de Monsun, en station au Haras de Grand'Cour, qui connaît une certaine réussite et qui lui a procuré les bonnes Karsabruni, Omana et Irish Queen.

The concept created by German industrialist Horst Rapp at Haras de la Hauquerie, where he runs both a hotel and a stud farm is an original one! « A charming hotel in the heart of a stud farm » is the company's slogan

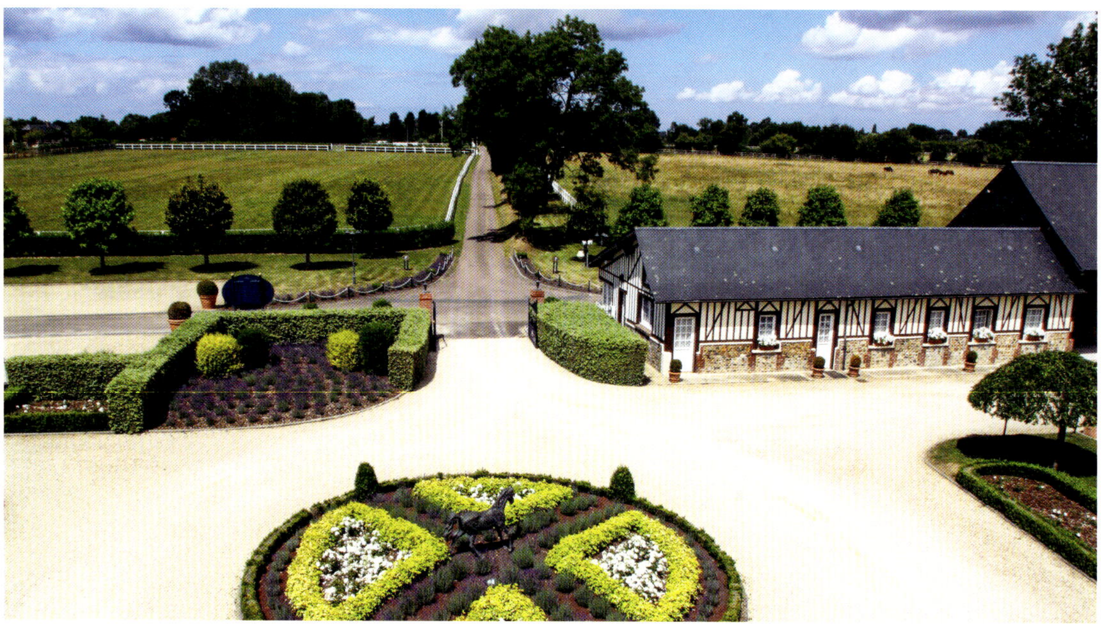

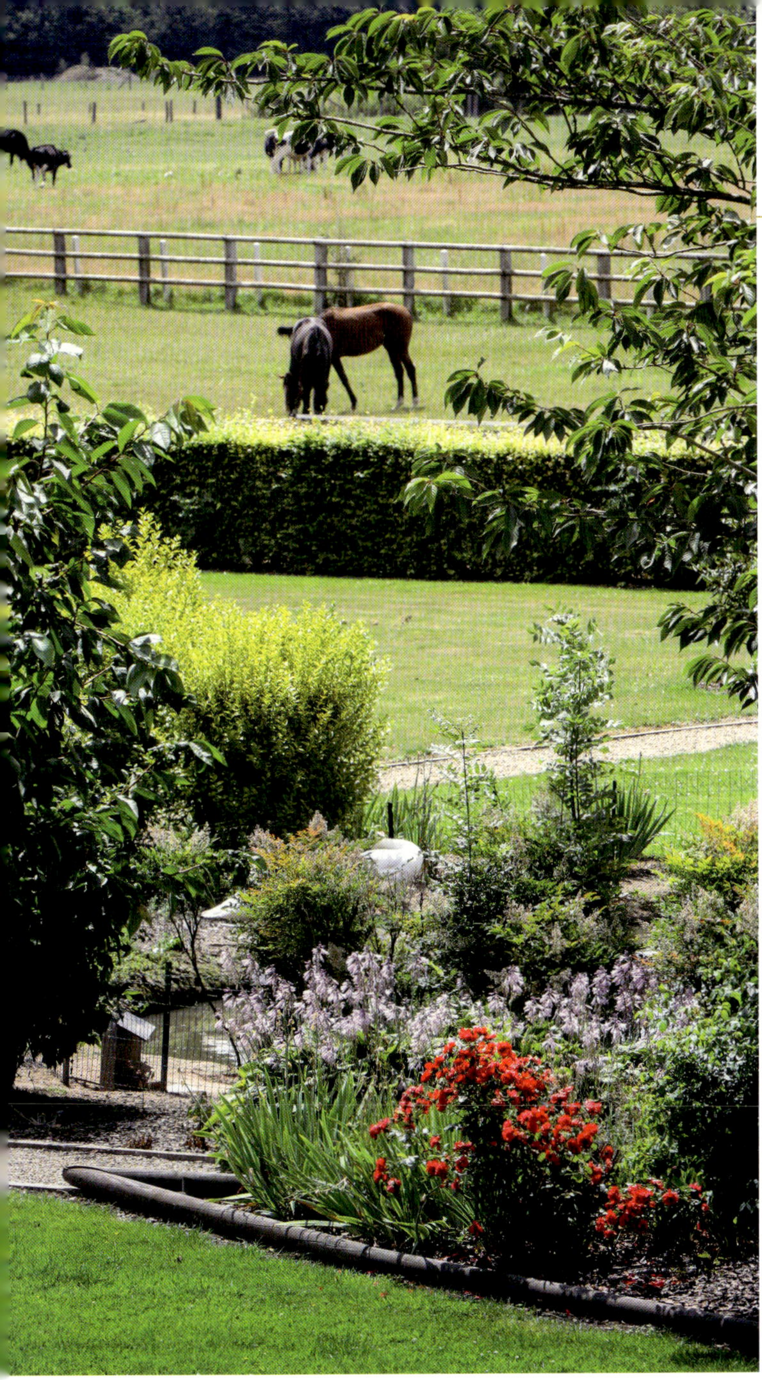

and it justifies its name. Horst Rapp bought the Haras de la Hauquerie from the Lombard family in 1998. He then renovated and expanded the site. His passion is for horse racing and he wanted to develop a stud farm, but taking advantage of its ideal location between Deauville and Honfleur on a particularly scenic route, he decided to mix business with pleasure and to also set up a boutique hotel, open in the high season from Easter to Halloween. Managed by Catherine Jérôme, the property has twenty rooms on offer, all with views over the stud's two courtyards, between which it is situated.

On the breeding side, Nicolas Kornberg has been in charge for five years with the help of three employees. He is responsible for eight mares and their offspring, which have twenty hectares and thirty boxes at their disposal. Though he does occasionally sell his stock, Horst Rapp generally prefers to run them and permanently has ten to fifteen horses in training in France, almost all of them bred by la Hauquerie. His main trainer is Henri-Alex Pantall, but he also has horses in training with Yann Barberot and Marcel Rolland for the jumps. Since the mid 2000s we have regularly witnessed Horst Rapp's horses make their mark on French and even European racecourses, right up to Pattern level. Those worth a mention include Classic horses Très Blue, second in the German Derby this summer before winning the Grand Prix de Deauville, and Orion Star, third in the Grand Prix de Paris as well as the stayer Très Rock Danon and the fillies Très Rapide, Orion Love and Orion Moon who has even won twice in the United States. Last but not least Horst Rapp also stands the stallion Speedmaster, a son of Monsun, at the Haras de Grand'Cour and has had a degree of success through the talented Karsabruni, Omana and Irish Queen.

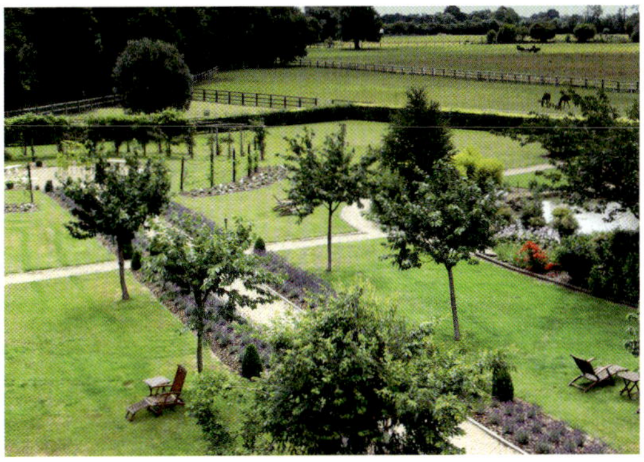

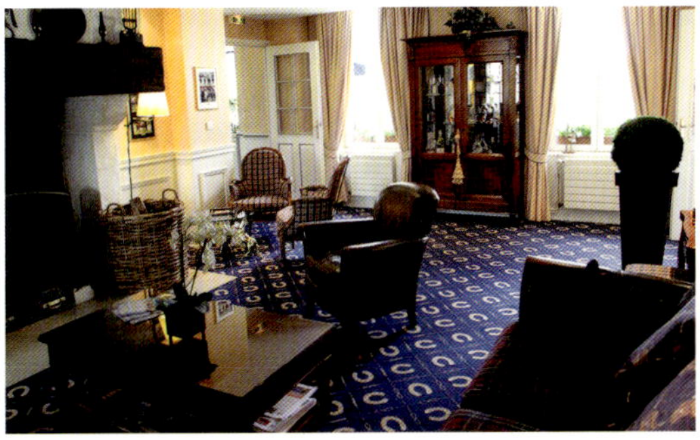

Photos : Renaud de Mareuil

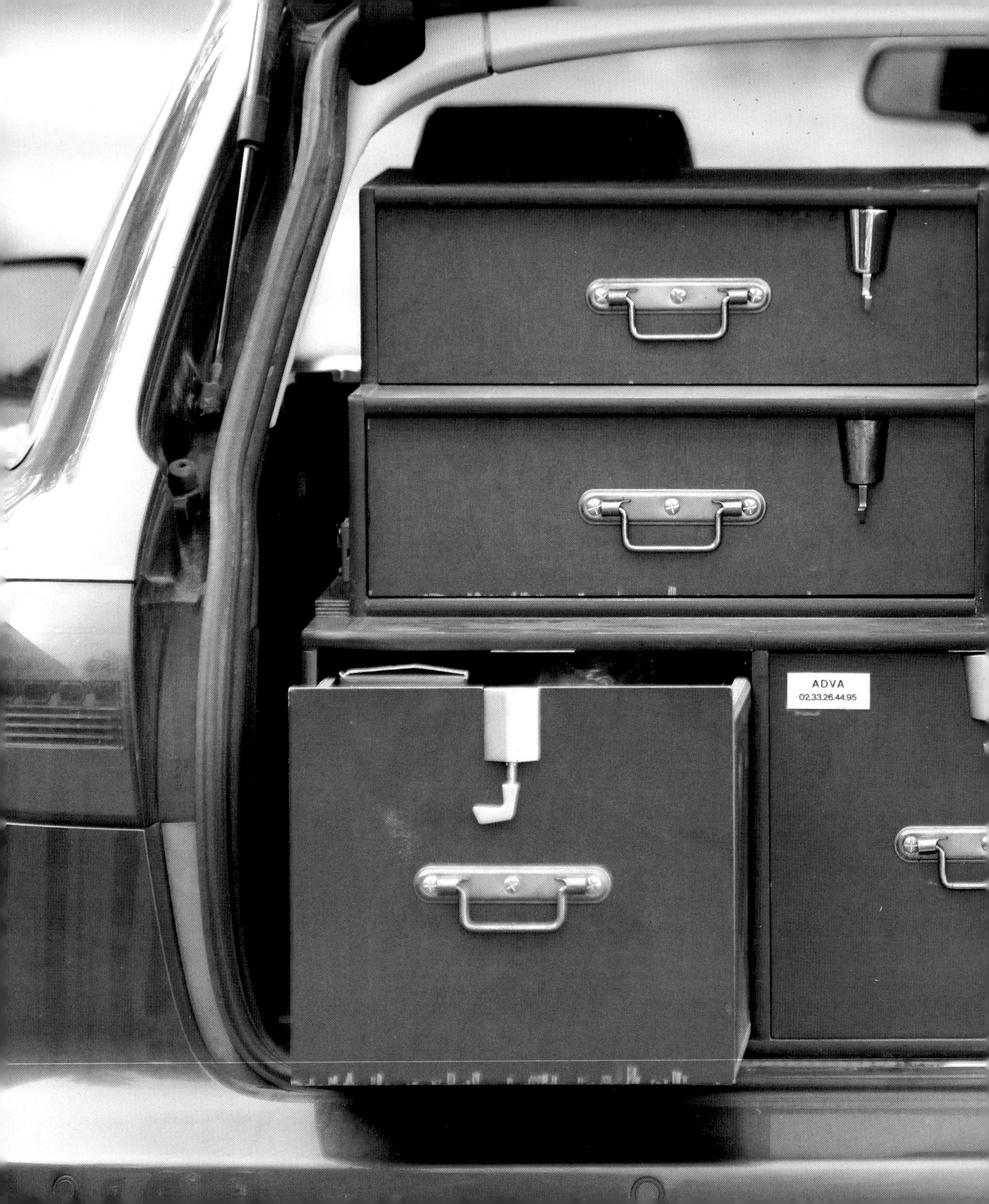
ADVA
02.33.26.44.95

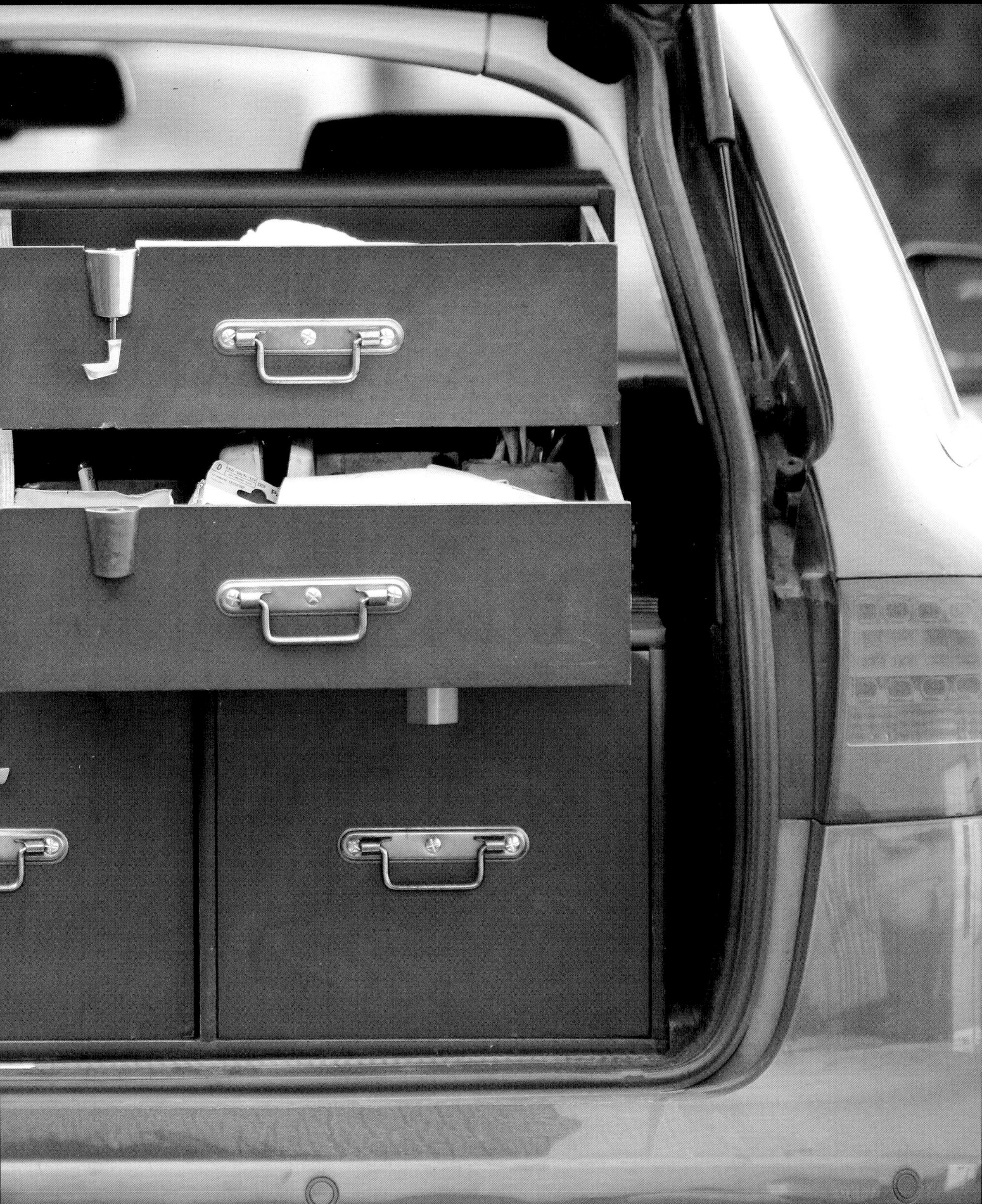

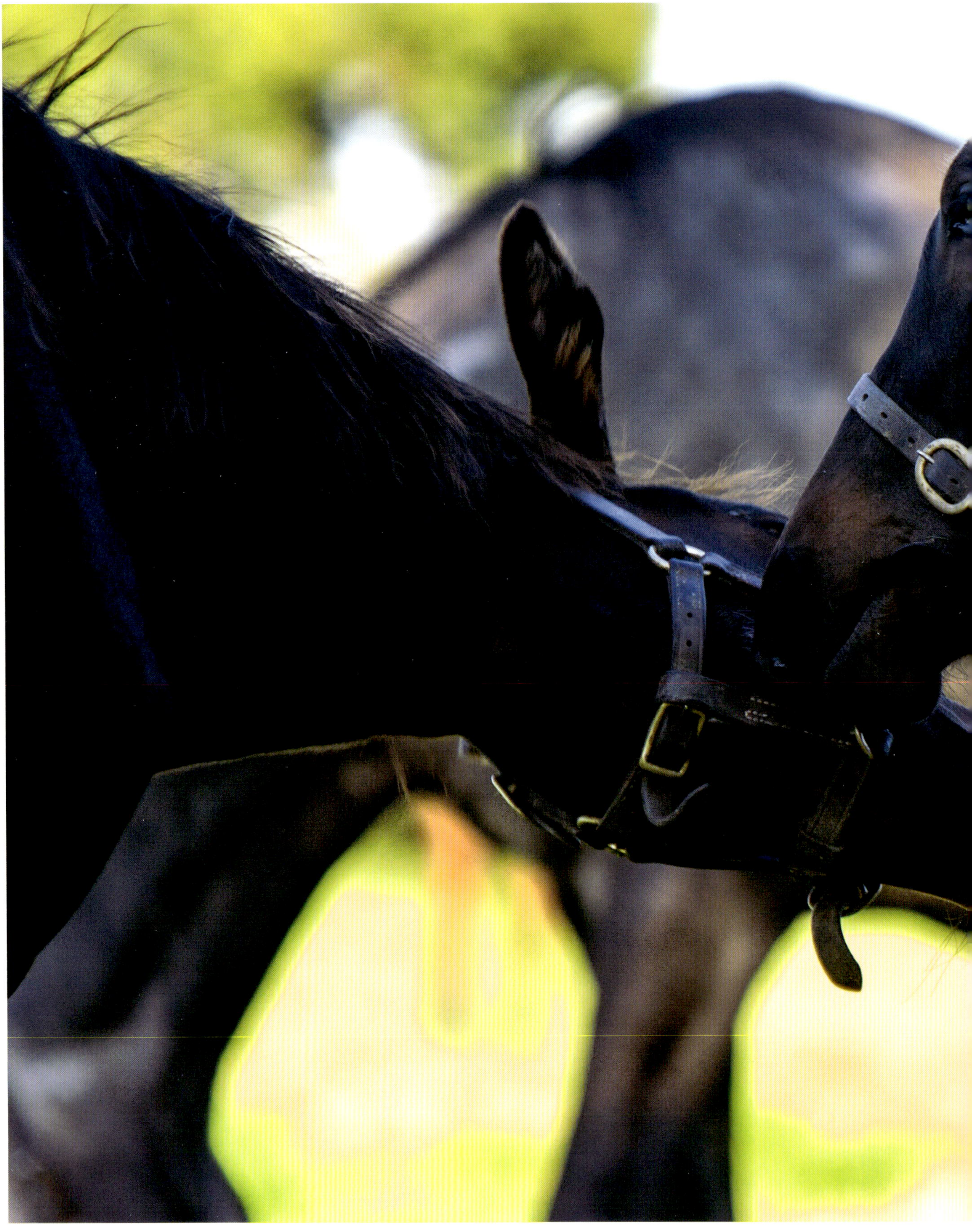

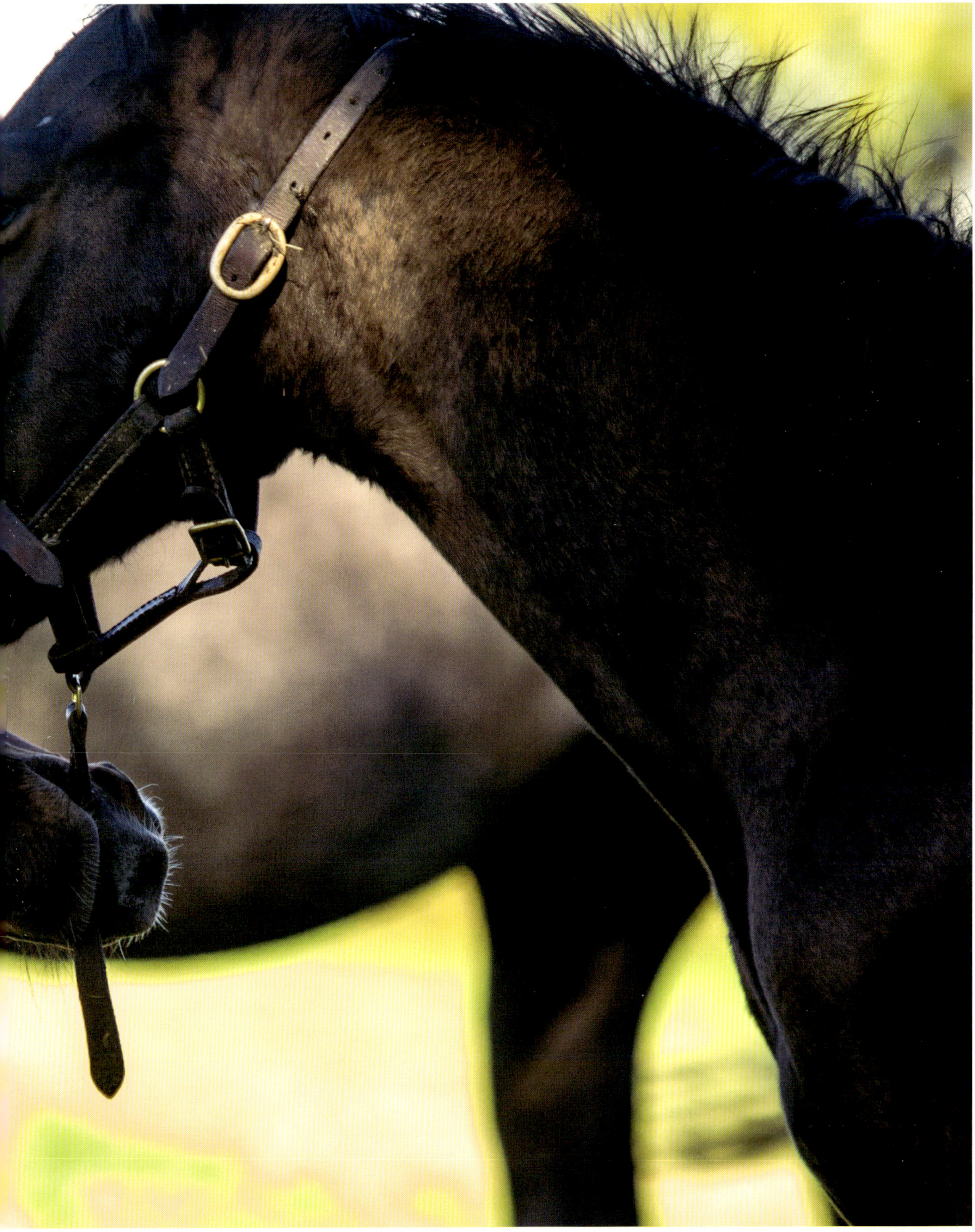

Colleville

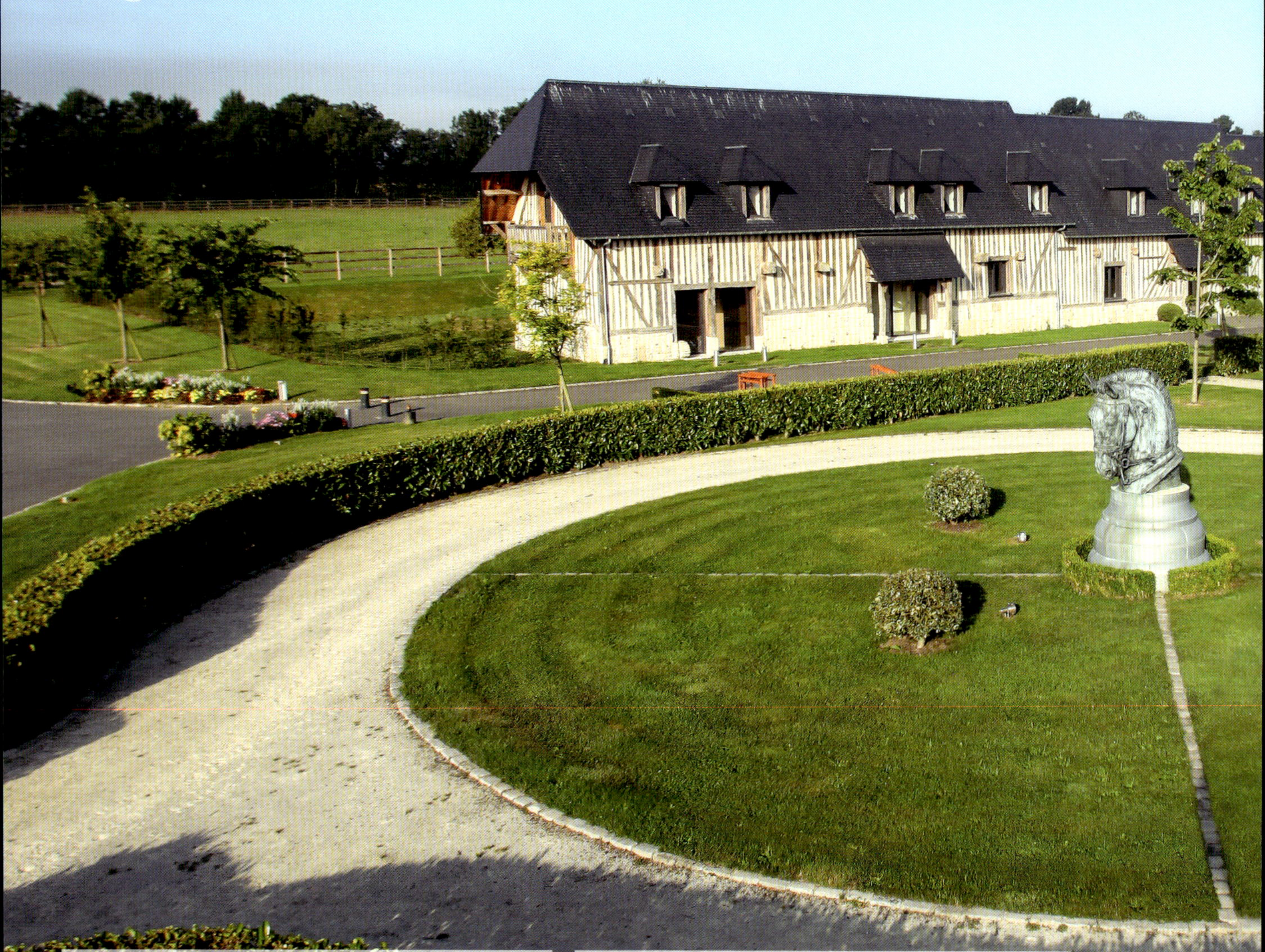

Le Haras de Colleville n'est pas un site historique, mais il est, à l'évidence, en plein développement. L'entreprenant homme d'affaires Guy Pariente y a posé ses valises il y a peu, au printemps 2007, rénovant une ferme herbagère et bovine et la transformant en un haras de pointe. Soixante-deux hectares sont à la disposition de ses protégés, leur offrant des prairies vallonnées et limoneuses, naturellement délimitées par des haies. La qualité des terres ne se dément pas, au cœur du Pays d'Auge, à proximité de Deauville, sur la commune de Saint-Pierre-Azif. Durant l'été 2009, Guy Pariente a agrandi sa propriété, acquérant une annexe d'une quarantaine d'hectares, tout près de Colleville, à Gonneville-sur-Mer. On y a vue sur la Manche et les prés y sont, pour la plupart, totalement neufs, n'ayant jamais été pâturés, ce qui constitue un atout supplémentaire dans la perspective de l'élevage.

L'effectif du Haras de Colleville n'a eu de cesse de s'étoffer depuis sa création, jusqu'à héberger aujourd'hui quarante poulinières et leurs produits, ainsi qu'un étalon, Kendargent. C'est, du reste, ce dernier qui est à l'origine de Colleville, Guy Pariente ayant décidé de prendre en main la carrière de reproducteur de son cheval, bon performer, sous ses couleurs, et de l'installer dans un haras qui serait le sien. Ainsi advint Colleville, né de la confiance d'un sportsman en son pur-sang, qui l'a, en un juste retour des choses, d'emblée récompensé.

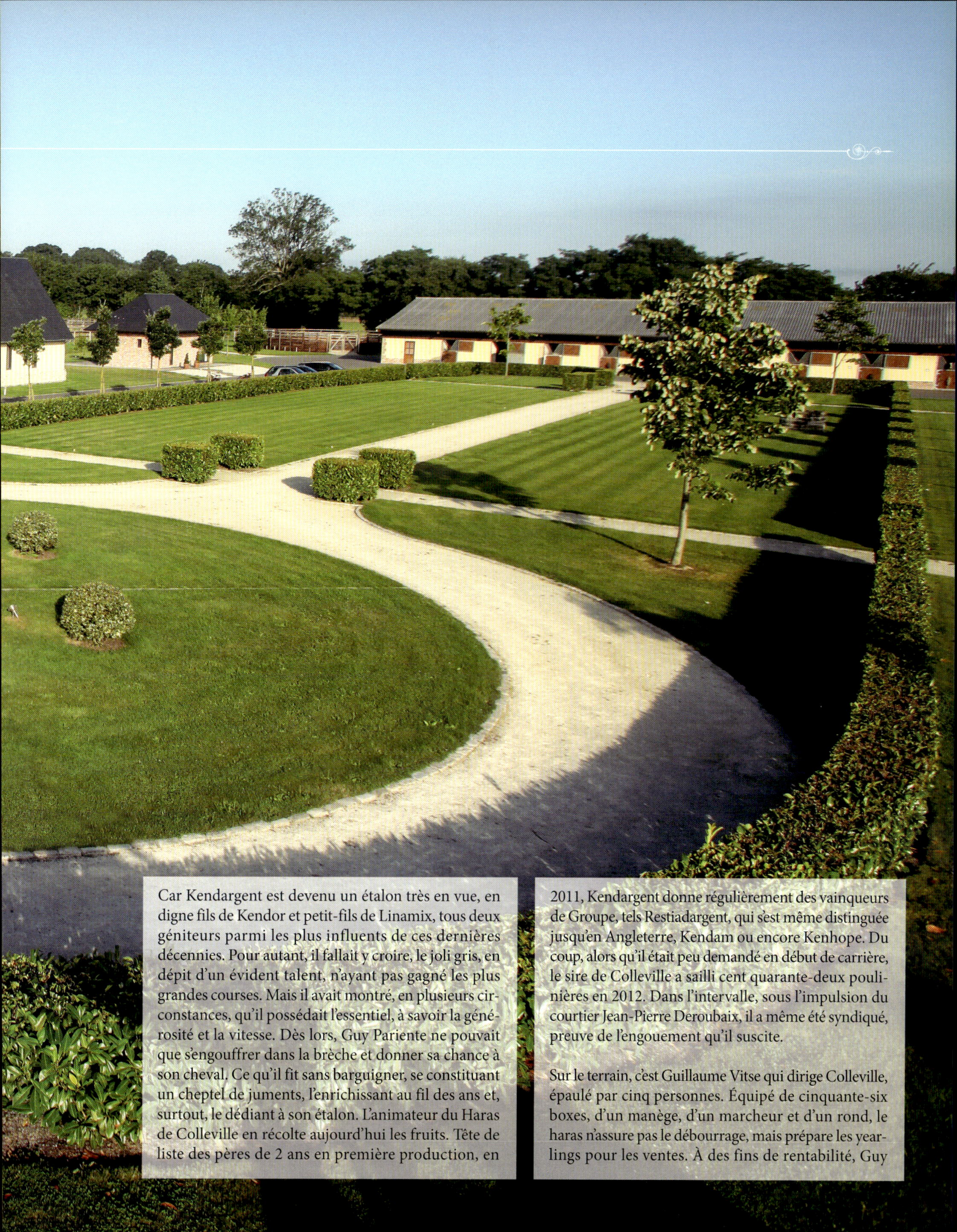

Car Kendargent est devenu un étalon très en vue, en digne fils de Kendor et petit-fils de Linamix, tous deux géniteurs parmi les plus influents de ces dernières décennies. Pour autant, il fallait y croire, le joli gris, en dépit d'un évident talent, n'ayant pas gagné les plus grandes courses. Mais il avait montré, en plusieurs circonstances, qu'il possédait l'essentiel, à savoir la générosité et la vitesse. Dès lors, Guy Pariente ne pouvait que s'engouffrer dans la brèche et donner sa chance à son cheval. Ce qu'il fit sans barguigner, se constituant un cheptel de juments, l'enrichissant au fil des ans et, surtout, le dédiant à son étalon. L'animateur du Haras de Colleville en récolte aujourd'hui les fruits. Tête de liste des pères de 2 ans en première production, en 2011, Kendargent donne régulièrement des vainqueurs de Groupe, tels Restiadargent, qui s'est même distinguée jusqu'en Angleterre, Kendam ou encore Kenhope. Du coup, alors qu'il était peu demandé en début de carrière, le sire de Colleville a sailli cent quarante-deux poulinières en 2012. Dans l'intervalle, sous l'impulsion du courtier Jean-Pierre Deroubaix, il a même été syndiqué, preuve de l'engouement qu'il suscite.

Sur le terrain, c'est Guillaume Vitse qui dirige Colleville, épaulé par cinq personnes. Équipé de cinquante-six boxes, d'un manège, d'un marcheur et d'un rond, le haras n'assure pas le débourrage, mais prépare les yearlings pour les ventes. À des fins de rentabilité, Guy

Colleville

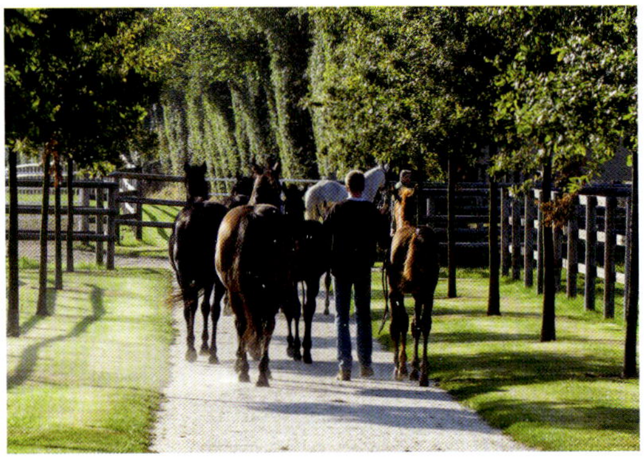

Pariente a, en effet, la double casquette d'éleveur propriétaire et d'éleveur vendeur. Dans cet esprit, il a régulièrement amélioré la qualité de sa jumenterie, cherchant à produire des chevaux qui soient non seulement bons, mais commerciaux. Là encore, le pari est en passe d'être gagné, à plus forte raison si l'on précise que Style Vendôme, lauréat de l'édition 2013 de la Poule d'Essai des Poulains, est un « enfant » de Colleville, passé par les ventes d'août d'Arqana à Deauville, où il fit l'objet d'une belle enchère, à 92 000 euros, étant par l'étalon champion Anabaa et Place Vendôme, une compétitrice de valeur.

The Haras de Colleville is not an historical site but it is evidently in full bloom. The entrepreneurial businessman Guy Pariente set up camp there not long ago in the Spring of 2007 renovating a cattle farm and turning it into a cutting edge stud farm. His horses have sixty-two hectares at their disposal made up of rolling limestone pastures naturally broken by hedgerows. The quality of the soil is undeniable, being at the heart of the

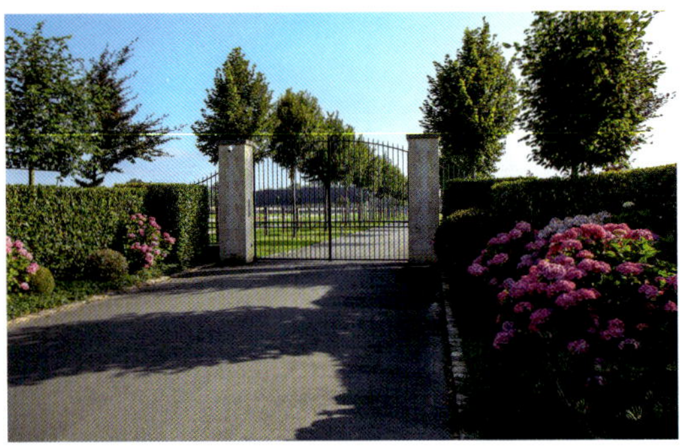

Pays d'Auge near Deauville, in the town of Saint-Pierre-Azif. During the summer of 2009 Guy Pariente expanded his property by buying an extra forty hectares very close to Colleville at Gonneville-sur-Mer. The land has views over the ocean and the paddocks are for the most part brand new, having never been used as pasture before, an added asset from a breeding perspective.

The Haras de Colleville stock has not stopped expanding since its creation and the stud now houses forty mares, their offspring and the stallion Kendargent. The latter is actually the very reason behind Colleville. Guy Pariente decided to take charge of the breeding career of this horse who was successful in his colours and to stand him at a stud belonging to him. Thus came about Colleville, from a sporting person's belief in the ability of his racehorse, who has more than rewarded his faith in him. Kendargent has very much caught the eye as a worthy son of Kendor

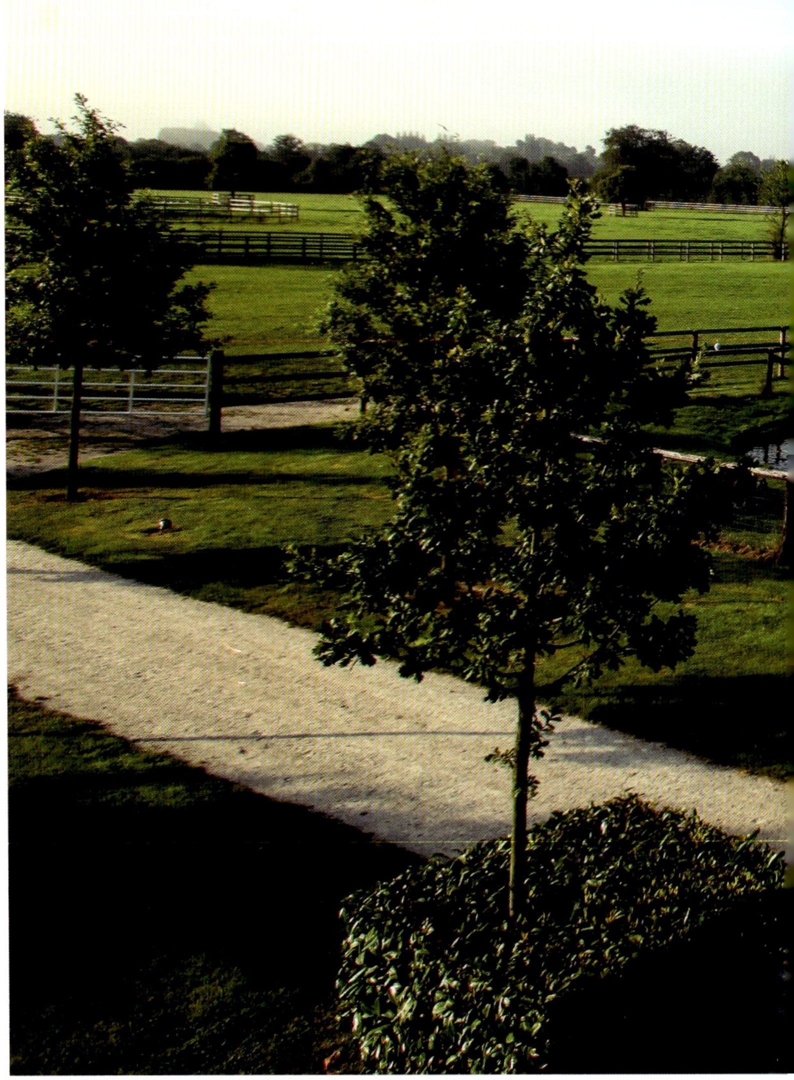

and grandson of Linamix, both among the most influential sires of the last few decades. For all that he did well to have faith in the good looking grey colt who, in spite of being very talented, had not won the biggest races, but had shown on more than one occasion that he had the requisite qualities i.e. speed and generosity. From then on Guy Pariente felt he had no choice but to step into the breach and let the horse take his chance at stud. This he did, taking no half measures and forming a broodmare band which he built on year to year and most importantly dedicating it to his stallion. Haras de Colleville's leading figure is now reaping the rewards of this labour. Leading first season sire in 2011, Kendargent regularly produces Group winners such as Restiadargent, who even made her mark in England, as well as Kendam or even Kenhope. As a result, having been little in demand at the beginning of his stud career, the Colleville resident sire covered 142 mares in 2012. In the meantime and under the drive of bloodstock agent Jean-Pierre Deroubaix he was also syndicated, a real testament to his popularity.

Guillaume Vitse is the one who runs Colleville on a day-to-day basis, flanked by five helpers. Equipped with 56 boxes, a manege, a horse walker and a walking ring, the stud does not break its own yearlings but it does prepare yearlings for the sales. In order to make the operation pay for itself Guy Pariente is both an owner breeder and commercial breeder. With this in mind he has continually improved the quality of his broodmare band, looking to produce horses which are not only good but also commercial. Another bet which looks set to be won, and all the more so bearing in mind that 2013 Poule d'Essai des Poulains winner Style Vendôme hails from the Coleville nursery, having gone through the ring at the Arqana August yearling sale in Deauville where he was sold for the tidy sum of €92,000 being by champion sire Anabaa and the talented race mare Place Vendôme.

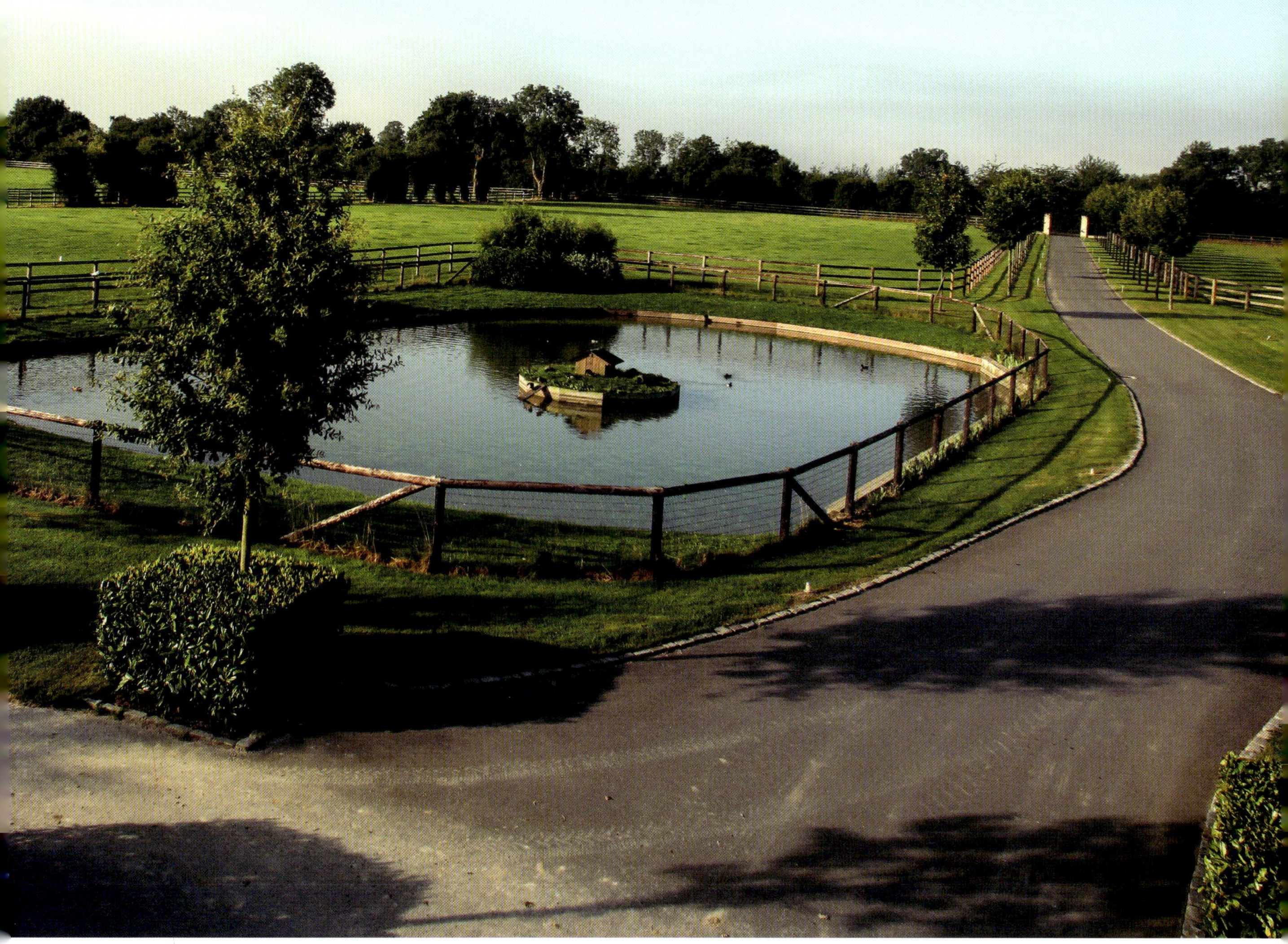

Les Coudraies

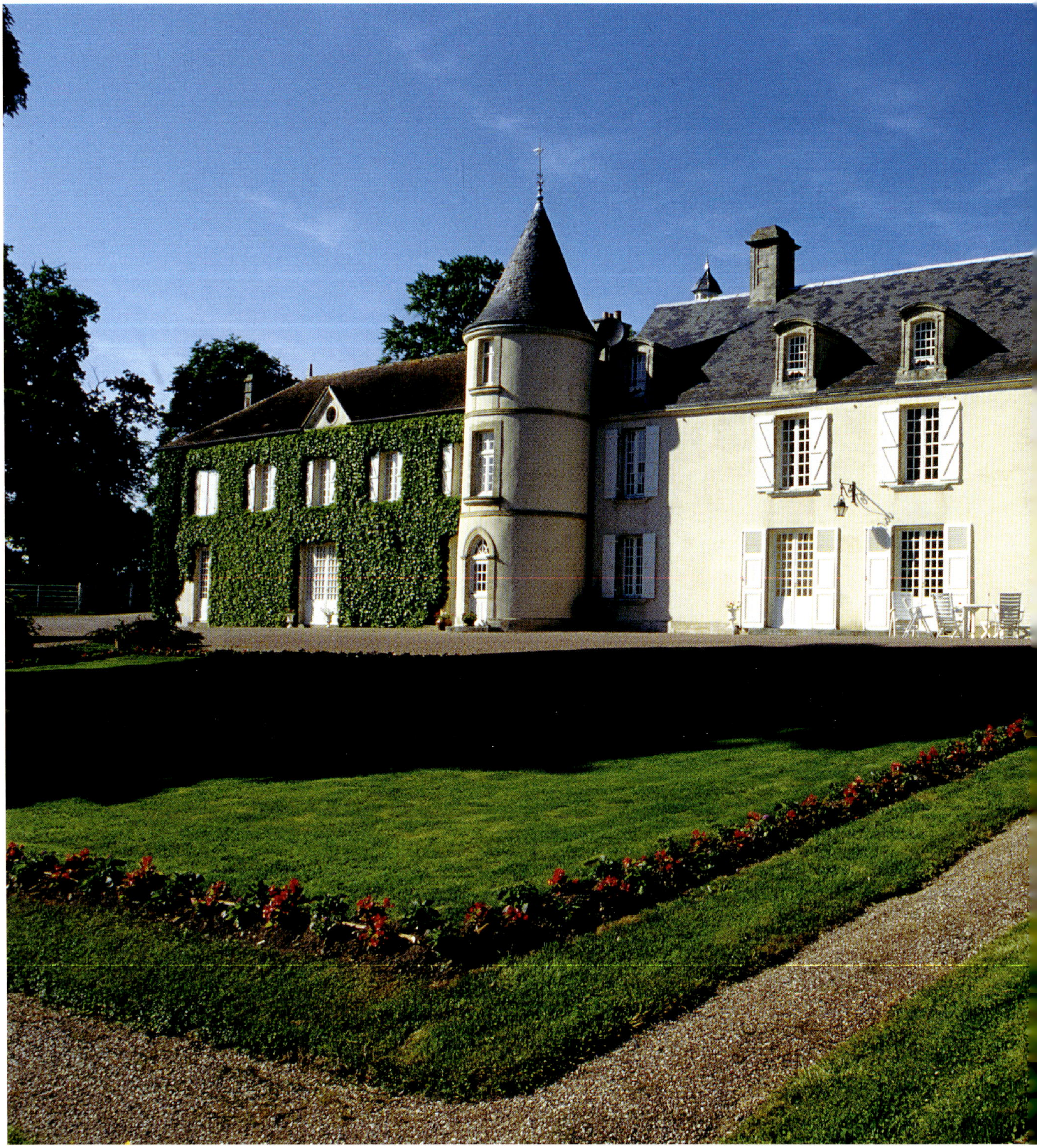

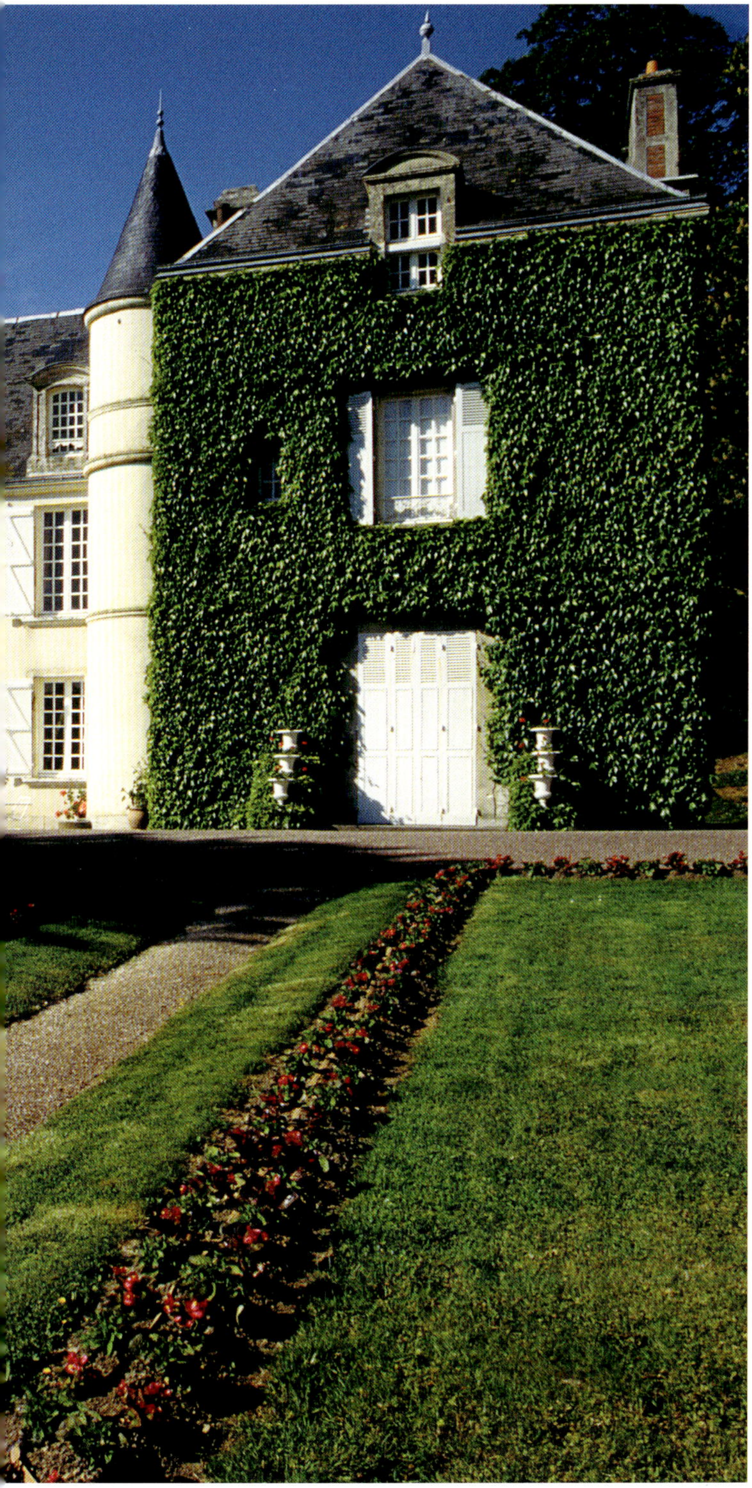

Il y a, certes, davantage de poulinières trotteuses au Haras des Coudraies que de pur-sang, mais il n'empêche que cet élevage-là est le recordman de victoires dans le Grand Steeple-Chase de Paris, au palmarès duquel il a inscrit cinq fois son nom, via les frères Katko, vainqueur, tour à tour, en 1988, 1989 et 1990, et Kotkijet, lauréat en 2001 et en 2004. En 1989, le Haras des Coudraies fut d'ailleurs tête de liste des éleveurs en obstacle, pendant que le comte Pierre de Montesson, son animateur, terminait à la première place dans les rangs des propriétaires. Un rare exploit, d'autant que Pierre de Montesson a été aussi, à plusieurs reprises, numéro un au trot. Il est ainsi le seul, avec Daniel Wildenstein, à être monté sur la plus haute marche du podium des propriétaires, tant en obstacle qu'au trot.

Originaire de la Sarthe, Pierre de Montesson s'est installé dans l'Orne, au lieu-dit « Les Coudraies », sur la commune de Francheville, non loin d'Argentan et de Mortrée, peu avant la guerre, en 1938 pour être exact. Il venait alors de se marier et les jeunes époux n'ignoraient pas l'ampleur de la tâche qui les attendait sur le domaine, où une vaste restauration s'imposait. Le conflit sur le point d'éclater n'allait pas arranger leurs affaires, du moins dans un premier temps, mais, peu à peu, la propriété va prendre forme et s'agrandir. Il faut dire qu'en 1953, Pierre de Montesson et son ami, Jean de Castilla, créent la Socopa, entreprise appelée à devenir la plus importante en France, en termes d'abattage industriel et de distribution de viande. Liés également par leur penchant pour l'élevage, ils vont s'associer autour de la production d'une poulinière pur-sang du nom de Carya, qui leur procurera Trictrac, vendu un bon prix, yearling, à Deauville, et bientôt vainqueur du Prix Eugène Adam, avant d'être exporté comme étalon en Nouvelle-Zélande et d'y tracer. De même, Carya produira Syria, achetée, comme Trictrac, par Alec Head pour le compte des Wertheimer, auxquels, poulinière, elle donnera Reine de Saba, gagnante du Prix de Diane. D'autres bons chevaux de plat suivront, que Pierre de Montesson conservera sous ses couleurs – casaque azur, aux armes de sa famille, toque orange, sur une suggestion de son épouse –, tel Hokkaïdo, lauréat du gros handicap Prix du Bel Air à Longchamp, puis deuxième du Grand Prix de Saint-Cloud de Ramsin en 1971. Mais c'est en obstacle, on l'a dit, que la branche pur-sang de l'élevage maison va s'épanouir, grâce, principalement, à une poulinière exceptionnelle, Kotkie, dont la production recèle non seulement les susnommés Katko et Kotkijet, mais encore Kotkito, Kitko et autres femelles ayant essaimé jusqu'à aujourd'hui et aux talentueuses Kotkieglote et

Katkovana. Parallèlement, Pierre de Montesson monte une écurie, puis un élevage de trotteurs de tout premier plan, avec le concours de professionnels de grand renom, tels Albert Rayon, Pierre-Désiré Allaire et les frères Gougeon. Exceptionnelle championne internationale, Une de Mai lui fera parcourir le monde et l'ouvrira aux courses européennes et américaines. Entré au comité de la Société du Cheval Français en 1967, Pierre de Montesson présidera celle-ci de 1986 à 1994, marquant son époque à plusieurs titres, notamment en modernisant l'hippodrome de Vincennes et en refondant la piste.

Pendant tout ce temps, les Coudraies n'ont cessé de s'étoffer, abritant longtemps, soit dit au passage, le chef de race d'Auteuil, Cadoudal, dont fut obtenu, du reste, Kotkijet. Le haras regroupe présentement six cents hectares de terres et de bois. Le tiers de la superficie se tient autour de la propriété d'origine et de la belle et vaste demeure, d'où le maître des lieux, à 95 ans passés, continue à superviser l'entreprise, épaulé par sa fille et son gendre, Guy-Raoul d'Harambure, lesquels marcheront dans ses pas, assurément. Sur le terrain, le haras est dirigé par Jean-Louis Guérin depuis 1994. Dix-sept salariés y sont mis à contribution pour s'occuper, il est vrai, d'une cinquantaine de poulinières – quarante trotteuses et dix pur-sang –, ainsi que de quatre cents vaches à veaux. Un centre d'entraînement pour les trotteurs est également au cœur de l'exploitation. Les Coudraies sont l'œuvre d'une vie, celle, entremêlée, d'un homme et de son épouse regrettée, qui ont frappé de leur sceau l'élevage et les courses de ce dernier demi-siècle.

There are undoubtedly more trotting mares at the Haras des Coudraies than thoroughbred mares, but the fact remains that this stud holds the record for victories in the Grand Steeple-Chase de Paris, a race which it has won five times thanks to the brothers Katko who won it in turn in 1988, 1989 and 1990, and Kotkijet, winner of the race in 2001 and 2004. In 1989 the Haras des Coudraies was leading jumps breeder while its owner the Count Pierre de Montesson also finished at the top of the owners' leaderboard. A rare feat, particularly in view of the fact that Pierre de Montesson has also repeatedly been leading owner of trotters. He is thus the only one, together with Daniel Wildenstein, to have finished top of the owners' leaderboard in both the trotting and jumping disciplines. Originally from the Sarthe region Pierre de Montesson settled in the Orne, in the place named « Les Coudraies » by the town of Francheville, near Argentan and Mortrée shortly before the war – in 1938 to be precise. He was newly married and the young couple were well aware of the magnitude of the task ahead of them on the estate where an enormous amount of restoration work was required. The war which was about to break out did nothing to help the state of affairs, at least at the beginning, but gradually the property began to take shape and expand. In 1953 Pierre de Montesson and his friend Jean de Castilla created a company called Socopa which became the largest in France in terms of industrial slaughter and meat distribution. Also bound by their penchant for breeding, they went into partnership over the offspring of a thoroughbred mare named Carya who produced Trictrac, whom they sold very well as a yearling at Deauville and soon became the winner of the Prix Eugène Adam before being exported as a stallion to New Zealand. Similarly Carya produced Syria who just like Trictrac was bought by Alec Head on behalf of the Wertheimers for whom she would produce as a broodmare Reine de Saba who won

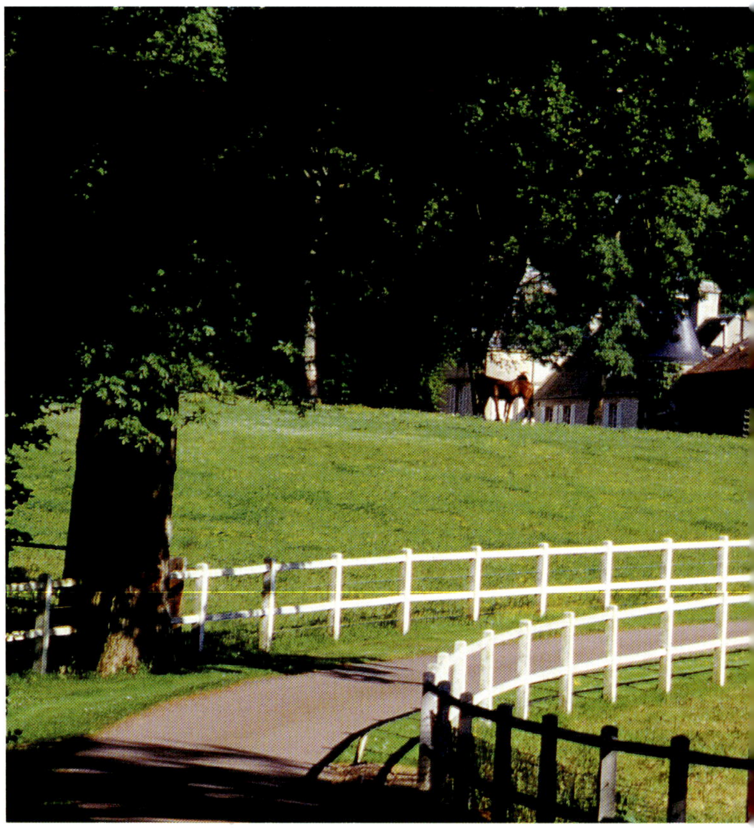

the Prix de Diane. Other good flat horses also followed, which Pierre de Montesson retained in his colours – blue jacket with the family's coat of arms and orange cap, as suggested by his wife, such as Hokkaido, winner of the Handicap Prix du Bel Air at Longchamp, then second in the Grand Prix de Saint-Cloud behind Ramsin in 1971. But it was over jumps that the thoroughbred arm of the family's breeding operation would flourish, thanks mainly to the exceptional broodmare Kotkie whose offspring includes not only the aforementioned Katko and Kotkijet, but also Kotkito, Kitko and other females whose influence lives on today with the talented Kotkieglote and Katkovana. Meanwhile Pierre de Montesson was setting up a first rate racing and breeding operation for trotters with the assistance of renowned professionals such as Albert Rayon, Pierre-Désiré Allaire and the Gougeon brothers. The outstanding international champion Une de Mai allowed him to travel the world and introduced him up to European and American racing. Joining the Comité de la Société du Cheval Français in 1967, Pierre de Montesson was its chairman from 1986 to 1994, leaving his mark in many ways including by modernizing Vincennes racecourse and resurfacing its track.

During this time the Coudraies has continued to grow and it is worth mentioning in passing that it was for a long time home to Auteuil chef de race Cadoudal, who was responsible amongst others for Kotkijet. At present, the stud consists of six hundred hectares of pasture and forestry. A third of it is set around the original estate and its vast and beautiful house from which the estate's owner, at 95 years of age, continues to oversee the business assisted by his daughter and his son-in-law Guy-Raoul d'Harambure, both of whom will undoubtedly follow in his footsteps. Outside, the stud has been run by Jean-Louis Guérin since 1994. Seventeen employees are called upon to deal with around fifty mares – forty trotting mares and ten thoroughbreds – as well as four hundred beef cattle. A training centre for trotters is also at the heart of the stud farm. Les Coudraies is the work of a lifetime for a man and his late wife, who have stamped their mark on breeding and racing this past half-century.

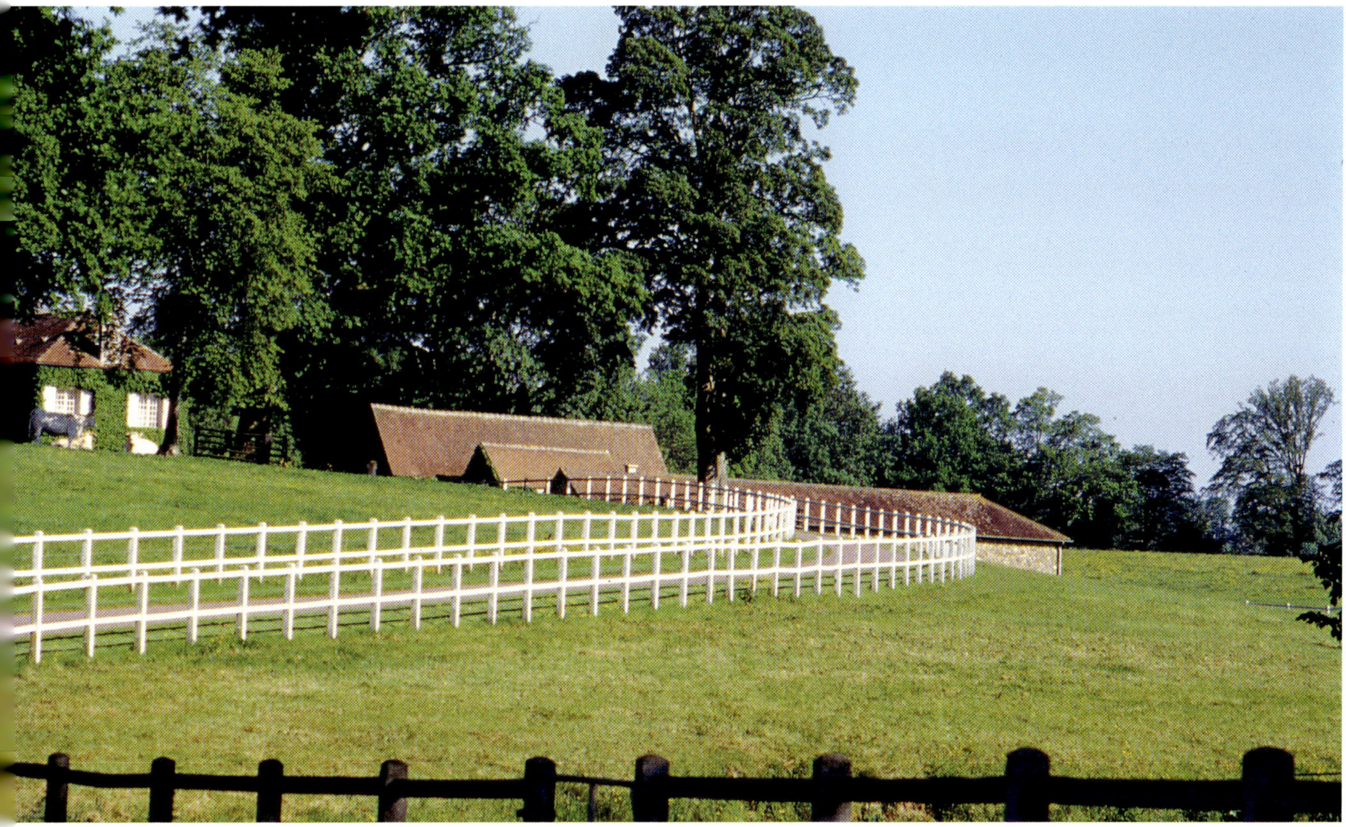

Coulonces – Le Grand-Chêne

Le Haras de Coulonces, se situant à proximité immédiate de Trun, dans la partie nord du département de l'Orne, existe de fraîche date, du moins dans sa version pur-sang, car, lorsqu'il abritait des trotteurs, aux soins de Bernard Billard et des siens, il s'illustra plusieurs décennies durant, produisant des champions de la trempe de La Coulonces, Vanina B, Jorky ou encore Capitole. C'est en 2005 que Coulonces a opéré sa mue, sous l'impulsion de ses repreneurs, Maja et Jan Sundström, venus de Suède avec leur fille, Anna. Sous la bannière du Team Hogdala, Coulonces vit même naître et croître, d'entrée de jeu, un gagnant du Prix du Jockey Club. Il s'agit de Le Havre, qui fit la joie de son propriétaire, Gérard Augustin-Normand, et, une fois étalon, lui donna l'envie de faire à son tour de l'élevage. Dans le même temps ou presque, Anna Sundström allait rencontrer et épouser Étienne Drion. En 2009, tous deux s'installaient de leur côté, créant le Haras du Grand- Chêne, sur le site d'une ancienne ferme, leur exploitation étant dorénavant connue sous l'appellation de Coulonces Consignment et faisant les belles heures de nos ventes de yearlings, où l'enchère la plus élevée des sessions d'Arqana, l'été dernier, a d'ailleurs été lancée pour l'un de ses produits, une fille de Dubawi, adjugée un million cinq cent mille euros.

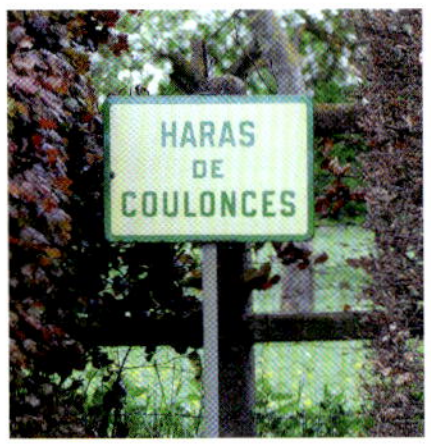

Coulonces Consignment dispose aujourd'hui, au Grand-Chêne, de soixante-cinq hectares et de trente-cinq boxes, soit des infrastructures à la mesure de ses ambitions. L'entreprise prend place non loin du Haras de Coulonces, à Survie, à presque égale distance entre Exmes et Vimoutiers. Sa marque de fabrique, on l'a compris, est sa réussite aux ventes de yearlings, dont elle s'est fait une véritable spécialité, pour son propre compte et pour celui de ses

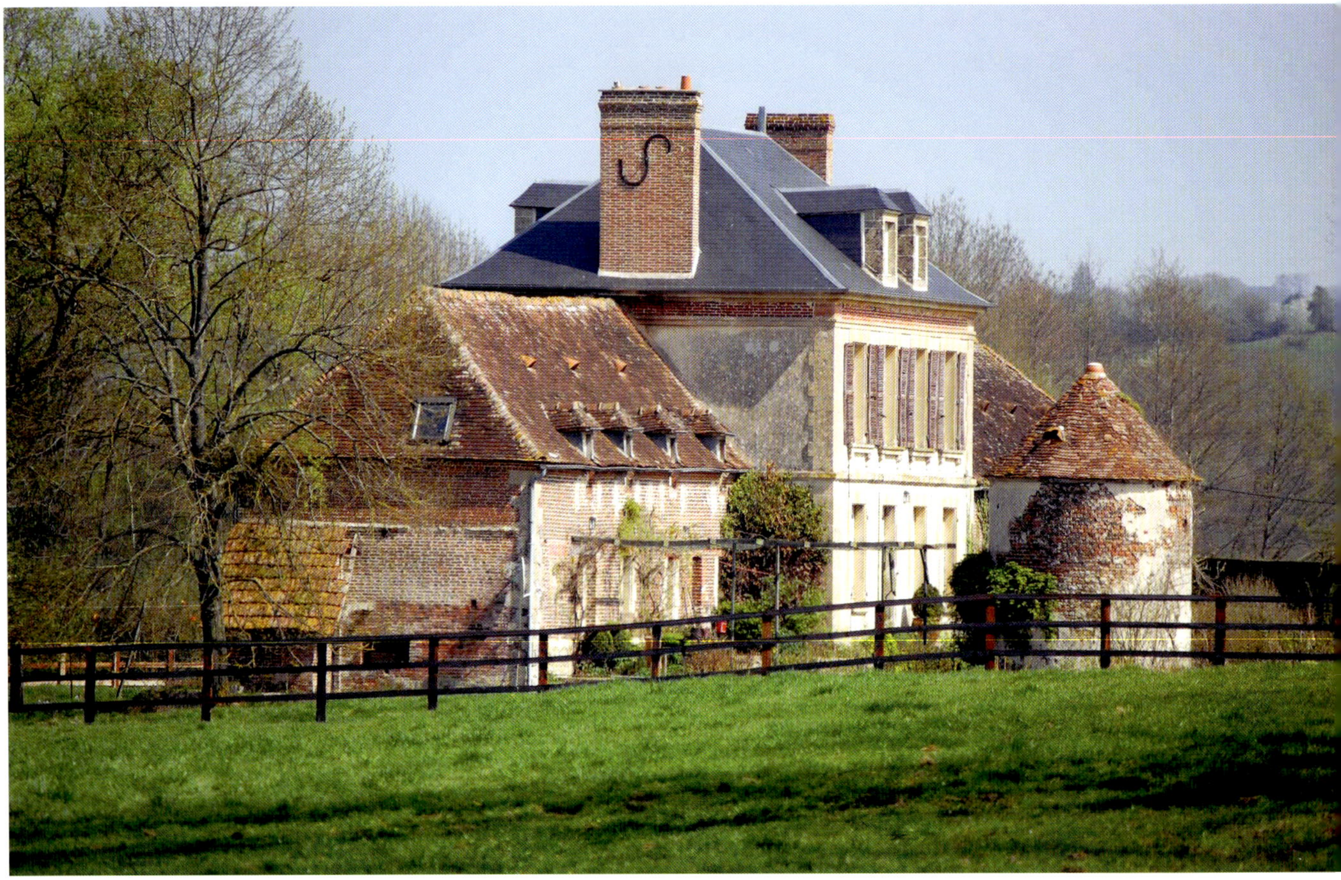

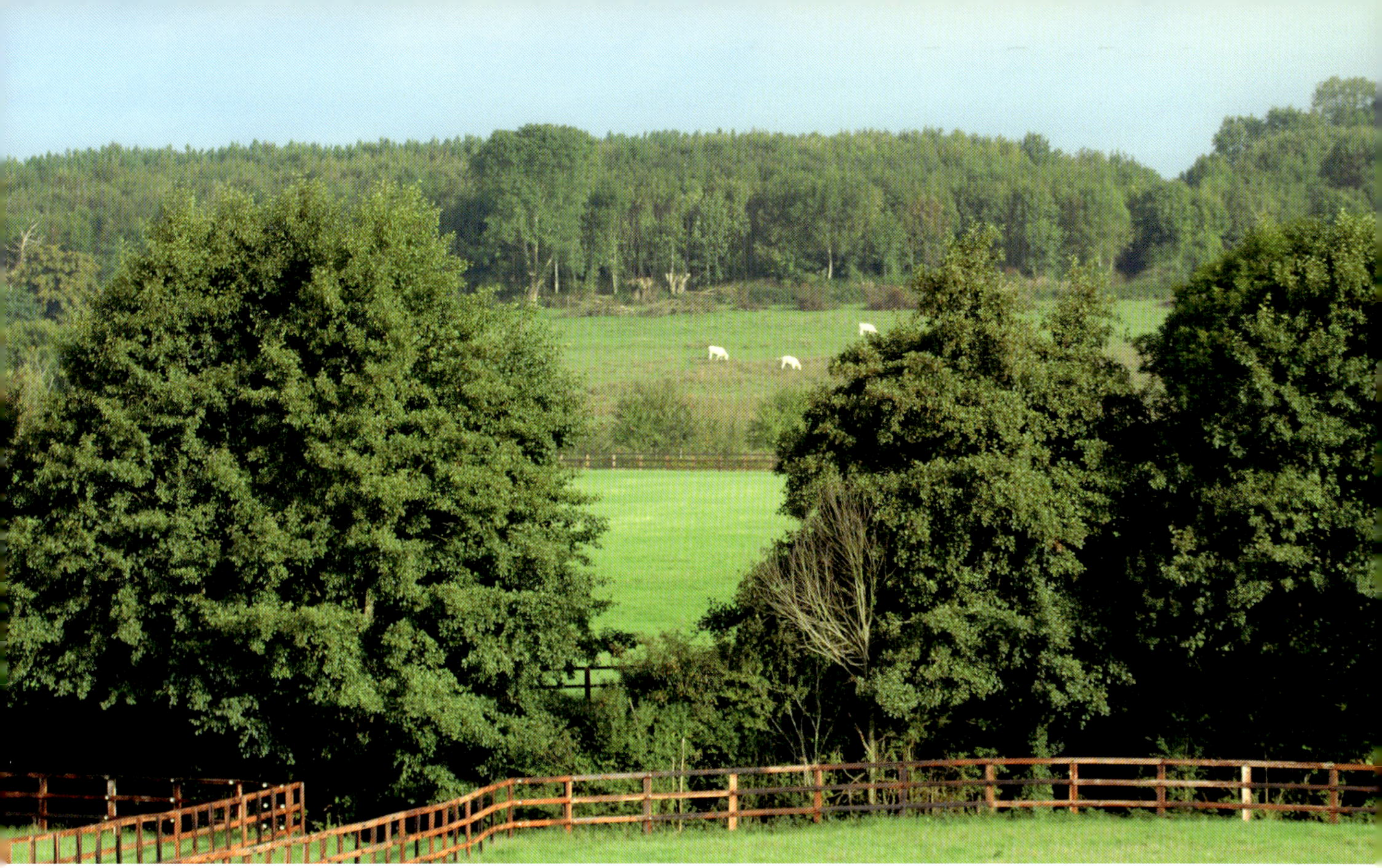

clients. Quant à Maja et Jan Sundström, ils animent toujours le Team Hogdala à Coulonces, où ils veillent sur leurs propres chevaux, ayant, en outre, maintenant, une annexe sur la commune voisine de Chambois.

The Haras de Coulonces, located close to Trun in the northern part of the Orne department, is a recent creation, at least in its capacity as a thoroughbred stud, as when it used to house trotters when in the hands of Bernard Billard and his family, it was successful for several decades, producing champions of the caliber of La Coulonces, Vanina B, Jorky or even Capitole. It was in 2005 that Coulonces completed its transformation under the leadership of its new owners Maja and Jan Sundström, who came from Sweden with their daughter Anna. Under the Team Hogdala banner, Coulonces even bred and raised a winner of the Prix du Jockey Club from the outset. The horse in question was Le Havre who delighted his owner Gérard Augustin-Normand and once he became a stallion also gave him the urge to breed himself. At pretty much the same time Anna Sundström was to meet and marry Étienne Drion. In 2009 they both set themselves up independently, creating the Haras du Grand-Chêne on the site of a former farm and their operation is now known as Coulonces Consignment and is one of the most popular at the yearling sales where the highest bid of the Arqana sale last summer was paid for one of its offspring, a daughter of Dubawi who was knocked down for one million five hundred thousand euros.

Today Coulonces Consignment has sixty five hectares and thirty five boxes at its disposal at Grand-Chêne and an infrastructure in line with its ambition. This new enterprise is situated not far from the Haras de Coulonces at Survie, which is almost halfway between Exmes and Vimoutiers. Its trademark clearly is its success at the yearling sales, which it has turned into a real specialty both on its own account and on behalf of its clients. As for Maja and Jan Sundström, they still run Team Hogdala at Coulonces where they look after their own horses, having also bought additional land in the neighboring town of Chambois.

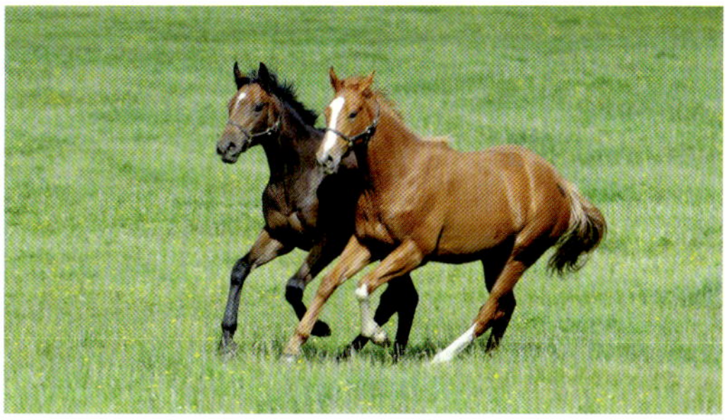

La Croix-Sonnet

Site calvadosien, le Haras de la Croix-Sonnet s'étend sur les hauteurs de Touques, tout près de Deauville, dominant la mer. Il y a là une cinquantaine d'hectares et quelque soixante-dix boxes, s'articulant autour d'un manoir normand très typé. Les herbages et les paddocks, de superficies différentes, à dessein, y sont nombreux, au service d'un effectif relativement conséquent, comprenant également des étalons.

Le Haras de la Croix-Sonnet est l'œuvre d'un homme, Noël Pelat, membre de l'une des plus grandes familles de l'histoire des courses. En tant que jockey, puis comme entraîneur, Noël Pelat en écrivit quelques-unes des plus belles pages, signant la bagatelle de quatre mille victoires et terminant dix fois tête de liste. Jockey, il fut le partenaire de deux lauréats du Grand Steeple-Chase de Paris, Potentate et Kerfany. Potentate, préparé par son frère, Georges, s'imposa dans l'édition de 1936, alors que son cavalier n'était âgé que de 19 ans. Kerfany, aux soins de son beau-père, Charles Bariller, vainquit en 1941 dans des circonstances pour le moins acrobatiques, puisqu'une des sangles avait cassé en début de parcours et ne cessait de faire glisser la selle en arrière, plusieurs kilomètres durant… Qu'à cela ne tienne, l'homme et le cheval arrivèrent non seulement à bon port, mais les premiers ! Entraîneur, installé à Maisons-Laffitte, en région parisienne, Noël Pelat ne fut pas en reste, révélant plusieurs champions en plat et en obstacle. Pour n'en citer que deux, on mentionnera Prince Bio, vainqueur de la Poule d'Essai des Poulains, et Wild Risk, double lauréat de la Grande Course de Haies d'Auteuil ; or, Prince Bio et Wild Risk furent ensuite de fameux étalons, des chefs de race même, le premier engendrant Sicambre, Prince Taj et consorts, alors que l'on doit au second Worden, Le Fabuleux et *tutti quanti*.

Le Haras de la Croix-Sonnet est l'œuvre d'un homme, Noël Pelat, membre de l'une des plus grandes familles de l'histoire des courses.

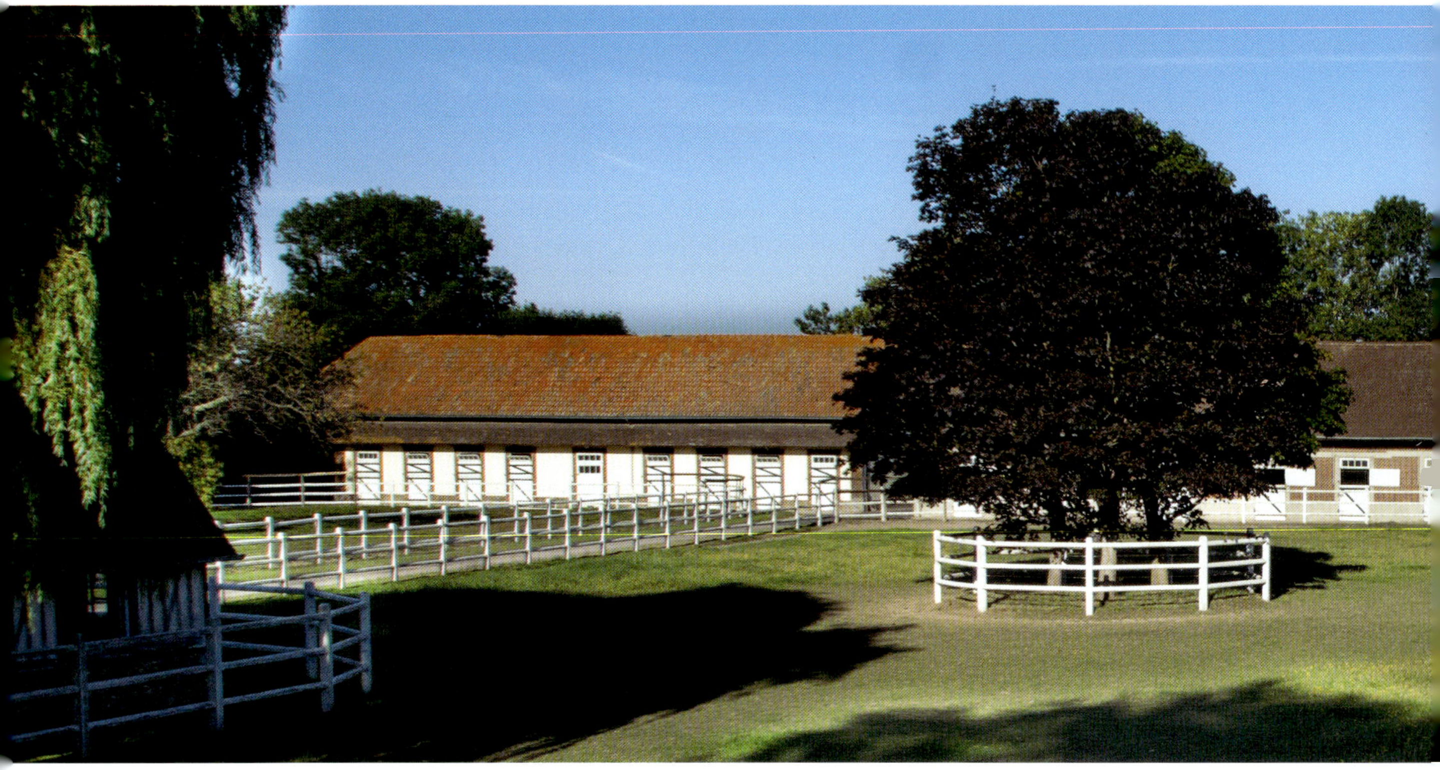

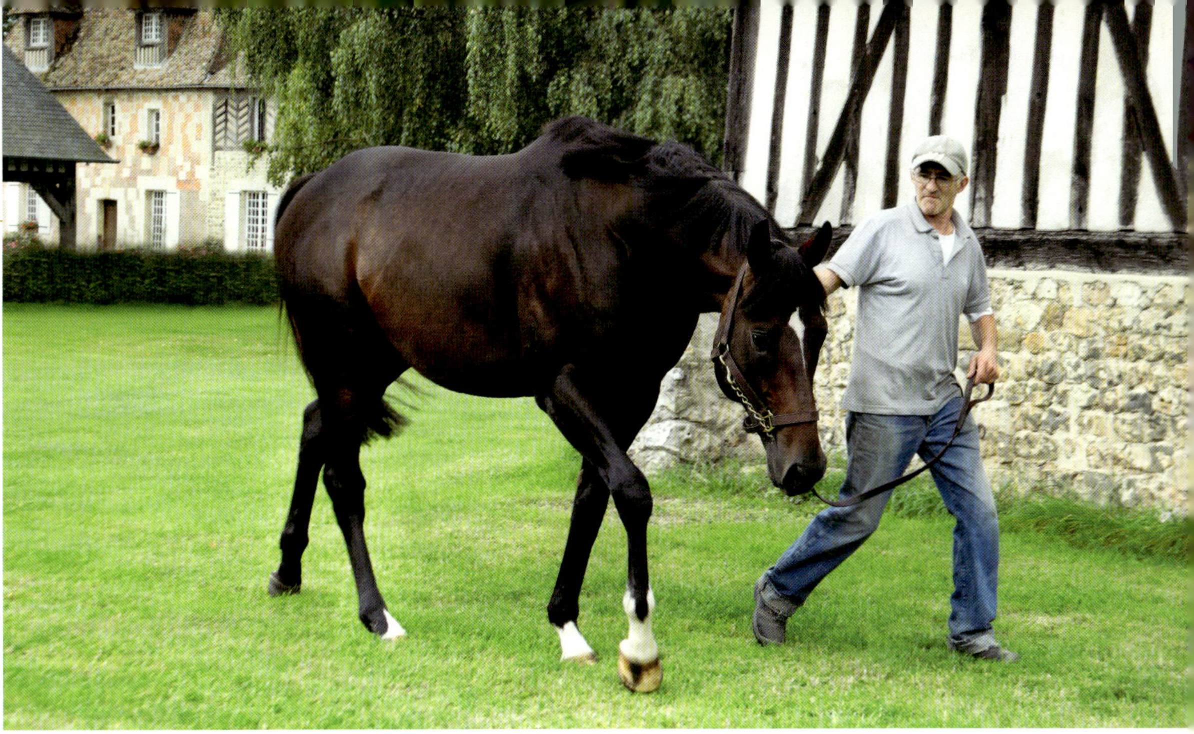

Éclectique, touche-à-tout, Noël Pelat a commencé à élever peu après la guerre, pour l'anecdote d'abord, puis, de fil en aiguille, beaucoup plus professionnellement. C'est ainsi que s'est développé le Haras de la Croix-Sonnet, à la faveur des années et de l'esprit d'entreprise de son initiateur. Au point que celui-ci deviendra un éleveur de première grandeur, numéro un à plusieurs reprises dans la discipline de l'obstacle. Un éleveur de tête, certes, mais « de base », selon l'expression consacrée, sachant toujours raison garder et promouvant en priorité ses étalons, Tip Moss et le fils de celui-ci, Mansonnien, jusqu'à Astarabad plus récemment. Disparu au début de la présente décennie, Noël Pelat n'aura pas vu l'avènement de ce dernier, protégé de sa fille Noëlle Hosselet, laquelle, soutenue par son époux, Albert, et ses enfants, Sandra et Hubert, poursuit fidèlement l'œuvre paternelle.

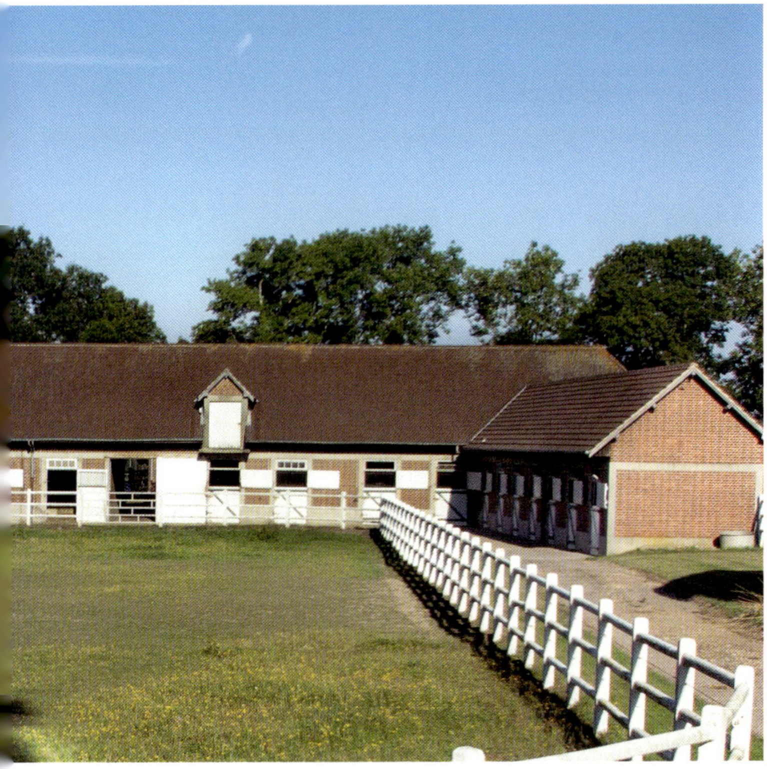

Aux côtés d'Astarabad officie aujourd'hui Diamond Boy, élève maison et fils de Mansonnien, dont le souhait des Hosselet est de le voir continuer l'œuvre amélioratrice de son père. Il y a aussi Grand Couturier, qui a fait une carrière au plus haut niveau aux États-Unis, avant de nous revenir comme étalon. Bref, le trio est d'envergure et conforme à l'« esprit » de la Croix-Sonnet : sélectionner des géniteurs qui ont été eux-mêmes de vrais chevaux de course, dans l'espoir qu'ils produisent à l'avenant.

Il nous faut dire un mot, encore, de Jean-Charles Haimet, l'homme de confiance de Noël Pelat, puis de sa fille, depuis de nombreuses années. À La Croix-Sonnet, Jean-Charles Haimet est un « incontournable » ! Passionné d'élevage, il s'y adonne lui-même, à titre personnel, et la réussite est au rendez-vous, puisque, avec un groupe d'amis, il a fait naître Lagunak, vainqueur de deux des épreuves les plus convoitées de la saison d'Auteuil, en 2012, à savoir les Prix La Haye Jousselin et des Drags. Or, il se trouve que Lagunak est un fils de Mansonnien, ce qui est, évidemment, tout sauf un hasard.

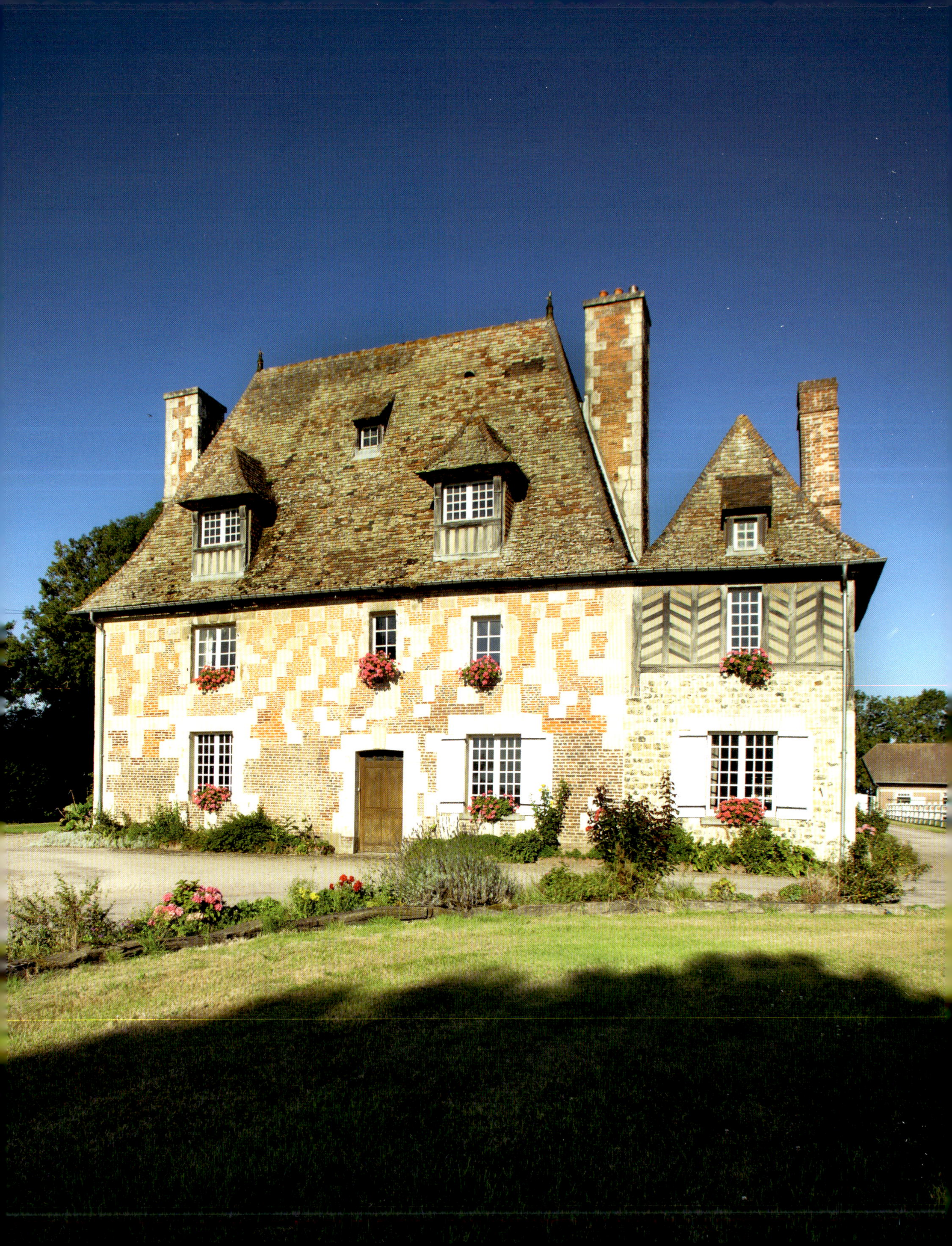

La Croix-Sonnet

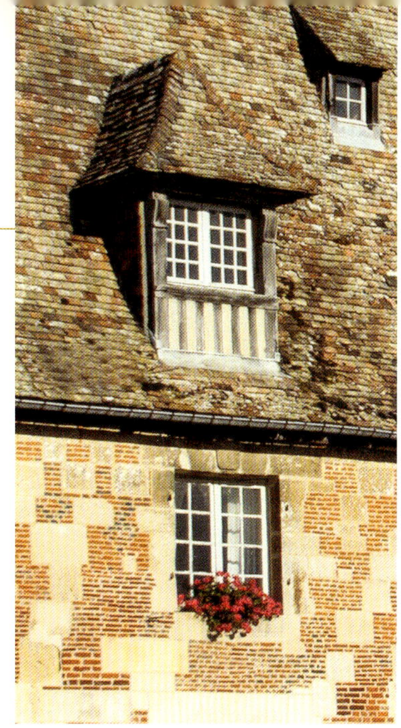

Located in the Calvados region, the Haras de la Croix-Sonnet stretches over the heights of Touques, close to Deauville, overlooking the sea. It is made up of fifty hectares and some seventy boxes, built around a typically Norman manor house. The pastures and paddocks, all intentionally of varying size, are numerous and serve a relatively large number of horses, which also includes stallions.

The Haras de la Croix-Sonnet is the work of one man, Noël Pelat, who hails from one of the greatest families in the history of horseracing. First as a jockey, then as a trainer, Noël Pelat was responsible for some of racing's greatest moments, with a staggering four thousand victories and ten championship titles. As a jockey, he won the Grand Steeple-Chase de Paris twice on Potentate and Kerfany. Potentate, trained by his brother George, triumphed in the 1936 renewal of the race, while his young rider was just 19. Kerfany, handled by his stepfather Charles Bariller, won the race in 1941, in the most acrobatic of circumstances, his girth having snapped soon after the start causing the saddle to slip back throughout the race over a course of several kilometres.... Nevertheless, both man and horse finished the race not just safely but first past the post! As a trainer based in Maisons-Laffitte, near Paris, Noël Pelat was just as successful, being responsible for a number of champions both on the flat and over jumps. To mention just the two, Prince Bio won the Poule d'Essai des Poulains and Wild Risk was a dual winner of the Grande Course de Haies d'Auteuil. Both Prince Bio and Wild Risk went on to become famous stallions, « chefs de race » even, the first producing Sicambre, Prince Taj and others, while the second sired Worden, Le Fabuleux and more.

Rather eclectic and a jack of all trades, Noël Pelat became a breeder shortly after the war, initially as a hobby, then as one thing led to another, much more professionally. Thus, over a number of years and thanks to the entrepreneurial spirit of its founder, the Haras de la Croix-Sonnet evolved. So much so that he became a first rate breeder and won the jumps title on a number of occasions. There is no question that he was a leading breeder, but he was also a « basic » one, always sticking to his principles and always promoting his own stallions, from Tip Moss and his son Mansonnien to Astarabad today. Sadly deceased at the beginning of this decade, Noël Pelat did not live to witness the latter's success in the hands of his daughter Noëlle Hosselet, who supported by her husband Albert and her children Sandra and Hubert, faithfully carries on her father's work.

Diamond Boy, a homebred son of Mansonnien, now stands alongside Astarabad and the Hosselets hope he improves mares in the same manner his sire became known for. They also stand Grand Couturier who raced at the highest level in the United States before returning to France as a stallion. In short, the trio has plenty of scope and embodies the « spirit » of Croix-Sonnet: to select sires which were themselves proper racehorses in the hope that they also improve their stock.

Another important person to mention is Jean-Charles Haimet, Noël Pelat's right hand man for many years before becoming his daughter's. At la Croix-Sonnet, Jean-Charles Haimet is a « must »! Passionate about breeding, he also dabbles in it for himself and has done so with great success. Together with a group of friends, he bred Lagunak, winner of two of the most coveted events in 2012 of the Auteuil season, the Prix La Haye Jousselin and Prix des Drags. It turns out that Lagunak is a son of Mansonnien, which is of course, anything but a coincidence.

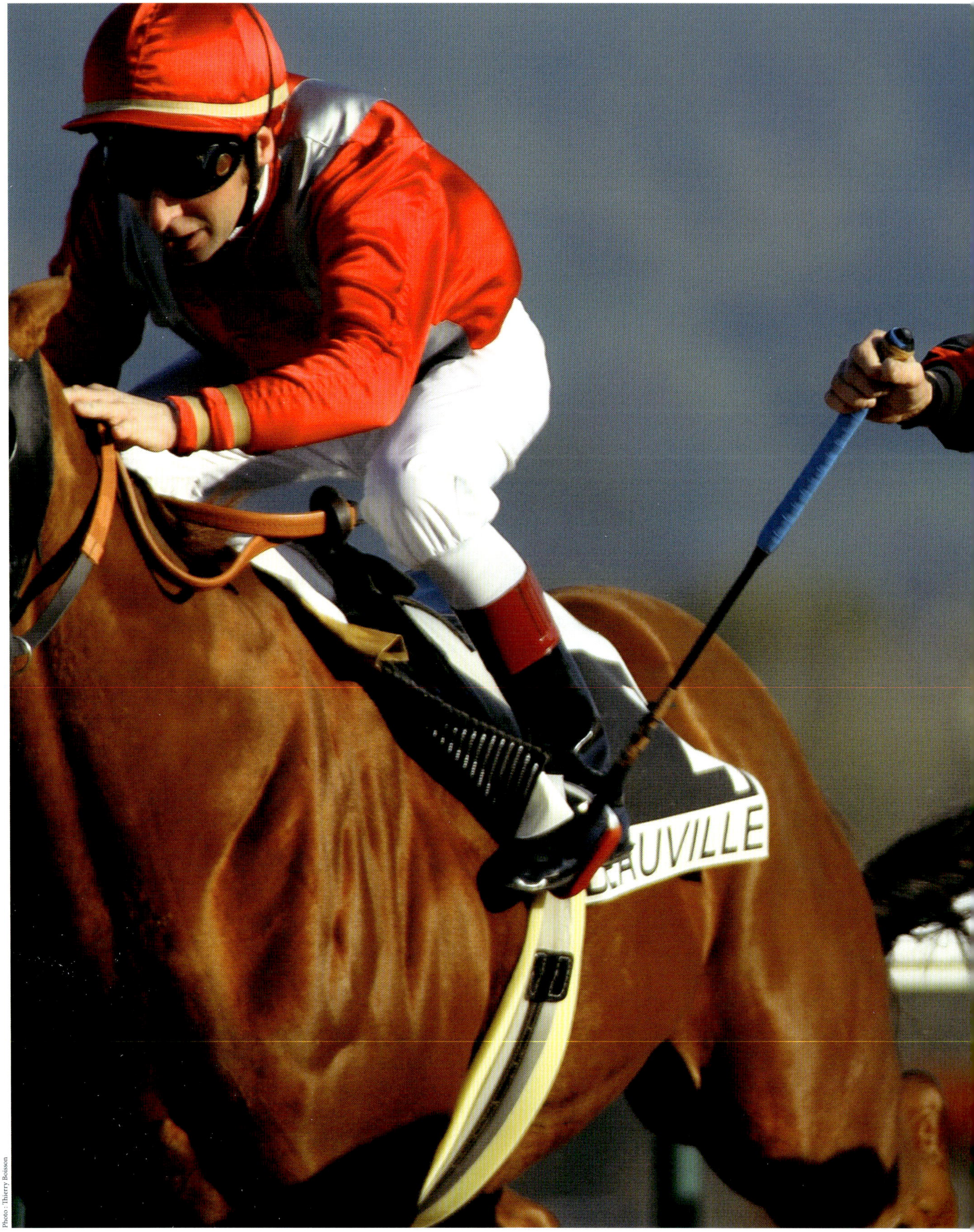

Photo : Thierry Boisson

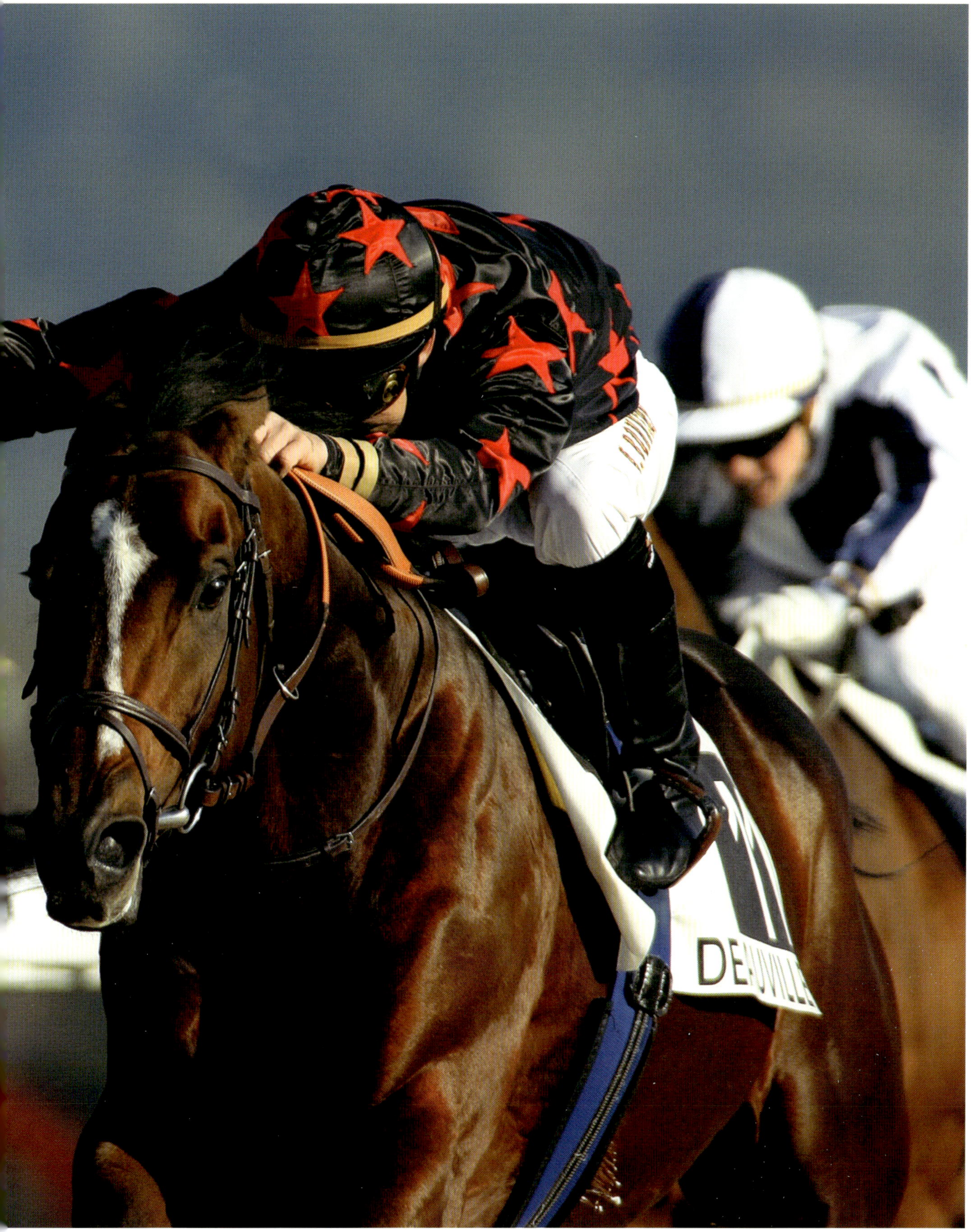

Écouves

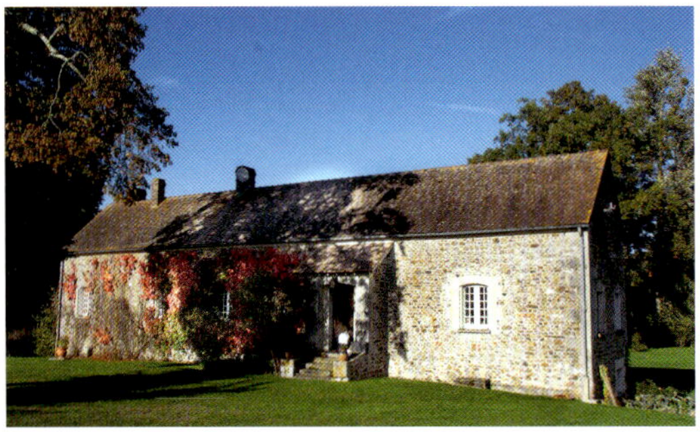

Le Haras d'Écouves, œuvre des époux Doumen, a eu, en quelque sorte, deux vies. Il fut d'abord implanté à Cuissai, près d'Alençon, dans l'Orne, sur une ancienne ferme, où la superficie ne tarda pas à manquer, mais où naquirent et grandirent le champion hongre Jim and Tonic, la toute bonne L'Année Folle et son propre frère, Rajpoute, ou encore le remarquable stayer Kasbah Bliss. Le haras se déplaça ensuite au Guébriant, toujours dans l'Orne, pareillement en bordure de la Forêt d'Ecouves, mais sur l'autre versant, à Boucé, à la pointe d'un triangle isocèle dont la base est la ligne Mortrée-Ecouché. Longtemps, Guébriant fut le domaine de Pierre-Désiré Allaire, le grand professionnel du trot, qui s'y était fixé sur les conseils de son associé, le comte de Montesson, auquel la qualité des terres, arrosées par la Cance, n'avait pas échappé et dont le propre haras est d'ailleurs tout proche. Aujourd'hui, Guébriant est devenu Écouves et les Doumen y ont, à la fois, leur centre d'entraînement et leur élevage, le tout s'étendant sur une centaine d'hectares.

À l'origine, François Doumen et son épouse étaient éleveurs sans sol. De retour d'Afrique du Sud, à la fin des années soixante-dix, François Doumen s'installe entraîneur, d'abord aux côtés de son père, Jean, puis à son compte. Il achète alors un certain nombre de yearlings, dont plusieurs femelles bien nées, qu'il commencera par valoriser en course et qu'il conservera ensuite pour l'élevage. Parmi elles, Jimka et Tripolizza, d'où les quatre susnommés. Au fil des années et à la faveur de l'avènement d'étalon de leur protégé Double Bed, les Doumen éprouvent le besoin de voler de leurs propres ailes, c'est-à-dire d'élever eux-mêmes. On connaît la suite et l'itinéraire à partir de là emprunté.

Aujourd'hui, le Haras d'Écouves n'élève plus seulement pour faire courir. Sous l'impulsion d'Elizabeth Doumen, il élève aussi pour vendre. David Twomey, venu d'Irlande, a été embauché à cet effet. En termes de pedigrees, la qualité de la production maison va crescendo, afin de répondre à la demande des ventes de yearlings les plus huppées. S'appuyant sur une vingtaine de poulinières sélectionnées, parmi lesquelles Topka, génitrice du classique maison Top Trip, Dauphine, importée d'Afrique du Sud, d'où les actuelles Dauphine Russe et Dauphine Dorée, et la chevronnée Marital Bliss, Écouves est en passe de changer de dimension.

The Haras d'Écouves, a work by the Doumen spouses, has in a way had two lives. It was originally created in Cuissai near Alençon in the Orne region, on an old farm where space was very soon lacking but where the champion gelding Jim and Tonic was born and raised as well, as the very talented filly L'Année Folle and her full brother Rajpoute and the remarquable stayer Kasbah Bliss. The stud then moved to Guébriant, still in the Orne

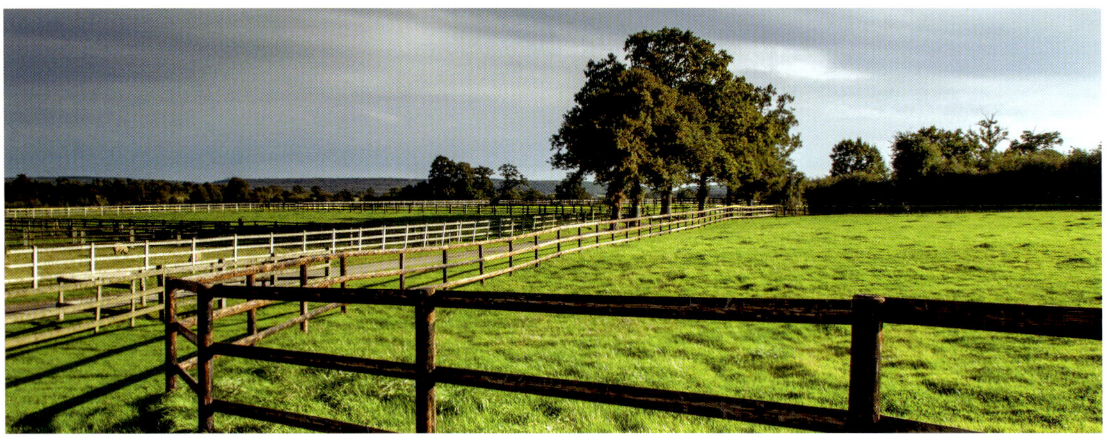

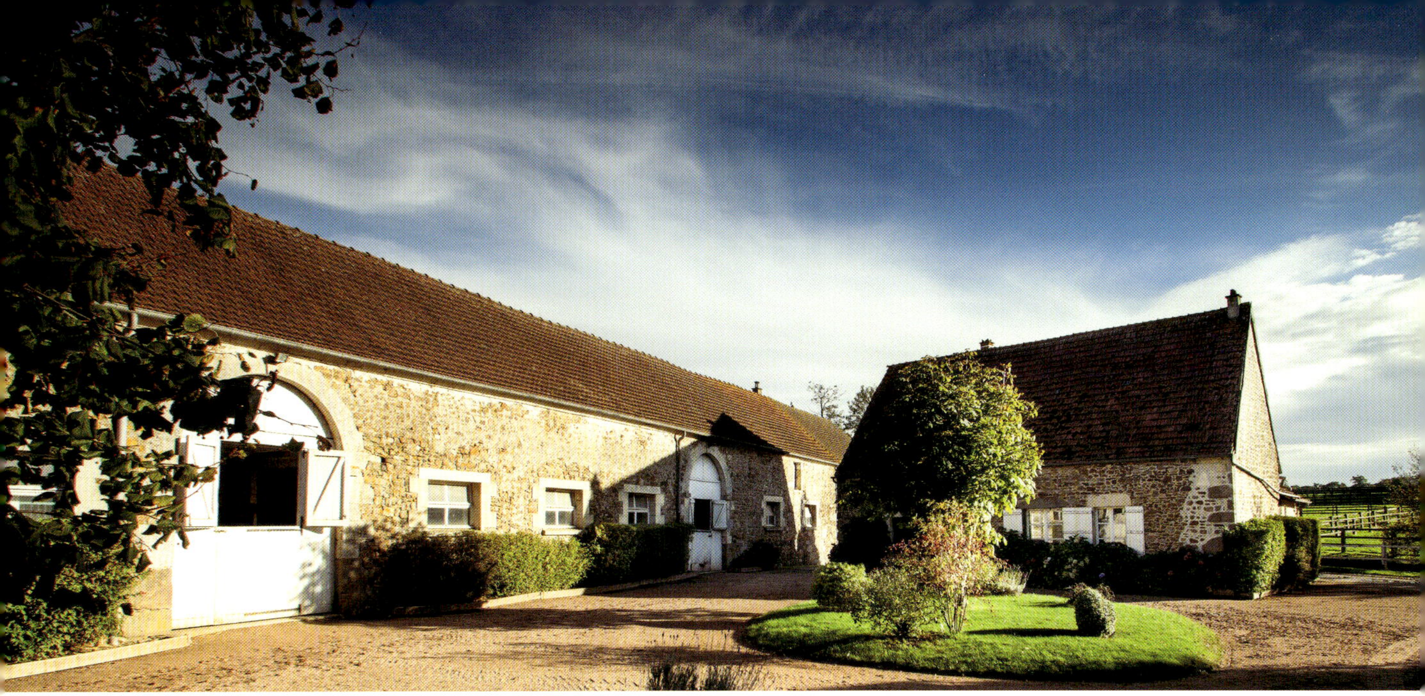

region and also on the edge of the Forêt d'Écouves, but on the other side of the hill in Boucé, on the point of an isosceles triangle which has the Mortrée-Écouché line as a base. For a long time the Guébriant estate belonged to Pierre-Désiré Allaire, a great figure of the trotting world who had set himself up there on the advice of his associate the Comte de Montesson, whose own stud was nearby and who had noticed the quality of the land in this area which is fed by the Cance river. Today Guébriant has now become Écouves and the Doumens have set up both their training centre and their breeding operation on the estate which covers approximately one hundred hectares.

François Doumen and his wife started off as breeders without their own land. Returning from South Africa at the end of the seventies, François Doumen set up as a trainer, initially alongside his father before going solo. He then bought a certain number of yearlings including several well bred fillies with the aim of increasing their value by racing them successfully before breeding from them. These included Jimka and Tripolizza, who between them produced the aforementioned four. From year to year and thanks to the success of their young protégé Double Bed as a stallion, the Doumens increasingly felt the need to stand on their own two feet and to breed themselves. The rest is history, the tale of which has already been told.

Today, the Haras d'Écouves does not breed purely to race. Under Elizabeth Doumen's drive, it is also a commercial stud which breeds to sell. David Twomey who came from Ireland was taken on to this effect. In terms of pedigrees, the quality of the stock is on an upward curve, in a bid to meet the demands of the most select yearling sales. With the help of around twenty select broodmares including Topka, dam of the homebred classic horse TopTrip, South African import Dauphine responsible for current runners Dauphine Russe and Dauphine Dorée, and the proven Marital Bliss Ecouves is in the process of entering a new dimension.

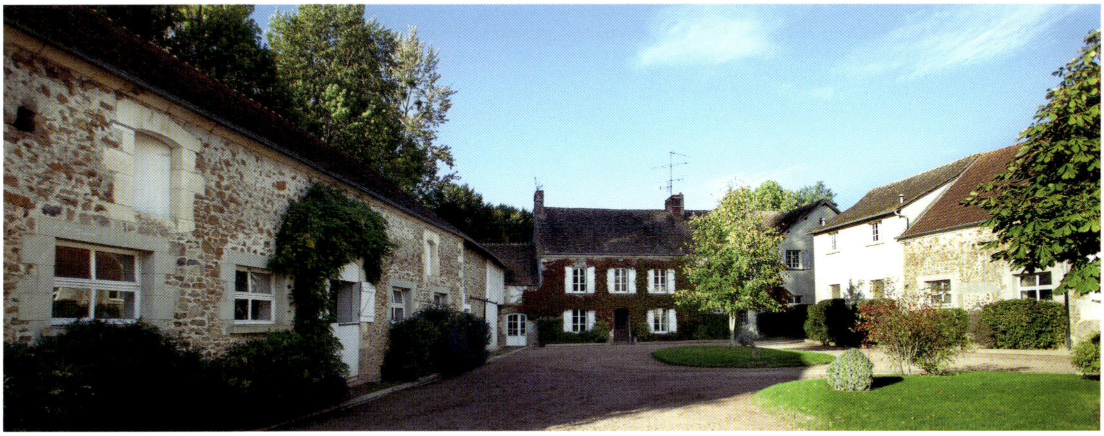

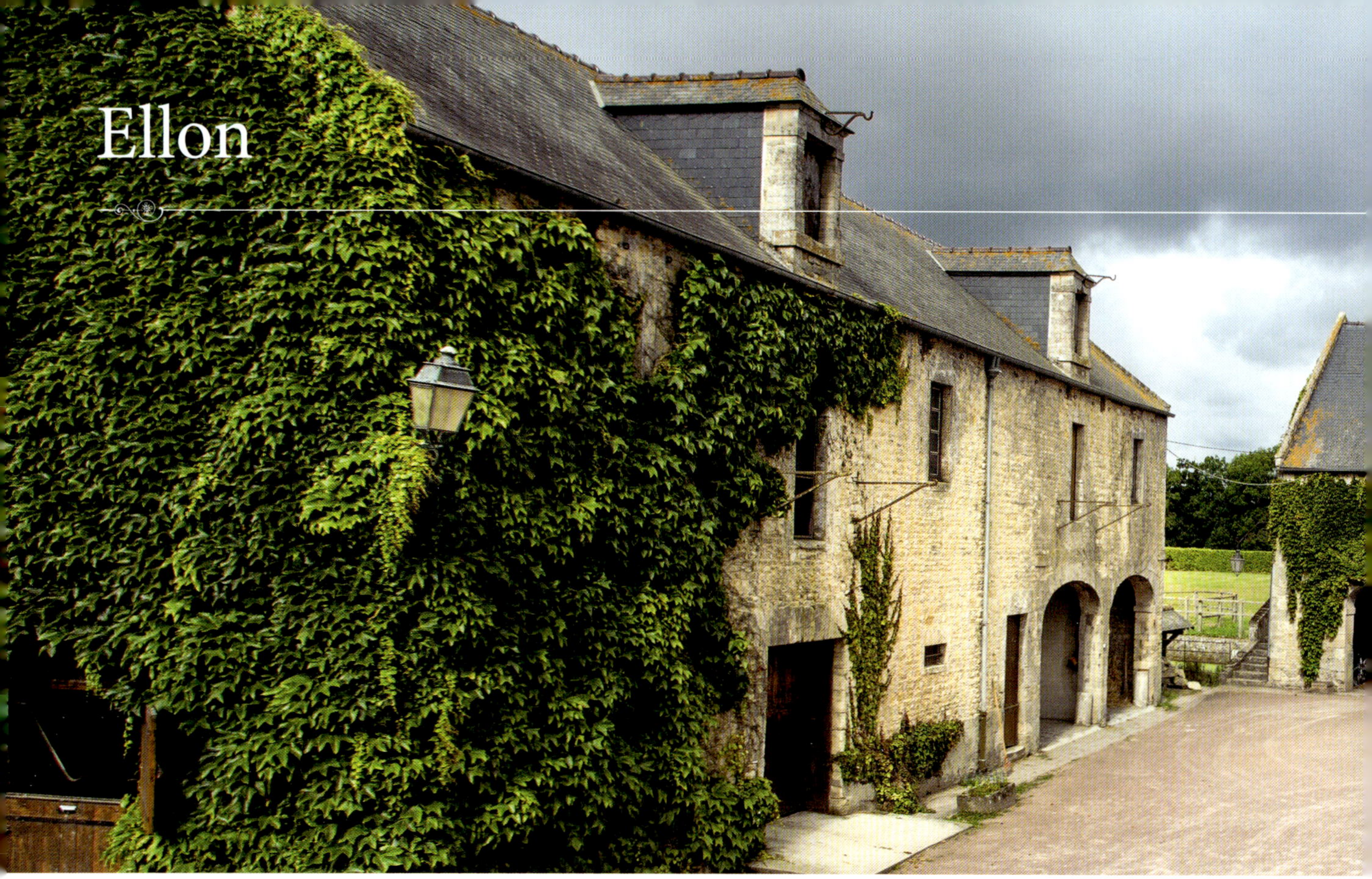

Ellon

Avec ceux de Bernesq et d'Étreham, le Haras d'Ellon complète un beau trio d'élevages de pur-sang ancrés dans la si fertile région du Bessin. Tous trois se positionnent autour de Bayeux, Ellon tirant son nom, tels les deux autres, de la commune sur laquelle il prend place, en l'occurrence à une demi-douzaine de kilomètres au sud du chef-lieu d'arrondissement calvadosien. C'est là le fief, depuis près d'un demi-siècle, de la famille La Héronnière, qui y a réussi, année après année, de significatives performances d'éleveur.

Hervé de la Héronnière et son épouse furent les initiateurs du haras, aujourd'hui animé par leur fils, Thierry. C'était à la fin des années soixante et, dès la décennie suivante, un champion naissait et grandissait à Ellon. Il s'appelait Vitiges et lança véritablement l'élevage maison. Vitiges fut d'abord un 2 ans de premier plan en France, gagnant les Prix Robert Papin et Morny, avant de conquérir l'Angleterre à 3 ans, lorsqu'il y remporta les Champion Stakes. Peu après, un autre très bon cheval vit le jour à Ellon en Dragon, qui s'imposa dans le Grand Critérium. À l'instar de Vitiges, Dragon était un fils de Phaéton, étalon à Ellon. Avec le concours de l'entraîneur Henri van de Poële, Hervé de la Héronnière eut également, à l'époque, un reproducteur de valeur en Matahawk, lauréat du Grand Prix de Paris, comme Phaéton. Aujourd'hui, il n'y a plus d'étalon à Ellon, mais les élèves du haras continuent de briller et, invariablement, ils le placent tous les ans parmi les dix meilleurs éleveurs en France. De la sorte, Calvados Blues, dont la famille maternelle est la même que celle de Vitiges, Star Valley et la descendance de Pupsi, la poulinière phare de Paul Hilger, l'un des « fidèles d'Ellon », comprenant Porlezza, Ponte Tresa ou encore Pontenuovo, ont œuvré, ces dernières années, pour la réputation de la maison, tout comme, actuellement, le bon 2 ans Another Party.

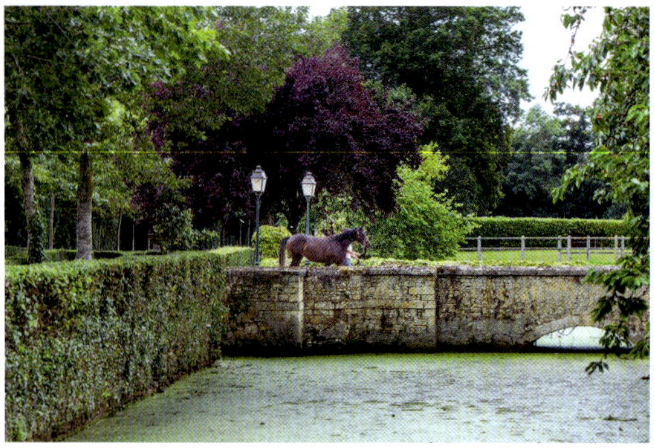

Le Haras d'Ellon s'étend sur cent quinze hectares et a une capacité de quatre-vingt-dix boxes. L'effectif se partage entre les poulinières en propriété propre ou en association et celles de la clientèle, sachant que la production des unes et des autres est, en majorité, destinée à la vente, sur le

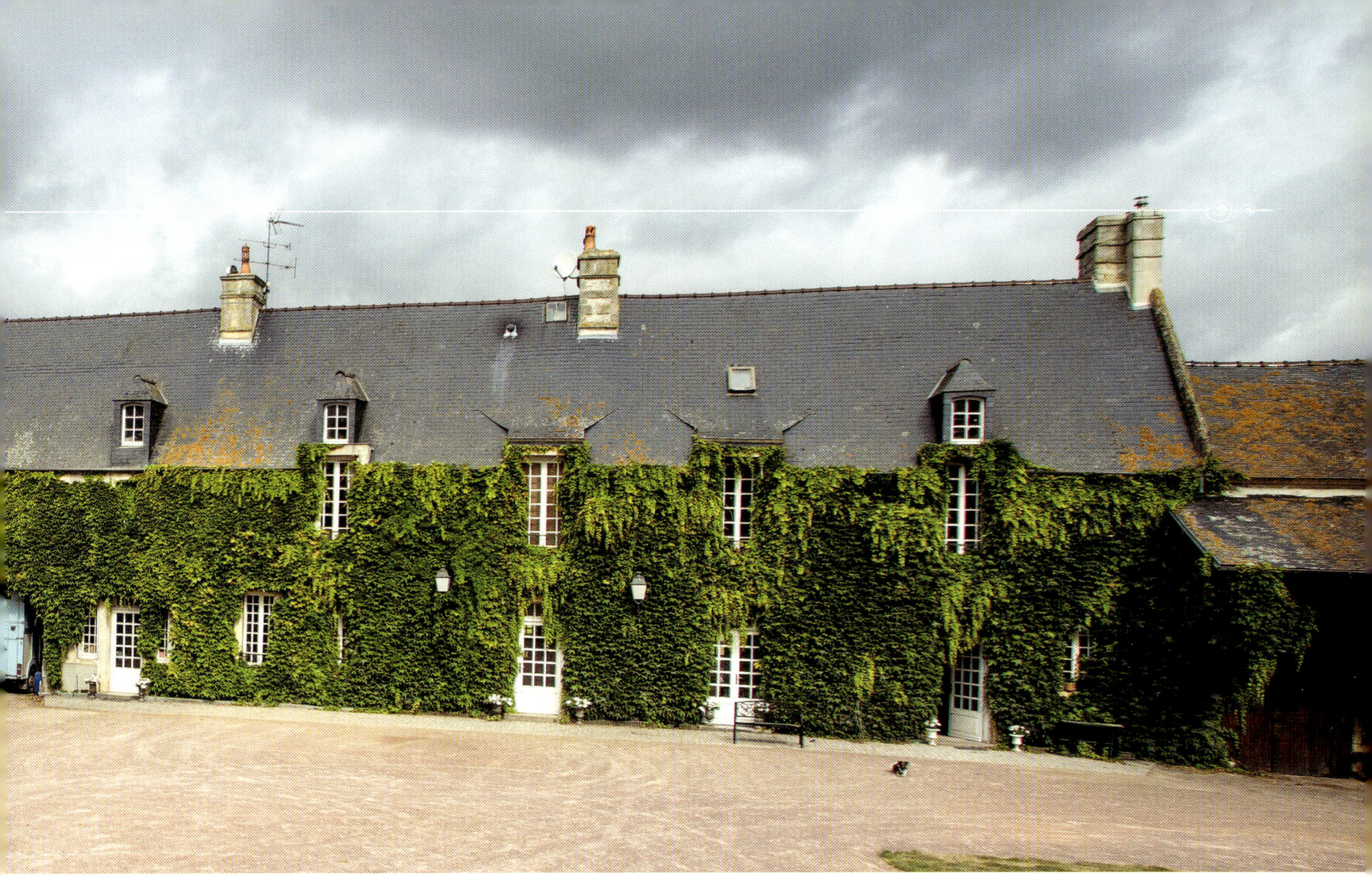

marché public de Deauville, où Thierry de la Héronnière et sa mère présentent une vingtaine de yearlings chaque saison. Haras moderne et dynamique, Ellon a évolué avec son temps, mais ne s'est pas départi de ses racines, ni de la beauté de son cadre. L'architecture des lieux – une ancienne ferme fortifiée, entourée de douves –, aux lignes sobres et épurées, est dans le plus parfait type régional, assurant le charme de l'endroit.

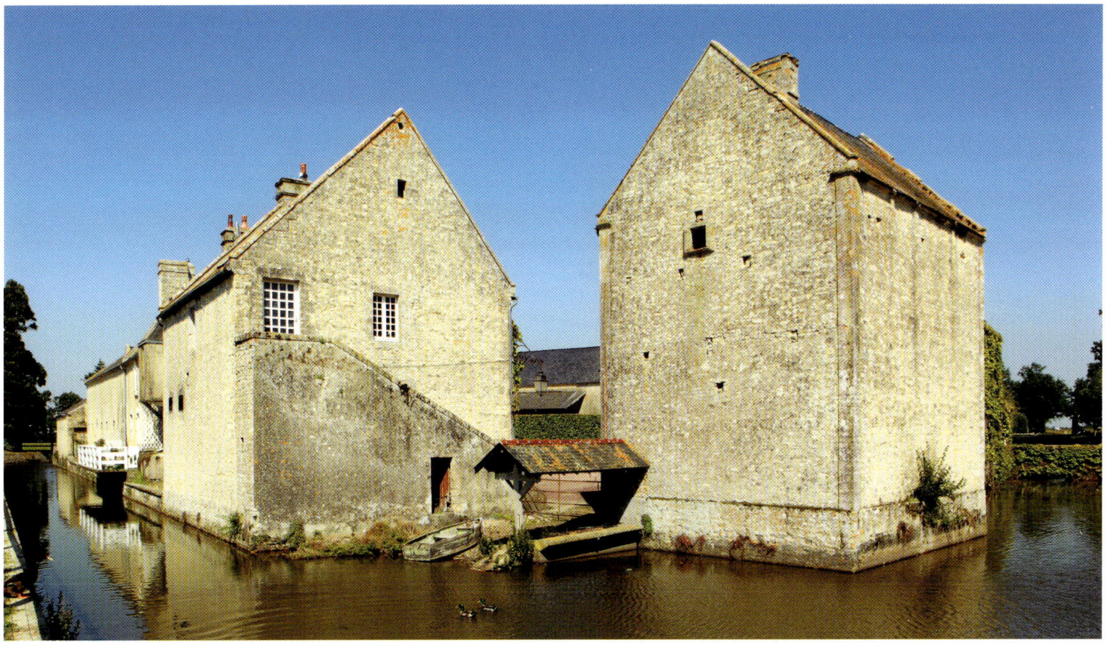
Gregory Wait

Ellon

Together with those of Bernesq and Étreham, the Haras d'Ellon completes a beautiful trio of thoroughbred studs based on the incredibly fertile land of the Bessin region. All three are situated close to Bayeux, with Ellon taking its name like the other two from the town in which it is based, in this case half a dozen kilometers south of the capital of the Calvados. The stud has been, for nearly half a century, the stronghold of the Héronnière family which time after time has achieved significant successes as a breeder.

Hervé de la Héronnière and his wife were the founders of the stud which is now run by their son Thierry. This was in the late sixties and by the next decade a champion had already been bred and raised at Ellon. His name was Vitiges and he well and truly launched the home breeding operation. Vitiges was originally a leading two year old in France, winning the Prix Morny and Prix Robert Papin before conquering England at the age of three when he won the Champion Stakes. Soon after another great horse was born at Ellon, namely Dragon who landed the Grand Criterium. Like Vitiges, Dragon was a son of Phaeton who stood at Ellon. With the help of trainer Henri Van de Poële, Hervé de la Héronnière also had at the time another valuable stallion in Matahawk, winner of the Grand Prix de Paris, as was

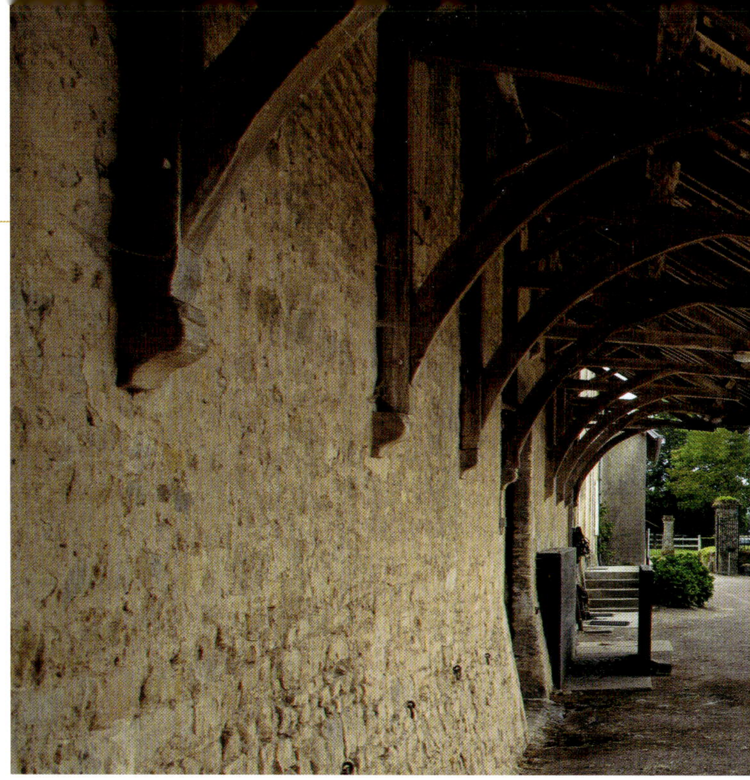

Phaeton. Today there are no longer any stallions at Ellon, but the stud's graduates continue to shine and invariably help to put it year after year among the top ten breeders in France. As such Calvados Blues whose family is the same as that of Vitiges, Star Valley and the offspring of Paul Hilger's (one of the « Ellon faithfuls ») flagship broodmare Pupsi including Porlezza, Ponte Tresa and Pontenuovo have worked in recent years on behalf of the stud's reputation as has the current good two year old Another Party. The Haras d'Ellon covers one hundred

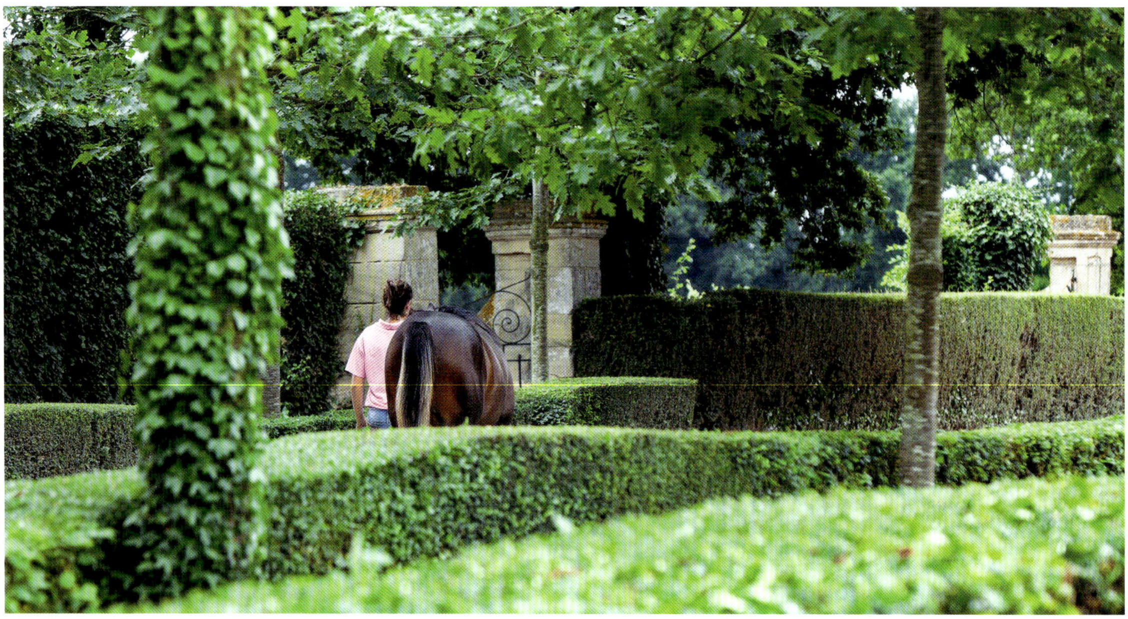

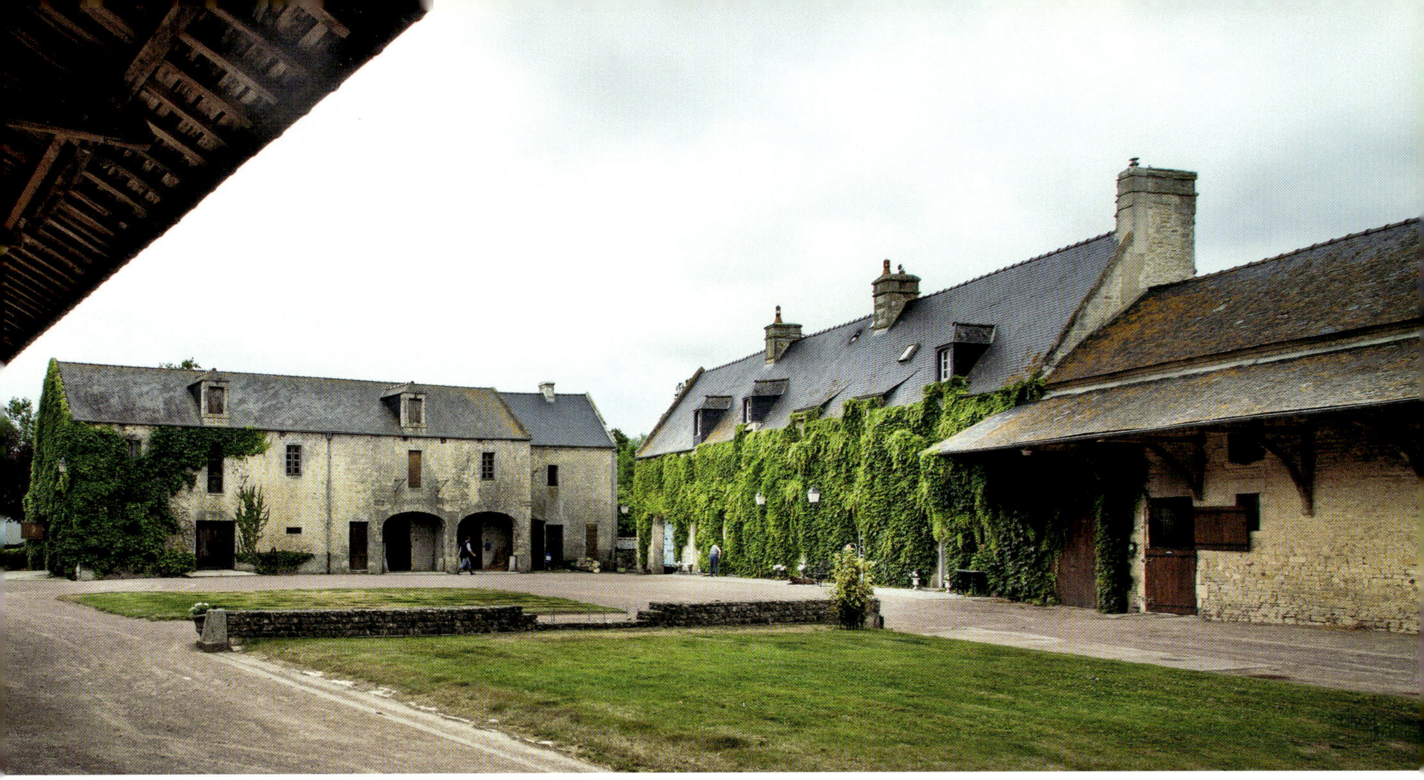

and fifteen hectares and has a capacity of ninety boxes. The stock is divided between mares owned in their entirety or in partnerships and mares belonging to clients, with the knowledge that both are intended for sale on the open market at Deauville where Thierry de la Héronnière and his mother consign twenty yearlings each season. A modern and dynamic stud, Ellon has moved with the times without losing sight of its roots nor the beauty of its surroundings. The architecture of the place – a fortified farmhouse surrounded by a moat – with its simple clean lines is built in the most perfect regional style, ensuring the charm of the place.

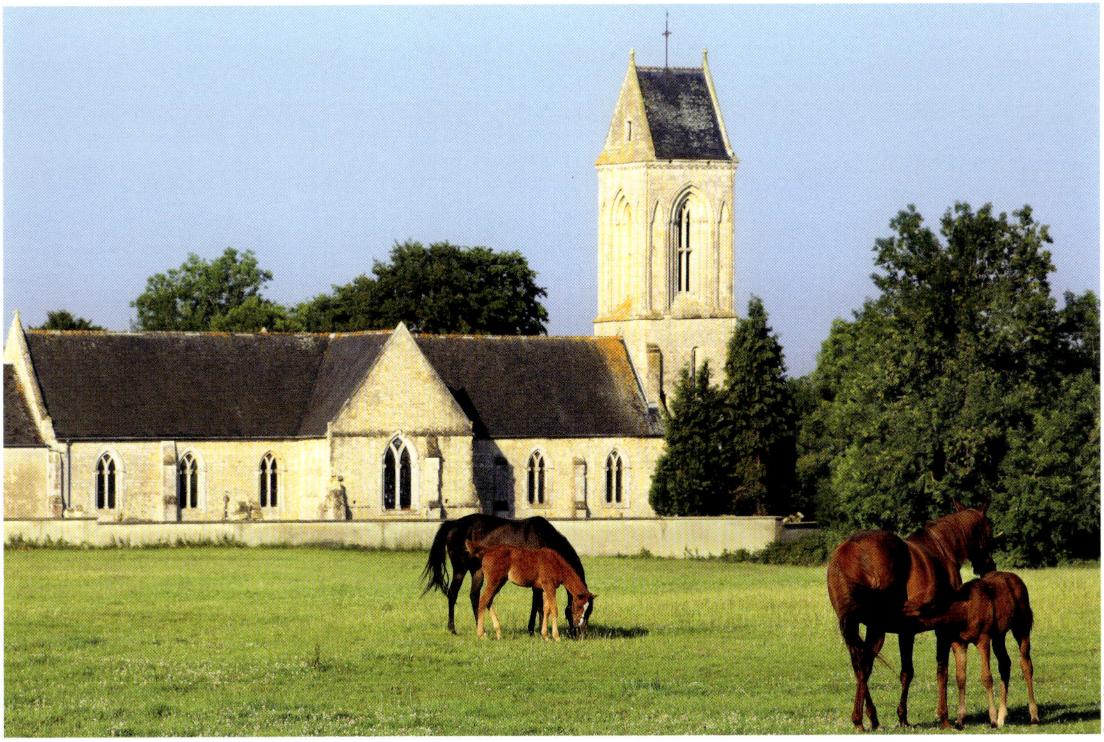

Gregory Wait

Étreham

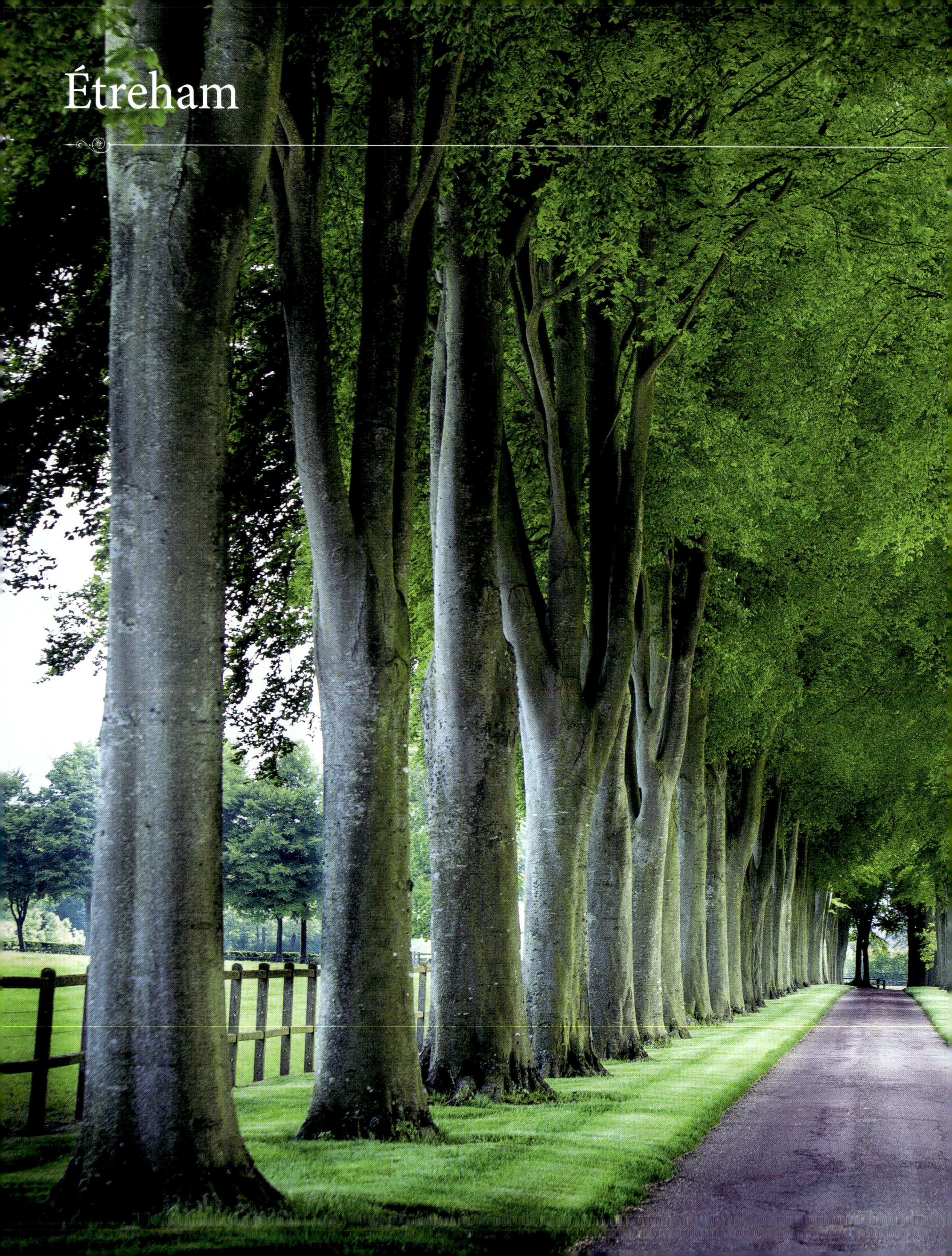

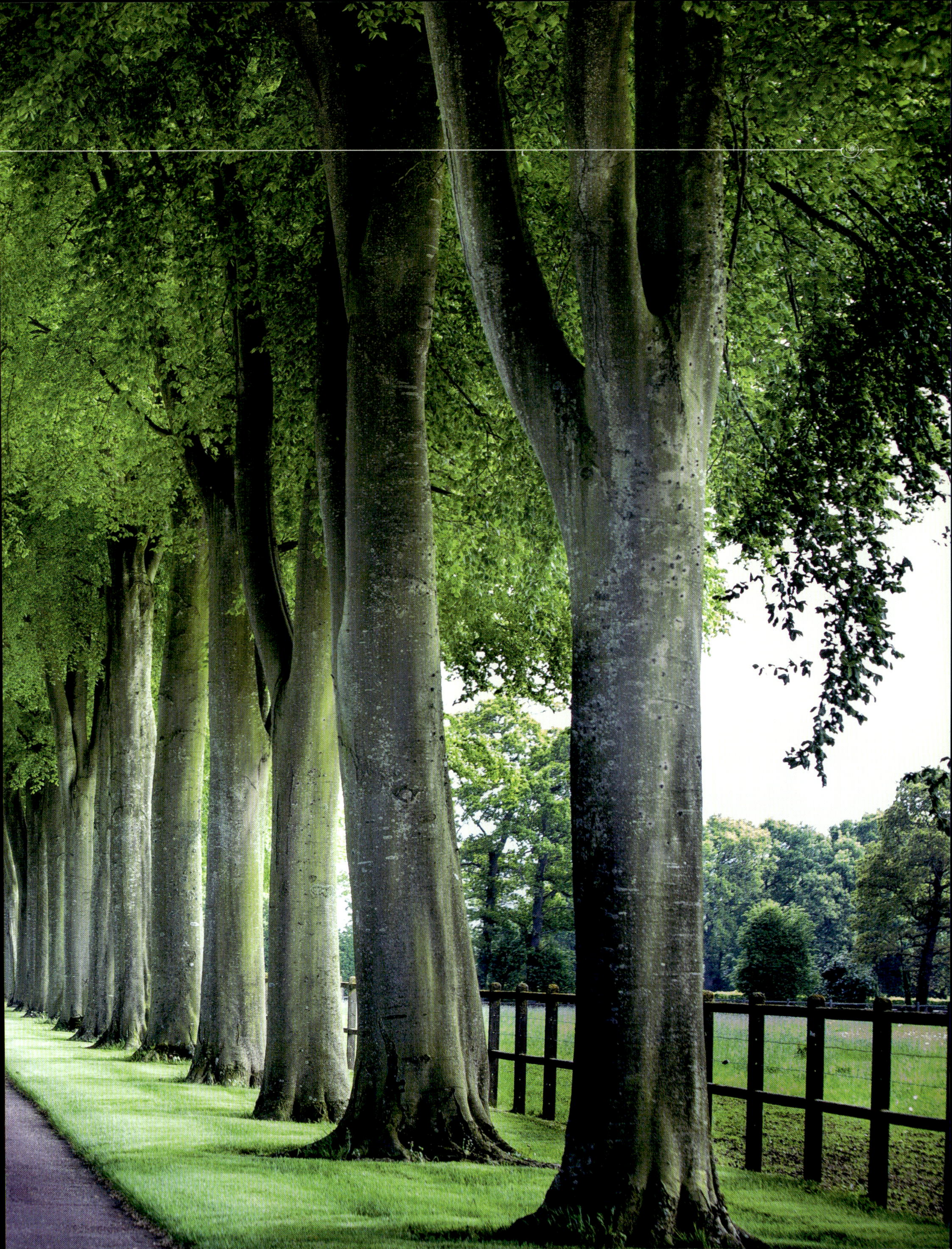

Étreham

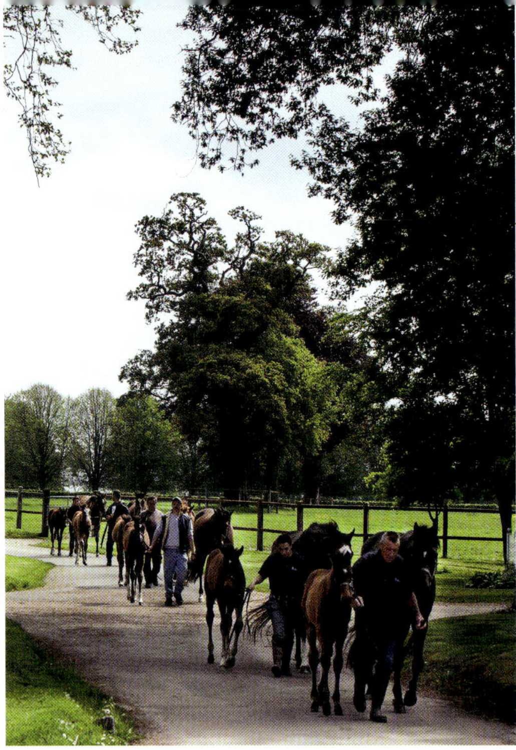

Le Haras d'Étreham est un monument de l'élevage français. D'abord berceau de l'élevage Foy – grande famille du monde des courses, ayant d'ailleurs donné son nom à l'une des épreuves préparatoires au Prix de l'Arc de Triomphe –, il est devenu, depuis la fin de la guerre, le domaine des Chambure, lesquels en ont fait, génération après génération, l'un des sites les plus renommés de la planète cheval.

Hubert de Chambure ouvrit la voie, lorsqu'il acheta Étreham à Sébastien Foy. La guerre venait de s'achever et le haras, situé non loin des plages du Débarquement, avait subi de lourds dommages. Restauré dans les plus brefs délais par des prisonniers allemands, il put accueillir Verso II, l'étalon du comte de Chambure, et les quelques poulinières de celui-ci. Hubert de Chambure avait déclaré ses couleurs en 1932. La réussite ne s'était guère fait attendre, grâce à Chuchoteur, puis Porphyros, deux très bons sujets. Mais avec Verso II, acheté yearling, elle changeait de dimension, puisque le poulain fut, tout bonnement, un champion, vainqueur à 3 ans du Prix du Jockey Club et du Prix de l'Arc de Triomphe. Étalon, Verso II donnera son meilleur produit en Lavandin, lauréat du Derby d'Epsom, en 1956, sous les couleurs de Pierre Wertheimer. Dans les rangs des juments, l'acquisition déterminante d'Hubert de Chambure fut celle, en 1939, de Nica, dont la petite histoire dit qu'elle lui fut offerte par son épouse. Propre sœur de Canot, qui avait été le dauphin de l'exceptionnel Nearco dans le Grand Prix de Paris, Nica avait elle-même été une bonne compétitrice, figurant parmi les meilleures pouliches de sa génération. Poulinière, elle allait faire mieux encore, engendrant notamment, avec le concours du même Djebel, les propres sœurs Montenica, qui s'imposa dans le Prix de Diane en 1947, et Djebellica, à l'honneur dans les Irish Oaks de 1951.

Hubert de Chambure devait mourir prématurément en 1953, laissant les rênes du haras à son fils, Roland. Celui-ci allait commencer par récolter les fruits de l'œuvre paternelle, en particulier avec la progéniture de Montenica et de Djebellica, qui brilla sur les hippodromes, via Torbella, Cambremont et autres, mais également sur les rings de ventes. Car Roland de Chambure avait pris le parti de vendre, au moins quelques-uns de ses produits, parmi les meilleurs, le plus souvent

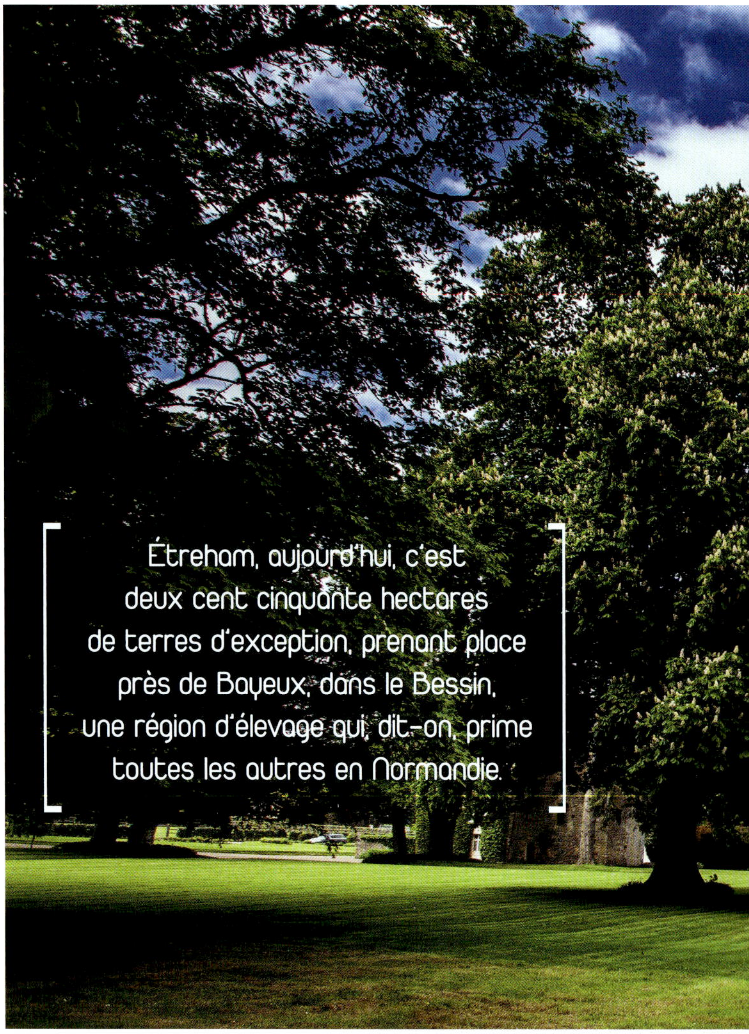

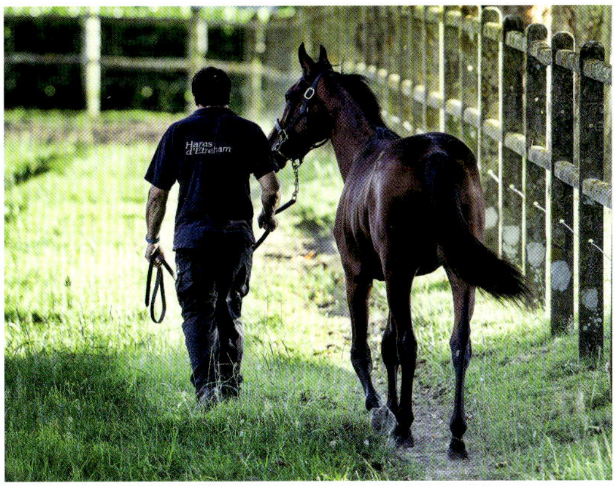

des mâles. Ce faisant, il commençait de donner à Étreham la dimension commerciale qui est la sienne aujourd'hui. Son choix était de développer l'entreprise, en accédant à une génétique de haut vol, et son analyse était qu'il ne pouvait le faire sans un important financement ; or, les ventes de yearlings le lui apportaient, d'autant que, professionnel averti, il alignait les prix record, à Deauville, voire à Newmarket. Parallèlement, Roland de Chambure dynamisait la station d'étalons du haras, où se succédèrent notablement les reproducteurs vedettes Luthier et Lyphard. Il ouvrait aussi son domaine à la clientèle, celle-ci ne pouvant que se réjouir des résultats obtenus. C'est ainsi, pour n'en citer qu'un,

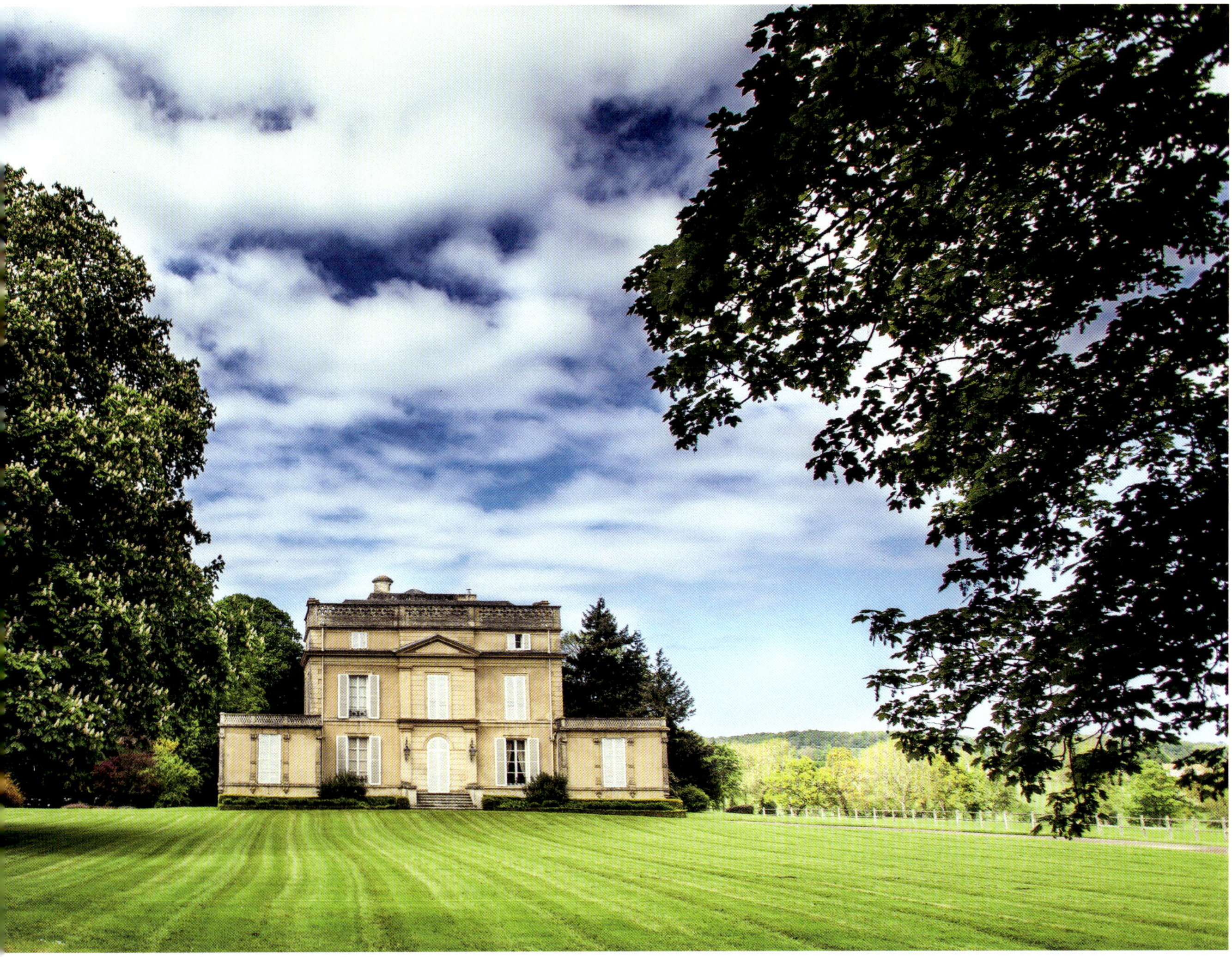

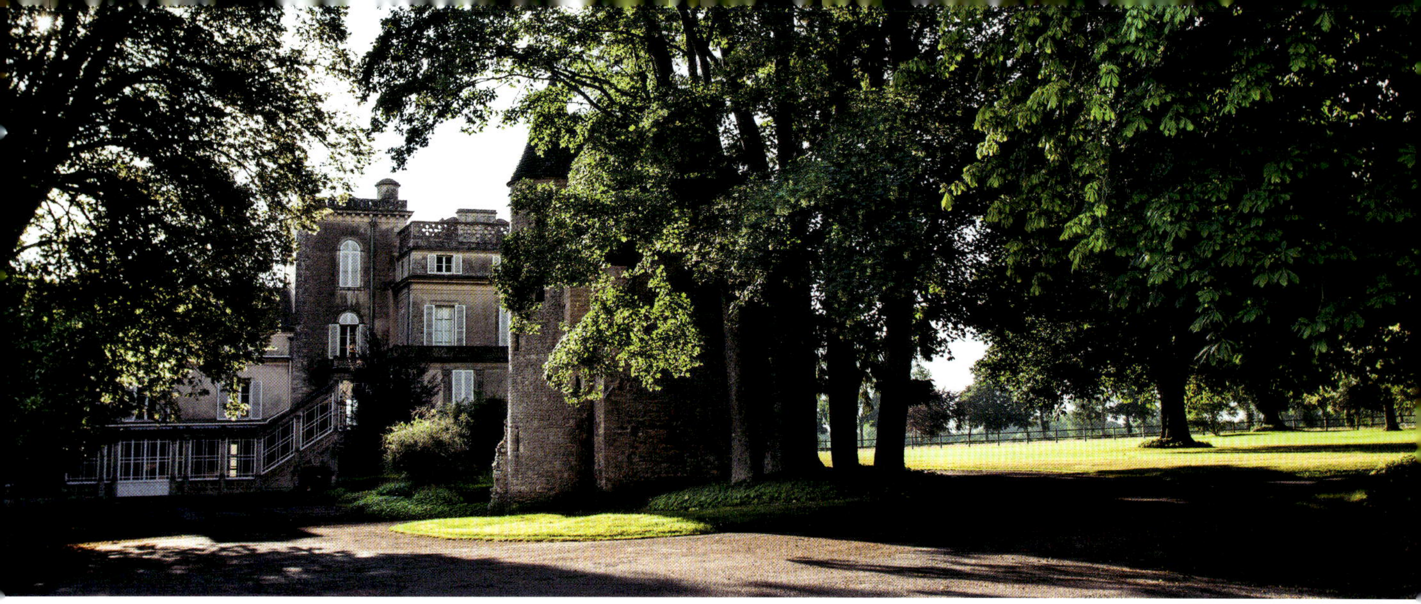

que naquit et fut élevé à Étreham, pour le compte de Raymond Adès, le crack miler Irish River. Et puis il y eut l'association avec Alec Head, autre fameux professionnel, sous la bannière de la Société Aland – nom constitué à partir des premières et des dernières lettres du prénom de l'un et l'autre des deux hommes –, qui, un long moment durant, connut un éclatant succès, grâce à l'achat des championnes Pistol Packer et Three Troikas, par exemple, ou encore des mères de Riverqueen, Détroit, Harbour et *tutti quanti*.

Au décès subit de Roland de Chambure, en 1988, c'est son deuxième fils, Marc, qui prendra le relais et accentuera le caractère commercial du haras, dans les pas d'un père cependant solitaire, voire secret et souvent occupé, qui ne lui avait guère communiqué sa passion de l'élevage.

Venu du secteur de la grande distribution, Marc de Chambure relèvera le défi et présidera, pendant plus de vingt ans, aux destinées du haras familial, dont il maintiendra la « pole position » sur le marché des yearlings et dont il augmentera les capacités d'étalonnage, jouant la carte de la prospection et du marketing. En 2011, souhaitant prendre un peu de recul, du fait de son implication grandissante dans l'organigramme de l'agence de vente Arqana, il passera le flambeau à son neveu, Nicolas, qui poursuit fidèlement et efficacement l'œuvre.

Étreham, aujourd'hui, c'est deux cent cinquante hectares de terres d'exception, prenant place près de Bayeux, dans le Bessin, une région d'élevage qui, dit-on, prime toutes les autres en Normandie. Il est vrai qu'elle allie la proximité de la mer, celle-ci assurant de minimes écarts de tempé-

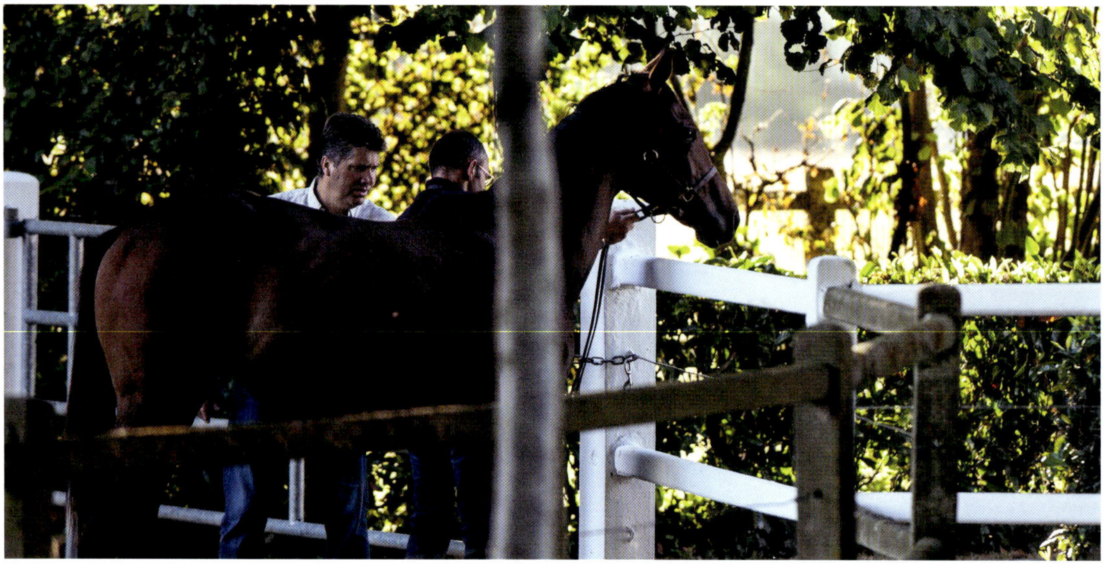

rature, la remarquable qualité des prairies et la richesse minérale du sous-sol. Trente-cinq personnes travaillent sur place, sous la direction de Ludivine Marchand, tandis que Franck Champion est responsable de la partie commerciale. Sept étalons proposent leurs services, à commencer par Poliglote, numéro un des pères de vainqueurs, en plat comme en obstacle, en 2012. Chaque printemps, cinq à six cents juments sont saillies au haras, où sont programmés une cinquantaine de poulinages. Et, quand vient l'été, c'est le ballet des yearlings, que l'on prépare aux ventes par dizaines. Pour autant, à Étreham, c'est partout la sérénité qui prévaut, le règne du calme. La majesté du lieu, de son château, de ses arbres séculaires, de ses immenses herbages verdoyants, n'y est assurément pas étrangère.

The Haras d'Étreham is a paragon of the French breeding industry. Originally home to the Foy breeding operation – one of the great families of French racing, after which one of the trials for the Prix de l'Arc de Triomphe was named – it has become the Chambure's estate since the end of the war and they have transformed it over several generations into one of the most illustrious studs in the horse world.

Hubert de Chambure paved the way when he bought Étreham from Sébastien Foy. The war had just come to an end and the stud, located close to the beaches of the Normandy landings, had suffered greatly. Refurbished in a short space of time by German prisoners of war, it was soon able to house the Comte de Chambure's stallion Verso II, as well as the few broodmares he owned. Hubert de Chambure first held his own colours in 1932. Success did not take long to arrive with the likes of Chuchoteur and Porphyros, both very good horses. But Verso II, bought as a yearling, took this success to another level in the manner of a true champion, winning the Prix du Jockey Club and the Prix de l'Arc de Triomphe as a three year old. At stud Verso II produced his best offspring in Lavandin who won the Epsom Derby in 1956 in the colours of Pierre Wertheimer. Among the broodmare

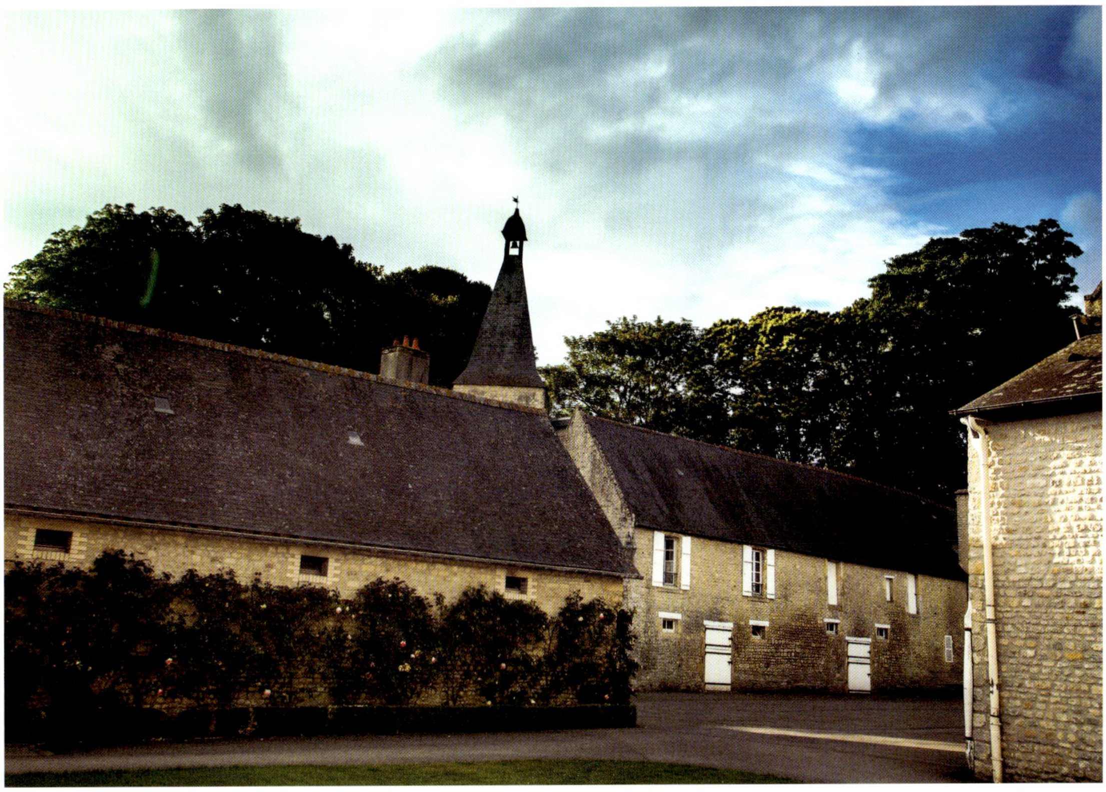

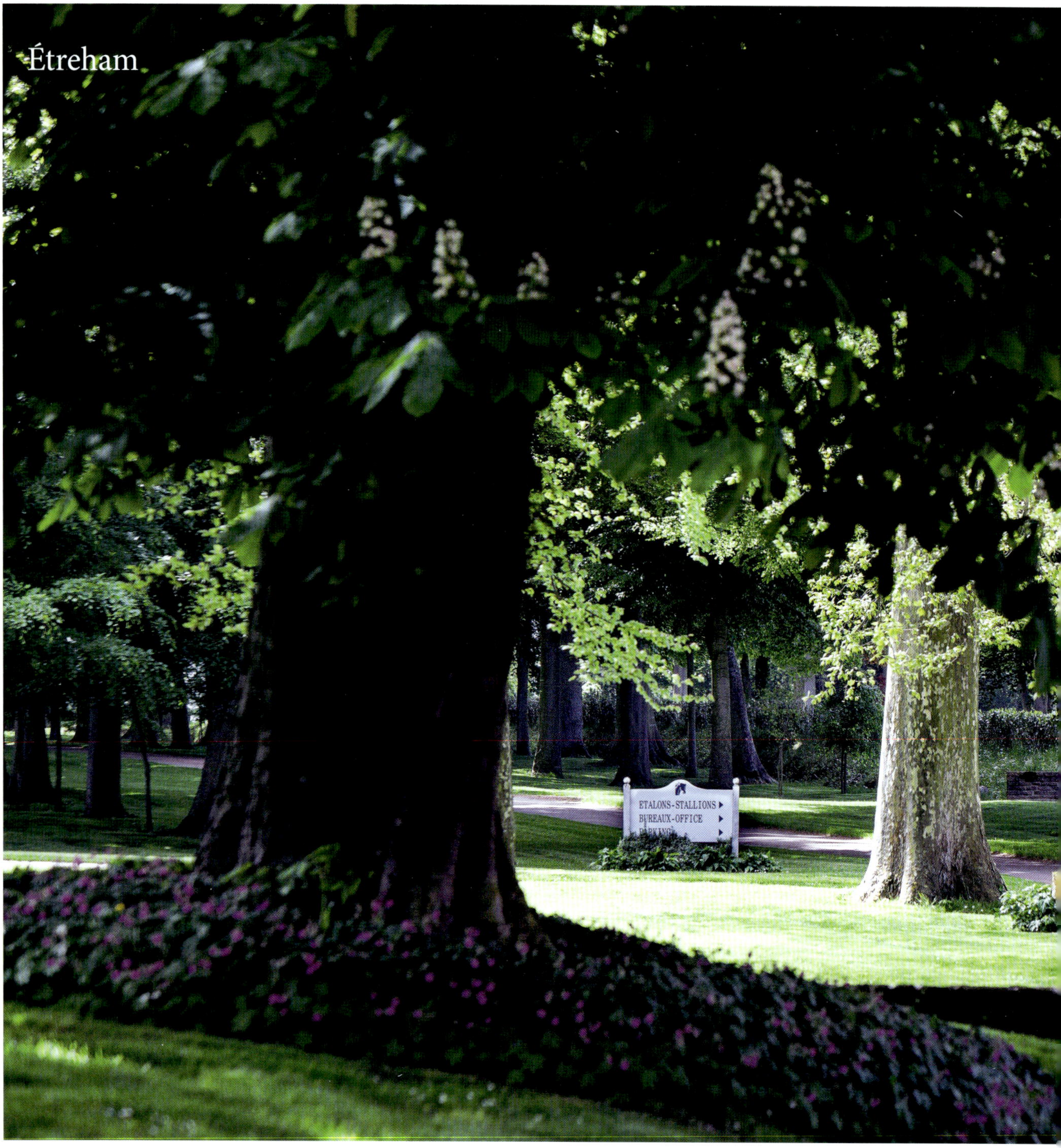

ranks Hubert de Chambure's determining purchase in 1939 was that of Nica who was reputedly bought for him by his wife. A full sister to Canot, who was runner up to the exceptional Nearco in the Grand Prix de Paris, Nica was herself a very good race mare featuring among the best fillies of her generation. She proved even better as a broodmare producing the full sisters Montenica and Djebellica from her matings with Djebel. The first won the Prix de Diane in 1947 and the second won the Irish Oaks in 1951. Hubert de Chambure died early in 1953 leaving his son Roland to run the stud. It was a great start for the latter who reaped the fruit of his father's

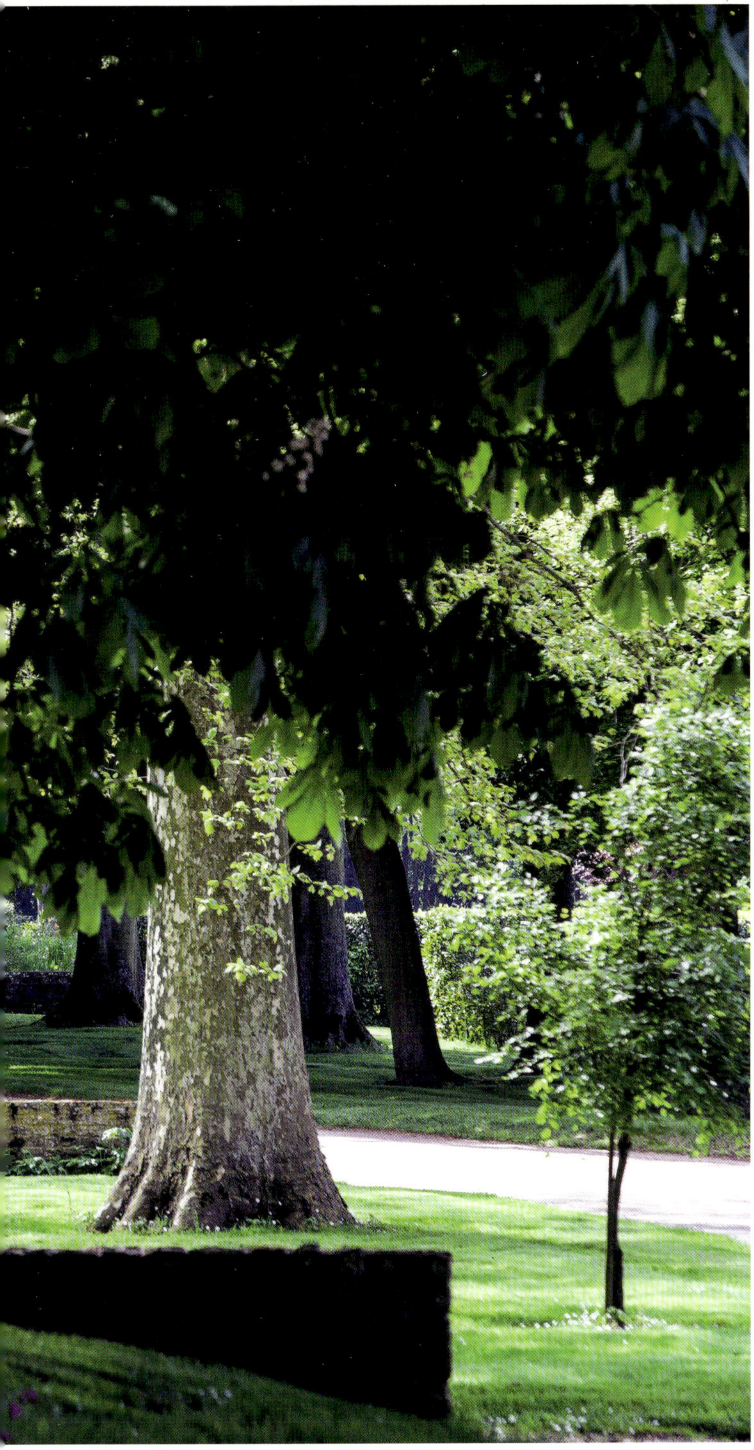

labour in the early days, in particular through the progeny of Montenica and Djebellica, who were successful not just on the track with the likes of Torbella and Cambremont, but also in the sales ring. For Roland de Chambure had made the commitment to sell some of his stock, quite often some of his better horses and more often than not the colts. By doing this he instilled in Étreham the commercial dimension for which it is so recognised today. His decision was to develop the company by tapping into the best bloodlines and his view was that he could not do this without financial support. This was brought to him through the sale of yearlings particularly being the informed professional that he was and achieving record prices at both Deauville and Newmarket. Alongside this Roland de Chambure also brought back to life the stud's stallion station which became home to the star sires Luthier and Lyphard. He also opened up his estate to clients who could be nothing less than delighted with the results achieved. It was in this way that Raymond Adès' ace miler Irish River was produced, being born and raised at Étreham. Then came his close association with another great figure of the sport in Alec Head, working under the banner of Société Aland – whose name came from the first and last letters of each of their first names – which was phenomenally successful for a time thanks to the purchases of champions such as Pistol Packer and Three Troïkas as well of the dams of Riverqueen, Détroit, Harbour and many more.

After the sudden death of Roland de Chambure in 1988 his second son Marc took the reins and put an accent on the stud's commercial aspect. His father was a solitary and even secret figure who was often busy and who had not passed on to him his passion for breeding. Hailing from a background in retail, Marc de Chambure took up the challenge and presided over the family start for over 20 years, holding its place in « pole position » at the head of the yearling market and expanding the stallion station with the use of sales and marketing. In 2011, wishing to take a step back due to his increasing involvement with the Arqana sales agency, he passed on the torch to his nephew Nicolas who carries on his good work most faithfully and efficiently.

Today Étreham consists of two hundred and fifty hectares of exceptional land, based near Bayeux in the Bessin region, which they say is more fertile than any other in Normandy. It does have the advantage of being close to the sea thus ensuring minimal changes in temperature, the remarkable quality of the pastures and the mineral richness of the soil. Thirty five staff are employed on the ground under the helm of Ludivine Marchand, while Franck Champion is responsible for the stud's commercial aspect. Seven stallions are on offer starting with Poliglote, leading sire by number of winners both on the flat and over jumps in 2012. Each spring, between five hundred and six hundred mares are covered at the stud which also give birth to approximately fifty foals. And come the summer the focus turns to yearlings which are being prepared for the sales in their dozens. For all that the overriding atmosphere at Étreham is one of serenity and calm. The location's grandeur, its château, its ancient trees and its huge rich pastures surely play a part in this.

La Fontaine – La Roche

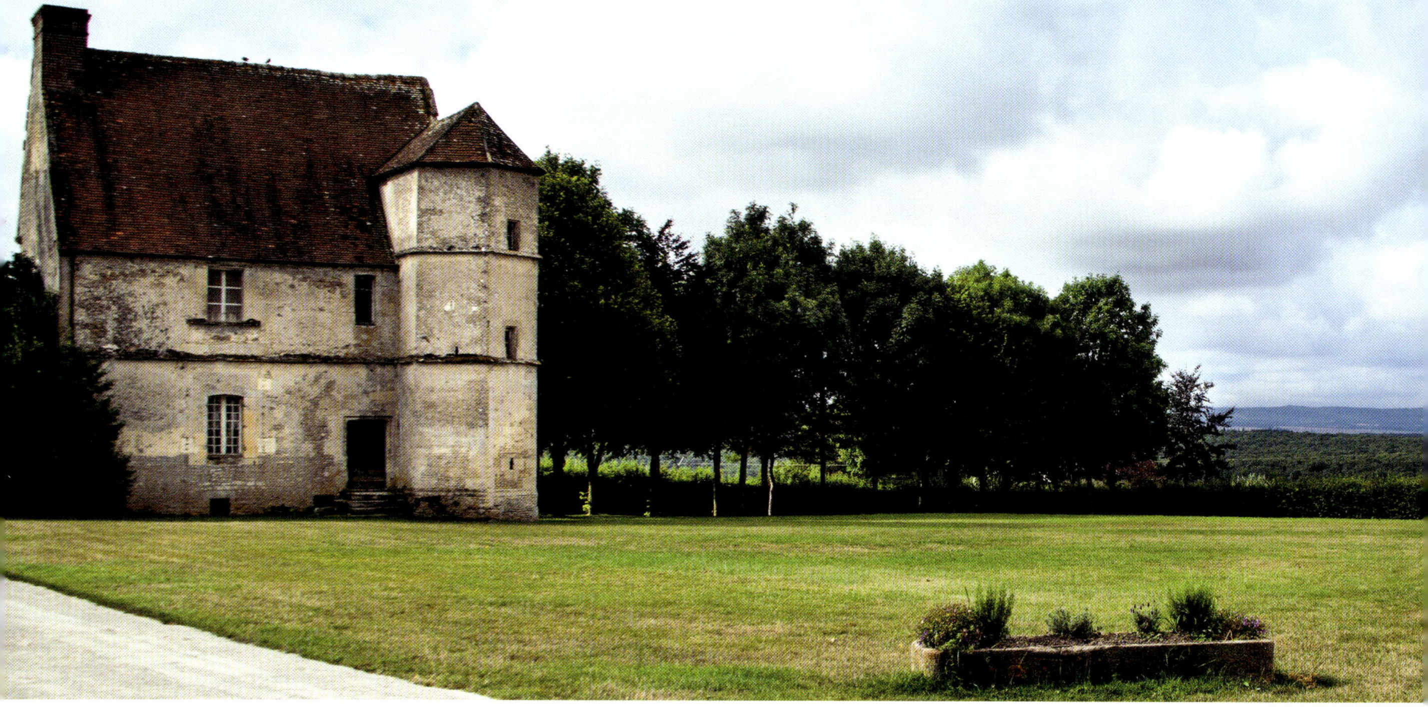

La seule évocation de La Fontaine appelle celle d'Édouard Pouret, fameux vétérinaire équin, disparu en 2011, que sa passion et son expérience des chevaux de course amena à créer un haras, au début des années soixante-dix, à Goulet, non loin d'Argentan, dans l'Orne. C'était plus qu'un haras d'ailleurs, puisque il y avait aussi une clinique – où fut soigné, par exemple, le champion Nureyev – et un centre d'entraînement privé, animé par l'excellent Dominique Sepulchre, devenu depuis un entraîneur public de renom. Le docteur Pouret élevait pour faire courir et sa réussite fut remarquable à cette époque, en particulier dans le grand Ouest, où ses représentants « trustaient » les victoires, notamment dans le Derby, à Nantes, avec Dudlina, Captain Blake, qui courut même le « Jockey Club », ou encore Speedy Moss.

Édouard Pouret devait transmettre sa passion à sa fille, Abeth, qui embrassa la profession de courtier en chevaux, tout en continuant l'élevage familial. Elle allait cependant déplacer celui-ci sur la commune de La Cochère, près d'Exmes, de l'autre côté d'Argentan. C'est là que se trouve La Roche, la propriété de son époux, Patrick Mussat, précisément maire de La Cochère et vice-président du Conseil Général de l'Orne. Les Mussat sont implantés là-bas depuis la fin du dix-neuvième siècle. Les terres sont d'excellence, jouxtant celles du Haras de la Reboursière et de Montaigu ou encore celles des Capucines. À la faveur de divers agrandissements, l'actuelle superficie du haras, qui a gardé son appellation originelle, simplement complétée de l'autre, est d'environ quatre-vingts hectares, pour quelque trente-cinq boxes. Vingt-cinq chevaux constituent le présent effectif, aux soins, sur le terrain, d'Hayley Breach. Il y en avait plus du double voilà encore un an, au moment du décès d'Abeth Mussat. Depuis lors, Jean-Marie Mussat, fils de celle-ci, a repris les rênes. Occupé à Paris par ses activités professionnelles, il n'en est pas moins extrêmement présent en Normandie, prenant son nouveau rôle très à cœur. Il faut dire que la passion a toujours été en lui, dans les pas de sa mère et de son grand-père. Jean-Marie Mussat est d'ailleurs un fort actif membre de la Société des courses du Haras du Pin, où il est en charge de la communication et de la promotion. À La Fontaine et à La Roche, son parti a été, dans un souci de sélection, de réduire l'effectif et de le rendre d'autant plus attractif sur le plan commercial. Le haras accueille aussi des chevaux de clients, comme ceux de Son Altesse le roi du Maroc. Quant à Limnos, étalon que lança Abeth Mussat et dont son fils continue de suivre la carrière, il est en station au haras voisin de Grand'Cour.

The mere mention of Fontaine brings to mind Édouard Pouret, the famous equine vet who died in 2011 and whose passion for and experience in horseracing

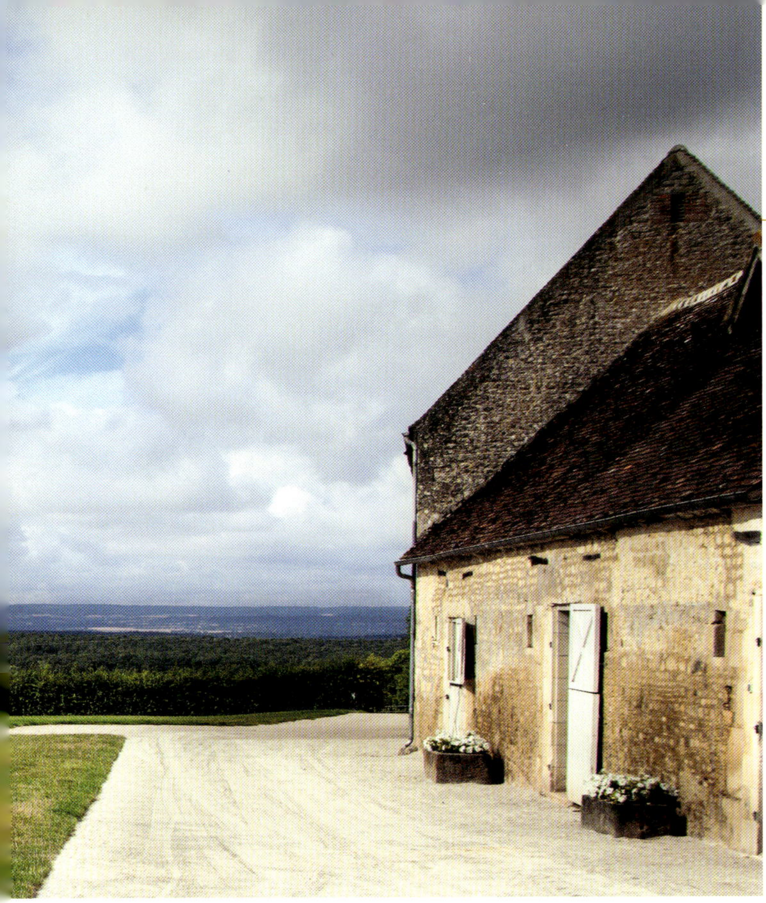

Édouard Pouret passed on his passion to his daughter, Abeth, who also embraced the profession of bloodstock agent while continuing the family breeding operation. She did however move it to the town of La Cochère near Exmes on the other side of Argentan. This is where the Roche is to be found which is the estate belonging to her husband Patrick Mussat who is more precisely mayor of La Cochère and vice-chairman of the Orne General Council. The Mussats have been based there since the late nineteenth century. The land is of excellent quality, next to that of the Haras de la Reboursière et Montaigu and Capucines. Thanks to several increases the current size of the stud, which has kept its original name and has been completed with the new one, measures about eighty hectares and has thirty-five boxes. Twenty-five horses make up the current numbers and are looked after on a day to day basis by Hayley Breach. There were more than twice the amount a year ago at the time of Abeth Mussat's death. Since then her son Jean-Marie Mussat has taken over the reins of the stud. Kept busy in Paris by his professional activities, he is nevertheless very present in Normandy, taking his new role very much at heart. It has to be said that he has always had a passion for horses, in the footsteps of his mother and his grandfather. Jean-Marie Mussat is also a very active member of the Haras du Pin racecourse committee, where he is in charge of communication and promotion. At la Fontaine and la Roche, in a bid to be more selective his policy has been to cut down the numbers and make the stock more attractive in commercial terms. The stud also takes on clients' horses, such as those of His Highness the King of Morocco. As for Limnos whose stallion career Abeth Mussat launched and who her son continues to follow, he is stationed at the neighbouring stud of Grand'Cour.

led him to create a stud at the beginning of the seventies at Goulet, near Argentan in the Orne region. It was actually more than just a stud as it also had a clinic – where, for example, the champion Nureyev was treated – and a private training centre, run by the excellent Dominique Sepulchre who has since become a renowned trainer. Doctor Pouret bred to race and his success was remarkable at the time, particularly in the West region where his representatives monopolised victories, including the Derby de Nantes with Dudlina, Captain Blake, who even ran in the « Jockey Club » and Speedy Moss.

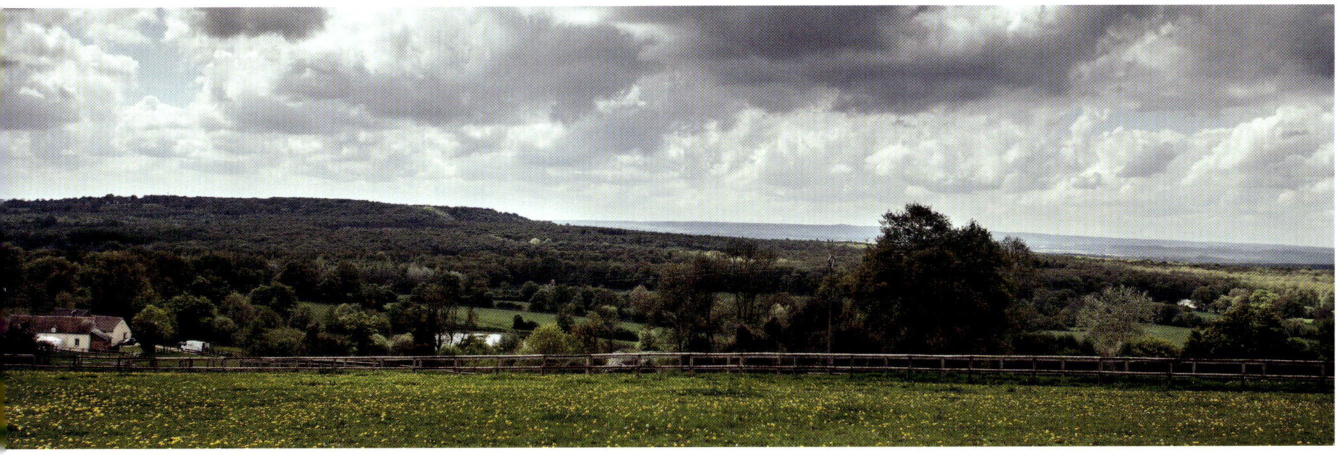

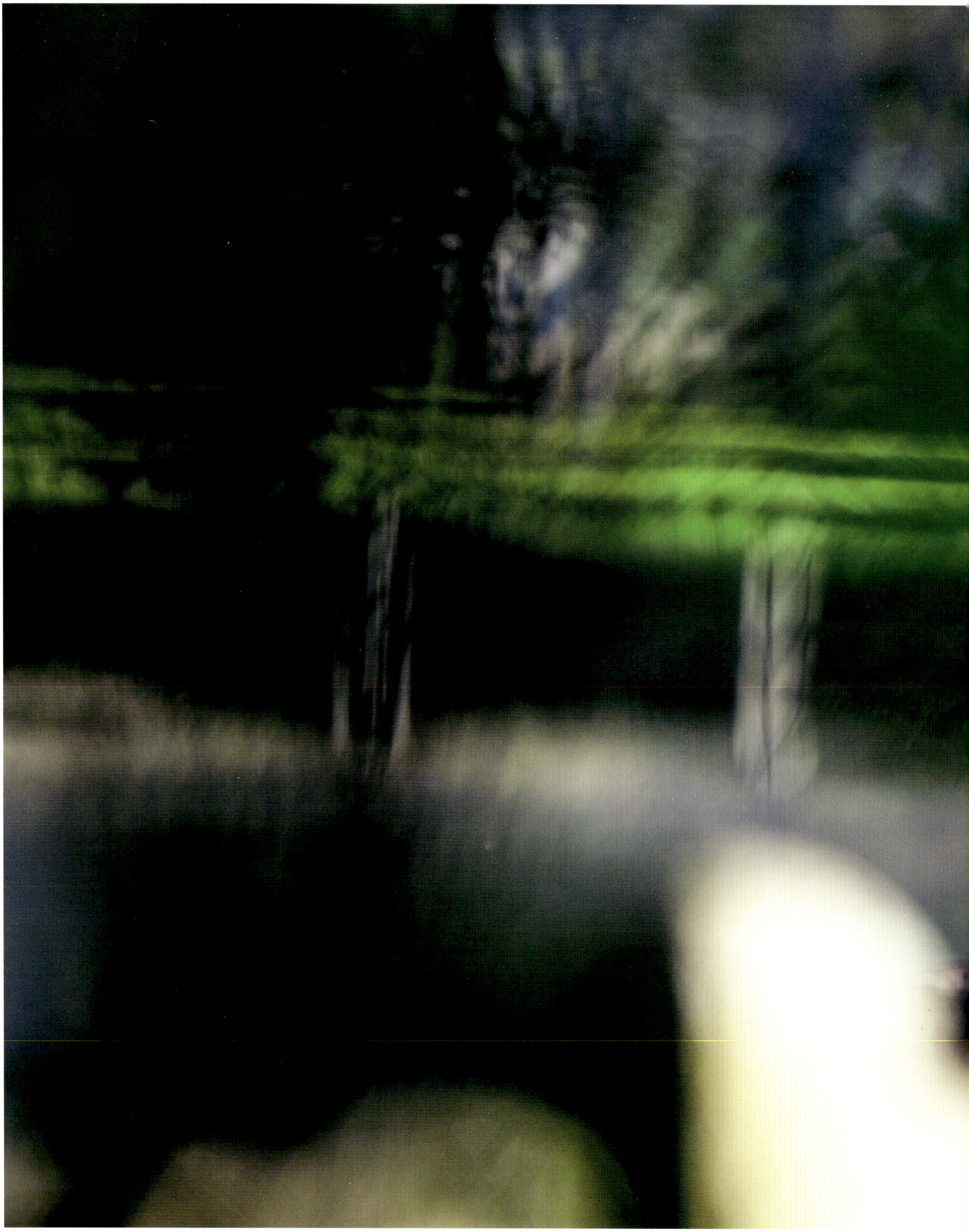

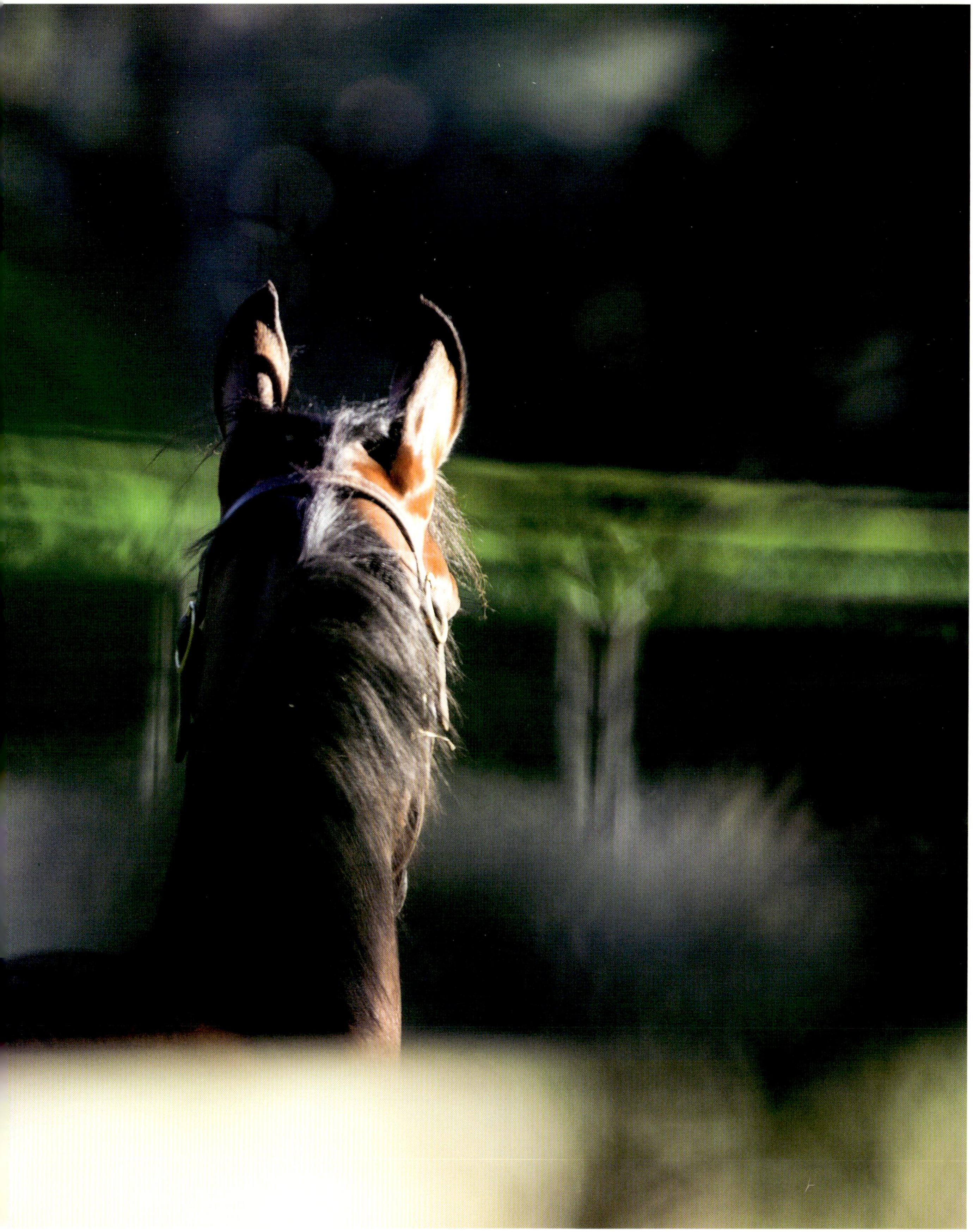

Fresnay-le-Buffard

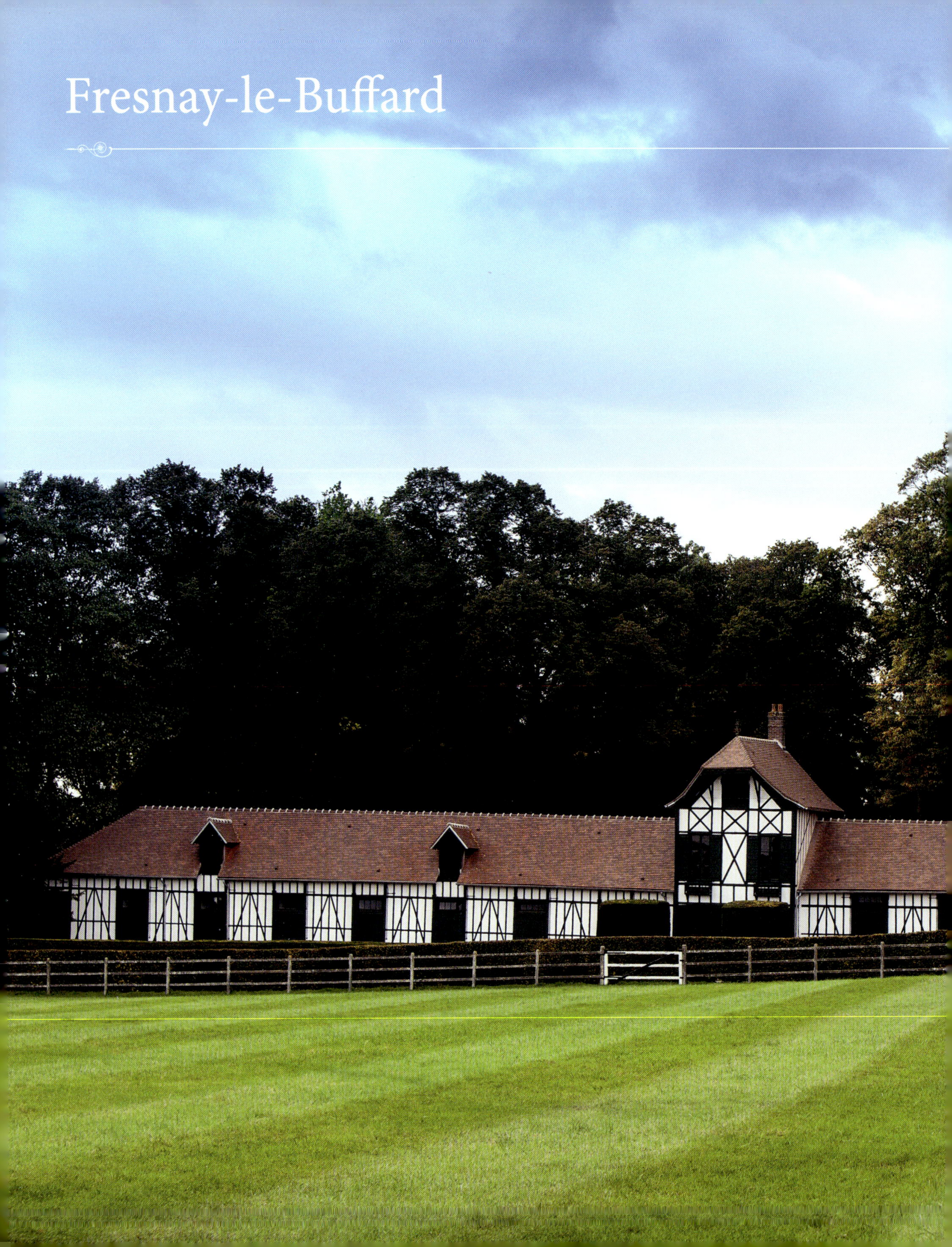

Fresnay-le-Buffard est un monument des courses et de l'élevage français. Marcel Boussac y bâtit son exceptionnelle réussite, qui s'étendit sur plus d'un demi-siècle. Il y fut relayé par l'armateur grec, Stavros Niarchos, et sa famille, dont le succès est pareillement éclatant. Entre la casaque orange du premier – choisie en référence à celle de son modèle, Edmond Blanc – et la casaque bleue du second –aux couleurs de la Grèce, le pays natal, et de la mer qui la baigne –, il n'est en effet qu'un trait d'union : celui de l'excellence.

Fresnay-le-Buffard se trouve dans le département de l'Orne, à Bazoches-au-Houlme, entre Putanges-Pont-Écrepin et Falaise. Les terres y sont spécialement favorables à l'élevage, sachant, par exemple, que sur la commune limitrophe de Neuvy-au-Houlme, Joël Hallais a monté, en peu de temps, un haras de tout premier plan, voué aux trotteurs. C'est également dans les parages, à Giel-Courteilles, que s'épanouit naguère l'élevage mixte des Jariel, puis de Jean Muller et des siens, en particulier par l'entremise de champions d'Auteuil et de Vincennes. Tout près se tient aussi le Haras du Gazon, riche d'histoire et de succès. Fresnay-le-Buffard a, en outre, une esthétique propre, avec son château du dix-huitième, aux murs blancs et au toit d'ardoises, percé de lucarnes. Devant s'étend le parc, bordé d'arbres et tombant dans la pièce d'eau qui, paisiblement, le prolonge. Les communs du château et les bâtiments du haras parachèvent l'harmonie de l'ensemble, où tout est beauté et élégance, pureté des lignes et ordonnancement des volumes.

Le Haras de Fresnay-le-Buffard fut fondé en 1903 par Maurice Ephrussi, puis il fut repris par des éleveurs américains, Charles Carroll et Clarence MacKay, venus en France, comme nombre de leurs pairs à cette époque, en raison de la législation en vigueur aux États-Unis, qui interdisait les paris et, du même coup, plombait les courses. Mais c'est en fin de compte à un éleveur de trotteurs, Xavier Rousseau, que Marcel Boussac achètera Fresnay-le-Buffard, en 1923, après l'avoir loué pendant trois ans. Ambitieux, l'industriel du textile modernise les lieux, agrandit leur superficie et les peuple d'un nombre grandissant de poulinières, toutes triées sur le volet. En 1920, il pouvait compter sur une vingtaine de juments à Fresnay. Dix ans après, il y en aura trois fois plus, sur les quelque cent soixante hectares dont est maintenant constitué le domaine, puis, dans les années cinquante, au faîte de la gloire de l'élevage maison, la centaine sera dépassée. C'est que, dans l'intervalle, Marcel Boussac a littéralement investi la chronique de l'élevage et des courses, y exerçant une formidable domination. Ses étalons, Astérus, Tourbillon et les fils de celui-ci, Djebel et Goya, ou encore Pharis produisent remarquablement et propulsent leur mentor en tête des palmarès. La politique de croisements résolument mise en œuvre par Marcel Boussac et ses conseillers – René, puis Jean Romanet, sans oublier François de Brignac – est également pour beaucoup dans la réussite des élèves de Fresnay-le-Buffard, qui sont, le plus souvent, le fruit de consanguinités rapprochées, du fait même de la quasi exclusive utilisation des étalons du haras. Toujours

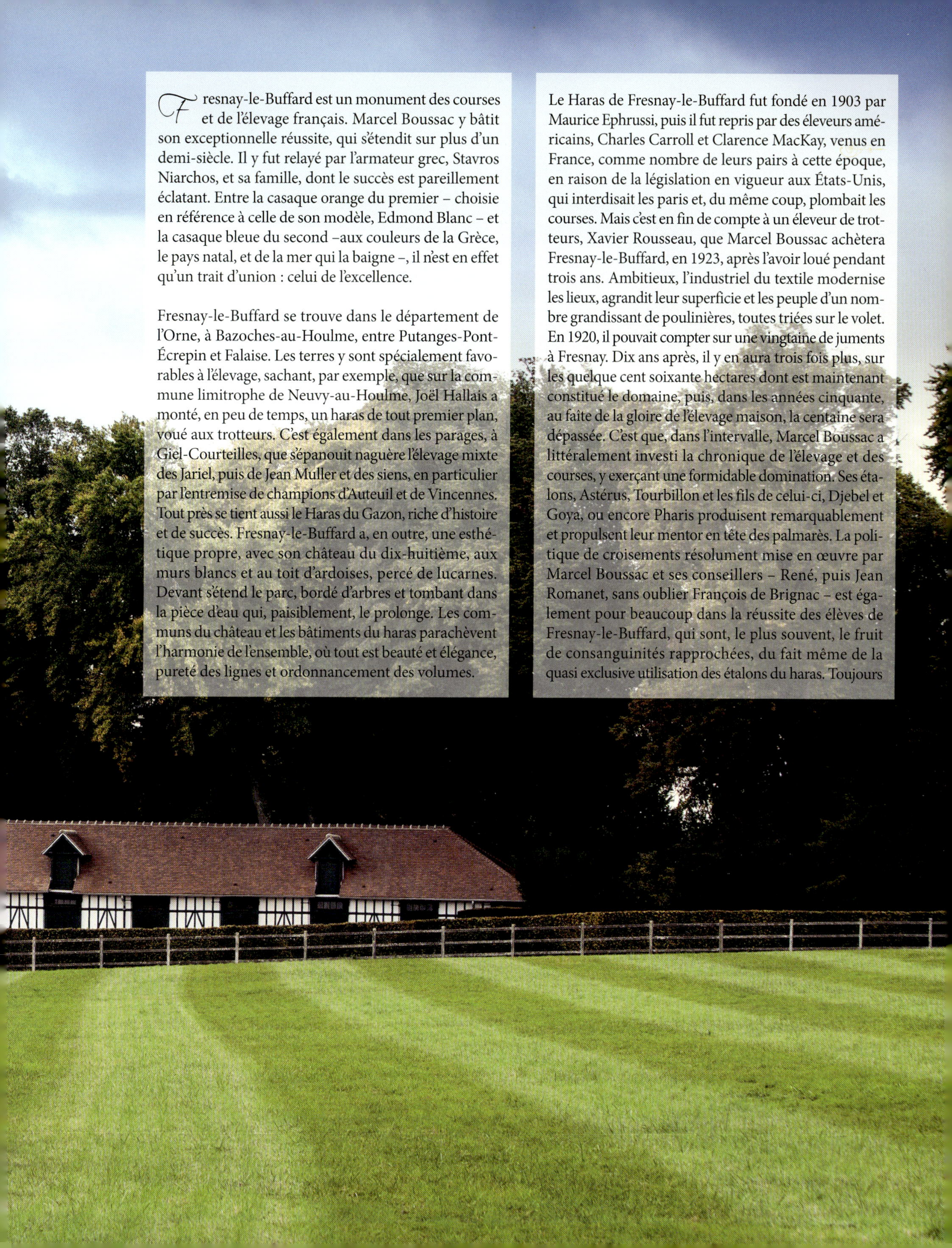

Fresnay-le-Buffard

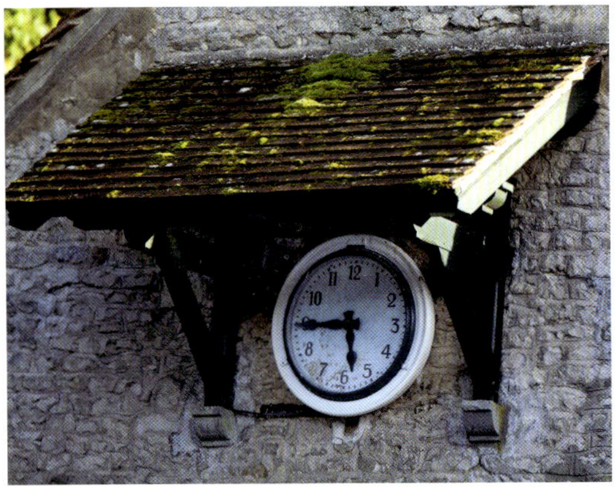

est-il que Marcel Boussac sera dix-sept fois tête de liste des éleveurs, de son premier titre, en 1939, à son dernier, en 1974, et quatorze fois numéro un des propriétaires, entre 1939 et 1956. En 1950 et 1951, il occupera même la première place du classement des propriétaires et des éleveurs en Angleterre, ayant réalisé son rêve en remportant le Derby d'Epsom avec Galcador. En regard, il aura triomphé à douze reprises dans le Prix du Jockey Club – un record absolu ! –, de son succès initial avec Ramus, en 1922, à son ultime distinction avec Acamas, en 1978. Au total, ses chevaux auront signé plus de 1 800 victoires, dont 140 au niveau des Groupes I.

À partir des années soixante, l'étoile de Marcel Boussac pâlira, toutefois, et son élevage déclinera inexorablement, victime d'importations malheureuses d'étalons en provenance d'Amérique du Nord, et, peut-être aussi, à certains égards, d'une concentration des sangs poussée à son paroxysme. Dans le même temps, l'empire textile de l'industriel se délite et c'est contraint et forcé que Marcel Boussac, ruiné, vend son écurie de course, son élevage et son haras, en 1979, au crépuscule de sa vie. Triste fin et injuste sort. Mais, d'une certaine manière, l'œuvre du plus grand éleveur français de l'histoire sera poursuivie, d'une part par Son Altesse l'Aga Khan, acquéreur de la presque totalité des chevaux et de la jumenterie, dont il tirera la quintessence, et d'autre part par Stavros Niarchos, repreneur du haras, auquel il redonnera tout son lustre, avec la précieuse assistance de Tim Richardson, directeur de Fresnay-le-Buffard depuis plus de trois décennies maintenant et marchant, ce faisant, dans les pas de son prédécesseur de l'ère Boussac, François Mignot, qui dirigea lui aussi le haras pendant de longues années. Le Prix de l'Arc de Triomphe, le Prix du Jockey Club, le Prix de Diane, le Grand Prix de Paris, le Derby, les Oaks, l'Irish Derby et autres ont été l'apanage, une ou plusieurs fois, de l'élevage Niarchos. Actuel étalon à Fresnay, Dream Well est d'ailleurs un gagnant de « Jockey Club » et d'Irish Derby. Mais le tournoi favori de l'Écurie Niarchos est incontestablement le Prix Jacques Le Marois, à Deauville,

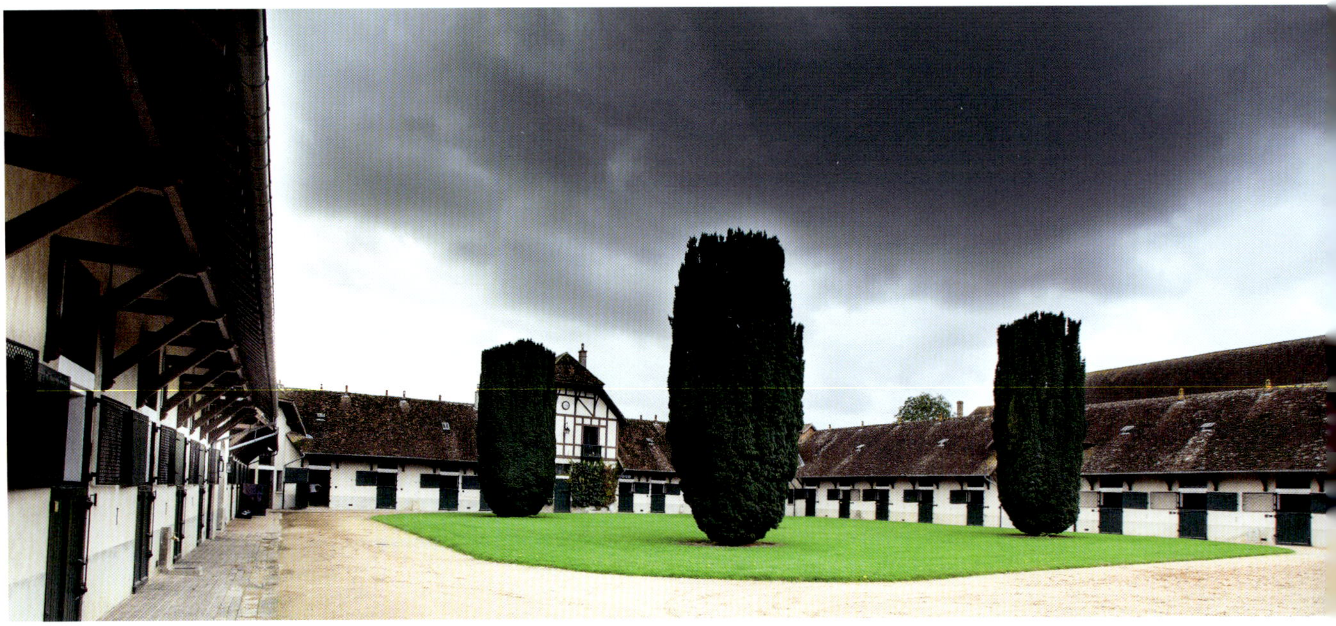

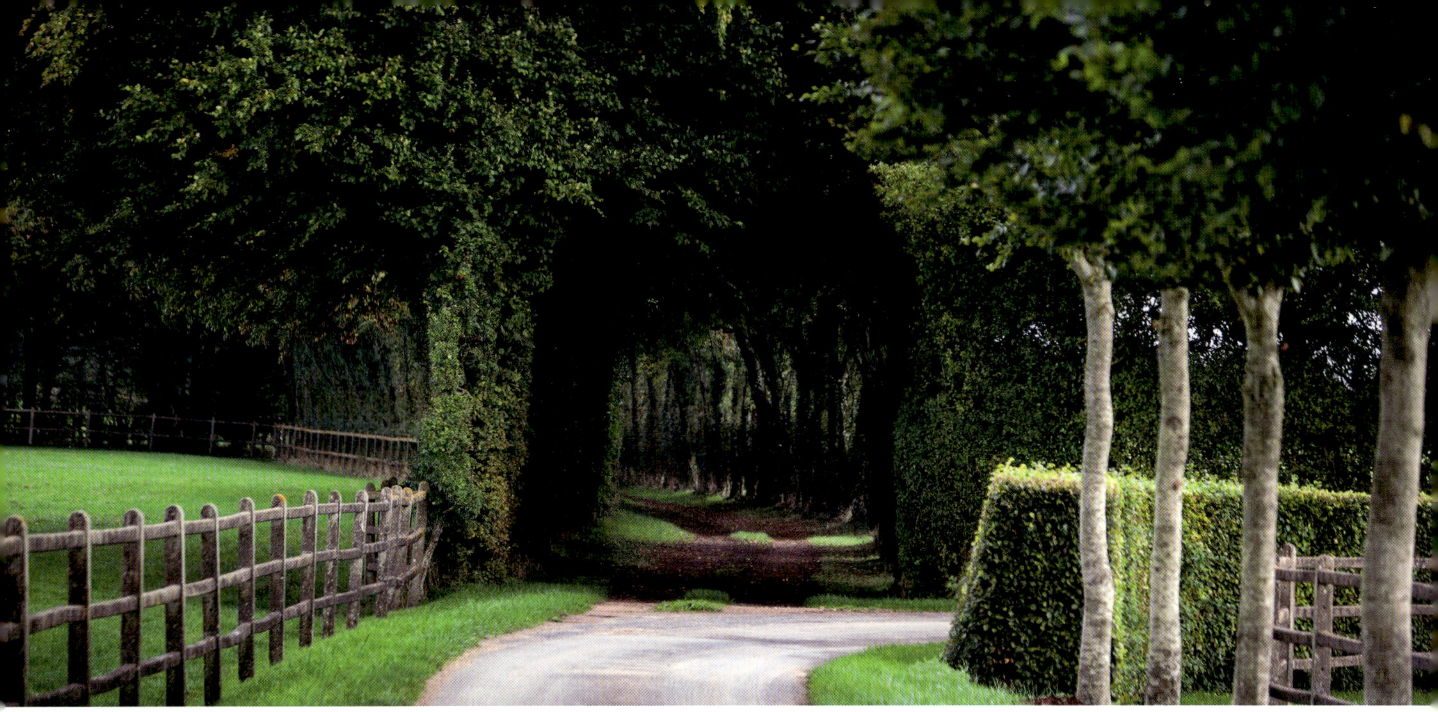

gagné à huit reprises depuis 1987, année de la première des deux victoires de la mémorable Miesque. Or, Stavros Niarchos, sur une suggestion de son entraîneur, François Boutin, avait tenu à ce que Fresnay-le-Buffard parraine, dès la saison précédente, le championnat deauvillais, un partenariat qui est toujours d'actualité. Se doutait-il que ses protégés y seraient si performants ou ne souhaitait-il pas plutôt rendre hommage à Marcel Boussac, détenteur du record du nombre de victoires dans l'épreuve, au palmarès de laquelle il a inscrit dix fois son nom ? On a vu que le présent score de l'Écurie Niarchos n'était pas loin d'être le même. On ne pouvait rêver plus belle et plus symbolique proximité.

Fresnay-le-Buffard is a monument of French racing and breeding. It was here that Marcel Boussac built his exceptional success which lasted over half a century. He was followed by the Greek shipping magnate Stavros Niarchos and his family, whose success has been equally outstanding. Between the orange colours of Boussac – selected with reference to his role model Edmond Blanc – and the blue silks of Niarchos – the colours of his homeland Greece and the sea in which it bathes – there is but one small link: excellence.

Fresnay-le-Buffard is located in the Orne department at Bazoches-au-Houlme between Putanges-Pont-Ecrepin and Falaise. Its land is particularly favorable for breeding, with the knowledge for example that in the neighbouring town of Neuvy-au-Houlme Joël Hallais created a first rate stud dedicated to trotters in a very short space of time. It is also in the vicinity, at Giel-Courteilles, that the Jariel's dual purpose stud once flourished, followed by that of Jean Muller and his family, especially through their Auteuil and Vincennes champions. The Haras du Gazon which is so rich in history and success is also very nearby. In addition Fresnay-le-Buffard is also very aesthetically pleasing with its eighteenth century château with white walls and slate roof with dormer windows. In front of it stretches out the tree lined park which falls gently towards the lake which in turn runs quietly on. The château's service quarters and the stud's outbuildings round off the harmony of the estate which is all about beauty and elegance, clean lines and well balanced spaces.

The Haras de Fresnay-le-Buffard was founded in 1903 by Maurice Ephrussi before being taken over by the American breeders Charles Carroll and Clarence MacKay who came to France, like many of their peers at the time, because of the laws in force in the United States which banned betting and by the same token compromised racing. But it was ultimately from a breeder of trotters,

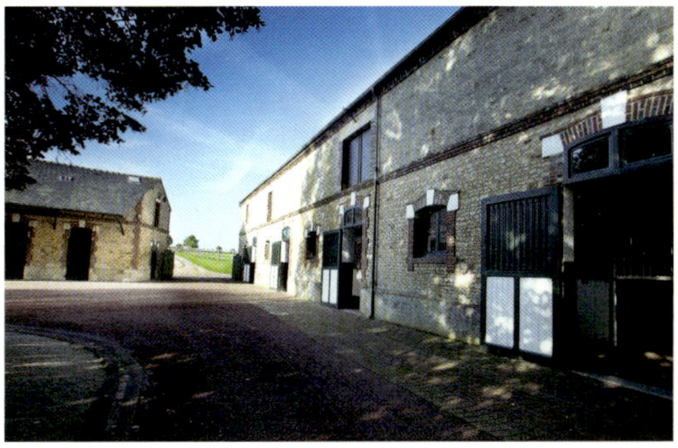

Fresnay-le-Buffard

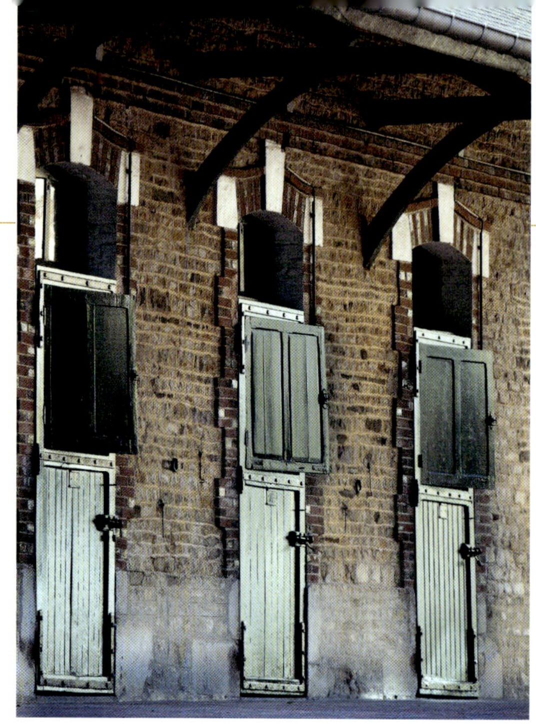

Xavier Rousseau, that Marcel Boussac bought Fresnay-le-Buffard in 1923 after having rented it for three years. An ambitious man, the textiles industrialist modernised the place, expanded it and filled it with a growing number of mares, all of which were hand picked. In 1920 he could rely on twenty mares at Fresnay. Ten years later there were three times as many on the hundred and sixty hectares which now make up the estate. Then in the fifties, at the height of the home breeding operation's glory, they exceeded a hundred. The fact was that in the meantime Marcel Boussac had literally invested everything into breeding and racing, thereby totally dominating the sport. His stallions Astérus, Tourbillon and the sons of the latter Djebel and Goya as well as Pharis were remarkable producers and propelled their mentor to the top of the breeders' leaderboard. The matings policy resolutely implemented by Marcel Boussac and his advisors – René, then Jean Romanet, without forgetting François de Brignac – was also instrumental in the success of the Fresnay-le-Buffard homebreds which were often the fruit of close inbreedings by virtue of the almost exclusive use of the stud's stallions. Be that as it may Marcel Boussac was leading breeder seventeen times from his first title in 1939 to his last in 1974, and fourteen times leading owner between 1939 and 1956. In 1950 and 1951 he even took the top spot on the owners' and breeders' championship in England having fulfilled his dream of winning the Epsom Derby thanks to Galcador. In comparison he triumphed twelve times in the Prix du Jockey Club – an absolute record – from his first success with Ramus in 1922 to his final victory with Acamas in 1978. In total his horses won over 1,800 races, including 140 at Group I level.

From the sixties Marcel Boussac's star began to fade however, and his breeding operation declined, the inexorable victim of unfortunate stallion choices imported from North America and perhaps in some respects of a concentration of bloodlines pushed to the limit. At the same time the industrialist's textiles empire disintegrated and it was under duress that a bankrupt Marcel Boussac was to sell his team of horses in training, his bloodstock and his stud in 1979 in the twilight of his life. A sad end and an unjust fate. But in a way the work of the greatest breeder in French history was continued, in part through His Highness

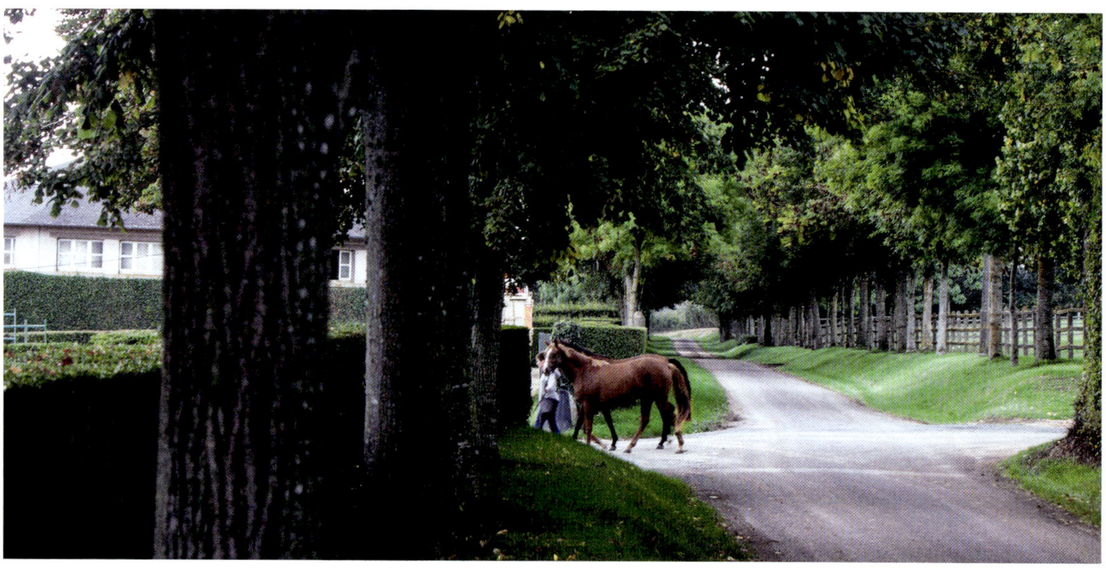

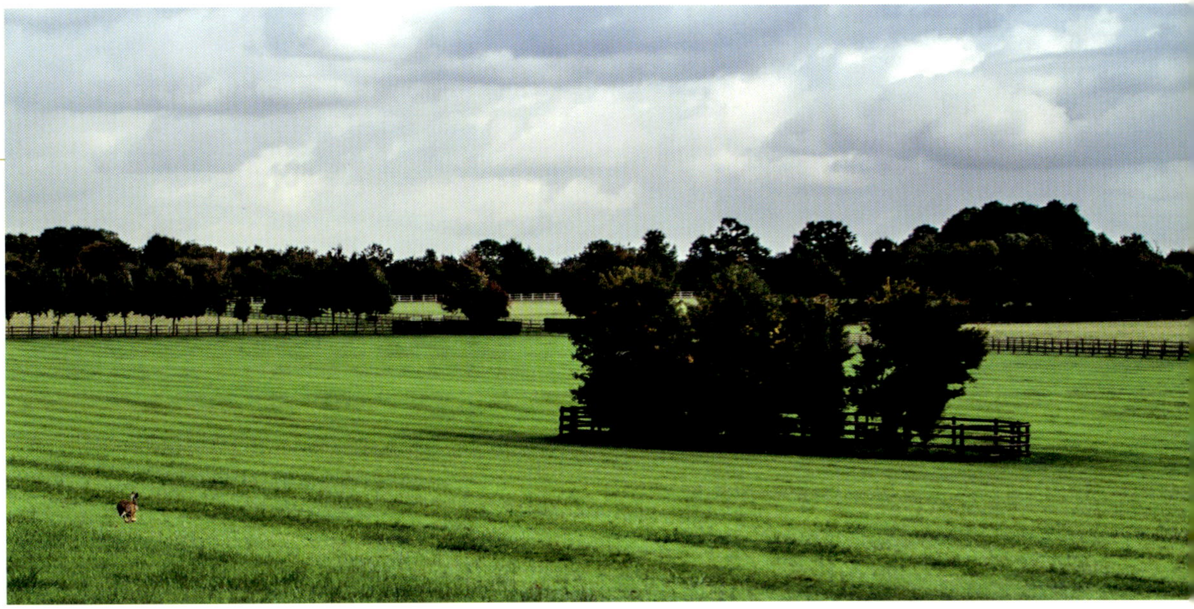

Aga Khan who acquired his stock almost in its entirety and who drew the quintessence from it, and secondly through Stavros Niarchos who bought the stud and restored it to its former glory, with the valuable assistance of Tim Richardson who has been director of Fresnay-le-Buffard for over three decades now and as such very much follows in the footsteps of his predecessor from the Boussac era, François Mignot, who also directed the stud for many years. The Prix de l'Arc de Triomphe, the Prix du Jockey Club, the Prix de Diane, the Grand Prix de Paris, the Derby, the Oaks, the Irish Derby and numerous other races have been won on one or more occasions by the Niarchos breeding operation. The current resident stallion at Fresnay Dream Well is for that matter a winner of both the « Jockey Club » and the Irish Derby. But the Niarchos' favourite contest is undoubtedly the Prix Jacques Le Marois in Deauville, which they have won eight times since 1987, the year of the memorable Miesque's first of two victories. For Stavros Niarchos, acting on a suggestion by his trainer Francois Boutin, had insisted that Fresnay-le-Buffard should sponsor this Deauville championship as of the previous season, forming a partnership which is still active today. Did he believe that his protégés would be particularly effective in it or is it possible that he wished to pay tribute to Marcel Boussac, record holder for most wins in the event which he won no less than ten times? We have witnessed that the Niarchos team's current score is not far from that of its predecessor. One couldn't ask for a greater or more symbolic proximity.

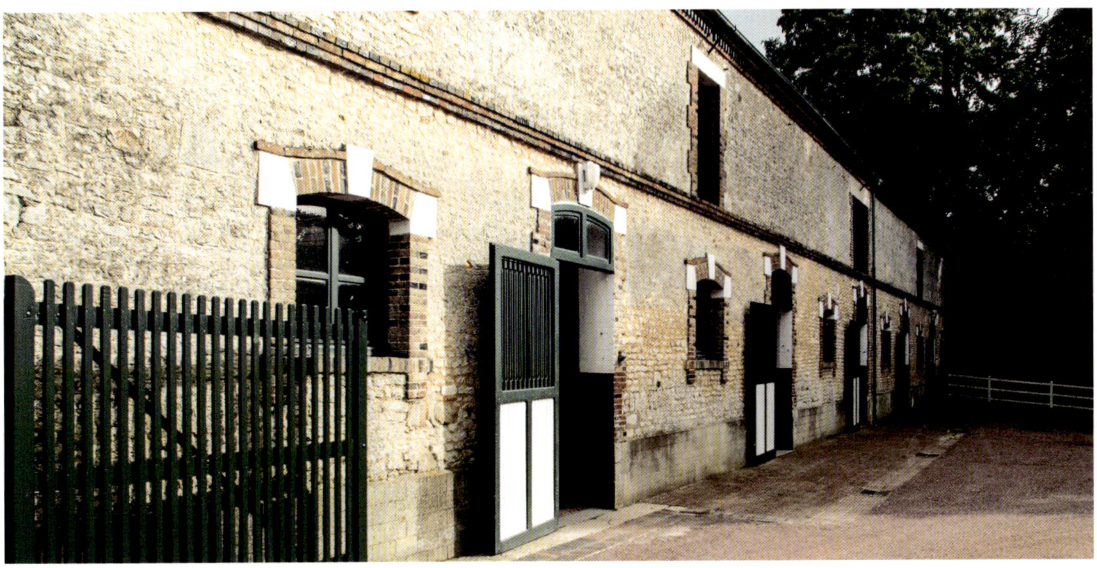

Fresneaux

Dans les pas de ses parents, Jean-Philippe Dubois a repris le flambeau au Haras de Fresneaux. D'abord au trot, puis au galop, où il a considérablement développé son élevage et son écurie ces dernières années, achetant, du même coup, le haras voisin de Saint-Léonard-des-Parcs, laissé par les frères Wertheimer. Nous sommes là dans une veine de terrain comptant parmi les meilleures du département de l'Orne et les haras alentour se nomment, toutes spécialités confondues, Les Rouges-Terres, Le Bois-Josselyn, La Coquenne, La Vallée, Le Bois-Barbot ou encore Brullemail, faisant tous référence, présentement ou historiquement.

Fresneaux est sis, précisément, à Aunou-sur-Orne, soit à quelques kilomètres à l'est de Sées, dans la direction de Courtomer et de Moulins-la-Marche. Nous y sommes aux sources de l'Orne, le fleuve côtier qui donne son nom au département et qui s'écoule ensuite vers Argentan et Caen. Jean-Philippe Dubois et les siens veillent là sur quelque cent vingt poulinières et leurs produits, à savoir à peu près quatre-vingt trotteuses et quarante pur-sang. La production du haras est conservée et l'entraînement est assuré sur place, dans les deux disciplines, avec le concours de Philippe Moulin et de Tatiana Puitg. Il n'y a pas d'étalon pur-sang à demeure, mais la maison a des participations dans Linda's Lad, un fils de Sadler's Wells qui officie au Haras de Grandcamp, chez Éric Lhermite, et qui donne quelques espoirs. Pour l'heure, les gagnants de Groupe en plat Grace Lady et Zinabaa, ce dernier lors du prestigieux week-end du Prix de l'Arc de Triomphe, sont les fleurons de la progéniture maison.

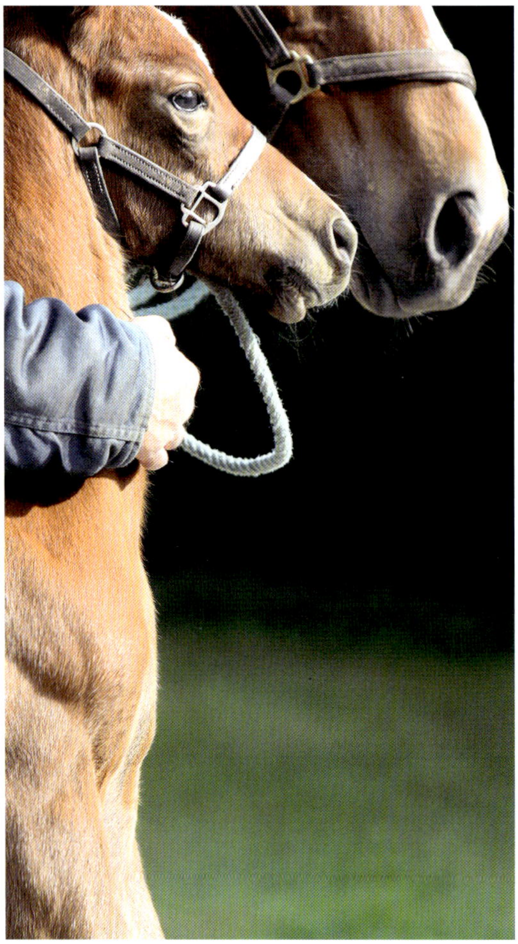

In the footsteps of his parents, Jean-Philippe Dubois has picked up the torch at the Haras de Fresneaux. Initially with trotters then with gallopers, a discipline in which he has greatly expanded his farm and his team in recent years, he has simultaneously bought the neighbouring stud of Saint-Léonard-des-Parcs from the Wertheimer brothers. This is a strip of land which rates among the best in the Orne department and the surrounding studs, covering all disciplines, are named les Rouges-Terres, le Bois-Josselyn, la Coquenne, la Vallée, le Bois-Barbot and Brullemail, and all are reference points either today or historically.

Fresneaux is located precisely at Aunou-sur-Orne, just a few kilometers east of Sées in the direction of Courtomer and Moulins-la-Marche. It is at the source of the Orne, the coastal river which gives its name to the department before flowing to Argentan and Caen. Jean-Philippe Dubois and his people watch over around one hundred and twenty broodmares and their offspring, made up of about eighty trotters and forty thoroughbred mares. This stud's stock is all kept and training is provided on site for both disciplines, with the assistance of Philippe Moulin and Tatiana Puitg. There is no thoroughbred stallion on site, but the company has shares in Linda's Lad, a son of Sadler's Wells who stands at the Haras de Grandcamp with Éric Lhermitte, and shows some promise. For now, Group winners on the flat Grâce Lady and Zinabaa, the latter during the prestigious Arc de Triomphe weekend, are the flagship horses bred by the stud.

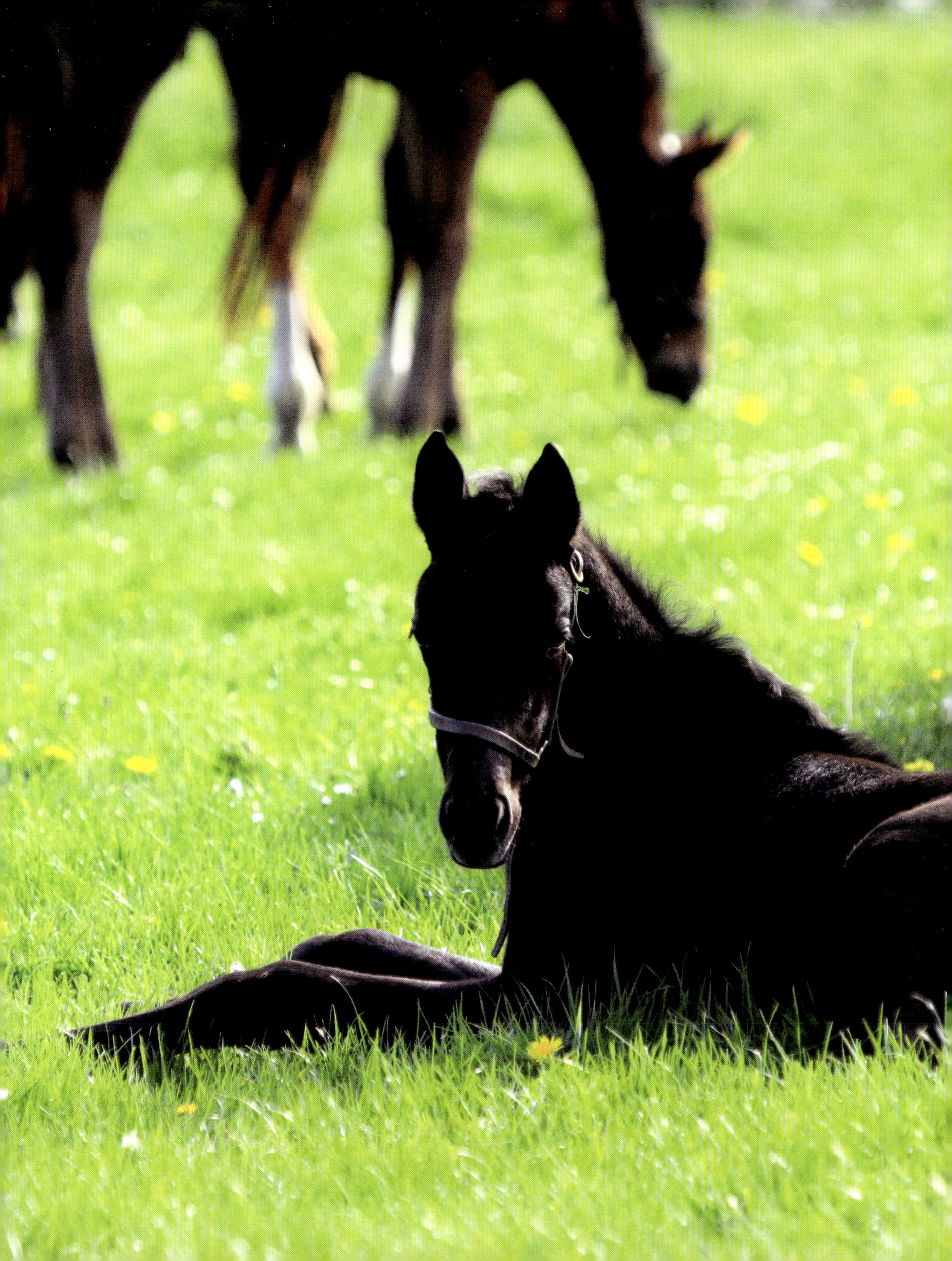

Gouffern – La Genevraye

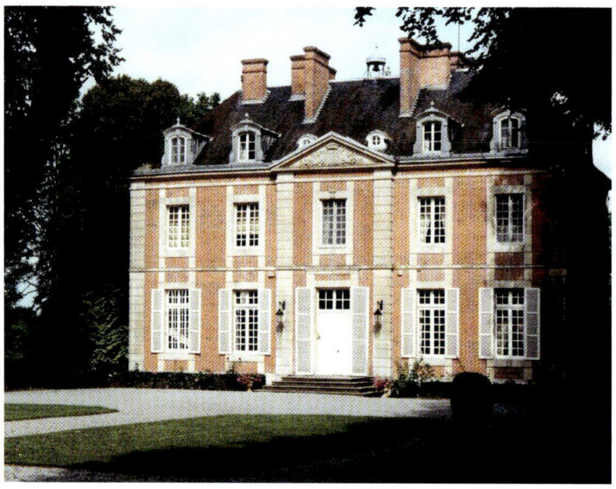

Photos : Haras de Gouffern

Le Haras de Gouffern se situe dans le département de l'Orne, sur la commune de Silly-en-Gouffern, laquelle tire son nom des deux forêts qui l'entourent, dites, respectivement, de Grande et de Petite-Gouffern. On le trouve sur la droite, au bord de la jolie route qui mène d'Almenêches à Bourg-Saint-Léonard, niché dans les arbres et la verdure. C'est là le terroir du Haras du Pin dans ce qu'il a de plus probant, avec ses terres riches en alluvions, aux remarquables qualités minérales. Les herbages du haras sont arrosés par l'Ure. Ils se déroulent sur cent vingt-cinq hectares, dont soixante-dix de paddocks, autour d'un château aussi imposant qu'élégant, construit dans la seconde moitié du dix-huitième siècle. Les bâtiments contiennent jusqu'à soixante-dix boxes. Une dizaine de personnes travaillent sur place.

C'est Jean-Pierre de Gasté qui a acheté le Haras de Gouffern, en 1998, et y a entrepris d'importants travaux de rénovation, qui ont duré cinq ans. Auparavant, le domaine, connu sous le nom de Haras de la Vente, appartenait à Lawrence Gelb, propriétaire américain faisant courir en France, non sans réussite. Ce furent ensuite ses héritiers qui reprirent le flambeau, avec l'assistance de Pierre Lepeudry. Eux vendaient leur production et, à l'époque, ils firent afficher un « top-price » à Deauville pour un fils de Bellypha et de leur bonne jument, Indigène, vendu sept millions de francs, soit plus d'un million d'euros, au cheikh Maktoum Al Maktoum. C'était Hard Leaf, qui fut, plus tard, étalon. Or, pour l'anecdote, Jean-Pierre de Gasté, qui est aussi courtier, était sous-enchérisseur sur le poulain, pour le compte de Mahmoud Fustok.

À Gouffern, Jean-Pierre de Gasté travaille essentiellement avec une clientèle du Moyen-Orient. Son activité est centrée autour de l'élevage de pur-sang anglais et arabes. Les principaux élèves du haras, ces dernières années, se nomment Big Buck's, formidable sauteur outre-Manche, lauréat, consécutivement, de dix-sept courses de Groupe, dont dix Groupes I, au rang desquels figurent quatre éditions de la prestigieuse World Hurdle, à Cheltenham, en 2009, 2010, 2011 et 2012, Basemah, gagnante de la Listed Prix Charles Laffitte, à Chantilly, ou encore Ocyrrhoé, qui a remporté, sous les couleurs maison, le Groupe I Qatar French Breeders' Challenge. Ce n'est qu'un juste retour des choses de voir Jean-Pierre de Gasté récompensé de la sorte, grâce à la confiance d'investis-

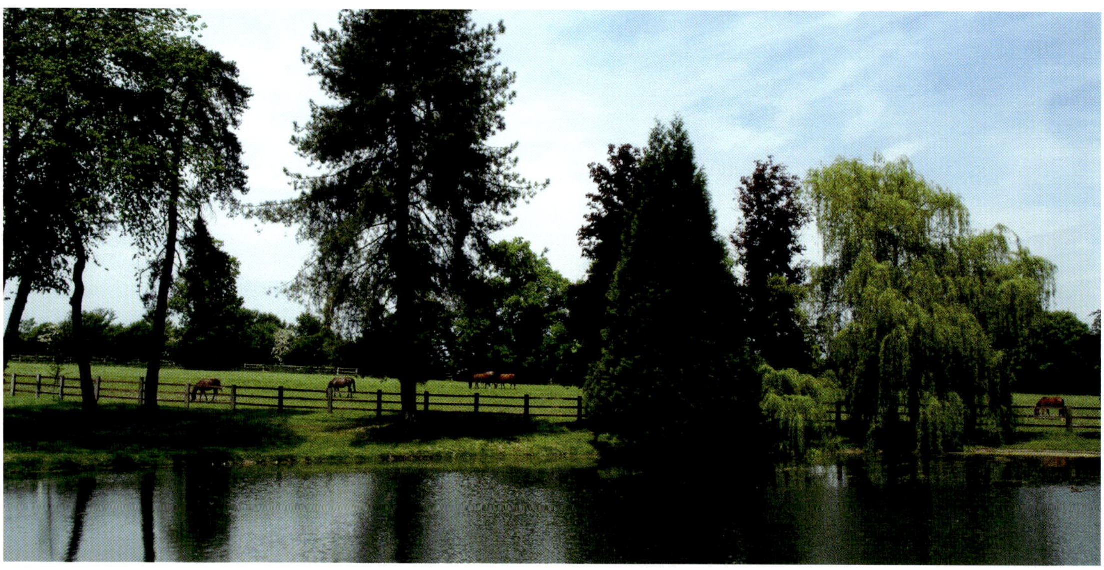

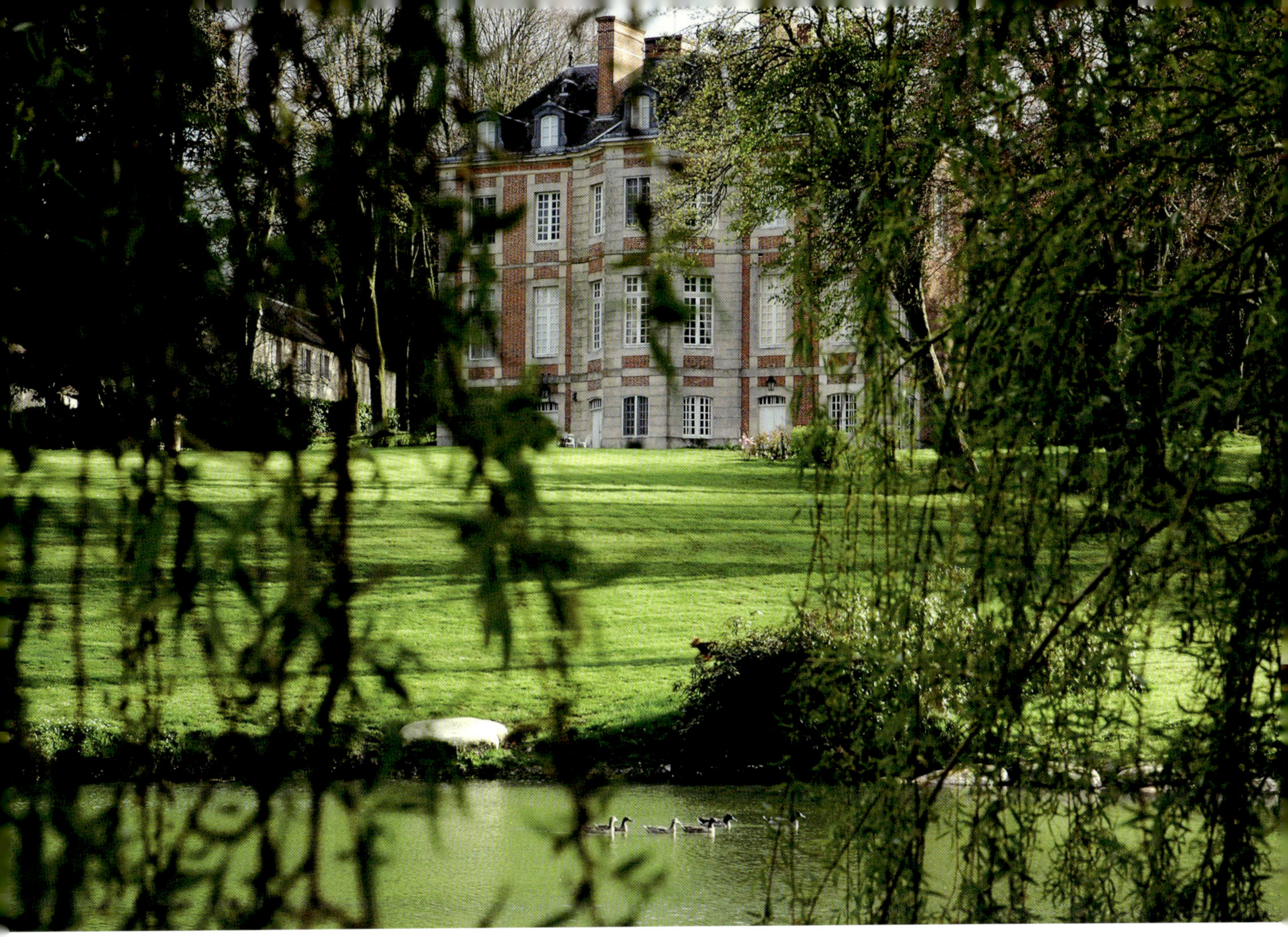

seurs d'une région du monde où il a été un pionnier, dès le milieu des années soixante-dix, lorsqu'il prit son bâton de pèlerin et y démarcha la clientèle potentielle, au sein de laquelle le susnommé Mahmoud Fustok, qu'il ramena, en quelque sorte, dans ses bagages et dont il implanta l'écurie en France avec un indéniable succès.

On ne terminera pas sans évoquer l'historique haras familial de la Genevraye, ancré non loin, au pays du Merlerault, de l'autre côté de la route de Gacé, que Jean-Pierre de Gasté vient de relancer, en digne héritier d'une tradition ancestrale. En effet, les Gasté, ou leurs apparentés, ont animé La Genevraye et y ont élevé des chevaux pendant des siècles, depuis, très exactement, la fin du Moyen Âge, en 1453. Ce fut là, du reste, le fief, voilà près de deux cents ans, du célèbre et tourbillonnant Louis-Achille Périer de la Genevraye, dit Nez-de-Cuir, ancêtre de Jean-Pierre de Gasté, immortalisé en littérature par Jean de la Varende et, au cinéma, par Jean Marais. La Genevraye est une propriété de quatre cent cinquante hectares, se partageant entre deux cent cinquante hectares de prairies et deux cents hectares de bois. Des étalons renommés s'y sont succédé, tels Isard II, Négofol, Monarch, Majano, Roi Dagobert ou In Fijar. De nombreux gagnants y ont été élevés, au fil des générations, comme Canadel, lauréat du Groupe I Prix de la Salamandre, High Bulk, invaincue à 2 ans, à l'honneur dans les Groupes I Prix Robert Papin et de l'Abbaye de Longchamp, et le petit-fils de celle-ci, Amen, vainqueur de l'Hollywood Derby, autre Groupe I, en Amérique, avant de revenir en France pour y faire la monte et y engendrer, en Gacko, un champion international sur les obstacles.

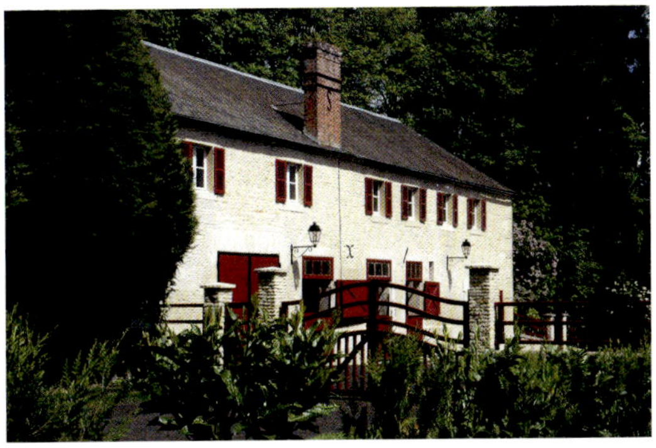

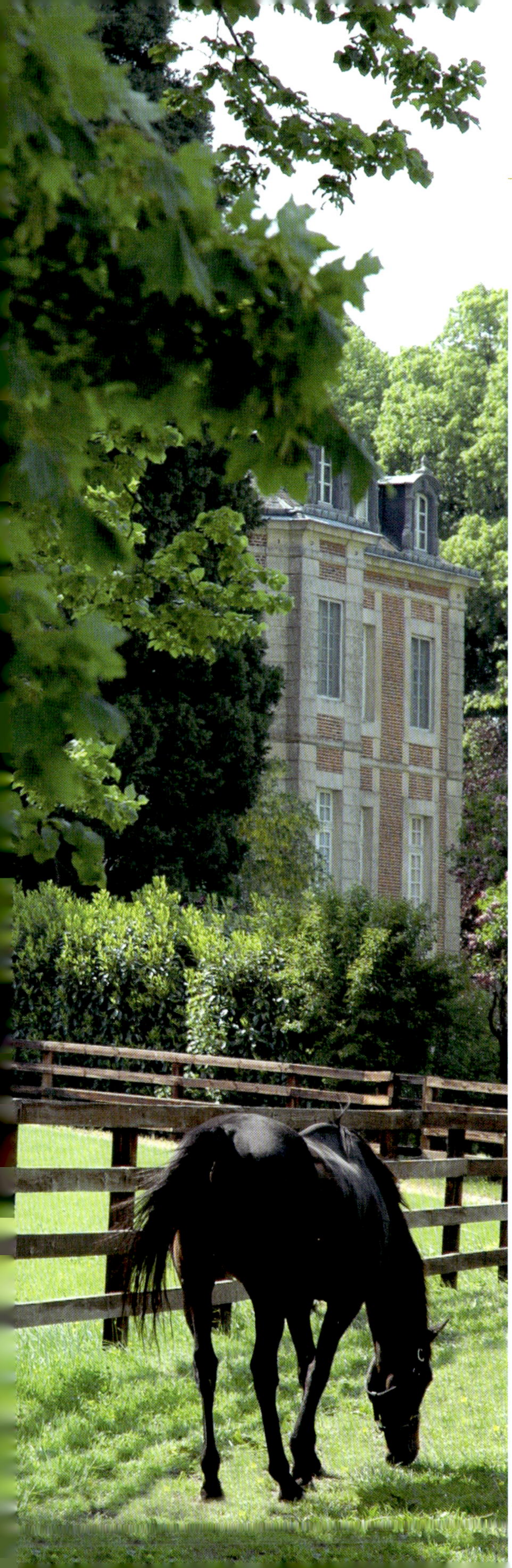

Gouffern – La Genevraye

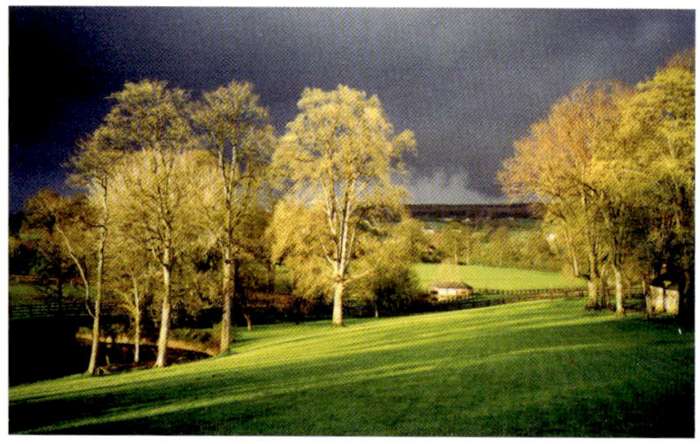

The Haras de Gouffern is located in the Orne department by the town of Silly-en-Gouffern that takes its name from the two forests which surround it and are respectively named Grande and Petite Gouffern. It is located on the right hand side of the pretty road which leads from Almenêches to Bourg-Saint-Léonard, nestled in the trees and greenery. This is the land of the Haras du Pin at its most compelling, with its soil rich in minerals and of remarkable quality. The stud's pastures are fed by the Ure river. They take place over one hundred and twenty-five hectares, of which seventy are paddocks centred around a château, which is as elegant as it is imposing and was built in the second half of the eighteenth century. The buildings contain seventy boxes and ten people work on site.

Jean-Pierre de Gasté bought the Haras de Gouffern in 1998 and undertook extensive renovations which lasted five years. Previously the estate, which was known as the Haras de la Vente, was owned by Lawrence Gelb, an American owner who ran his horses in France with some success and whose heirs took on the operation with the assistance of Pierre Lepeudry. They used to sell their stock and were at the time responsible for a sale topper at Deauville with a son of Bellypha and their good mare Indigène, which was sold for seven million francs, nowadays over one million euros, to Sheikh Maktoum Al Maktoum. This was Hard Leaf who later became a stallion. For the record Jean-Pierre de Gasté, who was also a bloodstock agent, was underbidder on the colt on behalf of Mahmoud Fustok.

At Gouffern Jean-Pierre Gasté works primarily with clients from the Middle East. Its activity is centered around breeding thoroughbreds and purebred Arabians. The main graduates of the stud in recent years are named Big Buck's, a great hurdler in England and winner of seventeen consecutive Group races including ten Grade Is and four

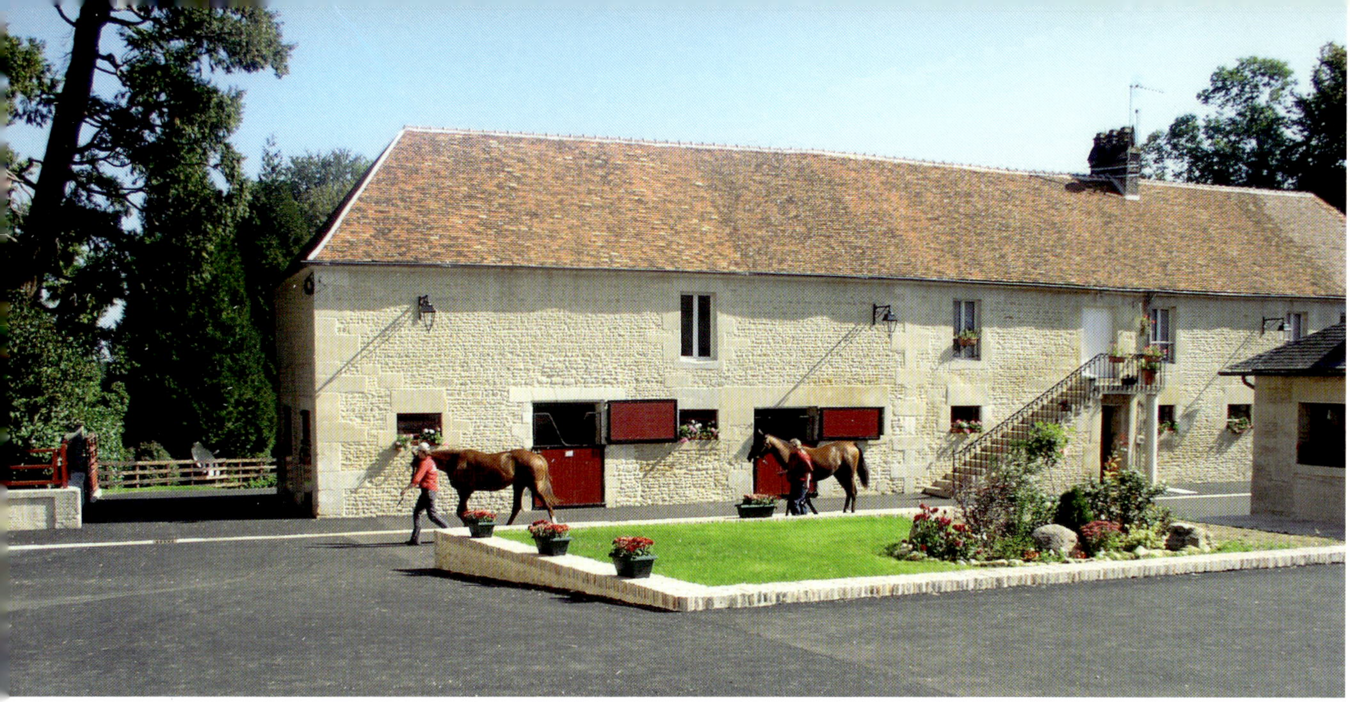

runnings of the prestigious World Hurdle at Cheltenham in 2009, 2010, 2011 and 2012, Basemah, winner of the Listed Prix Charles Laffitte at Chantilly, and Ocyrrhoé who won the Group I Qatar French Breeders' Challenge in his owner's colours. It is only just reward to see Jean-Pierre de Gasté recompensed in this way, thanks to the confidence of investors from a region where he has been a pioneer since the mid seventies when he went on a mission to find new clients. These included the aforementioned Mahmoud Fustok of whom it can be said he brought back in his luggage and for whom he set up a racing stable in France with undeniable success.

One cannot end without a mention of the historic family stud of Genevraye, situated nearby in the land of Merlerault across the road from Gacé, which Jean-Pierre de Gasté has just started up again as a worthy heir to his family's ancestral tradition. Indeed the de Gasté family and their relatives have owned Genevraye and bred horses there for centuries, since the late Middle Ages to be precise in 1453. It was moreover the stronghold for more than two hundred years of the famous and swashbuckling Louis-Achille Perier de la Genevraye, also known as Nez-de-Cuir (Leather Nose) and ancestor to Jean-Pierre de Gasté, immortalized in literature by Jean de La Varende and in film by Jean Marais. Genevraye is a property of four hundred and fifty hectares, divided between two hundred and fifty hectares of pastures and two hundred hectares of woodland. Several renowned stallions have stood there such as Isard II, Négofol, Monarch, Majano, Roi Dagobert and In Fijar. Numerous winners have been bred at the stud through the generations, such as Canadel winner of the Group I Prix de la Salamandre, High Bulk, unbeaten at two and winner of the Group Is Prix Robert Papin and Prix de l'Abbaye de Longchamp and her grandson Amen winner of the Hollywood Derby, another Group I in America, before returning to France to stand as a stallion and sire Gacko, international champion over jumps.

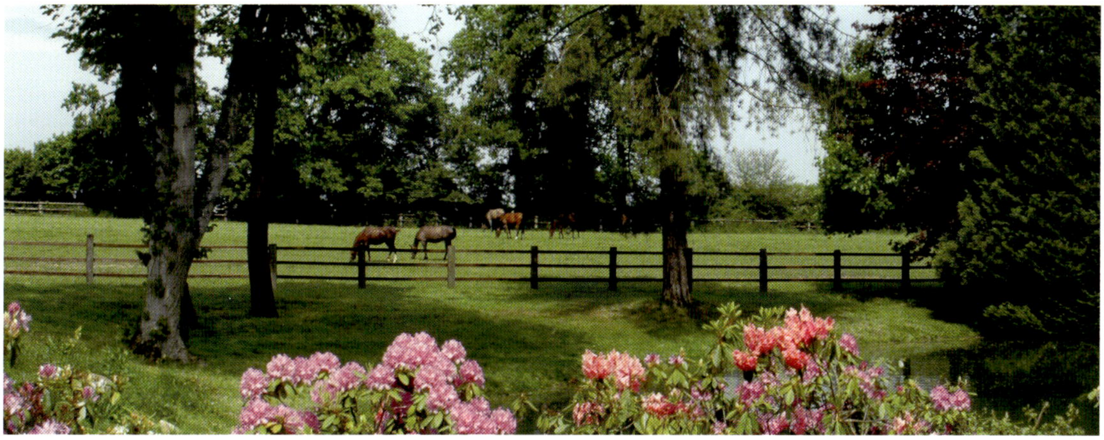

Grandcamp

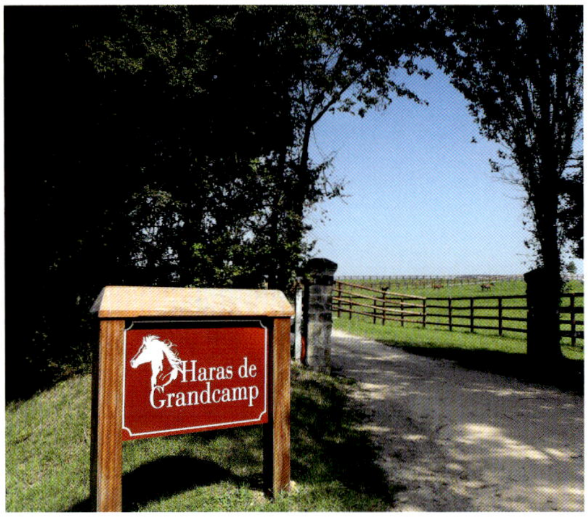

Avec le concours de son épouse, Isabelle, et de ses enfants, Sarah et Gaël, Éric Lhermite a créé le Haras de Grandcamp il y a moins de dix ans, en 2004. Il s'y est fixé après avoir appris son métier au contact de quelques-uns des meilleurs professionnels de l'élevage français, qu'il s'agisse de Jorgen Permin, à Roiville, d'Hubert Honoré, à Omméel, de Pierre-Charles Le Métayer, au Buff, de Paul de Moussac et de son fils, au Mézeray, ou encore de Marc de Chambure, à Étreham.

> Le haras d'Éric et Isabelle Lhermite est fort bien situé géographiquement, dans la partie nord du département de l'Orne, au Ménil-Girard, non loin de Trun, en direction de Vimoutiers.

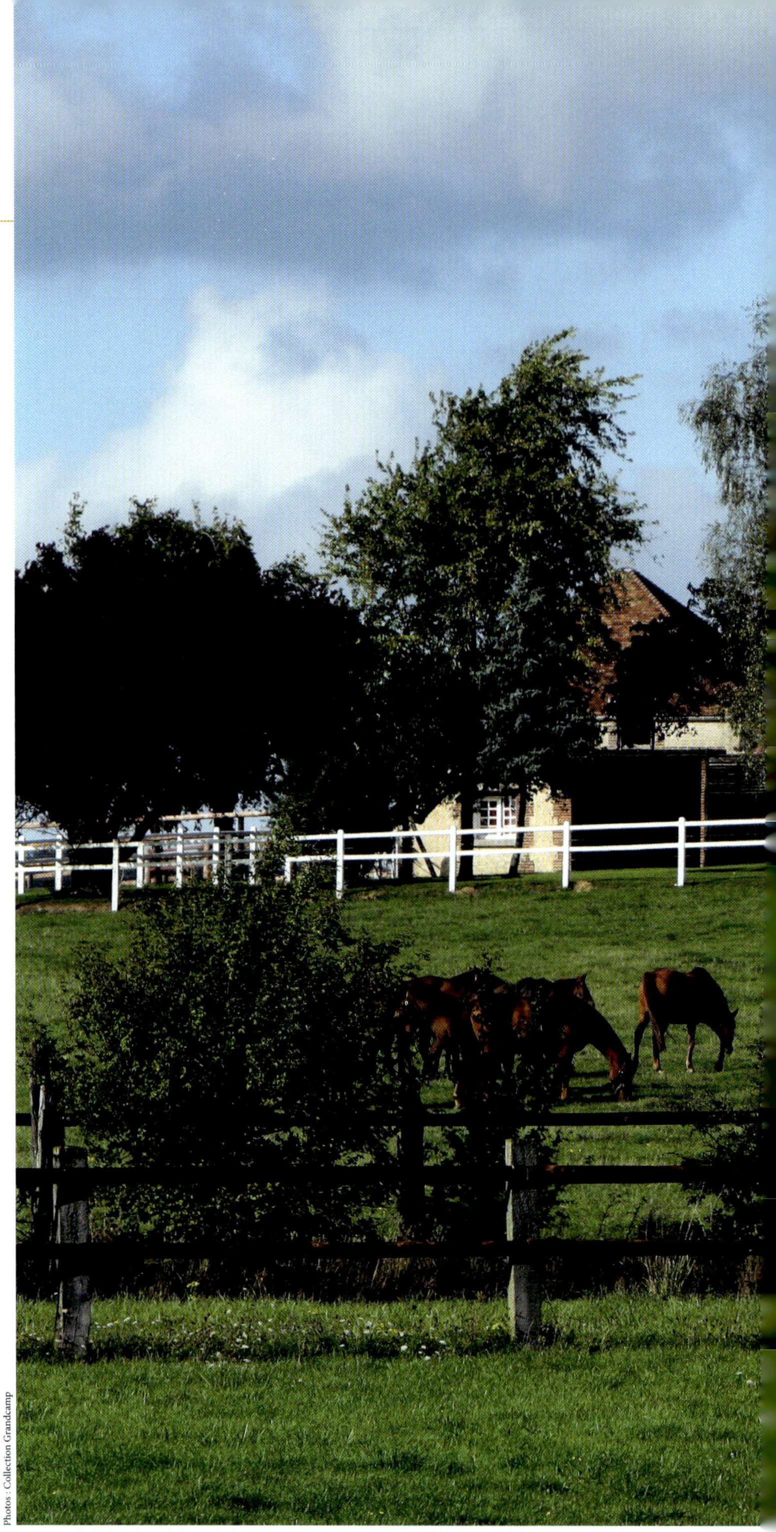

Photos : Collection Grandcamp

Les Lhermite n'ont pas tardé, en moins d'une décennie, à monter un haras d'envergure, cité en exemple aujourd'hui, en particulier dans le domaine de la préparation des yearlings pour les ventes. C'est que deux authentiques champions ont d'ores et déjà été vendus, yearlings, aux soins de Grandcamp, à savoir le lauréat du Prix du Jockey Club et de trois autres Groupes I, dont la très internationale Hong Kong Cup, Vision d'État, et le 2 ans de premier plan, Dabirsim, invaincu à cet âge, où il remporta notamment le Prix Morny et le Prix Jean-Luc Lagardère (Grand Critérium), en prélude à son élection comme « Cheval de l'Année », en 2011, par la revue spécialisée et de référence, éditée par Louis Giscard d'Estaing, *Courses & Élevage*. Aujourd'hui, Grandcamp est aussi une attractive station d'étalons, où Vision d'État, après ses exploits sur les

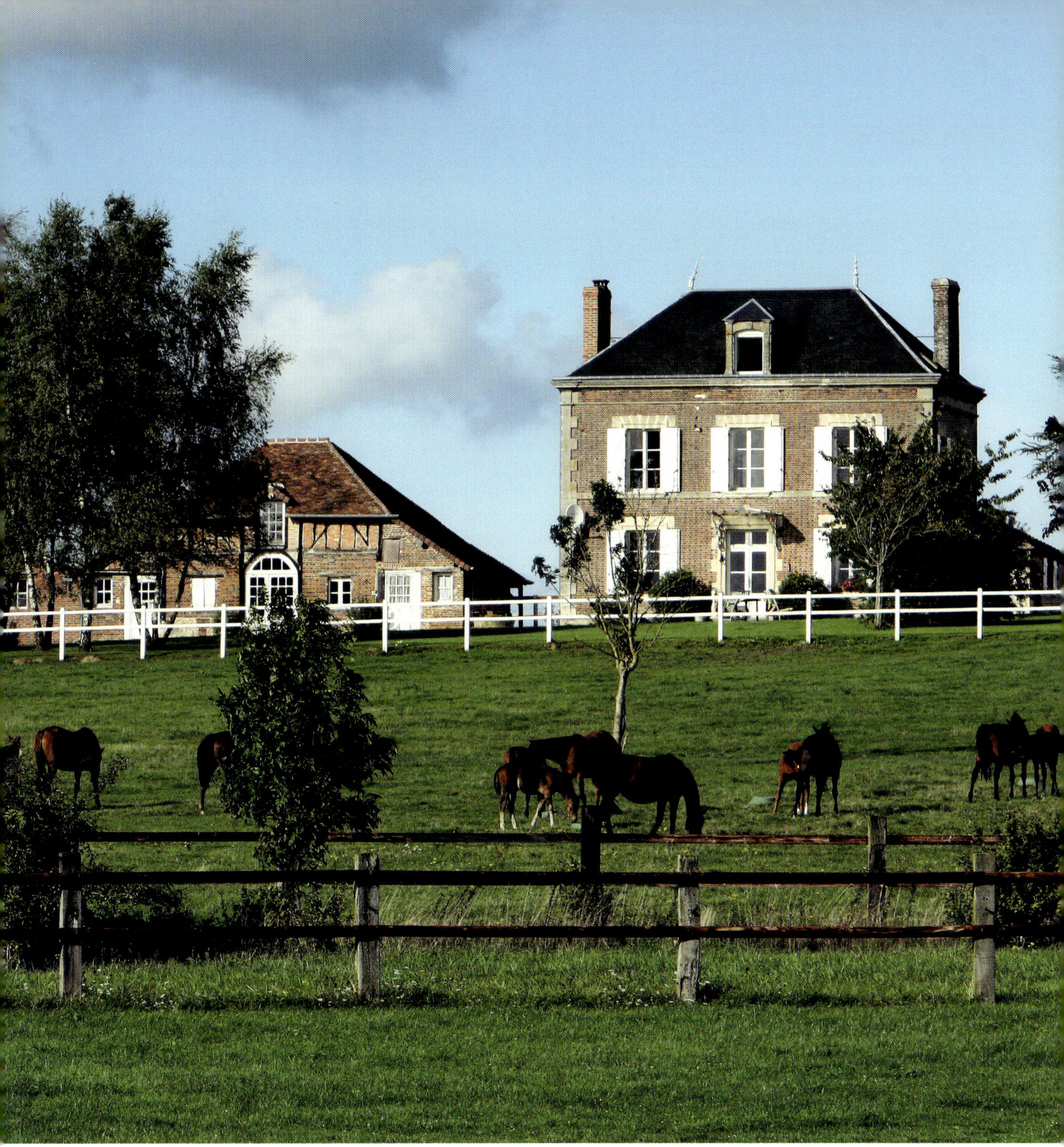

hippodromes, est revenu se poser, aux côtés d'Evasive, Linda's Lad et Tin Horse.

Le haras d'Éric et Isabelle Lhermite est fort bien situé géographiquement, dans la partie nord du département de l'Orne, au Ménil-Girard, non loin de Trun, en direction de Vimoutiers. C'est là une belle région d'élevage, regroupant plusieurs sites d'importance, puisque Grandcamp forme, avec le Haras du Logis, la base d'un triangle quasi isocèle, dont le sommet est le Haras de Coulonces. Inutile de préciser que les terres sont d'excellente facture, s'étendant, en l'espèce, sur une soixantaine d'hectares, soutenus par une structure de cinquante boxes. S'il a été récemment aménagé et particulièrement soigné, le cadre n'en demeure pas moins champêtre, captant l'œil et séduisant le regard. Tout en vastes prairies vallonnées et soigneusement clôturées de bois, il incarne l'image d'une certaine et actuelle Normandie du cheval. De même, Éric Lhermite et les siens œuvrent dans ce sens, aux commandes d'un haras moderne, témoin de son temps et des enjeux professionnels de celui-ci.

Éric Lhermite created the Haras de Grandcamp less than ten years ago in 2004 with the help of his wife Isabelle and their children Sarah and Gaëlle. He set himself up there after learning his trade from some of the best professionals in the French breeding industry, whether it be Jorgen Permin at Roiville, Hubert Honoré at Omméel, Pierre Charles Le Metayer at Le Buff, Paul de Moussac and his son at Mézeray or Marc de Chambure at Étreham. The Lhermites did not take long to develop a major stud in less than a decade, which is held up as an example today, particularly in the field of yearling sales preparation. It has to be said that two genuine champions have already been sold by Grandcamp, namely the winner of the Prix du Jockey Club and three further Group Is including the very international Hong Kong Cup Vision d'État, and champion two year old Dabirsim who was unbeaten at two

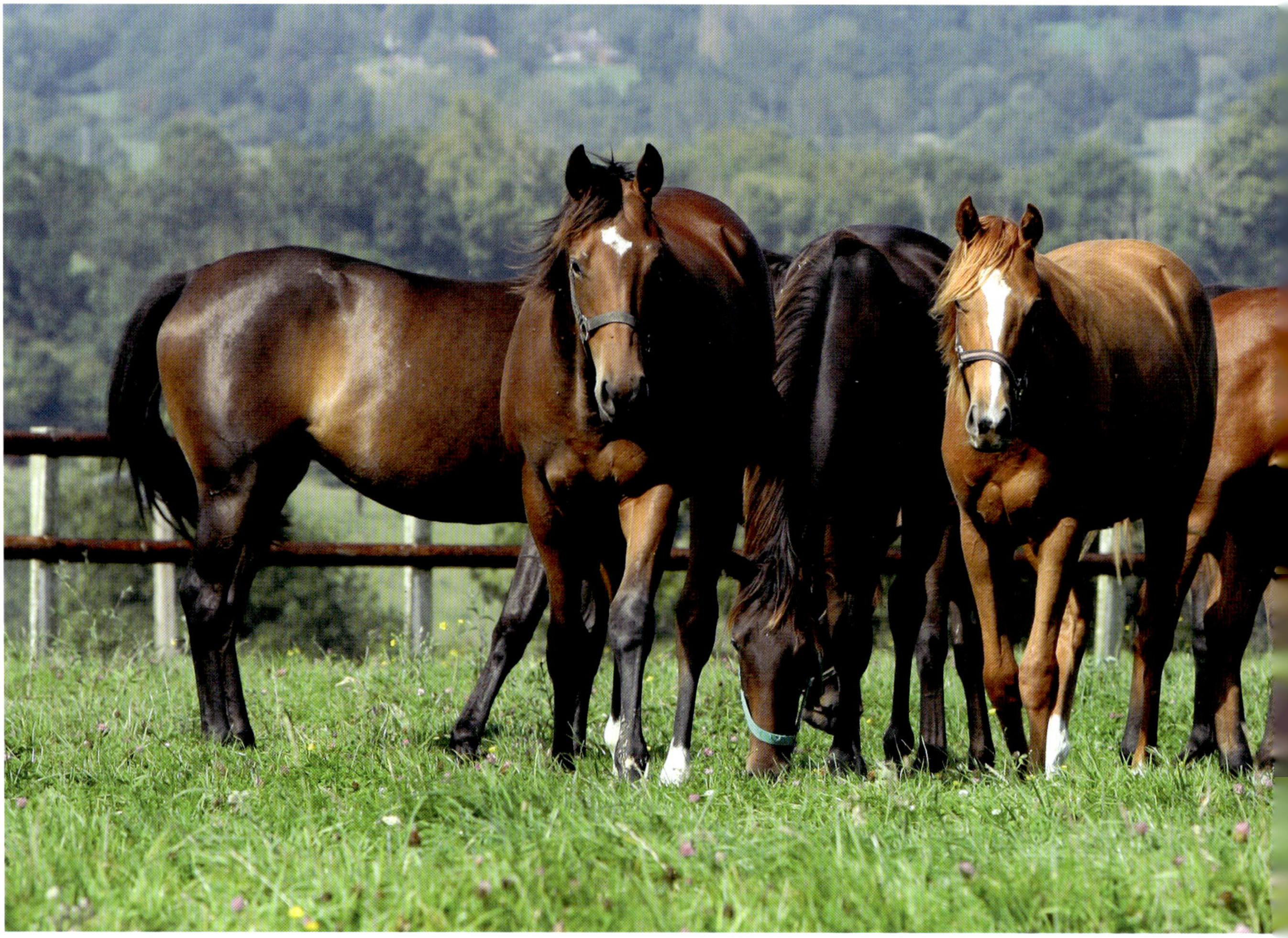

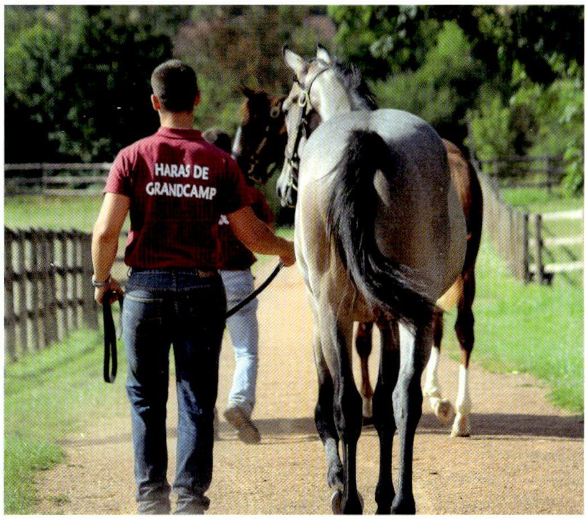

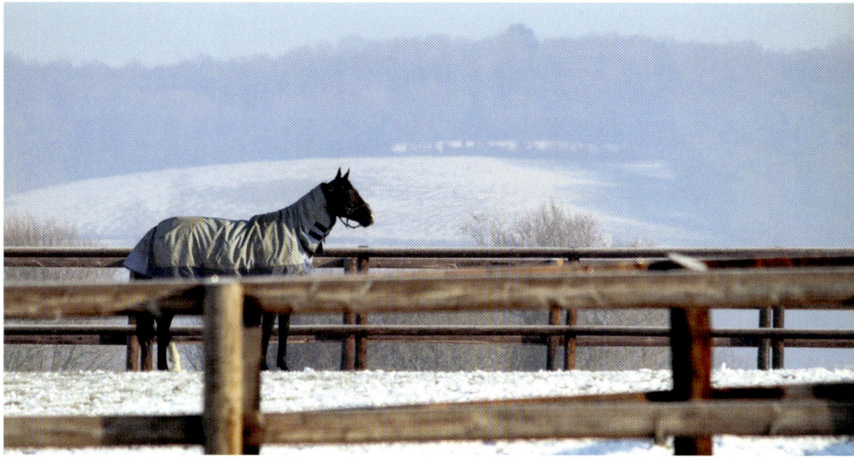

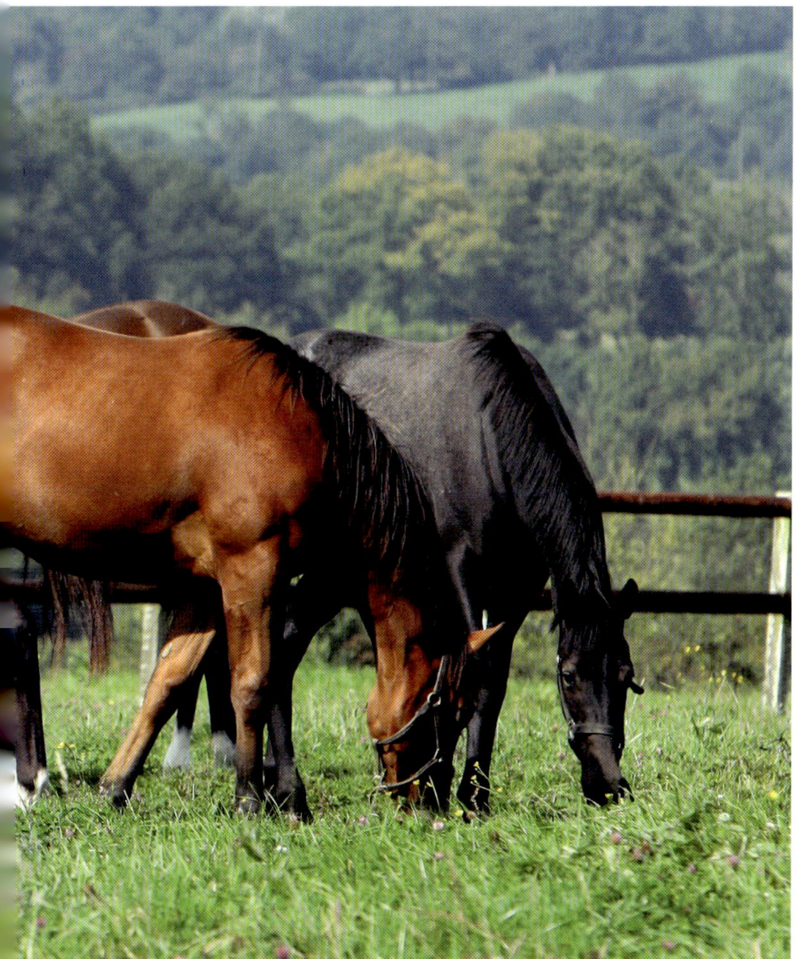

when he won the Prix Morny and the Prix Jean-Luc Lagardère (formerly known as the Grand Criterium) before being elected « Horse of the Year » in 2011 by trade journal and reference tool Courses & Élevage *– edited by Louis Giscard d'Estaing. Today Grandcamp is also an attractive stallion station where Vision d'État now stands after his exploits on the track, alongside Evasive, Linda's Lad and Tin Horse.*

Éric and Isabelle Lhermite's stud is well situated geographically in the northern part of the Orne department at Menil-Girard near Trun in the direction of Vimoutiers. This is a great stud farming region regrouping several important studs and with the result that Grandcamp and the Haras du Logis form the base of an isosceles triangle whose apex is the Haras de Coulonces. Needless to say the land is of excellent quality extending in this case to about sixty hectares supported by fifty boxes. Though it has recently been landscaped and is particularly well maintained, the setting has kept its bucolic feel and has an eye catching and appealing look. Made up of extensive, rolling, timber fenced pastures, it embodies the image of a Normandy stud farm. Éric Lhermite and his team work hard on this at the helm of a modern stud which is witness to history and its professional stakes.

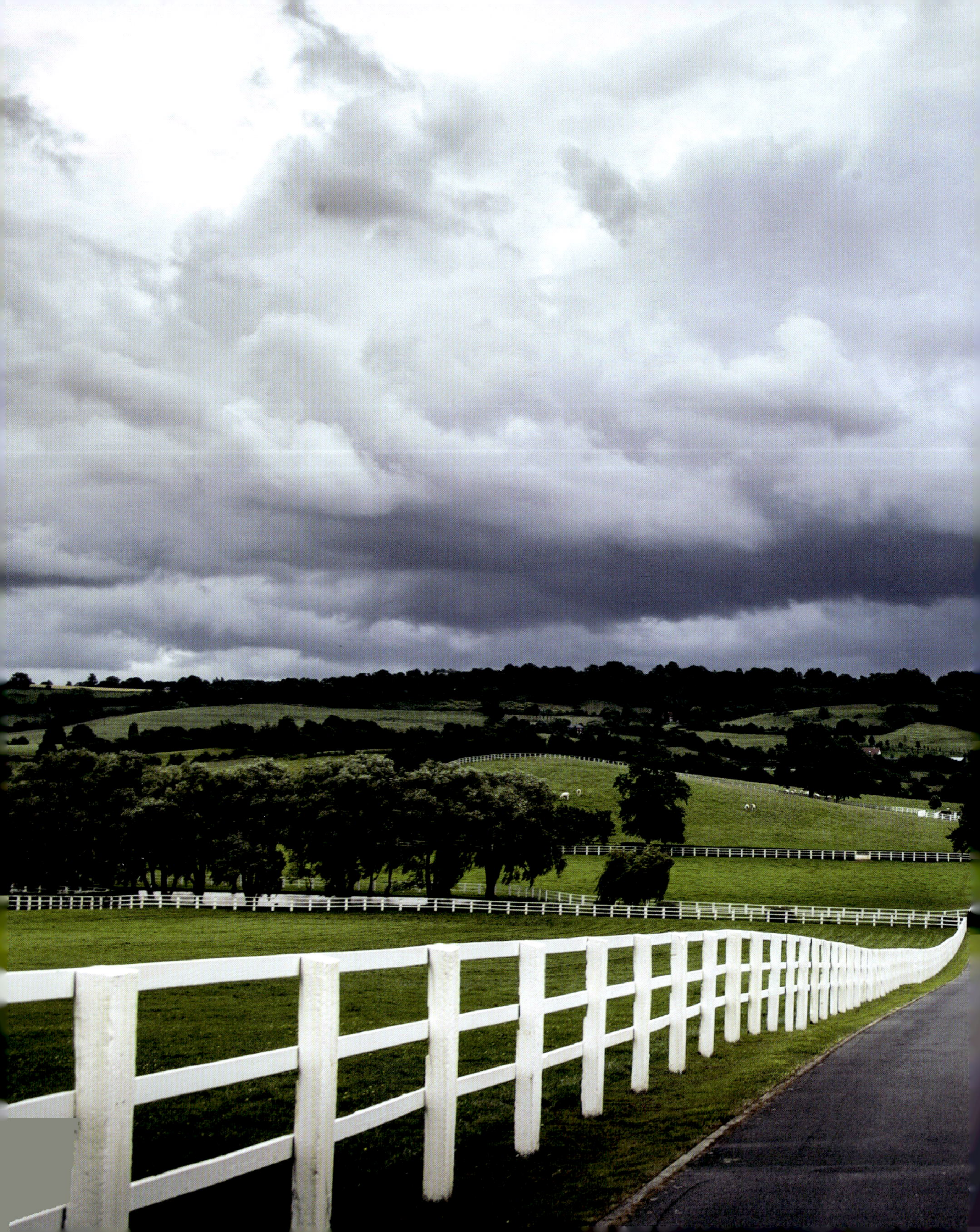

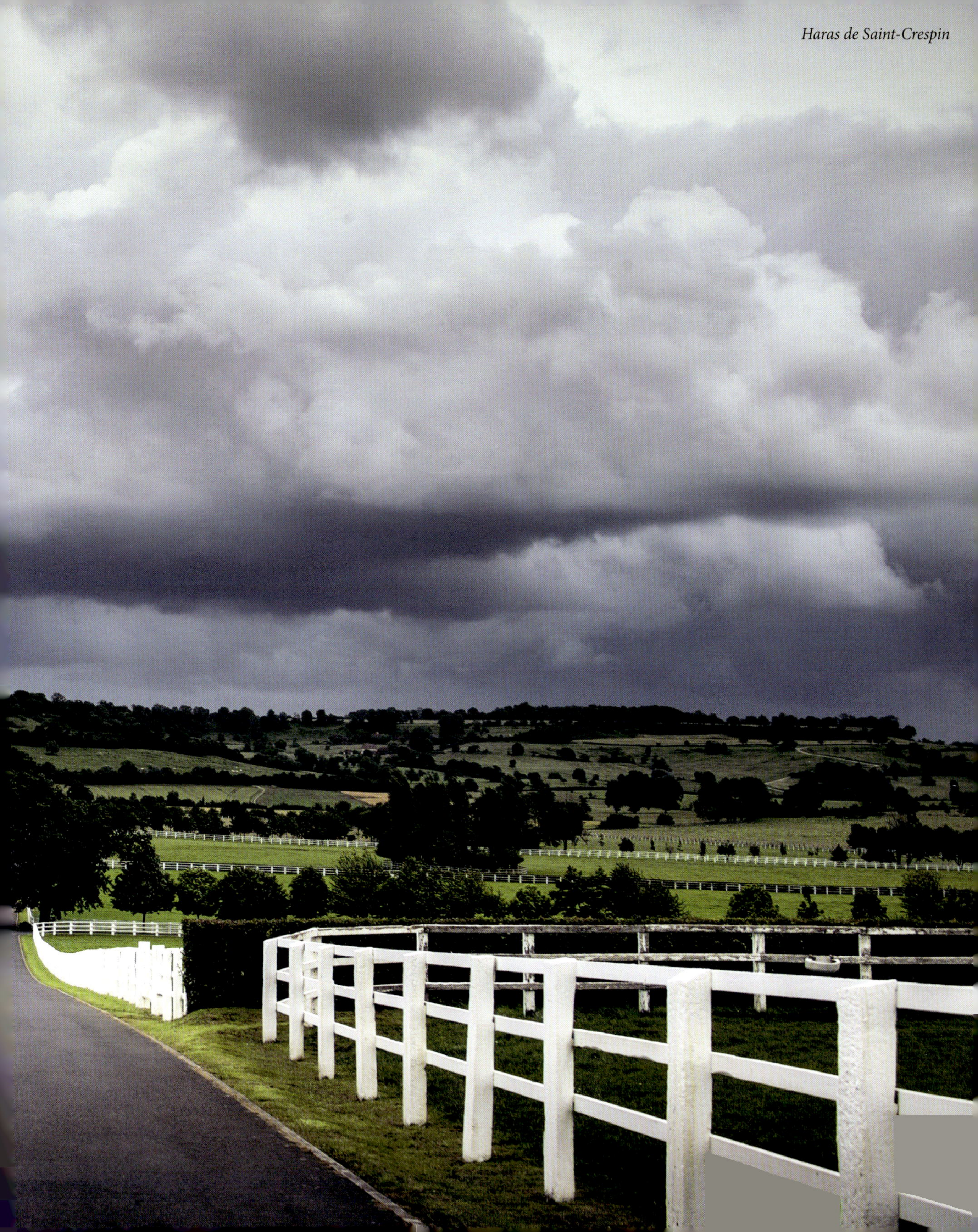

Haras de Saint-Crespin

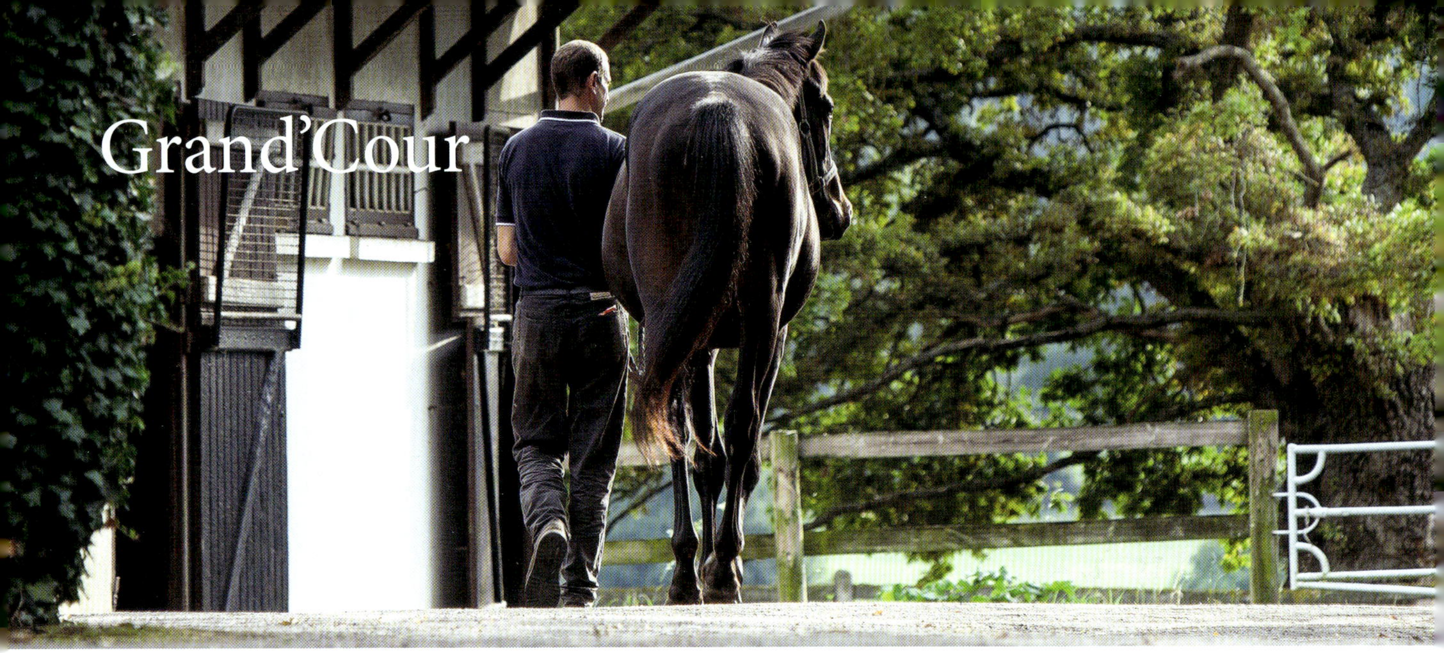

Grand'Cour

Fabrice Besnouin, l'homme de Grand'Cour, est « tombé dans la marmite », comme l'on dit, appartenant à l'une des plus grandes familles d'éleveurs ornais, de son trisaïeul, Émile, jusqu'à lui, en passant par son arrière-grand-père, Adrien, son grand-père, Roger, et son père, Didier. Chez les Besnouin, on naît homme de cheval depuis des générations et on accomplit son destin !

Fabrice Besnouin a ainsi relancé le Haras de Grand'Cour, qu'il a réhabilité en 1999, après une interruption d'une décennie. Le domaine s'étend sur la commune d'Exmes, en bordure de la route menant à Argentan. Demeurent là les quatre-vingts hectares originels et les soixante boxes attenants. Roger Besnouin, le grand-père de Fabrice, a créé le site au début des années soixante, s'y forgeant une solide réputation d'éleveur, dans les pas de son père, Adrien, et parallèlement à son frère, André, alors à la tête du haras voisin du Marais, dans les faubourgs d'Argentan. En matière d'étalons, Sanctus, Jefferson et Gairloch étaient alors les estimés pensionnaires de l'endroit, qui voyait naître Belle Ferronnière, lauréate du Prix de Diane. Au décès prématuré de Roger Besnouin, en 1985, son fils, Didier, continuait l'œuvre, tout en exerçant son métier de vétérinaire et en établissant, sur place, une clinique de renom. L'élevage cessait cependant, peu après, à Grand'Cour, et Fabrice Besnouin repartait de zéro à l'aube de notre siècle, sur des terres reposées. Avec le concours de la regrettée Abeth Mussat, il accueillait Limnos, étalon des plus utiles, auquel se sont joints aujourd'hui Bernebeau et Speedmaster. En regard, une quinzaine de poulinières sont présentes à l'année, leur nombre augmentant sensiblement durant la saison de monte, où sont hébergées les juments saillies sur place et dans les environs. L'élevage maison est orienté vers l'obstacle, discipline dans laquelle la souche AQPS (Autre Que

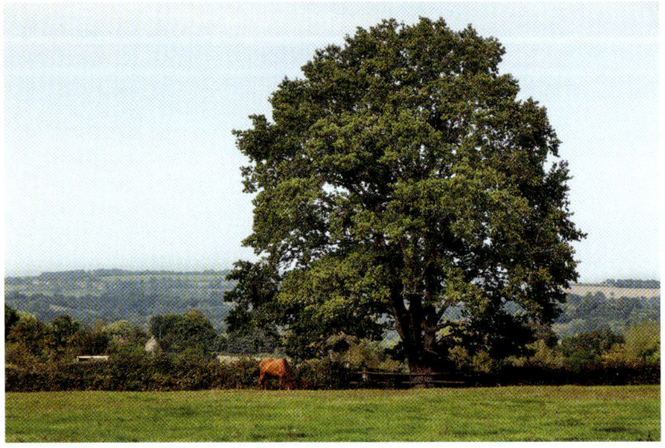

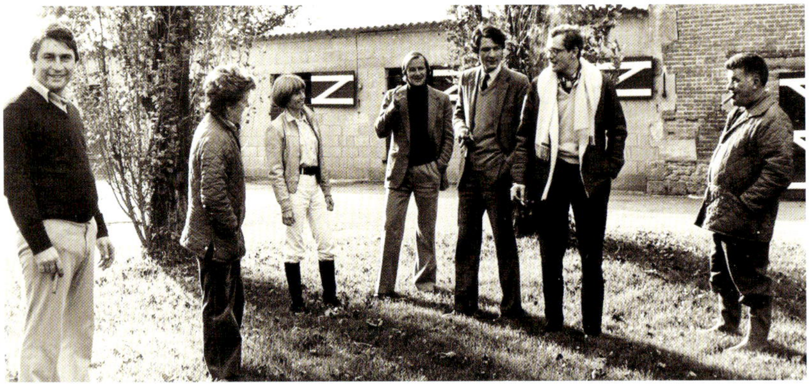

< *De gauche à droite / Left to right : Didier Besnouin, Marie-Louise Besnouin, Fabienne Besnouin, Bruno Ridoux, Philippe Augier, Alain de Lesguern, Roger Besnouin.*

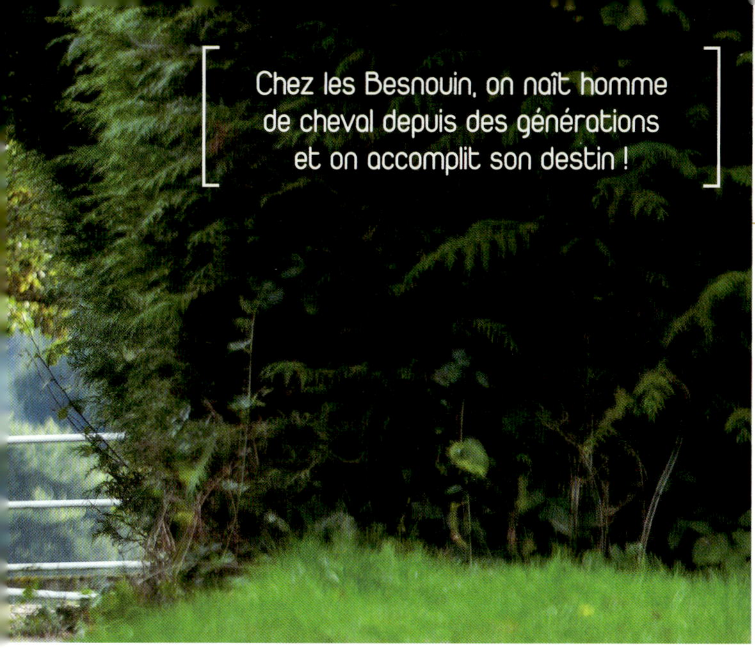

Chez les Besnouin, on naît homme de cheval depuis des générations et on accomplit son destin !

Pur-Sang) familiale, initiée par Adrien Besnouin et son épouse avec les Mitsouko, Quitte ou Double L, Lamie Bleue et Quitte et Passe, est toujours vivace et s'exprime via le talentueux Iris Bleu, spécialement en vue outre-Manche, et autres. Dans les rangs des pur-sang, Madame de Cœur, bonne pouliche sur les obstacles d'Enghien, et la classique en plat Diyakalanie, que Raymond Luce fit naître et grandir à Grand'Cour, avant son transfert au Haras du Mâ, sont les autres produits majeurs du haras.

Fabrice Besnouin, the man in charge at Grand'Cour « fell into the pot » as they say, as he comes from one of the great stud farming families in the Orne, from his great great grandfather Émile right through to him, via his great grandfather Adrien, his grandfather Roger, and his father Didier. For generations now in the Besnouin family one is born a horseman and one fulfils one's destiny!

Fabrice Besnouin has thus revived Grand'Cour which he took over in 1999 after a ten year hiatus. The property is situated in the municipality of Exmes along the road leading to Argentan. The stud is still made up of its original eighty hectares and sixty adjoining boxes. Roger Besnouin, grandfather of Fabrice, developed the site in the early sixties forging himself a reputation as a serious breeder in the footsteps of his father Adrien and alongside his brother André who was then in charge of the neighbouring Haras du Marais on the outskirts of Argentan. In terms of stallions Sanctus, Jefferson and Gairloch were then the esteemed resident sires while Belle Ferronnière, winner of the Prix de Diane, was also born there. With the early death of Roger Besnouin in 1985 his son Didier continued the good work alongside his full time job as a vet and in the process establishing a reputable clinic on site. The breeding activity however stopped soon after at Grand'Cour and Fabrice Besnouin had to start from scratch at the turn of the century on land which was well rested. With the help of the late Abeth Mussat he brought in the very useful stallion Limnos who has now been joined by Bernebeau and Speedmaster. Fifteen or so mares are permanent residents, with the numbers increasing significantly during the breeding season when the mares being covered stay either on site or nearby. The home breeding operation is geared towards jumping, a discipline in which the AQPS family started by Adrien Besnouin and his wife with Mitsouko, Quitte ou Double L, Lamie Bleue and Quitte et Passe is still alive and is represented by the talented Iris Bleu who is better known across The Channel as well as others. Among the thoroughbred ranks Madame de Cœur, the good Enghien filly over jumps and the Classic filly on the flat Diyakalanie, who was born and raised by Raymond Luce at Grand'Cour before being transferred to the Haras du Mâ, are the other major graduates of the stud.

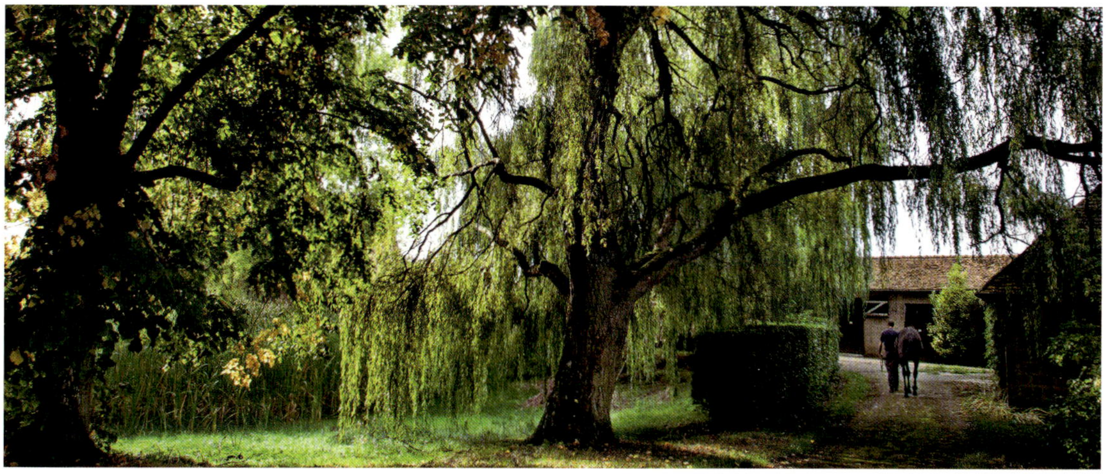

Hamel Stud

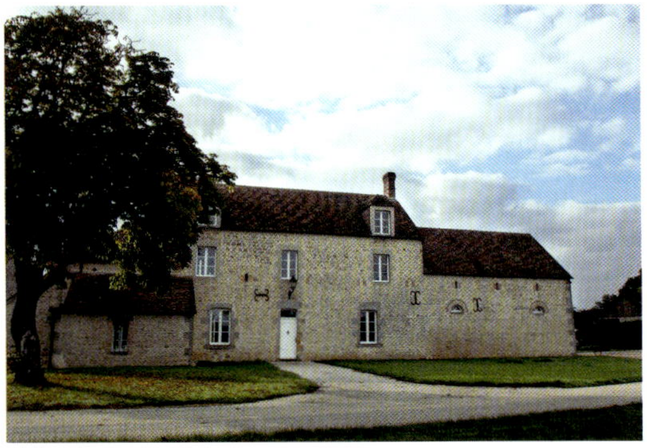

Nous sommes dans la partie sud du département de l'Orne, à peu près à égale distance d'Alençon et de Sées. Sis sur la commune de Bursard, non loin des haras de Bois Roussel et de Sou, Hamel Stud est un élevage de création récente, animé par un investisseur portugais, Carlos de Sousa Pedro.

Guidé, lors de ses premiers pas en France, par le courtier Jean-Pierre Deroubaix et par le frère de celui-ci, Gilles, qui préside aux destinées du Haras de Sou, Carlos de Sousa Pedro a fait l'acquisition du Hamel au début des années 2000. Cette ferme herbagère, où la famille Loudière éleva en son temps des trotteurs de valeur – au premier rang desquels Glaïeul du Hamel, qui remporta l'important Prix de la Côte d'Azur, à Cagnes-sur-Mer –, allait constituer pour lui le terreau d'un élevage de qualité, rapidement monté et se développant tout de suite favorablement. Grâce à l'acquisition, au fil des ans, de prairies du voisinage, dans la fertile vallée de la Vande, le haras s'étend aujourd'hui sur une quarantaine d'hectares, où paissent, bon an mal an, douze à quinze juments. Remanié, le corps de ferme a fait place à quarante boxes, qui couvrent largement les besoins de l'effectif maison. D'une manière générale, Carlos de Sousa Pedro est vendeur de ses mâles, tandis qu'il conserve les femelles et les fait courir. Son parti pris est l'obstacle, une discipline dans laquelle il s'est fixé pour objectif d'atteindre le plus haut niveau. En 2012, la SCEA Hamel Stud a ainsi terminé à la troisième place du palmarès des éleveurs de sauteurs et figure parmi les dix propriétaires les plus titrés de la spécialité. Frappés du sceau des initiales du haras, ses fleurons ont pour noms Chegei Has, placée de courses de sélection en plat et en obstacle, et, plus encore, Formosa Joana Has, championne de l'hippodrome d'Enghien, où elle a remporté, à la fois, le Grand Steeple et la Grande Course de Haies, celle-ci à deux reprises. Mais la vraie passion de Carlos de Sousa Pedro est l'élevage et Formosa Joana Has a eu tôt fait d'être mise à la reproduction, pour être saillie par nos meilleurs géniteurs d'obstacle, à commencer, en 2013, par l'étalon leader, Poliglote.

Hamel Stud can be found in the southern part of the Orne department, about halfway between Alençon and Sées and more specifically near the village of Bursard, not far from both the Haras de Bois Roussel and the Haras de Sou. It was developed relatively recently and is owned by Portuguese investor Carlos de Sousa Pedro.

Advised in his early days in France by bloodstock agent Jean-Pierre Deroubaix and his brother Gilles, who is in charge of Haras de Sou, Carlos de Sousa Pedro bought Hamel in the early 2000s. The stud was once a cattle farm where the Loudière family bred valuable trotters including, most notably Glaïeul du Hamel, who won the much

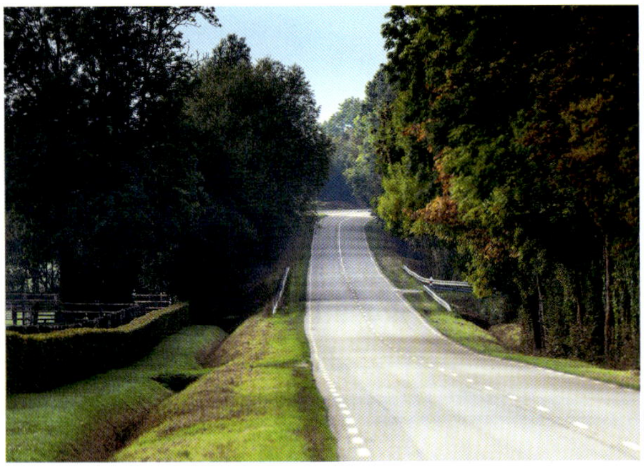

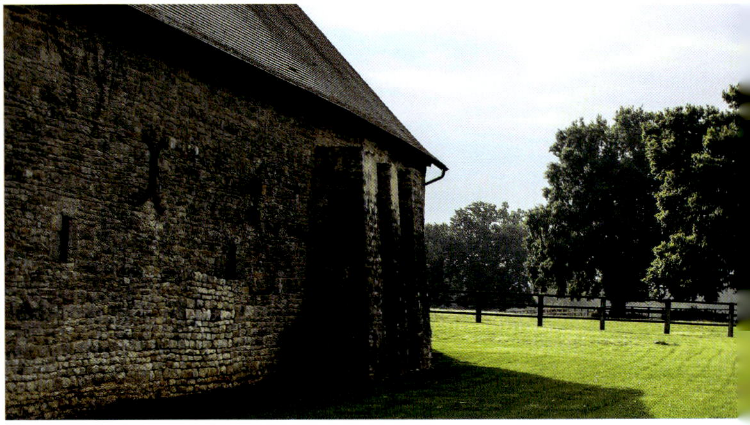

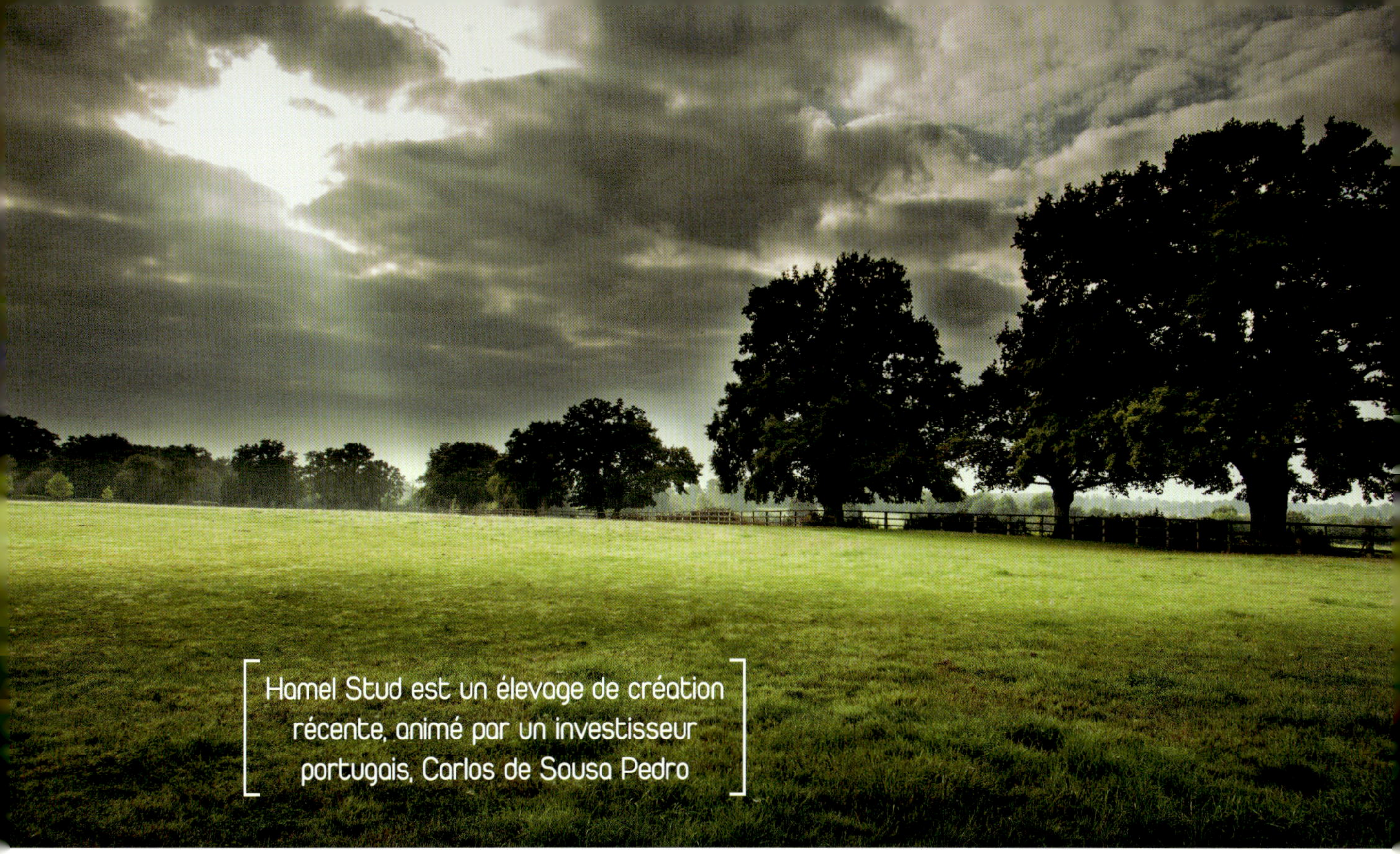

vaunted Prix de la Côte d'Azur at Cagnes-sur-Mer. Its pastures provided the foundation for a high class breeding operation which took little time to create and immediately developed into a successful operation. Thanks to the gradual acquisition of neighbouring pastures in the fertile Vande valley, the stud now covers over 40 hectares where between 12 and 15 broodmares are kept from year to year. Following a major overhaul, the farmyard has been turned into 40 loose boxes which largely cover the needs of the stud's homebred stock.

Carlos de Sousa Pedro's general policy is to sell his colts and keep his fillies and run them in his own name. He has a preference for jumping and has set himself the goal of being successful at the highest level in this discipline. In 2012, Hamel Stud SCEA finished third on the National Hunt breeders' leaderboard and featured among the top ten National Hunt owners. His horses' names all carry the stud brand through its initials and his best horses include Chegei Has who was placed at Group and Listed level both on the flat and over jumps as well as Formosa Joana Has was champion racemare at Enghien racecourse, where she won both the Grand Steeple and the Grande Course de Haies, the latter on two occasions. But Carlos de Sousa Pedro's real passion is breeding and Formosa Joana Has was soon retired to the breeding shed and was covered for the first time in 2013 by one of the leading National Hunt sires of our generation Poliglote.

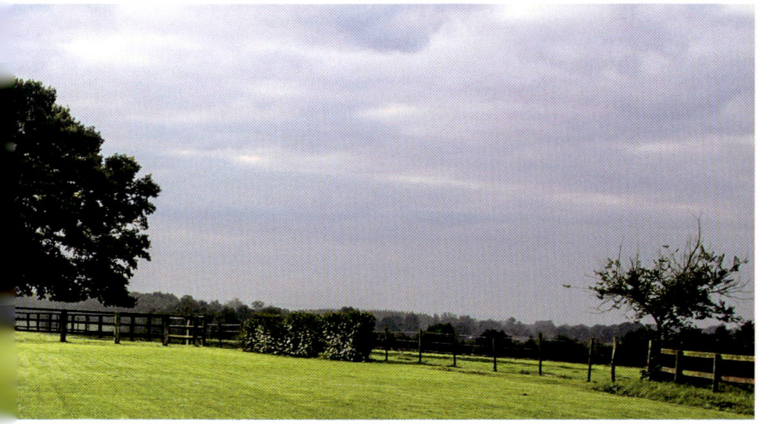

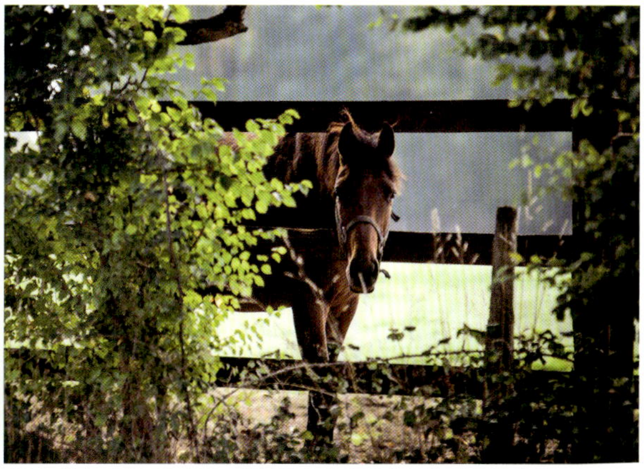

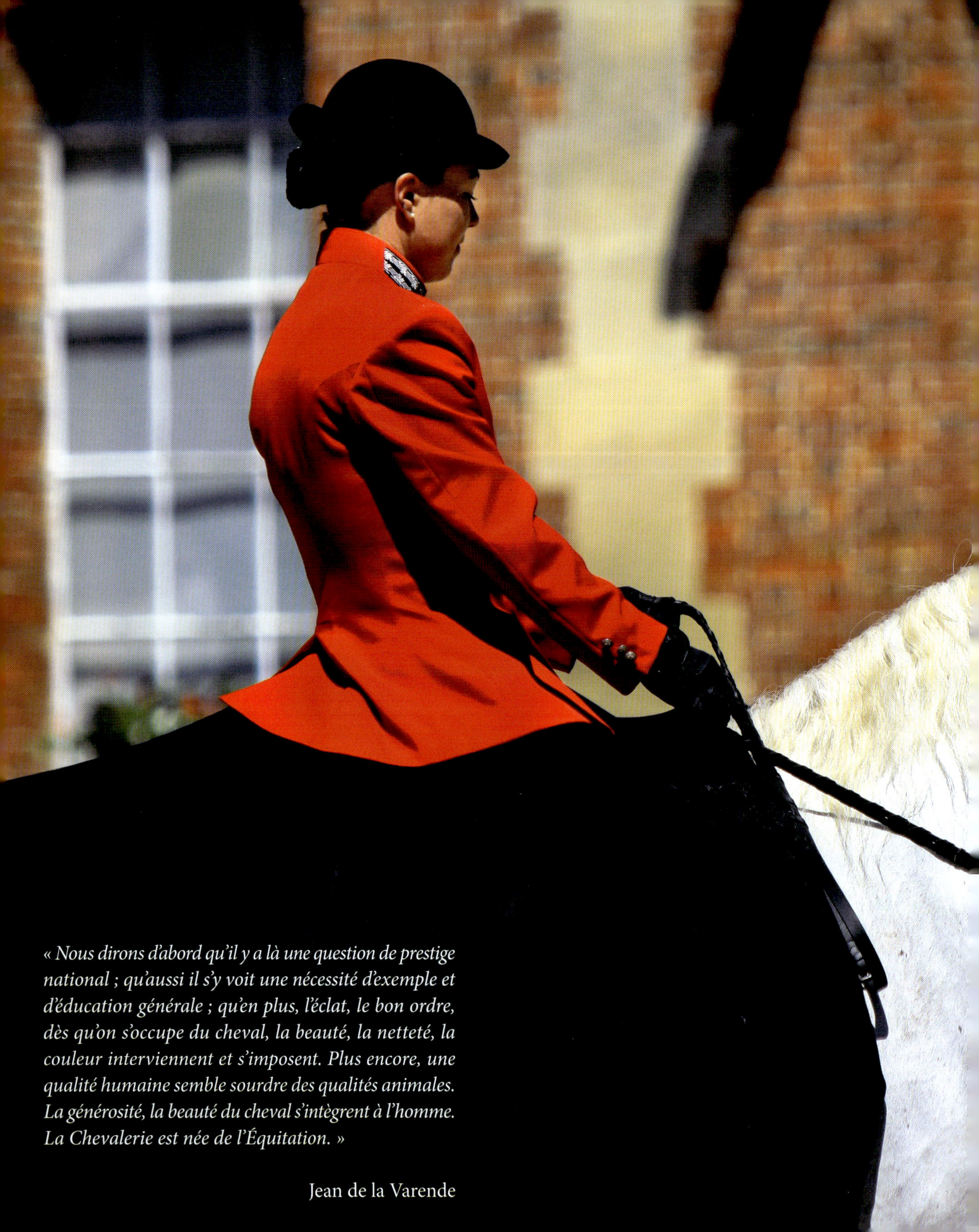

« Nous dirons d'abord qu'il y a là une question de prestige national ; qu'aussi il s'y voit une nécessité d'exemple et d'éducation générale ; qu'en plus, l'éclat, le bon ordre, dès qu'on s'occupe du cheval, la beauté, la netteté, la couleur interviennent et s'imposent. Plus encore, une qualité humaine semble sourdre des qualités animales. La générosité, la beauté du cheval s'intègrent à l'homme. La Chevalerie est née de l'Équitation. »

Jean de la Varende

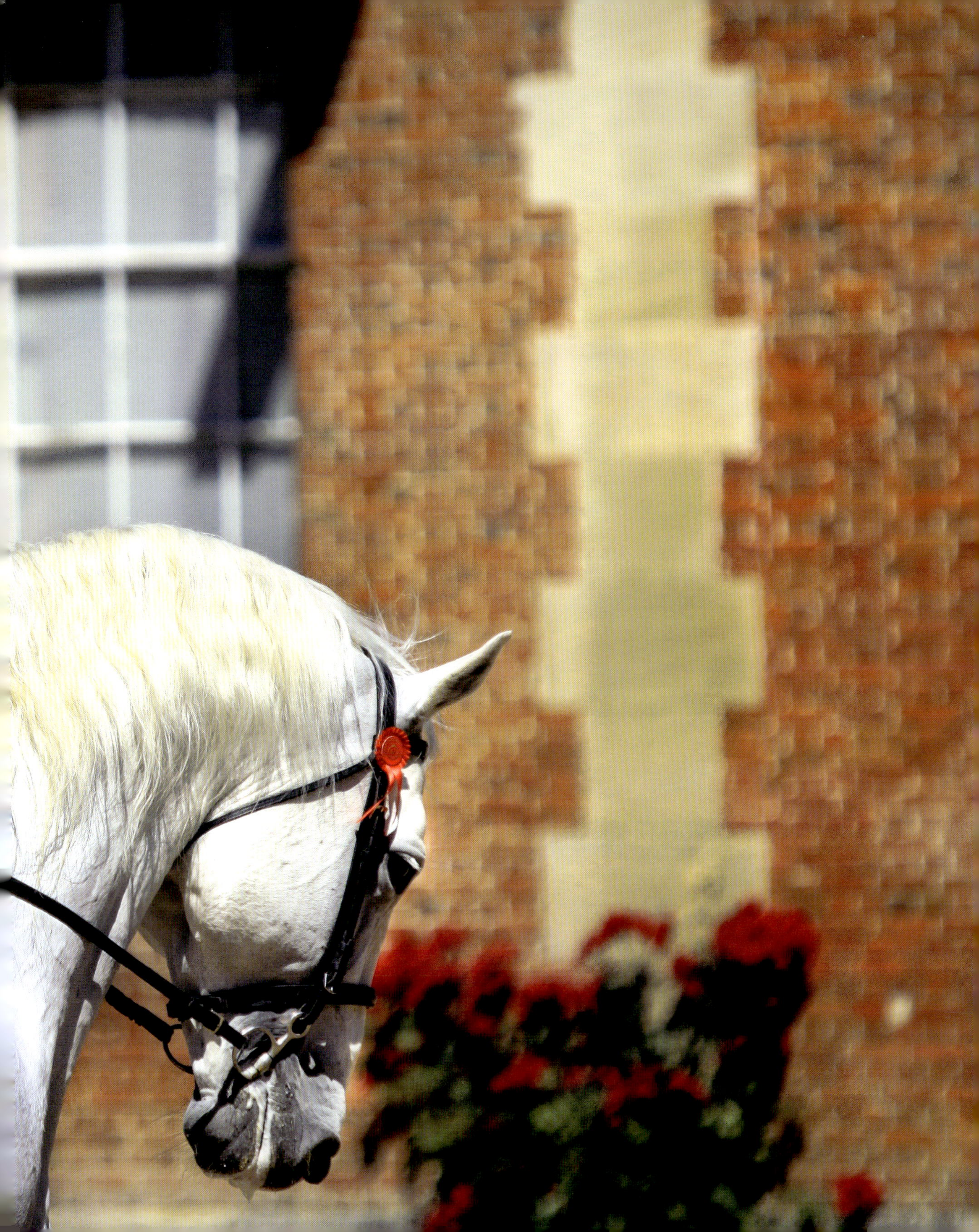

Les Haras Nationaux : Le Pin – Saint-Lô

La belle institution des Haras Nationaux est tombée en désuétude aux yeux du pouvoir et a été sacrifiée sur l'autel des économies de fonctionnement de l'État. C'est une page qui se tourne on ne sait trop sur quelle autre, le devenir des différents Haras Nationaux parsemant le sol français étant en suspens et variant selon les cas. Une chose est sûre : rien ne sera plus comme avant et c'est un hommage quasi posthume qu'il faut hélas rendre ici à la création de Louis XIV.

C'est en effet sous le règne du Roi-Soleil, que la décision fut prise de créer les haras publics. L'idée est de favoriser l'élevage des chevaux, dont le rôle est alors crucial, tant dans les transports que dans les guerres. Les historiens nous content que, trois siècles plus tôt, Philippe VI s'était déjà penché sur la question, fondant le Haras de la Châtellerie de Domfront, dans l'Orne. Ce sera ensuite au tour d'Henri IV d'inciter à la création de haras dans la région du Merlerault, fameuse pour la qualité de ses terres, déjà appréciées de l'ennemi anglais durant la guerre de Cent Ans. En prolongement, Louis XIII a le projet d'un grand haras royal, voué à l'élevage de chevaux d'armes. Plusieurs possibilités s'offrent à lui, mais l'idée ne se concrétise finalement pas. Louis XIV franchira le pas par un arrêt pris en conseil du roi – le conseil des ministres de l'époque ! –, datant de 1665 et

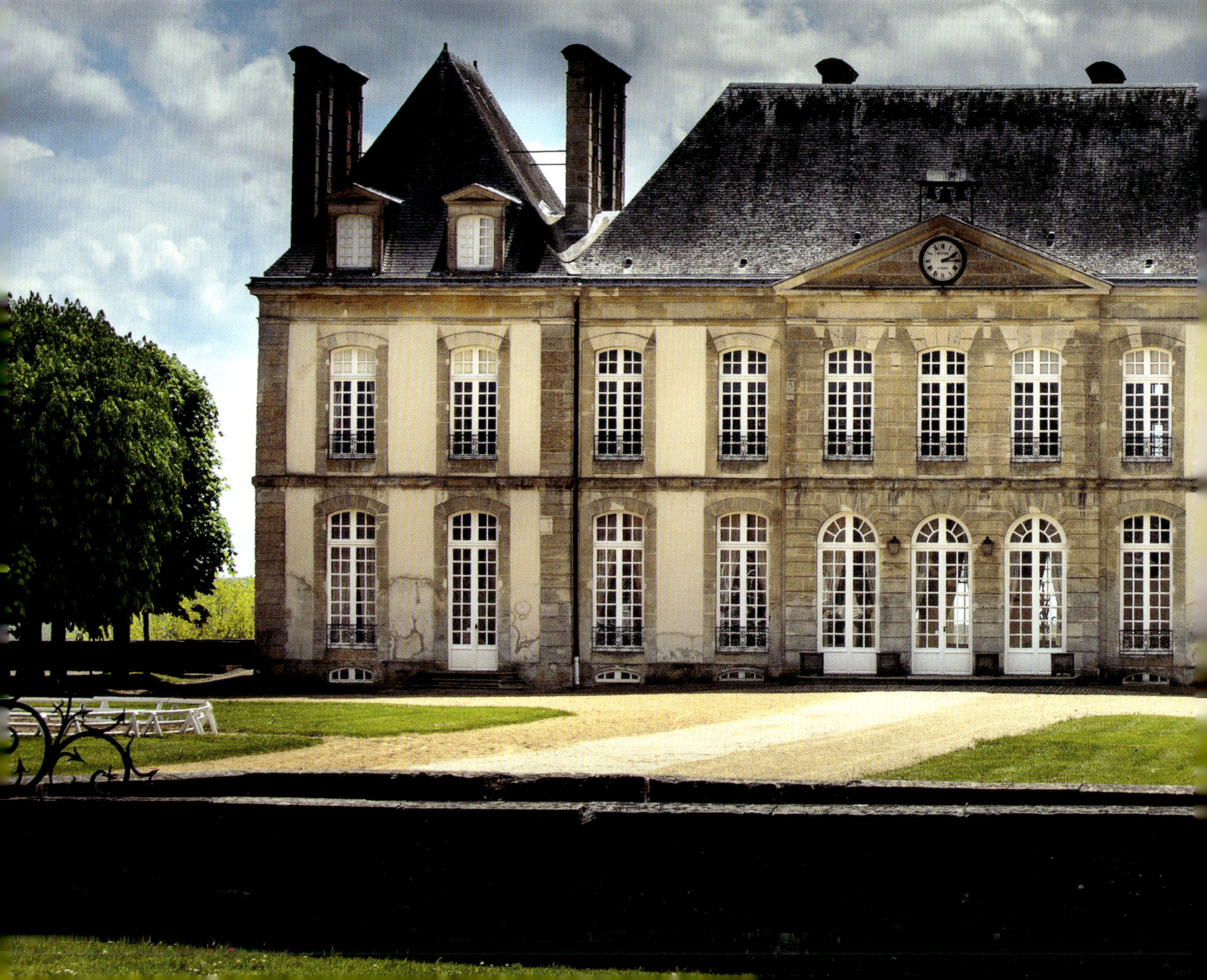

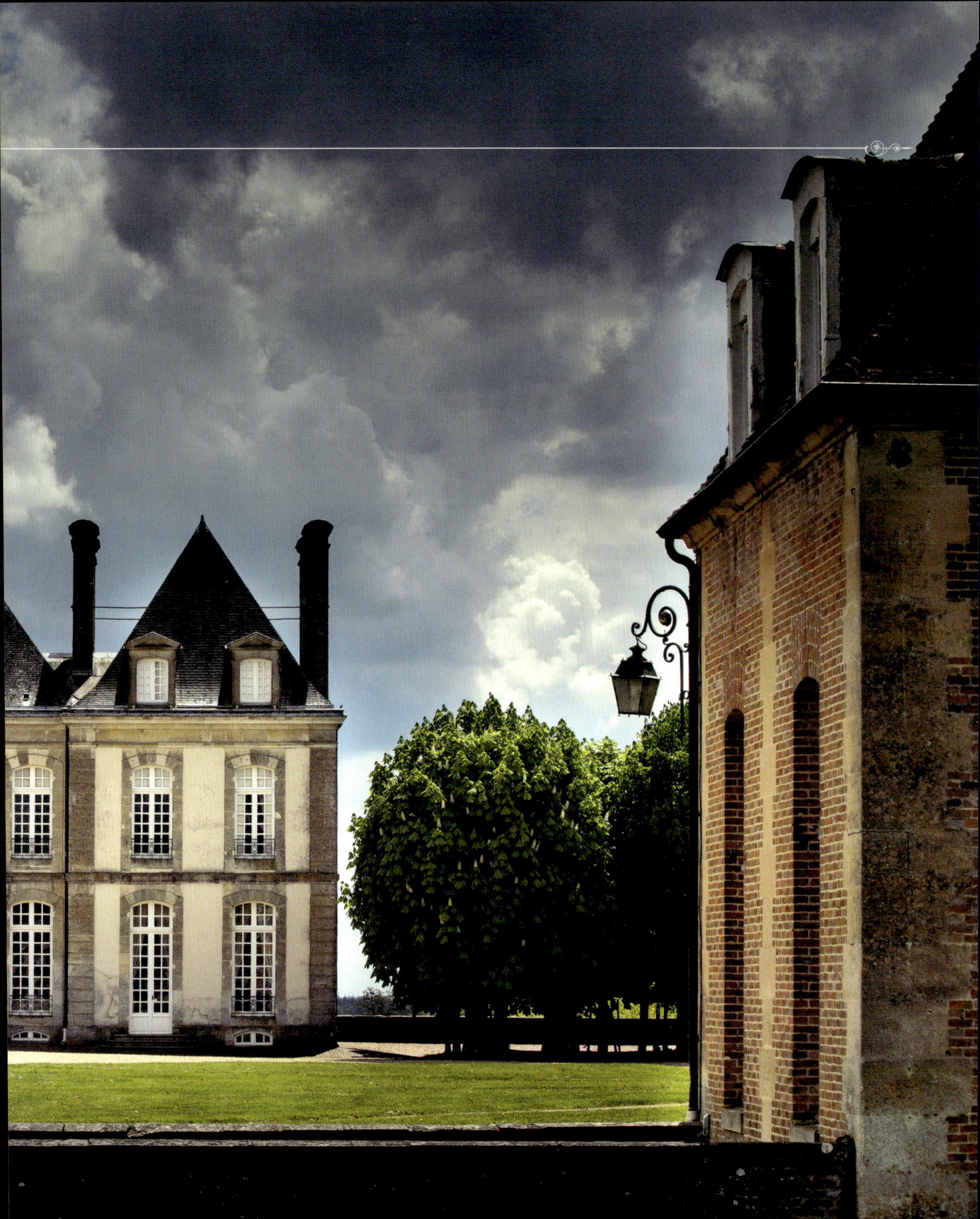

édictant la création de haras publics. Le Haras du Pin sera le premier d'entre eux, implanté au cœur d'une contrée d'élevage choisie pour son excellence, entre les pays d'Argentan et du Merlerault, au centre du département de l'Orne. Colbert, dans les pas du roi, en fut l'initiateur ; Mansart et Le Nôtre, ceux-là mêmes à qui l'on doit Versailles, en furent les concepteurs. Le résultat est absolument superbe, d'une majesté qui ne saurait seoir davantage à la plus noble conquête de l'homme. Qui, mieux que l'écrivain normand Jean de La Varende, dans la conclusion de son opuscule dédié au Pin, a su expliquer, exprimer la profonde raison d'être de ce « Versailles des chevaux » : « *Maintenant, si les dénigreurs s'en prennent au luxe apparent, à la tenue générale, à ce qui choque l'envieux et le croquant dans un établissement comme Le Pin, nous dirons d'abord qu'il y a là une question de prestige national ; qu'aussi il s'y voit une nécessité d'exemple et d'éducation générale ; qu'en plus, l'éclat, le bon ordre, dès qu'on s'occupe du cheval, la beauté, la netteté, la couleur interviennent et s'imposent. Plus encore, une qualité humaine semble sourdre des qualités animales. La générosité, la beauté du cheval s'intègrent à l'homme. La Chevalerie est née de l'Équitation.* »

Achevé en 1728, le Haras du Pin, qui, soit dit au passage, s'étend sur plus de mille hectares, dont trois cents de bois, aura comme premier directeur – on disait, à l'époque, écuyer –, François de Gersault, qui donnera le ton, accueillant les premiers étalons en 1730. Administrateur général des Haras et animateur du Pin de 1765 à 1790, le comte de Lambesc procède à de nombreuses importations, afin d'améliorer la race normande. C'est ainsi qu'arriveront au Pin des étalons de toutes races, andalous, anglo-arabes, arabes, castillans, danois, italiens, norfolk, poméraniens... Un temps abolis, peu après la Révolution, les Haras Nationaux renaîtront bientôt et l'activité du Pin recommencera de plus belle, assortie, à compter des années 1820, de celle inhérente à l'hippodrome récemment créé, au lieu-dit, voisin, de La Bergerie. À partir de la Restauration jusqu'à l'époque contemporaine, c'est à l'essor des chevaux de course, au galop et au trot, que le Haras du Pin va, peu à peu, participer, tout en gardant son rôle d'amélioration, puis de préservation des autres races, telles celles de trait. Parallèlement, il est de sa vocation, de sa mission, de demeurer accessible au plus grand nombre. Là encore, il nous faut citer La Varende : « (...) *Un établissement comme Le Pin est essentiellement démocratique* (...) *Le Haras d'État n'est pas nécessaire aux grosses maisons de cheval ; s'il leur rend service, c'est par les directives qu'il trace, les études que l'on y pousse, les résultats qu'on y codifie ; par l'émulation, aussi, qu'il inspire, en les piquant au jeu. Mais le Haras est absolument indispensable aux éleveurs moyens, qui*

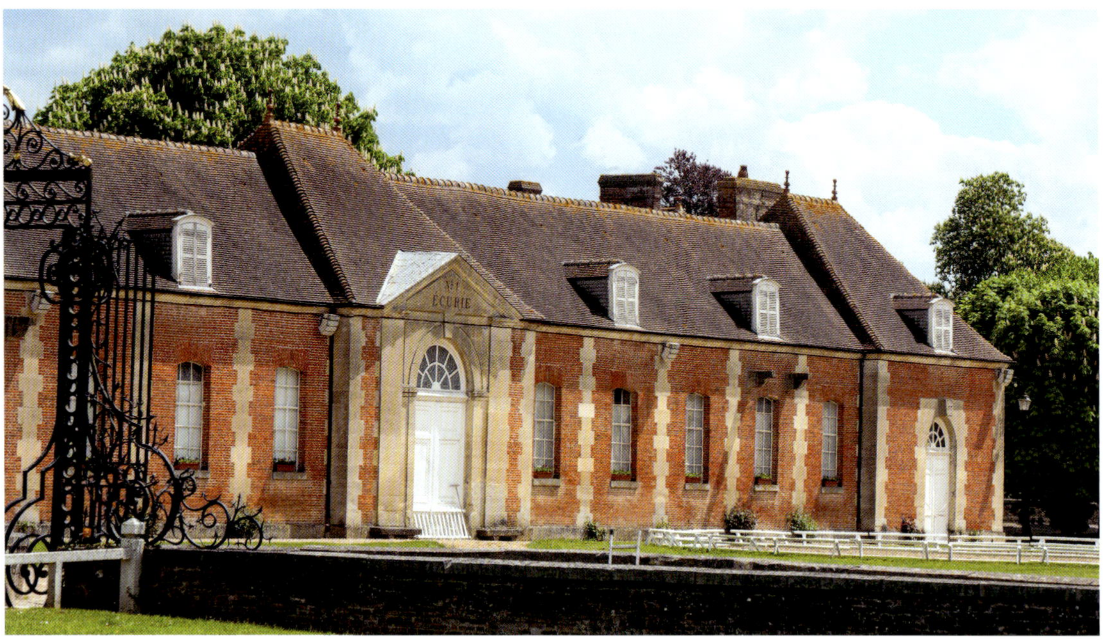

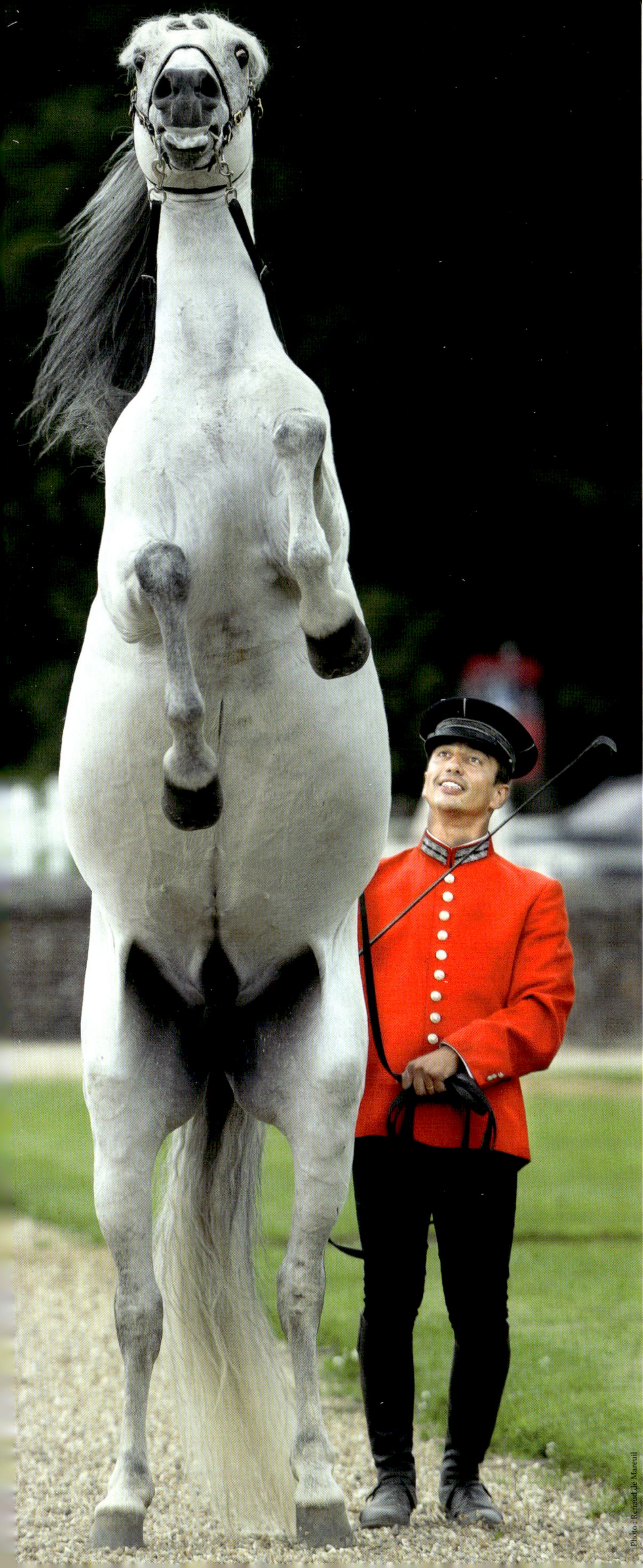

Photo : Renaud de Mareuil

n'ont pas une trésorerie suffisante ; qui ne peuvent s'offrir le grand étalon particulier ; qui, de plus, ne pourraient, sans inquiétude, s'asservir aux prix demandés par les grands éleveurs pour la saillie de leur crack. Tandis qu'avec le Haras d'État, le petit éleveur peut assurer ses naissances sans dépenses scabreuses. » Que ceux qui ont signé l'« arrêt de mort » des Haras Nationaux, n'ont-ils lu La Varende !

Pendant près de trois siècles, le Haras du Pin aura été le grand dépôt d'étalons de Normandie. Il n'y a encore pas si longtemps, on pouvait y admirer jusqu'à une vingtaine d'étalons percherons, le même nombre de selle français et de trotteurs français, ainsi que quelques cobs et anglo-arabes, voire un pur-sang arabe. Quant aux pur-sang anglais, ils ont été jusqu'à une quinzaine, l'ensemble constituant un total d'environ quatre-vingts reproducteurs. Au printemps, au moment de la saison de monte, certains restaient sur place, tandis que d'autres étaient dispersés dans les différentes stations de la circonscription. Une manière de venir au contact des éleveurs et de leur offrir le meilleur service. Dans un passé relativement récent, les étalons pur-sang les plus marquants ayant œuvré au Haras du Pin se nomment Carmarthen – un chef de race en obstacle –, Labus, Le Nain Jaune ou Garde Royale, tous trois auteurs de gagnants de Groupe I. En 2013, le Pin n'abritait malheureusement plus que deux étalons pur-sang, Indian Daffodil et Montmartre.

Outre l'hippodrome, où sont organisées plusieurs réunions de courses chaque année, dans les spécialités du plat, du steeple et du cross-country, le Haras du Pin centralise aussi, ponctuellement, de grands événements dans le domaine des sports équestres, en particulier le concours complet. Il est également un magnifique site de visites touristiques et, dans un autre registre, un haut lieu de l'enseignement équin, avec l'École des Haras, dont la création remonte au milieu du dix-neuvième siècle et qui forme à divers métiers du cheval et de l'équitation. Bref, il y a là un authentique patrimoine culturel, que l'on souhaite ardemment voir un tant soit peu préservé, de la façon la plus pertinente possible.
Le Haras National de Saint-Lô n'a évidemment pas l'aura de celui du Pin. Il n'empêche qu'il a longtemps été un acteur majeur de l'élevage du cheval en Basse-Normandie, au sein d'une circonscription couvrant le département de la Manche et une partie de celui du Calvados. Fondé sous l'Empire, pour fournir des chevaux aux armées, il a été plusieurs fois agrandi, au cours des décennies qui ont suivi, et a accueilli jusqu'à quatre

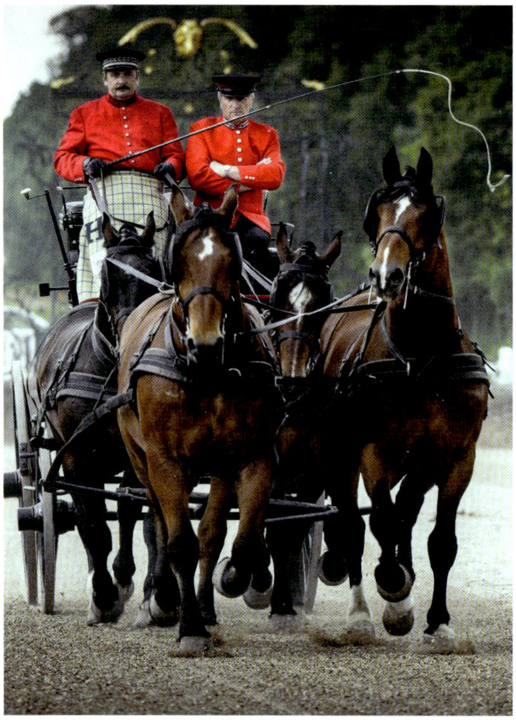

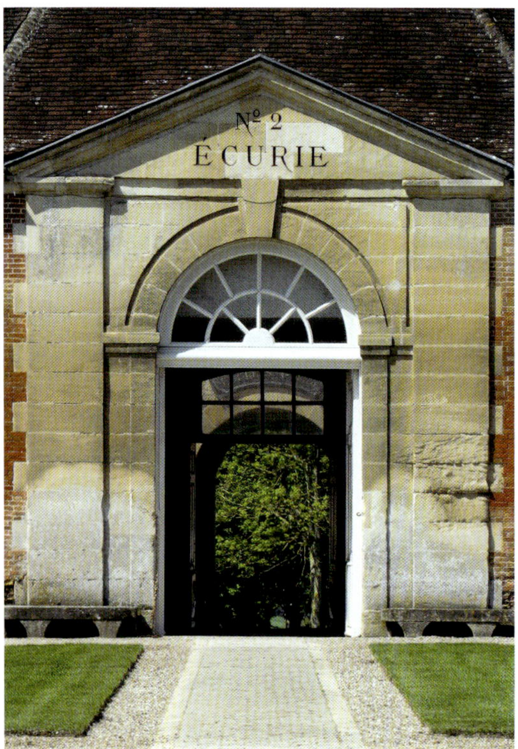

cents étalons (*sic* !), au début du vingtième siècle, surtout à destination des sports équestres et du trait lourd et léger. Subissant les affres du deuxième conflit mondial, le haras fut détruit, puis reconstruit en un autre lieu, dans la périphérie de la ville. Conçue avec soin et avec goût, à la fois dans le style régional et le ton cher à l'Administration, la nouvelle structure connaîtra encore de belles heures, sous la houlette, notamment, du père du grand entraîneur classique Alain de Royer-Dupré, qui a, de la sorte, appris son rudiment équestre à Saint-Lô.

The great institution that is the French National Studs has fallen into disuse in the eyes of the government and has been sacrificed on the altar of the state's cost efficiency. A page in history is turning and it is unclear what the next will be, with the future of the various National Studs dotted around the country uncertain and different according to each one. One thing is certain: nothing will be as it was before and it is an almost posthumous tribute which must unfortunately be written for Louis XIV's creation.

Indeed it was during the reign of the Sun King that the decision was made to create these state run studs. The idea was to promote the breeding of horses, whose role was then so crucial both in transport and in wars. Historians relate that three centuries earlier Philippe VI had already addressed the issue, creating the Haras de la Châtellerie de Domfront in the Orne. It was then the turn of Henri IV to encourage the creation of studs in the Merlerault region, which was famous for the quality of its land and had already been sought after by the English enemy during the Hundred Year War. By extension Louis XIII had plans for a great royal stud farm dedicated to the breeding of weapon carrying horses. Several options were available to him but in the end his idea did not materialize. Louis XIV made the decisive step through a judgment from the King's Council – the Cabinet of Ministers of the time – in 1665 and the passing of an act for the creation of public studs. The Haras du Pin was the first to be built in the heart of a region selected for its excellence in breeding, between Argentan and Merlerault, at the center of the Orne department. Colbert, in the footsteps of the king, was its initiator; Mansart and Le Nôtre, the very ones to whom we owe Versailles, were its designers. The result is absolutely stunning and

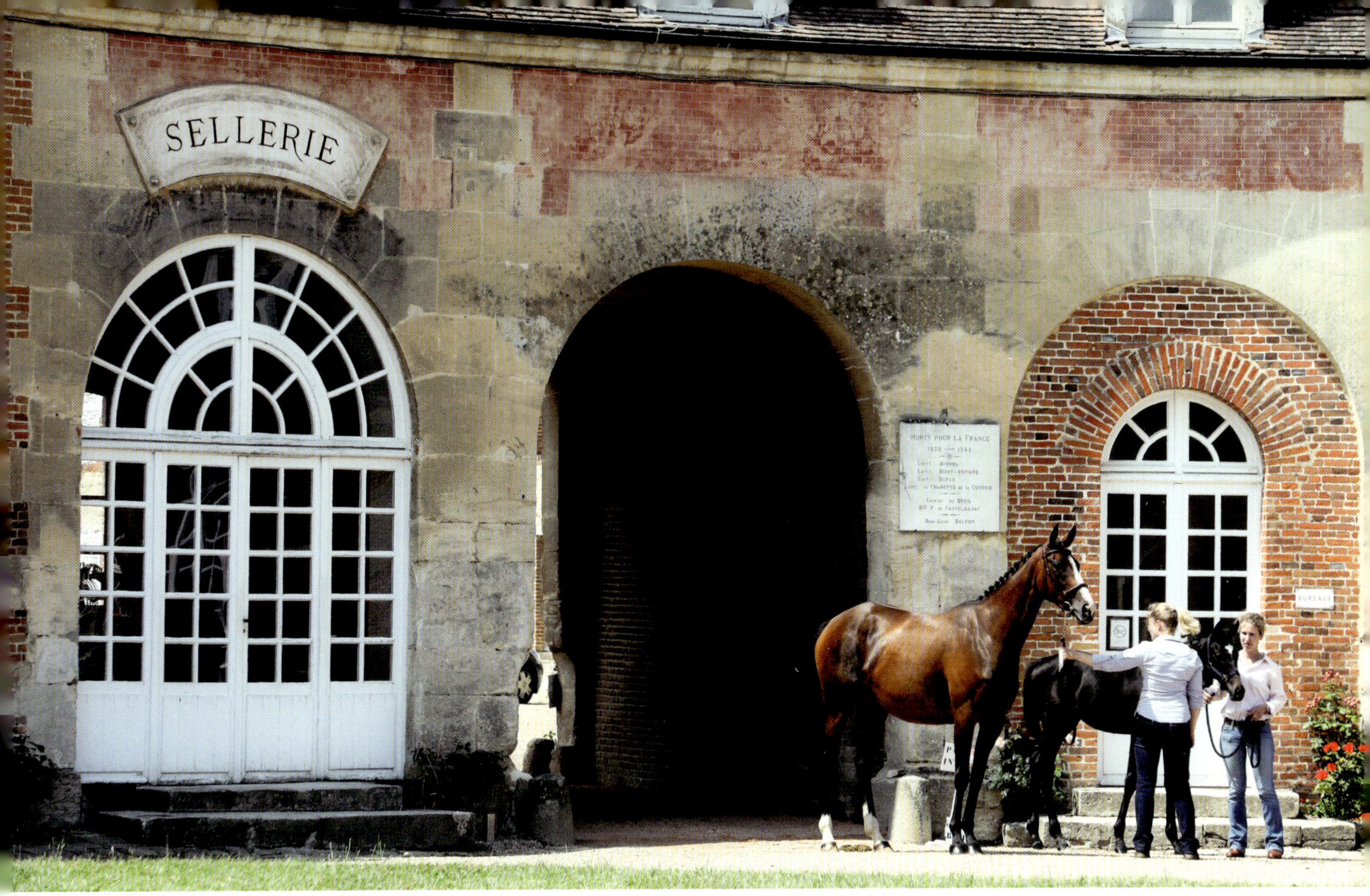

has a majesty which could not be more fitting for man's noblest conquest. Who better than the Norman author Jean de La Varende to express and explain the profound reason for this « Versailles of the horse » in the conclusion of his pamphlet dedicated to Le Pin: « Now, if critics attack the apparent luxury and general outlook, to what may shock the envious and the bitter in a place like Le Pin, first of all we say that there is a question of national prestige and that there is also a need for setting an example and general education; that in addition, brightness, good order, beauty, clarity and colour intervene and become imperative as soon as the horse is concerned. Furthermore, a human quality seems to take shape from animal qualities. The generosity and the beauty of the horse are passed onto man. Chivalry was born from Riding. »

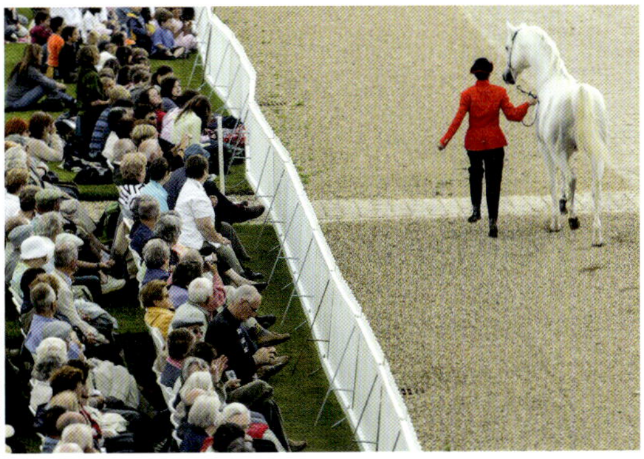
Photo : Renaud de Mareuil

Completed in 1728, the Haras du Pin, which incidentally extends over a thousand hectares of which three hundred are woodland, had as its first director – at the time they were known as equerries – François de Gersault who was to set the tone, welcoming its first stallions in 1730. General Director of the National Studs and manager of the Haras du Pin from 1765 to 1790, comte de Lambesc imported a large number of horses in a bid to improve the Normandy breed. This is how stallions from a multitude of breeds from Andalusian, Anglo-Arab, Arabian, Castilian, Danish, Italian, Norfolk, to Pomeranian arrived at Le Pin. Abolished for a time shortly after the Revolution, the National Studs were soon reborn and Le Pin resumed its activity alongside, from the 1820s, those inherent to the recently built racecourse on the neighbouring site of La Bergerie. From the Restoration to the present day the Haras du Pin became increasingly involved in the development of racehorses, both thoroughbreds and trotters, while retaining its role in the improvement and preservation of other breeds, such as work horses. Meanwhile part of the stud's vocation, its mission, was to remain accessible to as many people as possible. Once again, it becomes necessary to cite La Varende: « (...) An institution such as Le Pin is essentially democratic *(...)* A National Stud is not a necessity for the bigger players. If it does them a favour, it is through the guidelines it establishes, the research it encourages, the results that it standardizes through the rivalry it inspires by being in the game. However the National Stud is absolutely essential to ordinary breeders who do not have sufficient means, who cannot afford the big private stallion and who, moreover, could not, without stress, succumb to the fees set by the major breeders for their star stallion. While with a National Stud, the smaller breeder can ensure matings free of huge expenses. » *Would that those who signed the National Studs' « death sentence » had read La Varende!*

For nearly three centuries the Haras du Pin will have been Normandy's major stallion station. Still not so long ago one could admire twenty Percheron stallions, the same number of selle Français and French trotters as well as some cobs and Anglo Arab or a purebred arabian stallion. As for thoroughbred stallions, there were up to fifteen, the whole lot constituting a total of about eighty

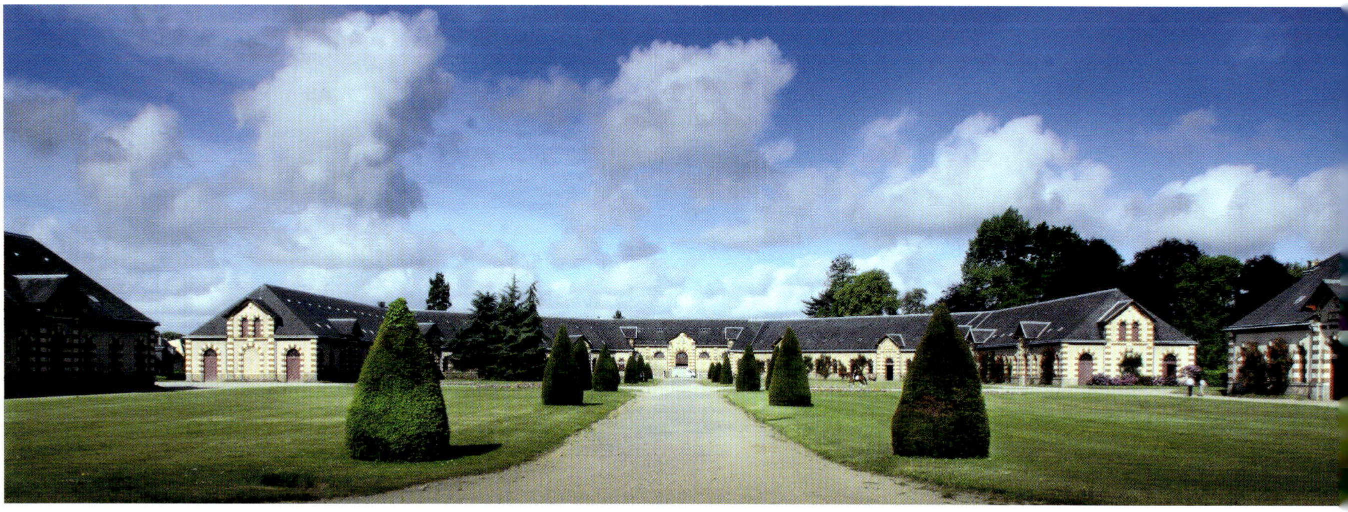

sires. In the spring, during the breeding season some stayed on site while others were dispatched to the various stations in the district. It was a way of coming into contact with breeders and offering them the best possible service. In the relatively recent past, the most notable thoroughbred stallions to have stood at the Haras du Pin are named Carmarthen – chef de race over jumps – Labus, Le Nain Jaune and Garde Royale, all three sires of Group I winners. In 2013, Le Pin unfortunately housed just two thoroughbred stallions, Indian Daffodil and Montmartre.

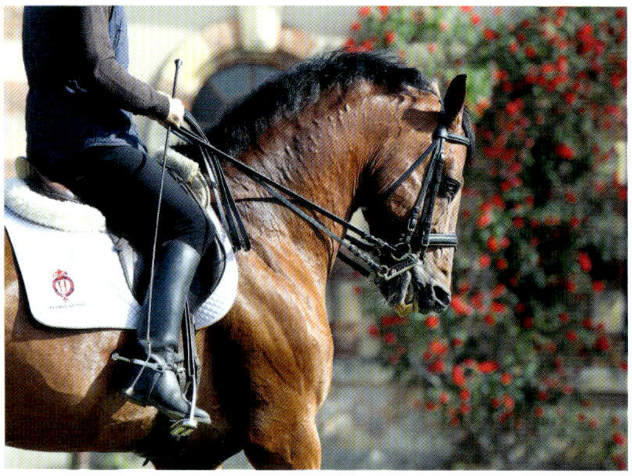

In addition to the racecourse where several race meetings are organized each year on the flat, over fences and cross-country, the Haras du Pin is also occasionally the central point for big events in the field of equestrian sports, particularly in eventing. It is also a wonderful tourist attraction and on another level a centre for equine education

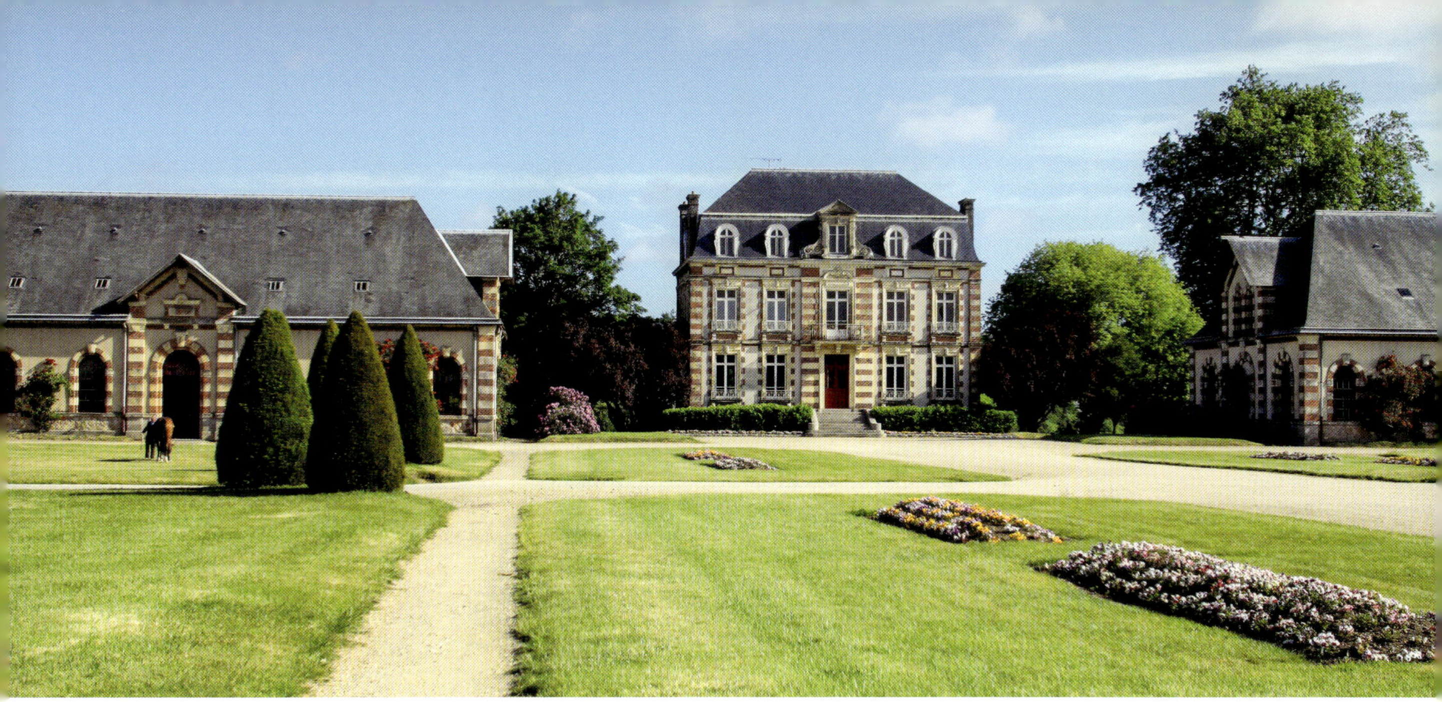

Saint-Lô

with the « École des Haras » which was founded in the mid-nineteenth century and provides apprenticeships for various equine and equestrian professions. In brief it has an authentic cultural heritage which would be wonderful to see preserved in the most appropriate way possible.

The National Haras de Saint-Lô obviously does not have the same aura as Le Pin. Nevertheless, it has long been a major player in equine breeding in Lower Normandy, at the heart of a district also covering the Manche department and part of the Calvados. Founded under the Empire to provide horses for the army, it was expanded several times over the ensuing decades and has stood up to four hundred stallions (sic!) at a time in the early twentieth century, usually aimed at equestrian sport and both light and heavy work. Victim of the atrocities of World War II the stud was destroyed and then rebuilt in another location on the outskirts of the city. Designed with care and taste, both in the regional style and in the tone preferred by the administration, the new building will have experienced some good times, most notably when under the leadership of the father of classic trainer Alain de Royer Dupré, who thanks to this learnt the basics of equestrianism at Saint-Lô.

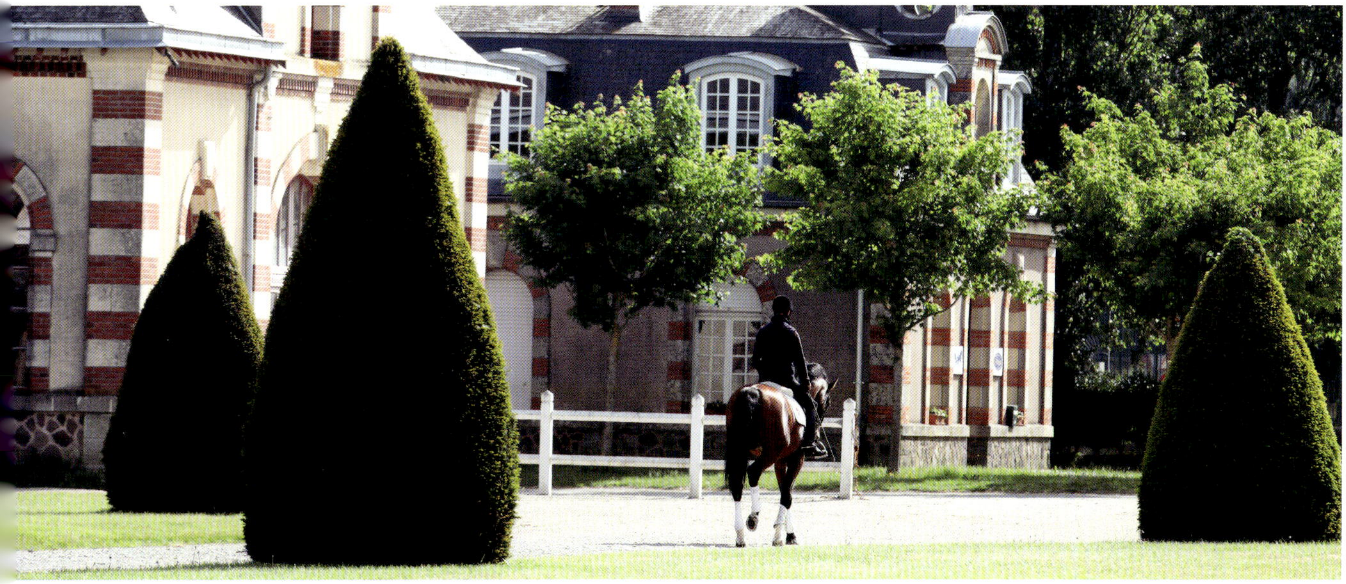

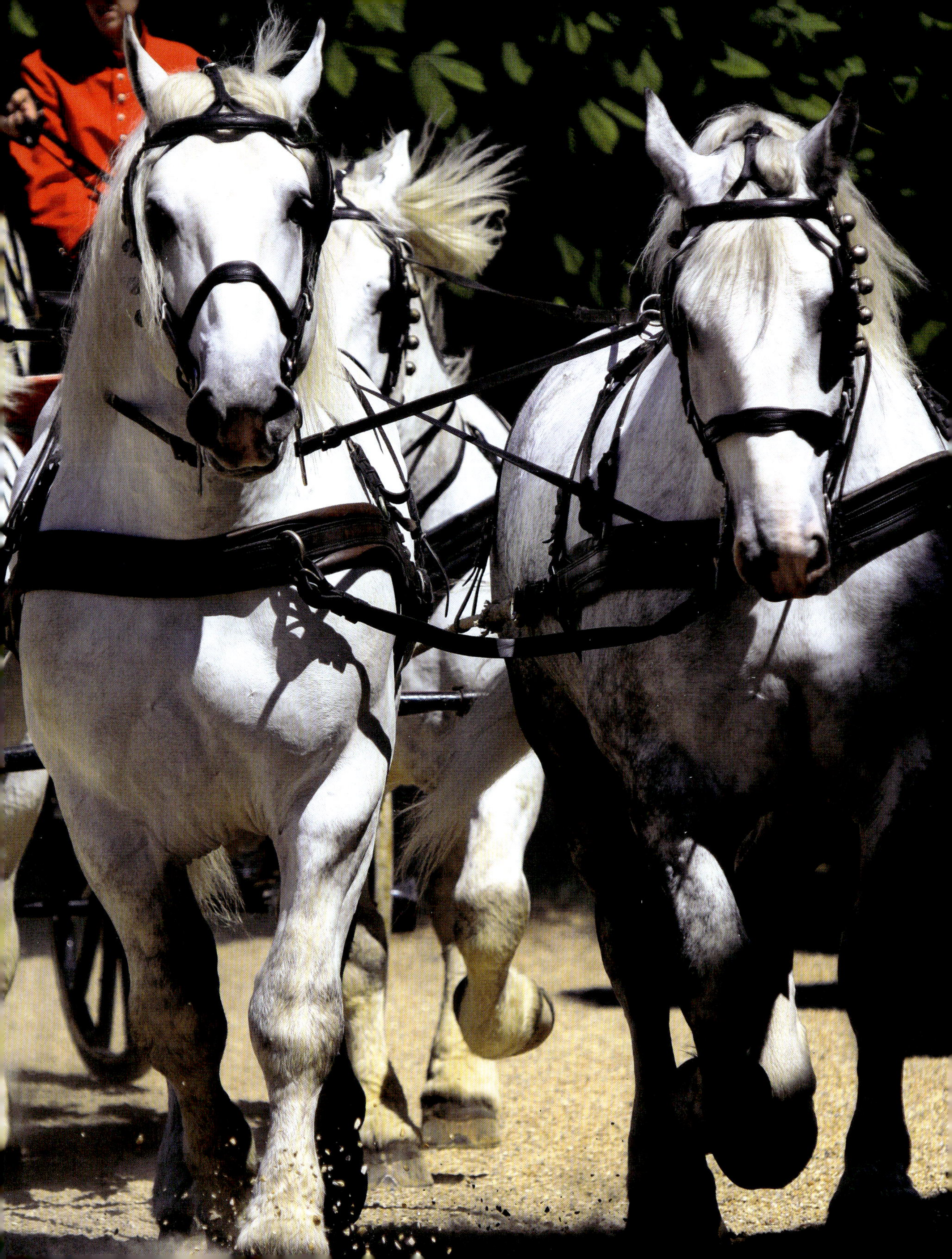

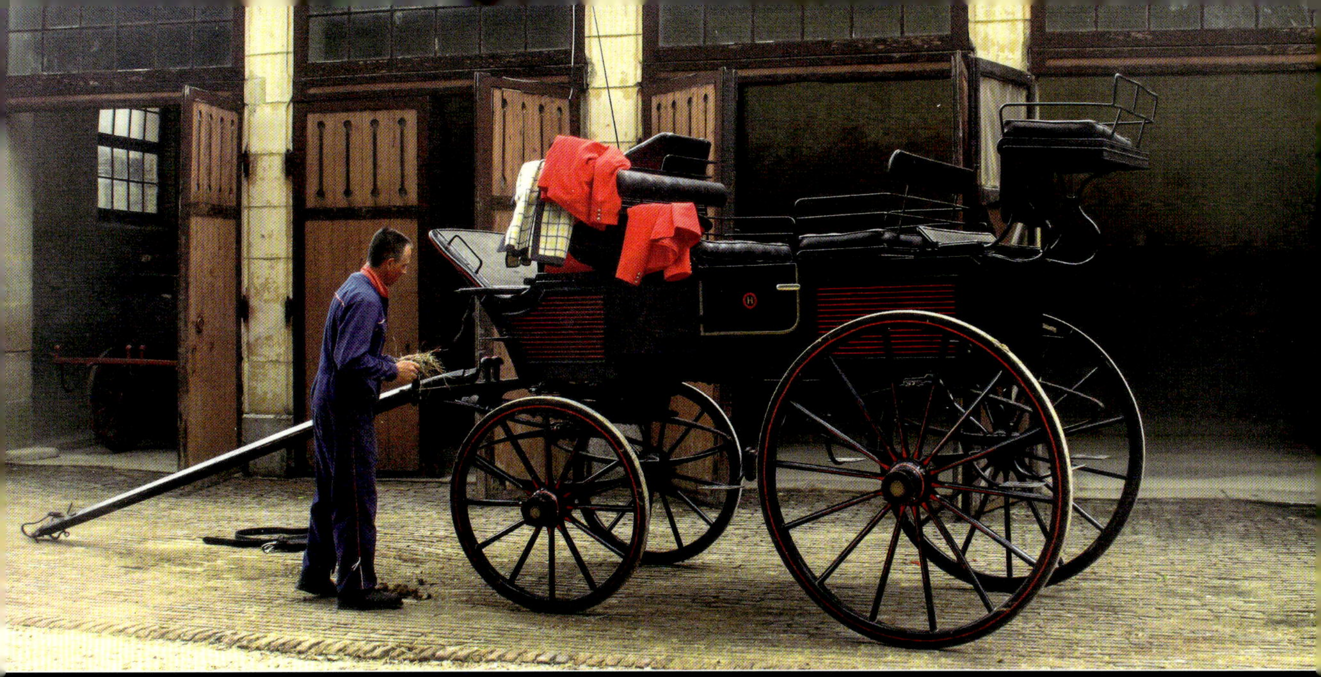

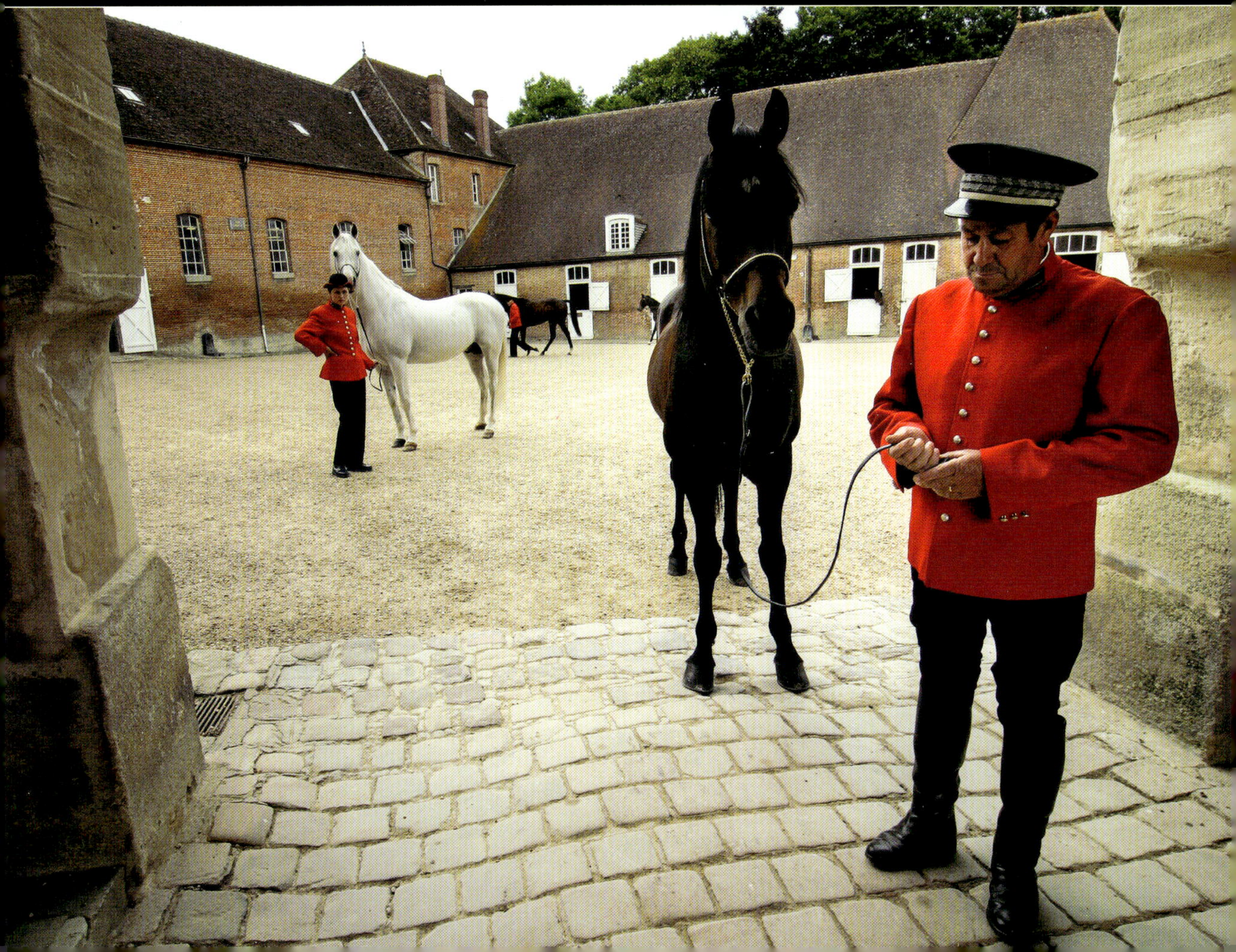

Haspel

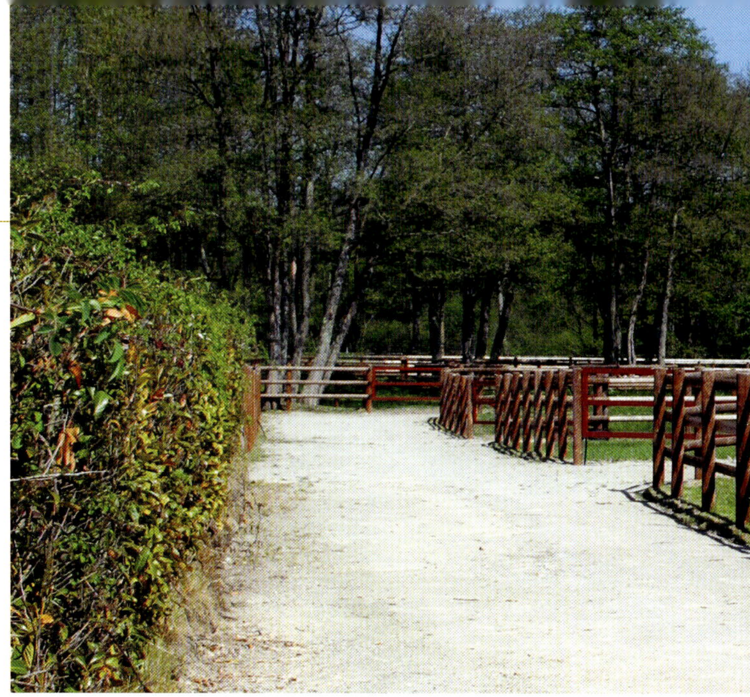

On commence à parler du Haras d'Haspel, dont la création remonte seulement à 2006, à l'initiative de José Delmotte, qui en a imaginé le nom, tiré de l'initiale de son patronyme, accolée, via une apostrophe, à celles de la trilogie « Haras-Sport-Élevage ». Haspel prend place dans le département de l'Orne, sur la commune répondant au joli nom de Touquettes, à proximité de Gacé, dans la direction de L'Aigle. La superficie du haras atteint aujourd'hui plus de cent hectares, pratiquement d'un seul tenant. Il a fallu construire et mettre en place la plupart des infrastructures, tant et si bien qu'Haspel peut maintenant compter sur soixante-dix boxes, destinés à abriter une quarantaine de poulinières et leurs produits, propriété du haras ou de sa clientèle. Tous les équipements sont neufs et fonctionnels, à des fins de rentabilité optimale.

Le haras est animé par Sandra Delmotte, la fille du propriétaire, et par son compagnon, Yannick Paccou. La particularité du couple réside dans le fait qu'il est passionné de cheval, mais, initialement, complètement étranger à ses métiers : ainsi est-elle juriste, tandis que lui est chimiste ! Mais qu'à cela ne tienne, ces deux-là ont le goût de l'aventure et ont saisi l'opportunité, apprenant l'élevage sur le tard et sur le… « tas », serait-on tenté d'écrire ; d'ailleurs, existe-t-il meilleure façon que celle-là ? Le but était de faire d'Haspel un haras commercial, avec une production soumise à la sélection des ventes, y compris la plus haute, en août, à Deauville. Force est de constater, avec un semblant de recul, que mission est accomplie, puisque Haspel est, dorénavant, un « consigneur » régulier des vacations d'Arqana et d'Osarus, se donnant les moyens de sa politique, en particulier quant au choix des croisements. À Osarus, aux sessions de La Teste, le haras a déjà fait afficher un « top-price » et, à Deauville, le cap des 100 000 euros a été dépassé. Les élèves d'Haspel partent maintenant à la conquête des hippodromes !

People are starting to talk about the Haras d'Haspel which was only created back in 2006 thanks to the initiative of José Delmotte who also devised its name, which is derived from his own surname's initial attached with an

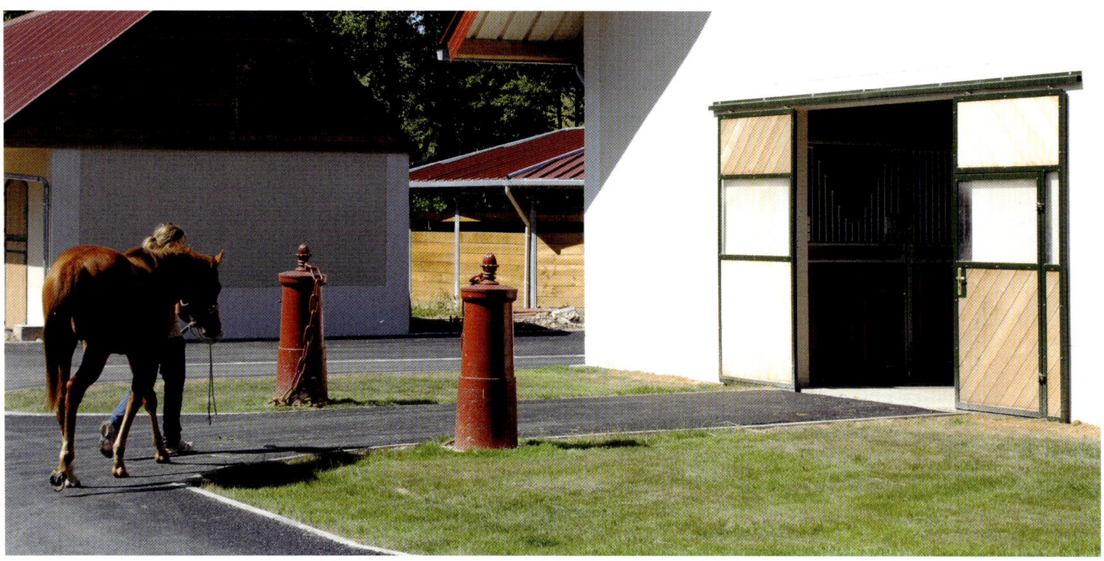

Photos : Collection Haras d'Haspel

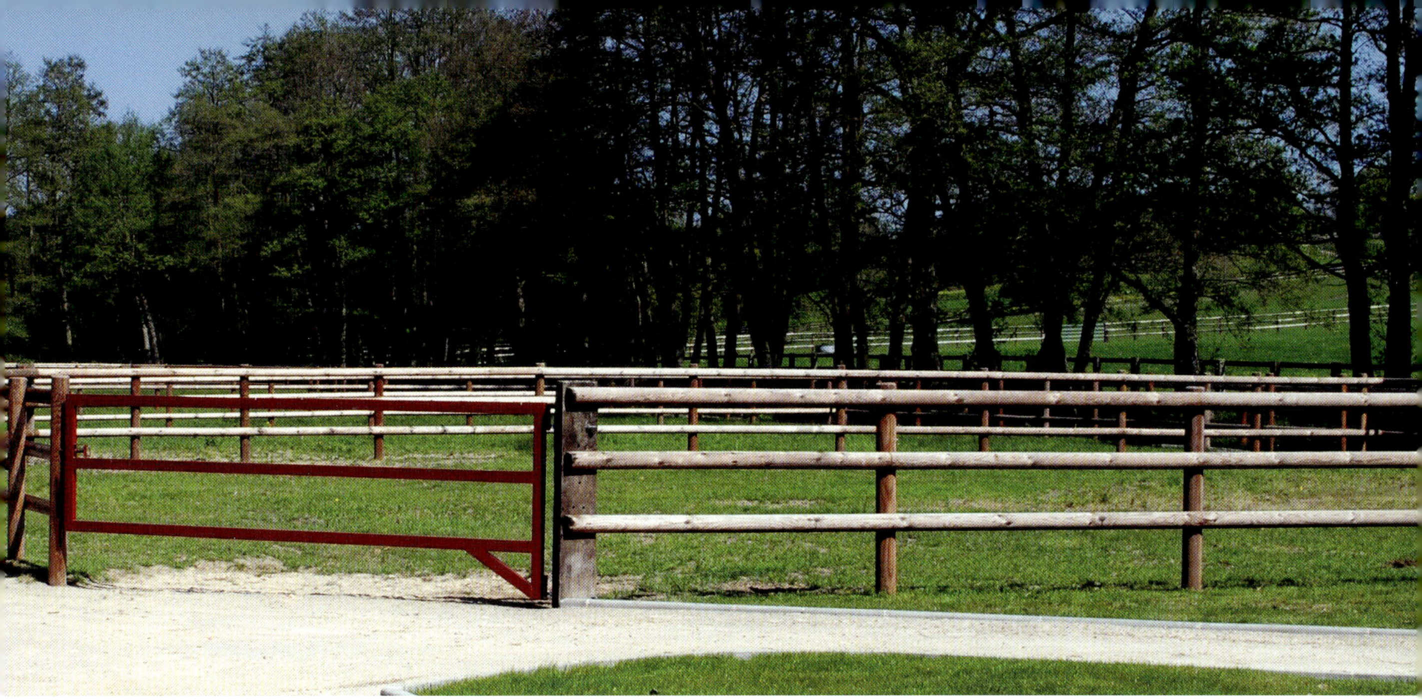

apostrophe to the first letters of the trilogy « Haras-Sport-Élevage ». Haspel is situated in the Orne department in a town which goes by the pretty name of Touquettes, near Gacé and in the direction of L'Aigle. The stud's surface area now extends to more than a hundred hectares, almost all in one piece. It was necessary to build and put in place the majority of the infrastructure, so much so that Haspel now has seventy boxes with the capacity to house forty mares and their offspring, belonging to either the stud or its clients. All the installations are new, functional and designed with maximum profitability in mind.

The stud is run by the owner's daughter Sandra Delmotte and her partner Yannick Paccou. The couple is unusual in that although they are both passionate about horses, they were both initially completely alien to the horse world as a business: she is a legal expert while he is a chemist! Nonetheless, both of them have a taste for adventure and took up the challenge, learning about breeding late doors and « on the job » one would be tempted to write; what better way is there? The aim was to make Haspel a commercial stud, with its stock being put up for selection by the sales companies, including the most select sale in

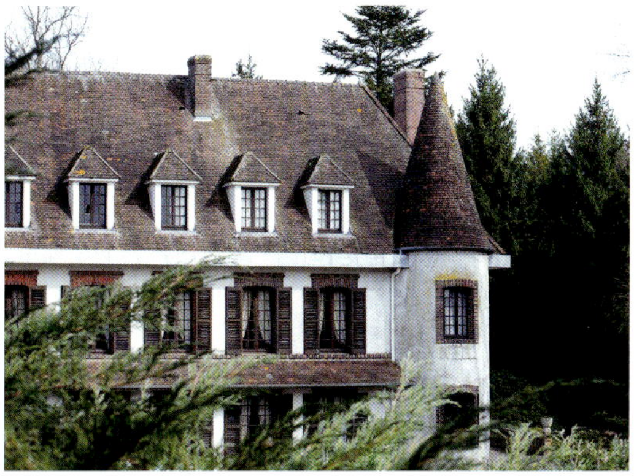

August at Deauville. It is clear with hindsight that their mission has been accomplished, since Haspel is now a regular consignor at both the Arqana and Osarus sales, financially standing by its strategy, particularly with regard to its choice of matings. At the Osarus sales held at La Teste-de-Buch the stud has already consigned a « sale topper » while in Deauville the 100,000 euros bar has been exceeded. The Haspel graduates are now well on their way to conquering the racetracks!

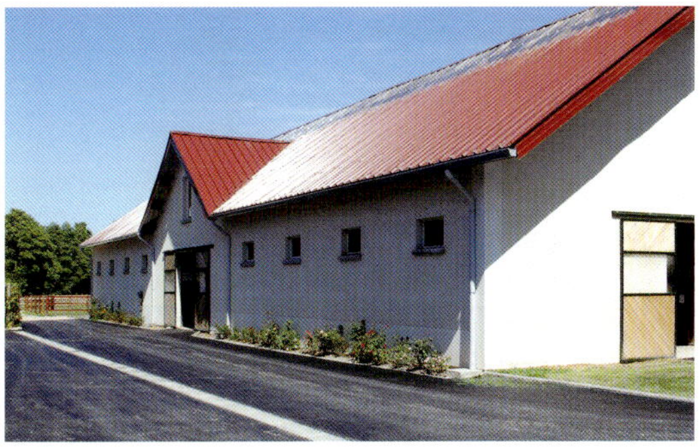

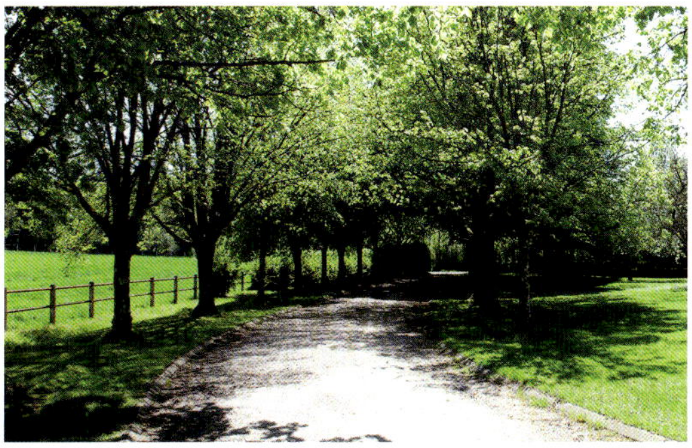

La Hêtraie

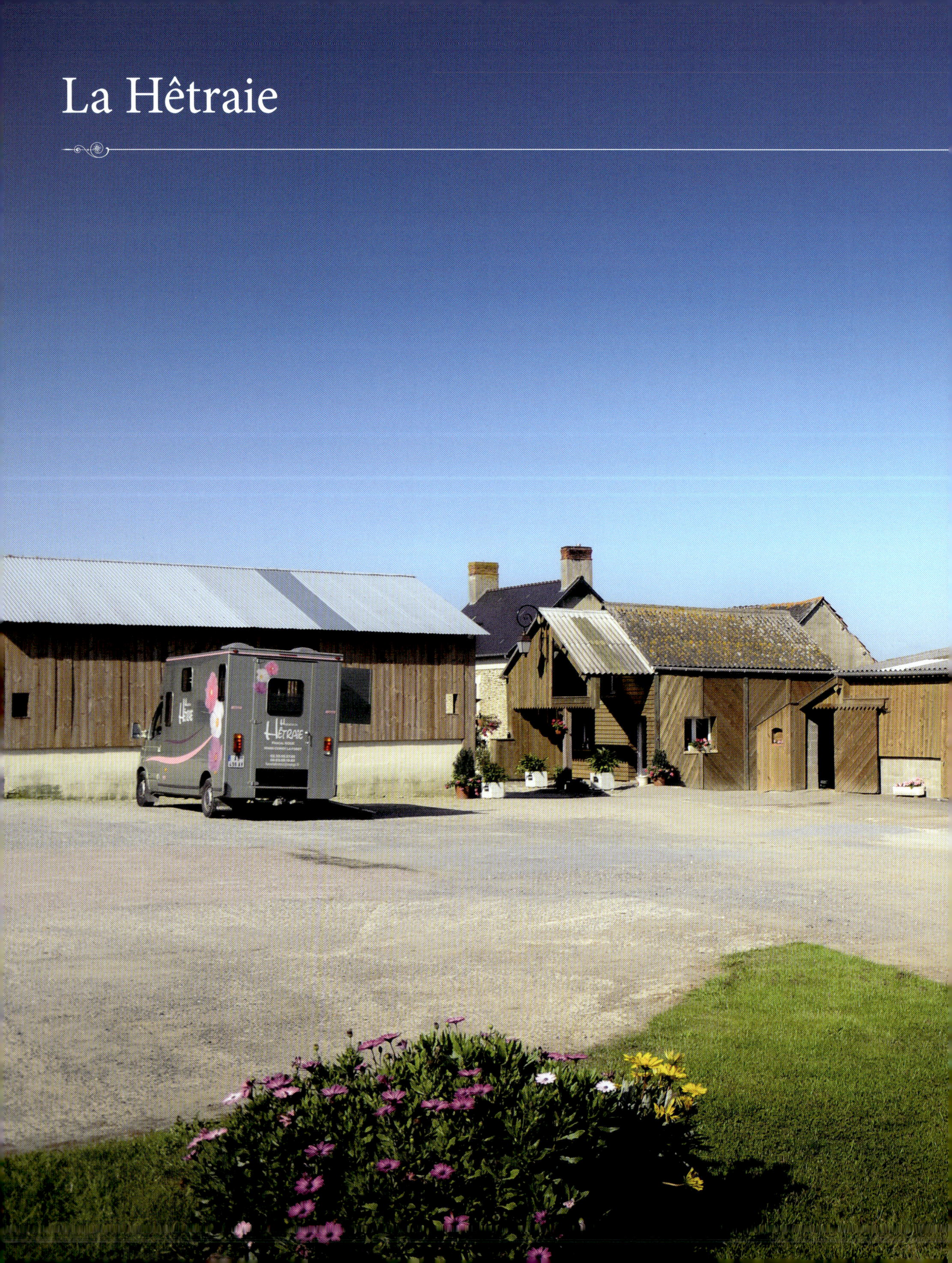

Pascal Noue a d'abord été formé à l'école de l'INRA (Institut National de la Recherche Agronomique) et des Haras Nationaux, puis à celle du dynamique Pierre Julienne, en son haras des Cruchettes. Il a donc bien commencé dans le microcosme, poursuivant aux côtés de Charlotte Thoreau, « aux commandes » du Haras de Mortrée, qu'il anima pendant six ans. Lorsque celui-ci fut vendu, il décida de voler de ses propres ailes et de s'installer à son compte, en location initialement, dans l'Orne, non loin de ses bases premières. Pendant ce temps, il cherchait un domaine à acheter, qu'il trouva à Cerisy-la-Forêt, aux confins des départements du Calvados et de la Manche, entre le Bessin et le Pays d'Elle. Là, Pascal Noue jette son dévolu sur une ancienne ferme herbagère d'une soixantaine d'hectares d'excellentes terres, libres de chevaux depuis des lustres. Il aménage l'endroit – qu'il baptise « La Hêtraie », en référence à son havre ornais –, y créant paddocks et boxes – au nombre de soixante aujourd'hui –, structure de monte et autres. En septembre 2008, précisément, une nouvelle aventure commence pour lui.

Depuis lors, Pascal Noue a beaucoup développé son activité, gérant actuellement la carrière de onze étalons

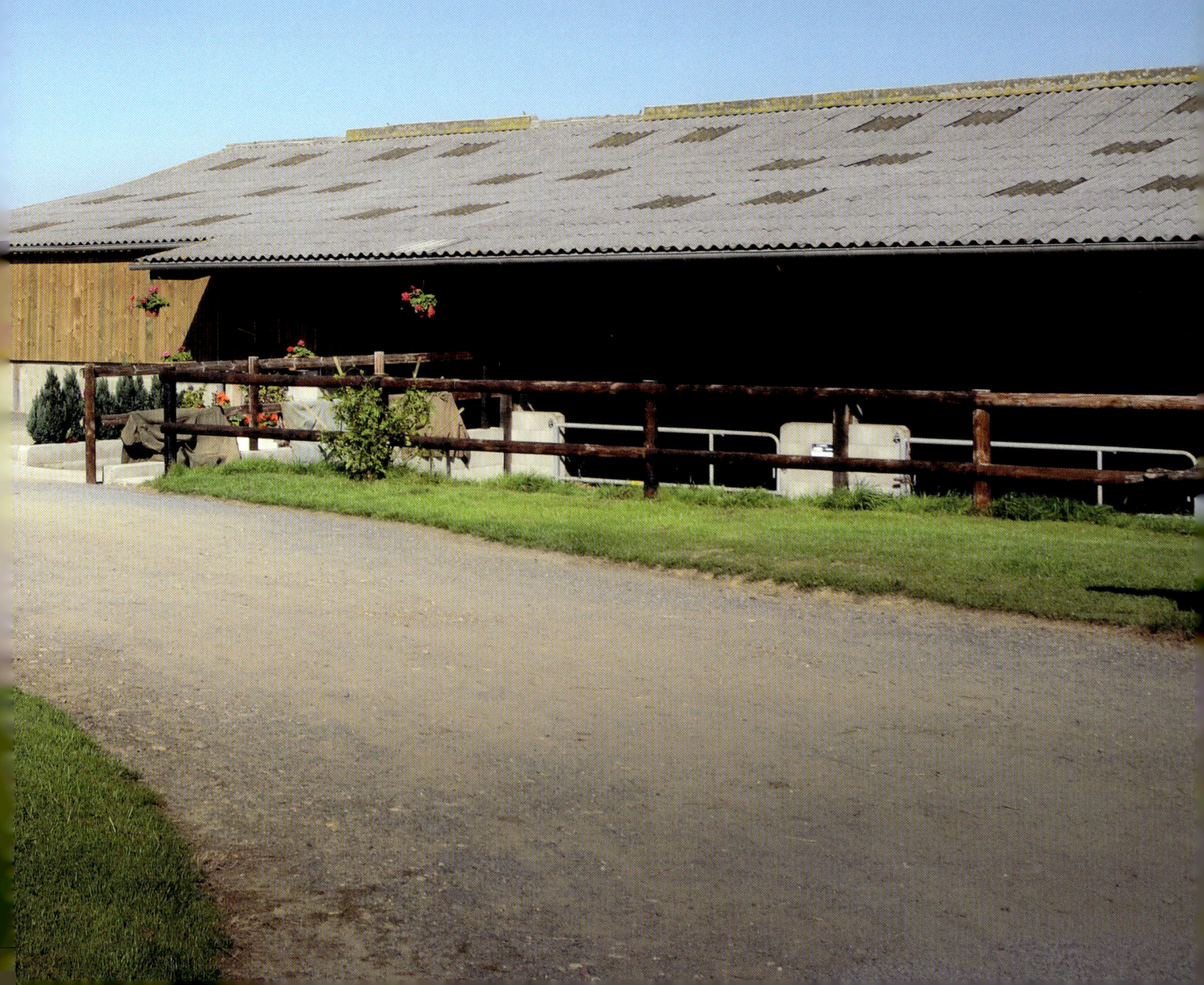

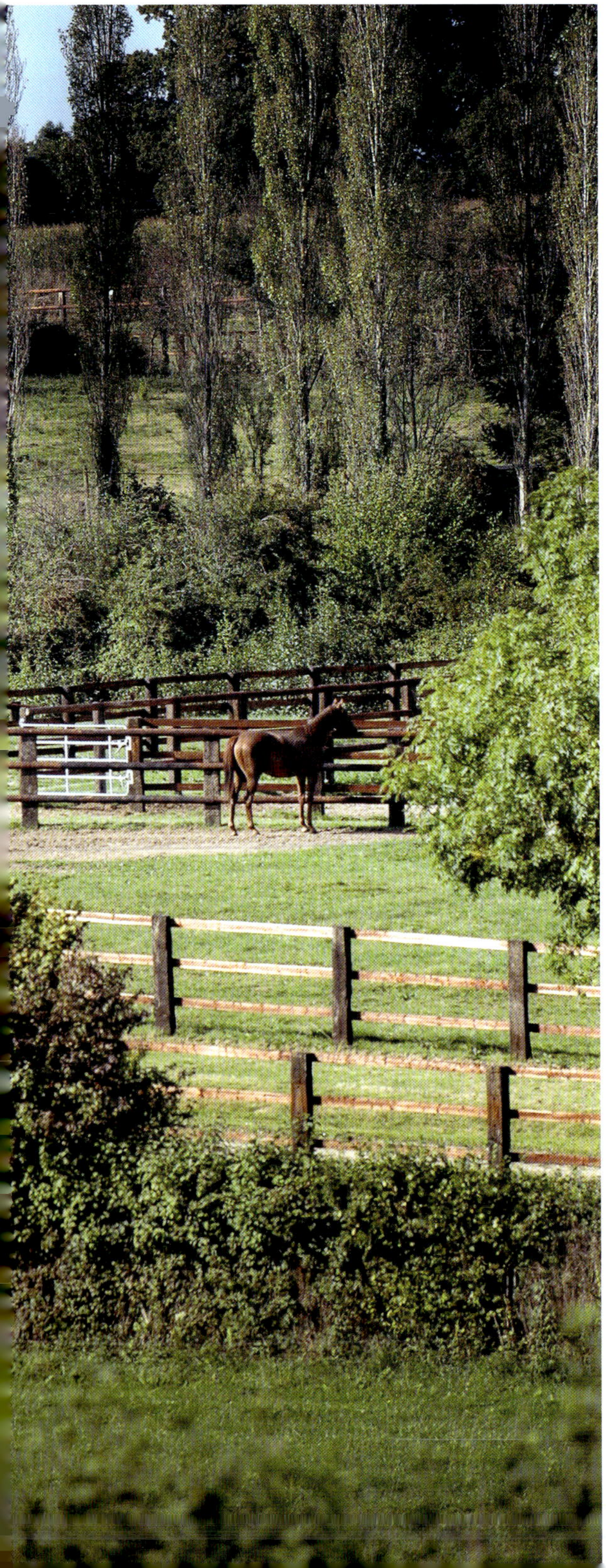

– parmi lesquels les fort prisés Silver Frost, Kapgarde, Zambezi Sun ou encore Great Pretender –, dont cinq font la monte sur place, les six autres se répartissant, à tour de rôle, dans différentes régions, selon le principe de la noria chère aux ex-Haras Nationaux. Six cents juments sont ainsi saillies, bon an mal an, par ces différents géniteurs, dont plus de trois cents sur le seul site manchois. Les reproducteurs en question ont le soutien des vingt poulinières maison – en propriété propre ou en association – et il est significatif, à cet égard, que les trois meilleurs élèves de La Hêtraie à ce jour, à savoir le gagnant de Groupe I Les Beaufs, la lauréate de Groupe III Princesse Kap et le vainqueur de Listed Prince Pretender, soient des produits des étalons sur lesquels veille Pascal Noue. Au haras, celui-ci est épaulé par cinq salariés à plein temps et deux saisonniers. Au secrétariat et à l'accueil, Stéphanie, que l'on ne connaît que par son prénom, est la voix de La Hêtraie.

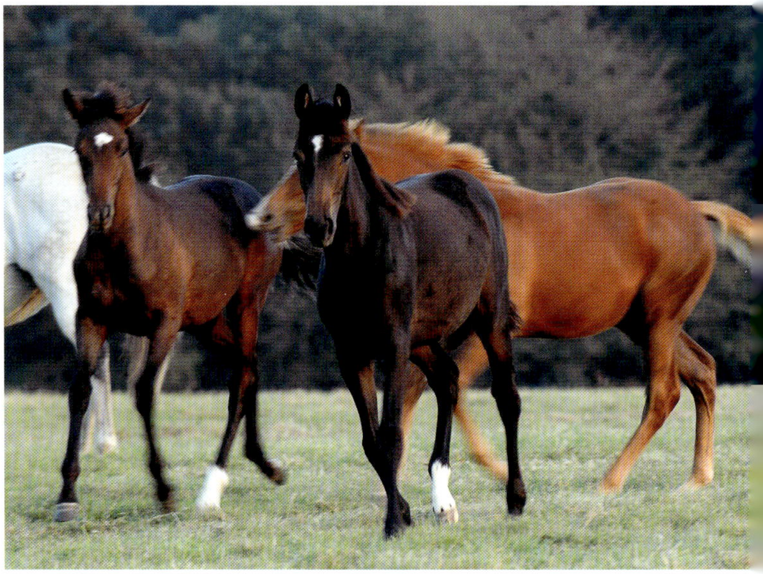

Pascal Noue's apprenticeship started at INRA (National Institute for Agricultural Research) and the French National Studs before a stint working for the dynamic Pierre Julienne at the Haras des Cruchettes. He therefore had a great start in the microcosm that is the racing world, going on to work alongside Charlotte

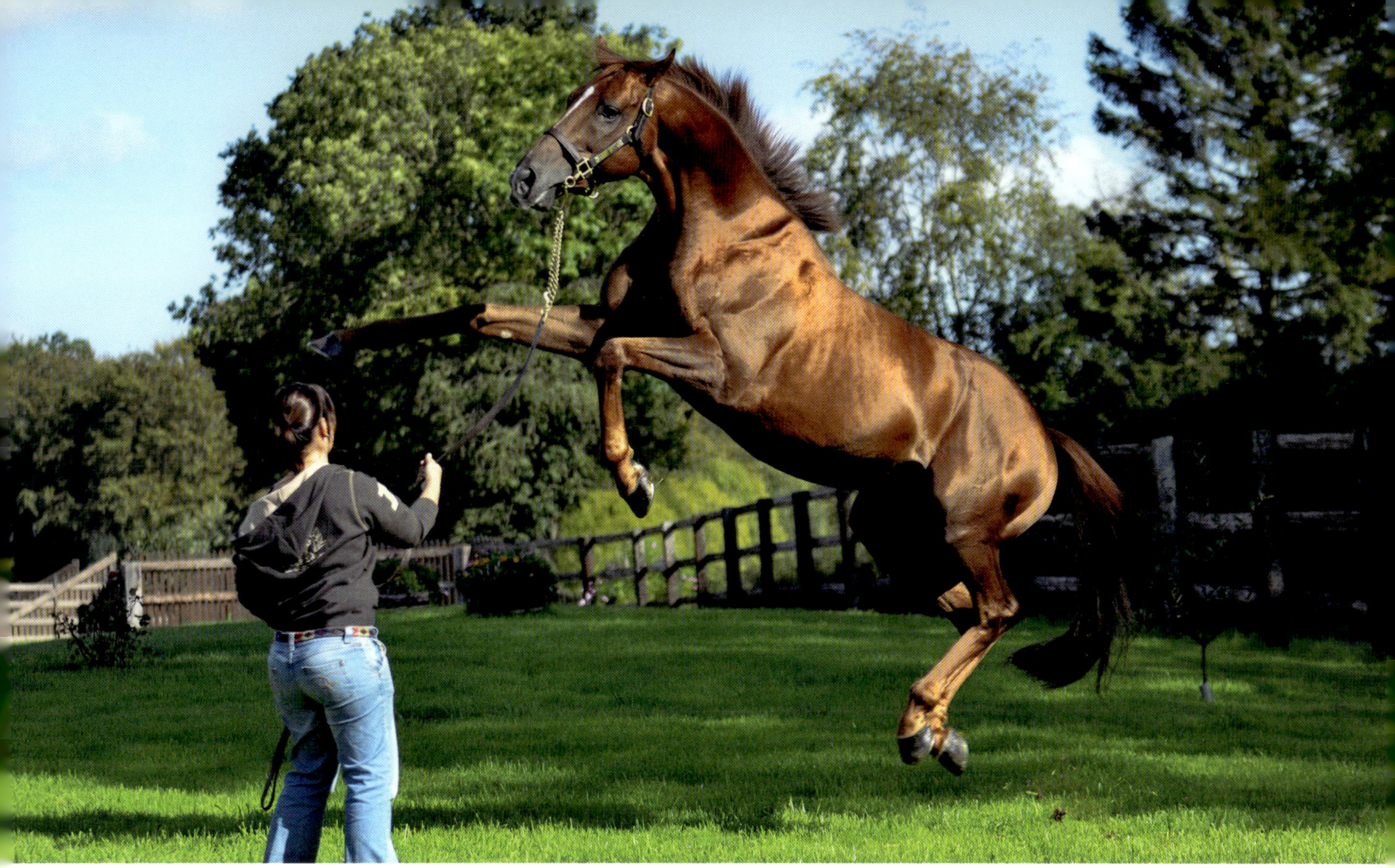

Thoreau who was at the helm of the Haras de Mortrée which he ran for six years. When it was sold he decided to fly by his own wings and set himself up independently, and initially rented in the Orne region close to his first bases. Meanwhile he was looking for somewhere to buy which he eventually found at Cerisy-la-Forêt on the border of the Calvados and Manche departments between the Bessin and the Pays d'Elle. This is where Pascal Noue set his sights on a former cattle farm of sixty hectares of excellent land which had not had a horse on it in years. He renovated the place which he christened « La Hêtraie » in honour of his Orne haven, and built paddocks, boxes (numbering sixty to date) and a covering shed among others. In September 2008 to the day a new adventure began for him.

Since then Pascal Noue's business has developed in leaps and bounds and he currently manages the careers of eleven stallions – including the extremely popular Silver Frost, Kapgarde, Zambezi Sun or even Great Pretender – five of which are stationed at the Hêtraie permanently while the other six take turns in different regions, according to the rotational principle which is dear to the former National Studs. Six hundred mares are therefore covered year after year by these different stallions, including more than three hundred at the Manche base alone. The stallions in question are supported by twenty or so in-house mares which are owned outright or in partnership and in view of this it is very significant that the three best horses to come from the Hêtraie to date, namely Group I winner Les Beaufs, Group III winner Princess Kap and Listed winner Prince Pretender are the offspring of stallions which are managed by Pascal Noue. At the stud, he has the help of five full time employees and two seasonal workers. In the office and at reception there is Stéphanie, who is known only by her first name and who is the voice of the Hêtraie.

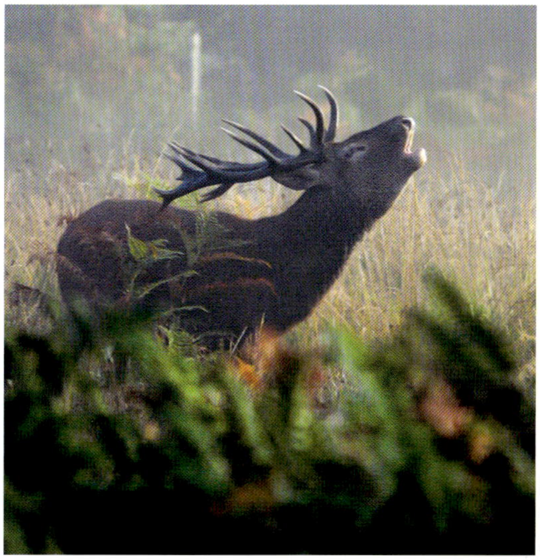

Photos : Pascal Noue

Le Hoguenet

Comparé à certains de ceux figurant dans ces pages, Le Hoguenet est un jeune haras, puisqu'il n'a que quarante ans d'existence, ayant été créé par Jérôme Blum au début des années soixante-dix. Le nom de Jérôme Blum reste indissociable de celui du champion steeple-chaser Haroué, qui fit briller ses couleurs dans le Grand Steeple-Chase de Paris et le Prix La Haye Jousselin, en 1968. Modèle de constance et de solidité, Haroué participera à cinq Grands Steeples consécutifs, de 1968 à 1972. Il gagnera donc le premier, puis se classera quatrième d'Huron, en 1969, deuxième du même, en 1970, deuxième, à nouveau, mais de Pot d'Or, en 1971, et cinquième, enfin, de Morgex, en 1972. Il est vrai qu'il avait de qui tenir, étant le frère cadet d'une certaine Hyères III, historique triple lauréate de la prestigieuse épreuve.

Mais revenons au Hoguenet, créé par Jérôme Blum en 1973, puis repris par son épouse en 1977, qui ne tarde pas à pouvoir s'enorgueillir des meilleurs résultats en produisant en Son of Love un fort talentueux stayer, deuxième du Grand Prix de Paris et, surtout, vainqueur du St. Leger de Doncaster, en 1979. Il est vrai que le haras jouit d'une situation géographique remarquable, prenant place sur la commune de Lessard-et-le-Chêne – celle, en France, où sont localisés le plus grand nombre d'élevage de chevaux... –, au nord-ouest de Livarot. Ces terres calvadosiennes, arrosées par la Vie, comptent parmi les meilleures de Normandie et sont la parfaite vitrine du Pays d'Auge.

En 1990, Christiane Blum confie la direction de son haras à Yvon Baudouin, dont la famille a été de l'aventure du Haras d'Ouilly, du temps du duc Decazes, puis de François Dupré. Yvon Baudouin a lui-même œuvré à Ouilly, puis aux Monceaux, alors encore propriété de la famille Strassburger, et au Marais, sous la houlette d'André Besnouin. De concert avec son épouse, Anne-Marie, ils conforteront Le Hoguenet, plusieurs lustres durant, y développant notamment l'étalonnage. Parallèlement, leur fils aîné, Anthony, s'installe à son compte et loue le haras voisin du Manoir-Pottier. En 2006, lors de la cessation d'activité de Christiane Blum, les Baudouin reprennent, en famille, le Haras du Hoguenet, qui fusionne alors avec le Manoir-Pottier et s'agrandit

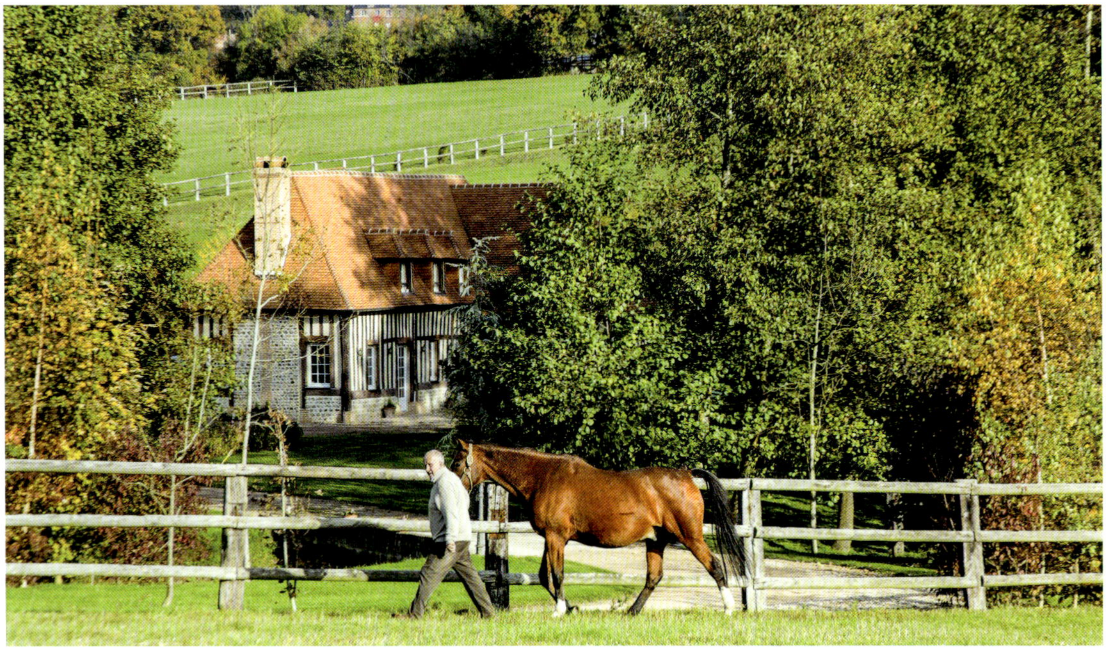

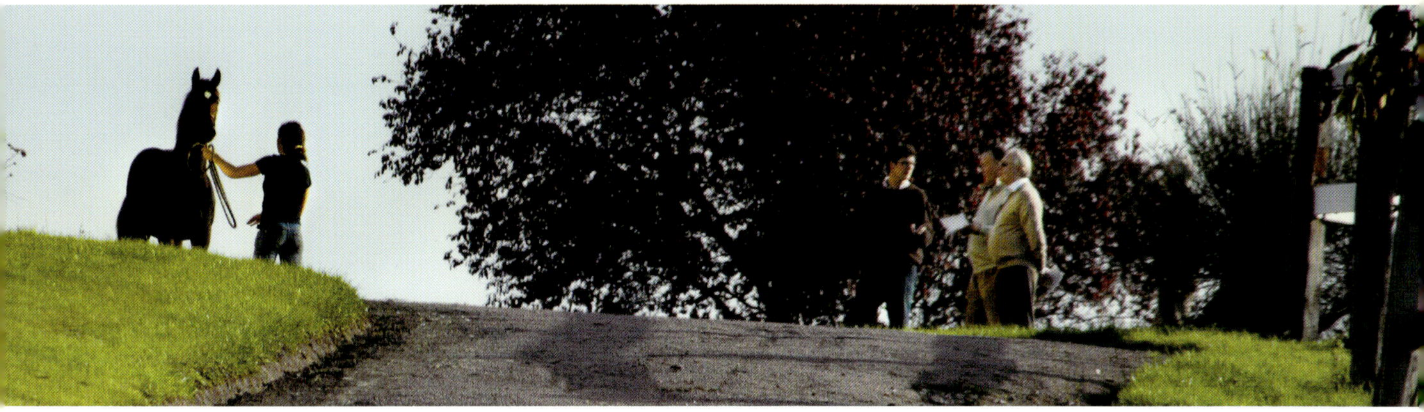

d'une partie des terres du Haras de Lessard-et-le-Chêne, jadis fief de l'élevage de Jean Prat et de la vicomtesse Vigier, et de celles du lieu-dit Renouard. L'ensemble forme le nouveau Hoguenet et s'étend sur quelque cent cinquante hectares. Au total, la capacité d'accueil est de cent vingt boxes. Environ soixante-dix poulinières sont là à l'année. En regard, il y a quatre étalons, à savoir Enrique, Penny's Picnic, Redback et Shakespearean. Une douzaine de personnes travaillent sur place.

En plus de Son of Love, Le Hoguenet est le berceau de Lord du Sud, autre stayer de premier plan, vainqueur des Prix Kergorlay et Vicomtesse Vigier, après avoir gagné le Prix Hocquart à 3 ans. Y ont également été élevés, dans un passé récent, le lauréat du Prix de Guiche, Absolutly Yes, ainsi que de bons chevaux d'obstacle, appelés à courir sous l'entraînement de Jehan Bertran de Balanda, tels Sleeping Blue (Grande Course de Haies d'Enghien), Blingless (Prix de Pépinvast) et Narock. Au Hoguenet, on élève pour faire courir, mais aussi pour vendre, selon le souhait de la clientèle. Le haras est donc régulièrement présent aux ventes de yearlings, que ce soit à celles d'été ou d'automne. Autrement dit, il est particulièrement bien ancré dans le paysage hippique.

Compared to some of those listed in these pages the Hogurnet is still a young stud as it is only forty years old, having been created by Jérôme Blum at the beginning of the seventies. The name Jérôme Blum is inseparable from that of the champion chaser Haroué who carried his colours to victory in the Grand Steeple-Chase de Paris and the Prix La Haye Jousselin in 1968. A model of consistency and durability, Haroué took part

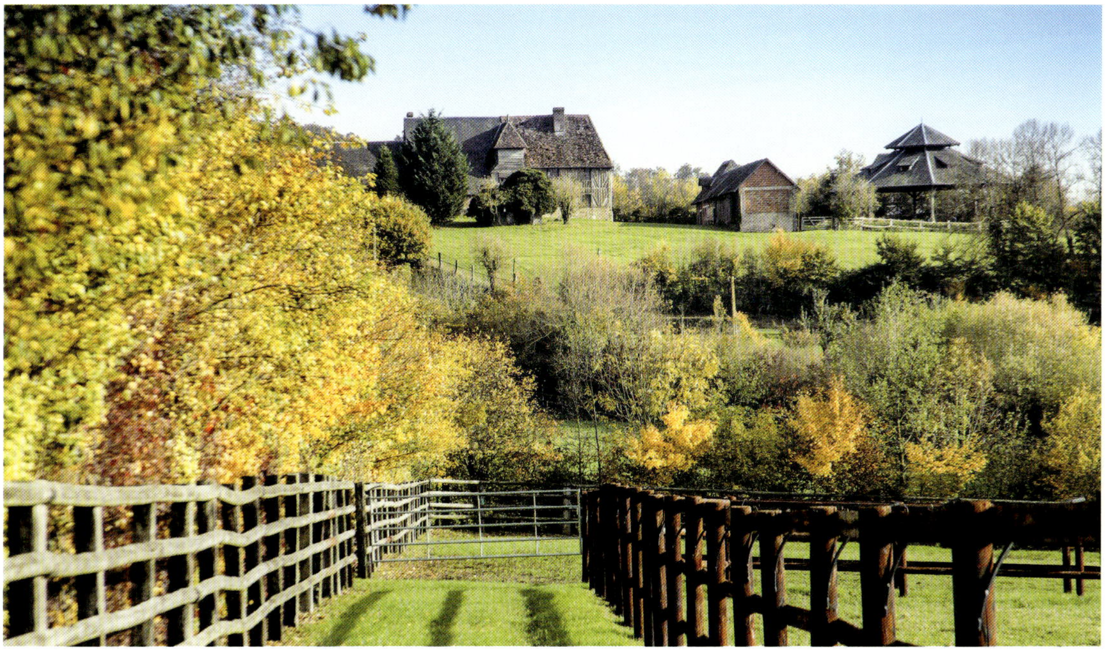

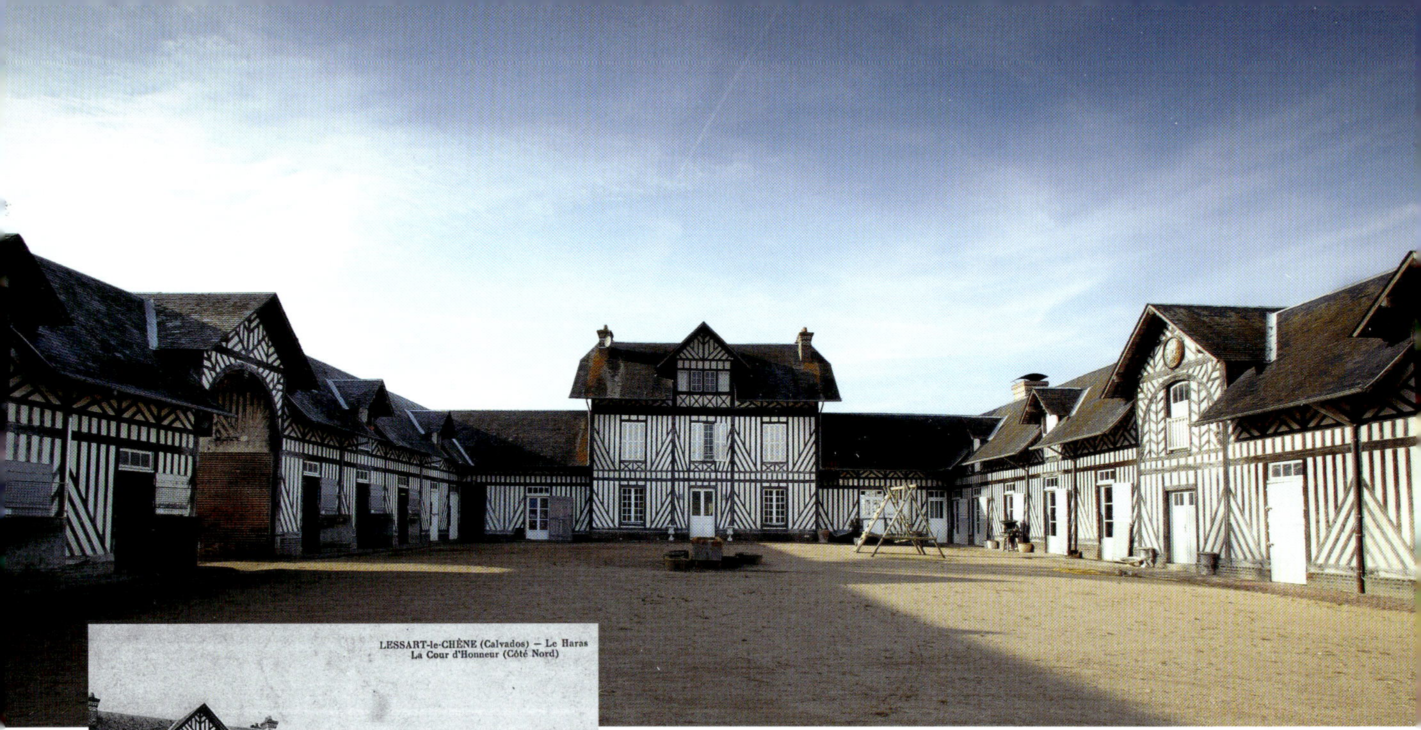

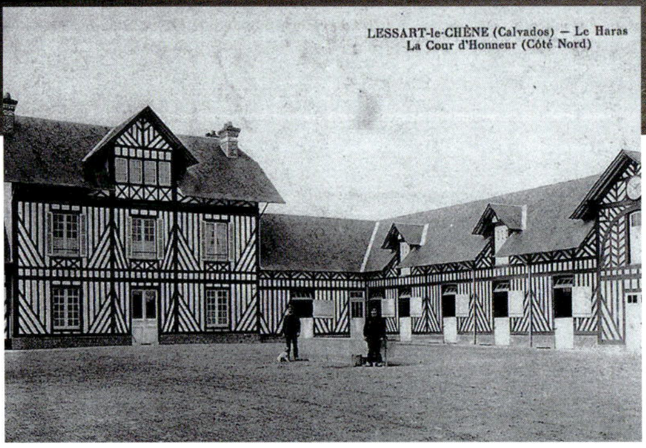

in five consecutive Grand Steeple-Chases from 1968 to 1972, winning the first and finishing fourth behind Huron in 1969, then second behind the same horse in 1970, second again but this time to Pot d'Or in 1971 and finally fifth to Morgex in 1972. It is true that he had big shoes to fill being the younger brother of Hyères III, historic triple winner of the prestigious event.

But back to the Hoguenet, created by Jérôme Blum in 1973 before being taken over by his wife in 1977 who soon boasted excellent results by producing Son of Love, a remarkable stayer who was second in the Grand Prix de Paris and more importantly ran out the winner of the St. Leger at Doncaster in 1979. It has to be said that the stud benefits from a remarkable location as it is situated by the town of Lessard-et-le-Chêne to the north west of Livarot, which holds the largest number of stud farms in France. This Calvados soil which is fed by the river Vie is among the best in Normandy and is the perfect showcase for the Pays d'Auge.

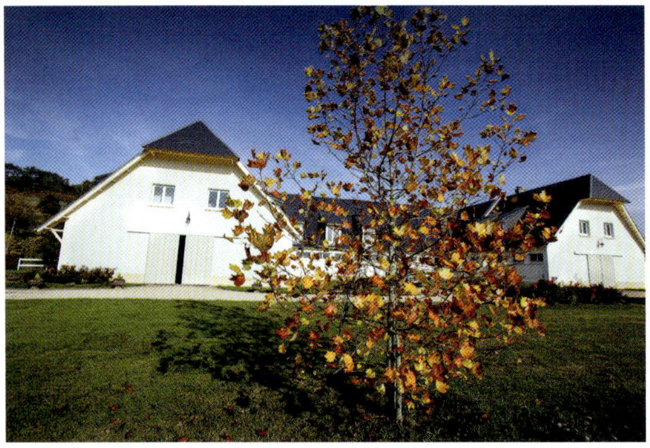

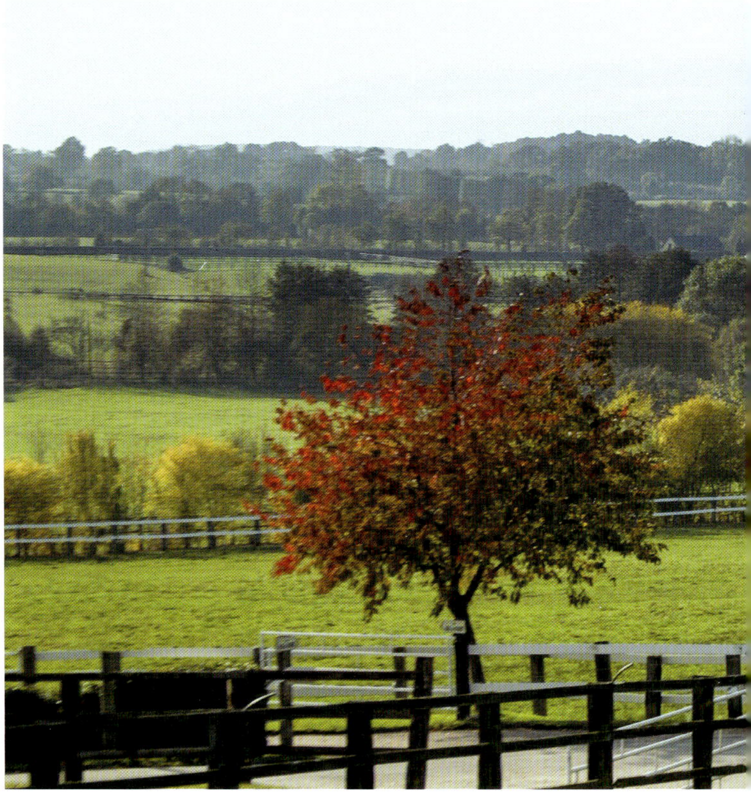

Le Hoguenet

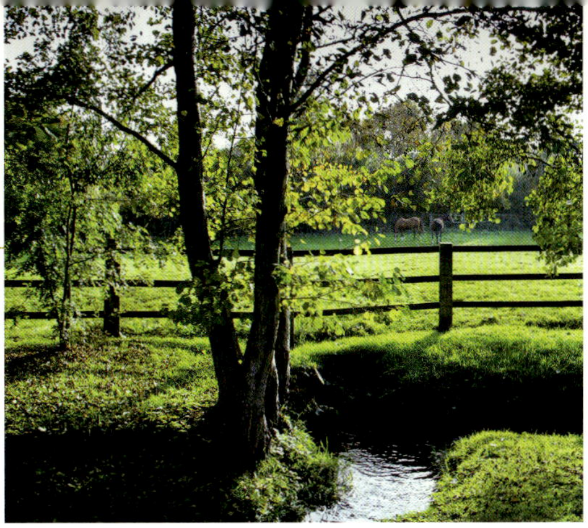

In 1990 Christiane Blum handed over the management of her stud to Yvon Baudoin whose family was part of the Haras d'Ouilly adventure at the time of the Decazes and then François Dupré. Yvon Baudoin himself has worked at Ouilly then at the Monceaux when it was in the hands of the Strassburger family, and at Marais under the leadership of André Besnouin. Together with his wife Anne-Marie they ran the Hoguenet for several years and most notably developed it as a stallion station. Meanwhile their eldest son Anthony set himself up independently and rented the neighbouring stud of Manoir-Pottier. In 2006 when Christiane Blum gave up the business, the Beaudoins took over the Haras du Hoguenet as a family, which then merged with the Manor-Pottier and expanded with land from the Haras de Lessard-et-le-Chêne, which was once the stronghold of Jean Prat's and Vicomtesse Vigier's breeding operations, and land from a place named Renouard. Together they make up the new Hoguenet which extends over one hundred and fifty hectares, the total capacity of which is one hundred and twenty boxes. About seventy mares live on site all year round. There are also four stallions, namely Enrique, Penny's Picnic, Redback and Shakespearean. A dozen staff work on the place. In addition to Son of Love the Hoguenet is the birthplace of Lord du Sud, another leading stayer and winner of the Prix Kergolay and Prix Vicomtesse Vigier, having won the Prix Hocquart at three. Also bred on site in the recent past are the winner of the Prix de Guiche Absolutly Yes and talented jumpers who were in the care of trainer Jehan Bertran de Balanda such as Sleeping Blue (Grande Course de Haies d'Enghien), Blingless (Prix de Pépinvast) and Narock. At the Hoguenet they breed to race but also to sell according to the client's wish. The stud is therefore regularly present at the yearling sales, both in the summer and in the autumn. In other words, it is particularly well established in the equestrian landscape.

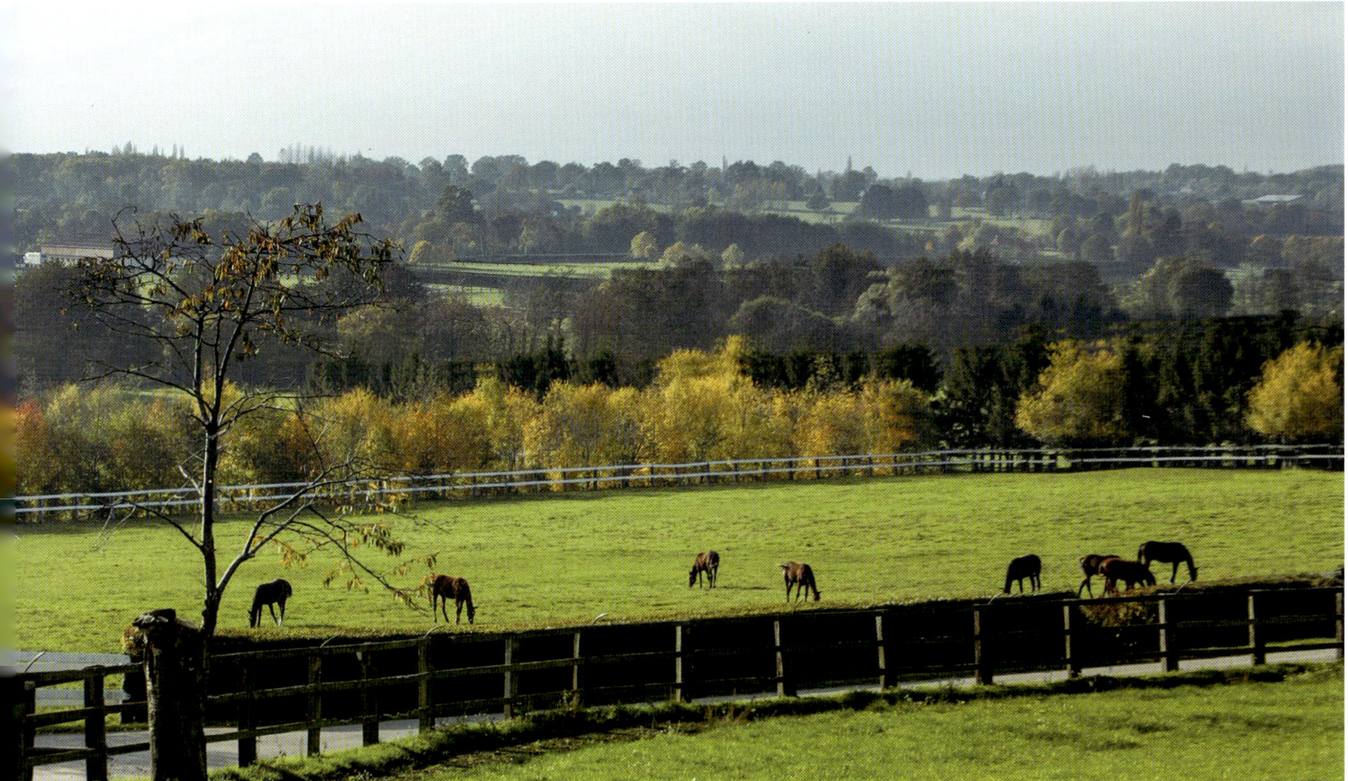

L'Hôtellerie

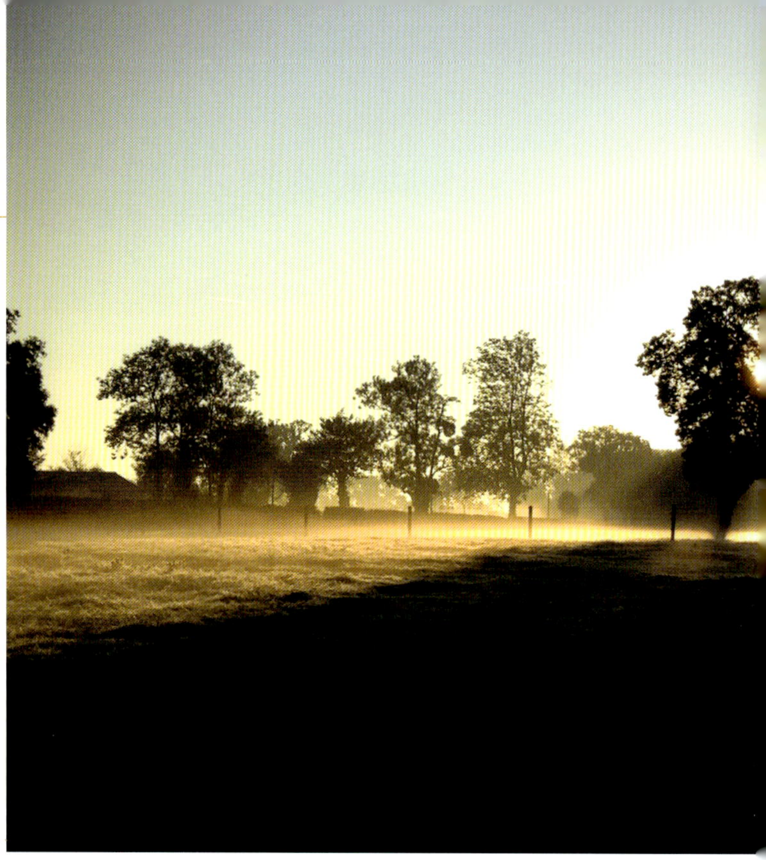

Le Haras de l'Hôtellerie est une création toute récente, puisqu'il a vu le jour à l'automne 2011. Situé sur la commune des Champeaux, dans l'Orne, entre Trun et Vimoutiers, il est animé par Jean-Pierre Garçon et son épouse, Isabelle, assistés de leur fils, Guillaume. Jean-Pierre Garçon est une figure de l'élevage de pur-sang dans le département, ayant été l'homme de confiance d'Aliette Forien plus de vingt-cinq ans durant au Haras de la Reboursière et de Montaigu. Parallèlement à cette activité salariée, il avait déjà son propre élevage, à petite échelle, au Haras de la Gaminerie, à Ginai, non loin de son lieu de travail. C'est son épouse qui, alors, s'en occupait, avec un certain succès.

Transféré aujourd'hui au Haras de l'Hôtellerie, l'effectif s'en est trouvé très sensiblement augmenté, avec le concours d'une clientèle à la fois conséquente et cosmopolite. Ancienne ferme vouée à l'élevage de bovins, « retapée » et remaniée par les intéressés eux-mêmes, L'Hôtellerie s'étend sur quatre-vingt-dix hectares et propose quelque cinquante-cinq boxes. On peut y compter aussi sur un marcheur de huit places, particulièrement nécessaire au bon fonctionnement du haras, puisque celui-ci est tourné vers la vente des yearlings sur le marché public, que ce soit à Deauville, via Arqana, ou à La Teste et au Lion-d'Angers, par l'entremise d'Osarus.

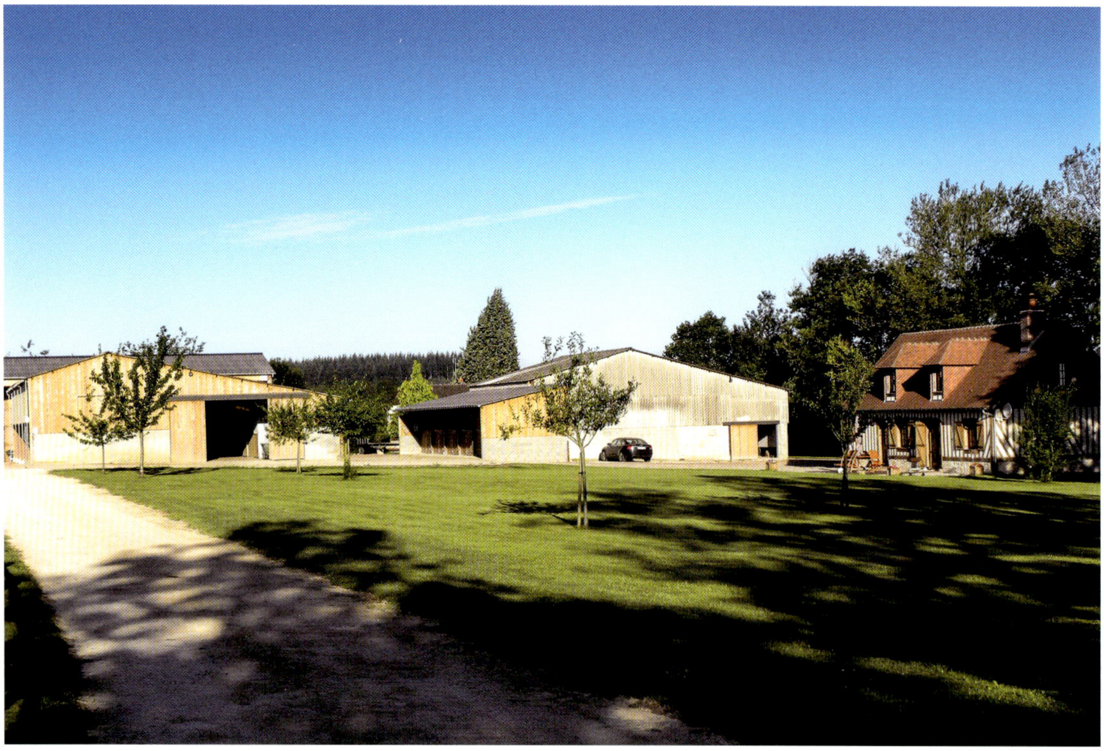

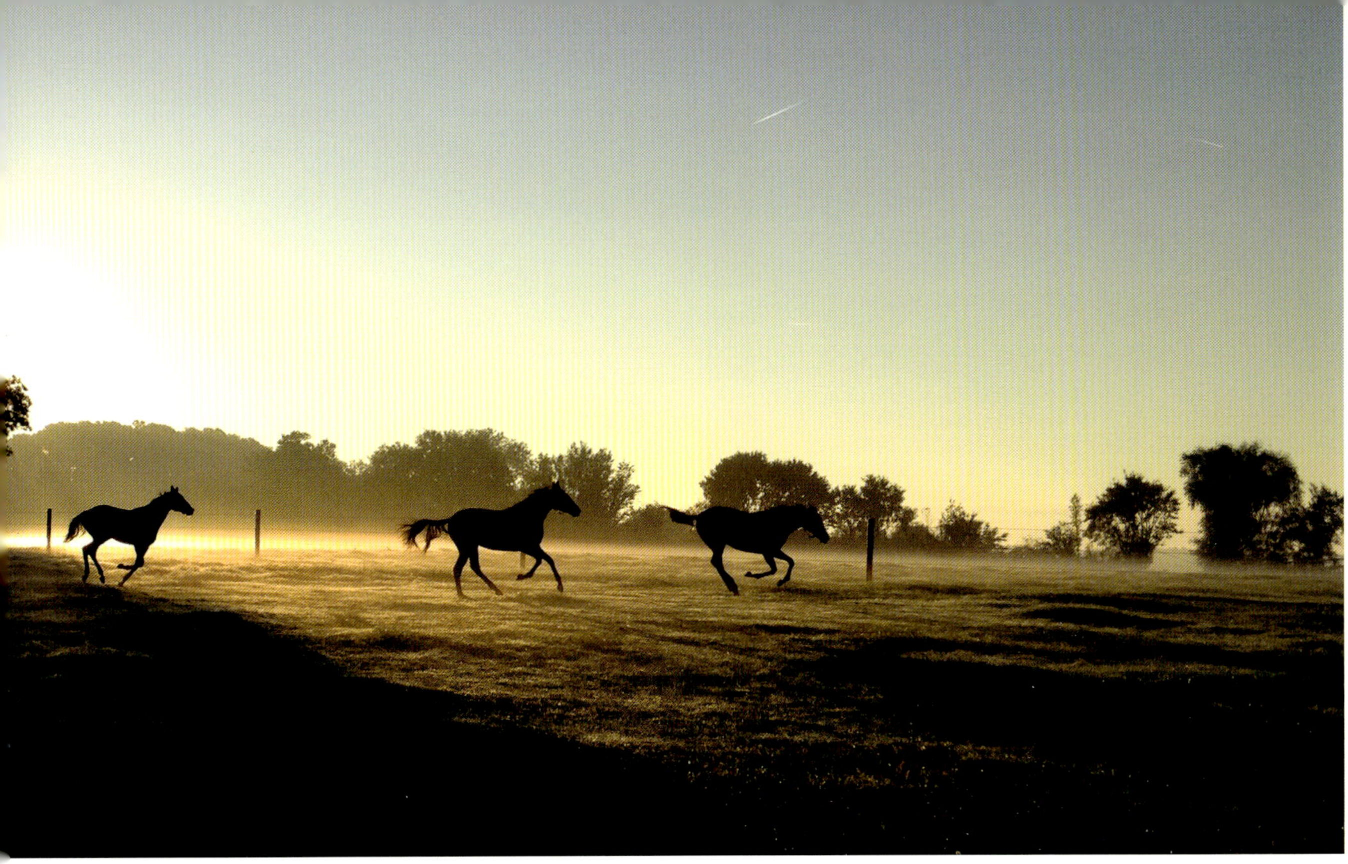

Jean-Pierre Garçon n'est pas un novice en matière de préparation des yearlings pour les ventes, eu égard à l'expérience qui est la sienne au sein d'un haras vendeur comme peut l'être celui d'Aliette Forien, voire, préalablement, chez David Powell, André Chédeville, Jorgen Permin et René Bézard, tous éleveurs de renom. Pour autant, les leçons apprises par son fils à l'école américaine, australienne et irlandaise, notamment à Coolmore, vitrine mondiale de l'élevage pur-sang, lui sont d'un précieux concours.

The Haras de l'Hôtellerie is a brand new creation, having only seen the light of day in the Autumn of 2011. Situated in Champeaux in the Orne region between Trun and Vimoutiers, it is run by Jean-Pierre Garçon and his wife Isabelle, with the help of their son Guillaume. Jean-Pierre Garçon is a well known figure of the breeding industry locally, having been Aliette Forien's right hand man for over twenty-five years at the Haras de la Reboursière et de Montaigu. He already had his own breeding operation, albeit on a small scale alongside his full time job at the Haras de la Gaminerie in Ginai, not far from work. It was his wife who was in charge at the time, with a degree of success.

Now transferred to the Haras de l'Hôtellerie, the stock has markedly increased, thanks to a significant and cosmopolitan new clientele. Once a cattle farm, it was refurbished and renovated by its new owners and covers over ninety hectares with approximately fifty-five boxes on offer. It also features an eight bay horse walker which is an invaluable tool for the good working order of the stud, as it focuses on the sale of yearlings at public auction, both at Deauville through Arqana and at La Teste-de-Buch and Le Lion-d'Angers, via Osarus.

Jean-Pierre Garçon is no novice when it comes to yearling sales preparation, thanks to the experience he gleaned when working at the heart of a commercial stud such as Aliette Forien's and previously with David Powell, André Chédeville, Jorgen Permin and René Bézard, all reputable breeders. That said, the lessons learnt by his son through his work in America, Australia and Ireland, most notably for Coolmore, a worldwide showcase for thoroughbred breeding, are a precious help to him.

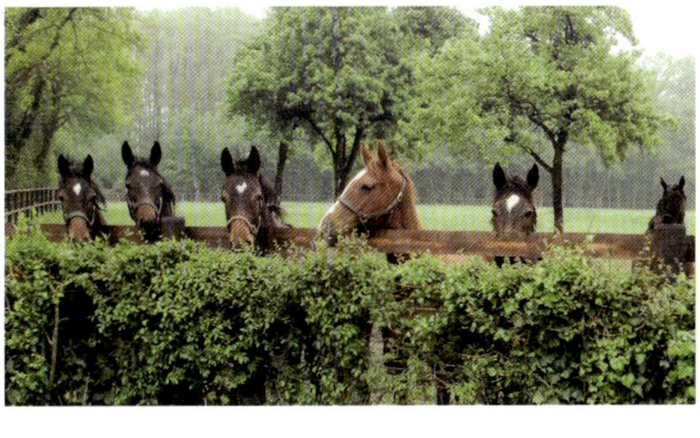

La Huderie

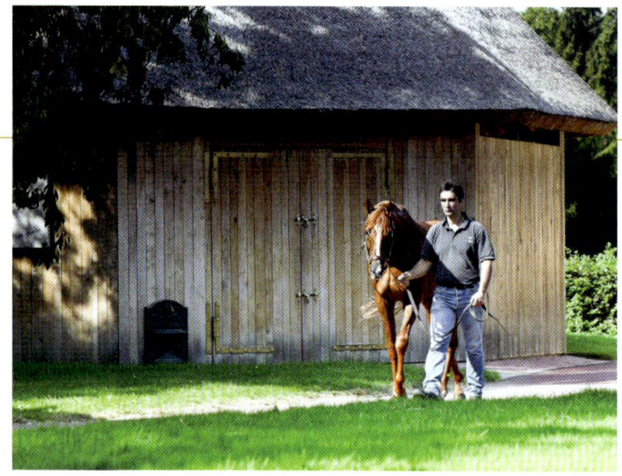

Le Haras de la Huderie a été créé de toutes pièces, en 1972, par Louis Sayer et son épouse, Babette. Il est situé dans le Calvados, sur la commune de Glanville. Avec le Haras de Bourgeauville, il forme la base d'un carré, dont les angles supérieurs sont les haras du Quesnay et de Saint-Léonard. Évidemment, nous sommes tout près de Deauville. Il n'y avait, à l'origine, que dix-sept hectares à La Huderie ; il y en a, aujourd'hui, soixante. Une quinzaine de poulinières y gîtent, pouvant disposer de trente-cinq boxes. Sur le terrain, Béranger Bussy est à la tête d'une équipe de trois personnes, s'occupant des juments et de leurs produits, ainsi que d'un étalon, Sandwaki.

Amoureux des chevaux, sans être de la partie – l'un ayant des vignobles en Bourgogne et des intérêts dans l'immobilier, l'autre étant médecin –, Louis et Babette Sayer avaient envie d'avoir une propriété en Normandie, afin de s'y adonner, pour le plaisir, à l'élevage. C'est ainsi qu'ils achetèrent naguère La Huderie et y fondèrent un haras, dont la maison d'habitation, parfaitement contemporaine, est une vraie curiosité, étant la seule résidence privée conçue en France par l'architecte du Bauhaus, Marcel Breuer, assisté, en l'espèce, par son collègue italien, Mario Jossa. Bâtie entre 1972 et 1974, à partir de plans datant de 1959 exécutés à la demande de l'acteur Peter Ustinov, pour un projet de construction, en Suisse, qui ne vit jamais le jour, cette maison transparente, dont la toiture et les murs sont en béton blanc, est classée monument historique depuis 2005.

Les Sayer, qui eurent des participations dans le tout bon cheval d'Anne-Marie d'Estainville et Laszlo Urban, Northern Baby, à la fin des années soixante-dix, élevèrent ensuite quelques bons chevaux à La Huderie, tel On y Revient, fragile, mais doué, gagnant du Grand Prix de Nantes, en 1992. La même année, ils eurent Glanville, qui courut le Prix du Jockey Club. Plusieurs années durant, en hommage à leur passion, ils parrainèrent le Prix du Haras de la Huderie, une belle course pour 2 ans, à Deauville. En 2008, Louis Sayer nous a quittés, mais son épouse continue le chemin qu'ils se sont tous les deux tracé.

The Haras de la Huderie was created from scratch in 1972 by Louis Sayer and his wife Babette. It is located in the Calvados department in the municipality of Glanville. Together with Bourgeauville it forms the basis of a square whose upper corners are the Haras du Quesnay

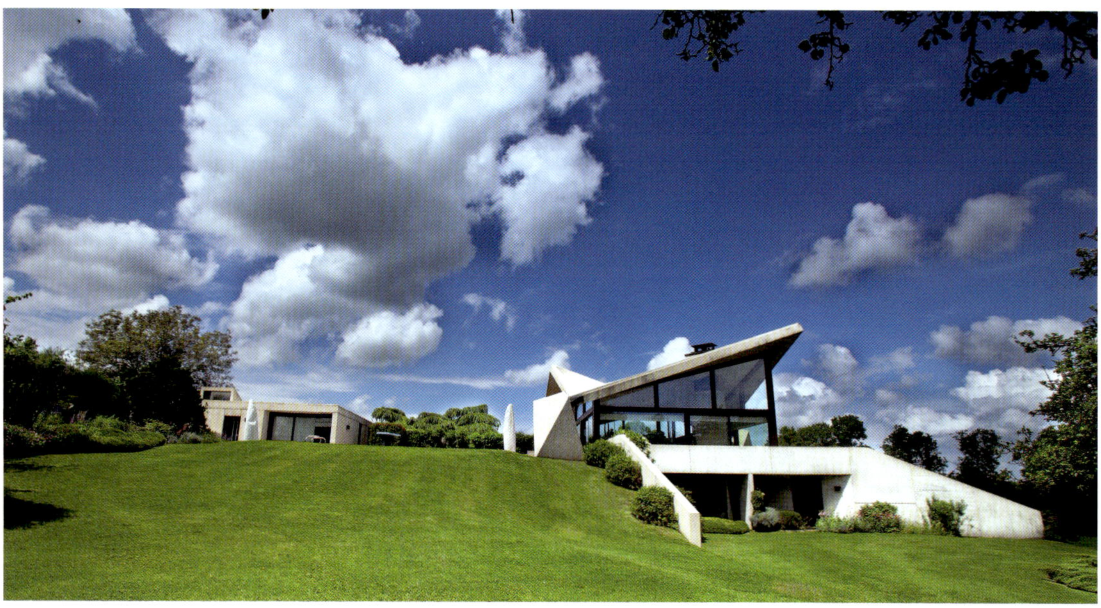

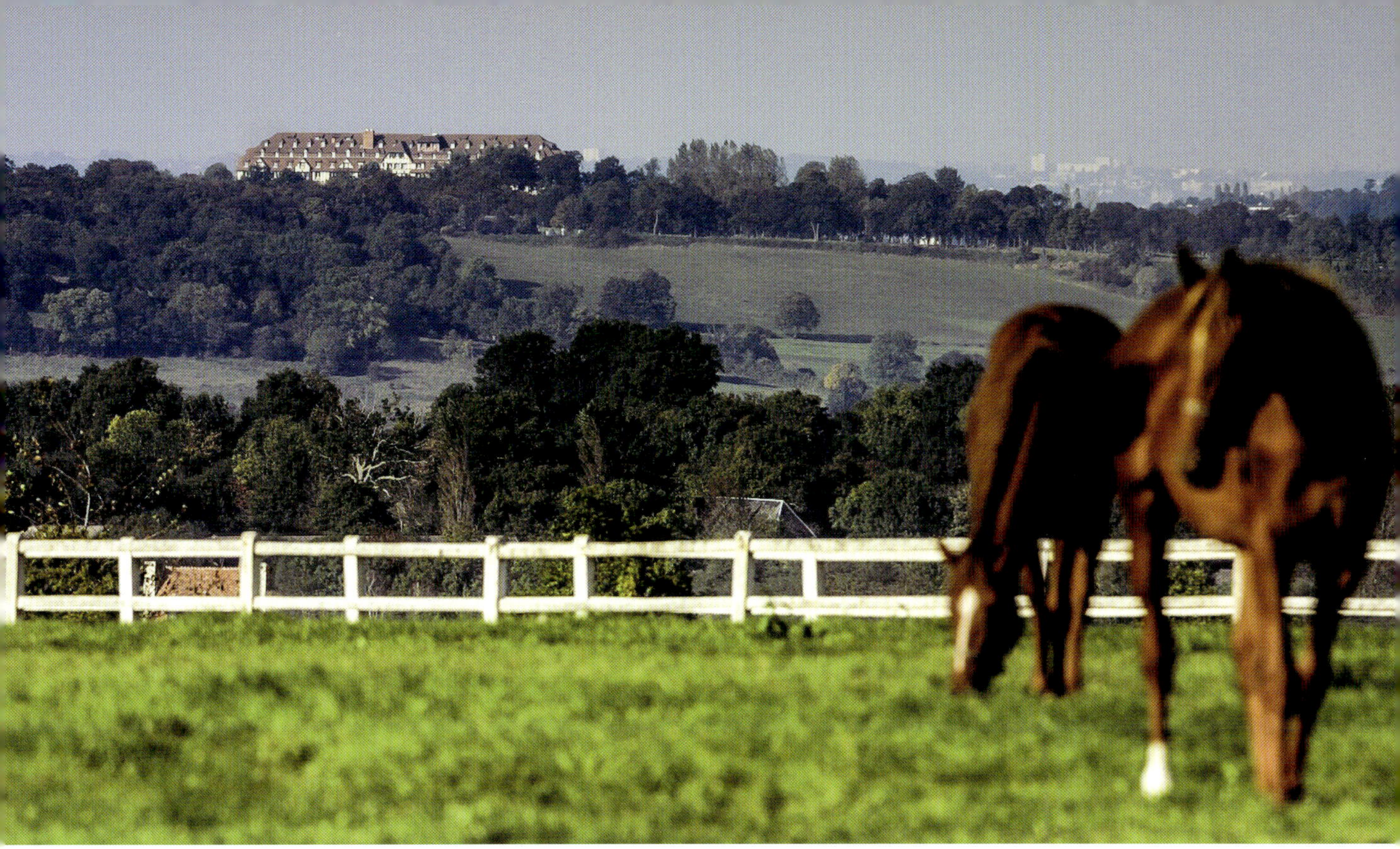

and Haras de Saint-Léonard. Obviously all are close to Deauville. There were originally only seventeen hectares at Huderie; now there are sixty. Fifteen mares live on site with thirty-five boxes at their disposal. Béranger Bussy heads a team of three people in the field who look after the mares and their offspring as well as the stallion Sandwaki.

Horse lovers without being in the game – one owns vineyards in Burgundy and has interests in real estate, while the other is a doctor – Louis and Babette Sayer had wanted to have a property in Normandy in order to dabble in breeding as a hobby. This is how they came to buy Huderie and founded a stud there, whose very contemporary main house is a genuine curiosity as it is the only private residence in France designed by the Bauhaus architect Marcel Breuer, who was assisted in this instance by his Italian colleague Mario Jossa. Built between 1972 and 1974 from plans drawn in 1959 at the request of the actor Peter Ustinov for a Swiss based project that never saw the light, the transparent house, whose roof and walls are made of white concrete, has been classified as an historical monument since 2005.

The Sayers, who had shares in the very good horse Northern Baby owned by Anne-Marie d'Estainville and Laszlo Urban at the end of the seventies, then bred some good horses at Huderie such as On y Revient, who was fragile but talented and won the Grand Prix de Nantes in 1992. The same year they had Glanville who ran in the Prix du Jockey Club. For several years, as a tribute to their passion, they sponsored the Prix du Haras de la Huderie, a good race for two year olds in Deauville. Louis Sayer died in 2008 but his wife has continued on the path they chose for themselves.

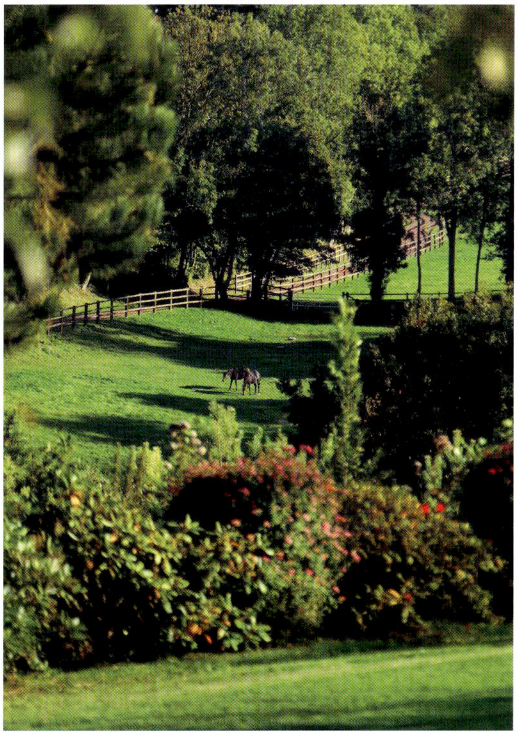

Léaupartie

Aujourd'hui propriété d'Alain Fracas, le Haras de Léaupartie est chargé d'histoire, ne serait-ce que parce que son manoir date, dans sa partie centrale, de 1646, et, si ses deux ailes ont été refaites, c'est dans le plus parfait style et avec le plus grand goût. Léaupartie se trouve au cœur du département du Calvados, au bord de la route qui conduit du Carrefour-Saint-Jean à Bonnebosq, dans la direction de Deauville. Jadis, l'entraîneur Jack Cunnington s'approvisionnait là en yearlings. Georges Wildenstein, ensuite, y acheta Balbo, qui fut troisième du Prix de l'Arc de Triomphe d'Oroso, en 1957. Après quoi, le domaine fut loué par le comte Leseleuc de Kerouara, basé non loin, au Logis-Saint-Germain, qui l'utilisait comme annexe pour ses yearlings. Puis Léaupartie tomba quelque peu en désuétude et, lorsque Alain Fracas s'en rend acquéreur, en 1987, il y a beaucoup à rénover, voire à reconstruire. Ce sera fait, avec soin et application, et le haras est présentement un petit « joyau », s'étendant sur une trentaine d'hectares

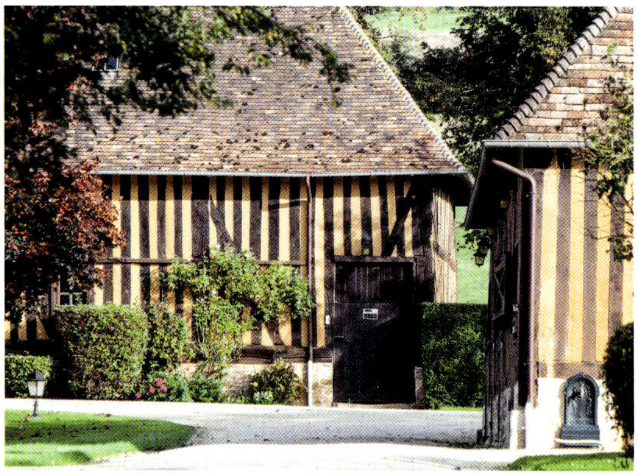

de terres toujours fraîches, car arrosées par deux rivières. Olivier, le fils d'Alain Fracas, et deux salariés s'y occupent d'une quinzaine de poulinières, pur-sang pour les deux tiers et trotteuses pour l'autre. À elles et à leurs produits sont dévolus trente-cinq boxes.

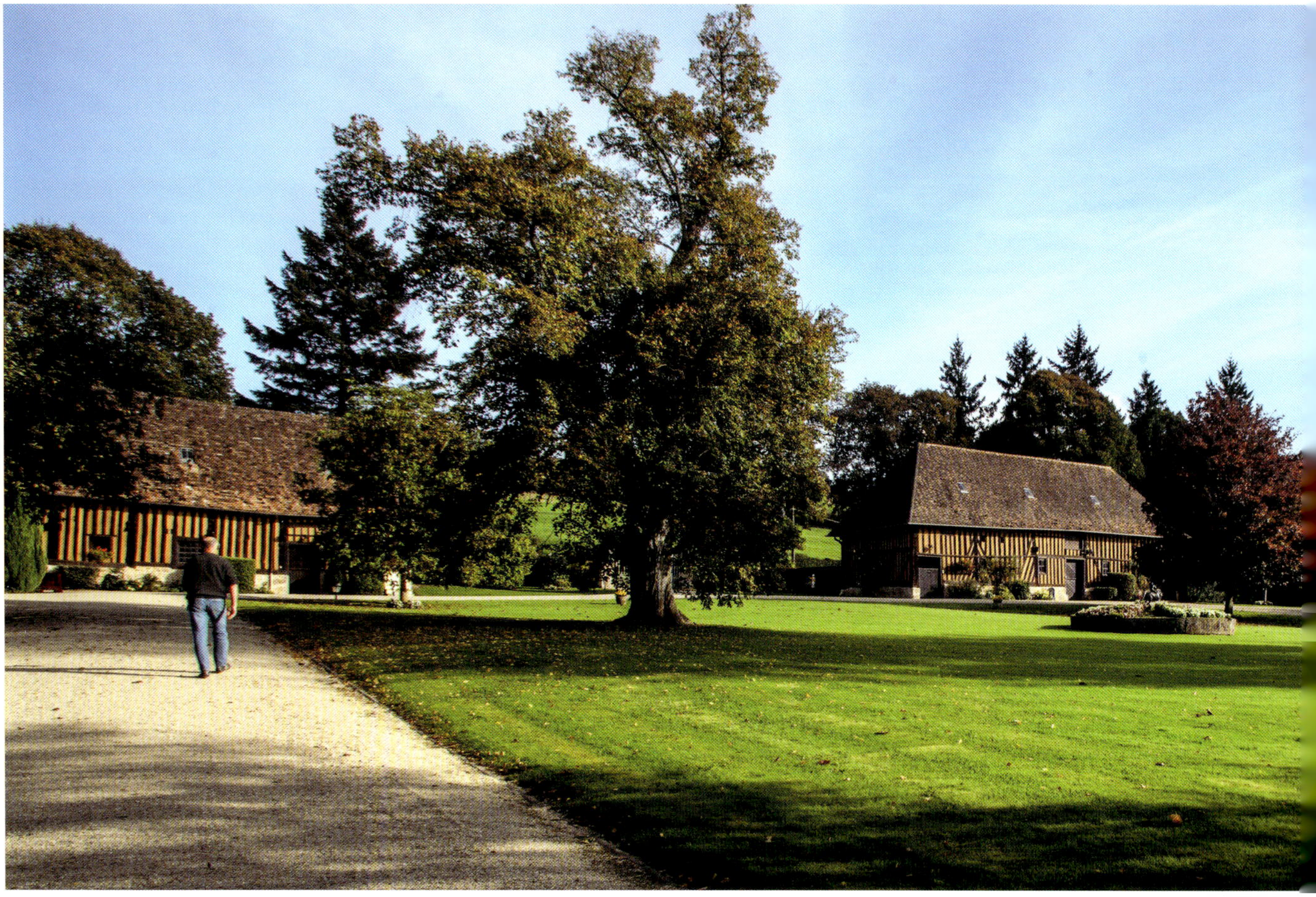

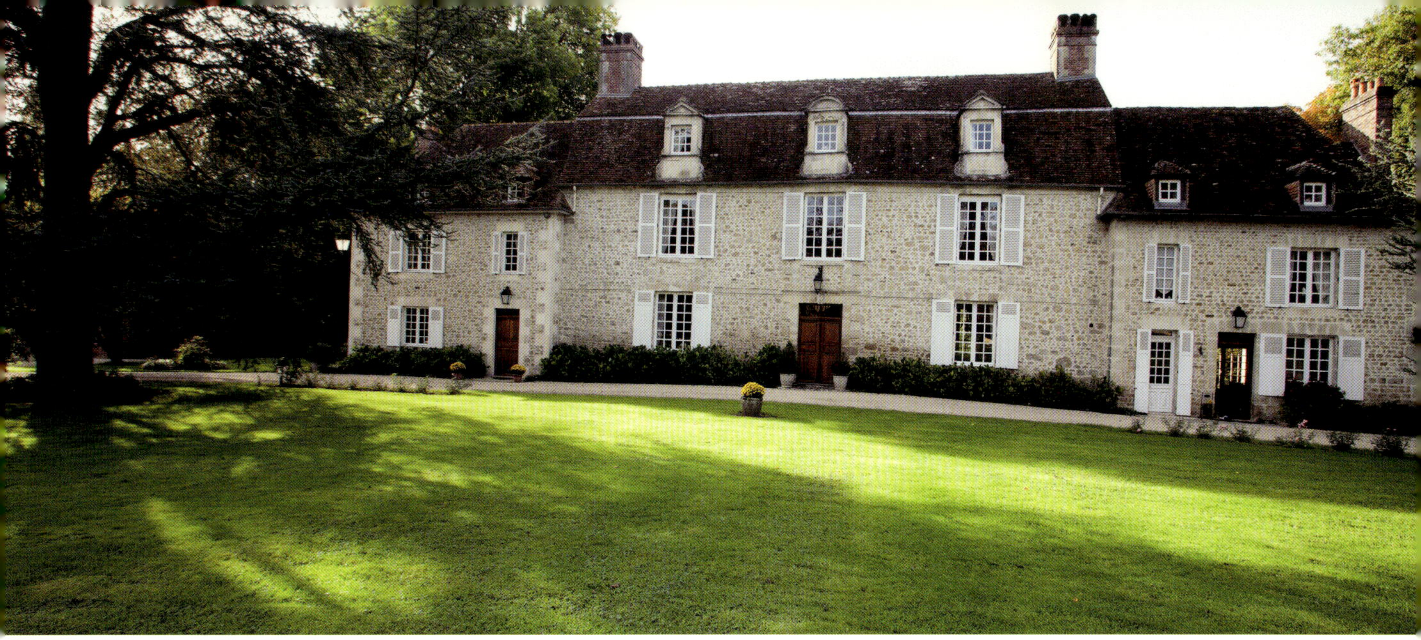

D'origine italienne, ainqi que son épouse, Alain Fracas donne à ses chevaux de galop des noms commençant par « Il », pour ce qui est des mâles, et par « La », pour ce qui est des femelles. Il y voit un petit clin d'œil fait à ses ancêtres transalpins. Il élève pour faire courir, dans

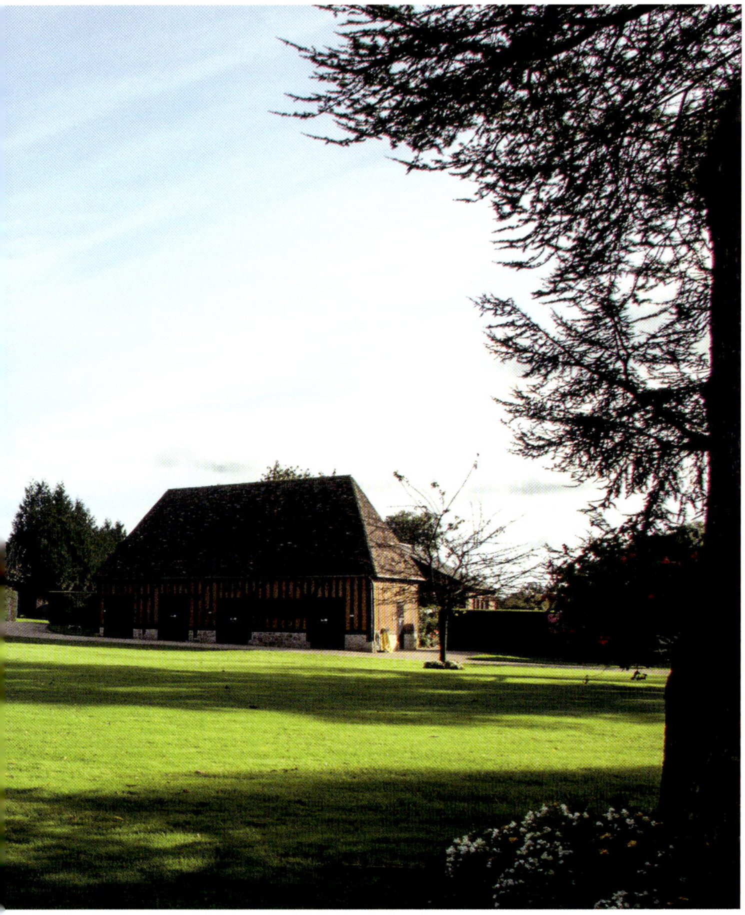

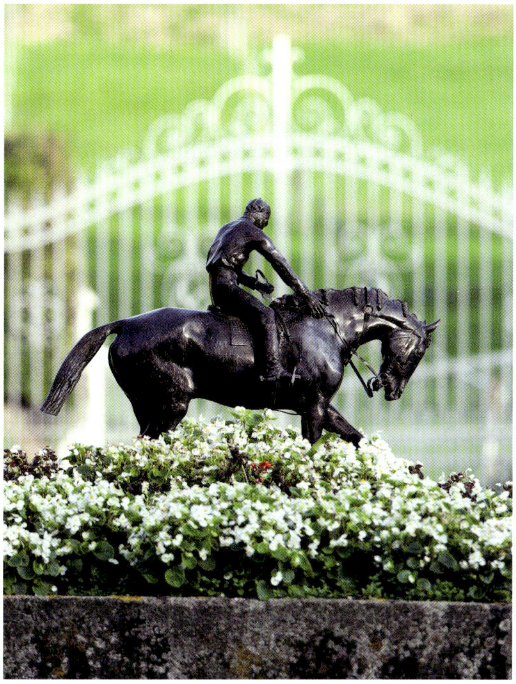

les deux disciplines – au trot, sa marque de fabrique est « Léau » (Ekir de Léau, Québir de Léau, etc.), soit le préfixe de Léaupartie, tout simplement –, sachant qu'au galop, il a un entraîneur tout trouvé en son autre fils, Alexandre, installé à proximité, au Haras de Victot, où il loue une cinquantaine d'hectares et les installations nécessaires à l'exercice de sa profession. La première victoire des couleurs d'Alain Fracas, qui sont exposées en bonne place dans le parc de Léaupartie, remonte à 1968. À cette époque, puis dans les années qui suivirent, il eut comme entraîneurs les professionnels de Maisons-Laffitte Maurice Lescalle, Jean Sens, Jean-Pierre Carresse et, en

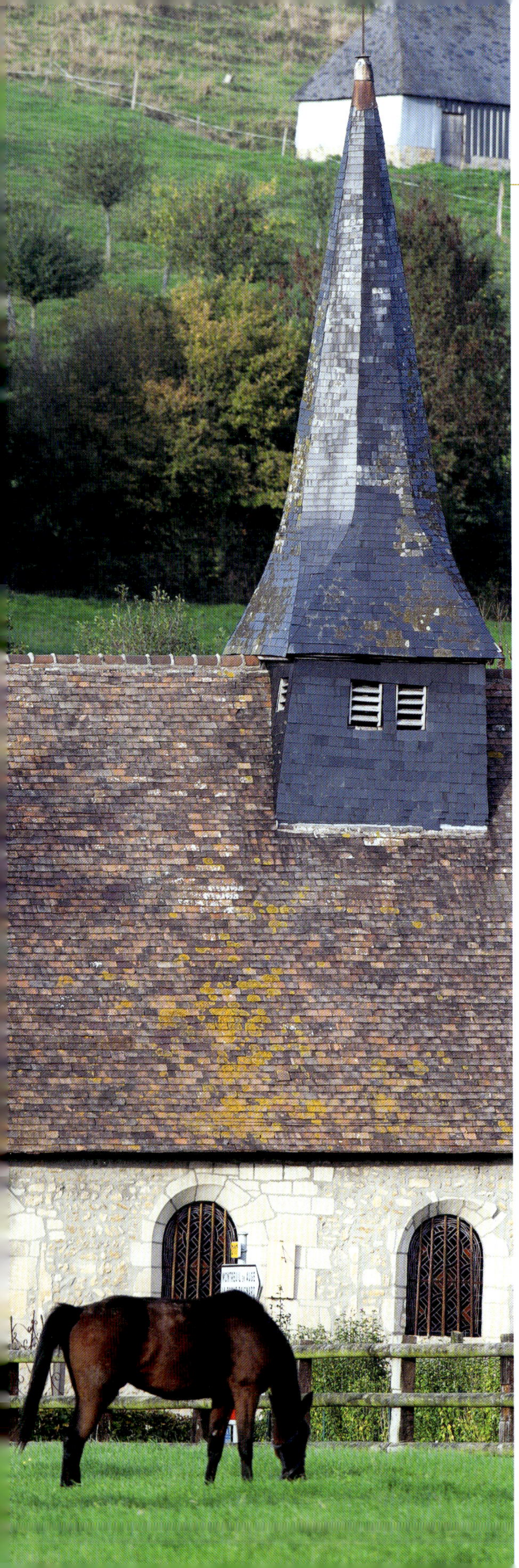

particulier, Bernard Margueritte, qui est resté un ami très proche. Son fils, Alexandre, entraîneur public, a donc pris leur succession, avec réussite, car il fait régulièrement s'illustrer les élèves de Léaupartie. Ainsi, en 2011, Il Cannone gagna son gros handicap et se classa troisième d'une course principale. Cela lui ouvrit les portes de la vente de l'« Arc », où il fut adjugé 170 000 euros. À 72 ans, Alain Fracas est retiré des affaires – sa partie était la grande distribution, la publicité et le marketing – et profite au quotidien de son élevage et de son écurie de course. Bien sûr, il lui faut savoir rentabiliser, pour pouvoir continuer et, de temps à autre, réussir une vente, comme celle d'Il Cannone, mais le plaisir de courir et de gagner n'en demeure pas moins la priorité.

Now owned by Alain Fracas the Haras de Léaupartie is steeped in history, if only because of its manor house, the central part of which dates back to 1646 and though both wings have been rebuilt it has been done in the most perfect style and with great taste. Léaupartie is located in the heart of the Calvados department on the side of the road leading from Carrefour-Saint-Jean to Bonnebosq in the direction of Deauville. In the past, the trainer Jack Cunnington used it as a supply for his yearlings. Then Georges Wildenstein bought Balbo there who finished third in the Prix de l'Arc de Triomphe won by Oroso in 1957. After which time the estate was leased by the Earl of Leseleuc Kerouara who was based in nearby at Logis Saint-Germain and who used it as an annex for his yearlings. Léaupartie then fell somewhat into disuse and when Alain Fracas bought it in 1987 it needed a lot of renovation work and in parts rebuilding. This was done with great care and application and the stud is now a little « jewel » extending over thirty hectares of land which is always cool, as it is fed by two rivers. Alain's son Olivier and two employees look after fifteen or so mares, two thirds of which are thoroughbred and the other trotting. Thirty-five boxes are available to them and their offspring.

Of Italian origin, as is his wife, Alain Fracas gives his thoroughbred horses names starting with « Il » for the colts and « La » for the fillies. He sees it as a nod to his transalpine ancestors. He breeds to race in both disciplines – for trotting his trademark is « Léau » (Ekir de Léau, Québir de Léau, etc.) or quite simply the prefix to Léaupartie – with the knowledge that for his gallopers he has a readymade trainer in his other son, Alexandre, based nearby at the Haras de

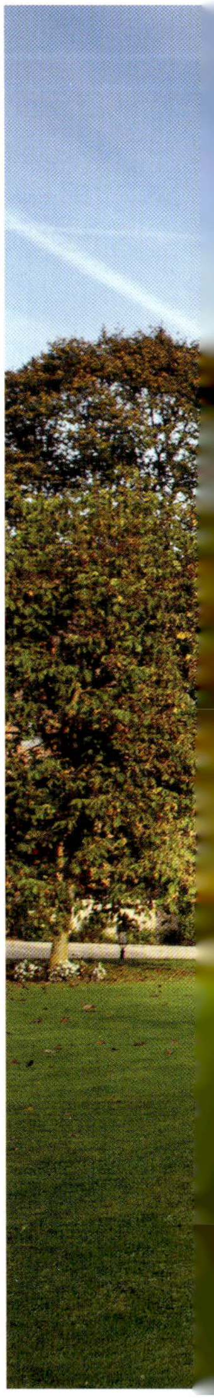

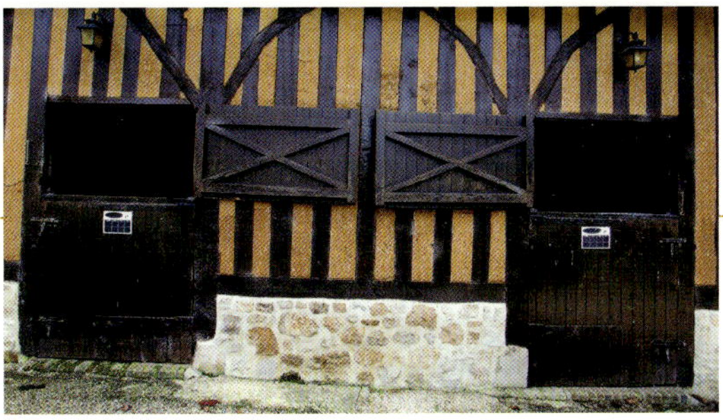

Victot where he rents fifty hectares and the facilities necessary for practicing his trade. The first victory in Alain Fracas' colours, which are prominently displayed in the park at Léaupartie, dates back to 1968. At that time and in the ensuing years he used as trainers the Maisons-Laffitte based professionals such as Maurice Lescalle, Jean Sens, Jean-Pierre Caresse and particularly Bernard Margueritte who has remained a very close friend. His son Alexandre, who is a public trainer, has thus successfully taken over from them as he regularly wins races with Léaupartie homebreds. In 2011, Il Cannone won a major handicap and was placed third in a Listed race. This opened the doors to the « Arc » sale where he made 170,000 euros. At 72, Alain Fracas is retired from business – he was involved in large scale distribution, advertising and marketing – and enjoys his stud farm and racing stable on a daily basis. Of course, he knows he needs to be profitable in order to continue and occasionally have a successful sale such as that of Il Cannone, but the fun of running and winning remains no less the priority.

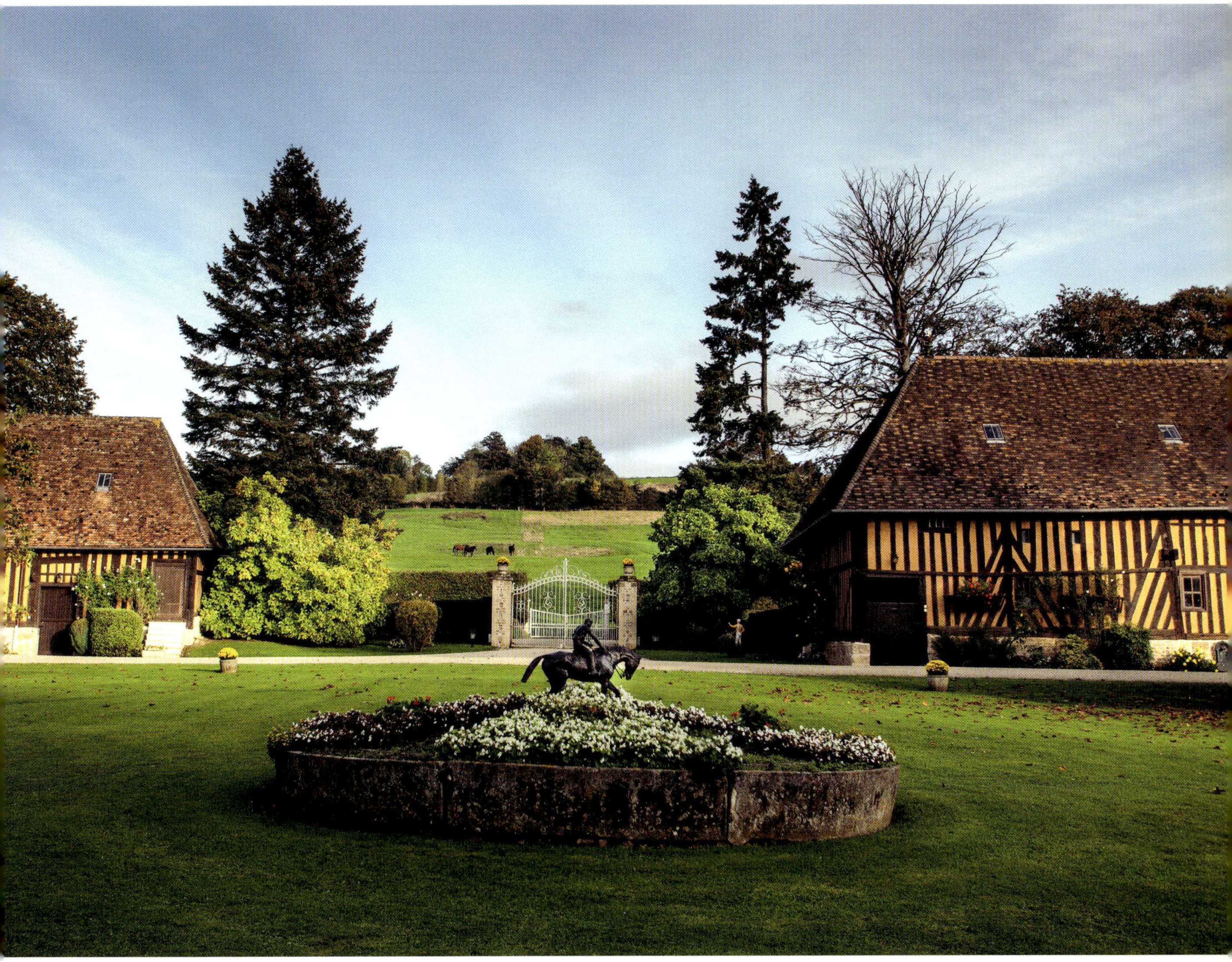

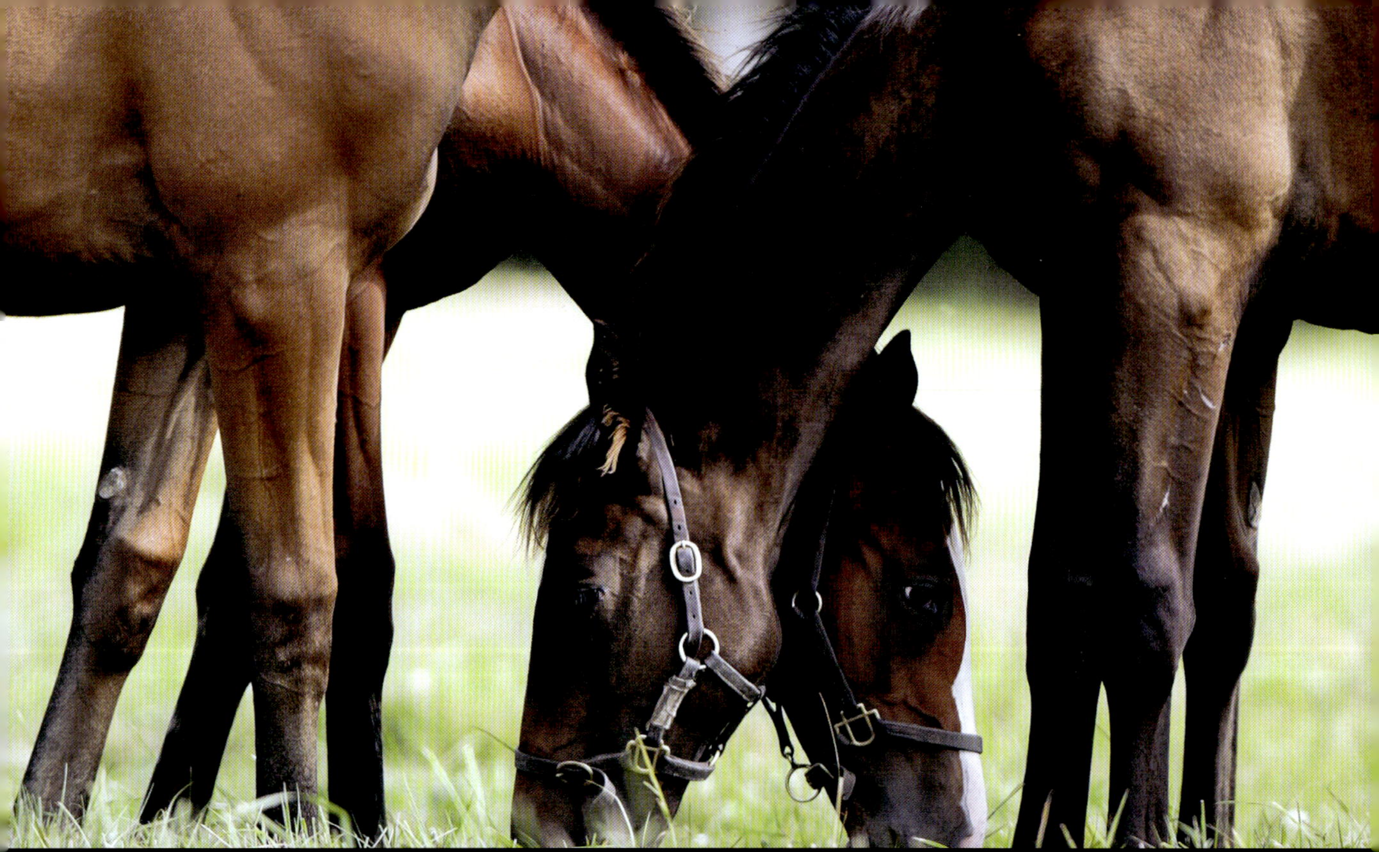
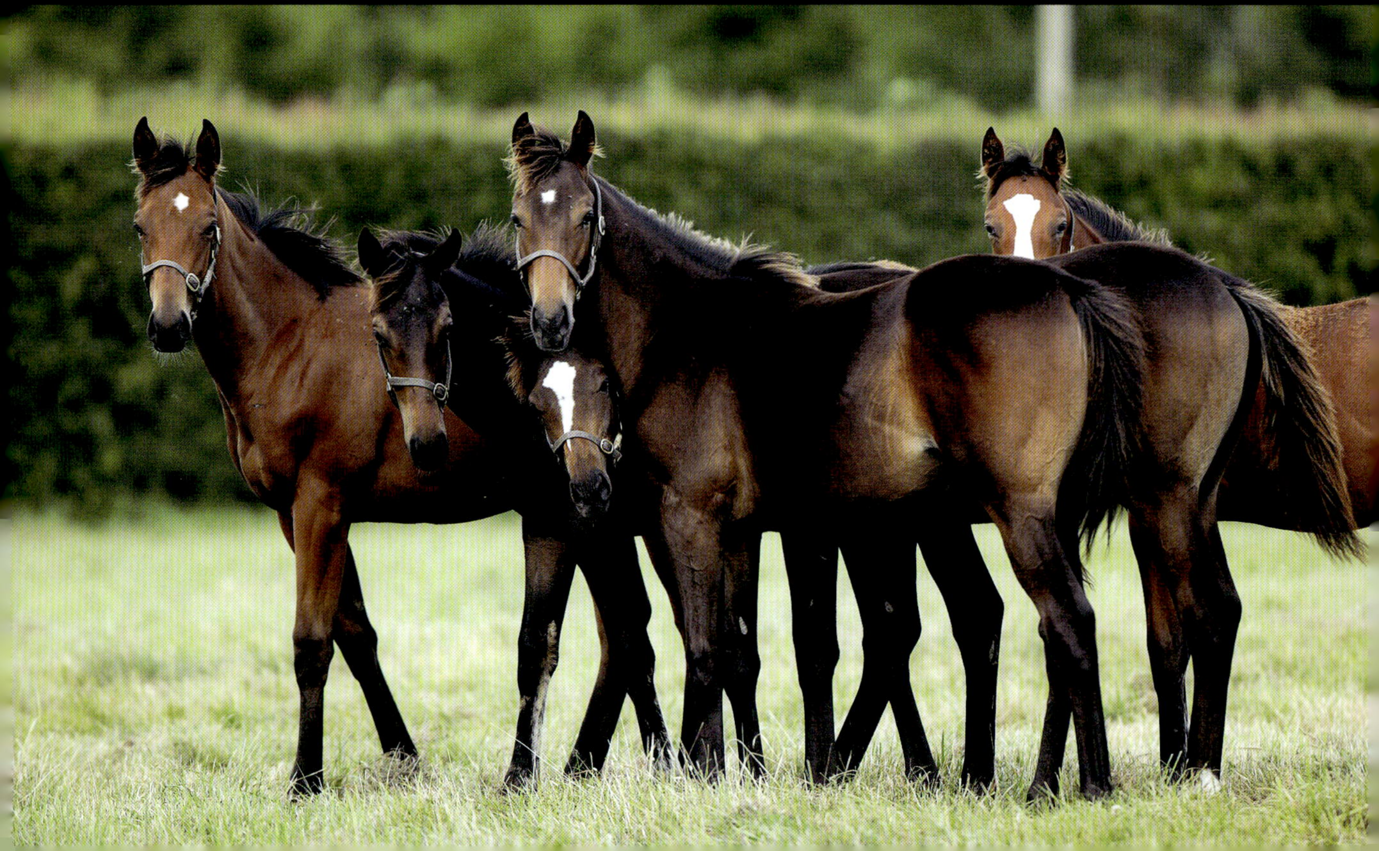

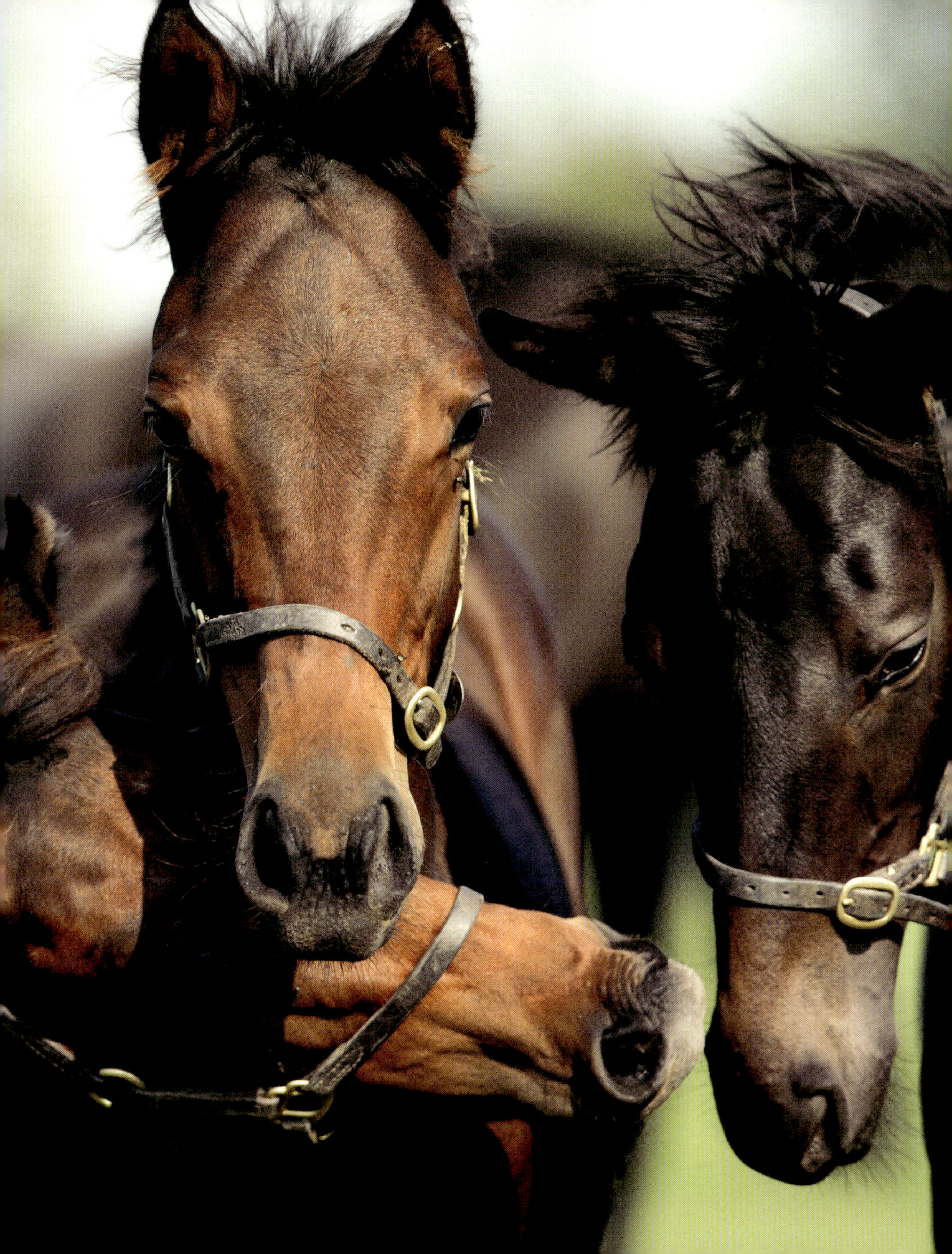

Le Lieu-des-Champs

Richard Powell vient de reprendre, au printemps dernier, le haras familial du Lieu-des-Champs, que ses parents avaient acheté l'année de sa naissance, en 1980. Ses parents, ce sont David et Guite Powell, tous deux grands férus de pur-sang. D'origine américaine, David Powell est à la fois éleveur, courtier et manager de plusieurs écuries, dont celle, célèbre, de Magalen Bryant. Il fut aussi, en son temps, un excellent chroniqueur hippique, aux remarquables connaissances et appréciations. Quant à Guite, elle apprit les rudiments à la brillante école de Maurice O'Neill et de son épouse, alors à la tête du Haras de Sai, près d'Argentan. Fort d'une telle hérédité, Richard se devait d'embrasser la carrière. Il le fait avec passion, mais il sait, aussi, raison garder, mesurant bien que l'élevage, aléatoire par essence, n'est jamais une partie aisée. Pour le compte d'un client, il a vendu son premier yearling, cet été, à Deauville, où les choses se sont fort bien passées, puisque le poulain en question, un fils de l'étalon de première production Silver Frost, a été adjugé 46 000 euros.

Il faut dire que Richard Powell a plus d'un atout dans son jeu, ayant été formé par ses parents, mais ne s'en étant pas contenté, puisqu'il fit des stages en Irlande, aux États-Unis et en Australie. Et puis Le Lieu-des-Champs est un site d'élevage idéal, s'étendant sur une soixantaine d'hectares de bonnes terres de la région de Livarot, arrosées par la Vie. Nous sommes dans le Calvados, sur la commune de Coupesarte, tout près du manoir du même nom, dont Le Lieu-des-Champs est une ancienne dépendance, dans le même et si caractéristique style augeron. La maison de maître est à colombages et date de 1732. Les boxes, au nombre de cinquante environ, encadrent la cour. Richard Powell et son épouse, Hélène, œuvrent là dans un cadre à la fois très agréable et parfaitement fonctionnel, assistés d'une demi-douzaine d'employés, pour s'occuper d'une trentaine de poulinières et de leurs produits.

Last spring Richard Powell took over the family stud of Lieu-des-Champs which his parents bought in 1980, the year he was born. His parents are David and Guite Powell, both great racing enthusiasts. Originally from America, David Powell is at once a breeder, an agent and a manager for several racing stables including the famous one belonging to Magalen Bryant. He was also in his time

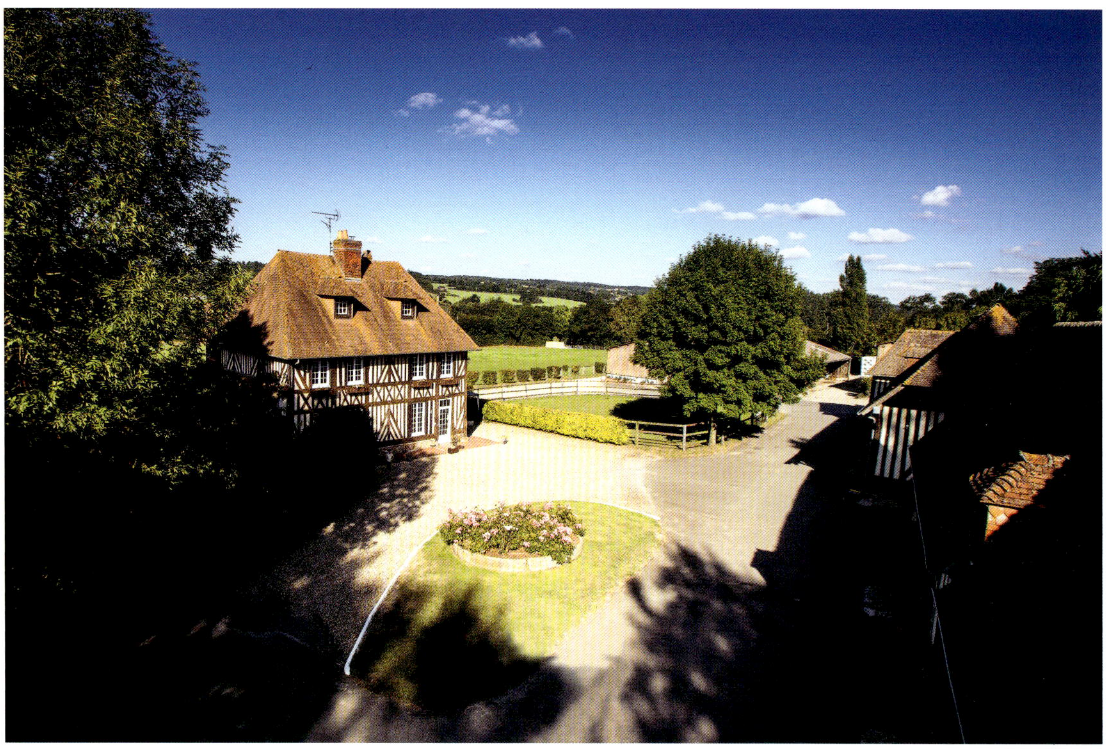

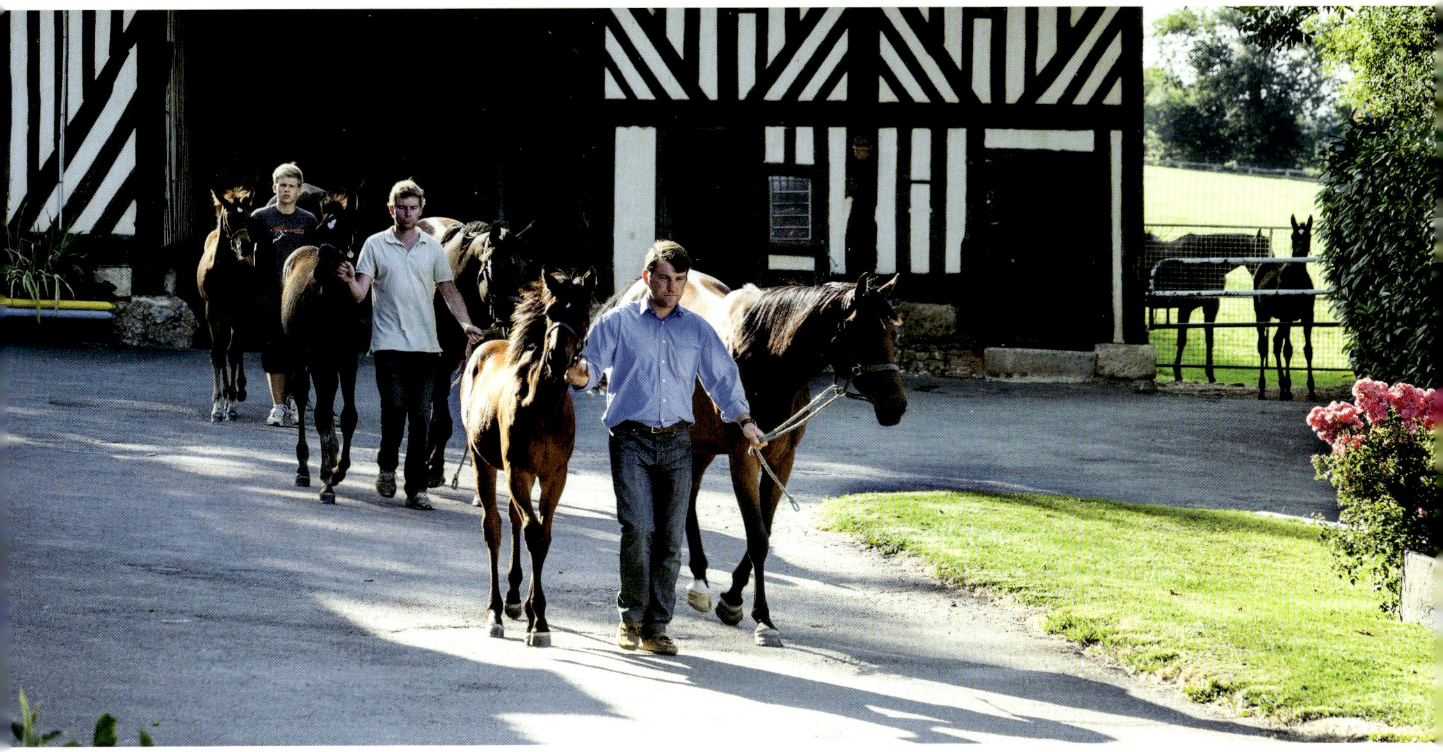

a great racing journalist with remarkable knowledge and judgment. Guite for her part learned the basics from the brilliant Maurice O'Neill and his wife, then head of the Haras de Sai near Argentan. Given such a legacy Richard was duty bound to embrace this career. This he does with great passion but he is also very reasoned, well aware that the fickle world of breeding is never an easy game. He sold his first yearling on behalf of a client this summer in Deauville, where things went very well as the colt in question from the first crop of young stallion Silver Frost was knocked down for 46,000 euros.

It has to be said that Richard Powell has more than one string to his bow, having been trained up not just by his parents but also having gone away to do internships in Ireland, the United States and Australia. Added to this the Lieu-des-Champs is an ideal site for a thoroughbred stud, extending over sixty acres of fertile land in the Livarot region, fed by the Vie river. The setting is in the Calvados region by the town of Coupesarte, next to the manor house bearing the same name and which used to count Lieu-des-Champs as one its outbuildings and is built in the same very characteristic style of the Pays d'Auge. The main house is timbered and dates back to 1732. Around fifty boxes surround the courtyard. Richard Powell and his wife Helen work in an environment which is both very pleasant and very functional, assisted by half a dozen employees who help them care for the thirty or so mares and their offspring.

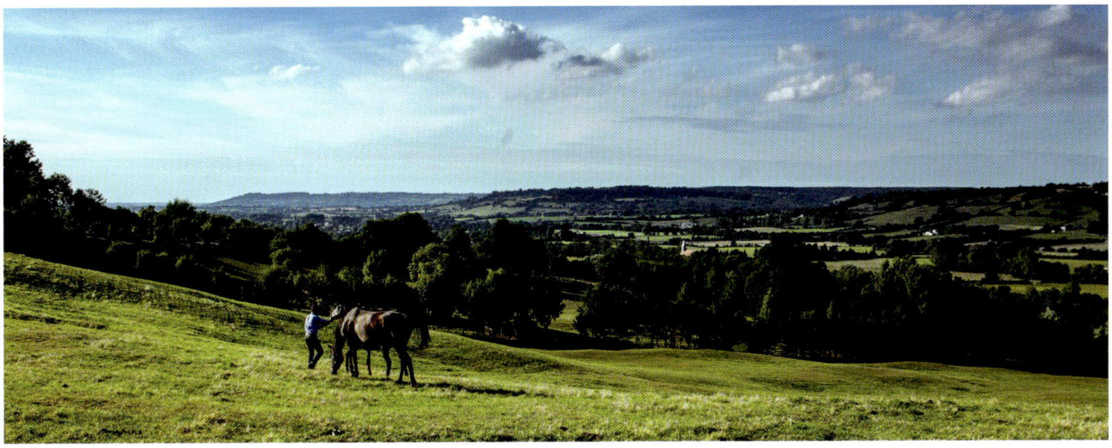

Le Logis

Le Haras du Logis est situé sur la commune de Louvières-en-Auge, à peu de kilomètres au nord de Trun. C'est là la partie ornaise du Pays d'Auge. Le Logis constitue la pointe d'un renommé triangle autour de Trun. Paul Bozo en a été le créateur, en 1949, le développant un quart de siècle durant, jusqu'à son décès prématuré, en 1974. Son fils, Xavier, est alors très jeune, encore étudiant. Il reprend le haras, épaulant sa mère, avec le concours, à partir de 1980, de son épouse, Nathalie, étrangère au milieu des chevaux et, pourtant, très vite passionnée. Le Logis devient une station d'étalons assez en vue, accueillant notamment, au fil des ans, Dom Racine, Zino ou Caerwent.

En 1996, Xavier Bozo et son épouse changent d'horizon et vendent Le Logis, hormis la résidence principale, une fort jolie maison, encore habitée aujourd'hui par la veuve de Paul Bozo, qui vient d'y fêter ses 90 ans. Le professionnel anglais Julian Ince, natif de Newmarket et formé à Coolmore, est alors appelé pour diriger le haras. Il est

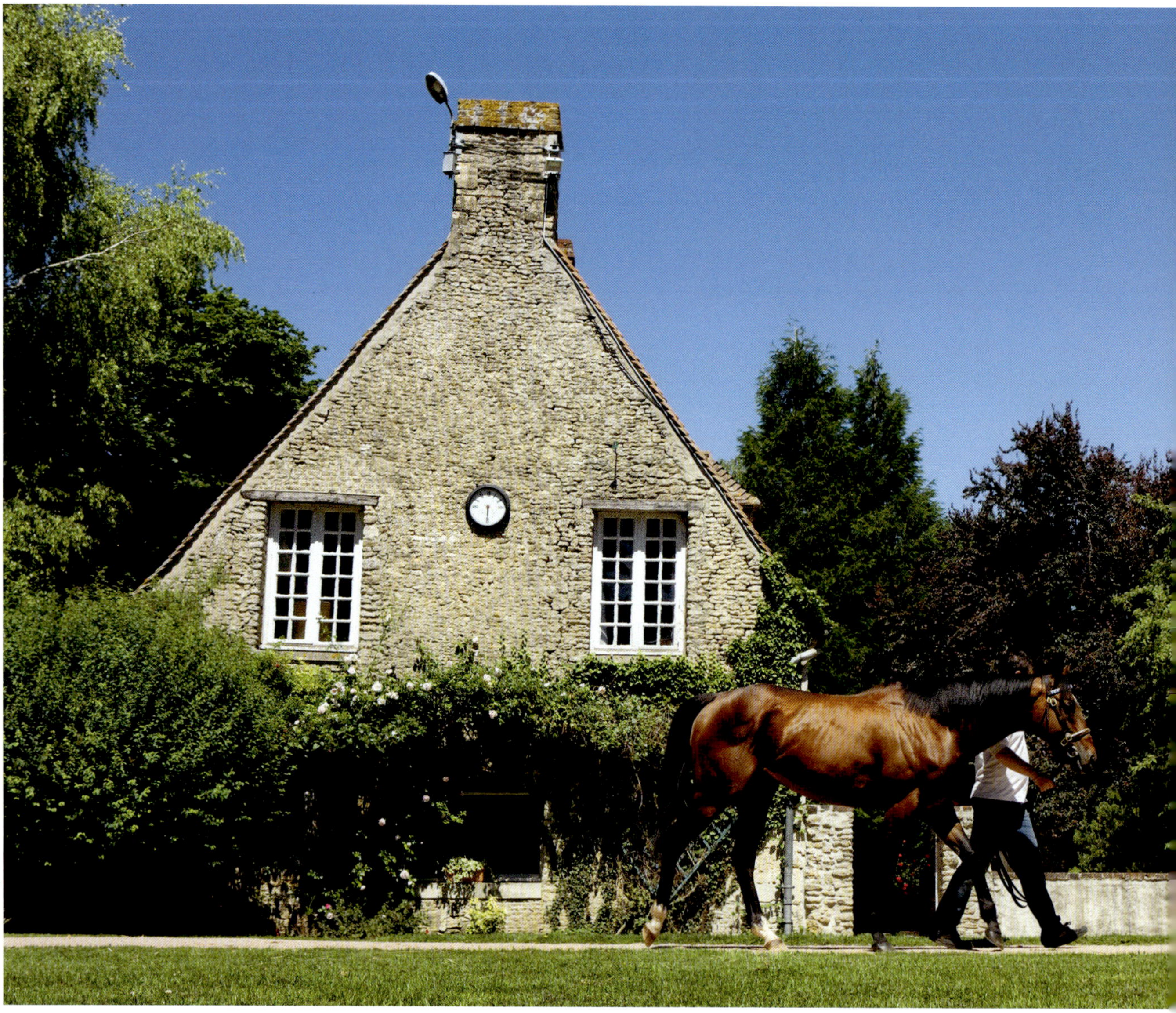

Photos : Collection Haras du Logis

en France depuis quelque temps, ayant travaillé au Haras de Vieux-Pont, chez Carina Klingberg et Sven Hanson. Bientôt, la possibilité s'offre à lui de louer Le Logis, puis de l'acheter, ce qu'il n'hésite pas à faire, en 2007.

Dans sa présente déclinaison, le Haras du Logis s'étend sur quelque cent vingt-cinq hectares et héberge une centaine de chevaux, sous la surveillance d'une quinzaine de personnes. La section des étalons est particulièrement importante, car elle abrite les ambassadeurs de Darley, la structure de cheikh Mohammed Al Maktoum. Régulièrement, il y en a cinq ou six, tels, pour se référer au piquet actuel, les Alexandros, Creachadoir, Manduro, Rio de la Plata et autres Slickly. L'éventail est de qualité et propose aux éleveurs français un choix digne d'intérêt. Environ une cinquantaine de poulinières paissent, à l'année, sur les riches herbages du Logis, se partageant équitablement entre les juments maison et celles de la clientèle. Cette dernière est, le plus souvent, étrangère – anglaise, irlandaise, allemande…–, car Julian Ince a délibérément prospecté en ce sens, se donnant pour objectif d'attirer en France de nouveaux investisseurs, susceptibles d'y être sensibles à l'avantageuse organisation des courses et aux primes qui leur sont inhérentes, à destination des éleveurs comme des propriétaires. Habitués de nos courses et de notre élevage depuis un demi-siècle ou presque, Georges Sandor et son épouse sont également des « fidèles » du Logis, où il est vrai qu'ils « touchèrent » naguère, du temps de Paul Bozo, l'un de leurs premiers bons chevaux, nommé Le Despote.

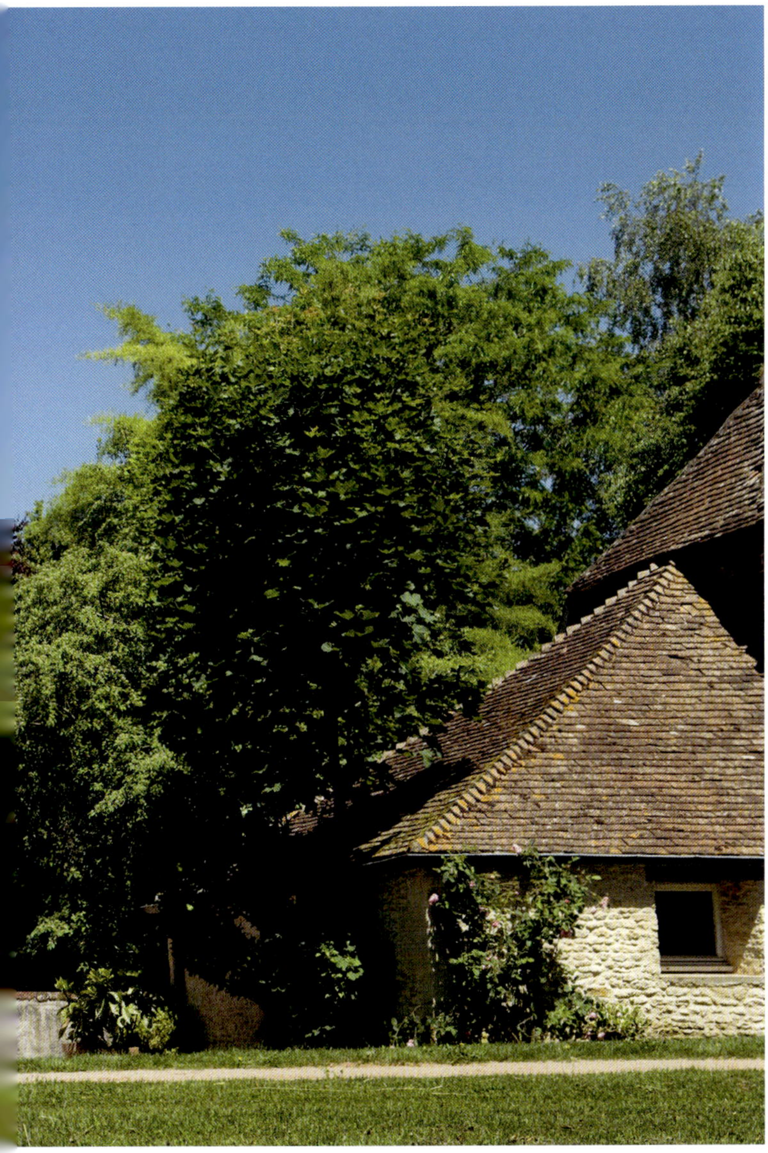

Le Logis est un acteur régulier des ventes de yearlings, Julian Ince étant vendeur d'une bonne partie de sa production et un certain nombre de ses clients avec lui. La politique est de ne présenter aux ventes que des poulains et des pouliches à proprement parler du cru, au Logis depuis leur naissance ou quasiment. Selon le maître des lieux, c'est une garantie de transparence en même temps qu'un gage d'élevage, un label de « fabrication ». Celui-ci vaut, principalement, pour un trio de sauteurs de tout premier plan, constitué de Lina Drop, Royal Honor et Sky's the Limit, tout en sachant qu'Execute, autre vainqueur de Groupe I, mais en plat celui-là, effectua une partie de sa croissance sur les terres du haras.

The Haras du Logis is located in the municipality of Louvières-en-Auge just a few kilometers north of Trun. This is the Orne part of the Pays d'Auge. Logis forms the point of a renowned triangle around Trun. Paul Bozo was its creator in 1949 and he developed it for a quarter of a century until his untimely death in 1974. His son Xavier was very young then and still a student. He took on the stud, assisting his mother with the help from 1980 onwards of his wife Nathalie, who was a stranger to the world of horses but very soon became passionate about it. The Logis became quite a well known stallion station and was host over the years to the likes of Dom Racine, Zino and Caerwent.

Le Logis

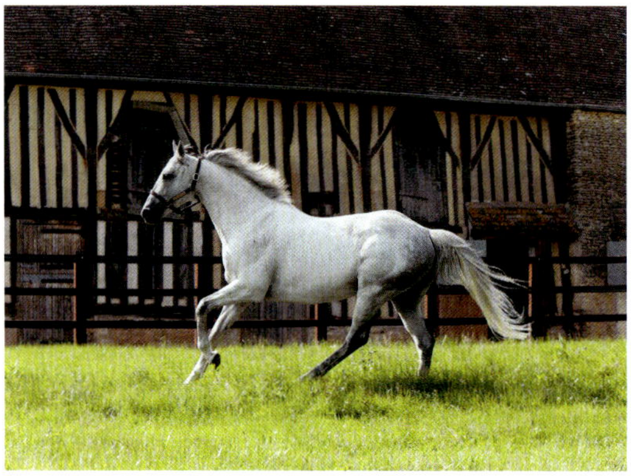

In 1996 Xavier Bozo and his wife decided to change scenery and sold Logis, keeping its principal residence, a very pretty house still inhabited today by Paul Bozo's widow who just celebrated her 90th birthday there. The English professional Julian Ince, originally from Newmarket and apprenticed at Coolmore, was then called upon to manage the stud. He had been in France for some time, having worked at the Haras du Vieux Pont for Carina Klingberg and Sven Hanson. Soon the opportunity arose for him to lease Logis, then buy it which he had no hesitation in doing in 2007.

In its present form the Haras du Logis covers some hundred and twenty-five hectares and is host to one hundred horses under the supervision of a dozen people. The stallion section is of particular importance as it is home to representatives of Darley, Sheikh Mohammed Al Maktoum's breeding entity. There are regularly five or six of them and the current line up consists of Alexandros, Creachadoir, Manduro, Rio de la Plata and Slickly. The range on offer is good and gives French breeders a worthwhile selection to choose from. Around fifty mares graze all year round on the rich pastures of Logis, pretty evenly divided between home owned mares and those of clients. The latter are mostly foreign – English, Irish, German... – as Julian Ince deliberately went to look for them, with the aim of bringing new investors to France who might be attracted to its advantageous racing structure and the premiums which are inherent to it for the benefit of breeders and owners. Familiar with our racing and our breeding for half a century or so, George Sandor and his wife are also loyal Logis customers, where it has to be said they « had a bit of a touch » at the time of Paul Bozo with one of their first good horses named Le Despote.

The Logis is a regular player at the yearling sales with Julian Ince selling a large part of his stock, as well as a number of his clients'. The policy is to consign only colts and fillies who have been at Logis since their birth or pretty much so. According to the owner, it is a guarantee of transparency as well as a pledge to the quality of the breeding, a sort of « manufacturing » label. This was the case in particular for a trio of top class jumpers in Lina Drop, Royal Honor and Sky's the Limit while Execute, another Group I winner but this time on the flat, spent part of his youth on the stud. ❁

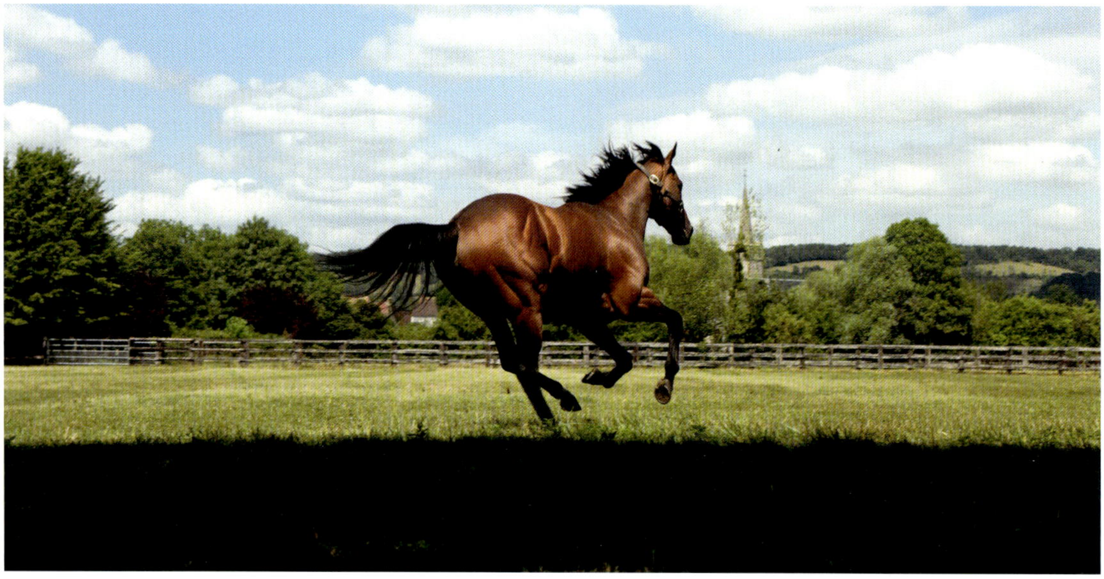

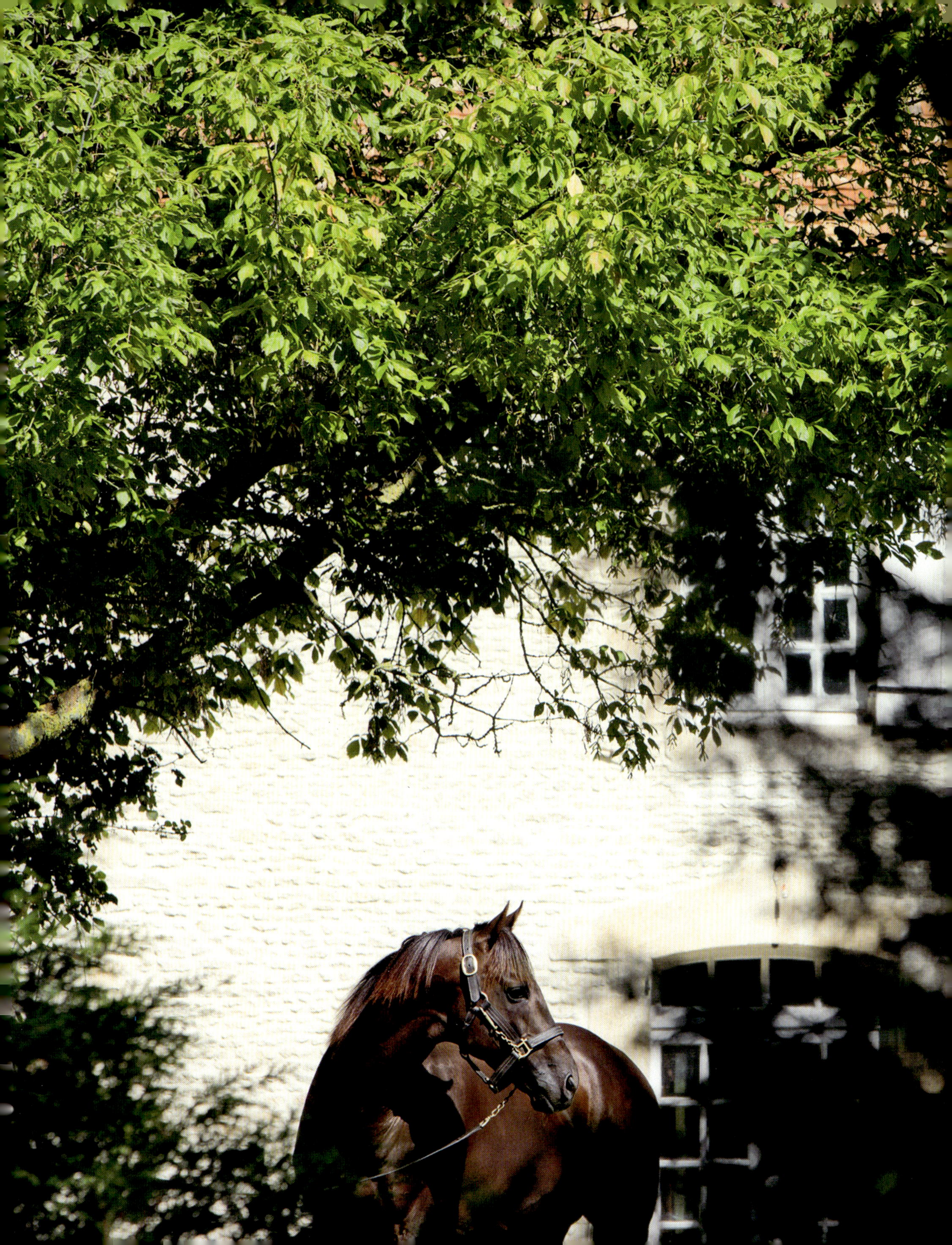

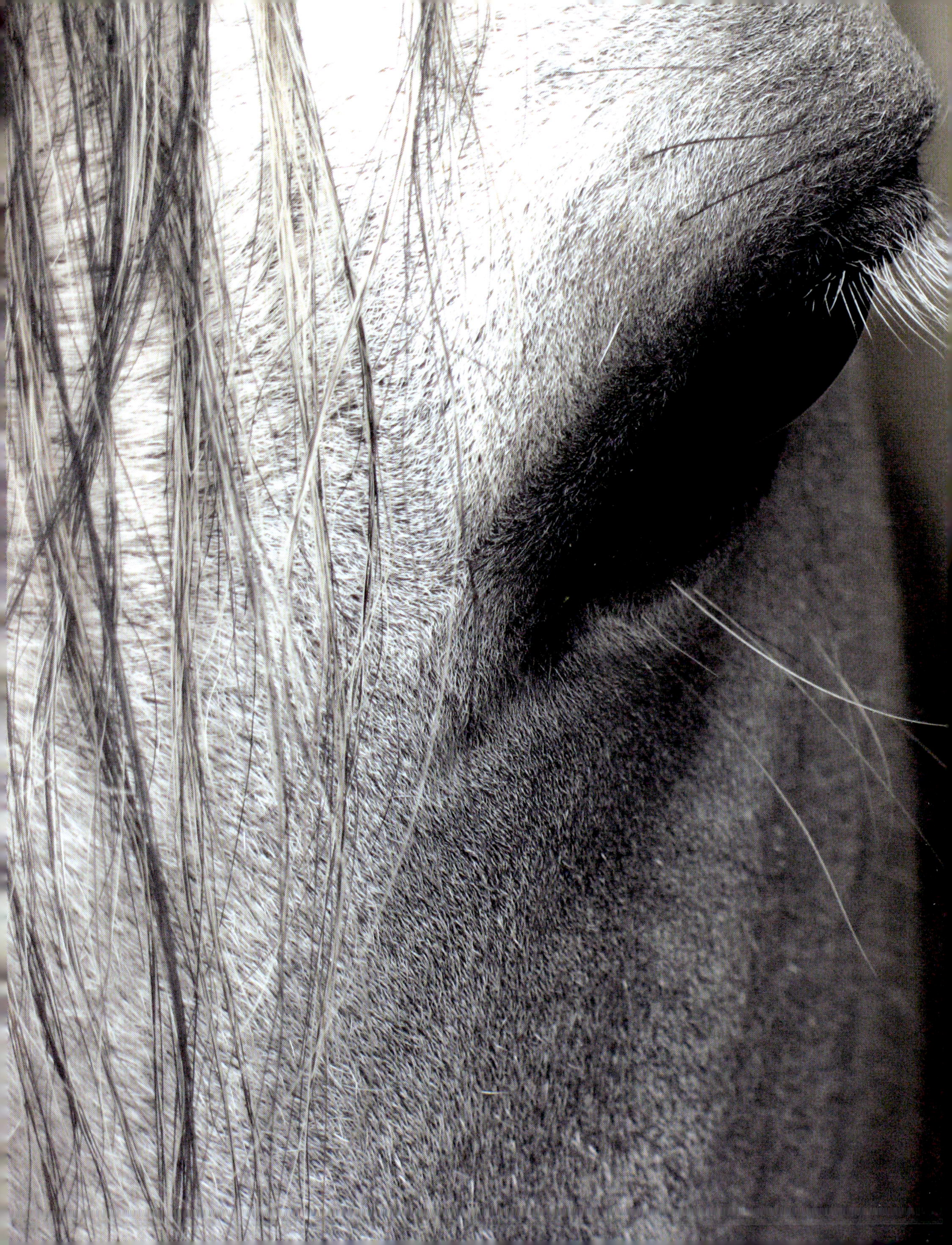

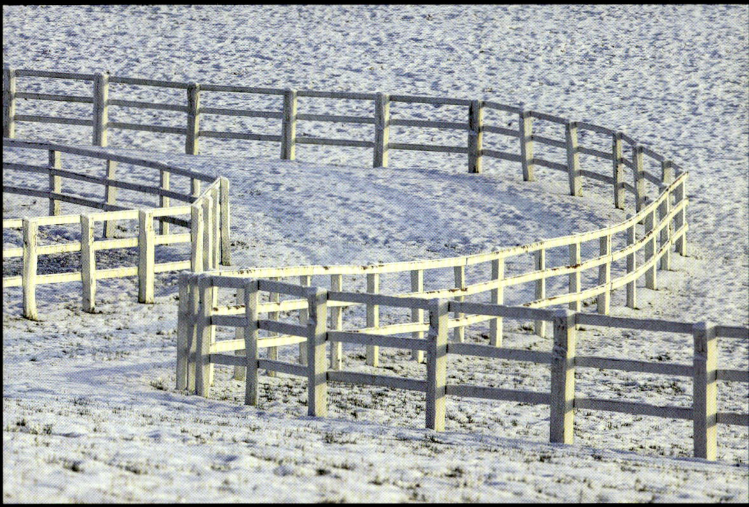

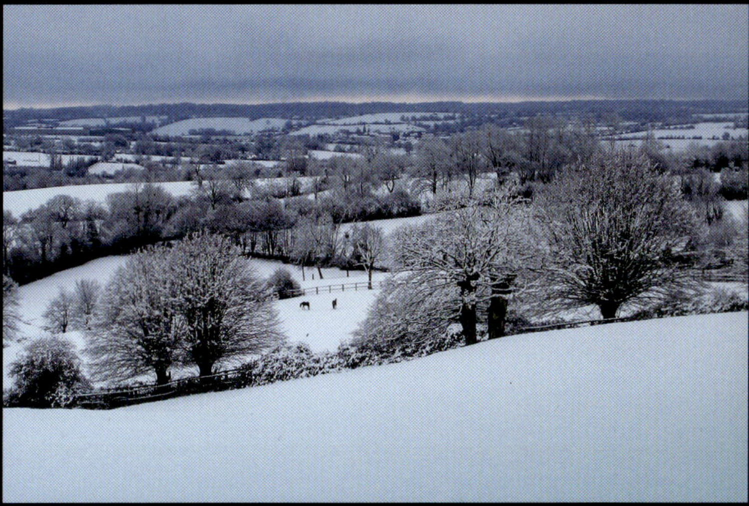

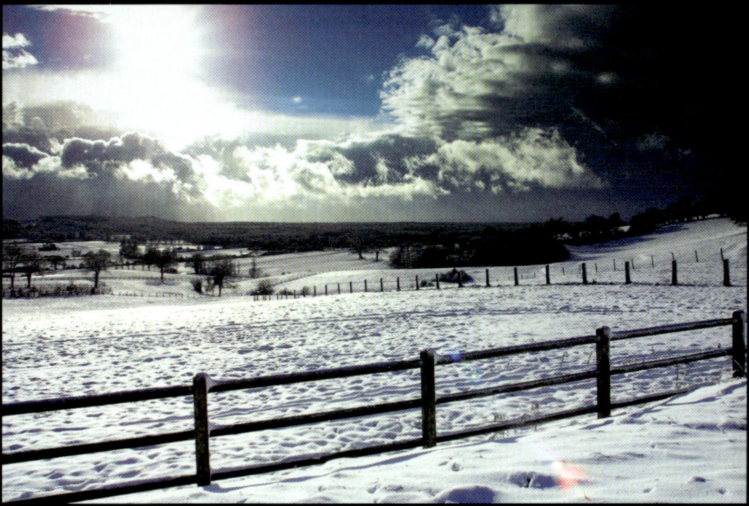

Le Logis-Saint-Germain

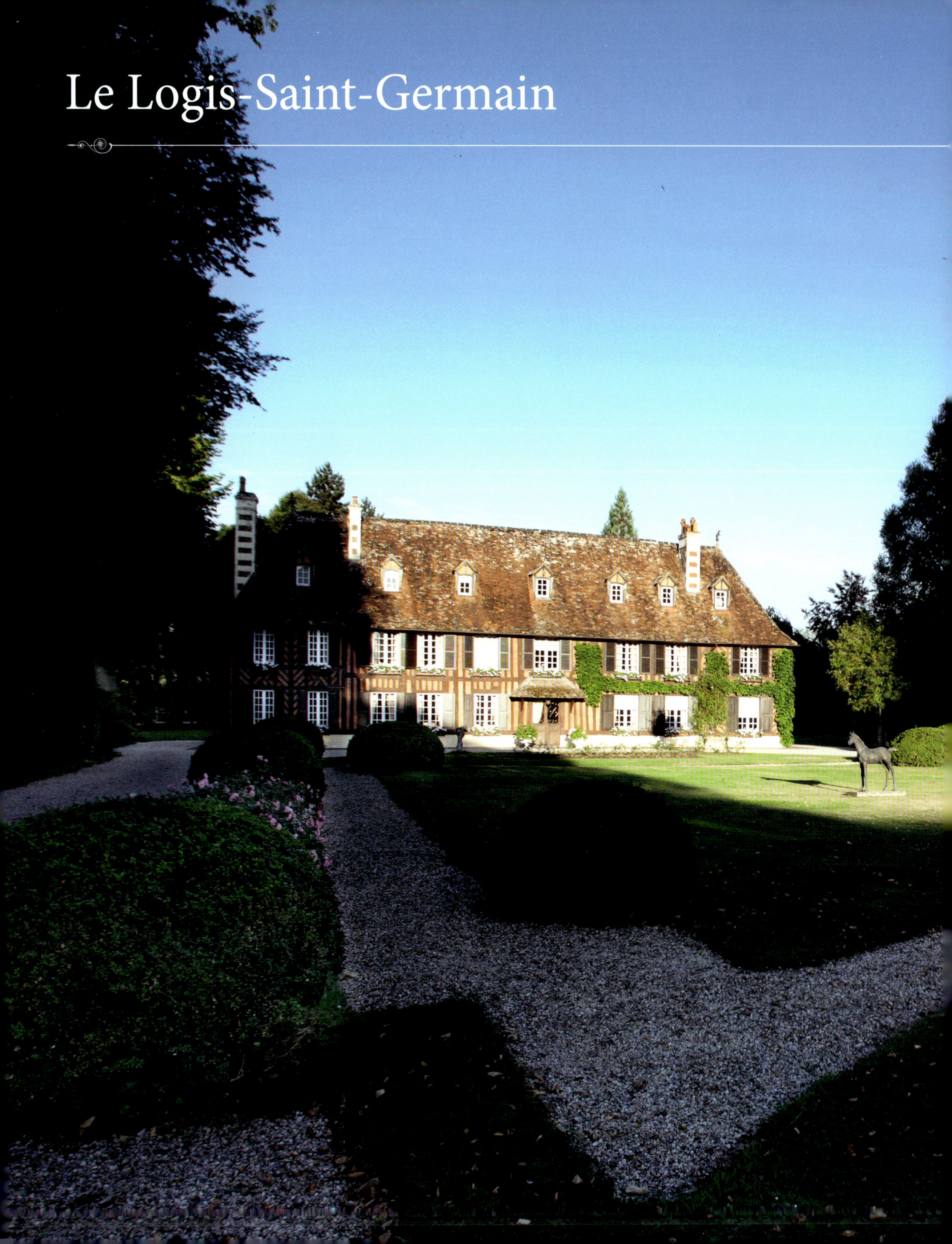

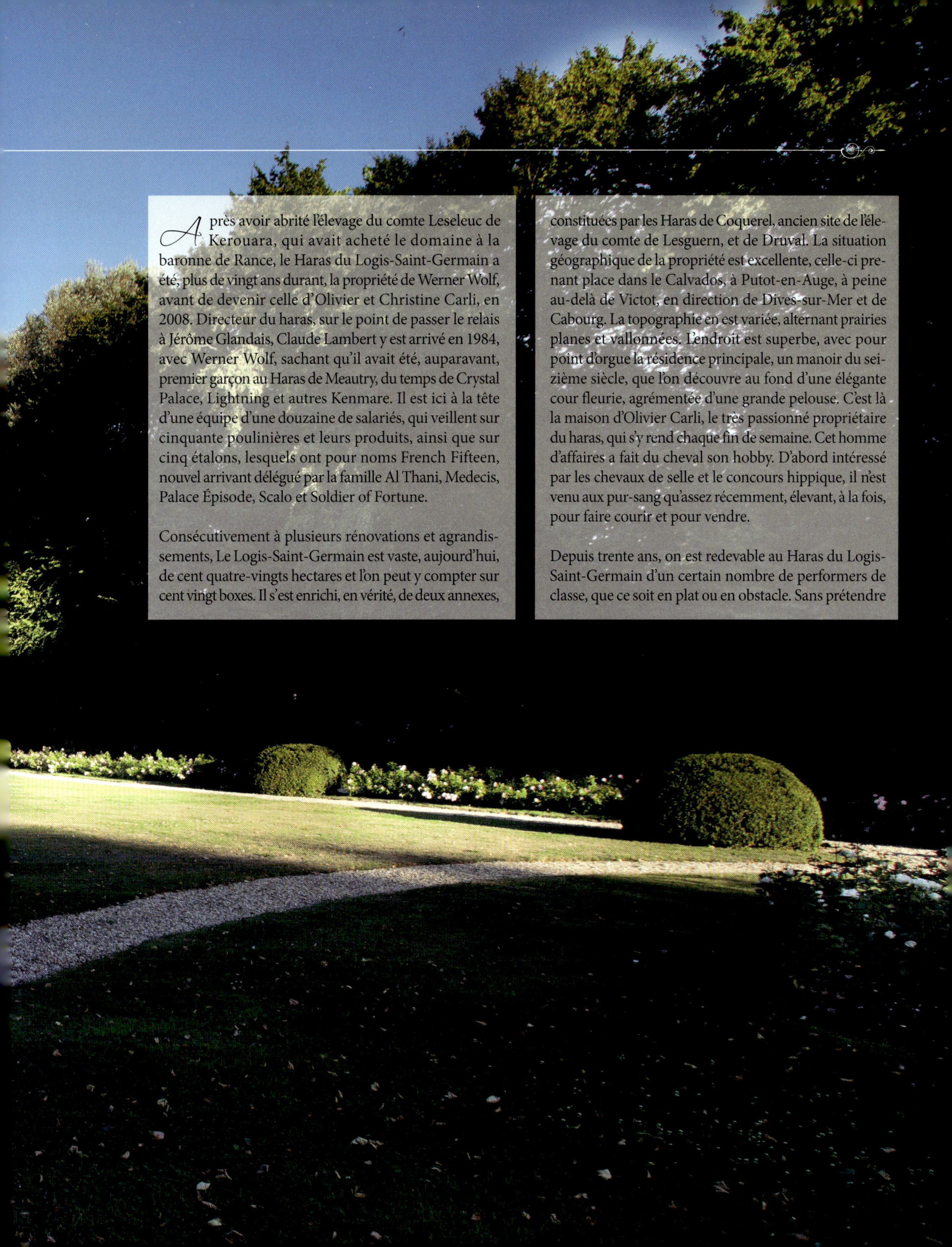

Après avoir abrité l'élevage du comte Leseleuc de Kerouara, qui avait acheté le domaine à la baronne de Rance, le Haras du Logis-Saint-Germain a été, plus de vingt ans durant, la propriété de Werner Wolf, avant de devenir celle d'Olivier et Christine Carli, en 2008. Directeur du haras, sur le point de passer le relais à Jérôme Glandais, Claude Lambert y est arrivé en 1984, avec Werner Wolf, sachant qu'il avait été, auparavant, premier garçon au Haras de Meautry, du temps de Crystal Palace, Lightning et autres Kenmare. Il est ici à la tête d'une équipe d'une douzaine de salariés, qui veillent sur cinquante poulinières et leurs produits, ainsi que sur cinq étalons, lesquels ont pour noms French Fifteen, nouvel arrivant délégué par la famille Al Thani, Medecis, Palace Épisode, Scalo et Soldier of Fortune.

Consécutivement à plusieurs rénovations et agrandissements, Le Logis-Saint-Germain est vaste, aujourd'hui, de cent quatre-vingts hectares et l'on peut y compter sur cent vingt boxes. Il s'est enrichi, en vérité, de deux annexes, constituées par les Haras de Coquerel, ancien site de l'élevage du comte de Lesguern, et de Druval. La situation géographique de la propriété est excellente, celle-ci prenant place dans le Calvados, à Putot-en-Auge, à peine au-delà de Victot, en direction de Dives-sur-Mer et de Cabourg. La topographie en est variée, alternant prairies planes et vallonnées. L'endroit est superbe, avec pour point d'orgue la résidence principale, un manoir du seizième siècle, que l'on découvre au fond d'une élégante cour fleurie, agrémentée d'une grande pelouse. C'est là la maison d'Olivier Carli, le très passionné propriétaire du haras, qui s'y rend chaque fin de semaine. Cet homme d'affaires a fait du cheval son hobby. D'abord intéressé par les chevaux de selle et le concours hippique, il n'est venu aux pur-sang qu'assez récemment, élevant, à la fois, pour faire courir et pour vendre.

Depuis trente ans, on est redevable au Haras du Logis-Saint-Germain d'un certain nombre de performers de classe, que ce soit en plat ou en obstacle. Sans prétendre

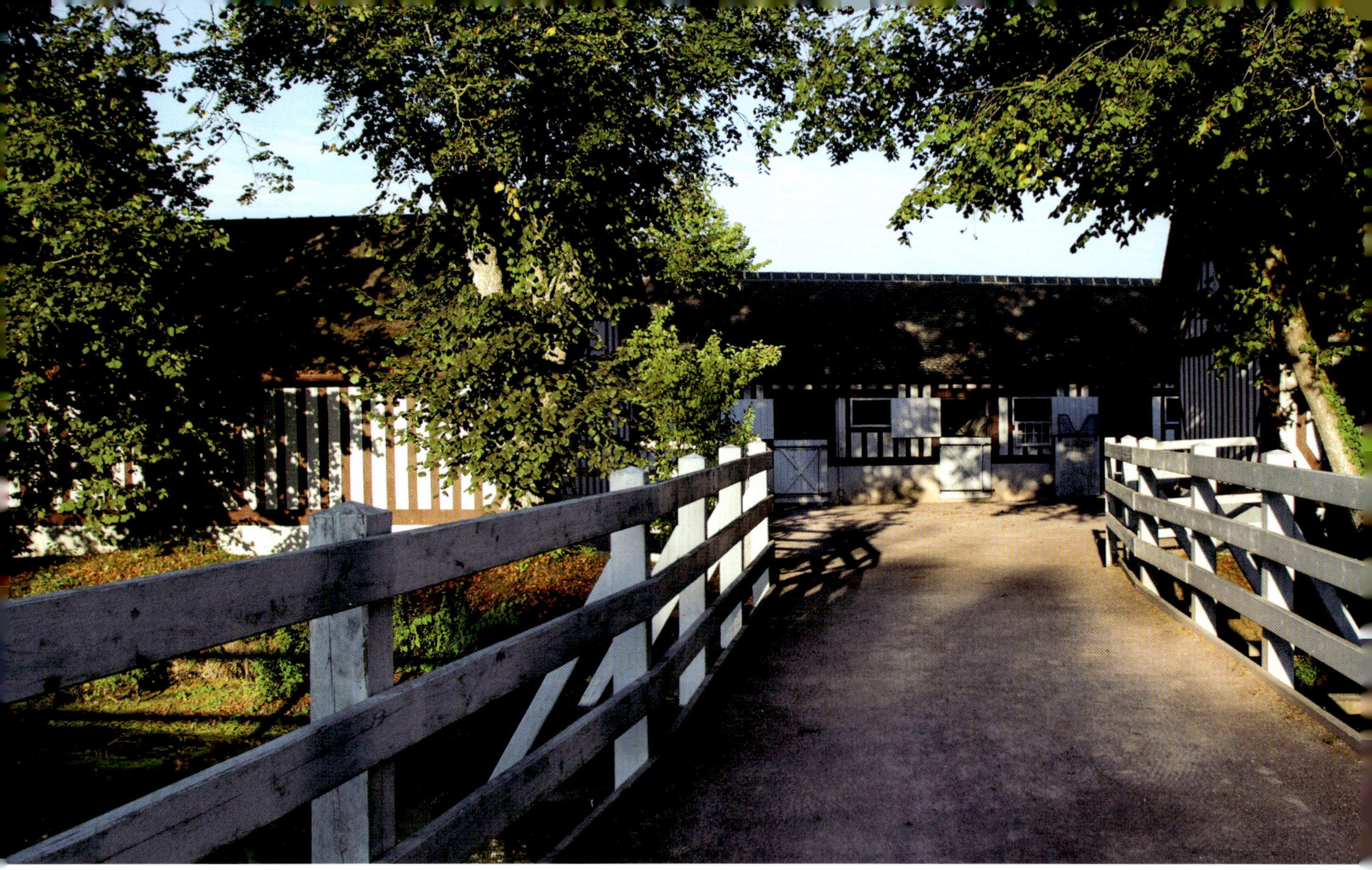

à l'exhaustivité, on citera Accélération, Alarm Call, Blue Moon, Cosmographe, Magnus, Paladin, Rockeby Basie ou encore Wild Tempo, qui firent briller les couleurs de Naji Pharaon, le tout bon 2 ans Family One, pour le compte de l'Écurie Ascot, Dionello, pour celui de Claude Lambert, et, pour Werner Wolf, alors propriétaire des lieux, les Buck's Dream, Dom Alco, Glorieux Dancer, Hell Driver, Silicon Bavaria et Silicon Lady.

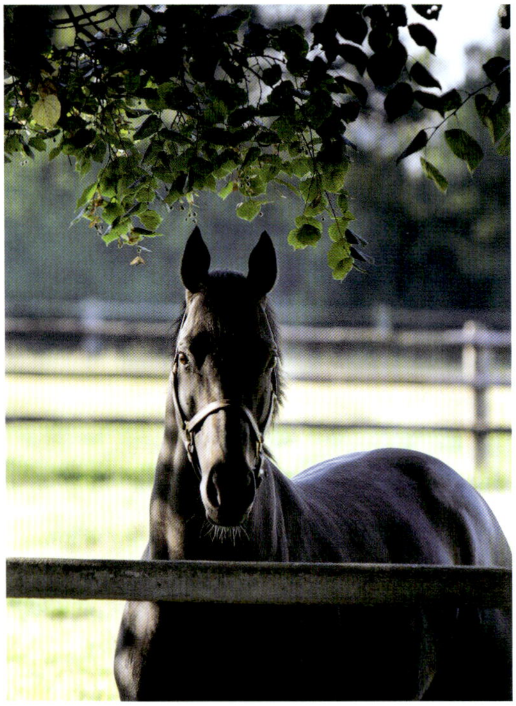

After being home to the Comte Leseleuc de Kerouara's breeding operation, who had bought the estate from the Baronne de Rance, the Haras du Logis Saint Germain then belonged for over twenty years to Werner Wolf before becoming the property of Olivier and Christine Carli in 2008. The current stud manager Claude Lambert, who is about to hand over to Jérôme Glandais, arrived there in 1984 with Werner Wolf and had also previously been stud groom at Meautry at the time of Crystal Palace, Lightning and Kenmare among others. Here he is at the helm of a team of a dozen employees who look after fifty mares and their offspring as well as five stallions whose names are French Fifteen, a newcomer sent by the Al Thani family, Medecis, Palace Épisode, Scalo and Soldier of Fortune.

Following several renovations and expansions Logis Saint Germain is now vast, measuring one hundred and eighty hectares and relies on the use of one hundred and

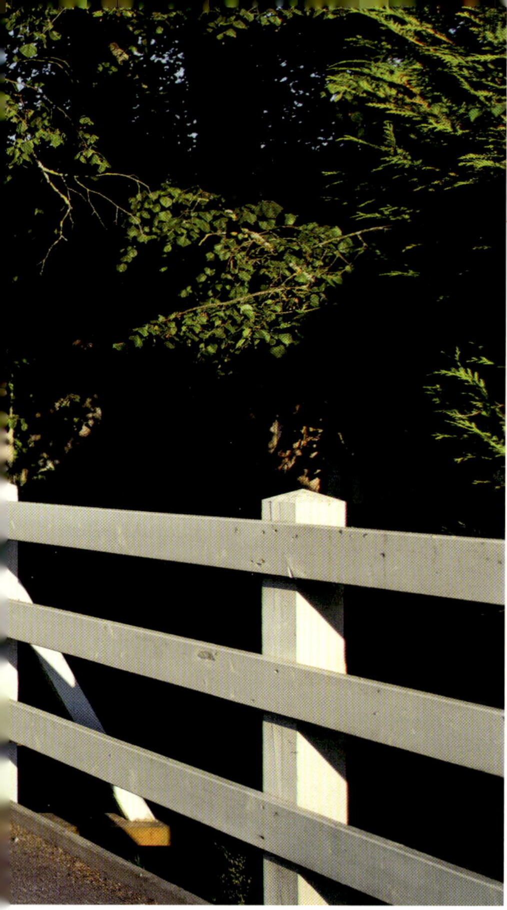

Le Logis-Saint-Germain

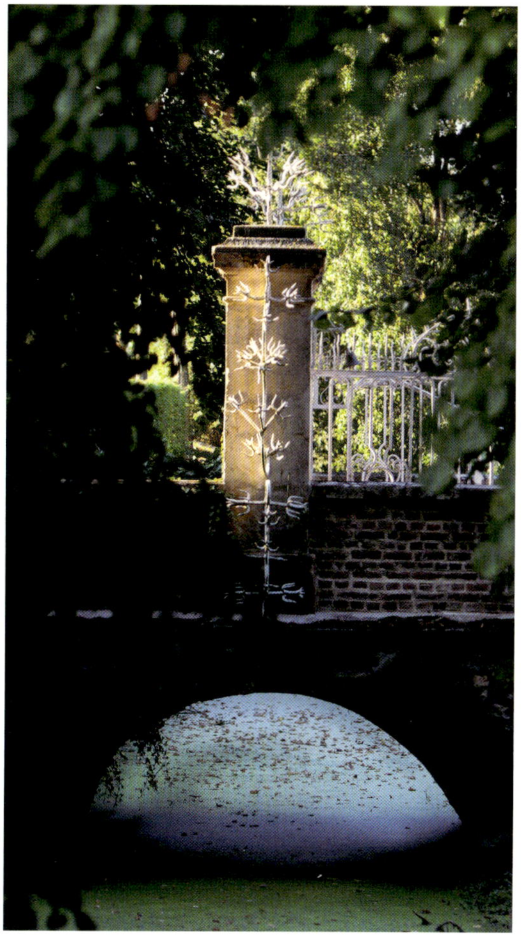

twenty boxes. In truth it was increased through the addition of two annexes made up of the Haras de Coquerel, former site of the Comte de Lesguern's breeding entity, and by Druval. The location of the property is excellent, taking place as it does in the Calvados department in Putot-en-Auge, just beyond Victot in the direction of Dives-sur-Mer and Cabourg. The topography is varied, alternating between flat and rolling pastures. The setting is superb with the main residence a particular highlight, a sixteenth century manor house which can be found at the end of an elegant flowered courtyard embellished with a large lawn. This is the house owned by Olivier Carli, the stud's very passionate owner who goes there every weekend. This businessman has made horses his hobby. Initially interested in riding horses and showjumping he came to horseracing relatively recently, breeding both to race and to sell.

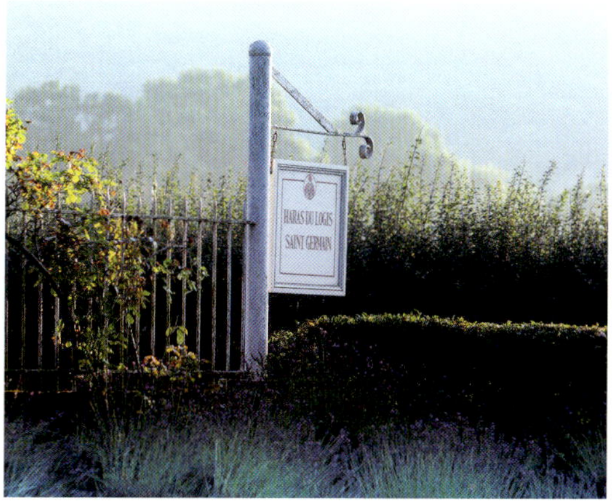

For thirty years the Haras du Logis Saint Germain has been responsible for a number of classy performers, whether on the flat or over jumps. Without pretending to include them all one could mention Accélération, Alarm Call, Blue Moon, Cosmographe, Magnus, Paladin, Rockeby Basie or even Wild Tempo, who all carried Naji Pharaon's colours to glory, the top class two year old Family One for Écurie Ascot, Dionello for Claude Lambert, and for Werner Wolf when he owned the stud, the likes of Buck's Dream, Dom Alco, Glorieux Dancer, Hell Driver, Silicon Bavaria and Silicon Lady. ❂

Lonray

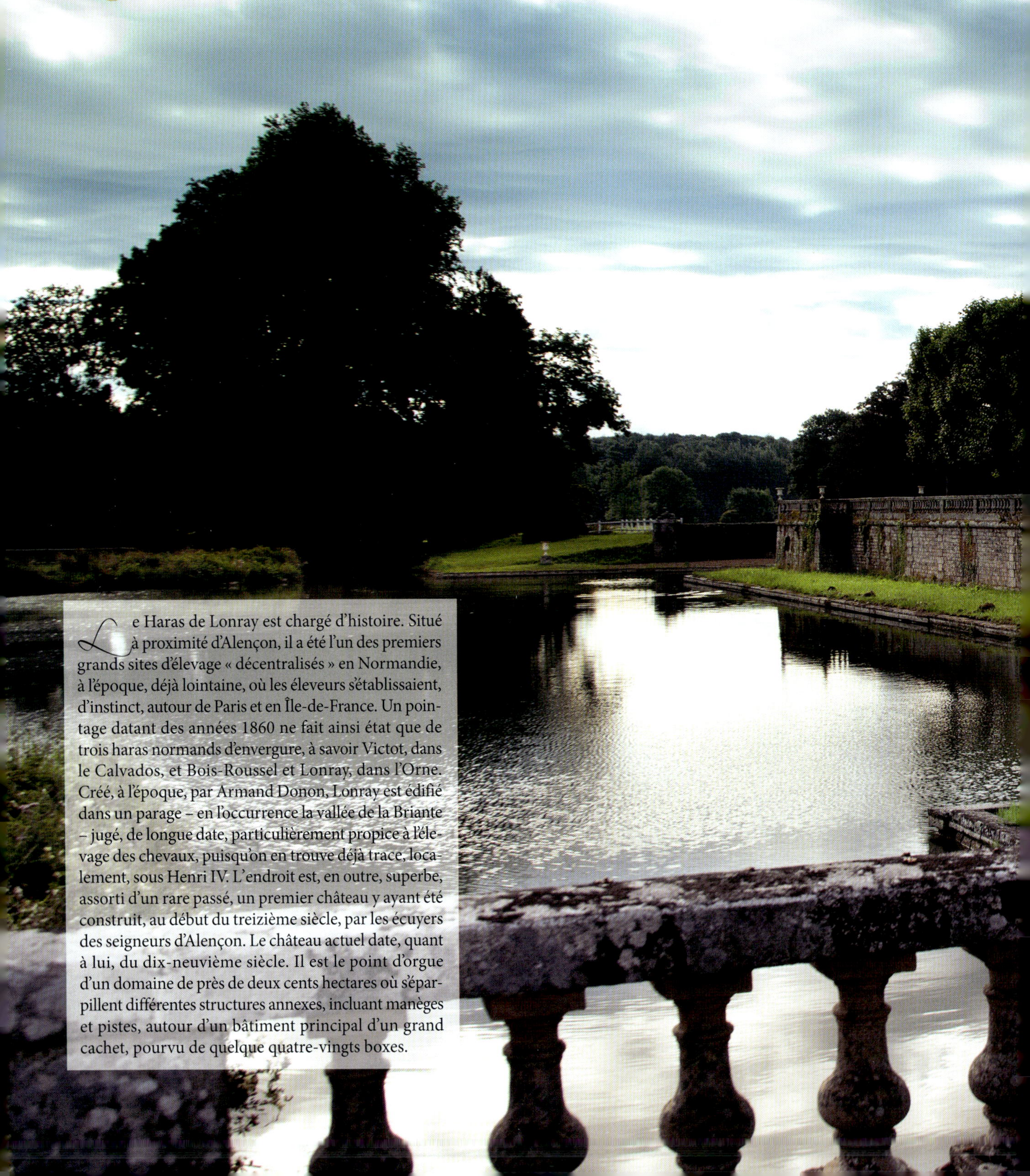

Le Haras de Lonray est chargé d'histoire. Situé à proximité d'Alençon, il a été l'un des premiers grands sites d'élevage « décentralisés » en Normandie, à l'époque, déjà lointaine, où les éleveurs s'établissaient, d'instinct, autour de Paris et en Île-de-France. Un pointage datant des années 1860 ne fait ainsi état que de trois haras normands d'envergure, à savoir Victot, dans le Calvados, et Bois-Roussel et Lonray, dans l'Orne. Créé, à l'époque, par Armand Donon, Lonray est édifié dans un parage – en l'occurrence la vallée de la Briante – jugé, de longue date, particulièrement propice à l'élevage des chevaux, puisqu'on en trouve déjà trace, localement, sous Henri IV. L'endroit est, en outre, superbe, assorti d'un rare passé, un premier château y ayant été construit, au début du treizième siècle, par les écuyers des seigneurs d'Alençon. Le château actuel date, quant à lui, du dix-neuvième siècle. Il est le point d'orgue d'un domaine de près de deux cents hectares où s'éparpillent différentes structures annexes, incluant manèges et pistes, autour d'un bâtiment principal d'un grand cachet, pourvu de quelque quatre-vingts boxes.

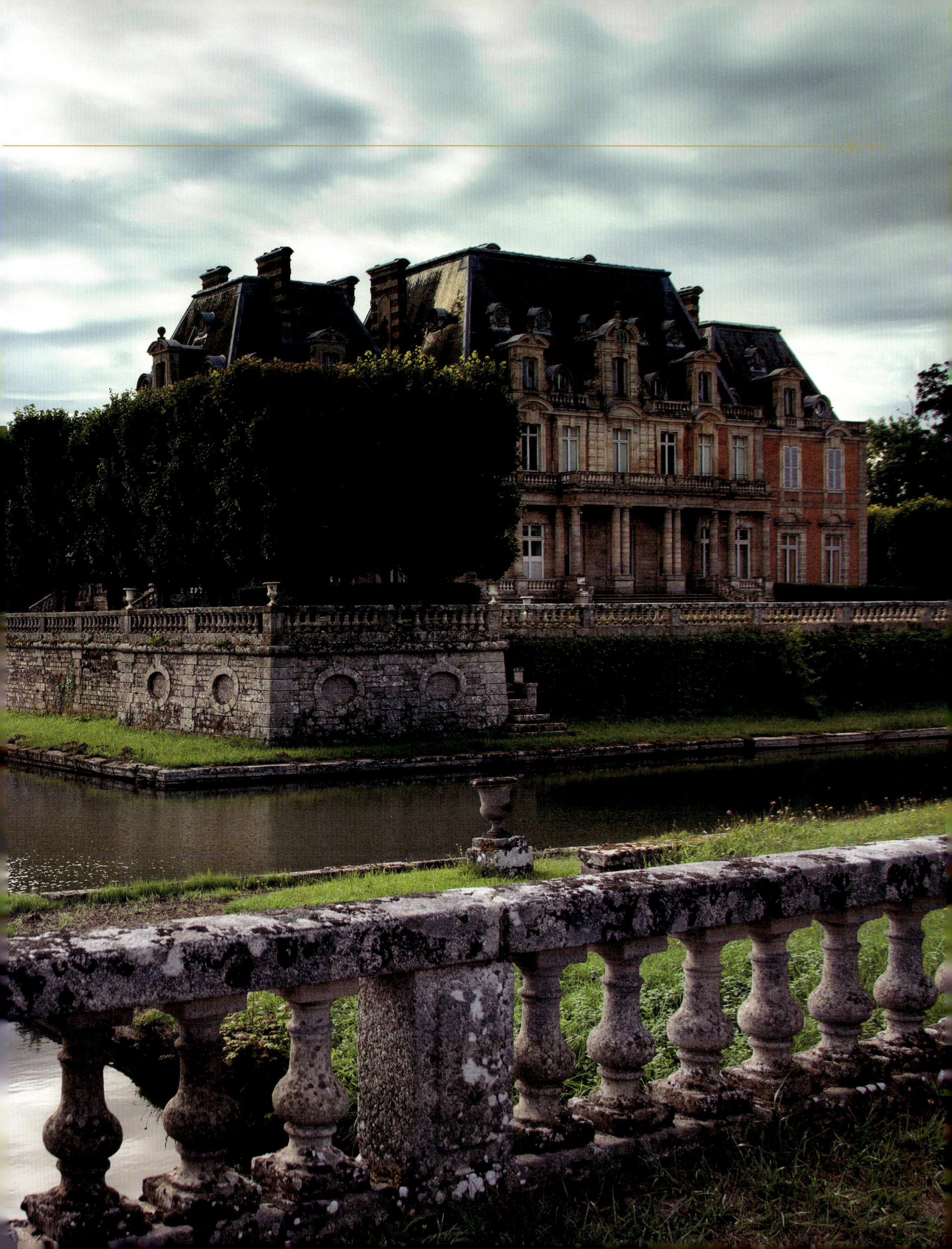

Lonray

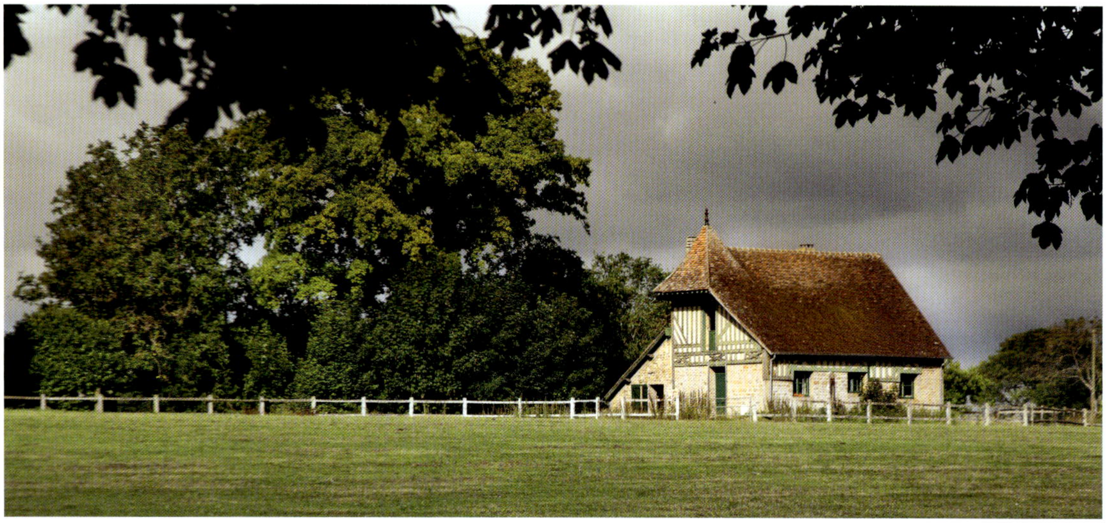

Dans les premiers temps, Lonray abrita les chevaux du duc de Morny. En 1892, il devient la propriété du comte Jacques Le Marois, qui en fut ainsi l'animateur, en même temps qu'il présidait la société des courses de Deauville. Disparu en 1920, Jacques Le Marois verra sa mémoire perpétuée par la plus fameuse course du meeting sur l'hippodrome de la Touques, championnat estival des milers européens. L'élevage Le Marois connut une fort belle et durable réussite à Lonray, tout au long du siècle dernier, où l'on applaudit aussi aux succès de ses clients ou locataires, tels, pour ne citer qu'eux, Lucien Aimante, Lawrence Gelb ou Anatole Saint-Jean. Jusqu'à Bertrand Gouin aujourd'hui, qui loue une partie de Lonray aux héritiers des Le Marois et qui y a fait naître et élevé celle qui restera, à jamais, l'un des chefs-d'œuvre de Lonray, soit la remarquable Natagora, championne à 2 et 3 ans, en 2007 et en 2008, où elle accomplit l'exploit de défaire ses contemporaines anglaises dans les Cheveley Park Stakes, puis dans les Mille Guinées, sur la prestigieuse ligne droite de Newmarket, avant, de retour en France, de se classer très honorable troisième du Prix du Jockey Club, contre les mâles. Un siècle et demi d'existence n'entame pas les qualités de Lonray. Bon terroir ne sait faire défaut.

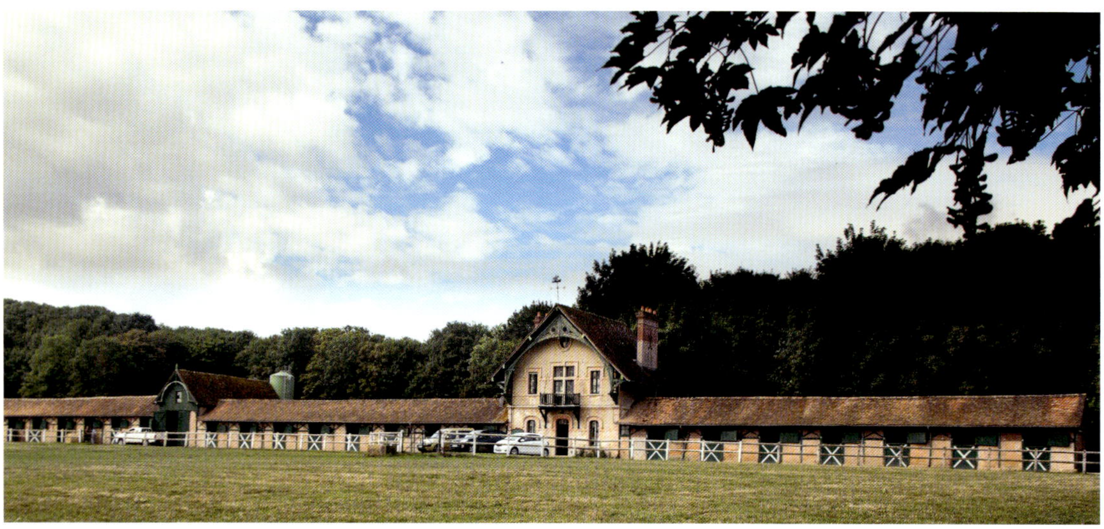

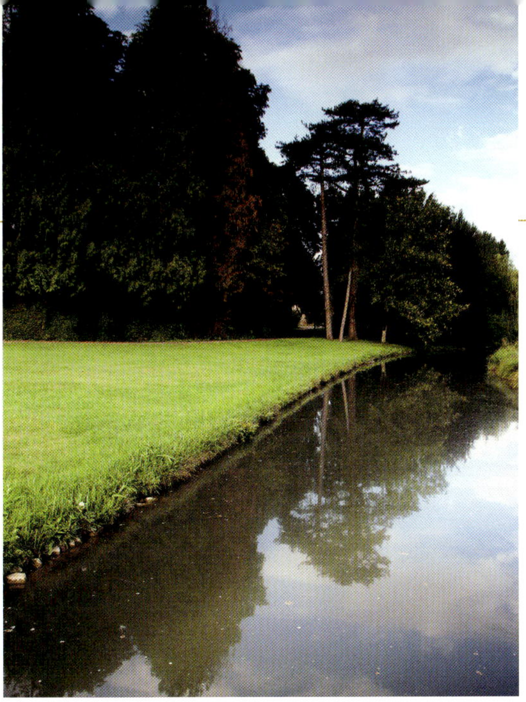

clients and tenants including, to name but a few, Lucien Aimante, Lawrence Gelb, Anatole Saint-Jean, right up to Bertrand Gouin who today rents part of Lonray from the heirs of Le Marois and who bred and raised a filly who will forever be one of the masterpieces of Lonray, namely the remarkable Natagora. Champion at 2 and 3 in 2007 and 2008, she accomplished the feat of defeating her English contemporaries in the Cheveley Park Stakes, followed by the 1,000 Guineas on the prestigious straight of Newmarket racecourse, before returning to France to finish a most honourable third in the Prix du Jockey Club against the colts. A century and a half of being has done nothing to undermine the quality of Lonray. Good soil will not disappoint.

The Haras de Lonray is steeped in history. Located near Alençon, it was one of the first major « decentralised » stud farms in Normandy, at a now very distant time when breeders were instinctively based around Paris and the Île-de-France region. A census dating back to the 1860s establishes only three Normandy studs of any significance at the time, namely Victot in the Calvados region and Bois-Roussel and Lonray in the Orne. Created then by Armand Donon, Lonray is built in an area – in this case the Briante valley – which has long been considered conducive to breeding horses, since traces of it can already be found locally under Henri IV. The location is also superb, associated with a rare past, as a first castle was initially built there in the early thirteenth century by the equerries of the masters of Alençon. The current castle meanwhile dates back to the nineteenth century. It is the crowning glory of a property of nearly two hundred hectares with its various ancillary structures dotted around, including rides and tracks based around a main building of great charm which provides some eighty boxes.

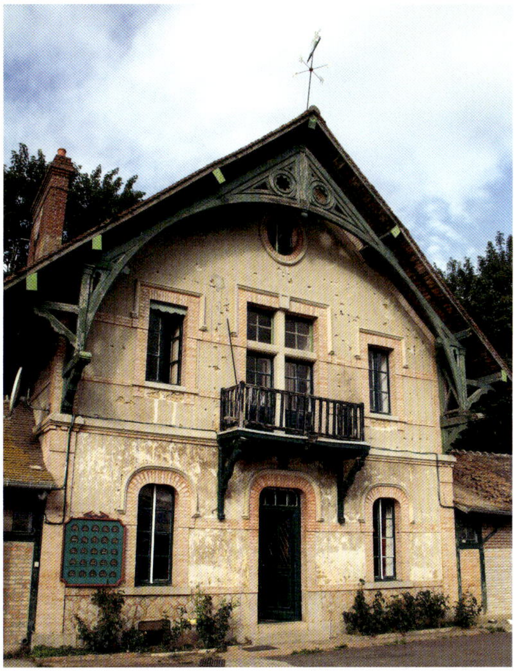

In the early days Lonray housed the horses of the Duke of Morny. In 1892 it became the property of Comte Jacques Le Marois who ran it at the same time as he chaired over the Deauville races. After his death in 1920, Jacques Le Marois' memory was to be perpetuated with the most famous race of the Touques racecourse meeting and European summer championship race for milers. The Le Marois breeding operation enjoyed great and lasting success at Lonray throughout the last century, during which we also applauded the successes of his

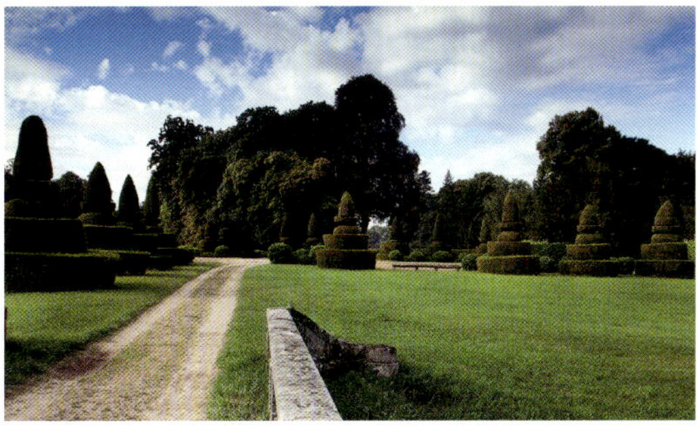

La Louvière

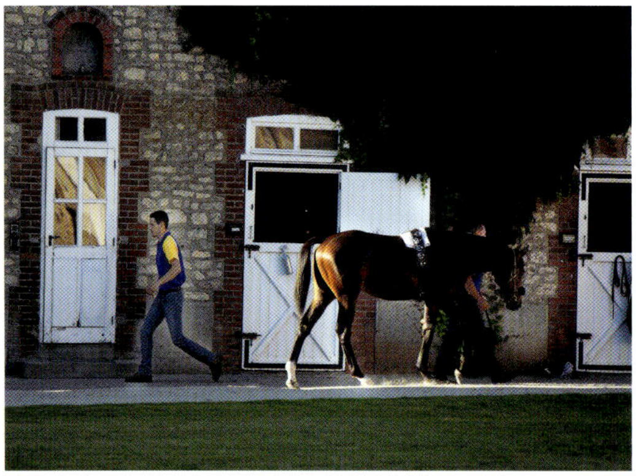

Le Haras de la Louvière fait référence au sein de l'élevage français. Il prend place au cœur du département de l'Orne, à la bordure est, toutefois, de la principale zone d'élevage du territoire. La commune est celle de Mahéru, à proximité de Moulins-la-Marche, en lisière du Perche. Le site est arboré, se lovant au milieu d'une forêt de chênes et de conifères. Il n'en est pas moins étendu, puisqu'il offre deux cents hectares de pâtures. On y dispose, en outre, de cent boxes, se répartissant sur quatre cours. Soixante poulinières et leurs produits en sont les hôtes. Le Haras de la Louvière appartient à la famille Goulandris et est animé par Chryss O'Reilly-Goulandris.

Sur le terrain, Marc Violette en est le responsable, depuis près de vingt ans maintenant. La qualité des chevaux élevés à La Louvière ne se dément pas. La période contemporaine a ainsi vu plus de quinze gagnants de Groupe I trouver leur origine dans ces lieux. Pour en témoigner, il n'est que de citer les noms d'Hélissio, vainqueur du Prix de l'Arc de Triomphe, de Lawman, lauréat du Prix du Jockey Club, de Latice, héroïne du Prix de Diane, de Silver Frost, à l'honneur dans la Poule d'Essai des Poulains, de Bluemamba, gagnante de la Poule d'Essai des Pouliches, de Brilliance, qui remporta le Prix Saint-Alary, de Nahoodh, qui s'imposa dans les Falmouth Stakes, etc. Si le haras n'abrite pas d'étalons, il en a conçu parmi les plus marquants, tels, par exemple, Highest Honor, qui a beaucoup apporté à l'élevage français ces vingt-cinq dernières années, et le susnommé Lawman, qui s'annonce remarquablement.

À la Louvière, la perspective est double : on élève, à la fois, pour faire courir et pour vendre. Dans l'esprit du haras, cela va de pair, du reste, la préparation des jeunes chevaux pour les ventes se voulant la plus naturelle possible, afin de privilégier la carrière sportive à venir. Aussi, si le Haras de la Louvière figure parmi les vendeurs les plus importants du marché de Deauville, où il présente tous ses mâles et certaines femelles – celles dont les souches sont déjà bien ancrées au sein de l'élevage maison –, il est

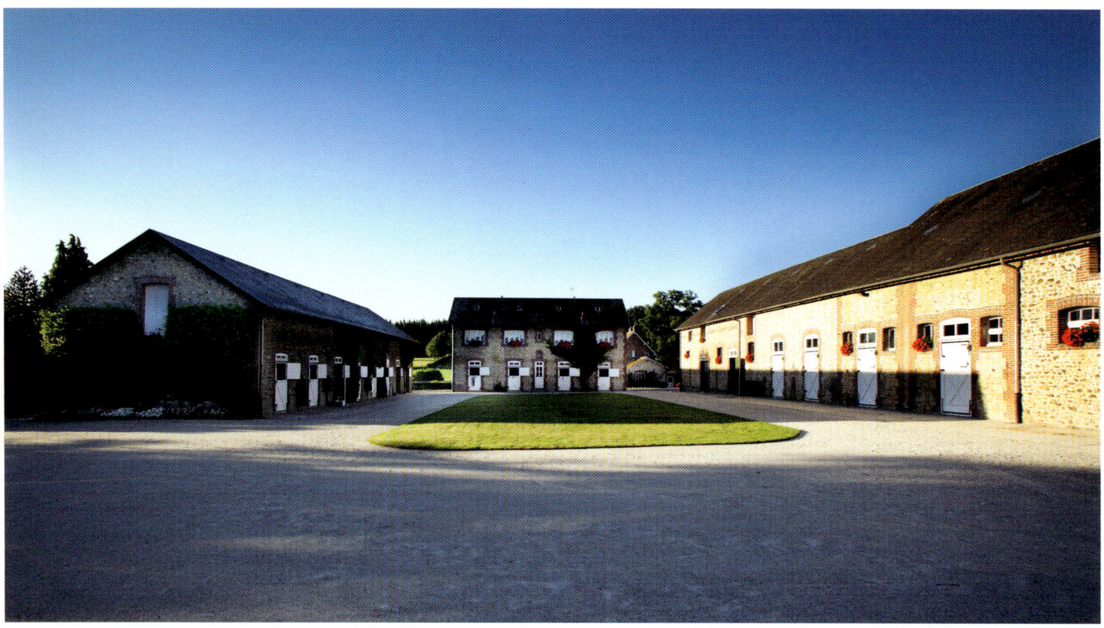

Le site est arboré, se lovant au milieu d'une forêt de chênes et de conifères. Il n'en est pas moins étendu, puisqu'il offre deux cents hectares de pâtures

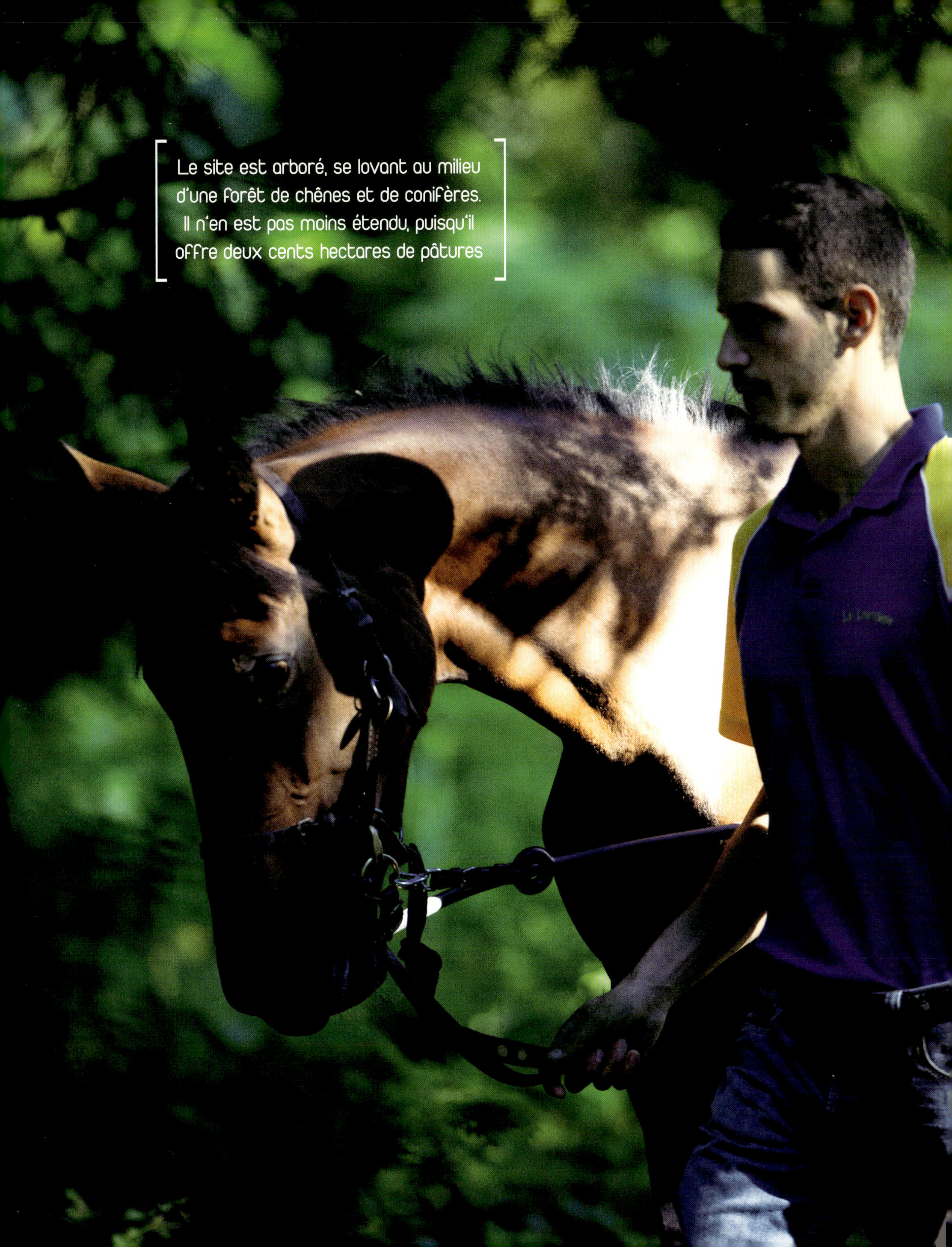

également, au travers de l'Écurie Skymarc Farm et de Petra Bloodstock Agency, ses deux clients phares, l'un des éleveurs les plus performants sur les hippodromes. Il faut dire que le choix des étalons et des croisements, allié à de solides et durables familles maternelles, est toujours frappé du sceau du haut de la gamme et qu'en bonne logique, les meilleurs fruits en sont récoltés.

À l'origine, les Goulandris étaient davantage attirés par le trot. En association avec le courtier Bernard Zimmermann, Constantin Goulandris fit d'ailleurs naître, à ses débuts dans la partie, deux champions trotteurs, à savoir High Echelon, vainqueur d'un Prix d'Amérique, et, quelques années plus tôt, la jument Dimitria, dont lady O'Reilly ne fut pas sans continuer de s'intéresser à la descendance, en ayant obtenu, il y a peu, de concert avec Jean-Pierre Dubois, une très bonne pouliche du nom de Royal Crown. Mais l'animatrice de La Louvière n'en est pas moins résolument tournée vers le galop, ayant donné cette orientation exclusive au haras depuis qu'elle en a pris les rênes. Dans les pas, en fin de compte, du « père fondateur » de La Louvière, le grand propriétaire-éleveur argentin Jorge de Atucha, qui y implanta, peu avant 1930, la branche française de son élevage, en tirant principalement, trois décennies plus tard, le remarquable Tapalqué, lequel lui offrit, hélas à titre posthume, la consécration dans le Prix du Jockey Club.

The Haras de la Louvière is a yardstick within the French breeding industry. It is located in the heart of the Orne department on the eastern boundary of the region's main breeding area. The local town is that of Mahéru, near Moulins-la-Marche on the border of the Perche. The site is wooded and winds around a forest full of oak trees and conifers. That said it is extensive, offering no less than two hundred hectares of pasture. Added to this, one hundred stables are at the disposal of the sixty mares and their offspring which occupy these boxes spread over four yards.

The Haras de la Louvière belongs to the Goulandris family and is run by Chryss O'Reilly-Goulandris. Marc Violette has been in charge on a day to day basis for now nearly

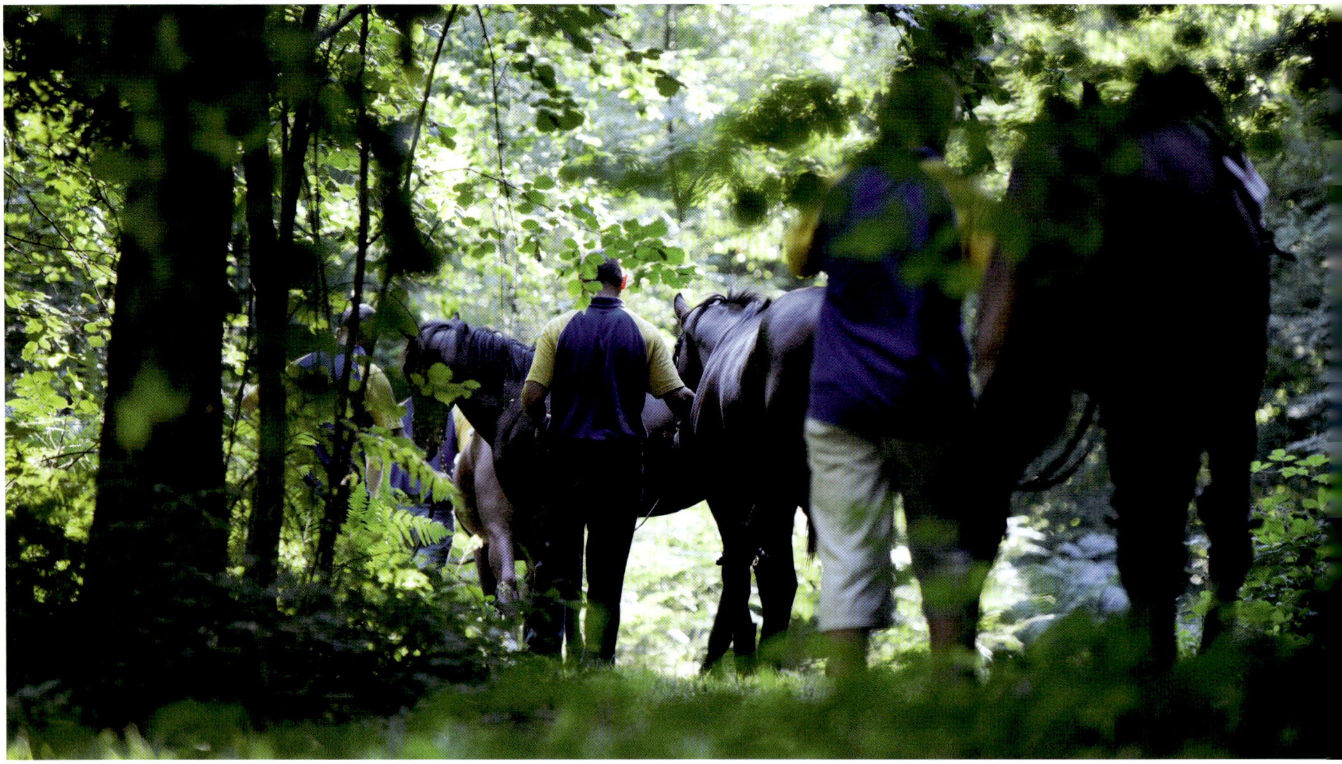

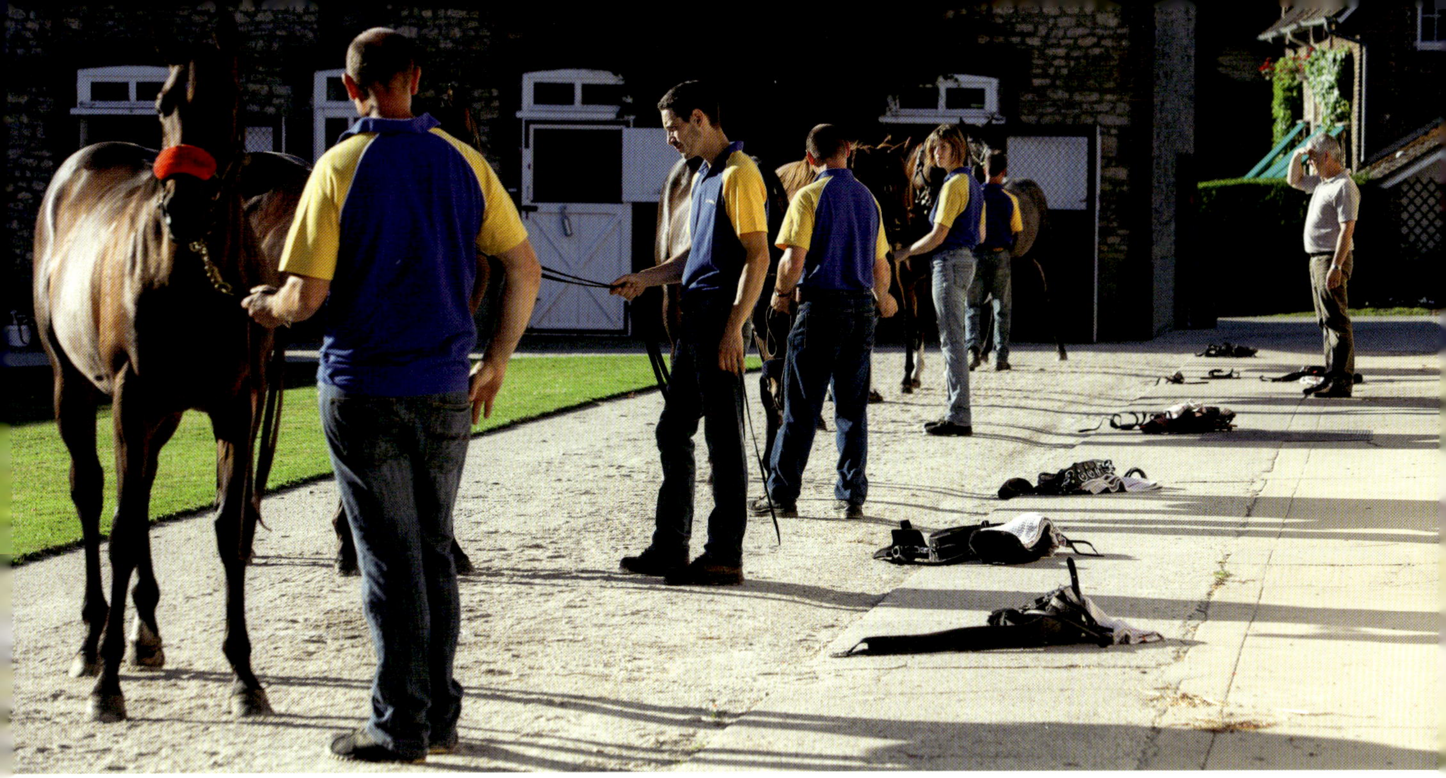

twenty years. There is no denying the quality of the stock bred and raised at the Louvière. No less than fifteen Group I winners were bred there in recent years. A few of the more important examples go by the names of Hélissio, winner of the Prix de l'Arc de Triomphe, Lawman, victorious in the Prix du Jockey Club, Latice, triumphant in the Prix de Diane, Silver Frost, who took the honours in the Poule d'Essai des Poulains, Bluemamba, winner of the Poule d'Essai des Pouliches, Brilliance who won the Prix Saint-Alary, Nahoodh who landed the Falmouth Stakes, etc… Though the stud does not stand any stallions, it is responsible for some of the most influential sires such as Highest Honor, who has had such an impact on the French breeding over the last twenty five years and the aforementioned Lawman who has had a remarkable start.

At the Louvière, the aims are twofold: breeding both to run and to sell. In keeping with the whole ethos of the stud, young horses are prepared for the sales in the most natural way possible, in a bid to prioritise their future athletic career. As such, though the Haras de la Louvière features amongst the leading vendors at the Deauville sales where it sells all its colts and selected fillies – those whose families are well established at the heart of the home breeding operation –, it is also one of the most successful breeders on the racetrack through its two headline clients Écurie Skymarc Farm and Petra Bloodstock Agency. This is no doubt thanks to the fact that the choice of stallions and matings, married with solid and durable female lines, is consistently stamped with class and as a result the best rewards are quite logically reaped. The Goulandris family was originally more attracted to the trotting game. In association with the bloodstock agent Bernard Zimmermann, Constantin Goulandris was responsible in his very early days as a breeder for two champion trotting horses in Prix d'Amérique winner High Echelon and a few years earlier the mare Dimitria. Lady O'Reilly chose to keep an interest in her offspring and was recently rewarded with a very good filly named Royal Crown in partnership with Jean-Pierre Dubois. But for all that the owner of the Louvière is very much focused on the flat, having taken this direction exclusively when she took over the stud. She therefore follows very much in the footsteps of the « founding father » of the Louvière, the great Argentinian owner breeder Jorge de Atucha, who set up a French branch of his breeding operation just before 1930 and whose most successful horse three decades later was the remarkable Tapalqué, who rewarded him with a posthumous triumph in the Prix du Jockey Club.

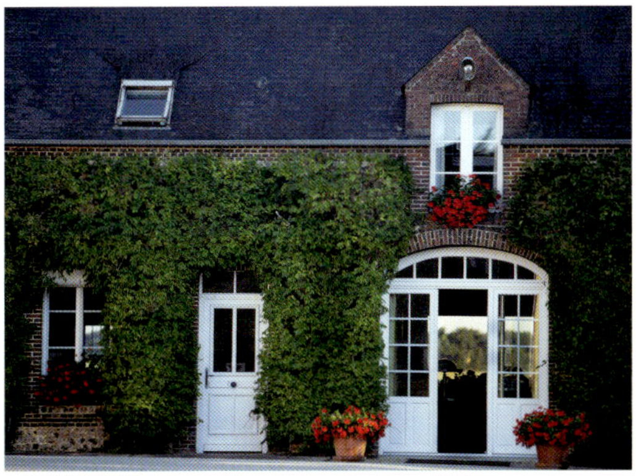

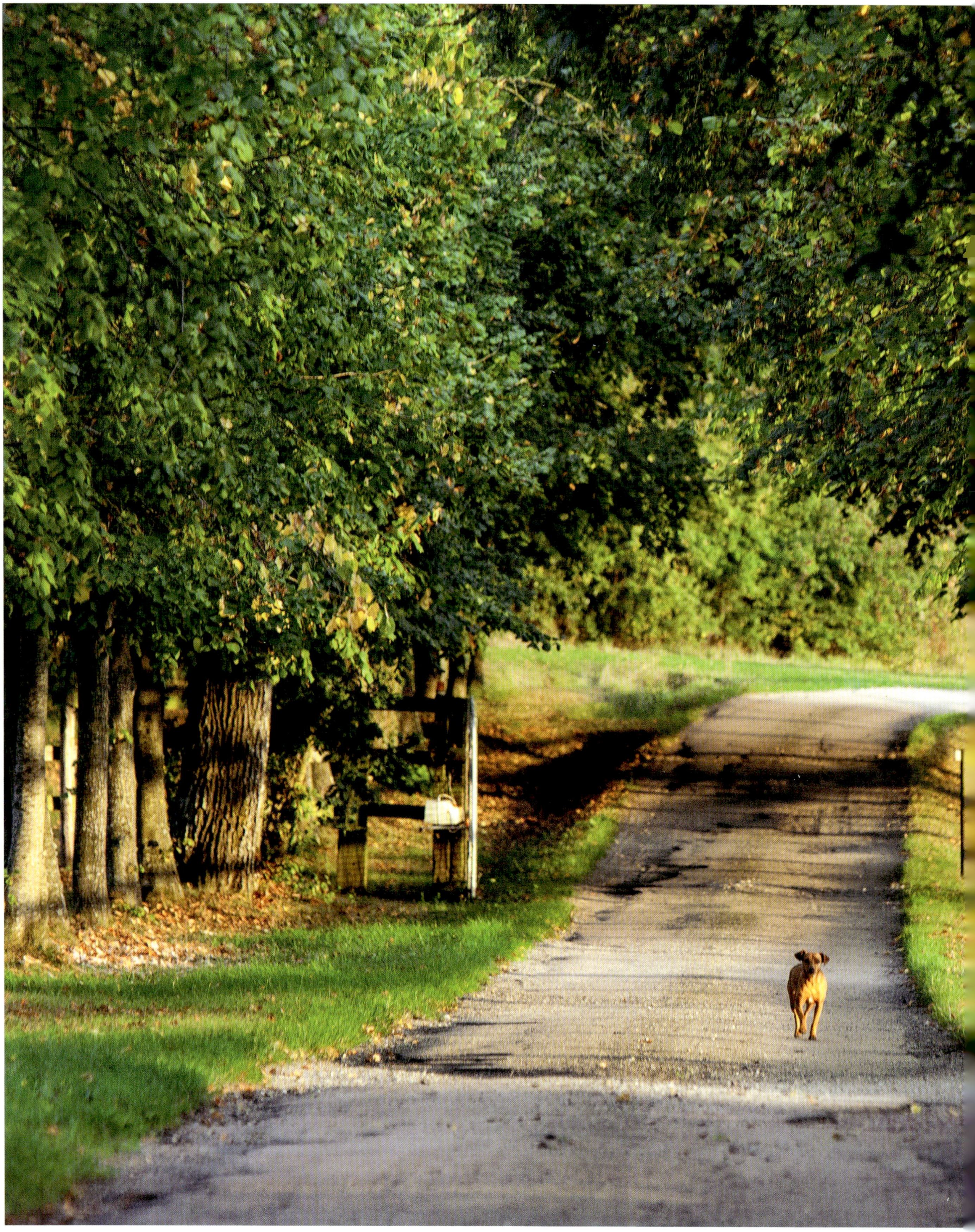

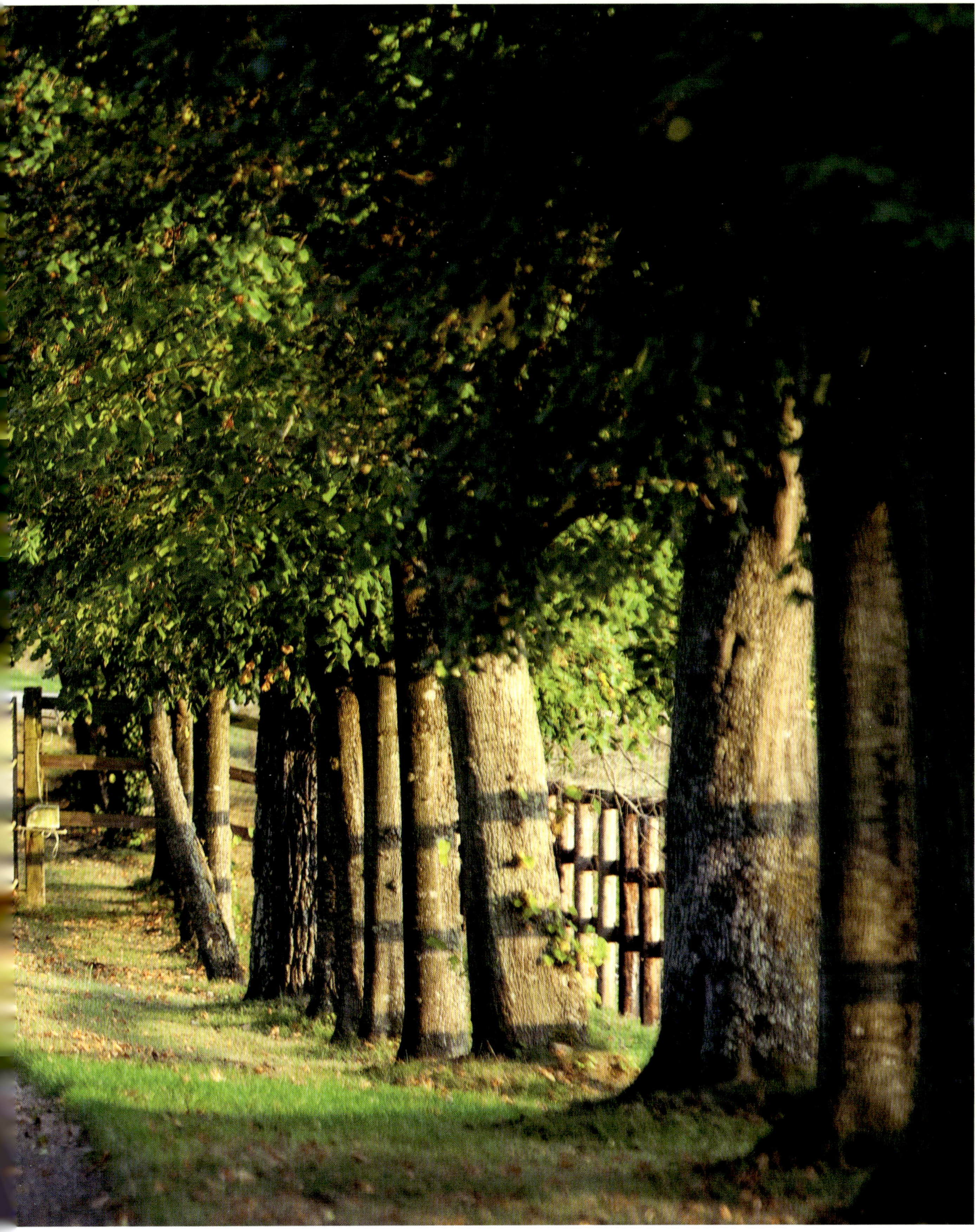

Le Mâ

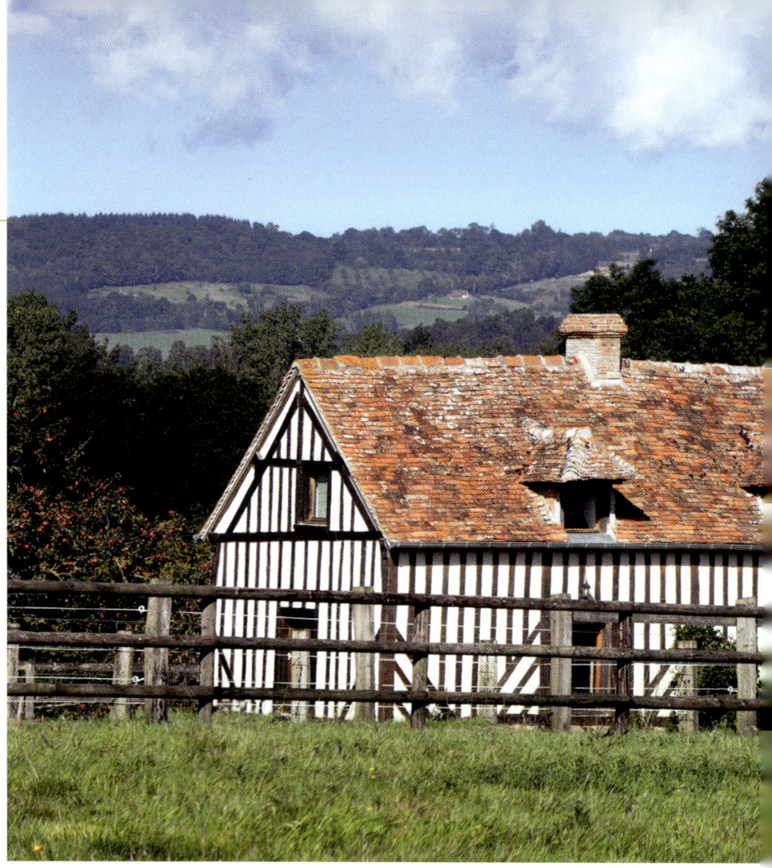

Pascale Ménard, l'animatrice du Haras du Mâ, a un parcours riche et dense. Lyonnaise d'origine, elle est venue au cheval par passion, commençant par s'adonner à l'équitation classique. La rencontre avec Mathieu Daguzan-Garros, lors de leurs études communes, à Pau, sera ensuite déterminante. Effectuant un stage au Haras des Granges, le fief gersois des Daguzan, Pascale Ménard y sera conquise par l'élevage du pur-sang et, subséquemment, par le monde des courses. Elle part ensuite plusieurs années aux États-Unis, y découvrant les haras américains et y peaufinant son anglais. Puis, de retour en France, elle travaille sous la houlette d'Aliette Forien, au Haras de la Reboursière et de Montaigu, à Nonant-le-Pin, dans l'Orne. L'étape suivante l'emmène jusqu'au haras voisin de Bonnevent, à Marmouillé, où elle veille sur une unité de juments nourricières. Ce n'est qu'ensuite, en 2004, qu'intervient la création du Haras du Mâ.

Cette fois, nous nous déplaçons dans le Calvados, sur la commune de Sainte-Marie-aux-Anglais, à peine en marge de l'axe menant de Saint-Pierre-sur-Dives à Crèvecœur-en-Auge, presque à mi-chemin entre les deux, légèrement à l'est. Le Haras du Mâ est un ancien élevage bovin, où il y eut aussi quelques trotteurs, que Pascale Ménard a entièrement réaménagé, avec le concours de son associé de l'époque, Raymond Luce. Le haras s'étend aujourd'hui sur trente-cinq hectares et dispose d'une quarantaine de boxes. Une vingtaine de poulinières en sont les hôtes. Les meilleurs élèves maison se nomment Diyakalanie et Mambia, au temps de la collaboration avec Raymond Luce, ou encore Kenkaye et Wangokaye, voire, en obstacle, Irish Saint. Le Mâ est vendeur de sa production, aux ventes publiques de yearlings, où Pascale Ménard n'est pas sans continuer d'exercer, ponctuellement, une activité de courtier commencée parallèlement à son implication dans l'élevage. Précisons, pour conclure, que le nom du haras constitue un clin d'œil, puisque « Mâ », en chinois, signifie « cheval »...

Pascale Ménard who owns the Haras du Mâ has a rich and varied CV. Originally from Lyon she was drawn to the industry by her passion for horses and initially learned to ride in the classical style. Meeting Mathieu Daguzan-Garros while they were both studying at Pau proved to be decisive. During an internship at the Haras des Granges, the Daguzan's stronghold in the Gers

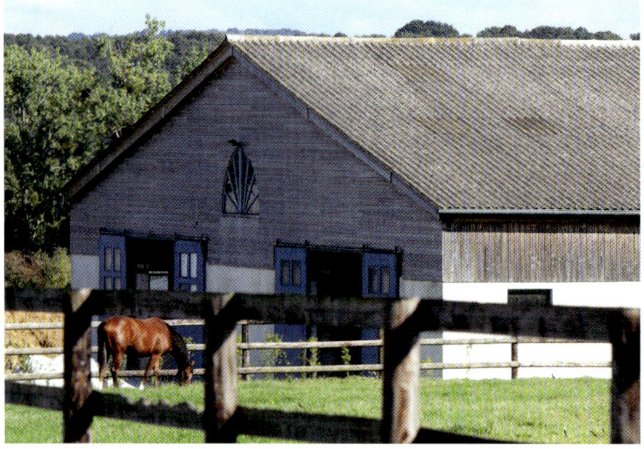

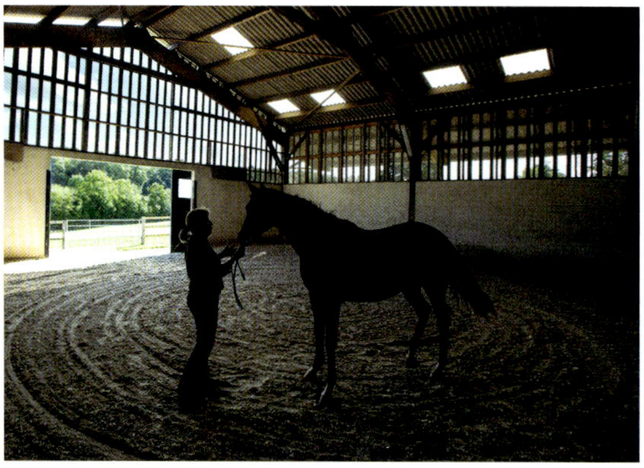

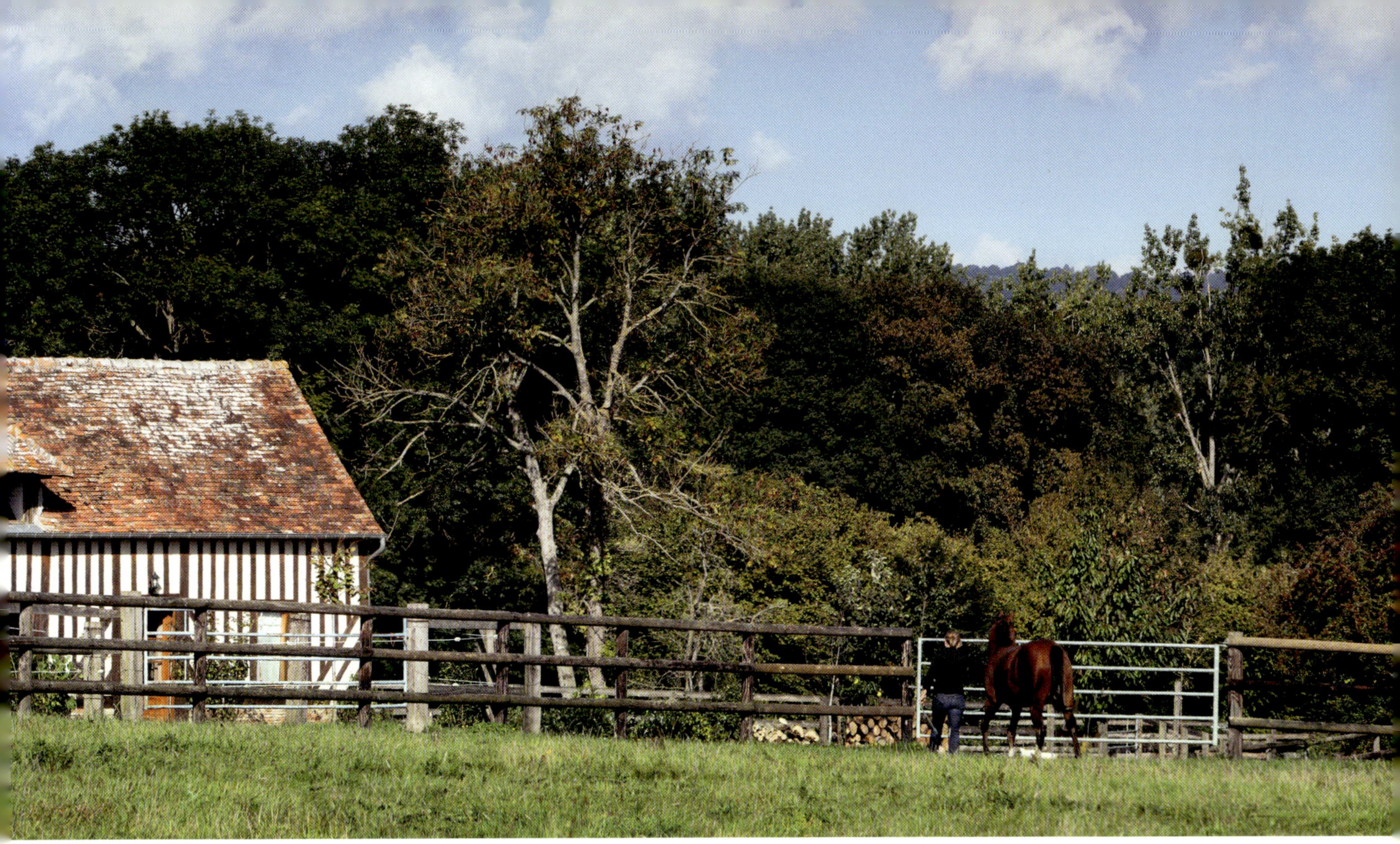

region, Pascale Ménard fell in love with thoroughbred breeding and consequently with the racing world. She then spent several years in the United States discovering American stud farms and improving her English. When she returned to France she worked under the guidance of Aliette Forien at the Haras de la Reboursière and Montaigu at Nonant-le-Pin in the Orne region. Her next step took her to the nearby Bonnevent Stud in Marmouillé where she oversaw a band of foster mares. It was only later in 2004 that the Haras du Mâ was created.

We are now in the Calvados region in the municipality of Sainte-Marie-aux-Anglais, just on the fringes of the axis leading from Saint-Pierre-sur-Dives to Crèvecœur-en-Auge, almost half way between the two and set slightly to the east. The Haras du Mâ is a former cattle farm which was also home to a few trotters and which Pascale Ménard completely refurbished with the help of her then partner Raymond Luce. The stud now covers thirty-five hectares and has about forty boxes which are occupied by twenty or so mares. The best graduates of the stud are Diyakalanie and Mambia, from the time of her collaboration with Raymond Luce, as well as Kenkaye and Wangokaye and Irish Saint over jumps. The Mâ sells its stock at the yearling sales while Pascale Ménard also occasionally continues her work as a bloodstock agent alongside her involvement in breeding. It is worth noting in conclusion that the stud's name « Mâ » means « horse » in Chinese...

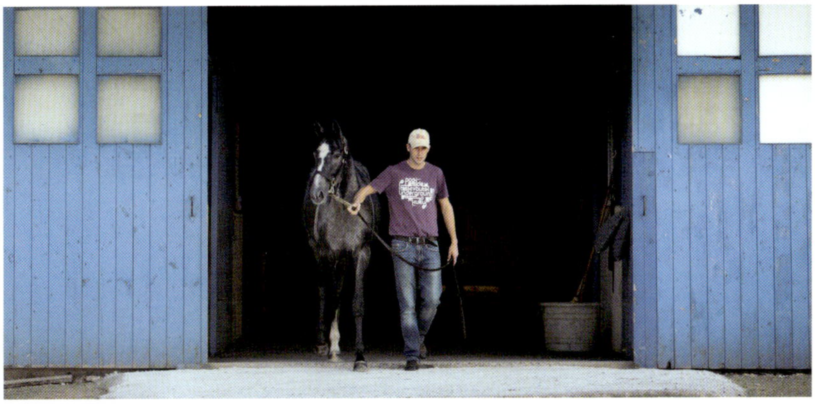

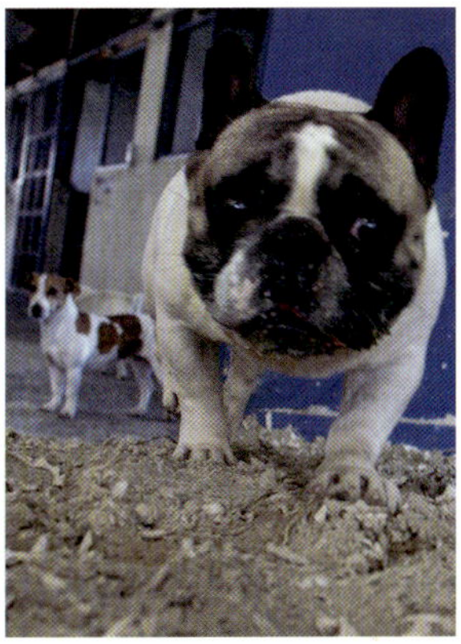

Manneville

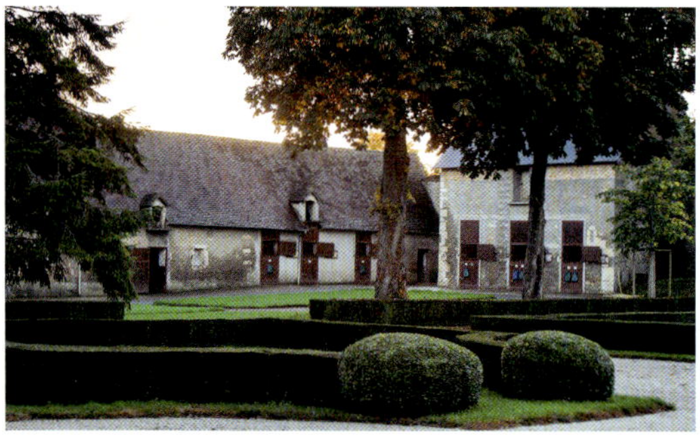

Le Haras de Manneville a été créé de toutes pièces, en 1927, par Henri Coulon. Il prend place sur la commune de Banneville-la-Campagne, entre Troarn et Caen. Le site est plein de charme, notamment son manoir, datant du dix-huitième siècle, auquel on accède par une longue allée. Les herbages du domaine sont de prime qualité, s'étendant, à l'origine, sur quelque soixante-dix hectares. Henri Coulon est alors un propriétaire fort connu, dont les couleurs ont notamment brillé avec le champion steeple-chaser Héros XII, vainqueur de l'édition 1922 du Grand Steeple-Chase de Paris. Henri Coulon connaîtra une belle réussite d'éleveur, à Manneville, trente années durant. Favorablement impressionné par les choix d'élevage de Marcel Boussac, en matière d'inbreedings, il l'imitera, en faisant saillir par son étalon, Escamillo, fils de Firdaussi, sa poulinière, Fidgette, elle-même fille de Firdaussi… Le résultat ne fut pas à la hauteur de celui qu'obtint Marcel Boussac en la fameuse Coronation – qui n'avait, pareillement, qu'un seul grand-père, en l'occurrence Tourbillon –, car Flagette, fruit de l'union incestueuse voulue par Henri Coulon, demeura inédite ; poulinière, cependant, mariée à Vandale, elle donnera le remarquable Herbager, lauréat du Prix du Jockey Club et du Grand Prix de Saint-Cloud, puis excellent étalon, en Europe et aux États-Unis.

À la disparition d'Henri Coulon, en 1955, les effectifs de celui-ci sont dispersés et le haras accueille désormais des chevaux en pension. C'est pendant cette période qu'y fut élevé, pour le compte d'André Lombard, le crack sauteur Santo Pietro, qui signa douze victoires consécutives sur les haies, à 4 et 5 ans, incluant les Grandes Courses de Haies d'Auteuil et d'Enghien. Inoubliable compétiteur, Santo Pietro ne s'occupait d'aucun de ses adversaires, se détachant dès le signal pour imprimer un rythme dévastateur à l'épreuve, sautant les haies à toute vitesse, sans parfois les respecter, et atteignant le disque final à l'abri de tout retour, y compris sur les cinq kilomètres imposés dans le championnat d'Auteuil. Exceptionnel ! Autre client du haras est Élie de Rothschild, qui y produit Valadon, deuxième du Prix de Diane, en 1961 – en une arrivée « familiale », puisque Hermières, la gagnante, est, quant à elle, la propriété de Guy de Rothschild –, ou encore Alizetta, future mère de Goodly, lauréat du Prix du Jockey Club en 1969.

Le comte Guillaume d'Ornano commence lui aussi par mettre des juments en pension à Manneville, dès 1957. L'année d'après, il y voit naître son champion, Misti, qui

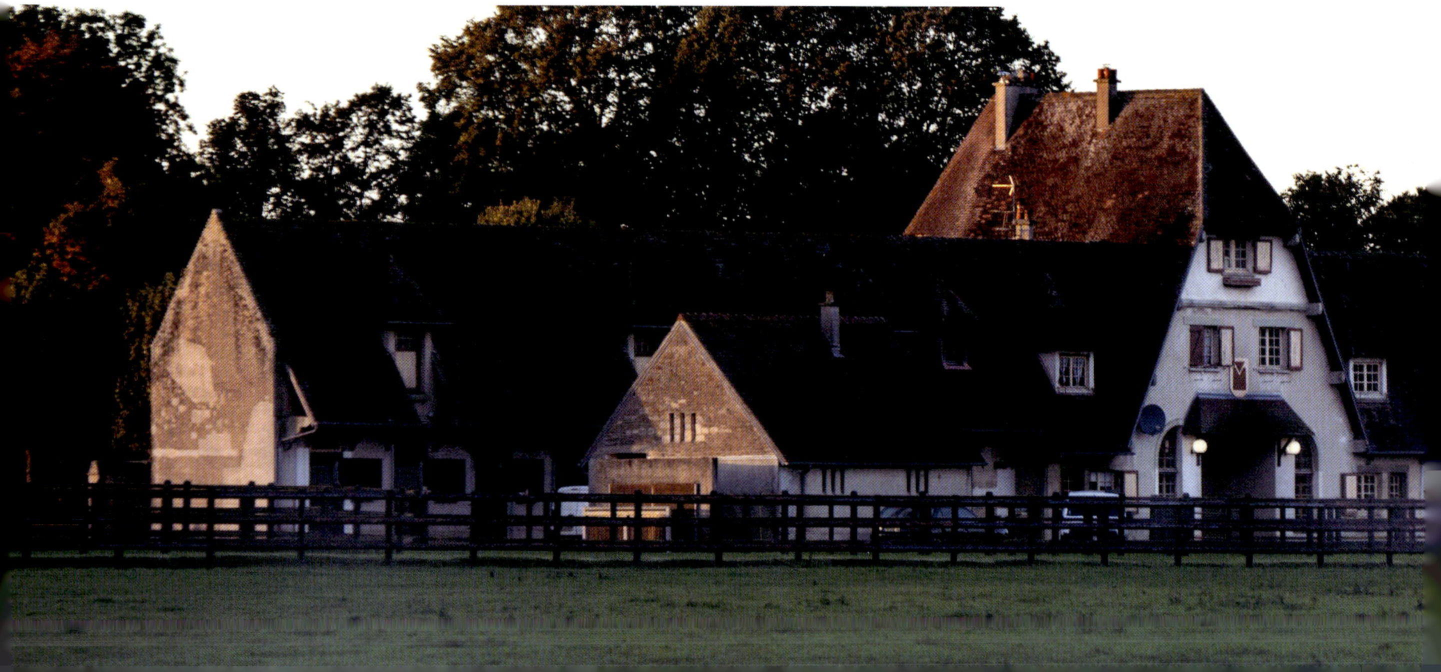

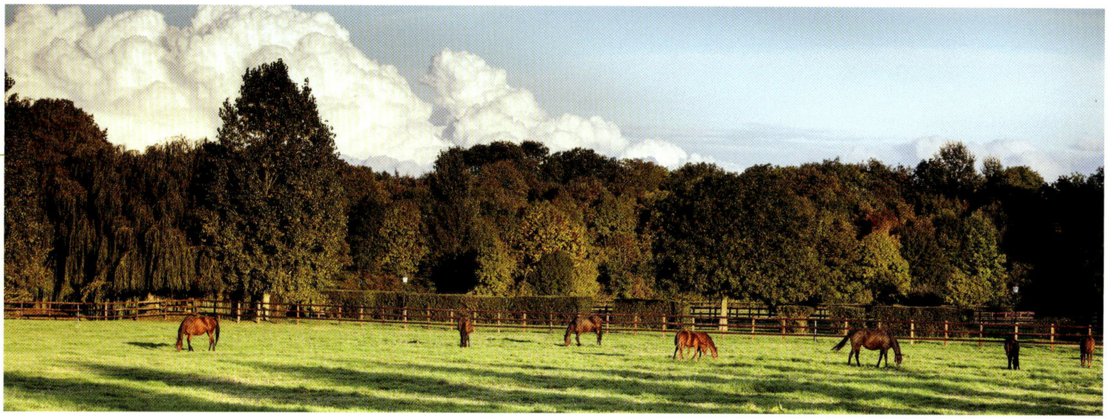

remportera les Groupes I Prix Ganay et Gran Premio del Jockey Club, en Italie, et se classera deux fois troisième du Prix de l'Arc de Triomphe, à 3 ans, puis à 5 ans, d'abord derrière Molvedo et Right Royal, en 1961, ensuite derrière Exbury et Le Mesnil, en 1963. Étalon à Manneville, Misti y réussira bien, donnant une pouliche de la trempe de Roselière, qui fit le doublé des Prix de Diane et Vermeille, en 1968, et, surtout, maints sauteurs de premier plan ; à tel point qu'il fut tête de liste des pères de vainqueurs en obstacle à plusieurs reprises, étant, en son temps, le grand rival du chef de race Carmarthen.

Dans l'intervalle, Guillaume d'Ornano a acheté Manneville, en 1969. Il est heureux qu'à sa mort, en 1982, le haras ait retrouvé un repreneur d'envergure en l'investisseur libanais Issam Farès, conseillé en cela par le banquier parisien, Michel Girard, établi, pour sa part, au Haras d'Angeville. Michel Girard anima d'abord Manneville, commençant de lui donner une nouvelle dimension, commerciale et internationale, puis Alain Plainfossé en prit la direction, qu'il vient de céder à Adrien Rambaud. La superficie du haras a été doublée, culminant maintenant à cent quarante hectares. Les infrastructures comprennent quatre-vingts boxes, à la disposition de trente à trente-cinq poulinières et de leurs produits. Douze personnes travaillent quotidiennement sur place. Rendues célèbres par les réussites de l'excellent Highest Honor dans les années quatre-vingt, puis de Miss Alleged, qui gagna le Breeders' Cup Turf, les couleurs d'Issam Farès n'ont pas quitté notre paysage hippique depuis lors, s'étant distinguées, par exemple, avec Numide, un vainqueur du Prix Hocquart, ou encore, en 2013, avec le prétendant classique Wire to Wire. Le haras est, toutefois, un vendeur régulier de yearlings, sur le marché public. Il en confie la présentation au Haras du Quesnay, un collaborateur de longue date, puisque Highest Honor – on y revient ! – effectua là-bas toute sa brillante carrière d'étalon. Après une période de demi-sommeil, autour de l'an 2000, Manneville est en plein renouveau ces dernières années, son propriétaire ayant investi dans des poulinières et des pouliches en provenance des États-Unis, qui constituent maintenant une importante partie de son stock à l'élevage.

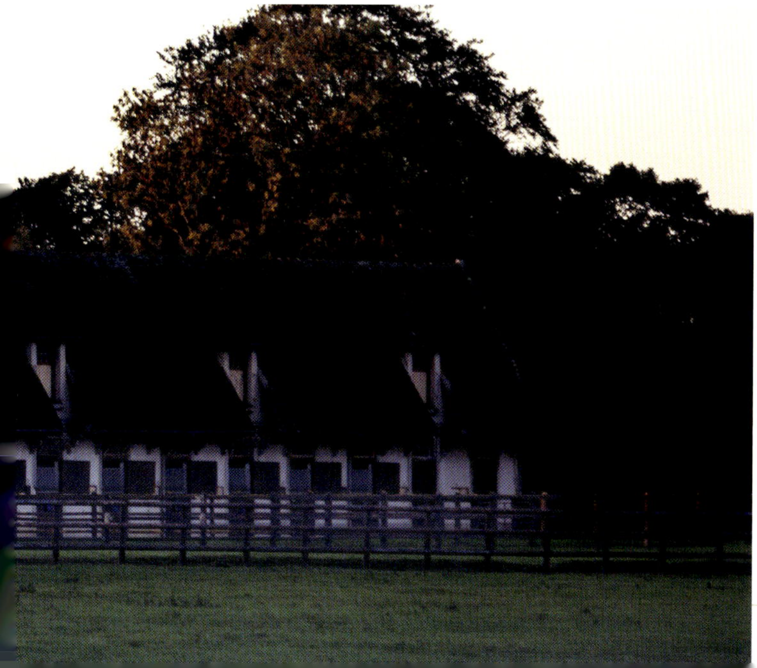

The Haras de Manneville was created from scratch by Henri Coulon in 1927. It is located in the municipality of Banneville-la-Campagne between Troarn and Caen. The estate is full of charm, most notably its eighteenth century manor house which is accessed via a long drive. The property's paddocks are of premium quality and originally extended over seventy hectares. Henri Coulon was at the time a very well known owner whose colours were famously carried to victory by the champion chaser Héros XII, winner of the 1922 Grand Steeple-Chase de Paris. Henri Coulon had great success as a breeder at Manneville for thirty years. Favourably impressed by Marcel Boussac's breeding decisions with regard to inbreedings, he followed his example and covered his broodmare Fidgette, a daughter of Firdaussi, with his own stallion Escamillo, himself a son of Firdaussi… The result was not up to the standard achieved by Marcel Boussac with the

Manneville

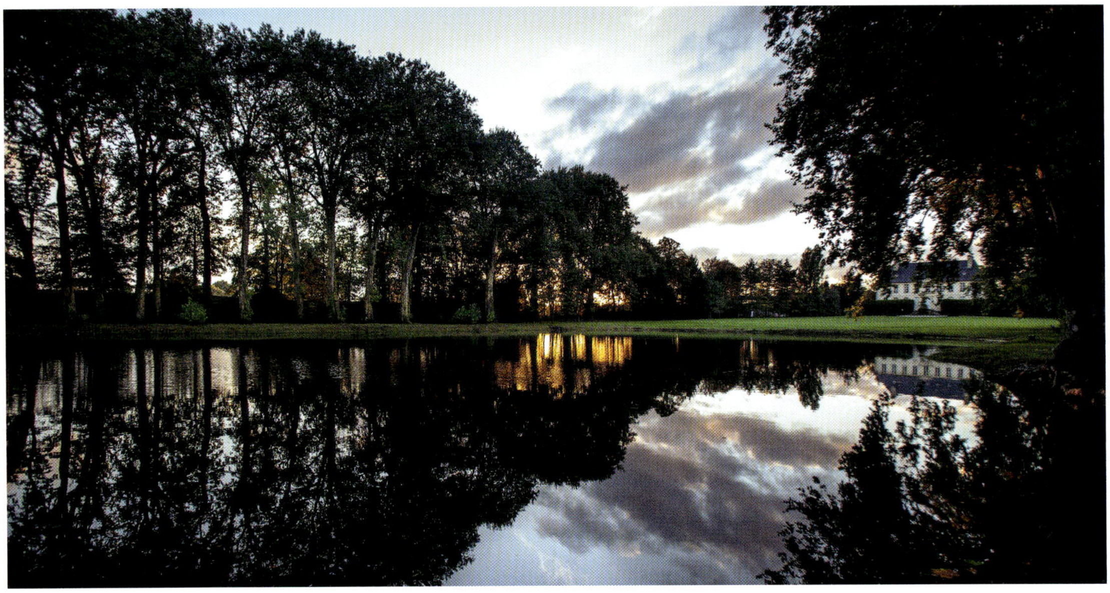

famous Coronation – who similarly only had one grandsire, namely Tourbillon – as Flagette, a product of the incestuous mating chosen by Henri Coulon was unraced; however, as a broodmare when she was mated to Vandal she produced the remarkable Herbager, winner of the Prix du Jockey Club and Grand Prix de Saint-Cloud before becoming a great stallion in Europe and the United States.

When Henri Coulon died in 1955 his stock was dispersed and the stud became home to boarding horses. It was during this period that the top class jumper Santo Pietro who won twelve consecutive races over hurdles at four and five including the Grande Course de Haies d'Auteuil and Grande Course d'Enghien was bred there on behalf of André Lombard. With an unforgettable style of racing Santo Pietro took no notice of any of his opponents, going clear from the start at a devastating pace, jumping hurdles at full speed, sometimes without any respect, and going past the winning post without having seen another horse, including over the five kilometres of the Auteuil championship. Quite exceptional! Another client of the stud Élie de Rothschild bred Valadon there who finished second in the Prix de Diane in 1961 – in a « family » finish as the winner Hermières was owned by Guy de Rothschild – and Alizetta, who became the dam of Goodly, winner of the Prix du Jockey Club in 1969.

Count Guillaume d'Ornano also started to board his mares at Manneville from 1957. The following year saw the birth of his champion Misti who won two Group Is, namely the Prix Ganay and the Gran Premio del Jockey-Club in Italy. He also finished third twice in the Prix de l'Arc de Triomphe at three and five, first behind Molvedo and Right Royal in 1961, then behind Exbury and Le Mesnil in 1963. As a stallion standing at Manneville Misti proved very successful, siring Roselière who won the Prix de Diane and Prix Vermeille double in 1968 and more importantly was responsible for many first rate jumpers. So much so that he was repeatedly leading sire by number of winners over jumps and was in his time a great rival to the chef de race Carmarthen.

In the meantime Guillaume d'Ornano bought Manneville in 1969. Fortunately, when he died in 1982, the stud found a major buyer in the Lebanese investor Issam Farès, who was advised to do so by the Parisian banker Michel Girard, himself based at the Haras d'Angeville. Michel Girard initially managed Manneville, and began to give it a new commercial and international dimension before Alain Plainfossé took over its management, which he has just passed onto Adrien Rambaud. The stud's surface area has doubled and now peaks at one hundred and forty hectares. The infrastructure is made up of eighty boxes which are available to between thirty and thirty-five mares and their offspring. Twelve people work on site on a daily basis. Made famous by the great achievements of Highest Honor in the eighties, followed by Miss Alleged who won the Breeders' Cup Turf, the colours of Issam Farès have never left the equine landscape since and have subsequently been in the limelight thanks to the likes of Numidian, winner of the

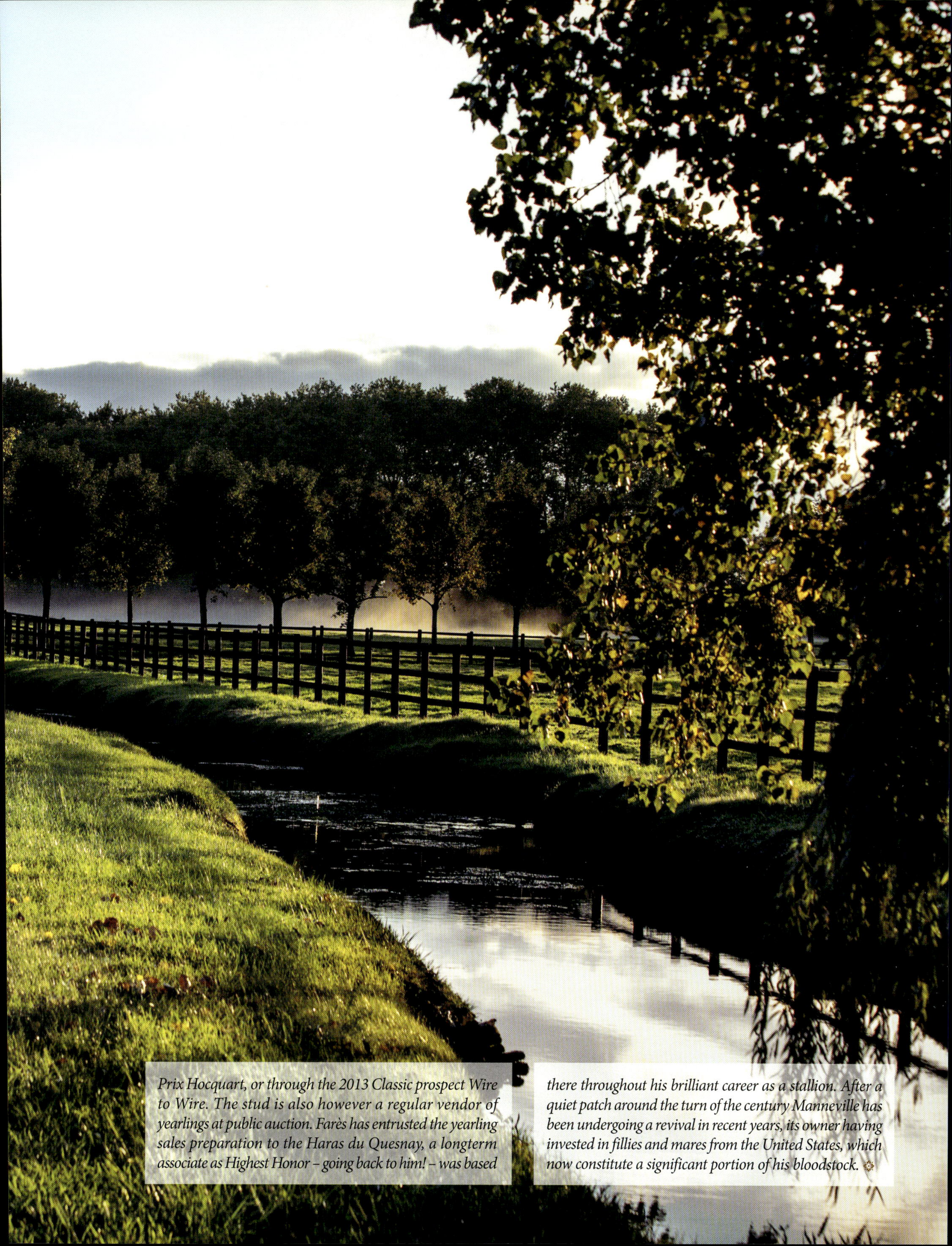

Prix Hocquart, or through the 2013 Classic prospect Wire to Wire. The stud is also however a regular vendor of yearlings at public auction. Farès has entrusted the yearling sales preparation to the Haras du Quesnay, a longterm associate as Highest Honor – going back to him! – was based there throughout his brilliant career as a stallion. After a quiet patch around the turn of the century Manneville has been undergoing a revival in recent years, its owner having invested in fillies and mares from the United States, which now constitute a significant portion of his bloodstock. ❁

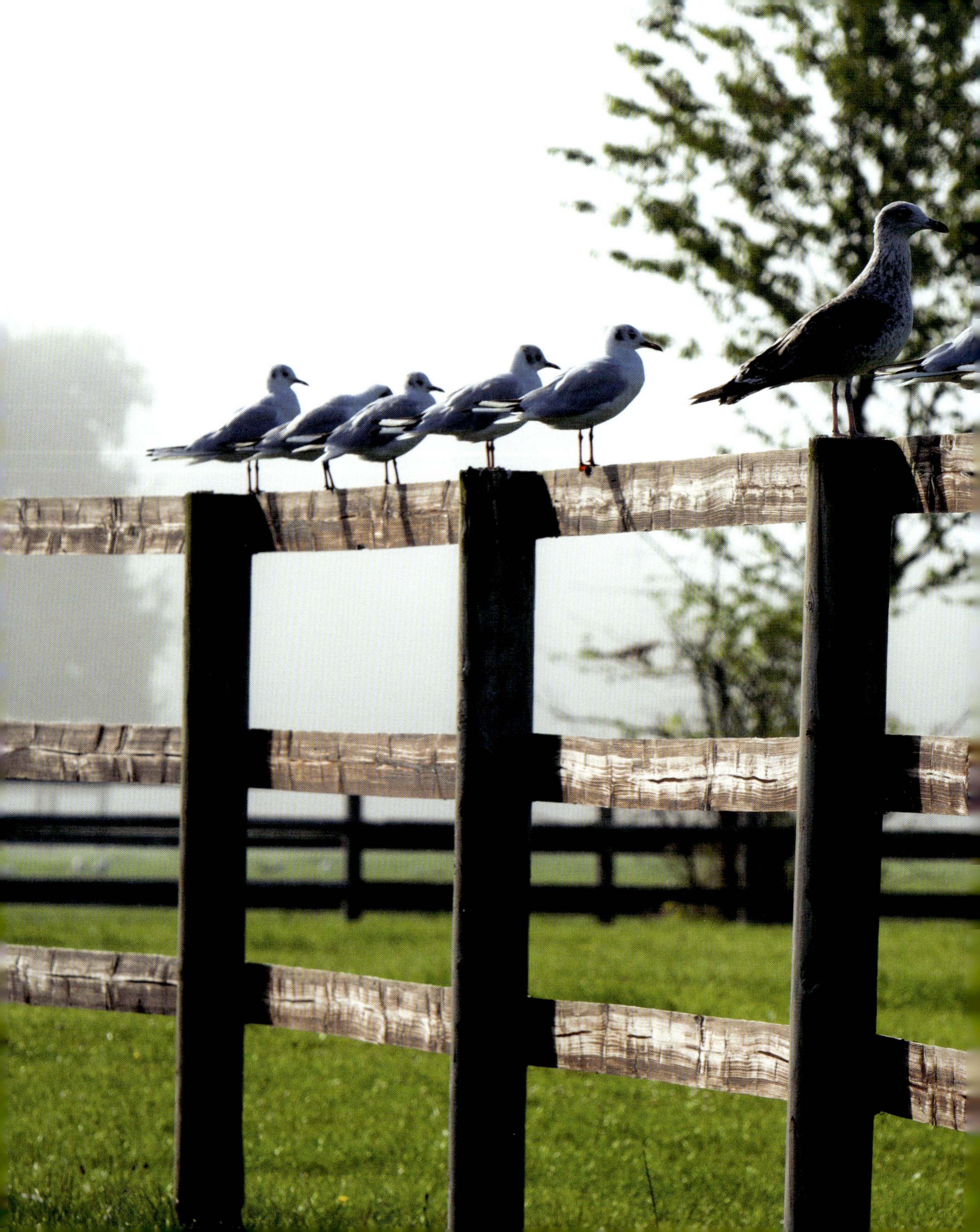

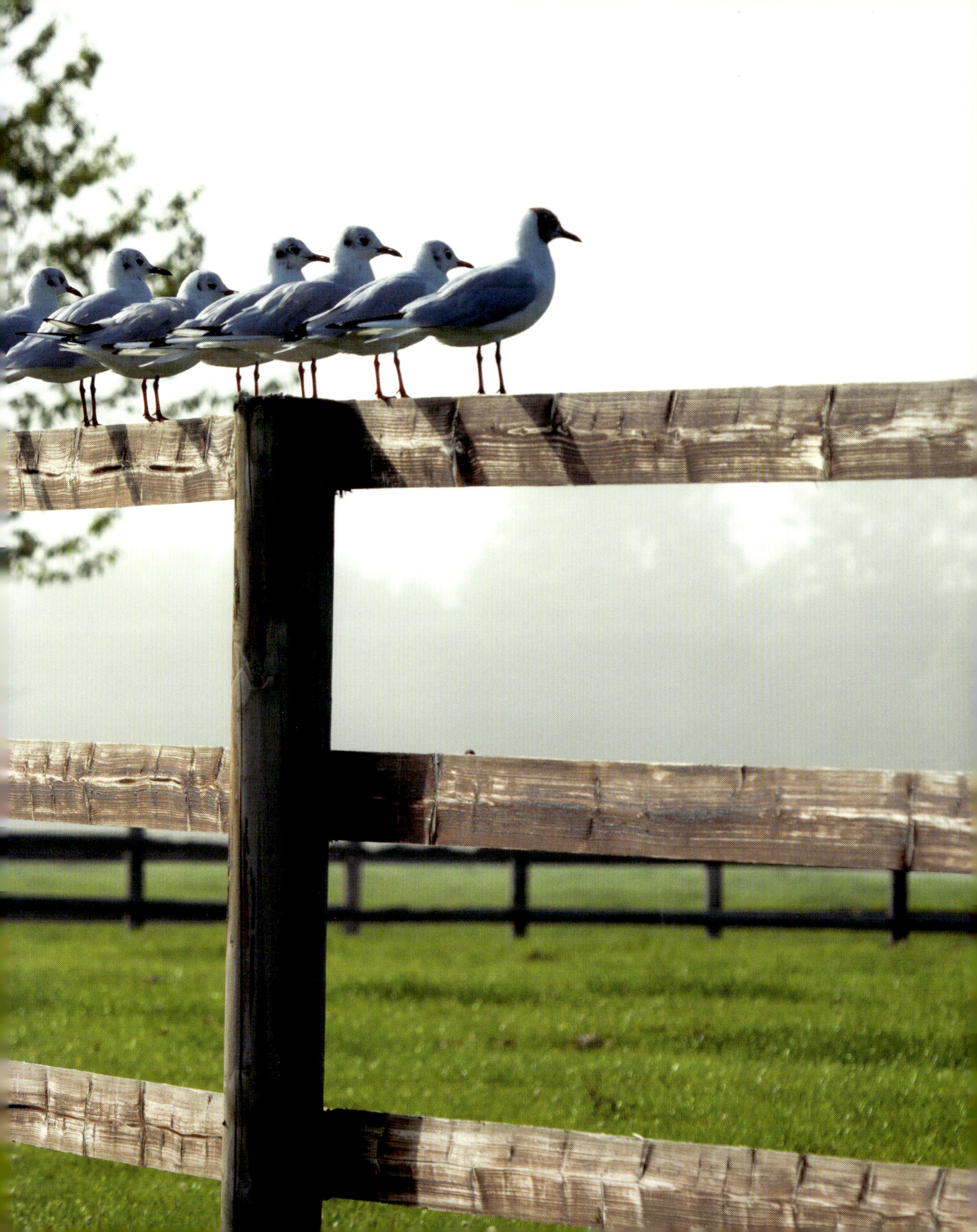

Meautry

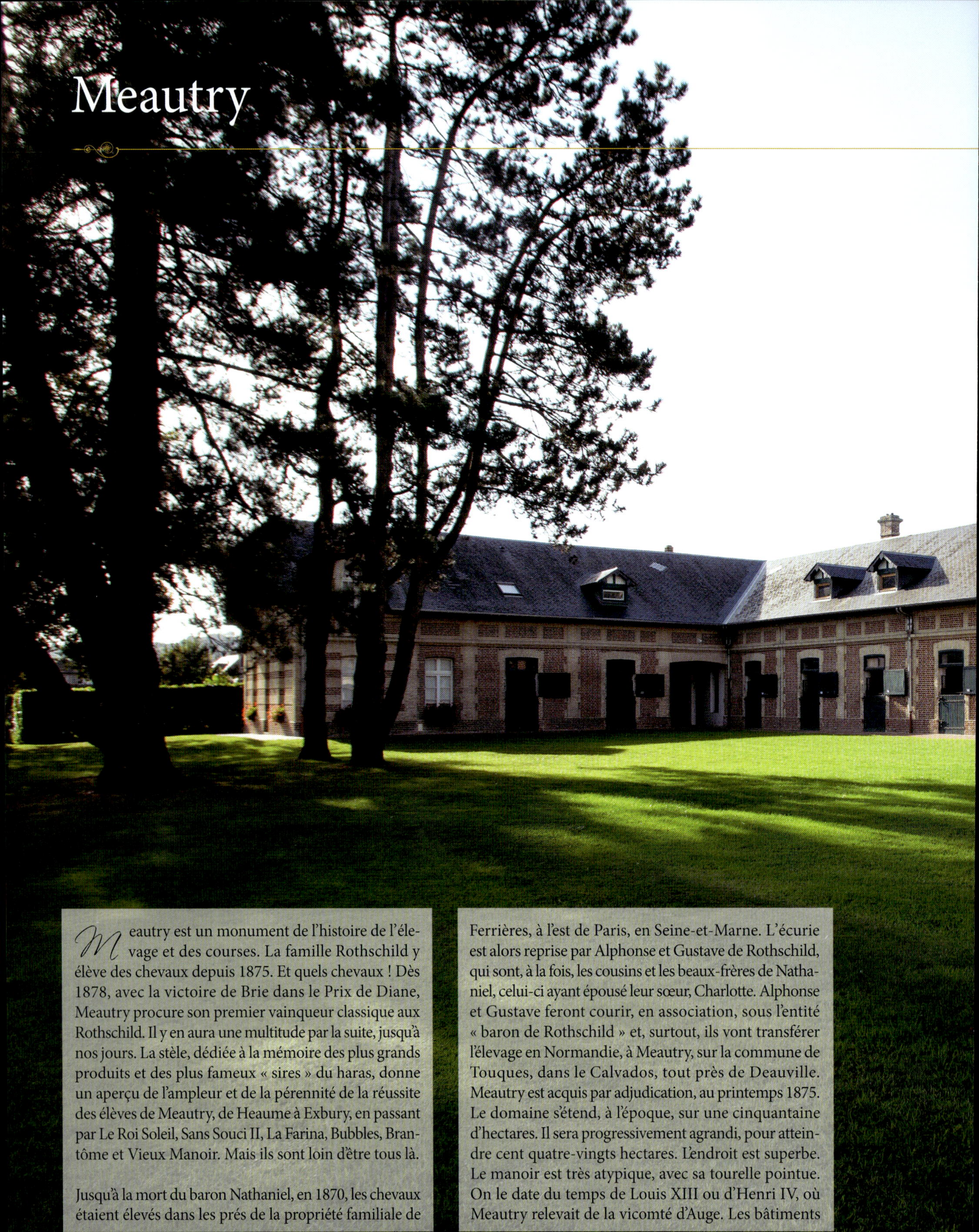

Meautry est un monument de l'histoire de l'élevage et des courses. La famille Rothschild y élève des chevaux depuis 1875. Et quels chevaux ! Dès 1878, avec la victoire de Brie dans le Prix de Diane, Meautry procure son premier vainqueur classique aux Rothschild. Il y en aura une multitude par la suite, jusqu'à nos jours. La stèle, dédiée à la mémoire des plus grands produits et des plus fameux « sires » du haras, donne un aperçu de l'ampleur et de la pérennité de la réussite des élèves de Meautry, de Heaume à Exbury, en passant par Le Roi Soleil, Sans Souci II, La Farina, Bubbles, Brantôme et Vieux Manoir. Mais ils sont loin d'être tous là.

Jusqu'à la mort du baron Nathaniel, en 1870, les chevaux étaient élevés dans les prés de la propriété familiale de Ferrières, à l'est de Paris, en Seine-et-Marne. L'écurie est alors reprise par Alphonse et Gustave de Rothschild, qui sont, à la fois, les cousins et les beaux-frères de Nathaniel, celui-ci ayant épousé leur sœur, Charlotte. Alphonse et Gustave feront courir, en association, sous l'entité « baron de Rothschild » et, surtout, ils vont transférer l'élevage en Normandie, à Meautry, sur la commune de Touques, dans le Calvados, tout près de Deauville. Meautry est acquis par adjudication, au printemps 1875. Le domaine s'étend, à l'époque, sur une cinquantaine d'hectares. Il sera progressivement agrandi, pour atteindre cent quatre-vingts hectares. L'endroit est superbe. Le manoir est très atypique, avec sa tourelle pointue. On le date du temps de Louis XIII ou d'Henri IV, où Meautry relevait de la vicomté d'Auge. Les bâtiments

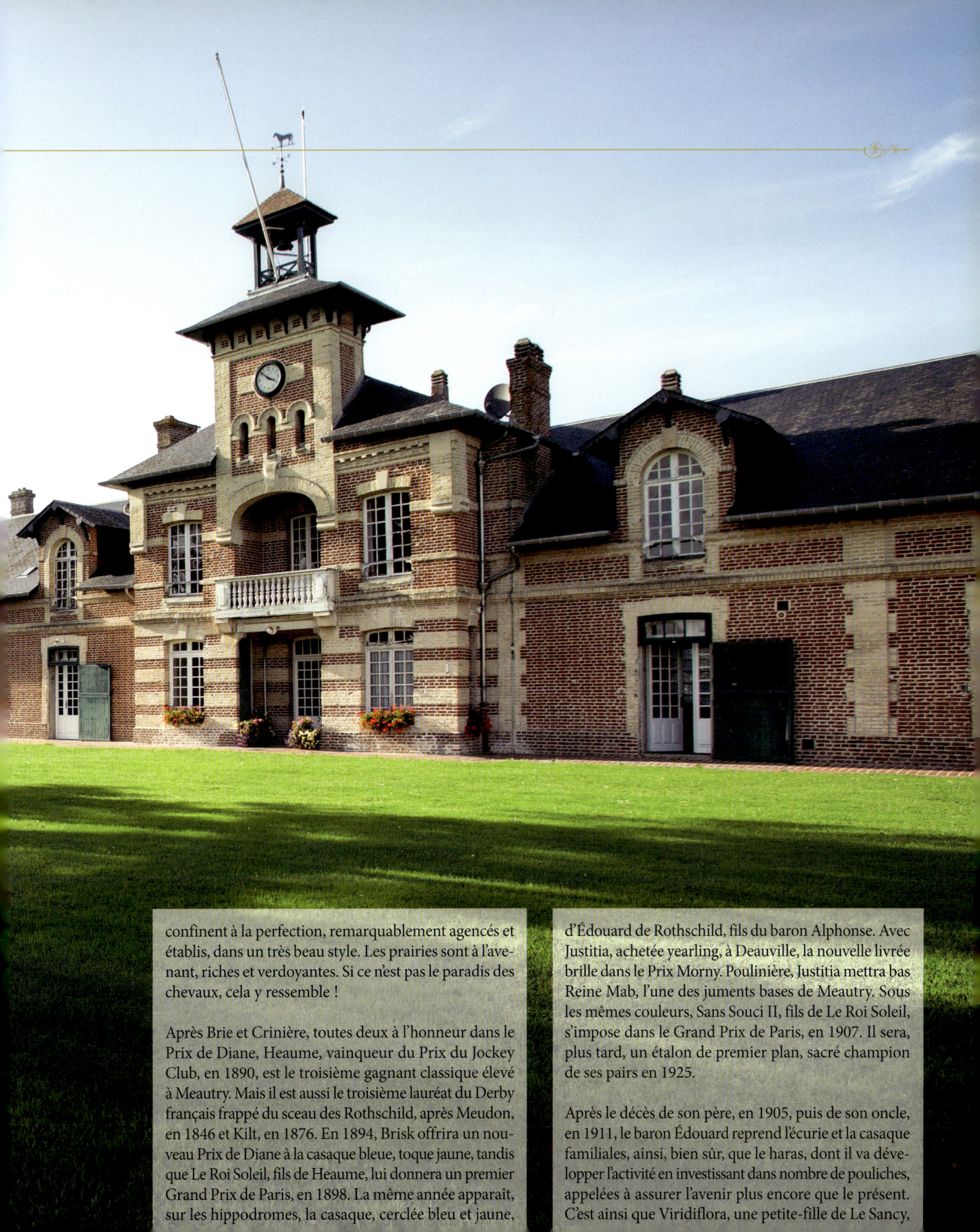

confinent à la perfection, remarquablement agencés et établis, dans un très beau style. Les prairies sont à l'avenant, riches et verdoyantes. Si ce n'est pas le paradis des chevaux, cela y ressemble !

Après Brie et Crinière, toutes deux à l'honneur dans le Prix de Diane, Heaume, vainqueur du Prix du Jockey Club, en 1890, est le troisième gagnant classique élevé à Meautry. Mais il est aussi le troisième lauréat du Derby français frappé du sceau des Rothschild, après Meudon, en 1846 et Kilt, en 1876. En 1894, Brisk offrira un nouveau Prix de Diane à la casaque bleue, toque jaune, tandis que Le Roi Soleil, fils de Heaume, lui donnera un premier Grand Prix de Paris, en 1898. La même année apparaît, sur les hippodromes, la casaque, cerclée bleu et jaune, d'Édouard de Rothschild, fils du baron Alphonse. Avec Justitia, achetée yearling, à Deauville, la nouvelle livrée brille dans le Prix Morny. Poulinière, Justitia mettra bas Reine Mab, l'une des juments bases de Meautry. Sous les mêmes couleurs, Sans Souci II, fils de Le Roi Soleil, s'impose dans le Grand Prix de Paris, en 1907. Il sera, plus tard, un étalon de premier plan, sacré champion de ses pairs en 1925.

Après le décès de son père, en 1905, puis de son oncle, en 1911, le baron Édouard reprend l'écurie et la casaque familiales, ainsi, bien sûr, que le haras, dont il va développer l'activité en investissant dans nombre de pouliches, appelées à assurer l'avenir plus encore que le présent. C'est ainsi que Viridiflora, une petite-fille de Le Sancy,

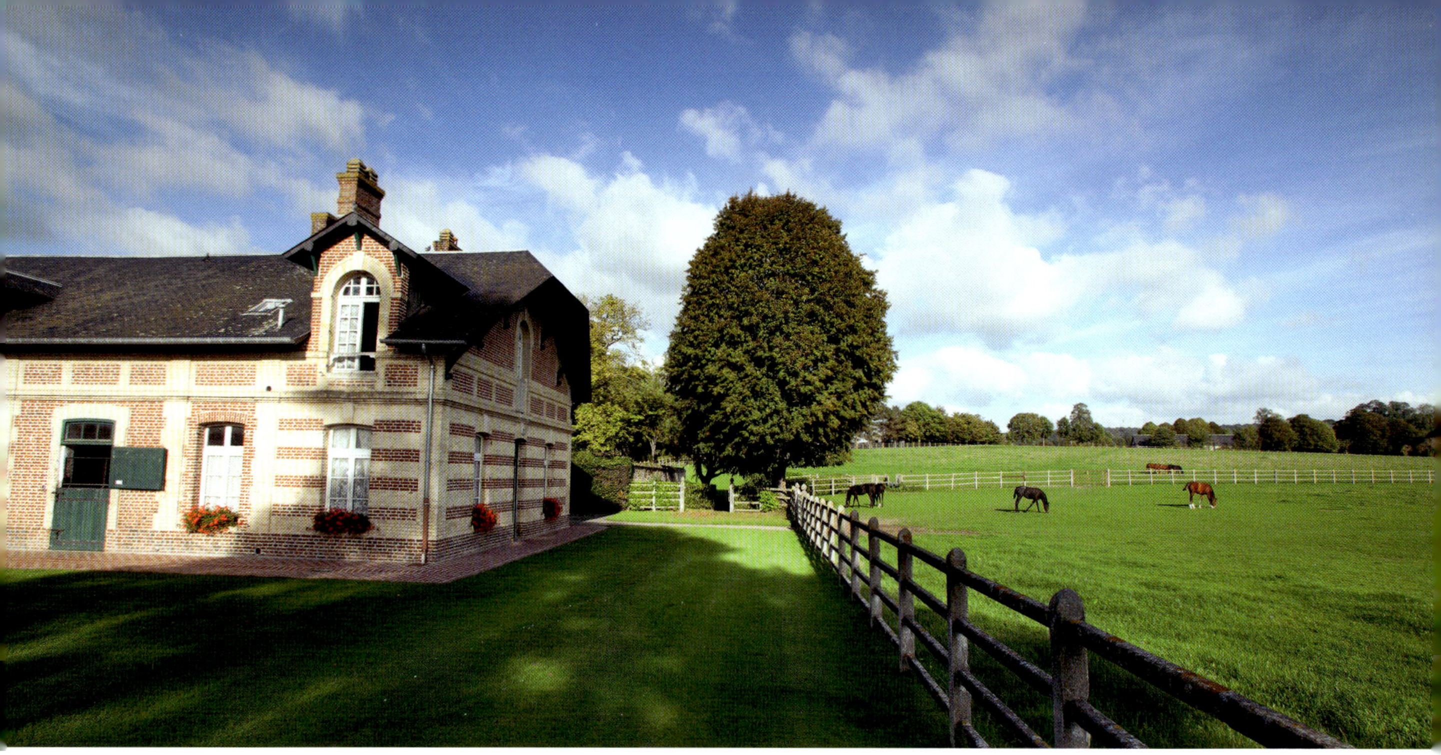

en provenance du Haras de Victot, deviendra la grand-mère de l'exceptionnel Brantôme, considéré comme le meilleur cheval du baron Édouard, l'historien des courses, Guy Thibault, le plaçant même au rang de Nearco et de Pharis pour constituer le trio des pur-sang continentaux les plus talentueux de l'entre-deux guerres en Europe. De la sorte, Brantôme gagna à 2 ans le Prix Robert Papin, le Prix Morny et le Grand Critérium, puis, à 3 ans, la Poule d'Essai des Poulains, le Prix Lupin, le Prix Royal-Oak et le Prix de l'Arc de Triomphe, demeurant invaincu en neuf sorties, sans avoir pu disputer ni le Prix du Jockey Club, ni le Grand Prix de Paris, en raison d'une toux persistante. Maintenu à l'entraînement à 4 ans, Brantôme s'octroie encore le Prix du Cadran et prépare un voyage en Angleterre dans l'Ascot Gold Cup. Il s'échappe, cependant, à l'entraînement, et rentre blessé. Il en perdra sa forme et terminera sa carrière sur un échec dans le Prix de l'Arc de Triomphe. Étalon à Meautry, il allait tracer, en dépit d'un « séjour » allemand durant la guerre. Tout juste de retour, en 1945, il engendrera Vieux Manoir, ultime lauréat classique conçu, à Meautry, par le baron Édouard.

Édouard de Rothschild disparaît en 1949, passant le témoin à son fils, Guy. Celui-ci hérite d'un élevage démantelé par la guerre, la jumenterie de Meautry ayant été littéralement pillée par l'occupant. Qu'à cela ne tienne, le haras normand ne tarde pas à renaître de ses cendres. Dès 1949, Ciel Étoilé gagne le Prix Royal-Oak et, l'année suivante, le Prix du Cadran. En 1950, justement, Meautry est en verve, propulsant le baron Guy en tête du palmarès des propriétaires, grâce, en particulier, à un trio constitué de Vieux Manoir, Alizier – l'un et l'autre aux deux premières places du Grand Prix de Paris – et Ocarina, gagnant du Grand Prix de Saint-Cloud et demeuré invaincu. Nous sommes dans l'une des fameuses phases de Meautry. Le baron Guy sera trois autres fois tête de liste des propriétaires et connaîtra de grands moments, en particulier avec trois champions : Exbury, petit-fils de Vieux Manoir, invaincu tout au long de sa saison de 4 ans, en 1963, ponctuée par son succès dans le Prix de l'Arc de Triomphe ; Luthier, fils de Klairon et de la poulinière de Meautry, Flûte Enchantée, vainqueur des Prix Lupin et Jacques Le Marois, en 1968, puis numéro un des étalons français à quatre reprises ; et Crystal Palace, qui signe une quatrième victoire, aux couleurs maison, dans le Prix du Jockey Club, en 1977, près d'un siècle après la précédente, celle de Heaume, en 1890. Cette année-là, Guy de Rothschild était, sans doute, à son apogée d'éleveur et de propriétaire. Il nous quittera trente ans plus tard, le 12 juin 2007, presque centenaire et toujours aussi passionné, même s'il avait réduit son activité dans l'élevage et les courses à la fin de sa vie. En 2005, il avait cependant eu en Pinson un énième bon poulain, vainqueur des Prix Eugène Adam et Daphnis. Nous eûmes, à cette occasion, l'honneur et le plaisir de converser avec lui. Ce fut un moment rare et privilégié, ineffaçable, empli d'un enthousiasme nullement altéré par l'âge et les années. Soixante-seize ans durant – sa première victoire d'importance, sous ses couleurs personnelles, casaque cerclée, jaune et bleu, remonte à 1931 et au Prix Eugène Adam d'Ilex –, Guy de Rothschild fit courir et, plus encore peut-être, ensuite, naître et grandir, dans son fief de Meautry, avec la même passion et le même souci d'atteindre à la perfection, à laquelle, si souvent, il parvint. Six fois tête de liste des éleveurs en France, il manifesta son soutien à la corporation en présidant son syndicat pendant sept ans, de 1975 à 1982. Voilà qui parachève une vie tout entière vouée au cheval et à l'excellence qui lui est inhérente.

Depuis lors, il va de soi que Meautry perdure. Bercé dans le creuset, Édouard de Rothschild, fils de Guy, poursuit l'œuvre. Cavalier de concours hippique, il aime tout autant l'élevage et les courses. Il monte même sa propre écurie, créée de toutes pièces, dès la fin des années quatre-vingt, et en obtient d'excellents résultats, sous des couleurs déclinées, casaque jaune, toque bleue. Parmi ses meilleurs représentants, citons Oczy Czarnie, Indian Jones, Indian Danehill, Russian Hope ou bien Shaanmer. Souhaitant s'impliquer dans l'Institution, il accède au plus haut rang de celle-ci, devenant président de France Galop en 2003 et renouvelant son mandat en 2007. Il y imprime sa marque et sa volonté de renouveau. À la mort de son père, il reprend les couleurs de la famille et assure l'historique continuité, indissociable de Meautry, haut lieu, à tout jamais, de l'élevage du pur-sang, ayant encore révélé, dernièrement, en Méandre un autre champion classique, sans oublier la toute bonne Esotérique.

Meautry is a monument of French racing and breeding history. The Rothschild family has been breeding horses there since 1875. And what horses! As

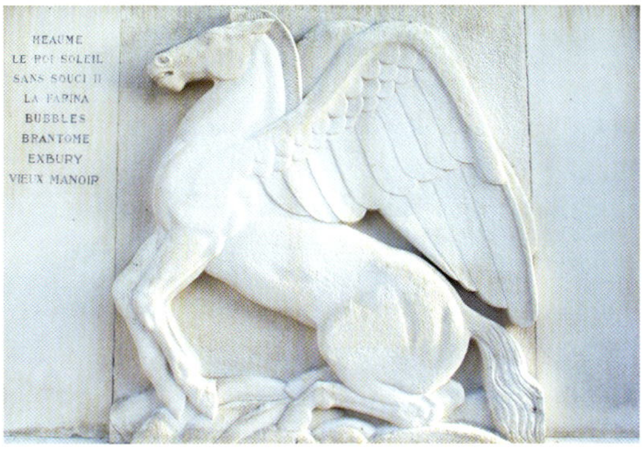

early as 1878 when Brie won the Prix de Diane, Meautry provided the Rothschilds with their first Classic winner. A multitude followed thereafter right up until today. The commemorative monument dedicated to the memory of the stud's greatest progeny and most famous stallions gives an overview of the extent and sustainability of the Meautry graduates' success from Heaume to Exbury via Le Roi Soleil, Sans Souci II, La Farina, Bubbles, Brantôme et Vieux Manoir. Though they are far from all being mentioned on it.

Until the death of Baron Nathaniel in 1870 their horses were bred in the paddocks of Ferrières, the family's estate east of Paris in the Seine-et-Marne. The operation was then taken on by Alphonse and Gustave de Rothschild,

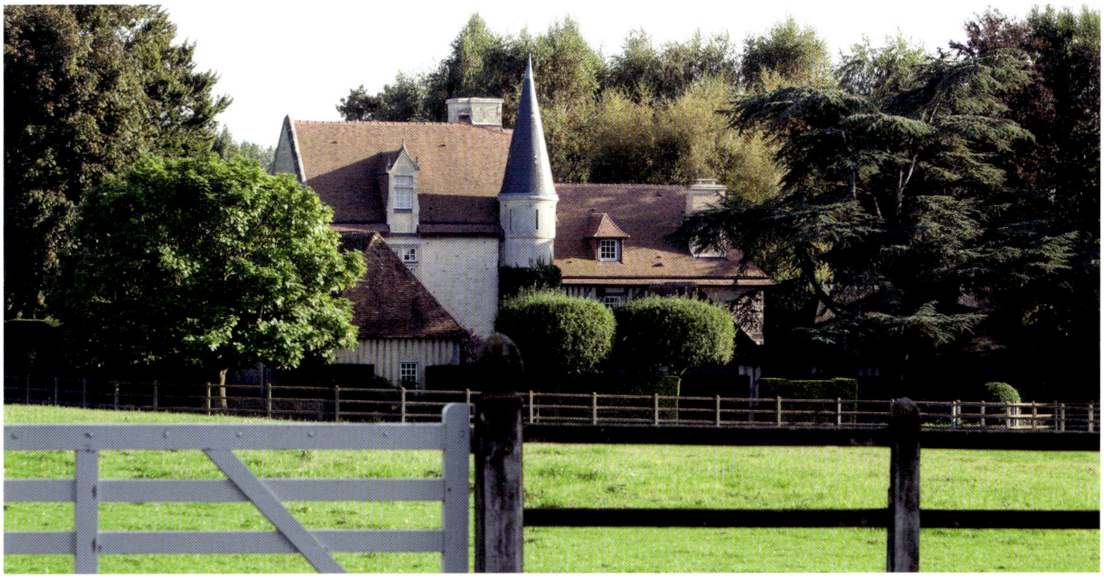

who were at the same time cousins and brothers-in-law to Nathaniel, the latter having married their sister Charlotte. Alphonse and Gustave ran their horses together under the banner « Baron de Rothschild » and most importantly they transferred the stud to Meautry in Normandy in the municipality of Touques, in the Calvados department near Deauville. Meautry was bought by auction in the spring of 1875. At the time the estate extended over fifty hectares. Its area was progressively increased to one hundred and eighty hectares. The location is superb. The manor house is very unusual with its pointed turret. It dates back to the time of Louis XIII or Henri IV at which time Meautry fell within the Auge viscountcy. The buildings border on perfection, remarkably arranged and beautifully established. The pastures are attractive, lush and green. If it isn't a paradise for horses, it certainly looks like one!

After Brie and Crinière, both of whom won the Prix de Diane, Heaume, who landed the Prix du Jockey Club in 1890 became the third Classic winner to be bred at Meautry. But he was also the third winner of the French Derby to be stamped with the Rothschild seal, following Meudon in 1846 and Kilt in 1876. In 1894 Brisk would offer a further Prix de Diane to the blue silks with their yellow cap, while Le Roi Soleil, a son of Heaume, would provide them with their first Grand Prix de Paris in 1898. The same year saw the first appearance on racecourses of the yellow and blue hooped colours of Édouard de Rothschild, son of Baron Alphonse. Thanks to Justitia, who was bought as a yearling in Deauville, the new silks took the honours in the Prix Morny. As a broodmare Justitia gave birth to Queen Mab, one of Meautry's foundation mares. In the same colours Sans Souci II, a son of Le Roi Soleil, landed the Grand Prix de Paris in 1907. He later became a leading stallion who was crowned champion among his peers in 1925.

After the death of his father in 1905 and his uncle in 1911 Baron Édouard took on the stock and the family colours, as well of course as the stud which he developed by investing in a number of fillies who were destined to ensure the future even more than the present. As a result of this Viridiflora, a granddaughter of Le Sancy who came from the Haras de Victot, became the grand dam of the exceptional Brantôme, considered to be Baron Édouard's best ever horse, with the racing historian Guy Thibault even ranking him alongside Nearco and Pharis to form the trio of most talented thoroughbreds of the interwar period in Europe. Thus, at two, Brantôme won the Prix Robert Papin, the Prix Morny and the Grand Critérium, then at three the Poule d'Essai des Poulains, the Prix Lupin, the Prix Royal-Oak and the Prix de l'Arc de Triomphe, remaining unbeaten in nine starts having sadly not been able to run in the Prix du Jockey Club or

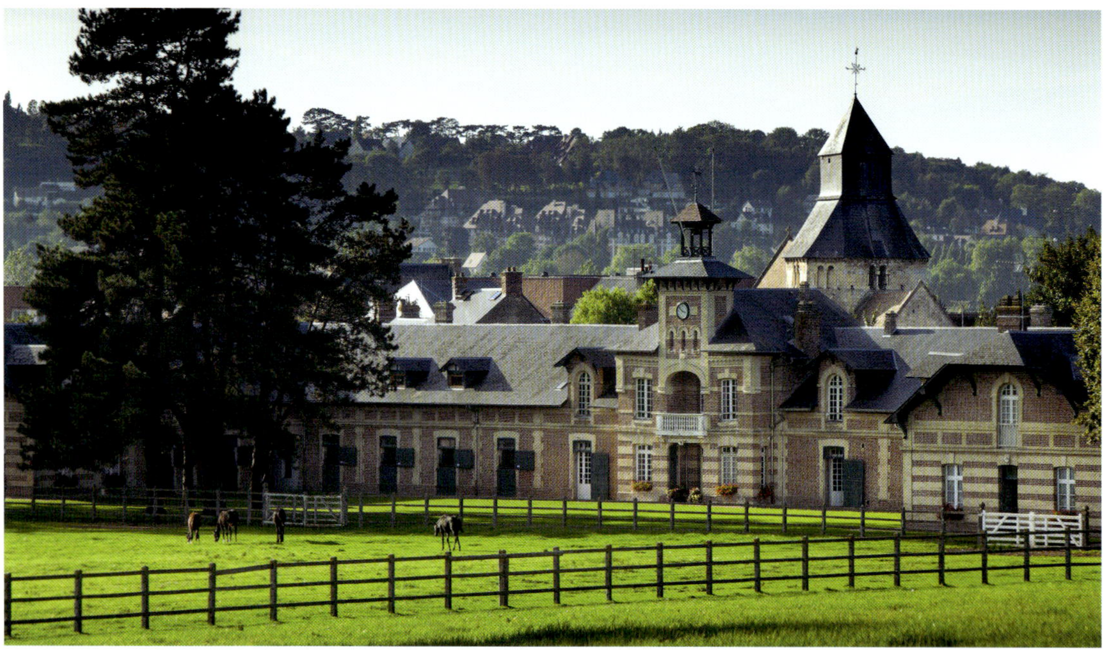

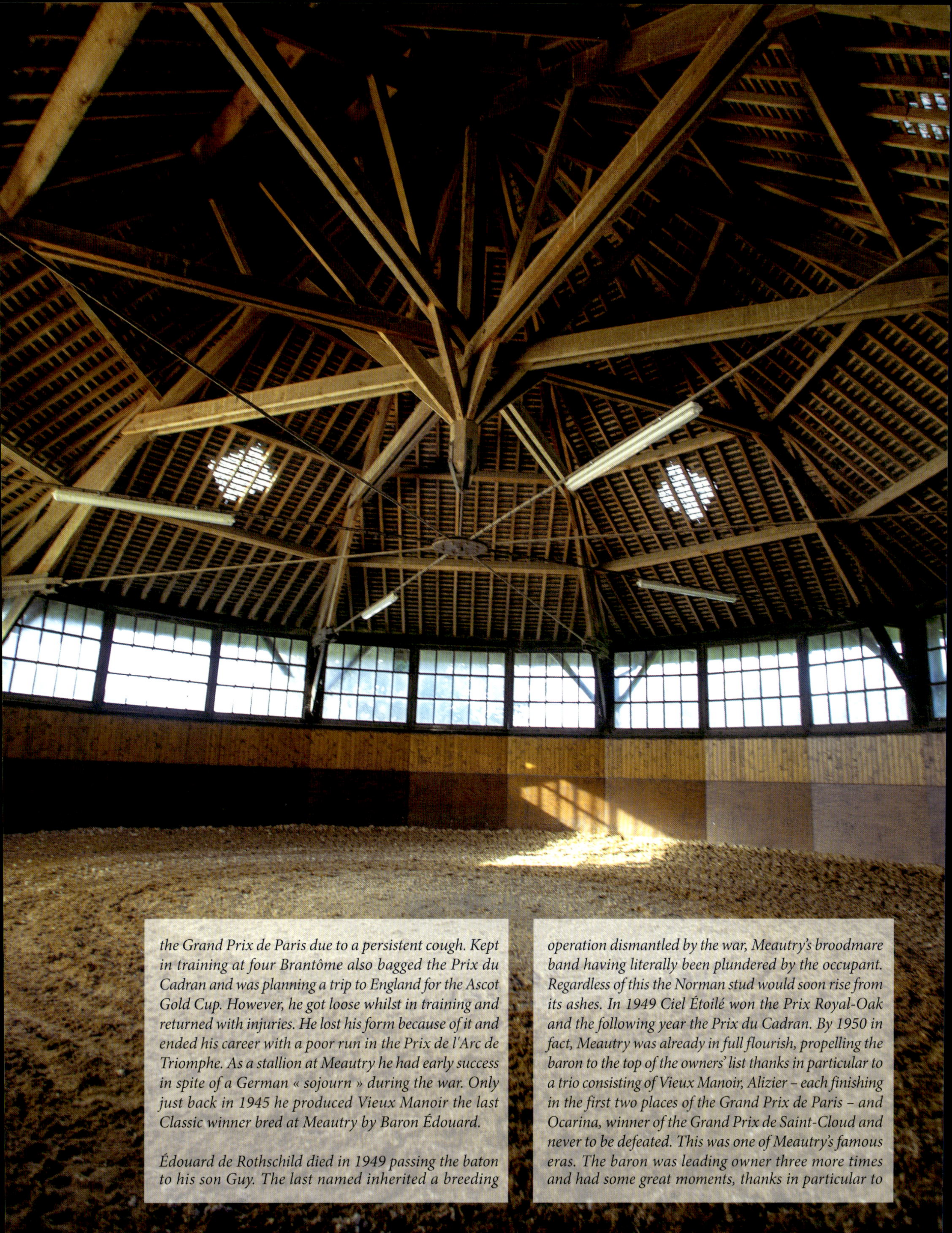

the Grand Prix de Paris due to a persistent cough. Kept in training at four Brantôme also bagged the Prix du Cadran and was planning a trip to England for the Ascot Gold Cup. However, he got loose whilst in training and returned with injuries. He lost his form because of it and ended his career with a poor run in the Prix de l'Arc de Triomphe. As a stallion at Meautry he had early success in spite of a German « sojourn » during the war. Only just back in 1945 he produced Vieux Manoir the last Classic winner bred at Meautry by Baron Édouard.

Édouard de Rothschild died in 1949 passing the baton to his son Guy. The last named inherited a breeding operation dismantled by the war, Meautry's broodmare band having literally been plundered by the occupant. Regardless of this the Norman stud would soon rise from its ashes. In 1949 Ciel Étoilé won the Prix Royal-Oak and the following year the Prix du Cadran. By 1950 in fact, Meautry was already in full flourish, propelling the baron to the top of the owners' list thanks in particular to a trio consisting of Vieux Manoir, Alizier – each finishing in the first two places of the Grand Prix de Paris – and Ocarina, winner of the Grand Prix de Saint-Cloud and never to be defeated. This was one of Meautry's famous eras. The baron was leading owner three more times and had some great moments, thanks in particular to

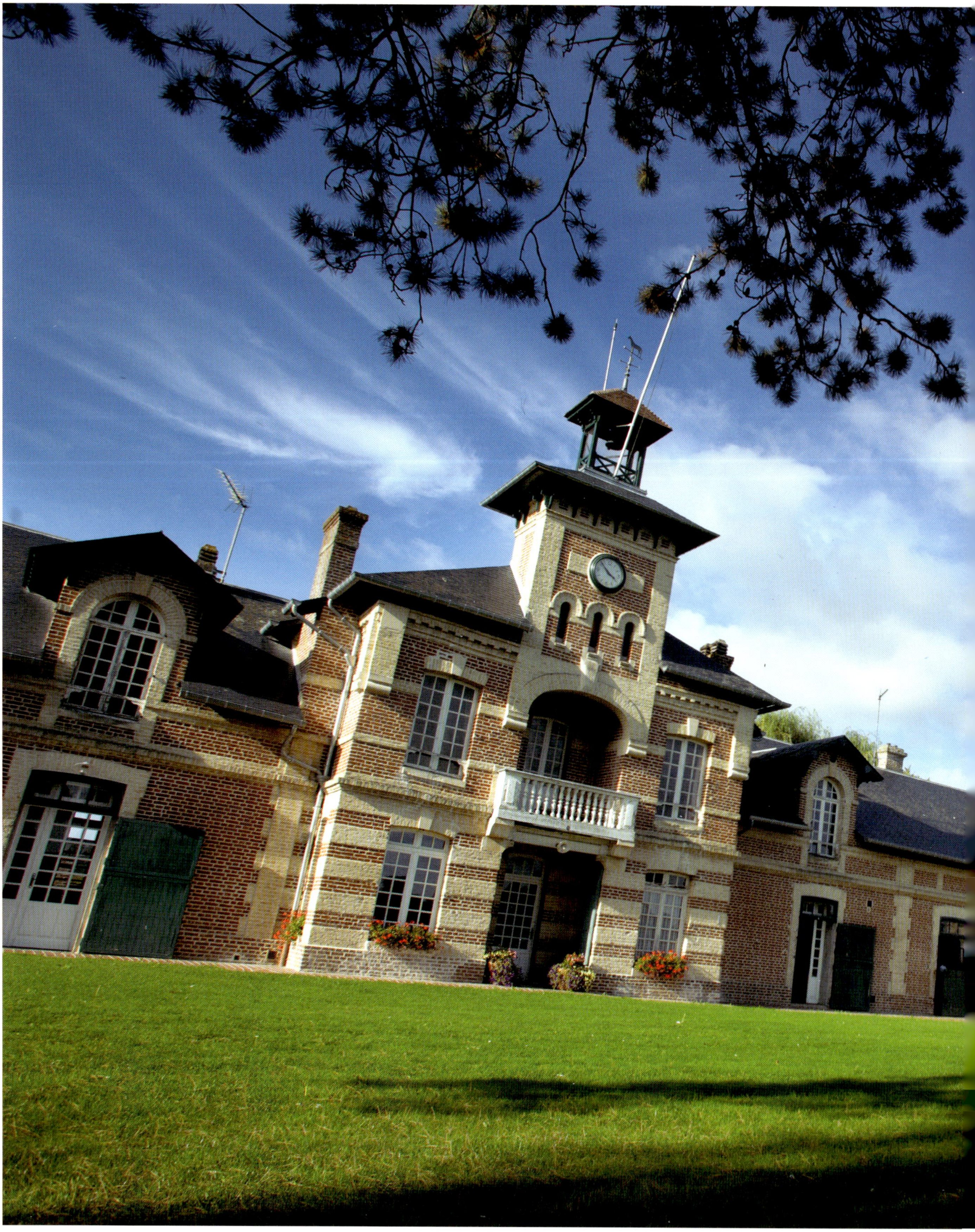

three champions: Exbury, a grandson of Vieux Manoir, who remained unbeaten throughout his four-year-old season in 1963, culminating in his success in the Prix de l'Arc de Triomphe, Luthier, a son of Klairon and the Meautry mare Flûte Enchantée, winner of the Prix Lupin and Prix Jacques Le Marois in 1968 and leading sire in France on four occasions, and Crystal Palace, who signed a fourth victory for the house colours in the Prix du Jockey Club in 1977, almost a century after the proceeding one of Heaume in 1890. That year Guy de Rothschild was probably at his peak as a breeder and owner. He left us thirty years later on 12 June 2007, almost a century old and still passionate, even though he had reduced his involvement in breeding and racing in his later years. In 2005 he nonetheless had in Pinson yet another good colt and winner of the Prix Eugène Adam and Prix Daphnis. On this occasion we had the honour and the pleasure of talking to him. It was a rare and special moment, indelible and full of an enthusiasm which had in no way been altered by the passing of time. For seventy-six years – his first major victory in his personal yellow and blue hooped colours dates back to 1931 and Ilex's Prix Eugène Adam – Guy de Rothschild ran and perhaps even more importantly bred and raised from his Meautry stronghold with the same passion and the same desire to achieve perfection to which he so often succeeded. Six times champion breeder in France, he showed his support for the establishment by chairing its Thoroughbred Association for seven years from 1975 to 1982. This completed an entire life dedicated to horses and the excellence inherent to it.

Since then it goes without saying that Meautry continues. Born into the game, Guy's son Édouard de Rothschild carries on his good work. As a show jumping rider, he loves breeding as much as racing. He even set up his own operation, created from scratch in the late eighties, and has obtained excellent results in his own derived colours of yellow jacket and blue cap. His best representatives worth a mention include Oczy Czarnie, Indian Jones, Indian Danehill, Russian Hope and Shaanmer. Getting involved in the institution, he became president of France Galop in 2003 and will be re-elected in 2007. He stamped his mark and his willingness for change. At his father's death he took on the family colours and ensures their historic continuity which is inseparable from Meautry, an all time mecca for thoroughbred breeding, having yet revealed recently in Meandre another classic champion not forgetting the good Esoterique.

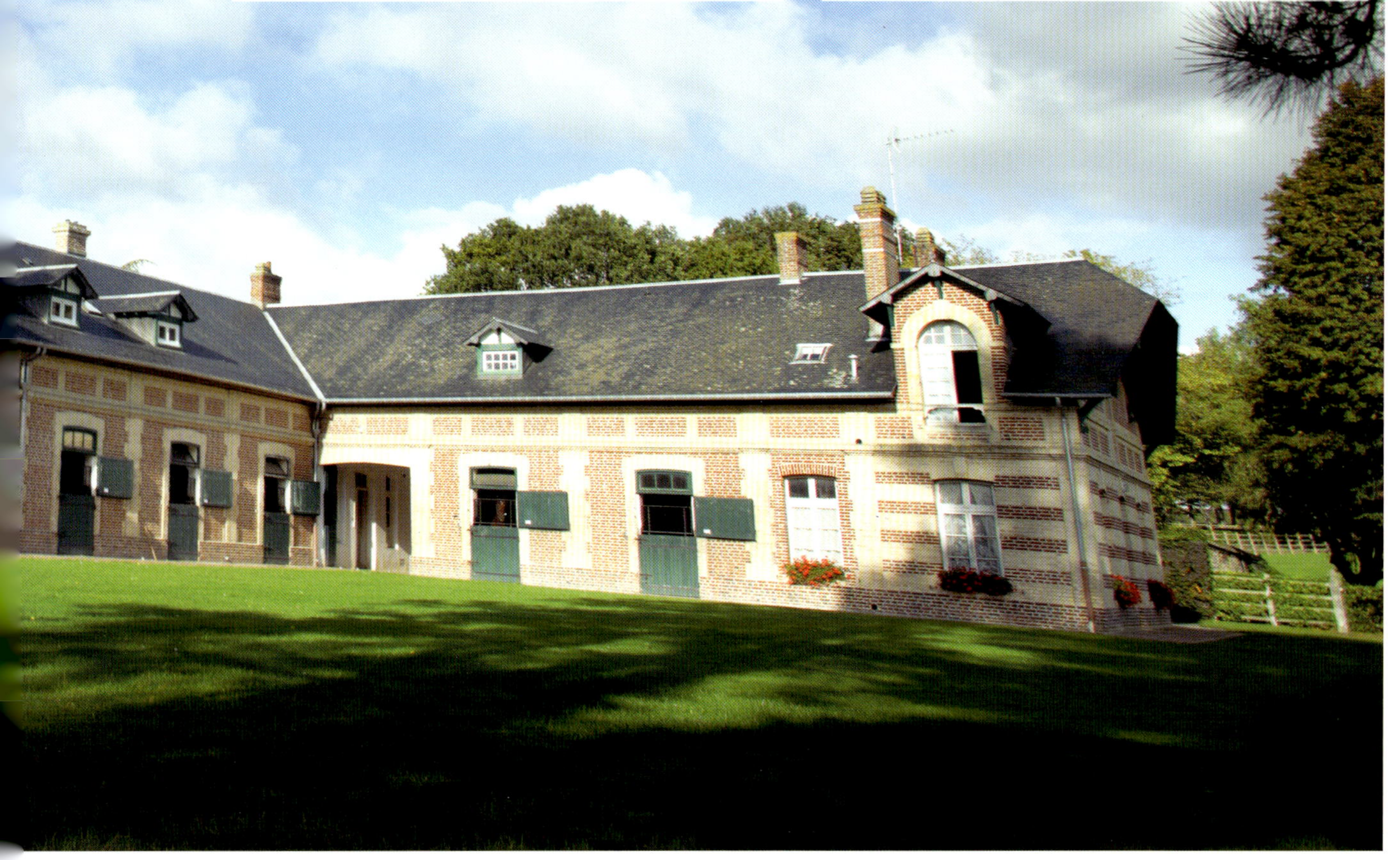

Le Ménil-Vicomte

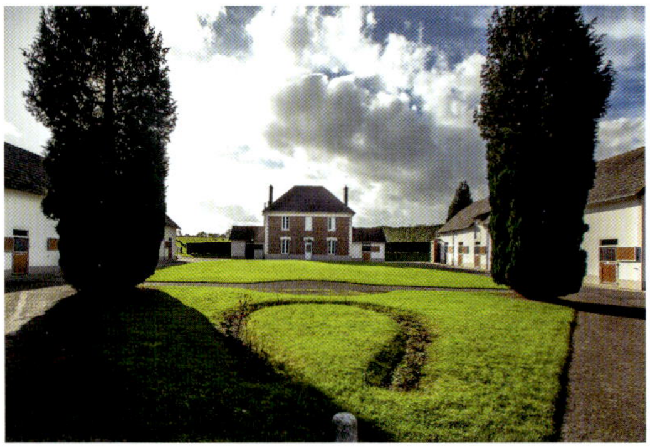

Le Haras du Ménil-Vicomte, établi dans l'Orne, sur la commune du même nom, au pays du Merlerault et de Gacé, fut créé, entre les deux guerres, par les frères Lieux et animé par l'un d'entre eux, Frédéric, les deux autres, Joseph et Alexandre, étant entraîneurs, de renom, à Maisons-Laffitte. Frédéric fut lui-même un éleveur averti, spécialisé, en particulier, dans la vente des yearlings. Exigeant avec les autres comme avec lui-même, ce diplômé de l'École Centrale fut un formateur parfois redouté, mais toujours estimé, Hervé de la Héronnière, qui s'illustra ensuite en son domaine d'Ellon, ayant, par exemple, appris à son contact.

Au début des années soixante-dix, en raison de la cessation d'activité des Lieux, Le Ménil-Vicomte est à vendre et trouve preneur en Adolf Bader, propriétaire suisse faisant courir en France, aux soins de Kurt Ippen, puis de son fils, Jean-Pierre, lequel changera bientôt complètement de voie, pour entrer dans les ordres. Adolf Bader se tournera alors vers d'autres entraîneurs, accordant sa confiance à Raymond Touflan ou encore à Robert Collet, jusqu'à Philippe Demercastel aujourd'hui. Mais cet entrepreneur de travaux publics, installé non loin de Zürich, ne veut pas seulement voir ses couleurs ; l'élevage l'intéresse et il entend développer le sien. Avec Kurt Ippen, il avait déjà loué le Haras de Varaville, dans le Calvados. Là, il acquiert sa propre structure, qu'il commence par restaurer, telle la maison d'habitation, un coquet petit manoir du dix-septième siècle, où il réside lorsqu'il séjourne au haras. Celui-ci est ainsi, peu à peu, rénové, modernisé. Aujourd'hui,

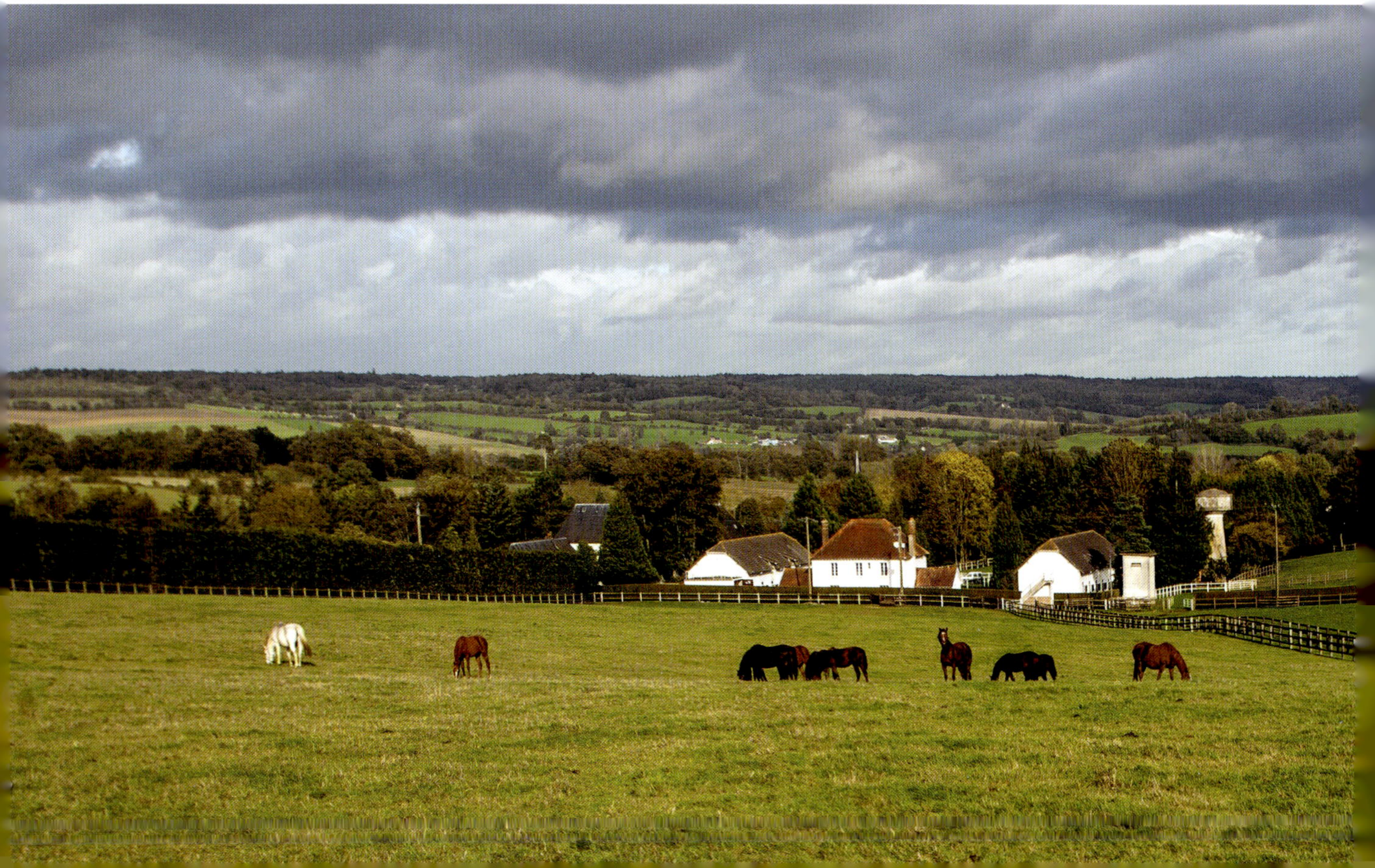

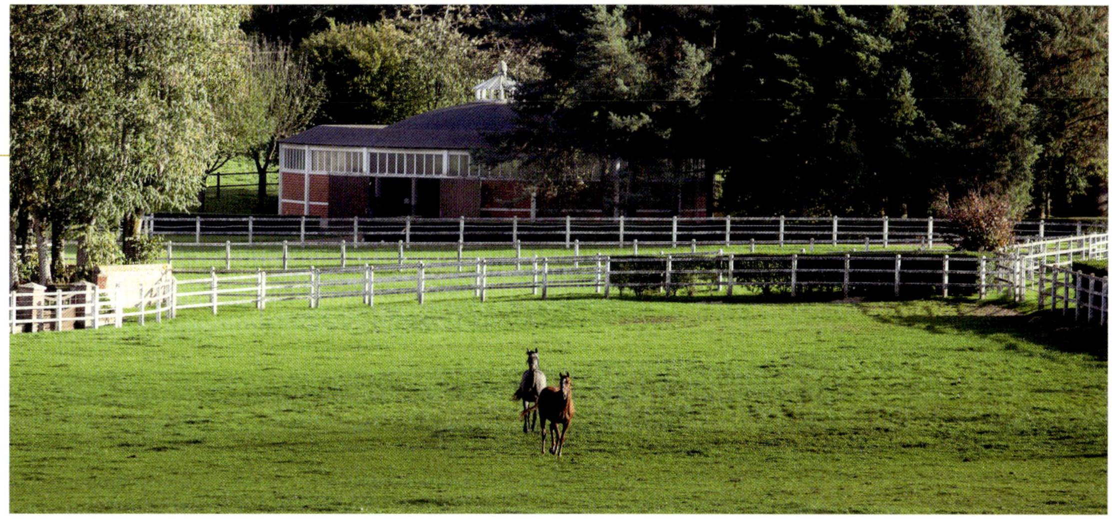

il s'étend sur deux cents hectares, compte soixante boxes et abrite une douzaine de poulinières. Parmi elles, il y a la toute bonne Ana Marie, placée des Prix de Diane et Vermeille, puis lauréate du Prix d'Harcourt. L'élevage Bader est également riche des réussites de Hightori, cinq fois placé de Groupe I, notamment de l'« Arc », et de son propre frère, Vatori, gagnant du Prix Greffulhe, du rapide Grey Risk, du stayer Comte du Bourg ou encore de Trincot, vainqueur du Prix Dollar et du Prix d'Harcourt. Mais son chef-d'œuvre demeure, incontestablement, le champion miler Kendor, né en 1986, lauréat du Grand Critérium et de la Poule d'Essai des Poulains, en prélude à une carrière d'étalon de premier plan, en France et à l'étranger.

Adolf Bader est maintenant très âgé, mais toujours aussi passionné. Sa fille, Monika, l'est tout autant que lui et poursuit l'œuvre. Le Ménil-Vicomte reste un haras en vue, qui conserve ses produits ou les vend, yearlings, sous la bannière du Haras du Petit-Tellier. Emmanuel Leroux, assisté d'une équipe réduite, mais dynamique, est responsable sur le terrain. Il veille sur les chevaux,

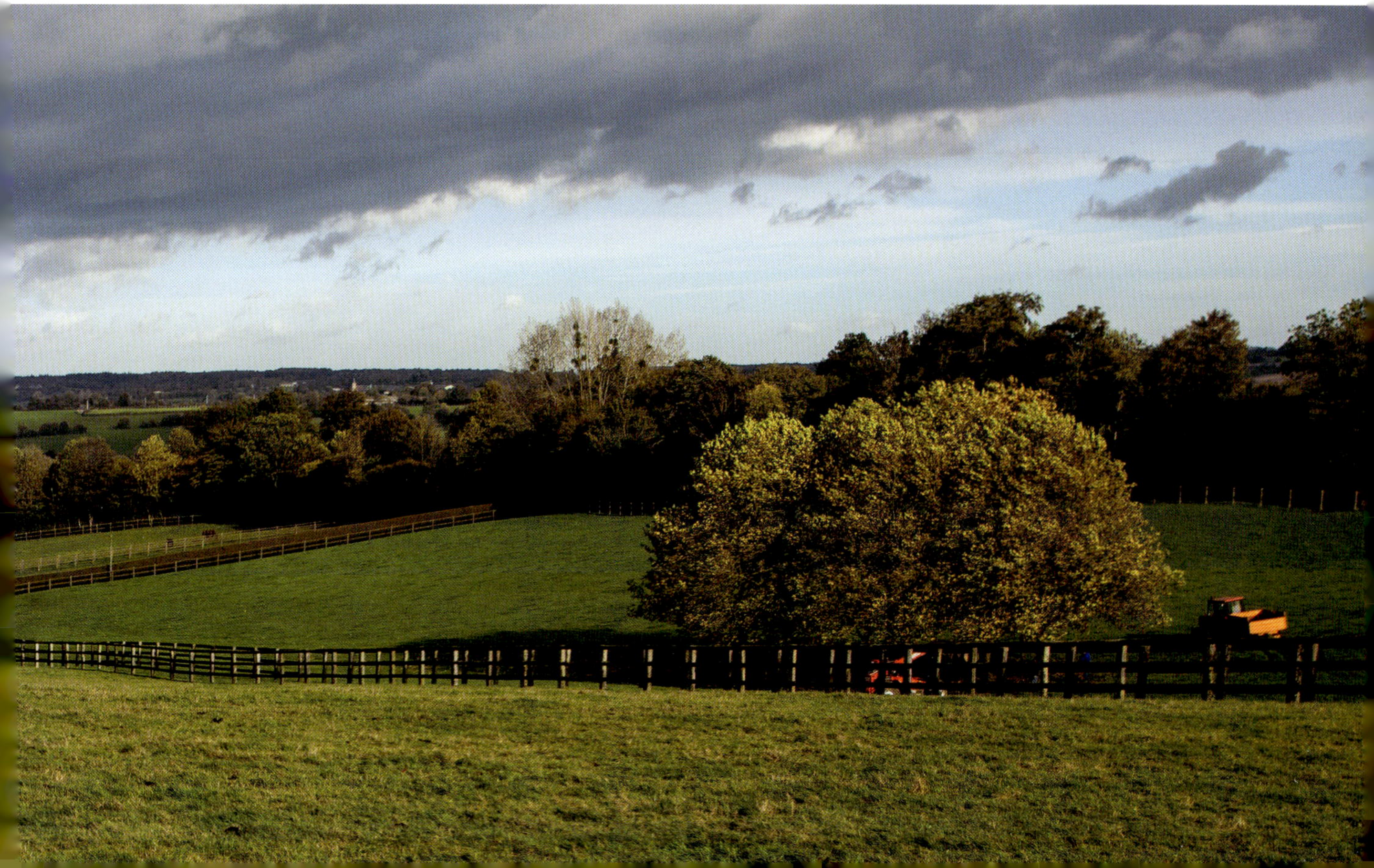

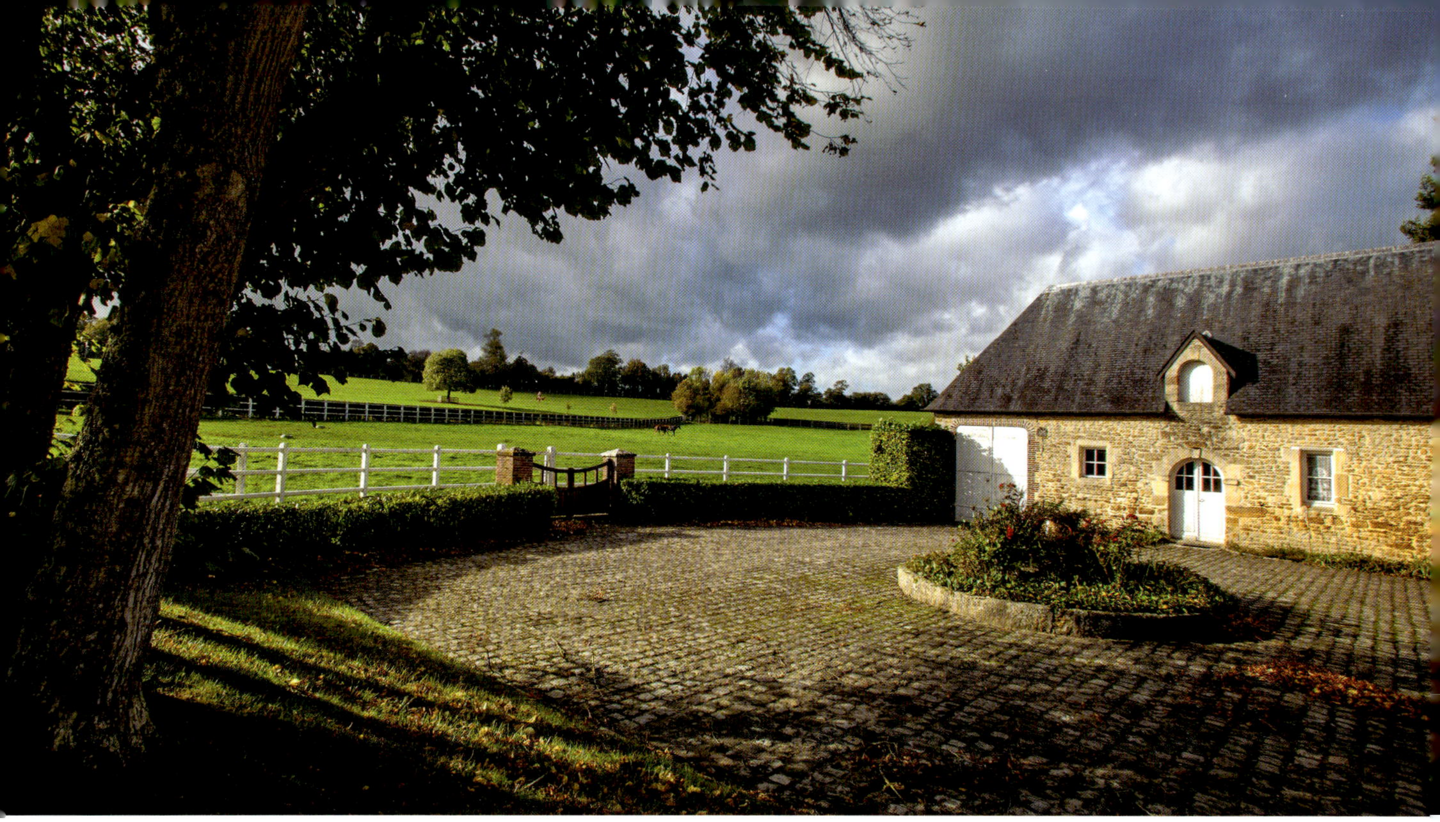

mais aussi sur un important troupeau de bovins, constitué de près de cent vaches salers allaitantes, qui, non seulement sont un complément idéal au cheptel équin – Alec Head, au Quesnay, ne raisonne pas autrement, s'adonnant lui-même à l'élevage des salers –, mais finissent de parfaire le coup d'œil, aux herbages, où l'image traditionnelle d'un haras pluriel peut être ainsi pleinement appréciée.

The Haras du Ménil-Vicomte which is established in the Orne department in the commune of the same name, in Merlerault and Gacé country, was created between the two wars by the Lieux brothers and was managed by one of them, Frédéric, while the other two, Joseph and Alexander, were renowned trainers in Maisons-Laffitte. Frédéric was himself an experienced breeder, specializing in particular in the sale of yearlings. As demanding with others as he was with himself, this graduate of the École Centrale was occasionally feared as a tutor but always respected, with the likes of Hervé de la Héronnière who later became successful with his own stud at Ellon, having learned from him.

At the beginning of the seventies when the Lieux family retired from business, Ménil-Vicomte came up for sale and found a buyer in Adolf Bader, a Swiss owner who ran his horses in France, first in the care of Kurt Ippen then of his son Jean-Pierre, who soon completely changed career path to become a priest. Adolf Bader then turned to other trainers entrusting his horses to Raymond Touflan, then Robert Collet, and these days to Philippe Demercastel. But this public works contractor, based near Zürich, was not just interested in seeing his colours on the track, he was interested in breeding and wanted

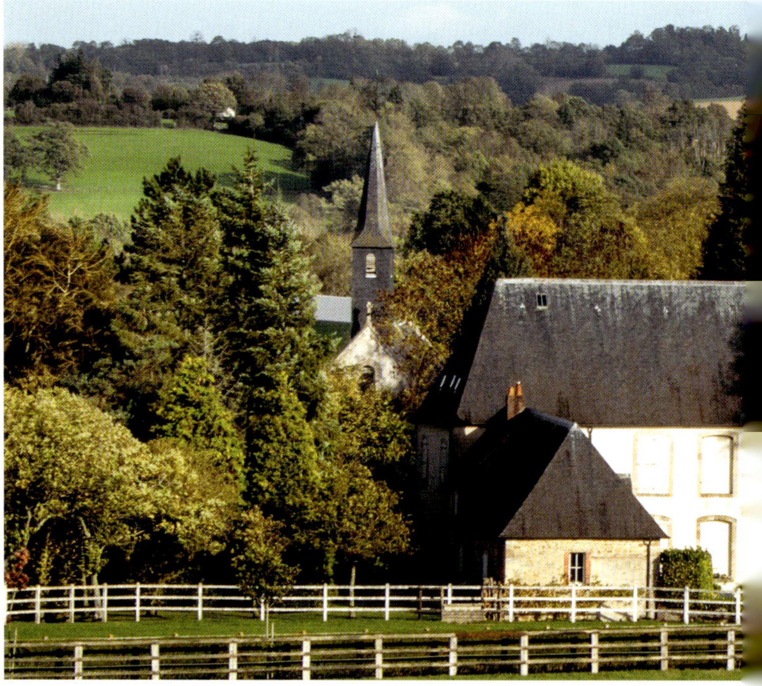

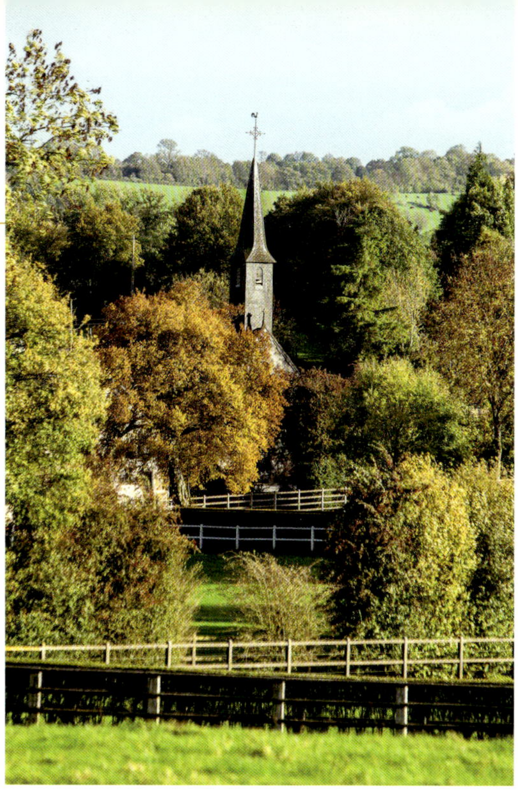

to develop his own stud. With Kurt Ippen he had already rented the Haras de Varaville in the Calvados region. This time he bought his own property, which he began to restore including the residential building, a pretty little seventeenth century manor house in which he stays when visiting the stud. This has therefore been gradually renovated and modernised. Today it covers two hundred hectares, has sixty boxes and houses a dozen mares. Among them, there is the good Ana Marie who was placed in the Prix de Diane and the Prix Vermeille and won the Prix d'Harcourt. The Bader stock can also boast the successes of Hightori, placed five times at Group I level including the « Arc » and his full brother Vatori, winner of the Prix Greffulhe, the speedy Grey Risk, the stayer Comte du Bourg or even Trincot, winner of the Prix Dollar and Prix d'Harcourt. But his masterpiece remains the undisputed champion miler Kendor, born in 1986 and winner of the Grand Critérium and the Poule d'Essai des Poulains, as a prelude to a first rate stallion career in France and abroad.

Adolf Bader is now very old, but is still passionate. His daughter Monika is just as dedicated and continues his work. Ménil-Vicomte is still very much in the public eye and either keeps its stock or sells them as yearlings under the Haras du Petit Tellier banner. Emmanuel Leroux, assisted by a small but dynamic team, is responsible on a day to day basis. He watches over the horses as well as a large herd of cattle consisting of nearly one hundred Salers suckling cows, which are not only an ideal complement to his equine stock – Alec Head at Quesnay follows the same logic and himself subscribes to the breeding of Salers cattle – but ultimately also a perfect visual image of the pastures in which the traditional image of a multipurpose stud can be fully appreciated.

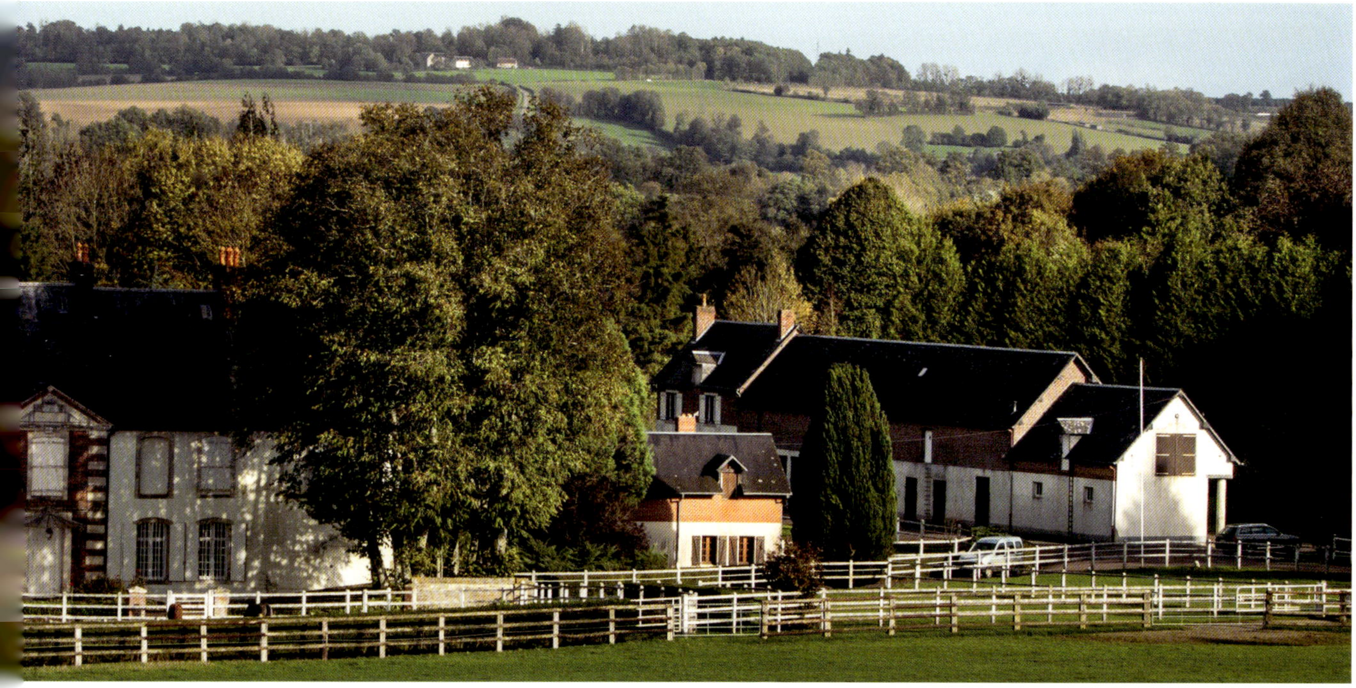

Le Mézeray

Le Haras du Mézeray a été créé, voilà près de cinquante ans, par Paul de Moussac, qui achète alors, à Ticheville, dans l'extrême nord du département de l'Orne, à l'est de Vimoutiers, une propriété d'une dizaine d'hectares, avec quelques boxes, s'articulant autour d'un château et d'un parc, dessiné par un élève de Le Nôtre, le paysagiste de Louis XIV. Notre homme est courtier en transport maritime, mais a une passion, celle des courses et de l'élevage. Il la tient de son père, qui élevait et entraînait des trotteurs en Vendée. Lui préfère cependant les pur-sang et son ambition est de développer une importante écurie de course, à partir de son propre élevage. Sa vision est à long terme et il sait son ouvrage à l'avenant.

Progressivement, donc, Paul de Moussac va monter Le Mézeray et en faire l'un des piliers de l'élevage français. Ainsi agrandit-il le domaine au fil des ans et construit-il boxes, manèges, pistes de débourrage et d'entraînement, hangars et autres bureaux. Ainsi, réinvestissant ses gains, achète-t-il, année après année, des pouliches bien nées, dans la perspective d'en obtenir de bonnes poulinières. Sous son impulsion, Le Mézeray a tôt fait de devenir un outil de production moderne et efficient, dont les premiers représentants commencent à défrayer la chronique. C'est Margouillat, dans les années soixante-dix, qui lance le mouvement, gagnant les Prix Hocquart et Dollar ou encore se classant troisième de la championne Allez France dans le Prix de l'Arc de Triomphe. Lui emboîteront le pas Noir et Or et Luth Enchantée, qui réussit l'exploit, en 1983, de s'imposer, coup sur coup, dans les Prix d'Astarté, Jacques Le Marois et du Moulin de Longchamp, sur le mile, puis de se classer troisième de l'« Arc », sur la distance classique. Bientôt, la casaque abeille de Paul de Moussac va, justement, vaincre dans le Prix de l'Arc de Triomphe. Ce sera avec Trempolino, en 1987, qui gagnera, en un temps record qui plus est, sous la selle du jockey anglais Pat Eddery, lequel remportait, ce faisant, son troisième « Arc » consécutif. Le Mézeray s'octroiera, quant à lui, un deuxième « Arc » en 1992, grâce à Subotica, dont Paul de Moussac avait vendu la moitié et cédé les couleurs à son ami Olivier Lecerf, le patron des ciments Lafarge, autre grand passionné de la chose hippique.

[Paul de Moussac va monter le Mézeray et en faire l'un des piliers de l'élevage français.]

À sa disparition, en 1995, Paul de Moussac laisse à sa famille un haras et une écurie de course parmi les plus performants du paysage hippique français. Or, il sait qu'ils perdureront, car il a transmis sa passion de l'élevage et de la compétition à son fils, Charles-Henri. Avec sa mère et sa sœur, celui-ci ne manquera pas, effectivement, de continuer l'œuvre – via, par exemple, les réussites au plus haut niveau d'Amonita, Lune d'Or ou encore Artie Schiller –, modifiant toutefois, sensiblement, les orientations du haras, qu'il transforme, à des fins de rentabilité, en une entreprise davantage commerciale, en adéquation avec son temps. En plus de son activité d'élevage, le Haras

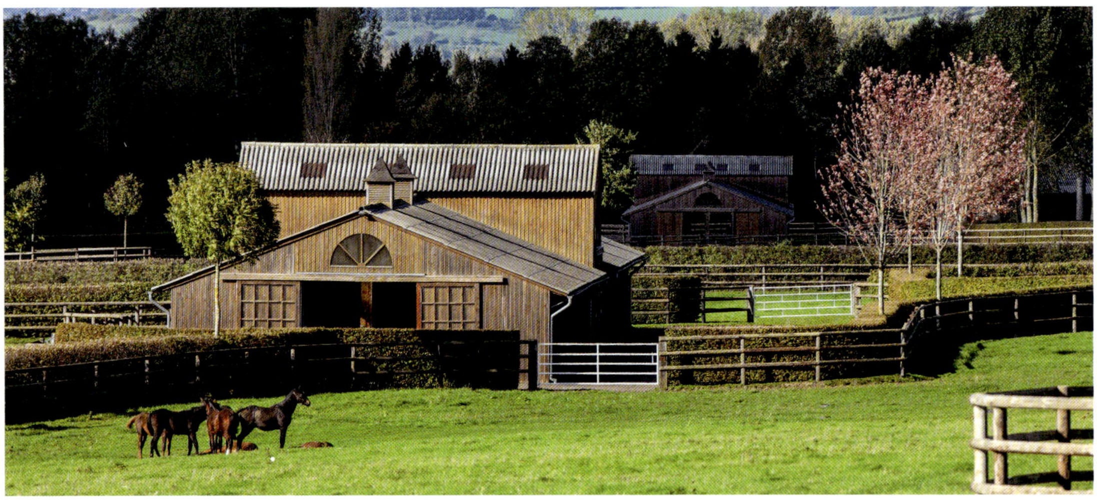

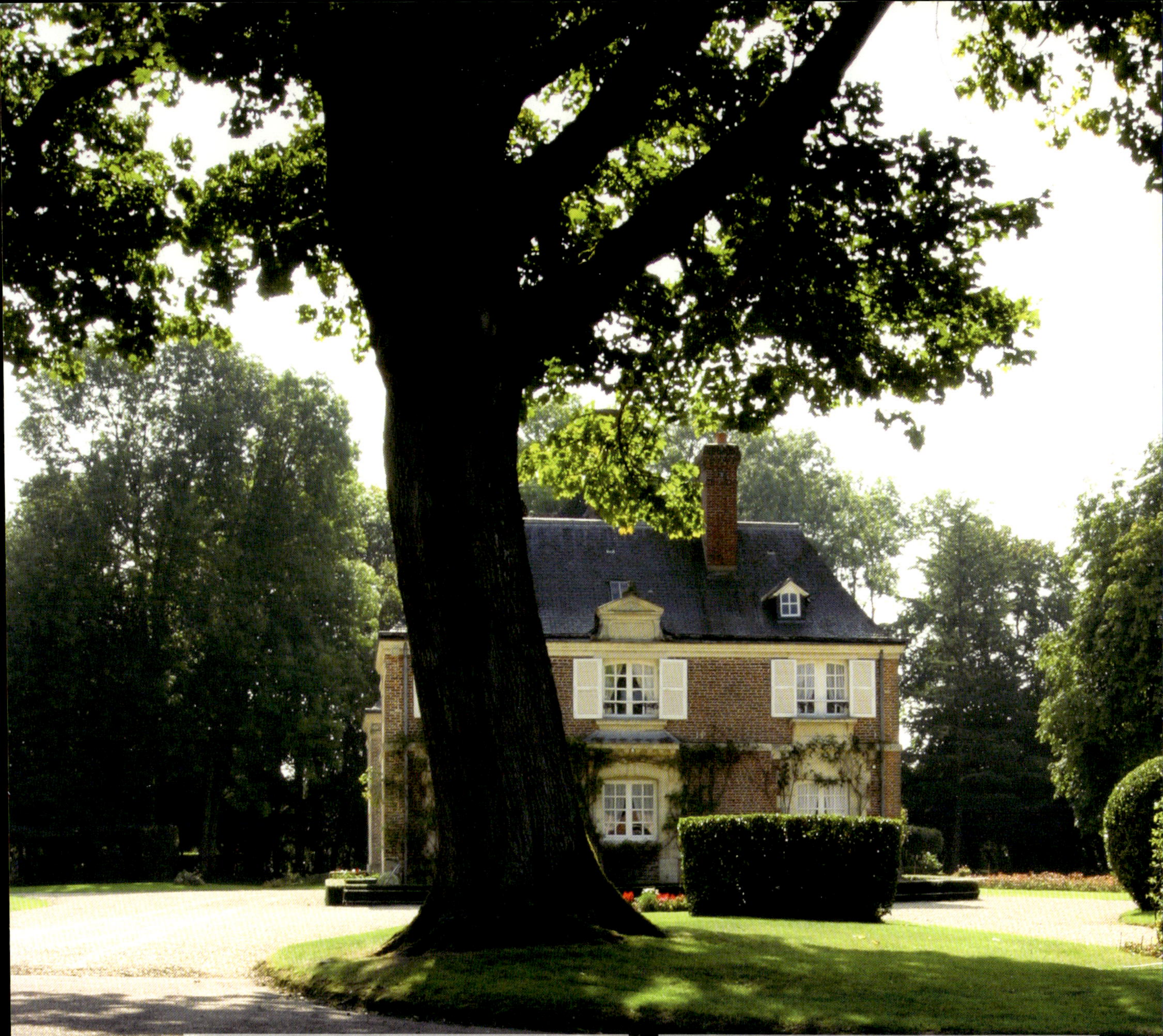

du Mézeray déploie ainsi celle d'étalonnage – quatre étalons de renom y font actuellement la monte, des déjà chevronnés Muhtathir et Whipper aux prometteurs Myboycharlie et Naaqoos –, de préparation aux ventes ou encore de débourrage et de pré-entraînement. Il voit, en outre, croître sa clientèle et, significativement, la moitié des soixante-dix poulinières aujourd'hui présentes sur le site appartient à des propriétaires. De même, les yearlings présentés aux ventes – autre secteur privilégié par Charles-Henri de Moussac – sont la propriété, pour moitié, de clients, sensibles à la solide réputation que s'est taillée le haras en l'espèce. En résumé, l'entreprise s'est diversifiée, puisant ses ressources en divers points. Elle s'est aussi ouverte à des partenariats avec d'autres grands éleveurs sur des poulinières « haut de gamme », afin de partager, à la fois, les risques et les frais. C'est ainsi que l'excellente Alpine Rose a été acquise en association avec le Haras des Monceaux et avec celui de la Louvière, pour des retombées immédiatement positives aux ventes, où les enchères ont déjà flambé pour plusieurs des produits de la jument.

Un demi-siècle après sa création, Le Mézeray s'étend sur près de cent cinquante hectares, là où, à l'origine, il n'y en avait que dix. Ses terres, ancrées dans la partie sud du Pays d'Auge, sont parmi les meilleures de Normandie. L'élevage pratiqué se veut le plus extensif possible et, dans cet esprit, une exploitation complémentaire de cent dix hectares a été initiée, non loin, à Livarot. Les foals y sont déplacés après le sevrage et y passent leur âge yearling. Au total, la capacité d'accueil du Mézeray est de deux cent cinquante boxes. Trente personnes y sont employées, sous la houlette de Philippe Brosset et de Christine Dutertre, laquelle participe de l'aventure depuis trente ans. Au reste, l'épopée du Mézeray est indissociable de celle de ses hommes et de ses femmes. On pense à Antoine Bozo, recruté par Paul de Moussac, qui dirigea le haras pendant vingt-cinq ans et contribua à son essor international. On pense à son fils, Henri, qui lui succéda, avant de rejoindre l'équipe de Lucien Urano au Haras des Monceaux. On pense aussi aux entraîneurs de l'écurie, qui a connu ses plus grandes heures avec le précieux concours de Robert de Mony-Pajol, « Jacquot » Cunnington et, plus encore, André Fabre, celui-ci ayant offert ses deux « Arcs » à l'élevage maison. On ne terminera pas sans souligner l'implication des Moussac dans la vie de l'Institution, en particulier celle de Charles-Henri, qui fut, un long moment durant, président du Syndicat des Éleveurs et vice-président de France Galop.

The Haras du Mézeray was created nearly fifty years ago by Paul de Moussac who at the time bought Ticheville, located in the far north of the Orne department to the east of Vimoutiers. It was then a property of around ten hectares with a few boxes built around a château and parkland designed by a pupil of Le Nôtre, who was Louis XIV's landscape gardener. Moussac was a shipping merchant whose passion was for racing and breeding. This he inherited from his father who bred and trained trotting horses in the Vendée region. Paul de Moussac however preferred thoroughbreds

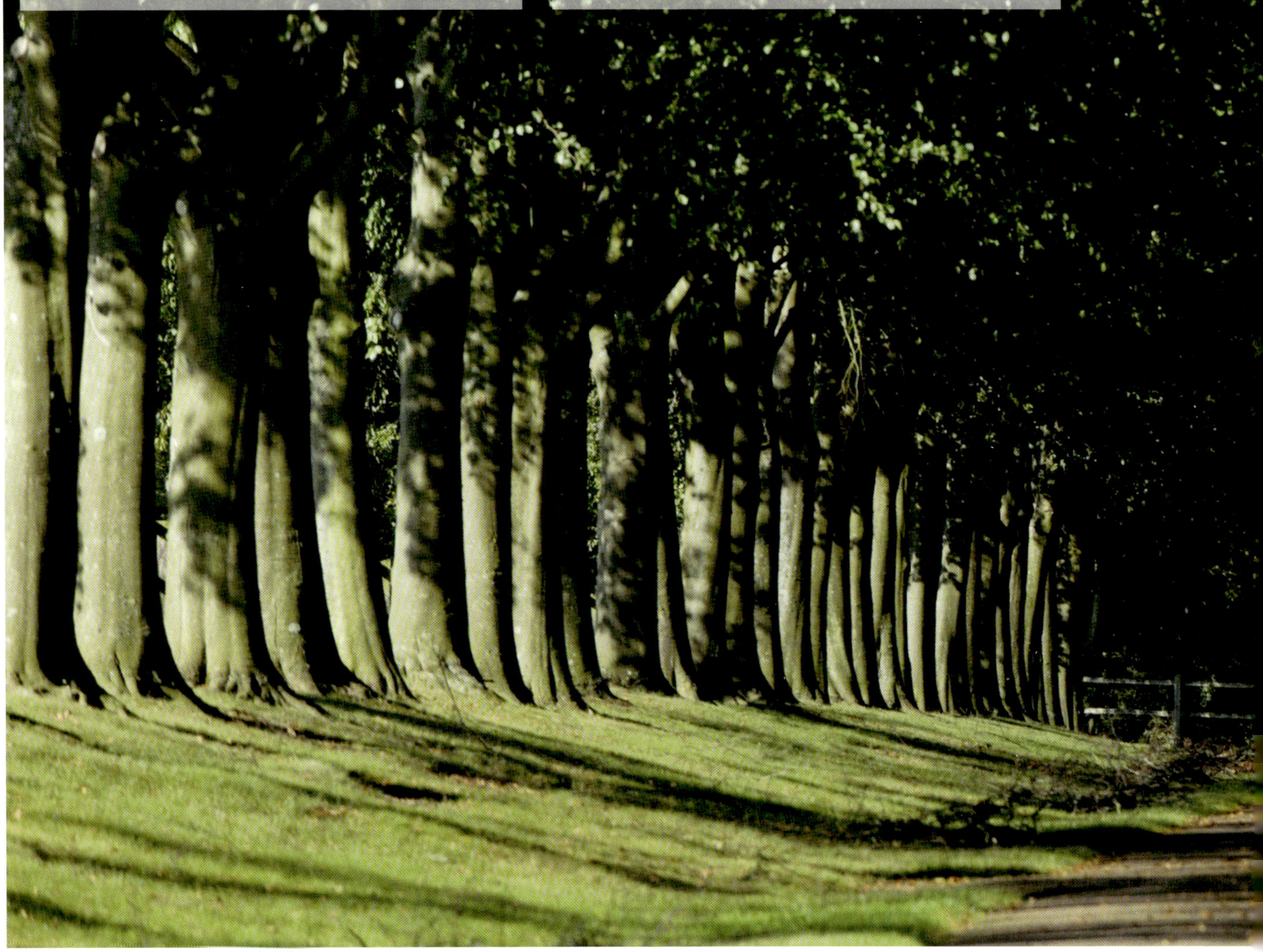

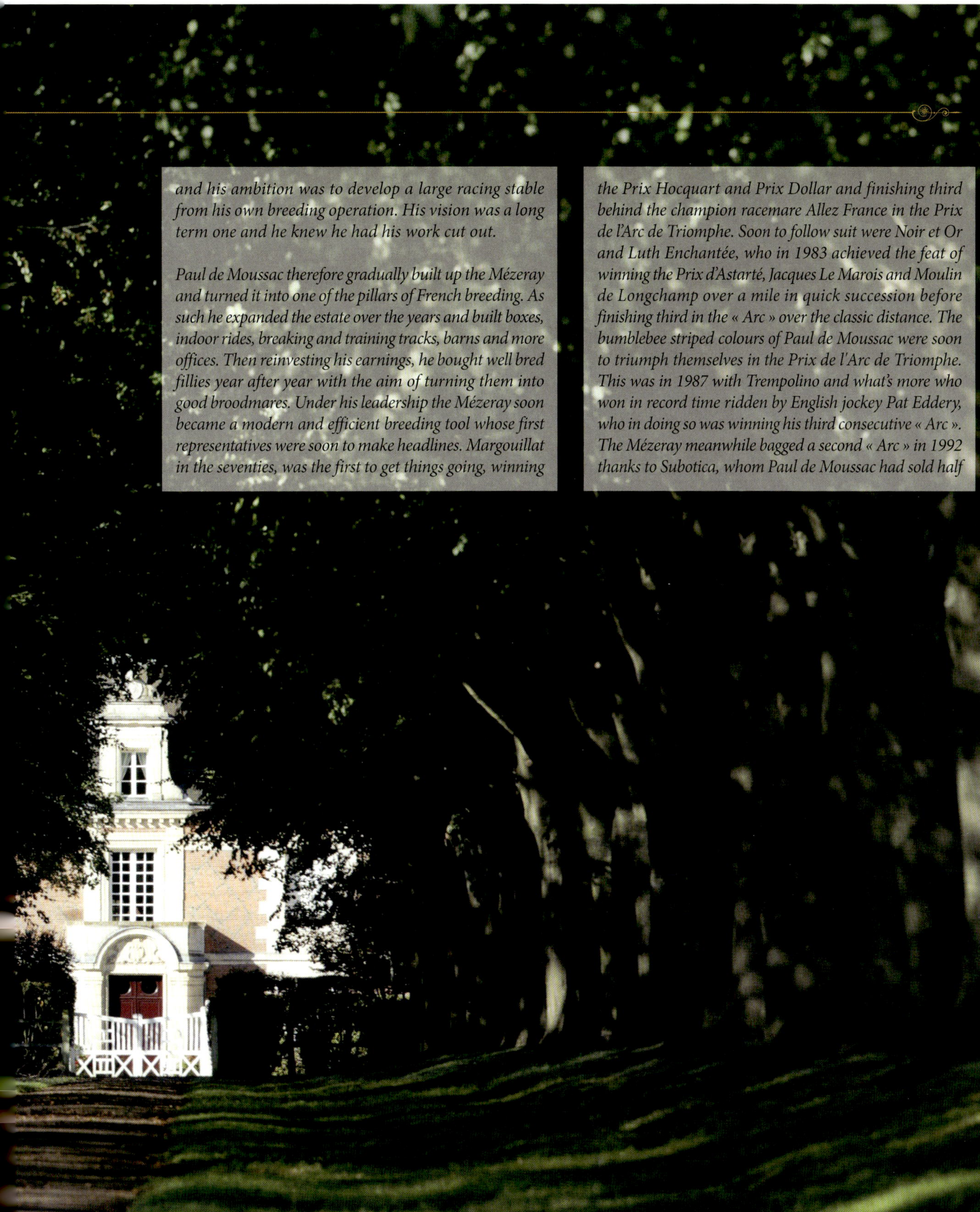

and his ambition was to develop a large racing stable from his own breeding operation. His vision was a long term one and he knew he had his work cut out.

Paul de Moussac therefore gradually built up the Mézeray and turned it into one of the pillars of French breeding. As such he expanded the estate over the years and built boxes, indoor rides, breaking and training tracks, barns and more offices. Then reinvesting his earnings, he bought well bred fillies year after year with the aim of turning them into good broodmares. Under his leadership the Mézeray soon became a modern and efficient breeding tool whose first representatives were soon to make headlines. Margouillat in the seventies, was the first to get things going, winning the Prix Hocquart and Prix Dollar and finishing third behind the champion racemare Allez France in the Prix de l'Arc de Triomphe. Soon to follow suit were Noir et Or and Luth Enchantée, who in 1983 achieved the feat of winning the Prix d'Astarté, Jacques Le Marois and Moulin de Longchamp over a mile in quick succession before finishing third in the « Arc » over the classic distance. The bumblebee striped colours of Paul de Moussac were soon to triumph themselves in the Prix de l'Arc de Triomphe. This was in 1987 with Trempolino and what's more who won in record time ridden by English jockey Pat Eddery, who in doing so was winning his third consecutive « Arc ». The Mézeray meanwhile bagged a second « Arc » in 1992 thanks to Subotica, whom Paul de Moussac had sold half

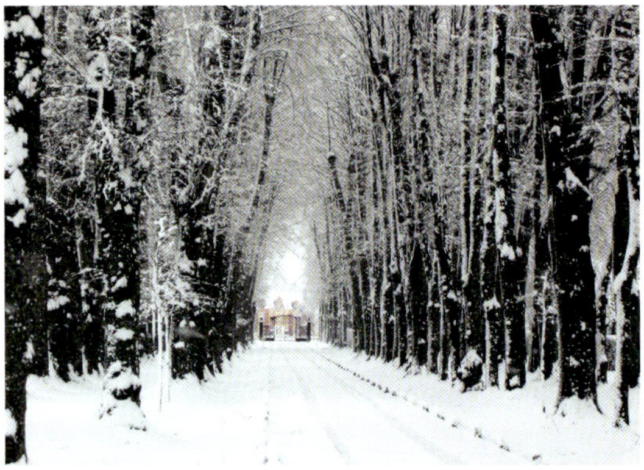

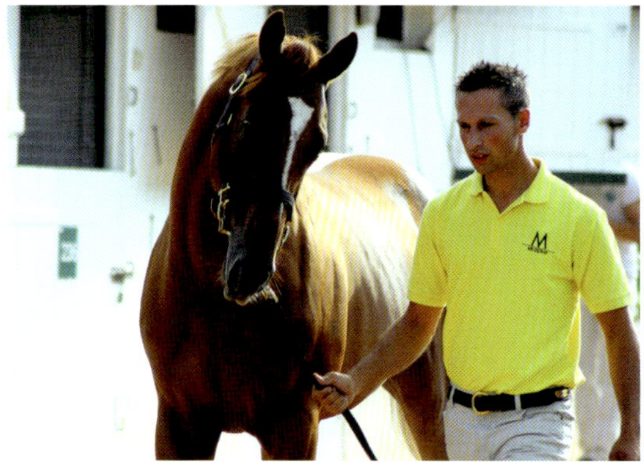

Photo : Adélaïde Fisse

of and relinquished his colours to his friend Olivier Lecerf, chairman of Lafarge cements and another great racing enthusiast.

When he died in 1995, Paul de Moussac left his family one of the most successful studs and racing operations in the French racing landscape. That said, he knew it would last as he had passed on his passion for breeding and racing to his son, Charles-Henri. Together with his mother and sister he does indeed continue his father's work – through such successes at the highest level of Amonita, Lune d'Or and Artie Schiller – but not without significantly changing the stud's direction which for profitability reasons he turned into a more commercial enterprise in keeping with the time. In addition to its traditional breeding arm the Haras du Mézeray is now also involved in the stallion industry – with four renowned stallions currently standing there, from the experienced Muhtathir and Whipper to the promising Myboycharlie and Naaqoos –, sales preparation, breaking and pretraining. In addition, he also increased the stud's customer base and significantly half of the seventy mares living on the stud today belong to clients. Similarly the yearlings offered for sale – another area favoured by

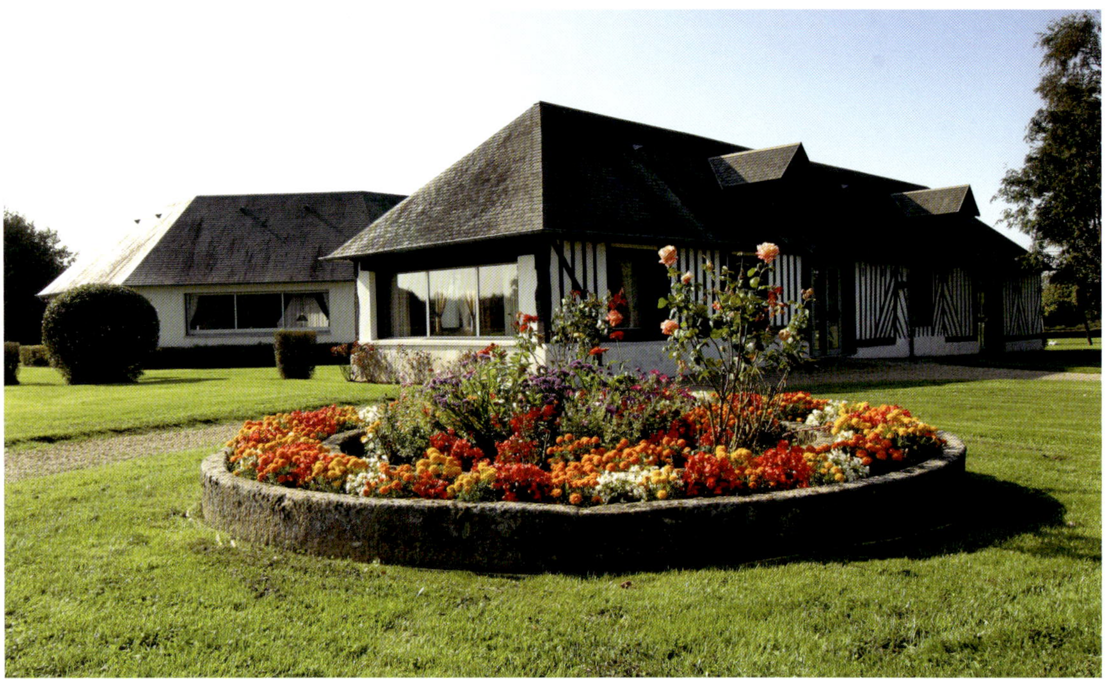

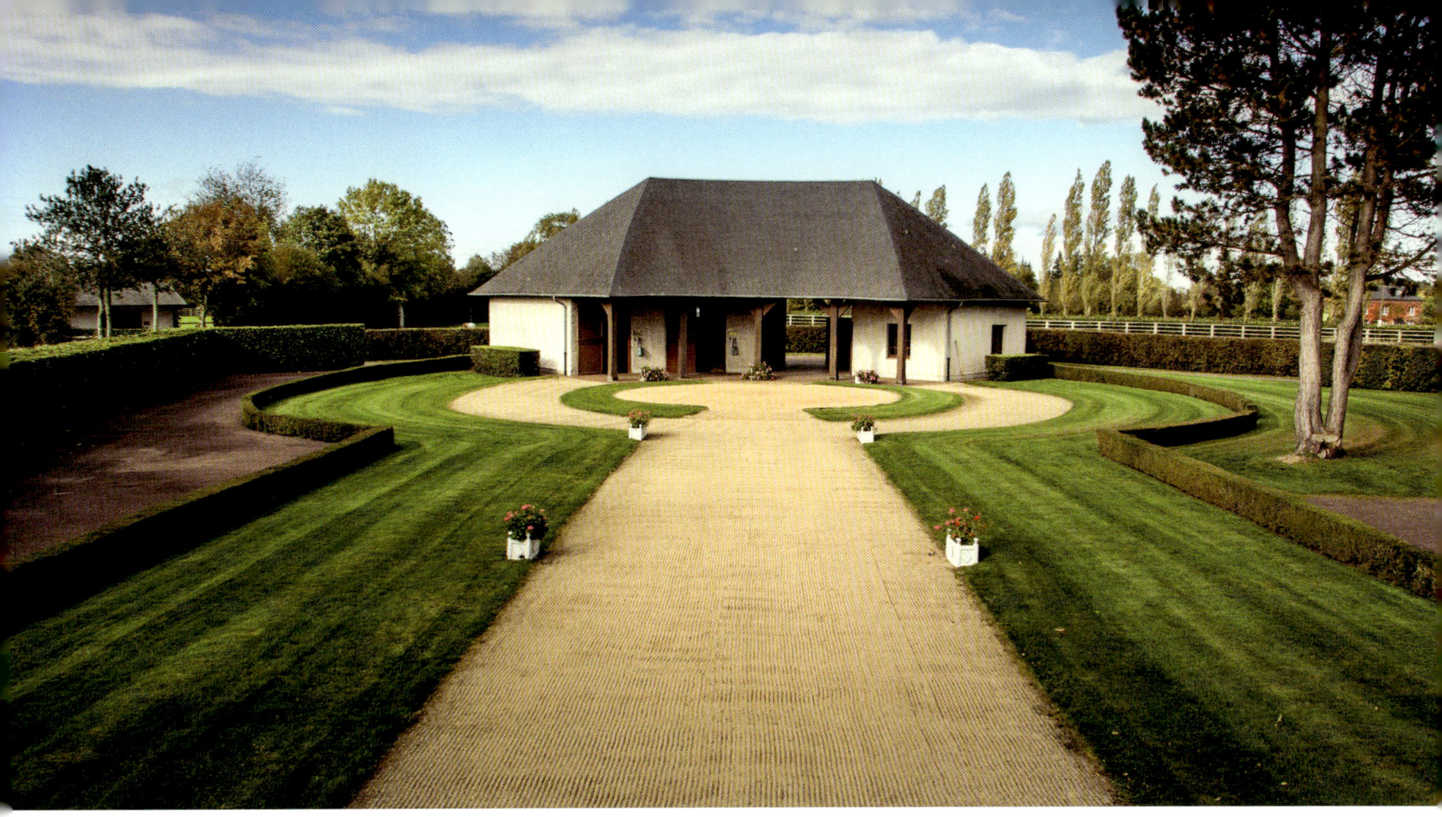

Charles-Henri de Moussac – are half owned by clients who are aware of the solid reputation which the stud has built in this sphere. In summary the business has diversified, drawing on its resources at various points. It has also opened up to partnerships with other major stud owners for high class broodmares in a bid to share both the risks and the costs. This is how the top class Alpine Rose was bought in conjunction with the Haras des Monceaux and the Louvière, with immediate positive returns at the sales, where bids have gone sky high for several of the offspring out of the mare.

Half a century after its creation the Mézeray spans one hundred and fifty hectares, where there were originally only ten. The land which is rooted in the southern part of the Pays d'Auge is among the best in Normandy. The farming method is intended to be as extensive as possible and with this in mind an additional one hundred and ten hectares of land are now used nearby at Livarot. Foals are transferred there after weaning and spend their yearling year there. In total the Mézeray has a capacity of two hundred and fifty boxes. Thirty people are employed at the stud under the direction of Philippe Brosset and Christine Dutertre, who has been involved in this adventure for thirty years. Moreover, the story of the Mézeray is inseparable from that of the men and women who have been involved in it. One thinks of Antoine Bozo, who was recruited by Paul de Moussac and who ran the stud farm for twenty-five years and contributed to its international expansion. One thinks of his son Henri, who succeeded him before joining Lucien Urano's team at Haras des Monceaux. One thinks of the team's trainers which had its greatest moments with the invaluable assistance of Robert de Mony-Pajol, « Jacquot » Cunnington and even more so, André Fabre, the latter having given the breeding operation both its « Arcs ». Last but not least the Moussac family has been very involved with the establishment, particularly Charles-Henri, who was for a long time chairman of the Syndicat des Éleveurs and vice-president at France Galop.

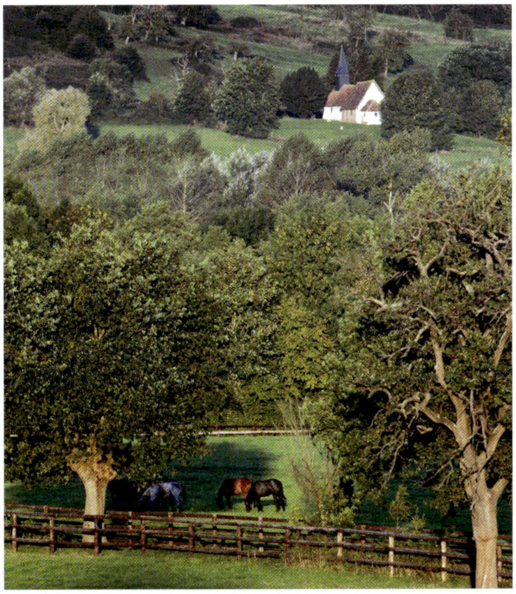

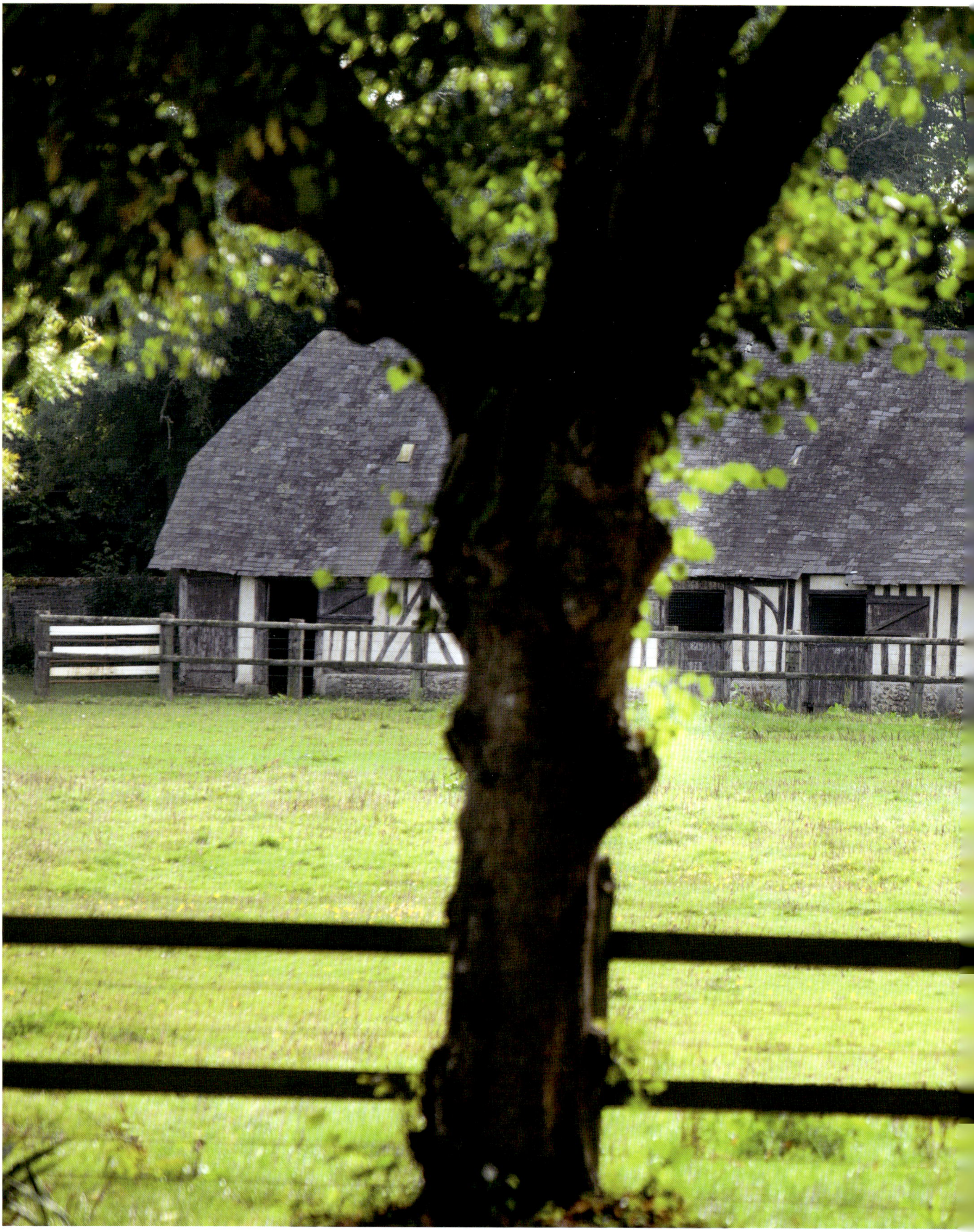

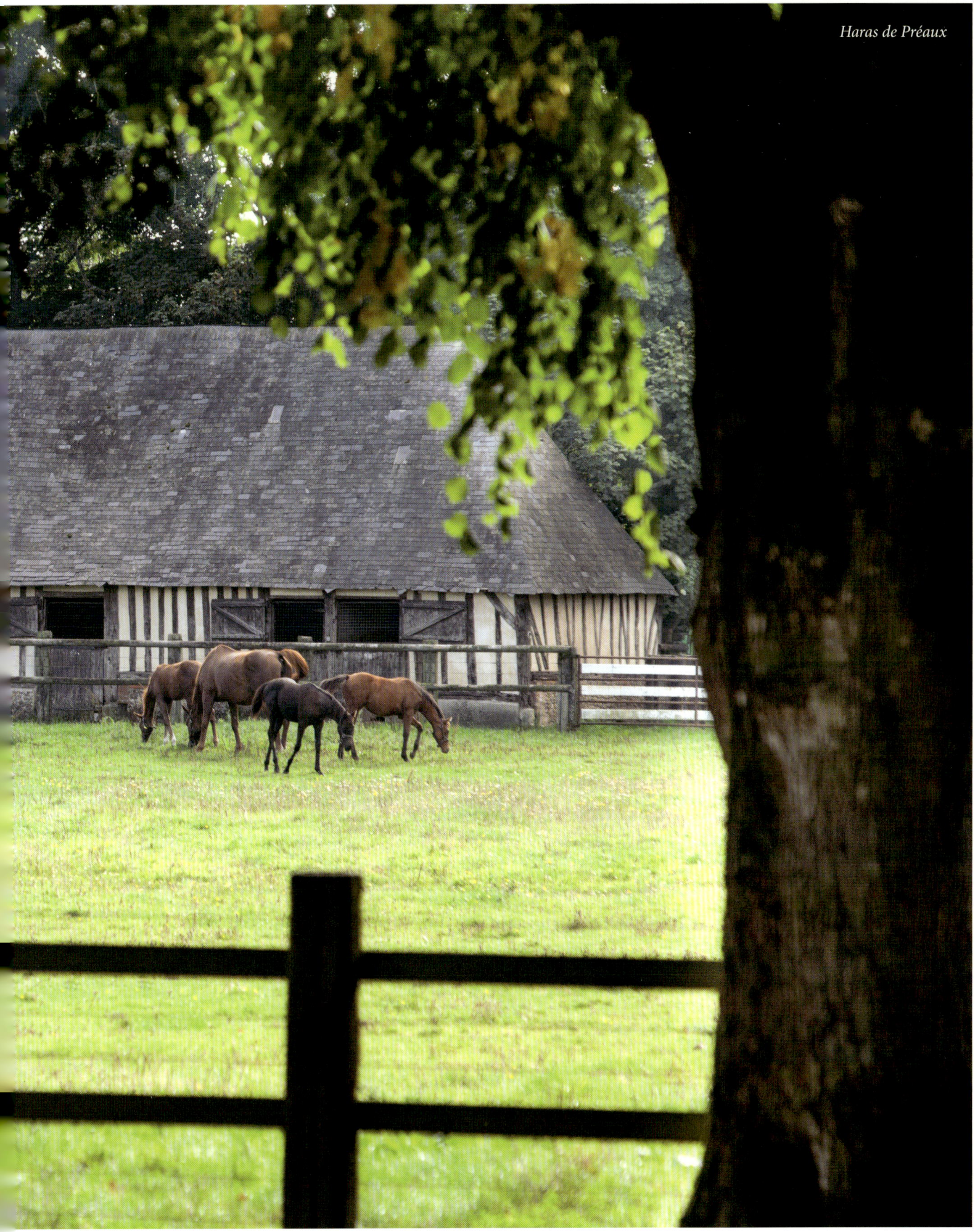

Haras de Préaux

Mirande

Le Haras de Mirande est l'un des rares sites manchois présents dans ces pages. Il est vrai que le département de la Manche est davantage connu pour ses élevages de trotteurs ou de chevaux de sport. C'est d'ailleurs mu par sa passion pour les sports équestres que Jean-Claude Evain, ardennais d'origine, vint s'installer à Mirande, voilà cinquante ans, en 1963. Il choisit cette propriété, à l'époque de taille modeste, car elle était sise sur la commune de Sartilly, au nord-ouest d'Avranches, dans la direction de Granville, parages les plus favorables de France à la production de chevaux dits de selle. Chef d'entreprise durant la semaine, Jean-Claude Evain monte en concours le week-end. C'est ainsi qu'il rencontre Alain Navet et Fernand Leredde, avec lesquels il crée l'Agence Furioso, qui organise des ventes de chevaux de sport. C'est ainsi, aussi, qu'il tisse des liens avec le fameux homme de cheval que fut Alfred Lefèvre ou encore avec Jacques de Royer-Dupré – le père du grand entraîneur de Chantilly, Alain de Royer-Dupré –, alors directeur du Haras National de

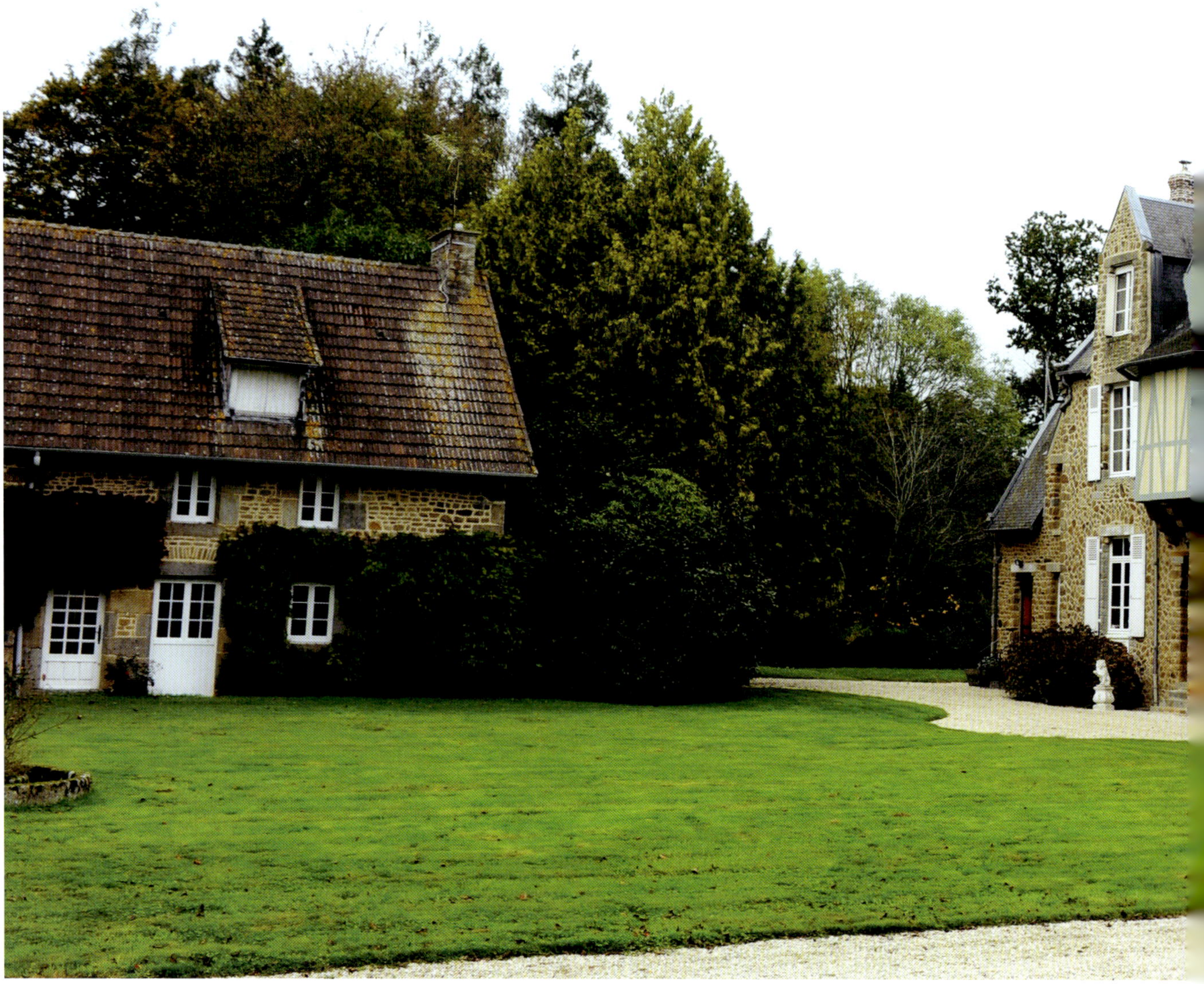

Saint-Lô, qu'il soutient dans sa démarche d'allègement de la jumenterie selle français locale, notamment via l'importation d'étalons pur-sang venus d'Irlande. Bref, Jean-Claude Evain manifeste un grand intérêt pour tout ce qui touche à sa passion. Aimant le sport et la performance, il va peu à peu en venir aux courses et à l'élevage de chevaux d'obstacle.

1983 : voilà vingt ans que Jean-Claude Evain a acheté Mirande, qu'il a considérablement agrandi et développé – le haras s'étend aujourd'hui sur cent hectares et abrite cent chevaux ; il est doté de quarante boxes et d'une piste d'entraînement de 1 300 mètres –, et l'arrivée dans ses murs d'un certain Guy Chérel va, en quelque sorte, forcer son destin. Décisive aussi est la « rencontre » avec l'étalon pur-sang Carmont, auquel Jean-Claude Evain sauva la vie, après une grave blessure, et qui allait devenir son cheval de cœur, en même temps que la « locomotive » de son haras naissant. Car Mirande ne prend son véritable envol que pendant les années quatre-vingt, où, de concert avec Guy Chérel, homme de courses s'étant spécialisé dans l'entraînement – même si l'élevage l'intéresse également –, Jean-Claude Evain se lance dans la production de chevaux d'obstacle, destinés, cette fois, aux hippodromes. Les AQPS (Autres Que Pur- Sang) constituent d'abord la base de l'élevage – dans une région où ils sont, il est vrai, les rois –, mais celui-ci s'ouvre progressivement aux pur-sang, ne serait-

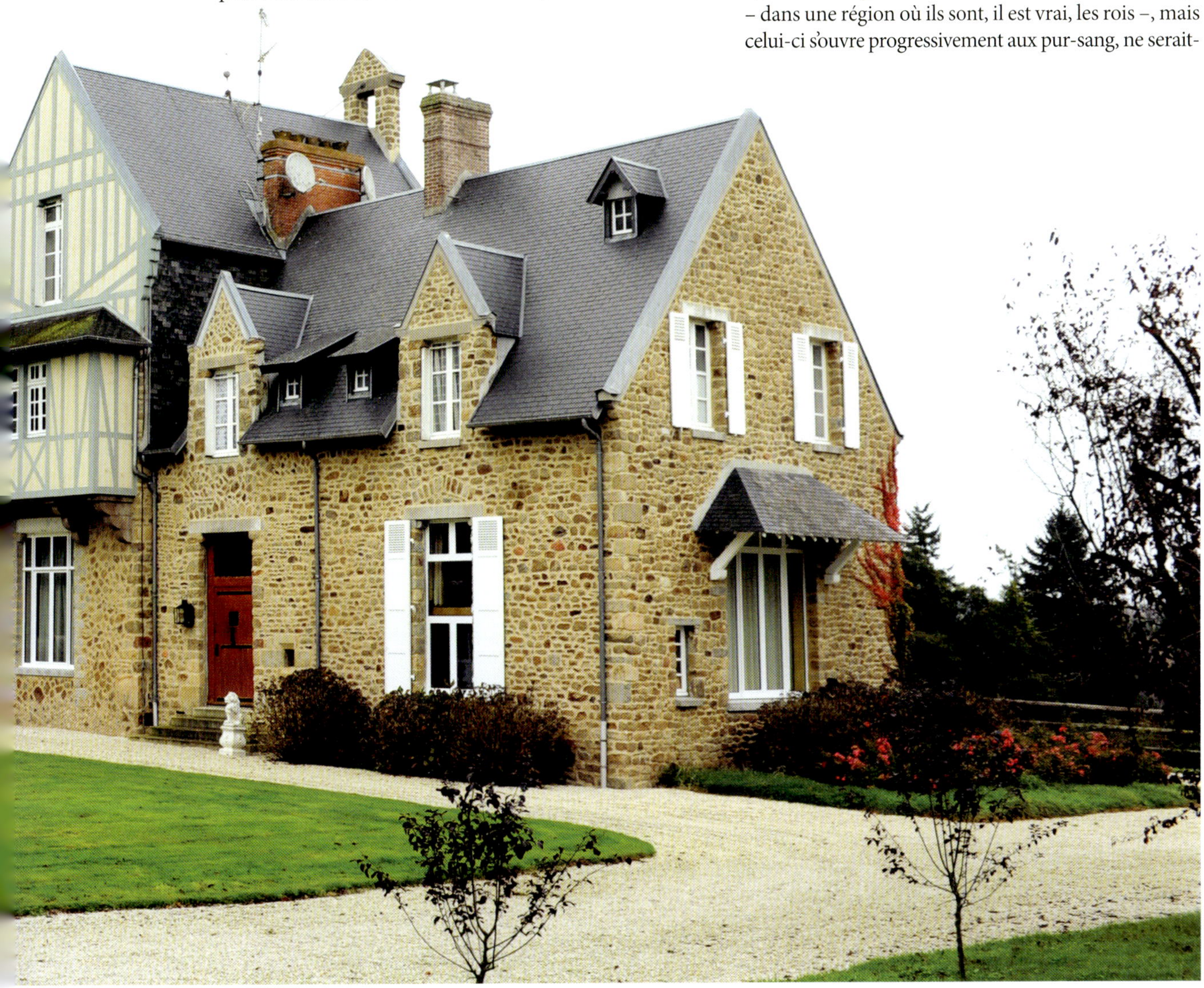

Photos : Hervé Delaroque

Mirande

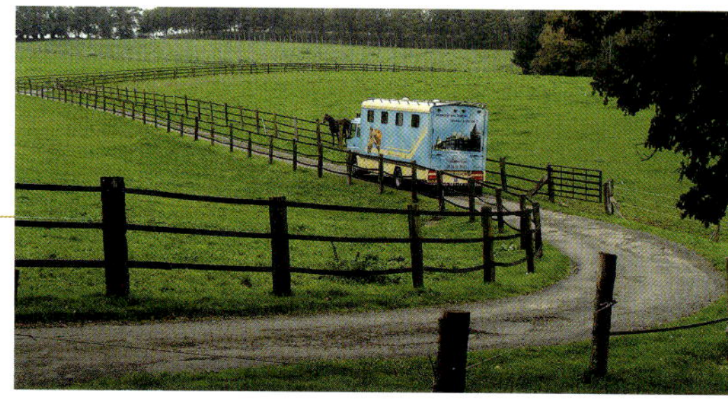

ce qu'avec le concours de l'étalon maison, Carmont, continuateur du chef de race Carmarthen. Carmont donnera ainsi à son mentor Vénus de Mirande, qui sera deuxième du Grand Steeple-Chase de Paris. Plus tard, on le retrouvera en bonne place dans les pedigrees de Don Mirande ou de Lord Carmont, tous deux comptant parmi les meilleurs ambassadeurs du haras familial. Car Jean-Claude Evain, disparu en 2003, a pu passer le relais à ses enfants – son fils, Arnaud, est l'organisateur des ventes Fences, dans le domaine des chevaux de concours –, notamment à sa fille, Isabelle Pacault, devenue, entre-temps, la compagne de Guy Chérel. Ce dernier aura, du reste, offert à son beau-père deux de ses plus grandes joies de propriétaire en sellant pour lui Sire Rochelais, vainqueur de la Grande Course de Haies d'Auteuil, en 1989, et Fleur du Manoir, gagnante, en plat, du semi-classique Prix de Flore, en 1990.

Aujourd'hui, Isabelle Pacault anime Mirande en famille, aux côtés de sa mère, Flore, tout aussi discrète qu'efficace, et avec le concours du fidèle Bernard Boubarne, présent depuis le début de l'aventure, il y a cinquante ans. Trois étalons, amenés par Guy Chérel, y sont stationnés, à savoir le français Al Namix, l'allemand König Turf et l'anglais Saddex, prêts à marcher dans les traces de leurs prédecesseurs, influents pères de sauteurs, qu'il s'agissent de Carmont, ou de ses cadets, Dom Pasquini et Goldneyev. Le haras est, à la fois, un centre d'élevage et d'entraînement, auquel la plage voisine de Saint-Martin-de-Bréhal se prête également. Il y a aussi une écurie à Maisons-Laffitte. L'ensemble est structuré et fonctionne bien. Anne-Sophie Pacault, la fille d'Isabelle, est une cavalière émérite, dans les rangs des amateurs, ayant décroché déjà sept fois la Cravache d'Or. Jean-Claude Evain doit être heureux : l'œuvre accomplie a été poursuivie, dans son bienveillant souvenir.

The Haras de Mirande is one of the few Manche based studs in this book. It has to be said that the Manche region is better known for its trotting or sport horse stud farms. It was actually driven by his passion for equestrian sports that Jean-Claude Evain who is originally from the Ardennes region, came to settle at Mirande fifty years ago in 1963. He chose this property, which was modest in size at the time, because it was located in the municipality of Sartilly northwest of Avranches in the direction of Granville, one of France's most favourable spots for breeding sport horses. The manager of a company during the week, Jean-Claude Evain rides in competitions at the weekend. This is how he met Alain Navet and Fernand Leredde with whom he created an agency named Furioso, which organizes sales of sport horses. This is how he also forged friendships with famous horsemen such as Alfred Lefèvre and Jacques de Royer-Dupré – father of the great Chantilly trainer Alain de Royer-Dupré – who was then director of the National Haras de Saint-Lô, whom he supported in his movement to alleviate the local French warm blood broodmare band, notably through importing thoroughbred stallions from Ireland. In short, Jean-Claude Evain always showed a great interest in all things relating to his passion. A great lover of sport and performance, he only gradually came to racing and breeding of National Hunt horses.

1983: twenty years after Jean-Claude Evain bought Mirande, which he had by then considerably expanded

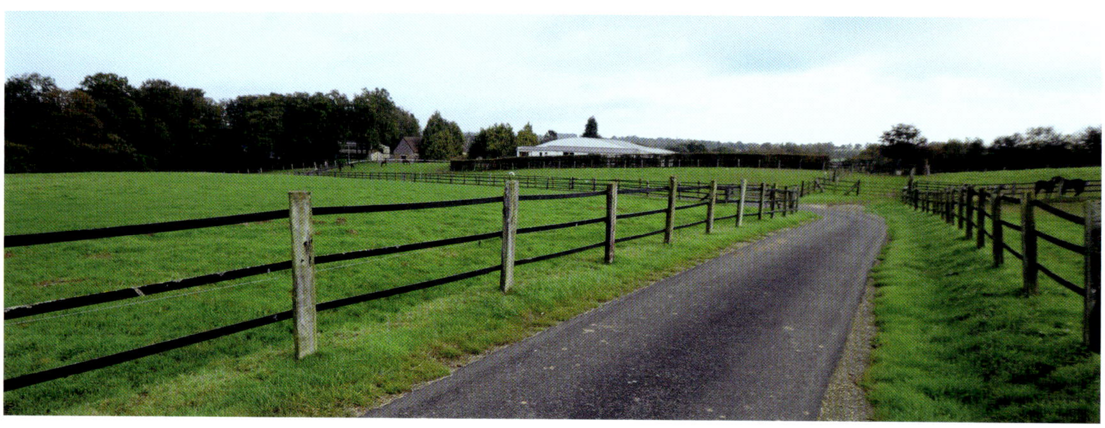

and developed – the stud now extends over one hundred hectares and is home to one hundred horses; it has forty boxes and a training track of 1,300 metres – saw the arrival of a certain Guy Chérel who would in a way force his destiny. Also decisive was his encounter with the thoroughbred stallion Carmont, whose life Jean-Claude Evain saved after a serious injury and who would become a horse very close to his heart as well as the « engine » behind his budding stud. For Mirande only really took off in the eighties during which time, together with Guy Chérel, a horseman who specialised in training – though breeding also interested him – Jean-Claude Evain embarked on the breeding of jumpers, this time destined for the racecourse. In a region where, it has to be said, they rule supreme, AQPS (non-thoroughbred horses) initially formed the basis of their breeding enterprise. But this progressively opened up to thoroughbreds, if nothing else through the involvement of in house stallion Carmont, successor to the leading sire and major influence Carmarthen. Carmont was also responsible for giving his mentor Vénus de Mirande who finished second in the Grand Steeple-Chase de Paris. Later, he was to feature prominently in the pedigrees of Don Mirande and Lord Carmont, both among the best ambassadors of the family stud. For Jean-Claude Evain, who died in 2003, was able to pass the baton to his children including his daughter Isabelle Pacault who had in the meantime become the wife of Guy Chérel. His son Arnaud organises the Fences sales in the field of competition horses. Guy Cherel gave his father-in-law two of his greatest moments as an owner by saddling Sire Rochelais to win the Grande Course de Haies d'Auteuil in 1989 and Fleur du Manoir, winner on the flat of the Group III Prix de Flore in 1990.

Today, Isabelle Pacault runs Mirande with her family, alongside her mother Flore who is as discreet as she is efficient, and the assistance of the loyal Bernard Boubarne, who has been involved since the very beginning fifty years ago. Three stallions who were brought to the stud by Guy Chérel are now stationed there, namely the French Al Namix, the German König Turf and the English Saddex who are set to follow in the footsteps of their predecessors, all influential national hunt sires, from Carmon to his juniors Dom Pasquini and Goldneyev. The stud is both a breeding and a training centre, which also has the use of the neighbouring beach of Saint-Martin-de-Bréhal. There is also a yard in Maisons-Laffitte. The whole operation is structured and works well. Isabelle's daughter, Anne-Sophie Pacault, is an accomplished amateur rider, having already won the title seven times. Jean-Claude Evain would be delighted: his work has been continued, and has been done so in his kind memory.

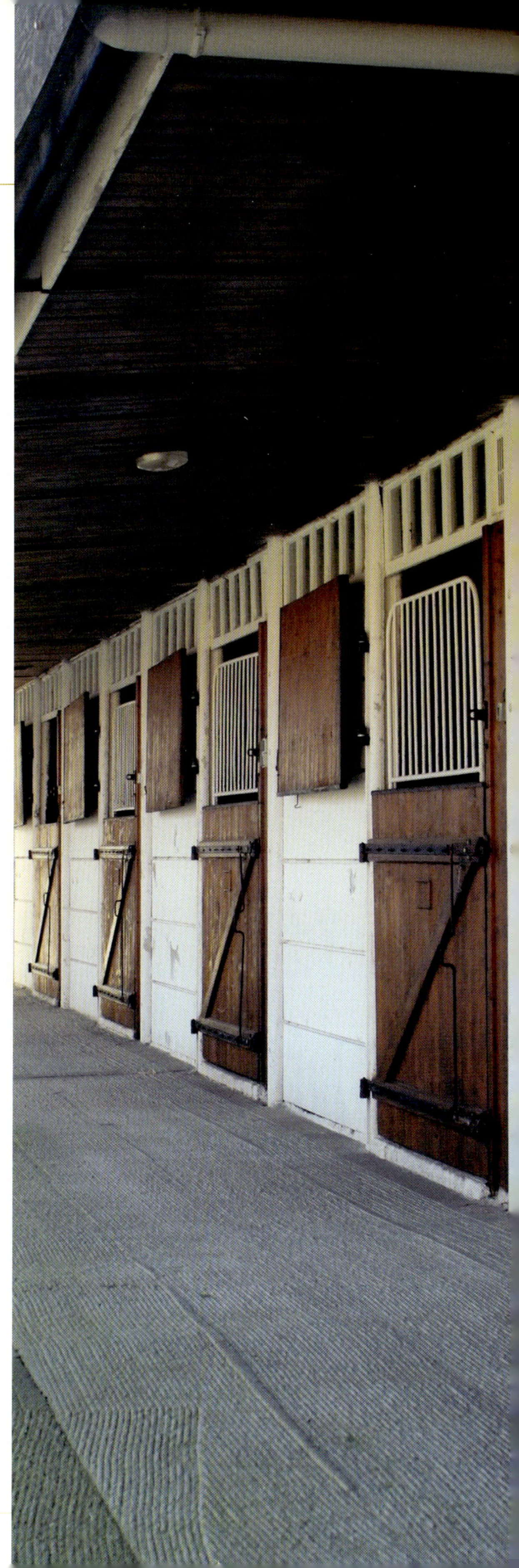

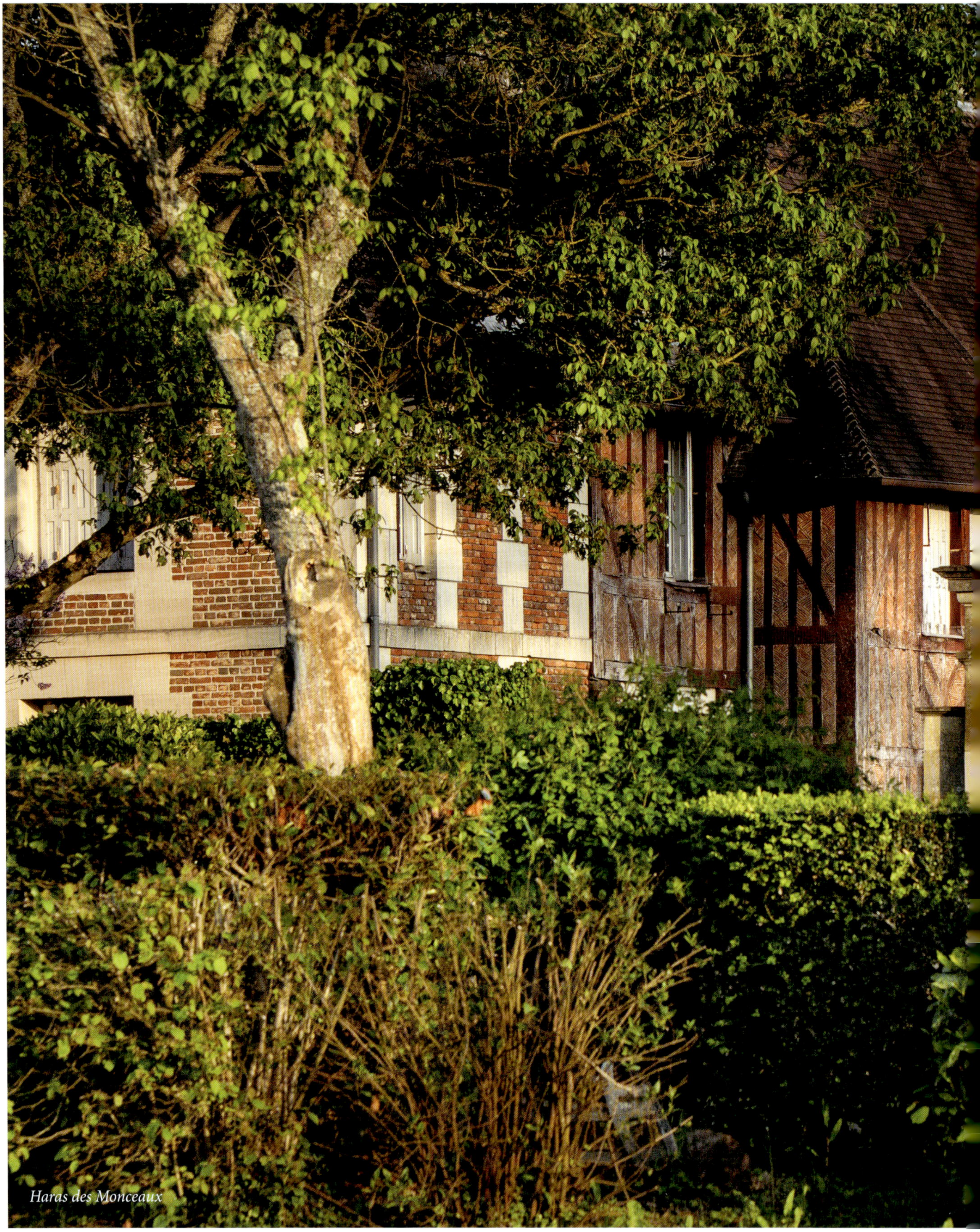

Haras des Monceaux

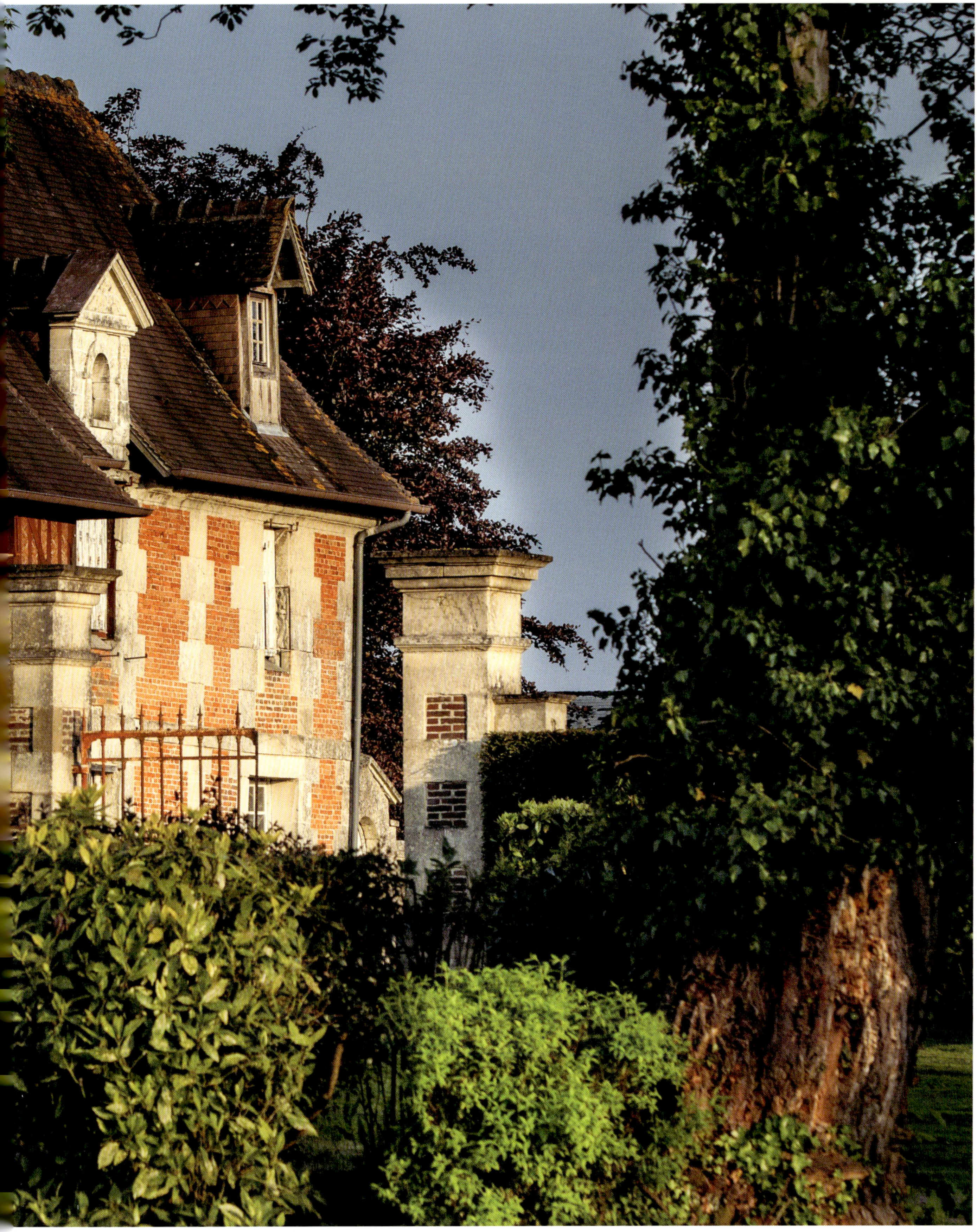

Les Monceaux

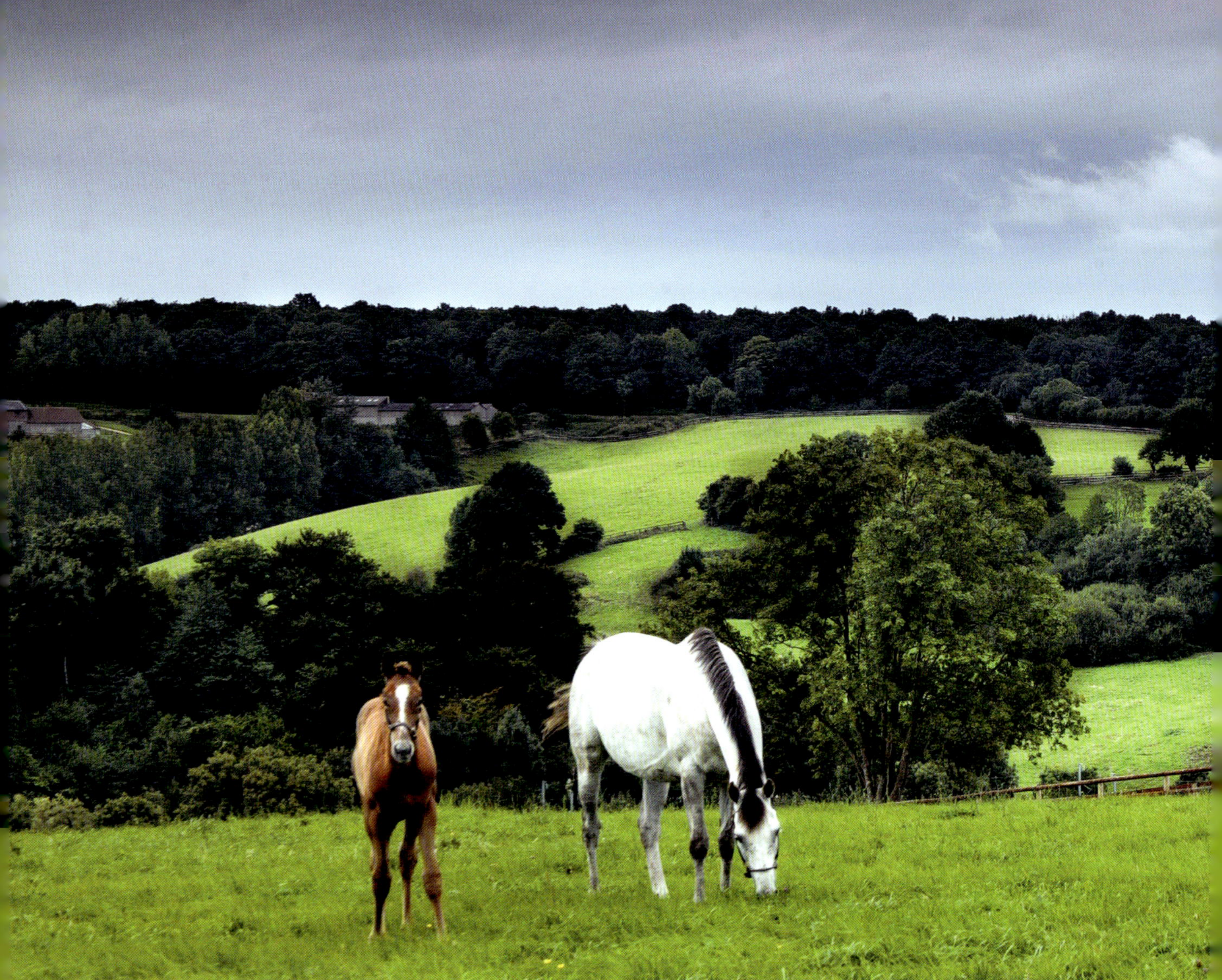

Historiquement, le Haras des Monceaux est l'œuvre de l'homme d'affaires et industriel américain Ralph-Beaver Strassburger, venu implanter son écurie de course en France dans les années vingt. Issu d'une famille allemande, arrivée aux États-Unis, sur la côte est, dans la première moitié du dix-huitième siècle, Ralph Strassburger, né en 1883, fut, tour à tour, officier de marine, diplomate et magnat de la presse. Mai sa vraie passion était les chevaux, au travers de la chasse au renard, des courses et de l'élevage. D'abord dans son pays, puis en France, il allait créer une entreprise de toute première grandeur, entièrement vouée à son idole pur-sang.

C'est en 1925, à la suite de plusieurs beaux succès de ses élèves américains sur notre sol, que R.-B. Strassburger décide d'y développer un élevage. Ainsi naît le Haras des Monceaux, du regroupement de plusieurs fermes en un domaine de cent vingt-cinq hectares, qui s'articule autour d'un manoir de style normand et voit bientôt s'édifier boxes et bâtiments attenants, le tout conçu avec goût et sens du détail. Dans le même temps, Ralph Strassburger acquerra la fameuse « Villa Flaubert », à Deauville, joyau de la ville et ancienne demeure de la veuve de l'écrivain, qu'il fera restaurer intérieurement, après la guerre, et où se donneront les plus

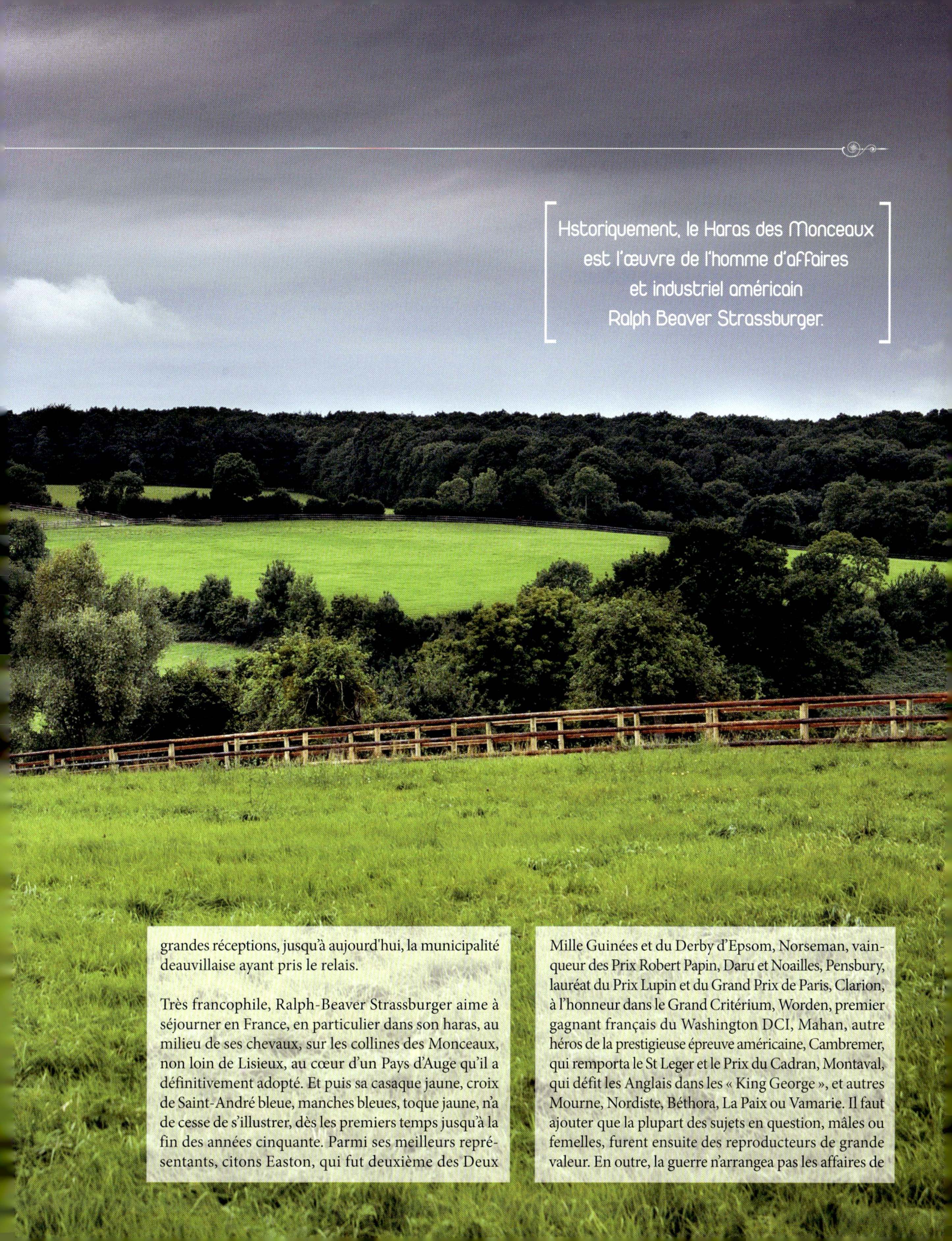

Hstoriquement, le Haras des Monceaux est l'œuvre de l'homme d'affaires et industriel américain Ralph Beaver Strassburger.

grandes réceptions, jusqu'à aujourd'hui, la municipalité deauvillaise ayant pris le relais.

Très francophile, Ralph-Beaver Strassburger aime à séjourner en France, en particulier dans son haras, au milieu de ses chevaux, sur les collines des Monceaux, non loin de Lisieux, au cœur d'un Pays d'Auge qu'il a définitivement adopté. Et puis sa casaque jaune, croix de Saint-André bleue, manches bleues, toque jaune, n'a de cesse de s'illustrer, dès les premiers temps jusqu'à la fin des années cinquante. Parmi ses meilleurs représentants, citons Easton, qui fut deuxième des Deux Mille Guinées et du Derby d'Epsom, Norseman, vainqueur des Prix Robert Papin, Daru et Noailles, Pensbury, lauréat du Prix Lupin et du Grand Prix de Paris, Clarion, à l'honneur dans le Grand Critérium, Worden, premier gagnant français du Washington DCI, Mahan, autre héros de la prestigieuse épreuve américaine, Cambremer, qui remporta le St Leger et le Prix du Cadran, Montaval, qui défit les Anglais dans les « King George », et autres Mourne, Nordiste, Béthora, La Paix ou Vamarie. Il faut ajouter que la plupart des sujets en question, mâles ou femelles, furent ensuite des reproducteurs de grande valeur. En outre, la guerre n'arrangea pas les affaires de

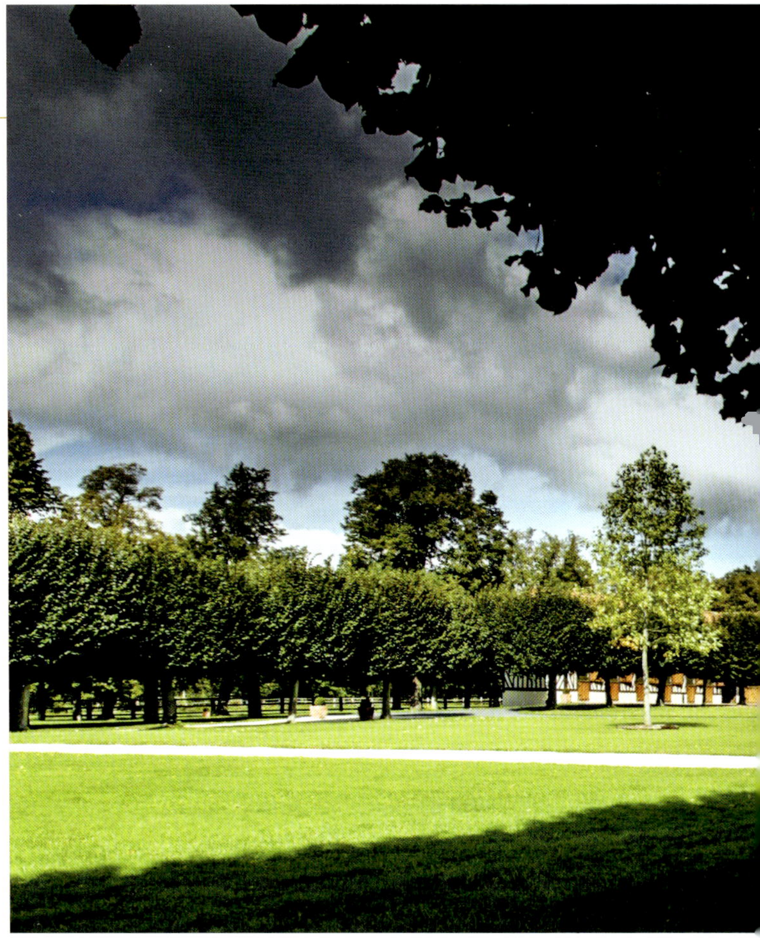

l'animateur du Haras des Monceaux, citoyen d'un pays en conflit avec l'occupant, qui dut alors s'effacer derrière un prête-nom, puis remettre en état une partie de son domaine, endommagé par les combats et les bombardements inhérents à la Libération.

Après la mort de Ralph Strassburger, en 1959, sa veuve, puis son fils reprirent le flambeau et il y eut encore quelques intenses moments, avec, par exemple, Angers, gagnant du Grand Critérium, à 2 ans, avant de se briser une jambe dans le Derby d'Epsom, dont il était le chaud favori, La Sarre, lauréate de la Poule d'Essai des Pouliches, ou encore Carmarthen, vainqueur du Prix Ganay et troisième du Prix de l'Arc de Triomphe. Un Carmarthen dont sa propriétaire fit don aux Haras nationaux, en 1970, et qui allait devenir un étalon chef de race en obstacle. Mais, peu à peu, la réussite s'étiola et des problèmes financiers se firent jour, entraînant la disparition de cet élevage pourtant si brillant.

En 2003, le Haras des Monceaux devait toutefois renaître de ses cendres, étant acheté par Lucien Urano, réputé propriétaire et éleveur de trotteurs, désireux d'étendre son activité à la discipline du galop. Rebaptisée Écurie des Monceaux, l'exploitation s'étend désormais sur deux cent soixante-cinq hectares et compte cent cinquante-trois boxes. L'entreprise est d'envergure, à la mesure du projet de Lucien Urano : monter un élevage de pur-sang de niveau international. Pour ce faire, notre homme s'assure les services d'Henri Bozo, qui a fait ses armes au Haras du Mézeray, dans les pas de son père, Antoine. Entre eux, l'entente est tout de suite parfaite, au service d'une même ambition d'excellence. Se donnant les moyens de sa politique, l'Écurie des Monceaux investit dans des femelles « haut de gamme » et se dote, peu à peu, d'une jumenterie de premier plan, dont l'illustration majeure est la remarquable Alpine

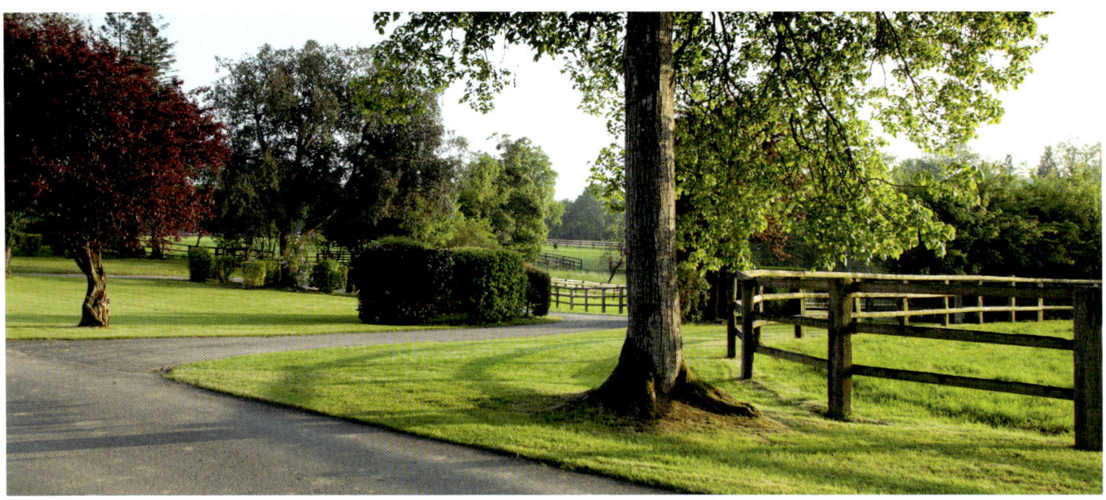

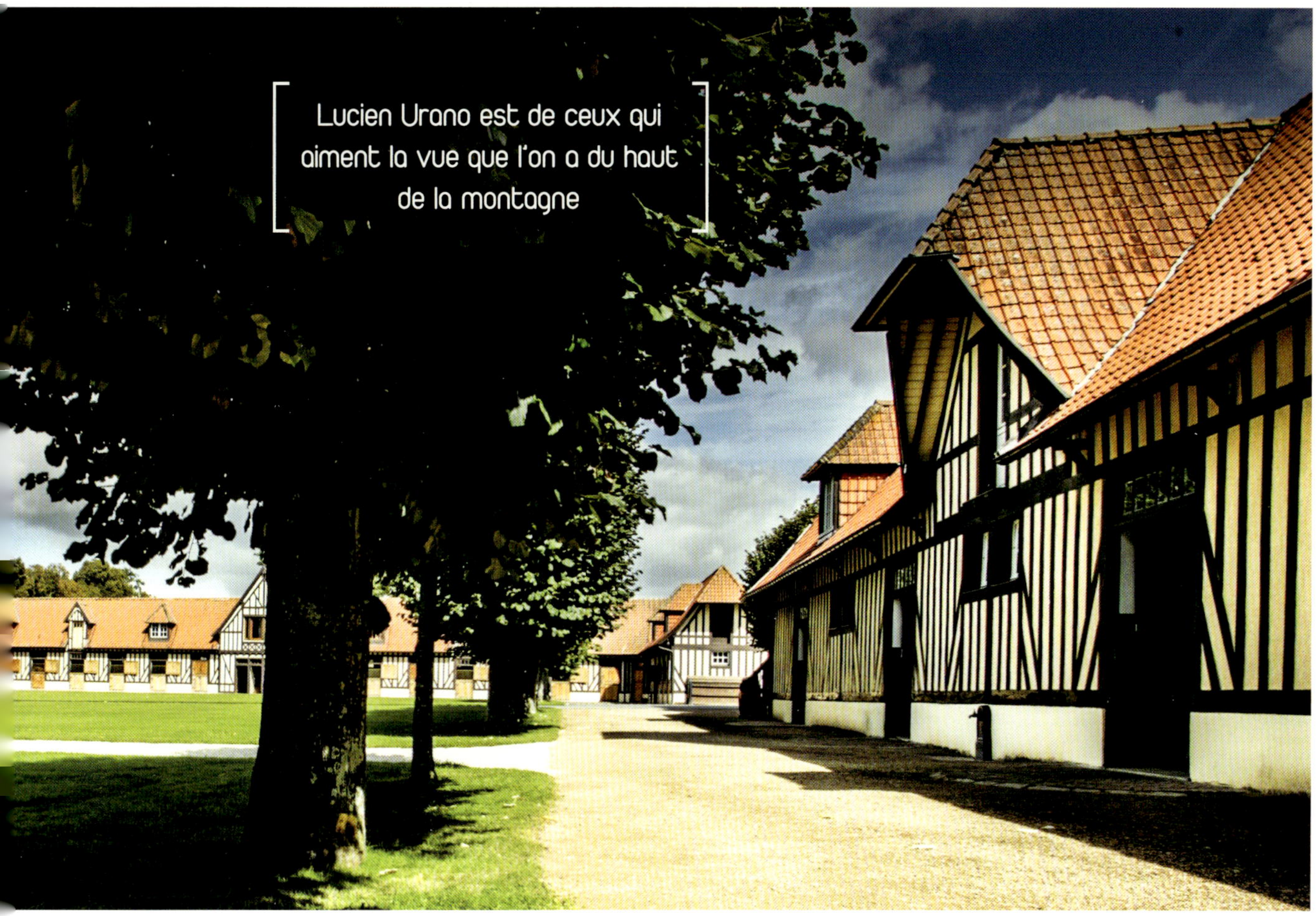

Rose, une élève de Son Altesse l'Aga Khan, fille de l'étalon de tête Linamix, acquise en association avec Madame Paul de Moussac et lady O'Reilly. Gagnante du Groupe I Prix Jean Romanet, à Deauville, sous la bannière des Monceaux, Alpine Rose rejoint ensuite le haras pour y être saillie par l'exceptionnel jeune étalon Sea the Stars. De cette union naîtra un splendide mâle gris qui générera l'enchère la plus élevée, à un million deux cent mille euros, aux ventes d'Arqana, en août 2012. Au cours de celles-ci, l'Écurie des Monceaux fera d'ailleurs afficher les trois « top-prices » et sera le chef de file des haras vendeurs, détrônant même Étreham, historique numéro un des ventes de yearlings en France. En une décennie, que de chemin ainsi accompli par l'Écurie des Monceaux ! Sans compter que les résultats obtenus en compétition sont prometteurs, avec, déjà, une douzaine de gagnants de Groupes ou de Listed, tels Most Improved, vainqueur des Saint James's Palace Stakes, à Royal Ascot, et Hard Dream, lauréat du Prix Noailles. Lucien Urano est de ceux qui aiment la vue que l'on a du haut de la montagne. La performance, au meilleur niveau, est sa finalité. Les Monceaux, assurément, sont entre de bonnes mains.

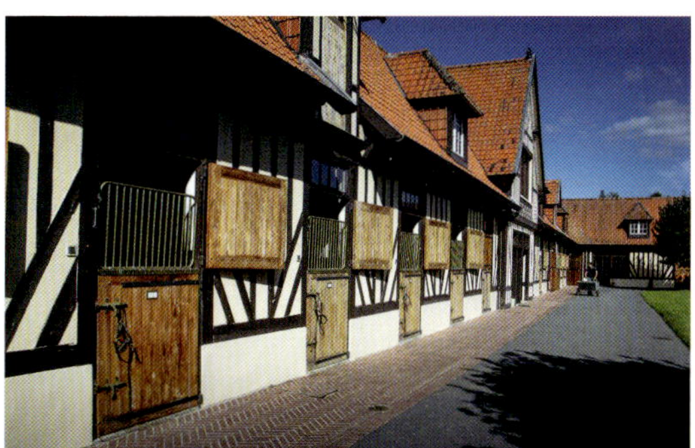

From an historical point of view the Haras des Monceaux is the work of the American businessman and industrialist Ralph-Beaver Strassburger, who came to set up his racing stable in France in the twenties. From a German family which arrived on the East Coast of the United States in the first half of the 18th century Ralph

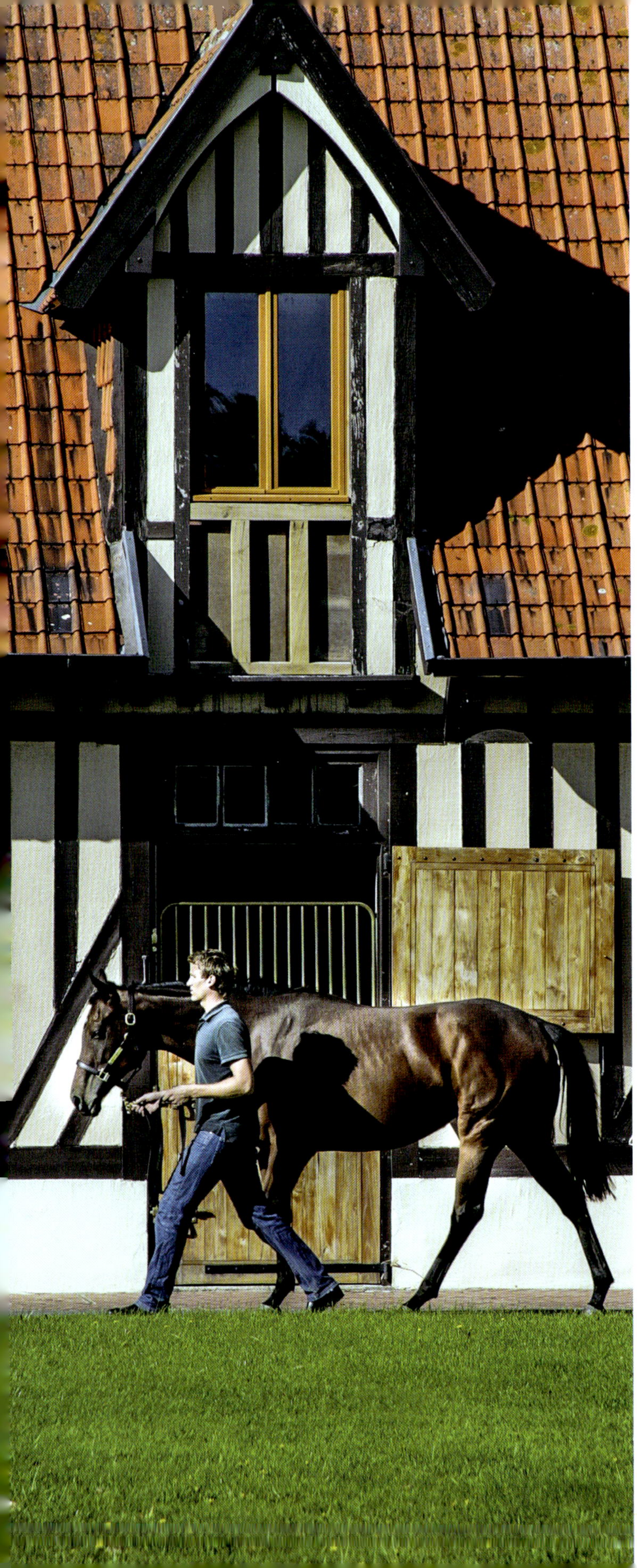

Les Monceaux

Strassburger, born in 1883, was successively a Marine officer, diplomat and press magnate. But his real passion was always for horses through foxhunting, racing and breeding. First in his own country and then in France he created a first rate operation entirely dedicated to his one passion: the thoroughbred. In 1925, following several nice victories by his American horses on French soil, Ralph-Beaver Strassburger decided to set up a stud in France. Thus came about the Haras des Monceaux, from the pooling of several farms to make up an estate of 125 hectares arranged around a Normandy style manor house which was soon joined by corresponding stables and outbuildings, the whole lot created with great taste and attention to detail. At the same time Ralph Strassburger also bought the famous « Villa Flaubert » in Deauville, a town gem and former home to the famous author's widow which he renovated inside after the war and where the greatest parties were held and where they are still held today by the town council.

A real Francophile, Ralph-Beaver Strassburger loved to spend time in France, particularly on his stud, among his horses in the Monceaux hills not far from Lisieux at the heart of the Pays d'Auge which he held in such affection. And his yellow silks with their blue crossbelt, blue sleeves and yellow cap were constantly in the limelight, from the very beginning until the end of the fifties. Some of his best horses worth a mention include Easton who was second in the 2000 Guineas and the Epsom Derby, Norseman, winner of the Prix Robert Papin, Daru and Noailles, Pensbury, winner of the Prix Lupin and the Grand Prix de Paris, Clarion, triumphant in the Grand Critérium, Worden, first French winner of the Washington D.C.I., Mahan, another winner of the prestigious American race, Cambremer, who won the St Leger and the Prix du Cadran, Montaval, who defeated the English in the « King George », as well as others such as Mourne, Nordiste, Béthora, La Paix and Vamarie. It is worth mentioning that many of the aforementioned horses, both colts and fillies, later also became very successful in the breeding shed. The war was not kind to the owner of Haras des Monceaux, who was citizen of a country in conflict with the one he lived in and who then had to hide behind a pseudonym, and later had to repair parts of an estate which was damaged by the battles and bombings inherent to the war.

After the death of Ralph Strassburger in 1959, his widow and then his son took the relay and between them they still had some great moments with the likes of Angers, winner of the Grand Critérium at two before breaking

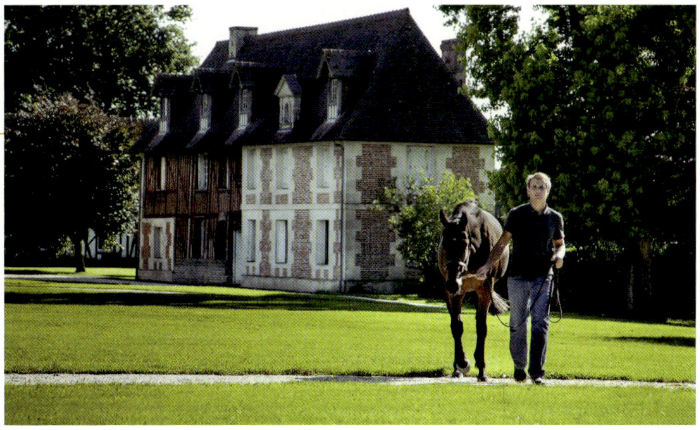

a leg in the Epsom Derby when he was hot favourite, La Sarre winner of the Poule d'Essai des Pouliches and Carmarthen winner of the Prix Ganay and third in the Prix de l'Arc de Triomphe. Carmarthen was donated to the French national studs in 1970 and later became « chef de race » in the national sphere. But gradually success became scarcer and financial worries came to light, bringing with them the disappearance of this once brilliant breeding operation.

In 2003 the Haras des Monceaux was nonetheless about to rise from its ashes having been bought by Lucien Urano, a renowned owner breeder of trotters wishing to extend his involvement to flat racing. Rechristened Écurie des Monceaux, the farm now stretches over two hundred and sixty five hectares and numbers one hundred and fifty three boxes. The undertaking is ambitious, as is Lucien Urano's aim: to develop a thoroughbred stud of international standing. In order to achieve this he secured the services of Henri Bozo, who cut his teeth at the Haras du Mézeray, following in the footsteps of his father Antoine. There was immediately a great rapport between the two men, both in search of excellence. With the finances to support his strategy, the Écurie des Monceaux invested in top of the range fillies and mares and gradually built up a first rate broodmare band. A prime example of this is the remarkable Alpine Rose, bred by the Aga Khan studs and a daughter of leading sire Linamix, bought in partnership with Madame Paul de Moussac and Lady O'Reilly. Winner of the Group I Prix Jean Romanet in Deauville under the Monceaux banner, Alpine Rose then joined the broodmare band and was covered by the exceptional young sire Sea the Stars. From this mating came about a fantastic looking grey colt who fetched the highest bid of one million two hundred thousand Euros at the Arqana August sale in 2012. It was also at this sale that Écurie des Monceaux was responsible for the three top prices and was leading vendor, thereby deposing Étreham, the long-term leading vendor of the yearling sales in France. In just ten years, what a remarkable achievement by Écurie des Monceaux! Not to mention their highly promising race results, including a dozen Group and Listed winners such as Most Improved, winner of the St James's Palace Stakes at Royal Ascot and Hard Dream winner of the Prix Noailles. Lucien Urano is the type of man to enjoy the view from the top of the mountain. Performance at the highest level is his aim. Les Monceaux evidently could not be in better hands.

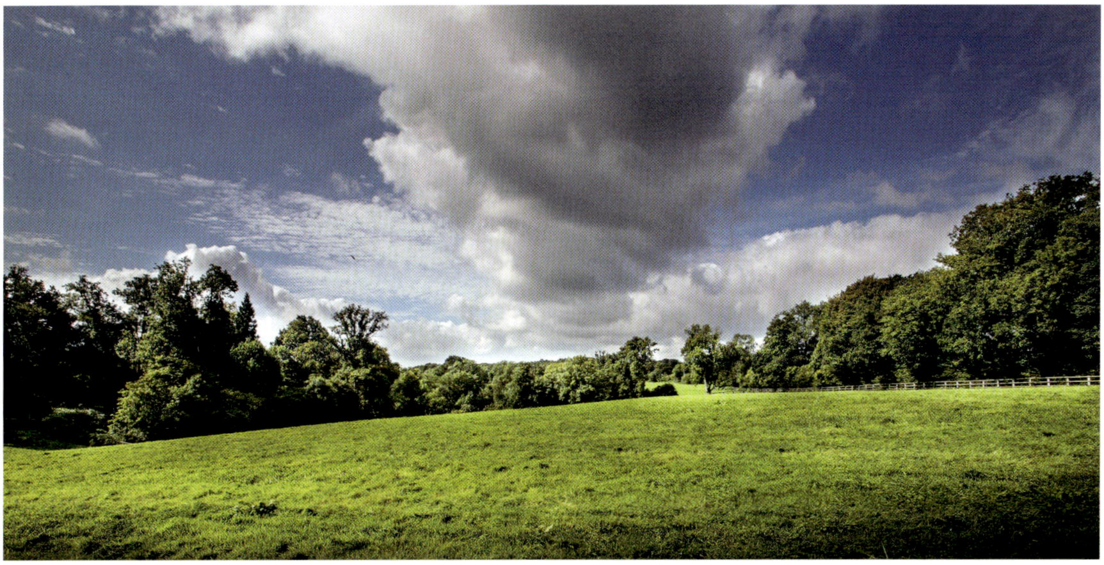

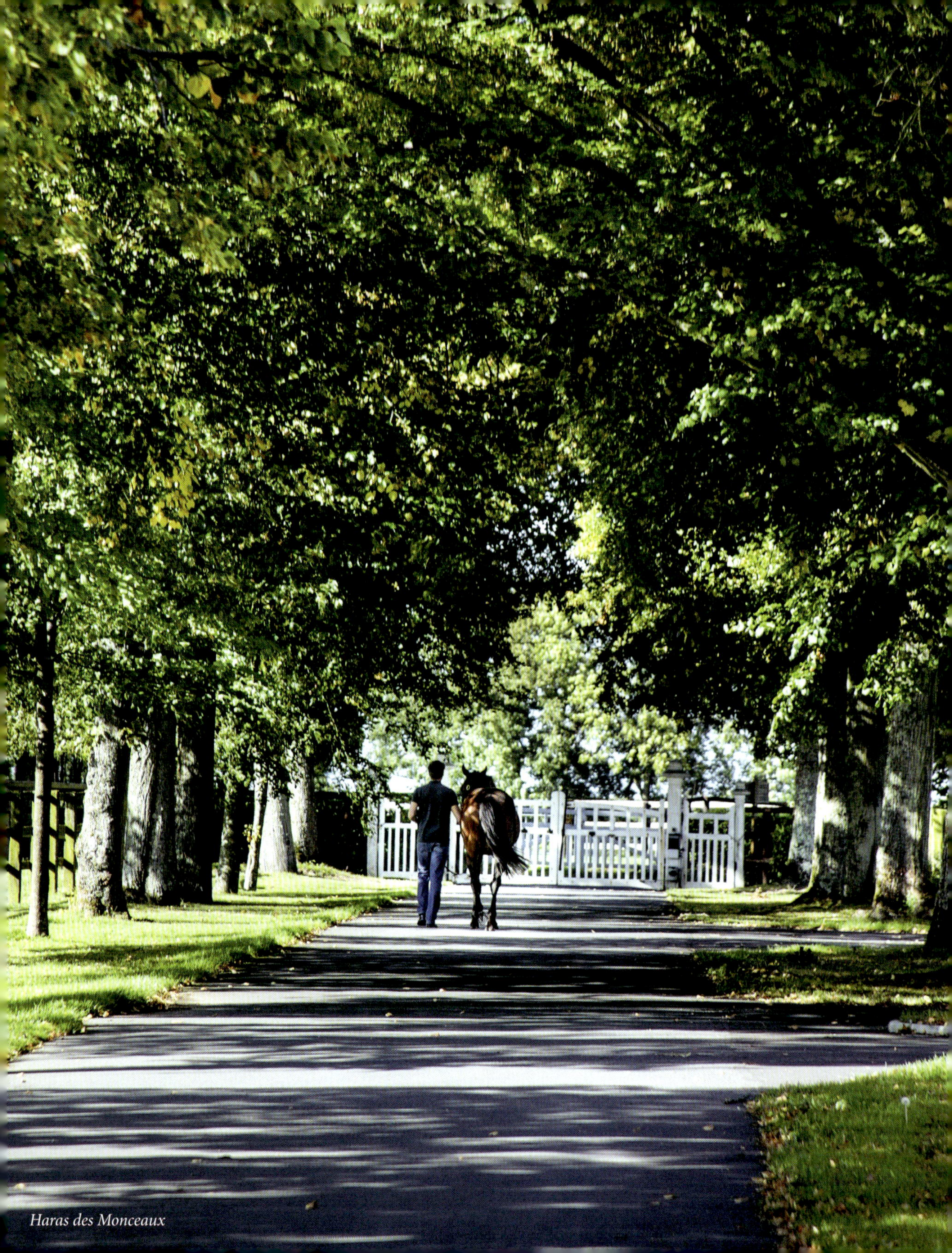

Haras des Monceaux

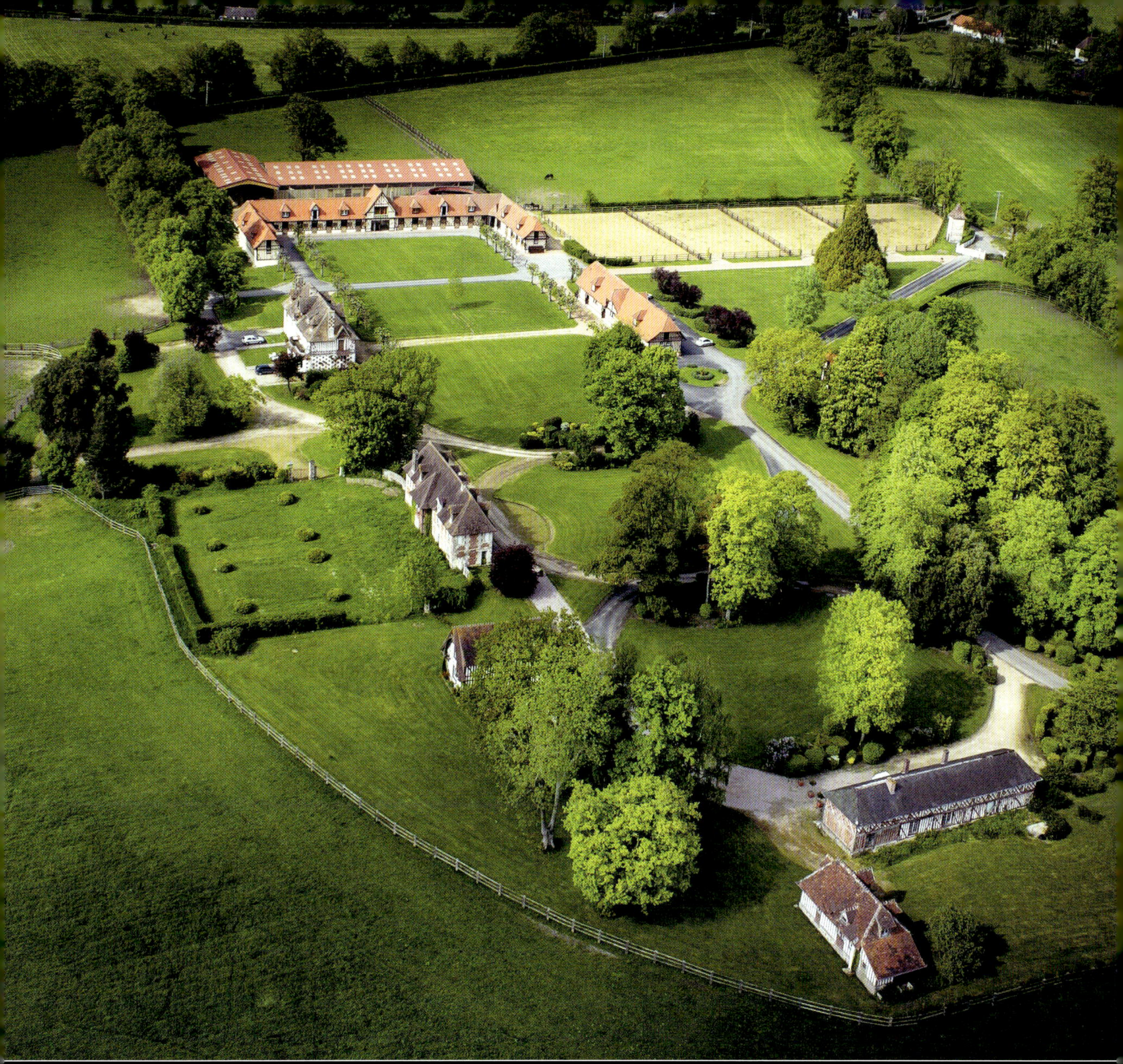

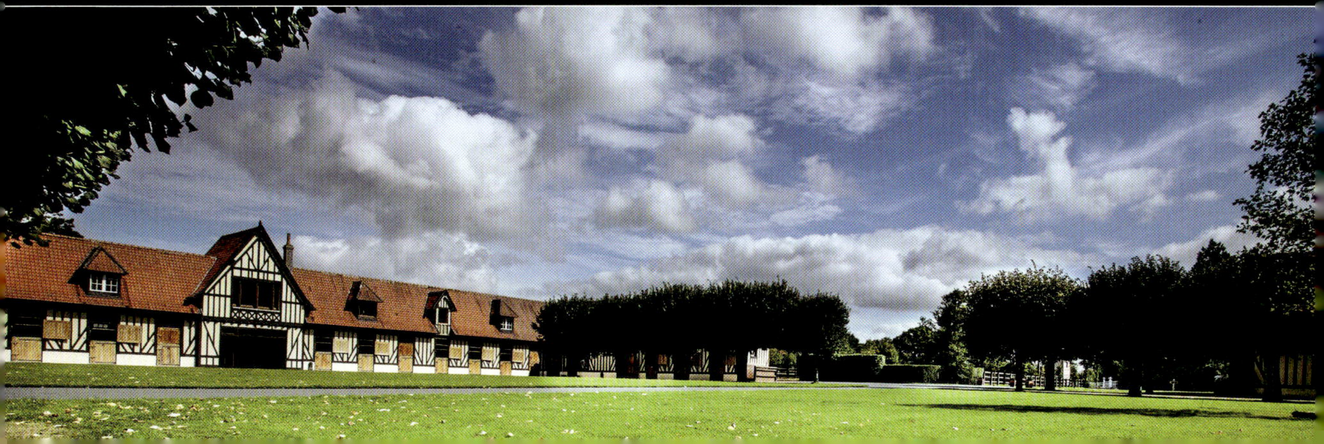

La Monerie

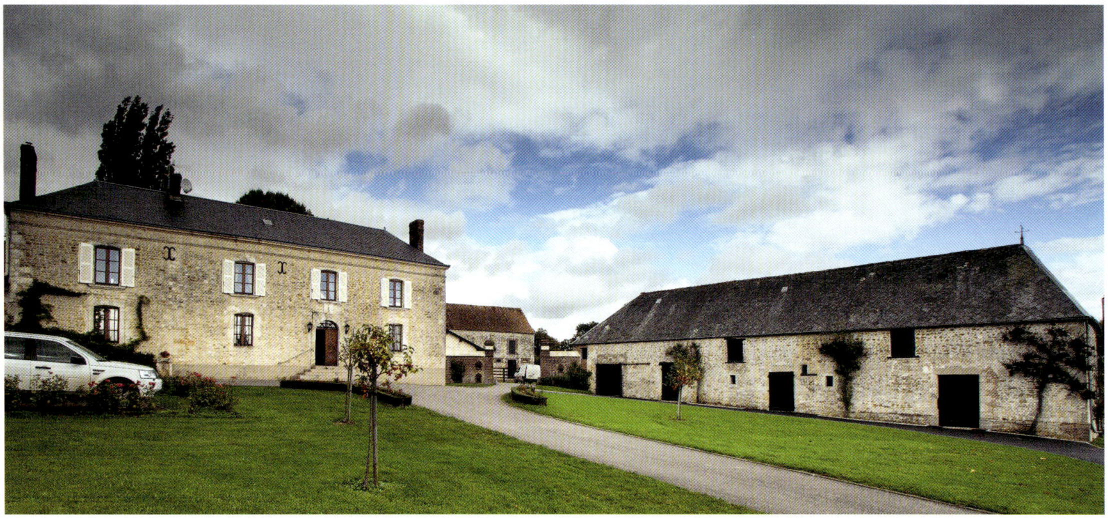

Chacun connaît le parcours de Pierre Julienne, venu à l'élevage via l'INRA (Institut National de Recherche Agronomique), où il a été l'un des pionniers de la technique de l'échographie pour les juments, avant d'être à l'origine du développement de l'insémination artificielle dans les rangs des trotteurs. C'était l'époque où il était à la tête du Haras des Cruchettes, qu'il a vendu en 2011, pour ne conserver que le domaine, voisin, de la Monerie, dont il était déjà locataire depuis 2003 et dont il a racheté l'ensemble en 2012.

La Monerie n'est autre que le site historique de l'élevage Dubu-Terrenoire, berceau, entre autres, du chef de race trotteur Kerjacques. Elle prend place au lieu-dit Taloney – ou Talonay, voire Talonnai : on retrouve toutes les orthographes jusqu'au dix-huitième siècle –, qui était jadis une paroisse, avec son église et son presbytère. L'église a brûlé, voilà plus de deux cents ans. En lieu et place fut reconstruite une grange en bois, tandis qu'avec le temps, le presbytère devenait une maison d'habitation, agrandie par deux fois au cours des deux derniers siècles, jouxtant la ferme et les communs. La propriété a fière allure. Son nom a deux étymologies possibles : soit il viendrait de « moinerie », au prétexte qu'il y eut là des moines ; soit, explication jugée la plus probable par Pierre Julienne, il fait référence à la « meunerie », l'activité du meunier, car il subsiste les traces d'un moulin, à proximité d'une chute d'eau. C'est que le haras est arrosé par le Don, ruisseau réputé dans cette région d'élevage, et par l'un de ses affluents. Nous sommes au pays du Merlerault et en son cœur, sur la commune de La Genevraie, dans ce que les terres ornaises recèlent de meilleur. Pierre Julienne y exploite quatre-vingts hectares, où s'ébattent une quarantaine

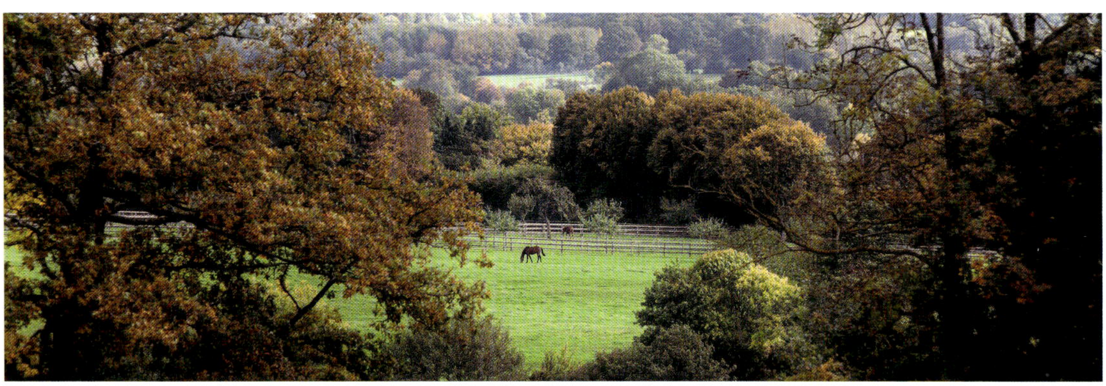

de poulinières et leurs produits. La majorité des juments sont trotteuses, mais il y a tout de même une demi-douzaine de pur-sang, dont plusieurs descendantes de la matrone du maître des lieux, Princesse d'Armos, qui lui donna naguère l'excellent cheval d'Auteuil Saute au Bois et qui est l'ancêtre des actuelles et prometteuses sœurs, Ambroise et Vénerie.

Everyone knows the career path of Pierre Julienne who came to thoroughbred breeding via INRA (the National Institute for Agricultural Research) where he was one of the pioneers of ultrasound technique for broodmares before being responsible for the development of artificial insemination in the trotting world. At the time he was the head of the Haras des Cruchettes which he sold in 2011, keeping the neighbouring estate of La Monerie, which he had already been leasing since 2003 and which he bought as a whole in 2012.

La Monerie is none other than the site of the historic Dubu-Terrenoire breeding operation, birthplace among others of the trotting chef de race Kerjacques. It is situated at a place called Taloney or Talonay or even Talonnai: each variation of the spelling traces back to the 18th century when it was once a parish with its own church and rectory. The church burned down more than two hundred years ago. A wooden barn was built in its place while the rectory became a house and was extended twice in the last two centuries, adjoining the farm and the common. The property is very stylish. Its name has two possible origins: either it comes from « monastery » on the grounds that monks once lived there or the most likely explanation according to Pierre Julienne is that it refers to the « meunerie » which translates as the millers' activity, as the place still bears traces of a mill near a waterfall. The stud is watered by the Don and one of its tributaries, a well known stream in this stud farming region. The site is at the heart of the Merlerault area in the municipality of La Genevraie in the most fertile part of the Orne region. Pierre Julienne farms eighty hectares with forty mares and their offspring enjoying the land. The majority of mares are for trotting but there are nonetheless a half dozen thoroughbreds, many of which are descendants of the owner's foundation mare Princess Armos, who once gave him the great Auteuil horse Saute au Bois and who is also the ancestor to the current promising sisters, Ambroise and Vénerie.

[Nous sommes au pays du Merlerault et en son cœur, sur la commune de La Genevraie, dans ce que les terres ornaises recèlent de meilleur.]

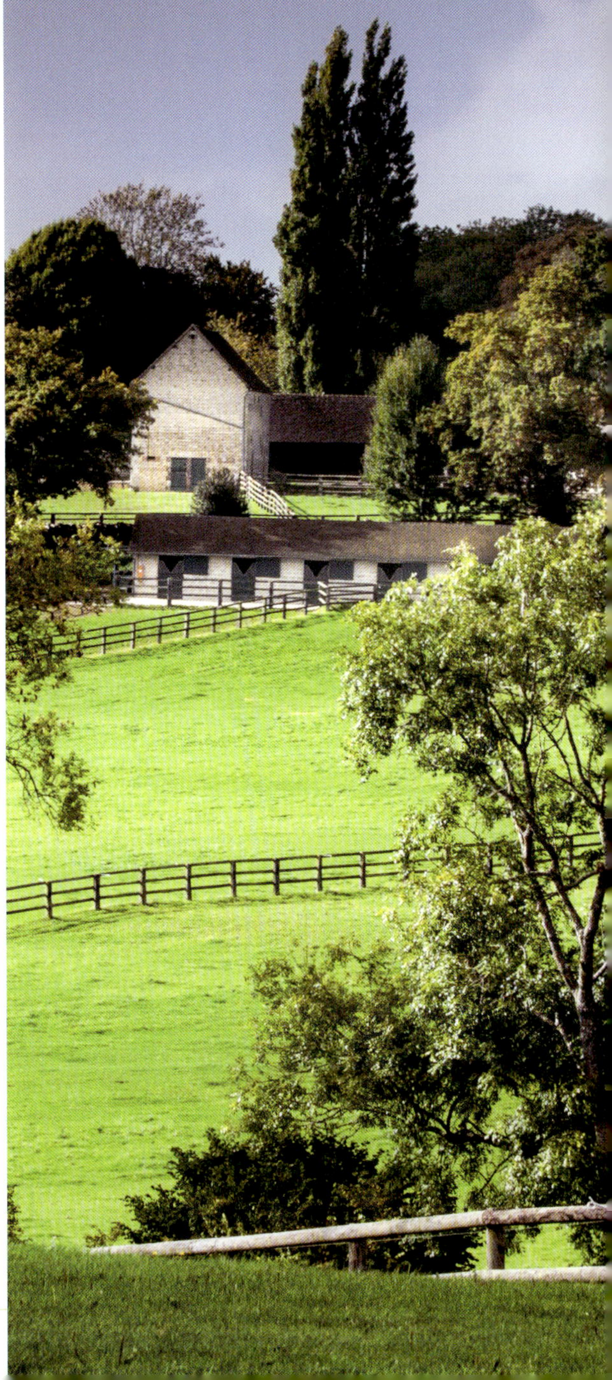

Le Mont-dit-Mont

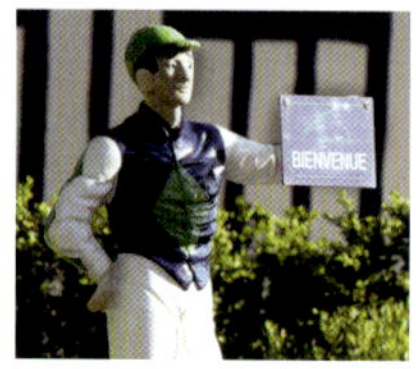

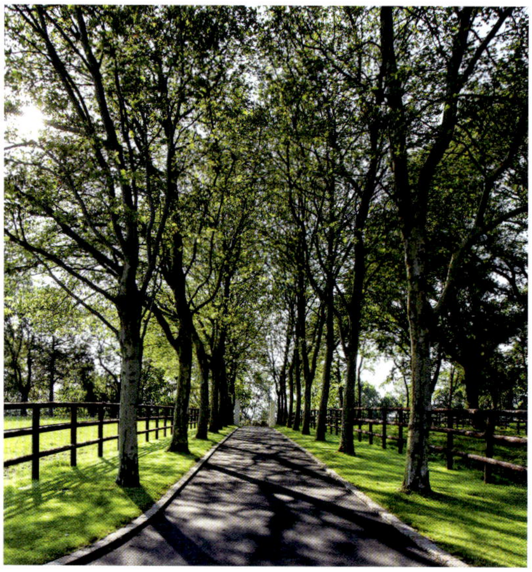

S'il fut, de longue date, une ferme traditionnelle, le Mont-dit-Mont n'est connu, en tant que haras, que depuis une cinquantaine d'années et son acquisition par l'acteur et chanteur, passionné de chevaux et de courses, Eddie Constantine. C'est également à cette époque que celui-ci acheta, yearling, à Deauville, un certain Pétrone, qui allait le combler en devenant un sujet classique, terminant notamment deuxième du Grand Prix de Paris, avant d'être vendu et de s'illustrer aux États-Unis. Une décennie plus tard, en 1976, c'est Robert Sangster, magnat de l'hippisme anglo-saxon, initiateur de la célèbre structure irlandaise de Coolmore, qui prend les rênes du Mont-dit-Mont. Y grandiront alors des performers de la trempe de Détroit, lauréate du Prix de l'Arc de Triomphe, en 1980, No Lute, vainqueur du Prix Lupin, en 1981, et River Lady, gagnante de la Poule d'Essai des Pouliches, en 1982. Or, d'hier à aujourd'hui, il n'y a qu'un pas et un autre entrepreneur britannique, Neil Helliwell, propriétaire de l'écurie de course Prime Equestrian, vient maintenant relancer l'activité du Haras du Mont-dit-Mont.

Neil Helliwell a d'abord été séduit par la remarquable situation géographique du lieu, près du bord de mer, au nord-ouest du Pays d'Auge, sur la commune de Grangues, non loin de Dives-sur-Mer. Les principaux sites touristiques et culturels calvadosiens sont à proximité, dans un rayon de trente kilomètres tout au plus, qu'il s'agisse de Caen, Lisieux, Honfleur, Houlgate, Cabourg et, bien sûr, Deauville. Et puis le haras prenant place en altitude – ce que laisse deviner son nom –, à quelque cent trente mètres, tout en bordant le littoral, plusieurs de ses prairies offrent une magnifique vue sur la mer. Quant à la qualité des terres en ces parages, elle n'est plus à démontrer, en particulier pour l'élevage des chevaux. En 2009, Neil Helliwell se rend donc acquéreur du Mont-dit-Mont, dont il aura tôt fait de doubler la superficie, laquelle atteint dorénavant cinquante hectares, et de remanier, en profondeur, les installations, afin que celles-ci répondent aux exigences d'un haras moderne. Sous la direction de Didier Reed, il fait aménager une quinzaine de paddocks et

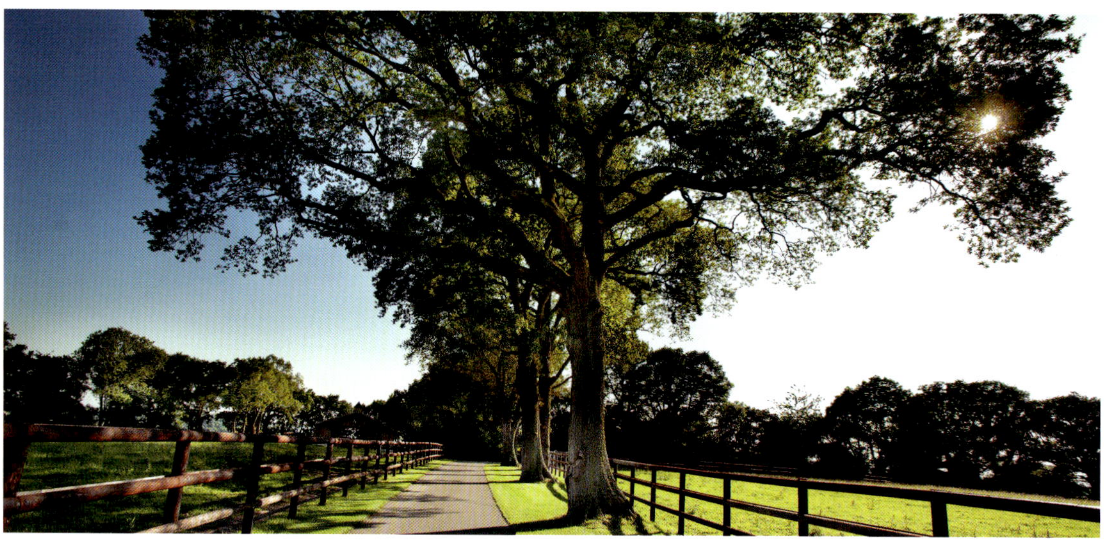

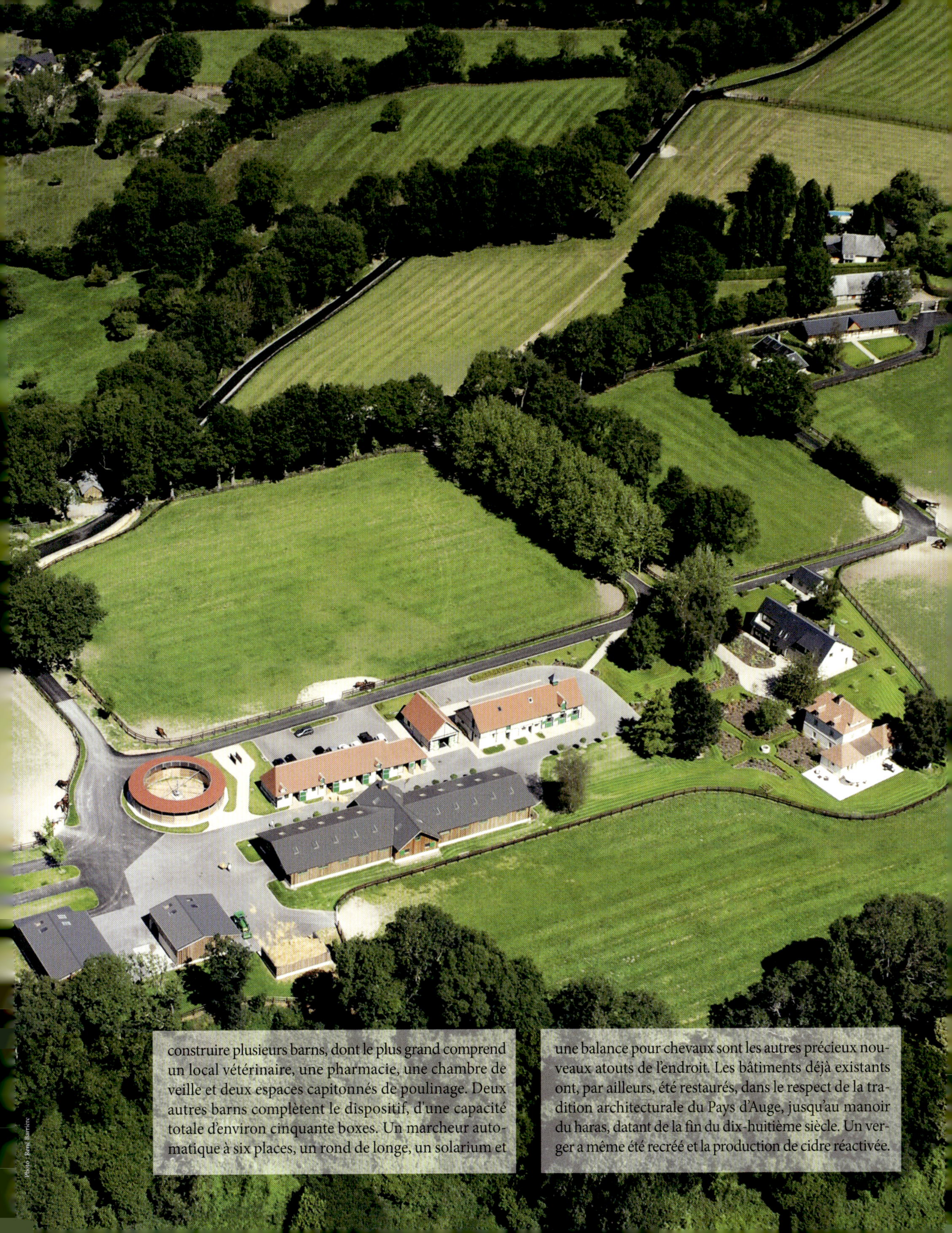

construire plusieurs barns, dont le plus grand comprend un local vétérinaire, une pharmacie, une chambre de veille et deux espaces capitonnés de poulinage. Deux autres barns complètent le dispositif, d'une capacité totale d'environ cinquante boxes. Un marcheur automatique à six places, un rond de longe, un solarium et une balance pour chevaux sont les autres précieux nouveaux atouts de l'endroit. Les bâtiments déjà existants ont, par ailleurs, été restaurés, dans le respect de la tradition architecturale du Pays d'Auge, jusqu'au manoir du haras, datant de la fin du dix-huitième siècle. Un verger a même été recréé et la production de cidre réactivée.

Photo : René Barrière

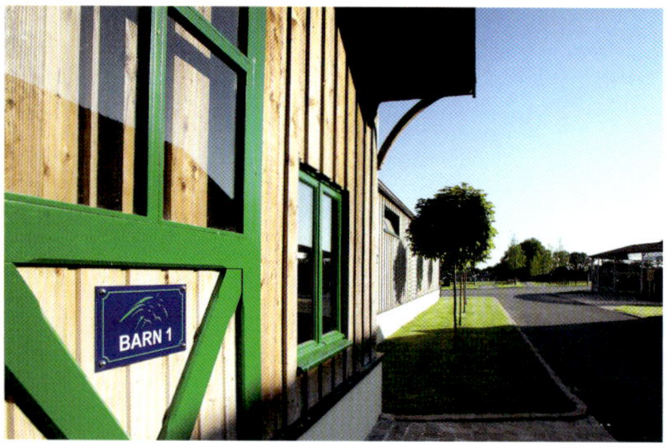

Le Haras du Mont-dit-Mont abrite aujourd'hui vingt-cinq poulinières. Les produits sont soit vendus à Deauville, soit mis à l'entraînement. Parmi ceux-ci, Rock me Baby et On Call Now sont les deux qui ont fait le plus honneur, pour l'heure, à la casaque vert et bleu de Prime Equestrian. La politique menée se veut d'une qualité optimale, sans cesse améliorée, en matière de croisements et de pedigrees notamment. Dès lors, après plusieurs années d'éclipse, le Mont-dit-Mont est à nouveau et, gageons-le, durablement, dans la lumière.

Though it was for over 150 years a traditional Normandy dairy and cider farm, Mont-dit-Mont has only been known as a stud farm for approximately fifty years after being acquired by actor and singer Eddie Constantine who was passionate about horses and racing. It was at this time Constantine purchased in Deauville

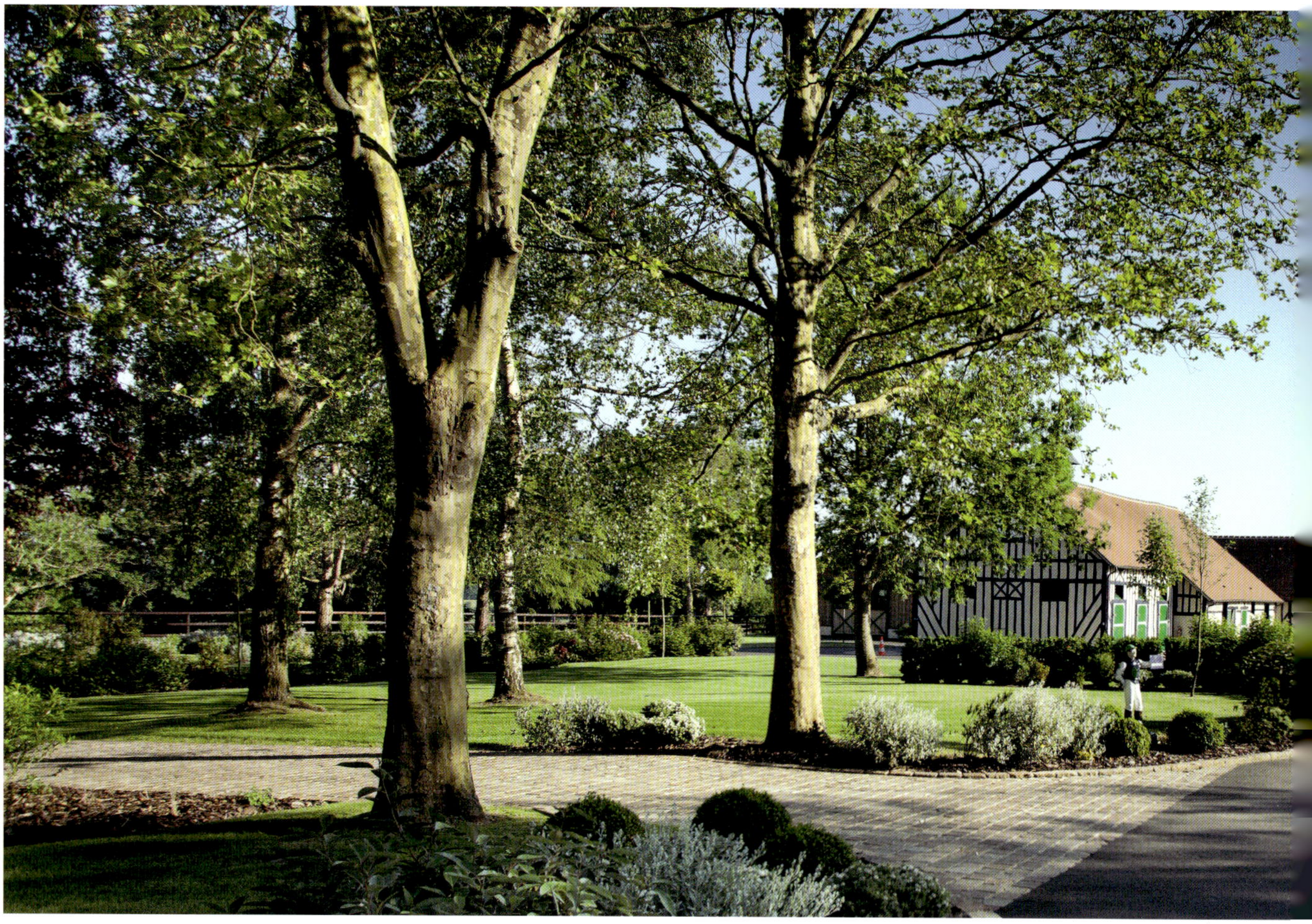

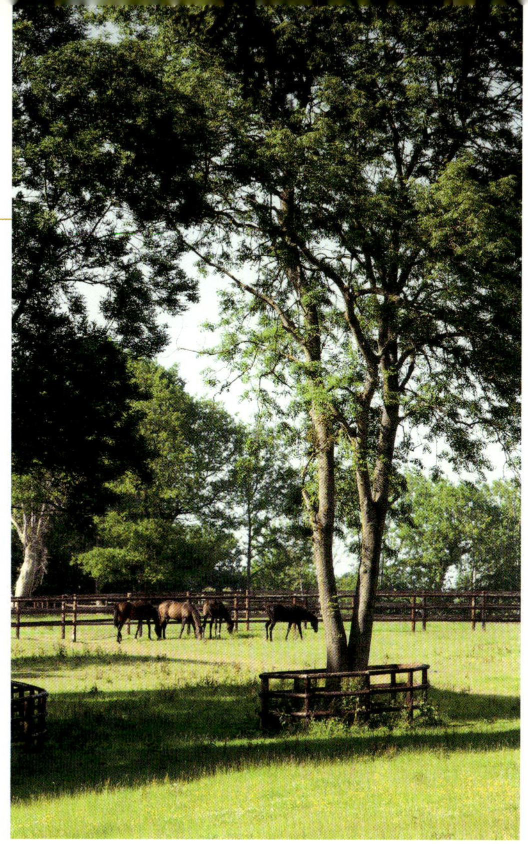

the yearling Pétrone, who would bring him great joy by becoming a Classic horse, finishing second in the Grand Prix de Paris before being sold to the United States where it would go on to further success. A decade later, in 1976, Robert Sangster, the British racing tycoon and founder of the famous Irish stud Coolmore, took over Mont-dit-Mont. The stud then became the grazing ground for Detroit, 1980 winner of the Prix de l'Arc de Triomphe, No Lute, 1981 winner of the Prix Lupin and River Lady, 1982 crown winner of the Poule d'Essai des Pouliches. There is just one step between yesterday and 2009 when another British entrepreneur Neil Helliwell, owner of Prime Equestrian racing stables, acquired the Haras du Mont-dit-Mont.

Neil Helliwell was first attracted by the remarkable geographical location of the farm situated to the northwest of the Pays d'Auge in the municipality of Grangues neighbouring Dives-sur-Mer. The tourist and cultural sites of the Calvados region are all nearby, within at most thirty kilometres, whether it be Caen, Lisieux, Honfleur, Houlgate, Cabourg and of course Deauville. The stud dominates the coastline at one hundred and thirty metres in altitude and several paddocks offer magnificent views of the sea. The quality grazing land of Normandy is particularly suitable for horse breeding.

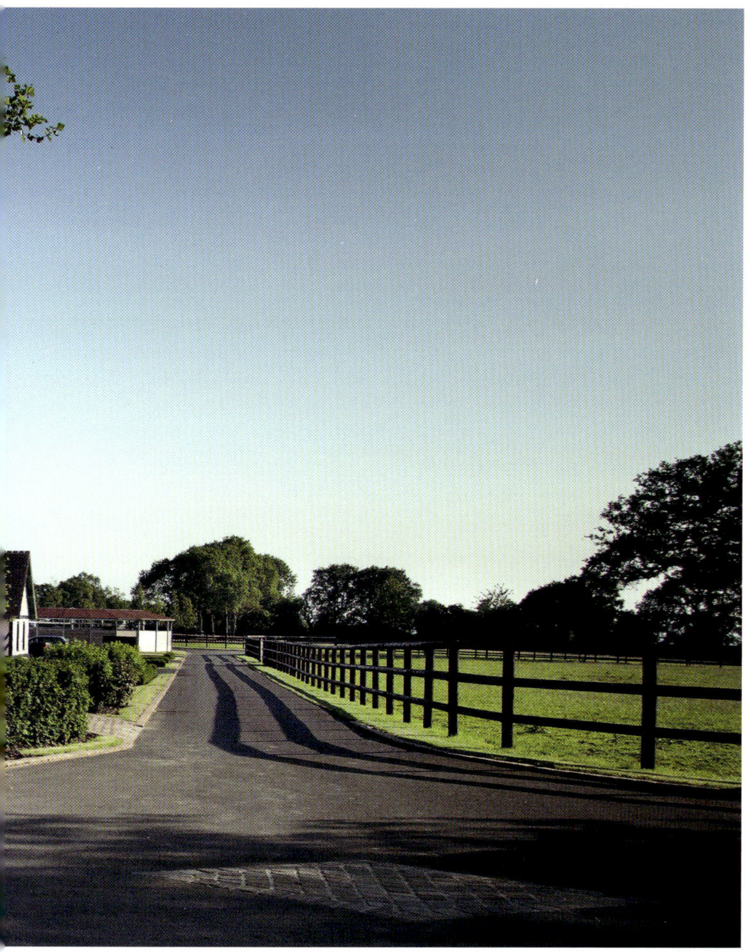

In 2009 Mont-dit-Mont expanded to fifty hectares and undertook a total renovation to become a state of the art of stud. Under the management of Didier Reed, fifteen paddocks were redesigned and several barns were constructed including veterinary stations, pharmacy, monitoring room and foaling boxes. Two additional barns complete the breeding installations bringing the capacity to fifty boxes and include a six horse walker, lunging ring, solarium and scale. The original stable buildings and manor which date back to the late eighteenth century were restored respecting the traditional architecture of the Pays d'Auge. An apple orchard was recreated and its cider production reactivated.

Today, the Haras du Mont-dit-Mont is a private stud with twenty-five broodmares and it's progeny is sold or put into training. Black type horses Rock Me Baby and On Call Now have recently carried the flag for the Prime Equestrian racing silks. The stud's breeding policy aims for the highest pedigree mix and constant improvement. Mont-dit-Mont is once again structured to sustainably remain in the breeding limelight.

Mortrée

Le créateur du Haras de Mortrée est Pierre Ribes, qui fut un homme politique en vue, député des Yvelines douze ans durant et secrétaire d'État sous l'un des gouvernements de Valéry Giscard d'Estaing. Mais Pierre Ribes avait aussi, de même que son épouse, la passion des courses et de l'élevage, ce qui le conduisit, du reste, à présider, pendant un temps, le Syndicat des Éleveurs. Il commença à élever dans son département, mais estima rapidement qu'il lui fallait des terres de meilleure qualité. C'est ainsi qu'il s'implanta dans l'Orne, sur la commune de Mortrée, petite ville étape sur la route qui mène de Sées à Argentan. Il acheta là une propriété s'étendant sur plus de cent hectares, dont il rénova la résidence et les bâtiments, construits à la fin

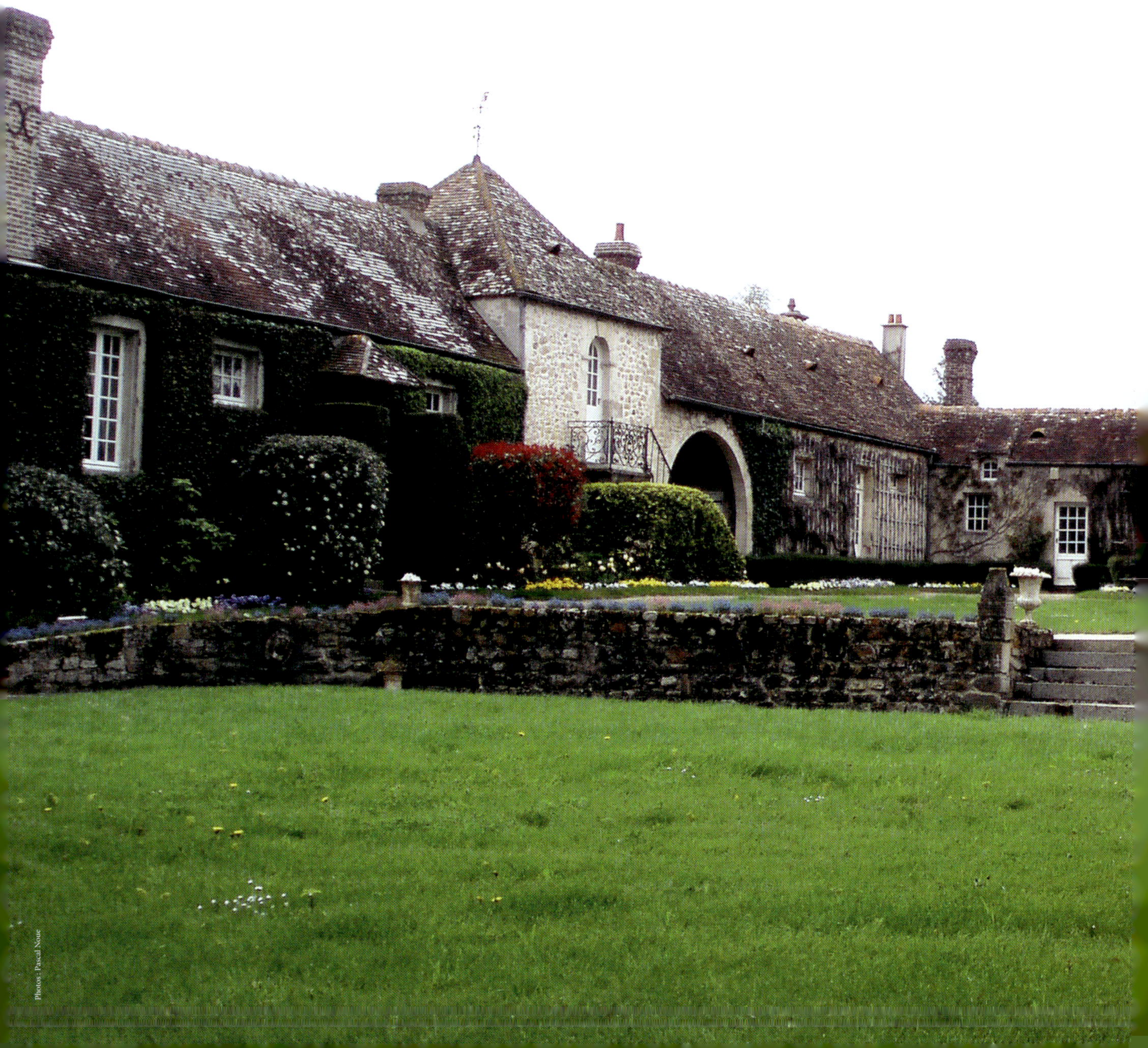

Photos : Pascal Noue

du dix-huitième siècle en pierre du pays. Il en fit un superbe ensemble, tout entier voué au cheval, aménageant boxes – jusqu'à une centaine –, paddocks et pistes de débourrage et de pré-entraînement. L'élevage Ribes allait connaître, à Mortrée, un réel épanouissement, depuis le milieu des années soixante jusqu'au début des années quatre-vingt, produisant notamment Grandier, qui fut troisième du Prix de l'Arc de Triomphe, et son fils Grandchant, qui avait beaucoup de classe, mais était, hélas, fragile, ou encore Argument, autre placé de l'« Arc ».

La réussite des Ribes déclina quelque peu par la suite et Mortrée changea de mains. Jacques et Charlotte Thoreau, qui le reprirent, en relancèrent progressive-

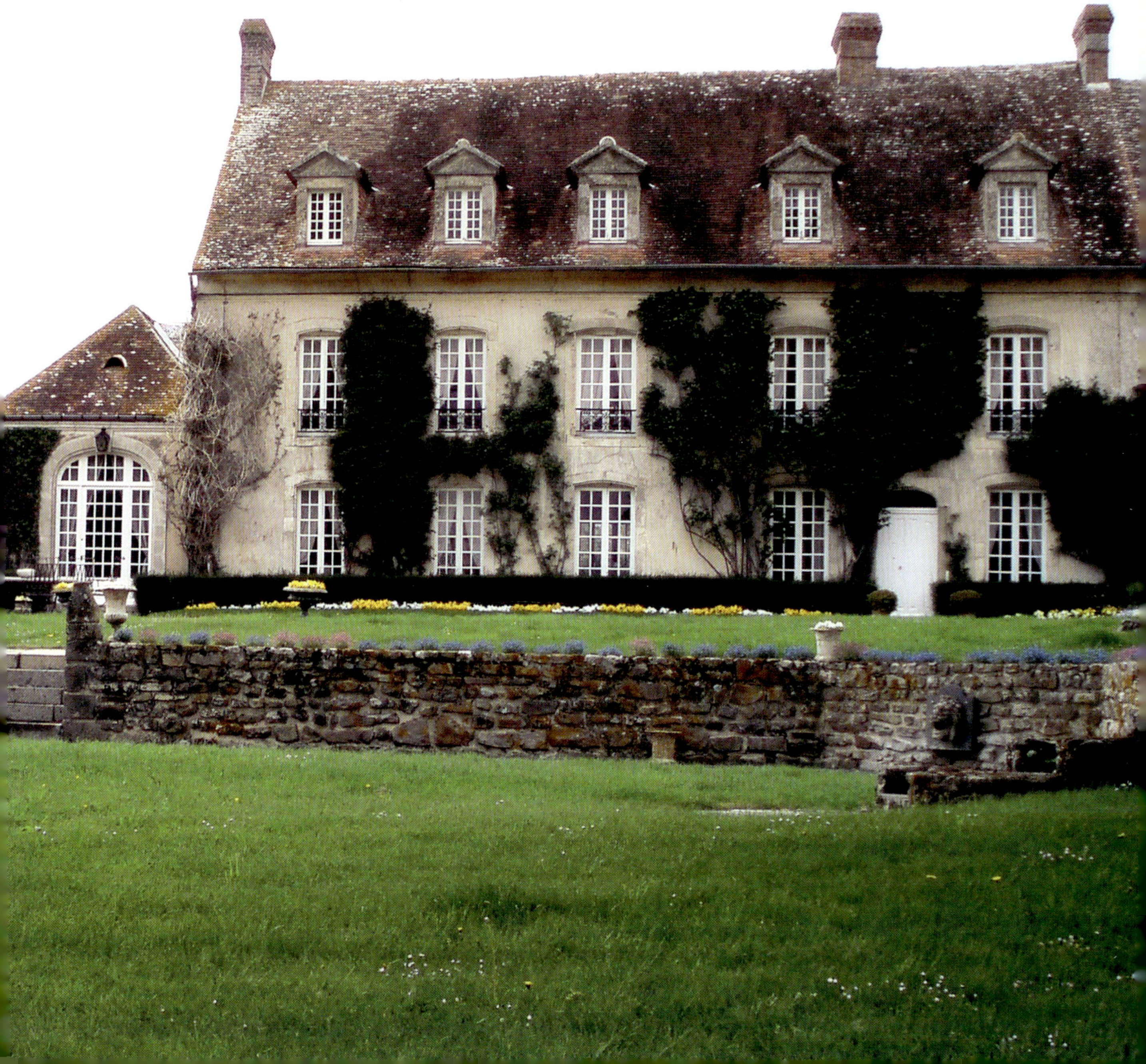

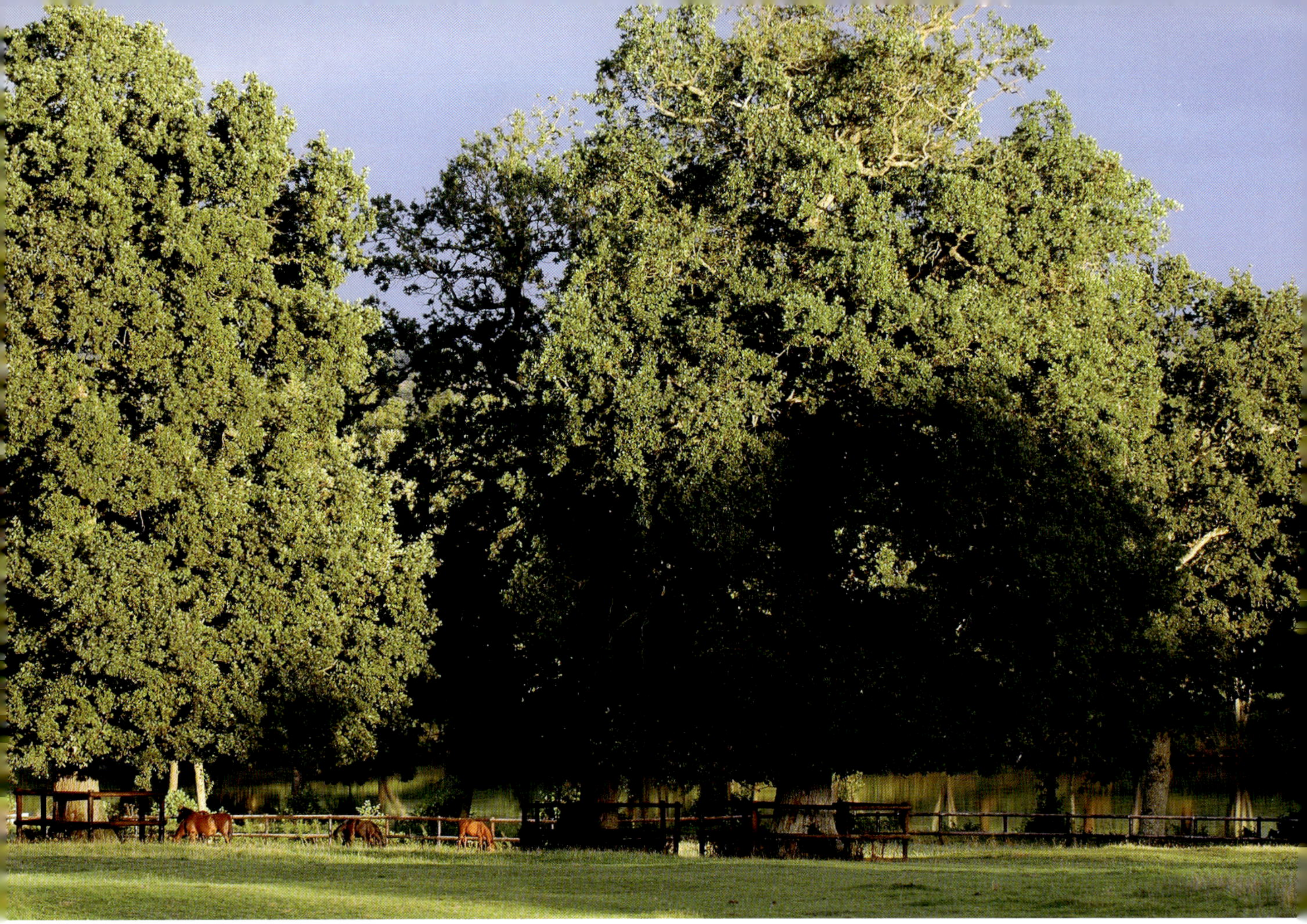

ment l'activité, se spécialisant dans l'élevage de chevaux d'obstacle. À la disparition prématurée de son époux, Charlotte Thoreau ne lâcha pas prise et, avec le concours de son homme de confiance, Pascal Noue, elle développa le haras, y accueillant l'étalon champion d'Auteuil, Cadoudal, et s'assurant les services d'une jumenterie adaptée. Lieu d'élevage et d'étalonnage, Mortrée fut alors le berceau du classique de steeple Kapgarde, qui revint y faire la monte avec réussite. Lorsque Charlotte Thoreau se retira, mettant Mortrée en vente, elle fit en sorte que Pascal Noue puisse continuer dans ses pas et l'entreprise se déplaça au Haras de la Hêtraie, dans la Manche. Pendant ce temps, Jean-Étienne Dubois, le fils cadet de Jean-Pierre Dubois, acquérait Mortrée, où le cheval reste donc roi, même s'il y trotte, maintenant, davantage qu'il n'y galope.

The founder of the Haras de Mortrée is Pierre Ribes who was a prominent politician, member of Parliament for the Yvelines for twelve years and secretary of state under Valéry Giscard d' Estaing. But Pierre Ribes, along with his wife, was also passionate about racing and breeding which led him for a time to preside over the French Breeders' Association (Syndicat des Éleveurs). He initially bred horses in his local region but soon came to the conclusion that he needed better quality land. This is how he came to take root in the Orne region in the small town of Mortrée, which sits between Sées and Argentan. There he bought a property of over one hundred hectares and renovated the house and all the outbuildings which were built using local stone in the late eighteenth century. He built a superb complex entirely dedicated to horses, refurbishing up to 100 boxes, the paddocks and the training and pre-training tracks. The Ribes breeding operation would soon experience a real flush of success from the mid-sixties to the beginning of the eighties, producing most notably Grandier who finished third in the Prix de l'Arc de Triomphe and his son Grandchant who had a lot of class but who was sadly quite fragile, as well as Argument another one to be placed in the « Arc ».

The Ribes' success faltered somewhat thereafter and Mortrée changed hands. Jacques and Charlotte Thoreau who took it on gradually revived the business, specializing in the breeding of national hunt horses. At the untimely

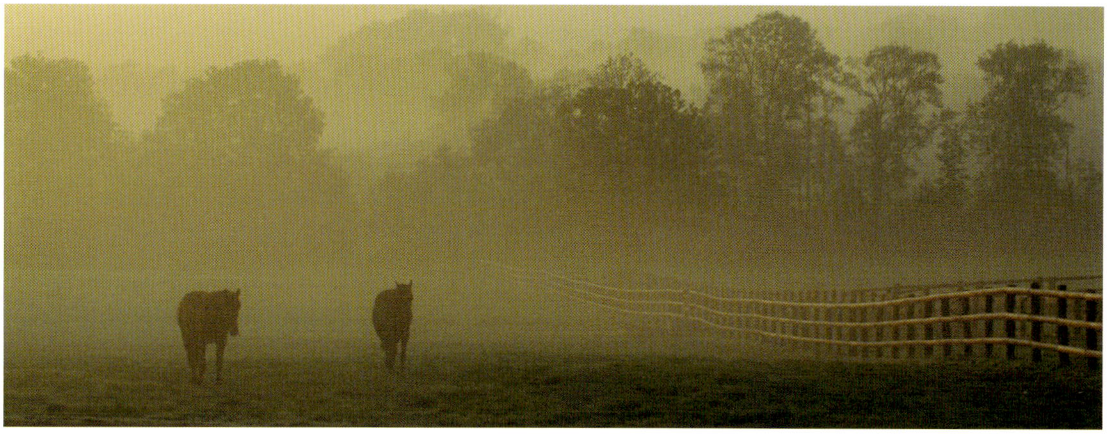

death of her husband, Charlotte Thoreau did not give up and with the help of her right hand man Pascal Noue, she developed the stud where she stood the leading Auteuil sire Cadoudal, making sure he covered the most suitable mares. A stud for both broodmares and stallions, Mortrée was the birthplace of classic chaser Kapgarde who successfully returned there as a stallion. When Charlotte Thoreau retired and put Mortrée on the market she made sure that Pascal Noue could follow in her footsteps and the company moved to the Haras de la Hêtraie in the Manche region. Meanwhile Jean-Étienne Dubois, youngest son of Jean-Pierre Dubois, bought Mortrée where the horse is still king, though the focus is now more on trotting than galloping.

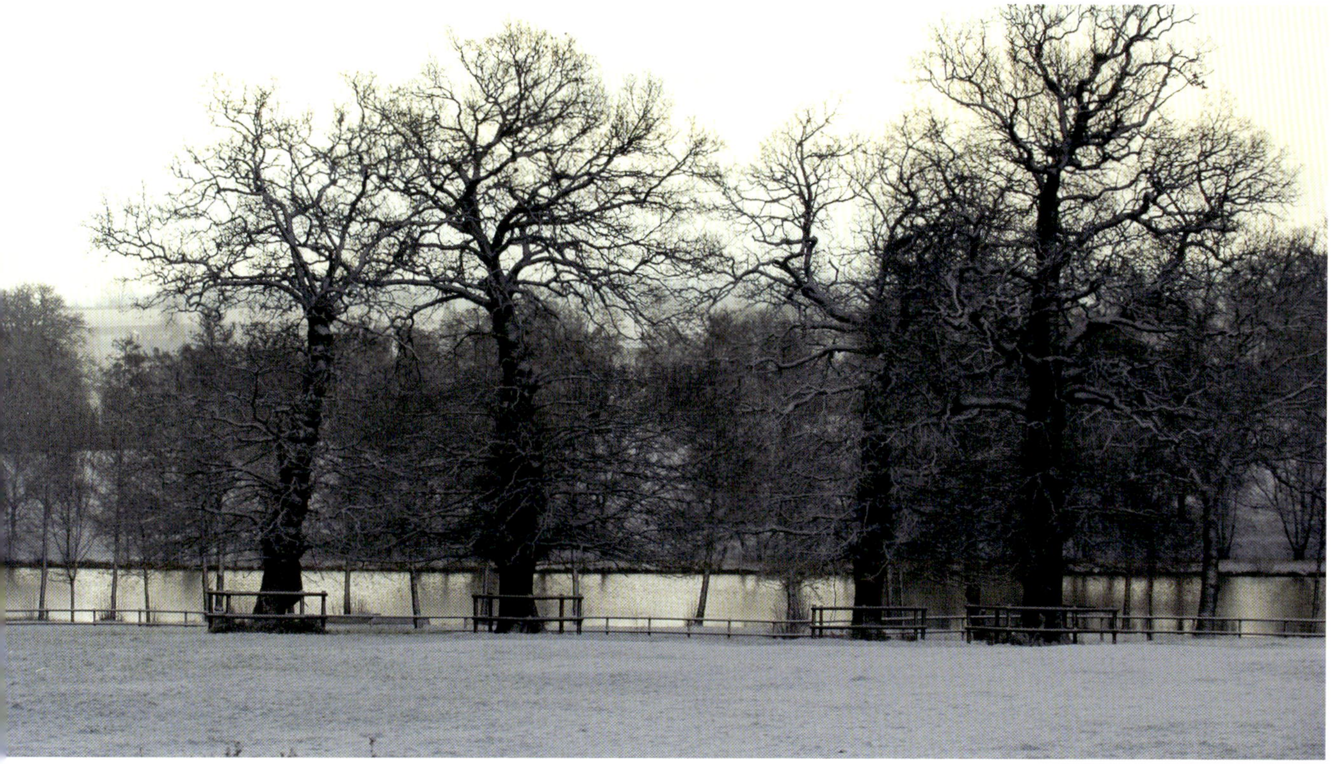

La Motteraye

L'histoire de La Motteraye Consignment commence au Haras d'Étreham. On est au milieu des années 2000. Lucie Lamotte et Gwenaël Monneraye travaillent alors côte à côte, au sein du prestigieux élevage normand. Ils sont jeunes et passionnés, apprenant là leur métier à l'une des meilleures écoles. Ils en fréquenteront d'autres, toujours ensemble, en Irlande, en Nouvelle-Zélande et en Australie, puis aux États-Unis, avec le projet de revenir ensuite en France et de s'installer à leur compte, pour former un couple à la ville comme aux rênes du haras.

Ainsi est né La Motteraye Consignment, en décembre 2009. On aura compris que l'entité a été baptisée au nom de Lucie et au suffixe de celui de Gwenaël. La consonance est belle, harmonieuse, et la réussite est déjà de la partie, au travers de la présentation des yearlings aux ventes – la spécialité maison, ainsi que l'indique la partie anglo-saxonne de l'appellation – et des probantes performances enregistrées par plusieurs d'entre eux sur les hippodromes, tels Léaupartie, To my Valentine et Holy Dazzle. L'un des « sports » favoris, à La Motteraye, est le « pinhooking », c'est-à-dire ce pari qui consiste à acheter des foals bien nés et bien conformés, ici ou là, dans la perspective de les revendre, avec bénéfice, à l'âge yearling.

La Motteraye Consignment a élu domicile sur la commune des Autels-Saint-Bazile, aux confins du Calvados et de l'Orne, à proximité de Livarot et de Vimoutiers

La Motteraye Consignment a élu domicile sur la commune des Autels-Saint-Bazile, aux confins du Calvados et de l'Orne, à proximité de Livarot et de Vimoutiers, en lieu et place de l'Élevage de la Vie, qui vit naître le remarquable Young Tiger. Le haras s'étend sur vingt-cinq hectares de terres de première qualité, à flanc de colline. Il dispose d'une vingtaine de boxes. Eu égard à l'engouement suscité, on serait presque à l'étroit, désormais, à La Motteraye, où l'on a même été contraint de refuser

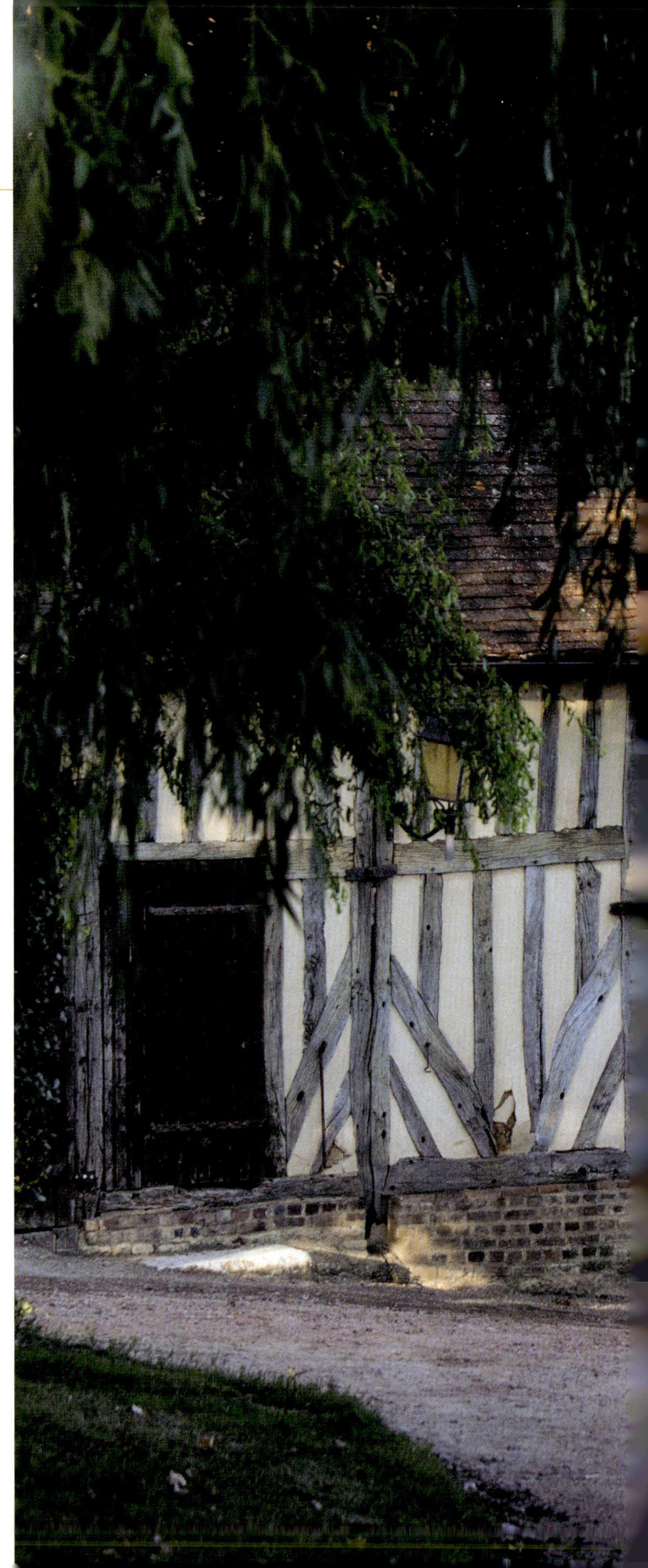

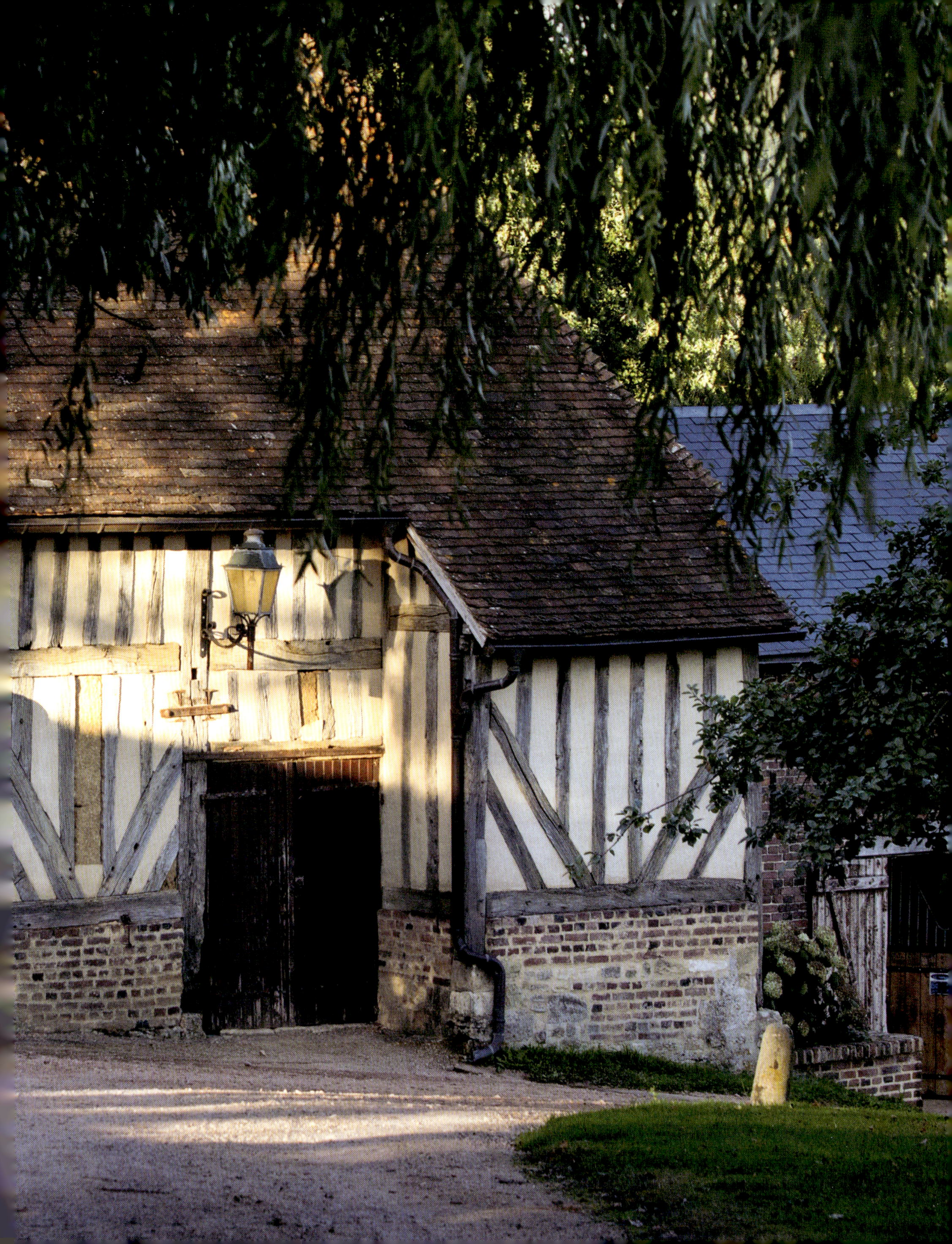

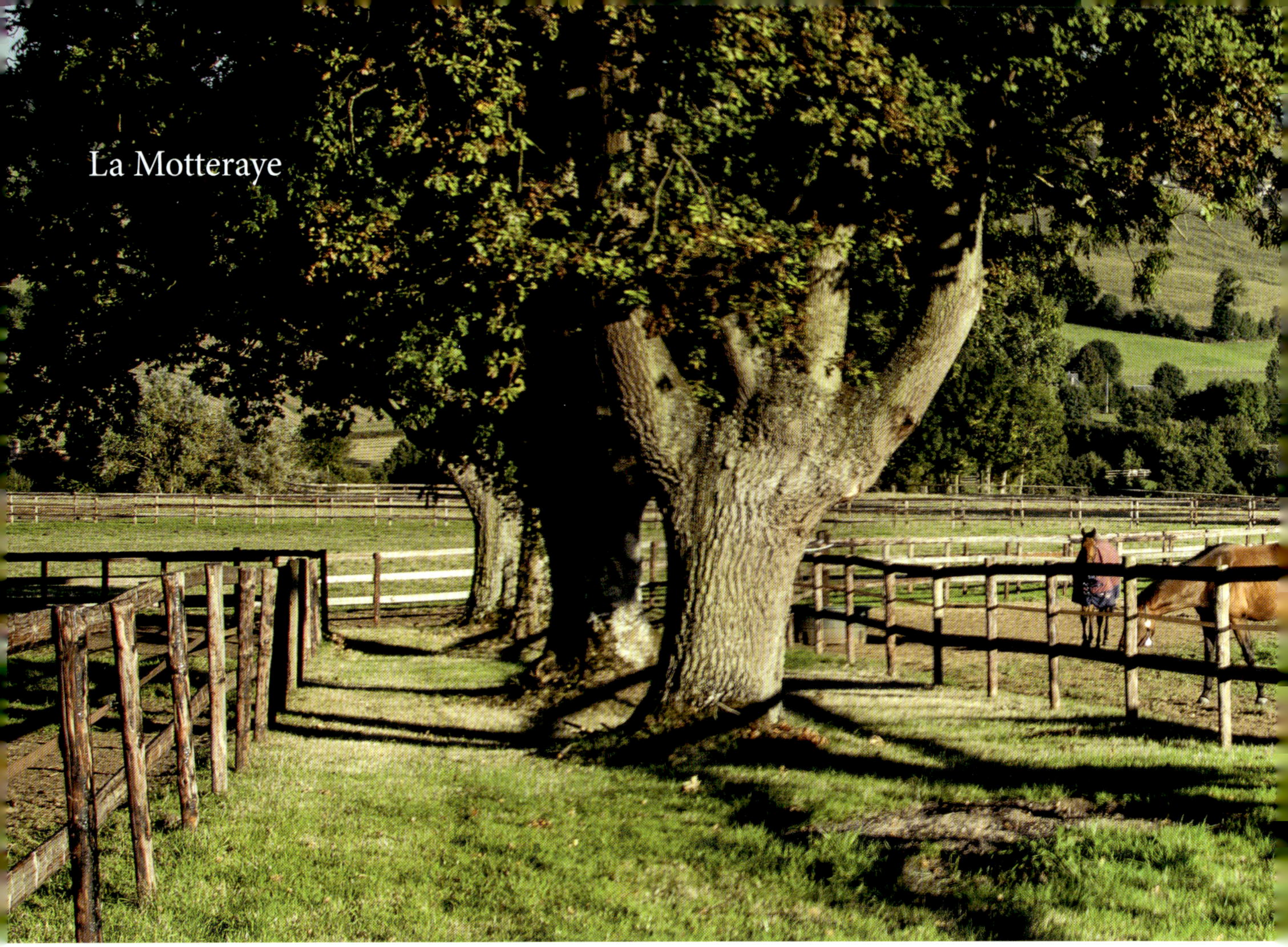

des chevaux, récemment. La rançon du succès. Mais les animateurs du site voient plus grand et sont en quête d'un autre établissement, avec plus d'espace, dans le voisinage.

The story of La Motteraye Consignment began at the Haras d'Étreham. In the early 2000s, Lucie Lamotte and Gwenaël Monneraye both worked together for the prestigious Normandy based breeding operation. They were both young and passionate about racing, learning their trade in one of the top schools in the industry. Together they went on to learn their trade in Ireland, New Zealand and Australia followed by the US with the idea in mind of returning to France to set up their own operation and to be partners in work as well as in life.

Thus came about La Motteraye Consignment in December 2009. The company name was formed using a combination of Lucie's surname and the suffix to Gwenael's surname. It has a great harmonious ring to it and success was almost immediate through the preparation of yearlings for the sales – as is indicated by the English part of the company name – and some encouraging racecourse performances from several of their graduates such as Léaupartie, To My Valentine and Holy Dazzle. One of the principal activities at La Motteraye is « pinhooking »,

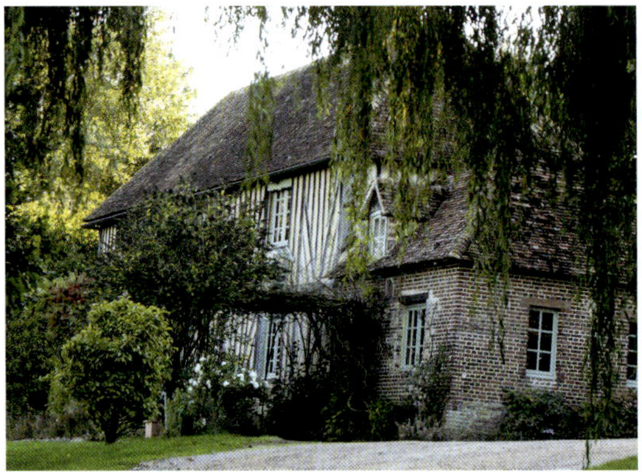

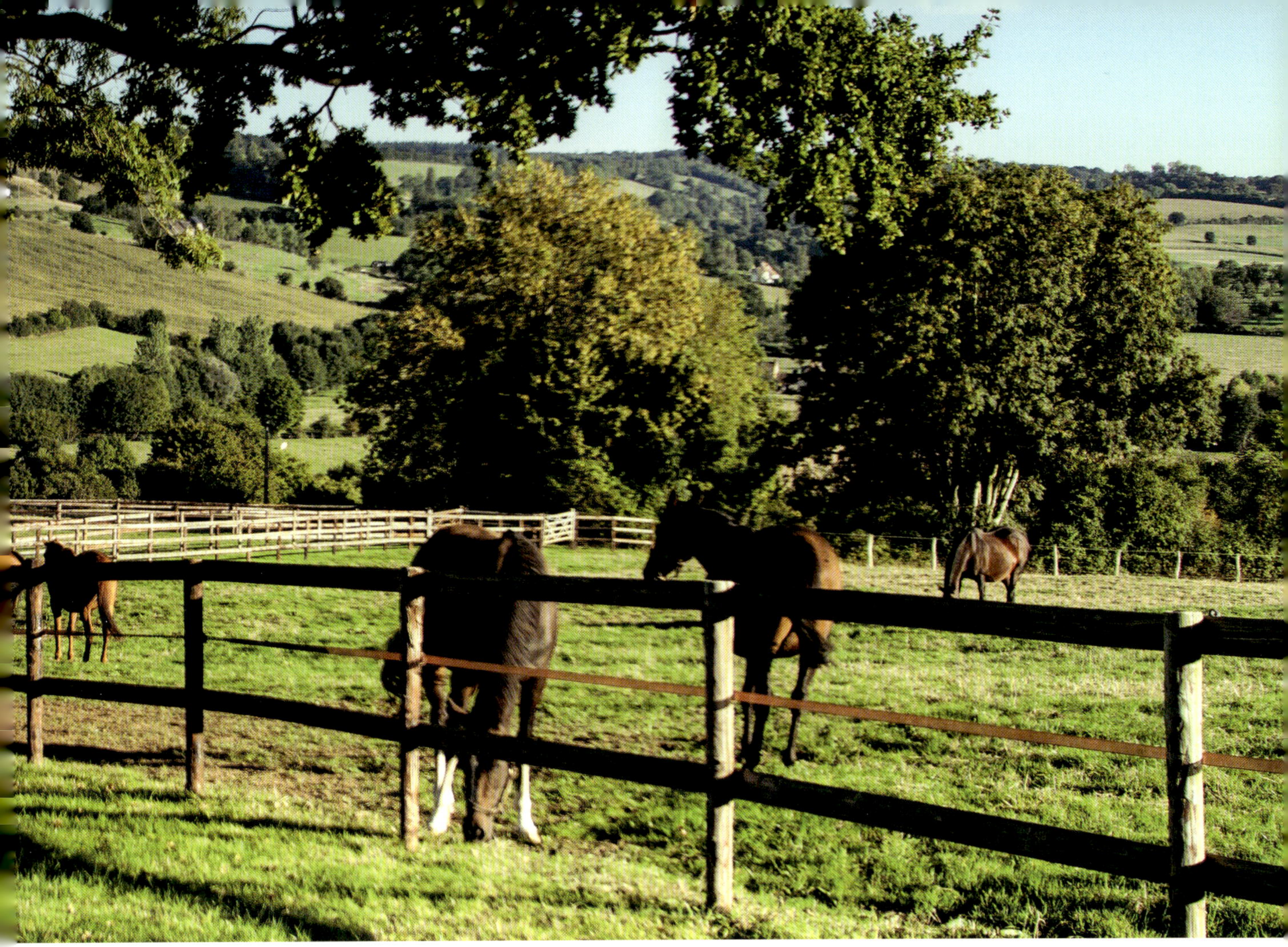

which is the gamble resulting from the purchase of well bred, good looking foals with a view to selling them on at a profit as yearlings. La Motteraye Consignment chose to be based at Les Autels-Saint-Bazile on the boundary between Calvados and the Orne region close to Livarot and Vimoutiers, taking the place of Élevage de la Vie, which was responsible for the remarkable Young Tiger. The stud stretches out over 25 hectares of first rate land on the side of a gentle hill. It has twenty boxes at its disposal. Such is the early success of the operation that things are already getting cosy at La Motteraye which has already had to refuse horses recently. The price of success. But the managers have ambitious plans and are already on the lookout for another site with more space in the area.

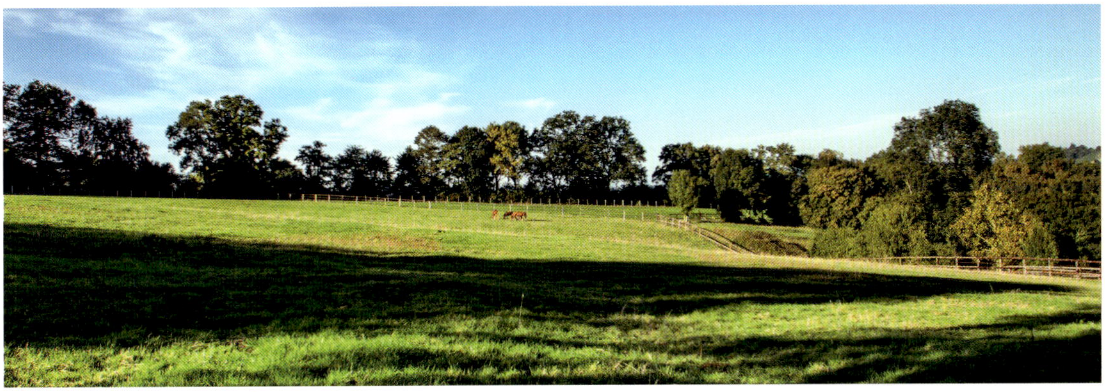

Nonant-Le-Pin

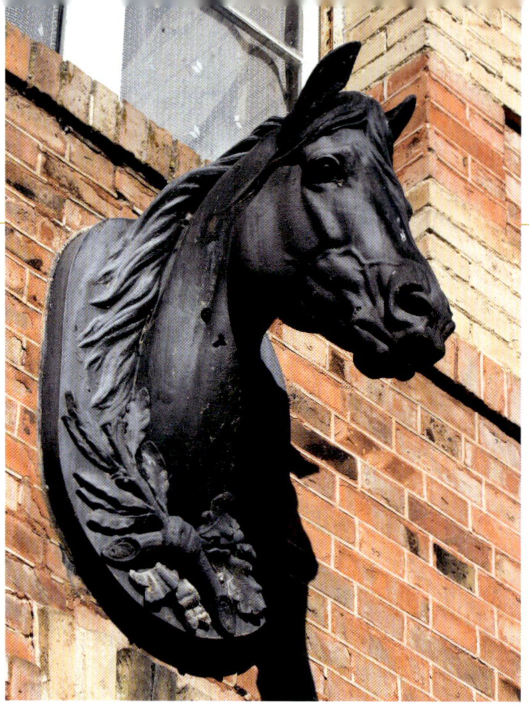

Le Haras de Nonant-le-Pin, situé à la sortie du bourg ornais éponyme, sur le côté gauche de la route qui mène au Haras du Pin, est animé par la famille Corbière depuis plus d'un siècle. Grand-père d'Olivier, l'actuel maître des lieux, Henri Corbière lança le mouvement. Il avait un client de renom en Maurice Caillault, propriétaire du fameux Perth, né en 1896 et auteur, en 1899, d'un coup de quatre demeuré unique dans la Poule d'Essai des Poulains, le Prix du Jockey Club, le Grand Prix de Paris et le Prix Royal-Oak. Perth fut le premier étalon stationné à Nonant-le-Pin, mourant, hélas, prématurément – son squelette sera conservé au Haras du Pin –, après avoir connu une immédiate réussite de géniteur. Le Haras de Nonant-le-Pin fut également célèbre à cette époque pour avoir abrité Roxelane, meilleure pouliche de sa génération, en 1894, lauréate de la Poule d'Essai des Pouliches et du Prix de Diane, et bientôt mère de Roi Hérode, que Maurice Caillault vendit en Irlande, à l'issue de sa carrière de course ; or, Roi Hérode devait engendrer là-bas The Tetrarch, un monstre de vitesse, qui deviendra lui-même l'auteur de Mumtaz Mahal, la fameuse « grise volante » de Son Altesse l'Aga Khan, dont descendent tant de champions et championnes, à commencer par Zarkava.

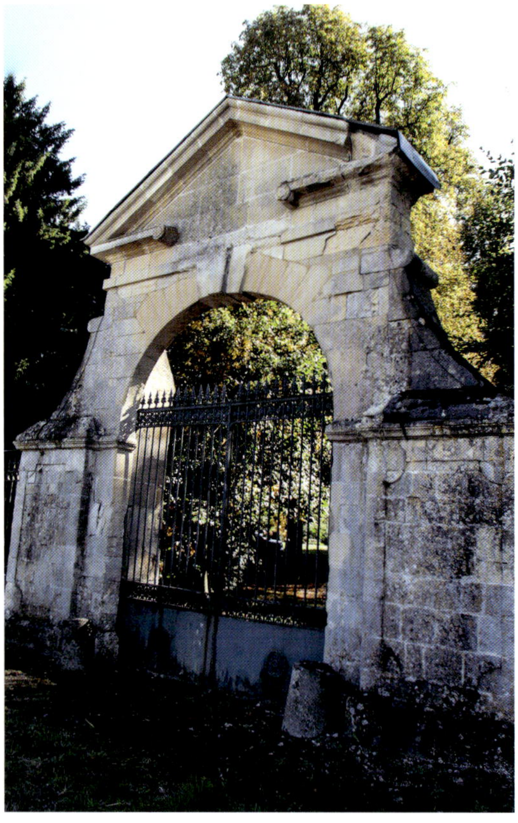

Mais revenons aux Corbière et à l'épopée de Nonant-le-Pin, que Henri Corbière va marquer de son empreinte. Diplômé de l'école d'agriculture de Grignon, cet esprit précurseur et novateur va faire du haras familial l'un des hauts lieux de l'élevage du pur-sang en Europe. Les élèves de Nonant-le-Pin connaîtront ainsi une splendide réussite entre les deux guerres, grâce, notamment, à une poulinière exceptionnelle, Ramondie, mère de Rovigo, vainqueur du Prix Ganay, de Château Bouscaut, gagnant du « Jockey Club », et de Rodosto, auteur du doublé des « Guinées » et de la Poule d'Essai. Ramondie, malheureusement, périra dans un bombardement. Outre Château Bouscaut, Henri Corbière élèvera deux autres lauréats du Prix du Jockey Club, Belfonds et Dupleix, ainsi qu'un vainqueur du Grand Prix de Paris et du Grand Prix de Saint-Cloud, Barneveldt. Il aura aussi Ponteba, la mère du gagnant du Derby d'Epsom de 1940, Pont l'Évêque, exporté en Angleterre *in utero*.

Après la guerre, les fils d'Henri Corbière, Pierre et Jean, poursuivirent l'œuvre, le premier s'illustrant avec la championne Imprudence, qui réussit le triplé de la Poule d'Essai, des Mille Guinées et des Oaks, tandis que le deuxième faisait naître Burgos, gagnant du Grand Prix de Saint-Cloud, dead-heat avec Oroso, futur lauréat du Prix de l'Arc de Triomphe. Burgos marquera d'ailleurs le début de la collaboration du Haras de Nonant-le-Pin avec l'écurie de la famille Bedel, dans le centre de la France. C'est ainsi que Jean-Pierre Gauvin, qui travailla longtemps pour les Bedel, comme jockey, puis comme

< *Tête de cheval en étain percée par les balles des soldats allemands pendant l'occupation.*

Pewter head of a horse which was pierced by the bullets of German soldiers during the occupation.

entraîneur, sera amené à acheter Saônois à Olivier Corbière, le fils de Jean, pour offrir à l'élevage maison rien moins que son quatrième Prix du Jockey Club, en 2012.

Olivier Corbière est donc aujourd'hui à la tête du Haras de Nonant-le-Pin, assisté de son épouse, Florence, et de leur fille. Cet élevage traditionnel s'étend sur une centaine d'hectares et se partage entre chevaux – une quinzaine de poulinières et leurs produits –, bovins – un troupeau de vaches salers – et ovins – cent cinquante brebis, environ –, aux soins de trois salariés. L'ancien domaine des marquis de Nonant, qui compta jusqu'à cinq cents hectares de terres, est assurément dans de bonnes mains. Les affres historiques ne l'ont pourtant pas épargné – à commencer par le château féodal, entièrement détruit –, depuis la Révolution jusqu'aux conflits du vingtième siècle. Il en subsiste cependant une chapelle et une petite tour, qui méritent plus que le détour, comme la maison de maître, que fit construire Henri Corbière, lors de son installation, et les dépendances. À tous ces titres, Nonant-le-Pin demeure l'un des joyaux de la Normandie du cheval.

The Haras de Nonant-le-Pin, located just outside the Orne town of the same name on the left hand side of the road leading to the Haras du Pin, has been owned by the Corbière family for over a century. The

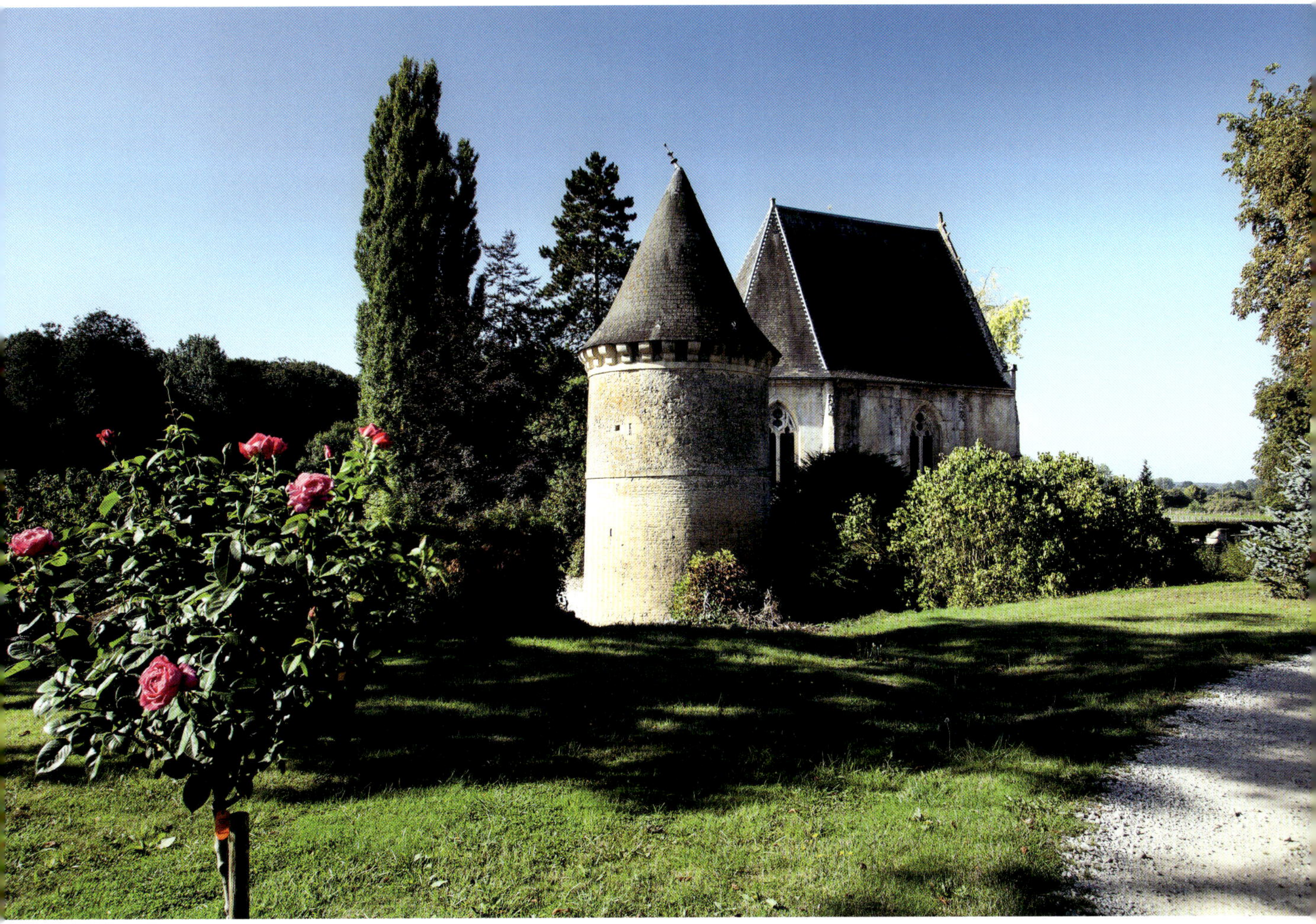

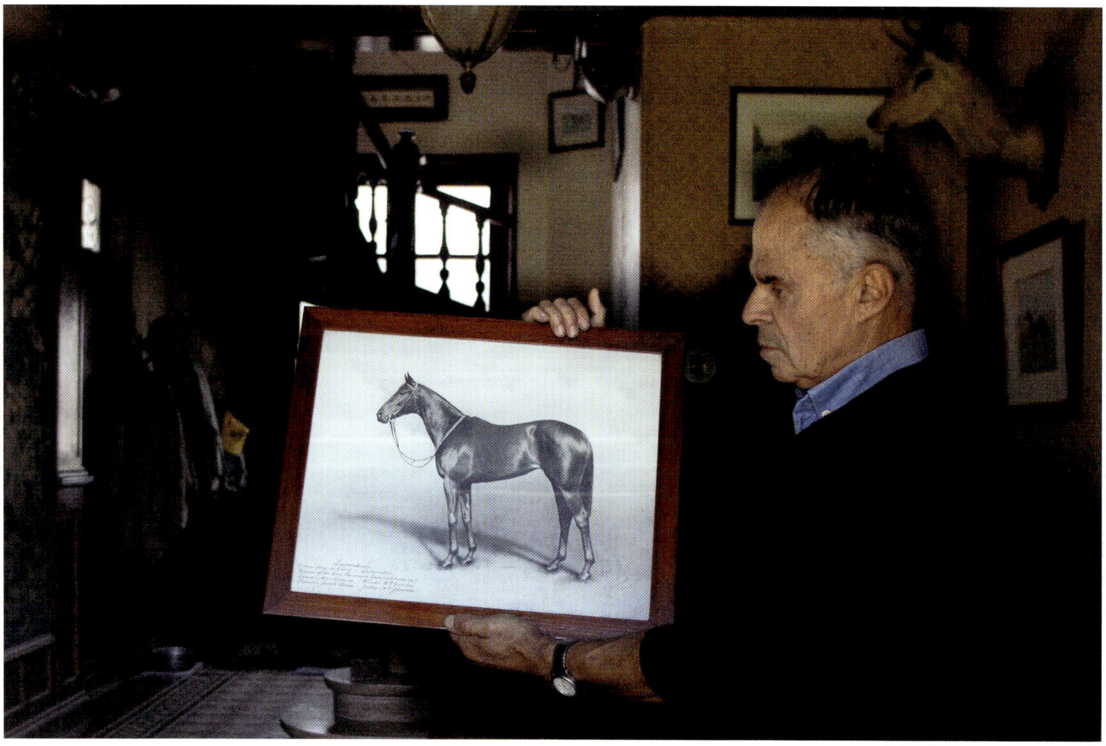

Olivier Corbière présentant un tableau d'Imprudence qui réussit le triplé de la Poule d'Essai, des Mille Guinées et des Oaks.
Olivier Corbière presenting a painting of Imprudence who won the Poule d'Essai des Pouliches, 1,000 Guineas and Oaks treble.

current owner Olivier's grandfather Henri Corbière got the ball rolling. He had a renowned client in Maurice Caillault, owner of the famous Perth who was born in 1896 and achieved the unique four timer in 1899 of winning the Poule d'Essai des Poulains, the Prix du Jockey Club, the Grand Prix de Paris and the Prix Royal-Oak. Perth was the first stallion to stand at Nonant-le-Pin, sadly dying very young – his remains are still kept at the Haras du Pin – having shown immediate success as a sire. The Haras de Nonant-le-Pin was also famous at the time for raising Roxelane, best filly of her generation in 1894 and winner of the Poule d'Essai des Pouliches and the Prix de Diane who became the dam of Roi Hérode, whom Maurice Caillault sold to Ireland at the end of his racing career. Roi Hérode would later sire the speed sensation The Tetrarch, who would himself be responsible for Mumtaz Mahal, the famous « flying grey » belonging to His Highness Aga Khan and whose descendants include so many champions, starting with Zarkava.

But going back to the Corbière family and the Nonant-le-Pin epic which Henri Corbière stamped with his mark. A graduate of the Grignon School of Agriculture, this pioneering and innovative spirit turned the family stud into one of the high points of thoroughbred breeding in Europe. Graduates of Nonant-le-Pin experienced huge success between the two wars, thanks in particular to the exceptional broodmare Ramondie, dam of Rovigo winner of the Prix Ganay, Château Bouscaut victorious in the « Jockey Club » and of Rodosto, winner of the « Guineas » and Poule d'Essai des Poulains double. Ramondie

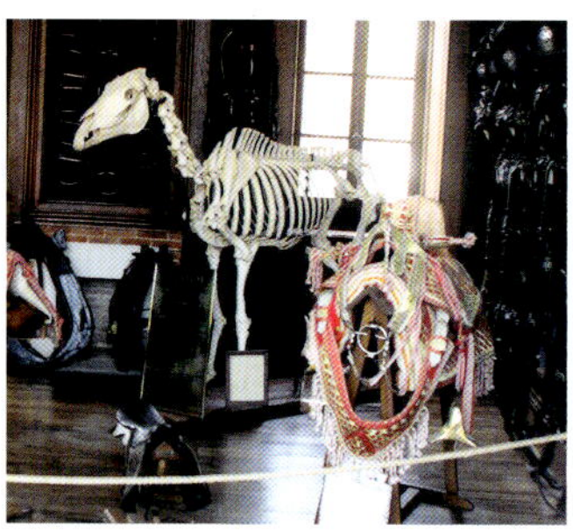

< Le squelette de Perth est conservé au Haras du Pin.
Perth's skeleton is kept at the Haras du Pin.

sadly died as a result of a bombing. As well as Château Bouscaut Henri Corbière bred two other winners of the Prix du Jockey Club in Belfonds and Dupleix and a winner of the Grand Prix de Paris and Grand Prix de Saint-Cloud in Barneveldt. He also exported Ponteba, dam of 1940 Epsom Derby winner Pont l'Évêque to England in utero.

After the war, Henri Corbière's sons Pierre and Jean continued the good work, with the former being responsible for champion filly Imprudence who achieved Poule d'Essai des Pouliches, 1,000 Guineas and Oaks treble, while the latter bred Burgos winner of the Grand Prix de Saint-Cloud in a dead heat with Oroso subsequent winner of the Arc de Triomphe. Burgos also marked the beginning of the Haras de Nonant-le-Pin's collaboration with the Bedel family in central France. This is how Jean-Pierre Gauvin who worked for the Bedels for many years as a jockey then as a trainer, came to buy Saônois from Olivier Corbière, Jean's son, to provide the home breeding operation with no less than its fourth Prix du Jockey Club in 2012.

Olivier Corbière is now head of the Haras de Nonant-le-Pin assisted by his wife Florence and their daughter. This traditional stud farm covers around a hundred hectares and is shared between horses – fifteen mares

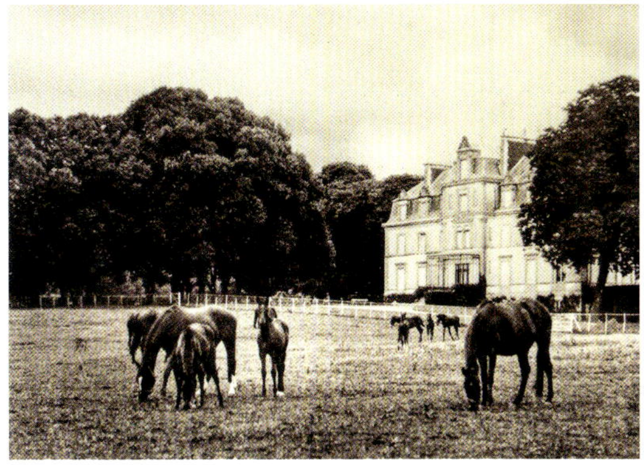

and their offspring – cattle – a herd of salers cows – and sheep – one hundred and fifty ewes – in the care of three salaried employees. The former estate of the Marquis de Nonant, which was at one time five hundred hectares, is without doubt in very good hands. Yet it was not spared historical atrocities – starting with the castle which was completely destroyed – from the Revolution to the conflicts of the twentieth century. However, a chapel and a small tower, both of which are worth a visit, still remain, as does the manor house and its outbuildings which were built by Henri Corbière when he established the stud. For all these reasons Nonant-le-Pin remains one of the jewels of equine Normandy.

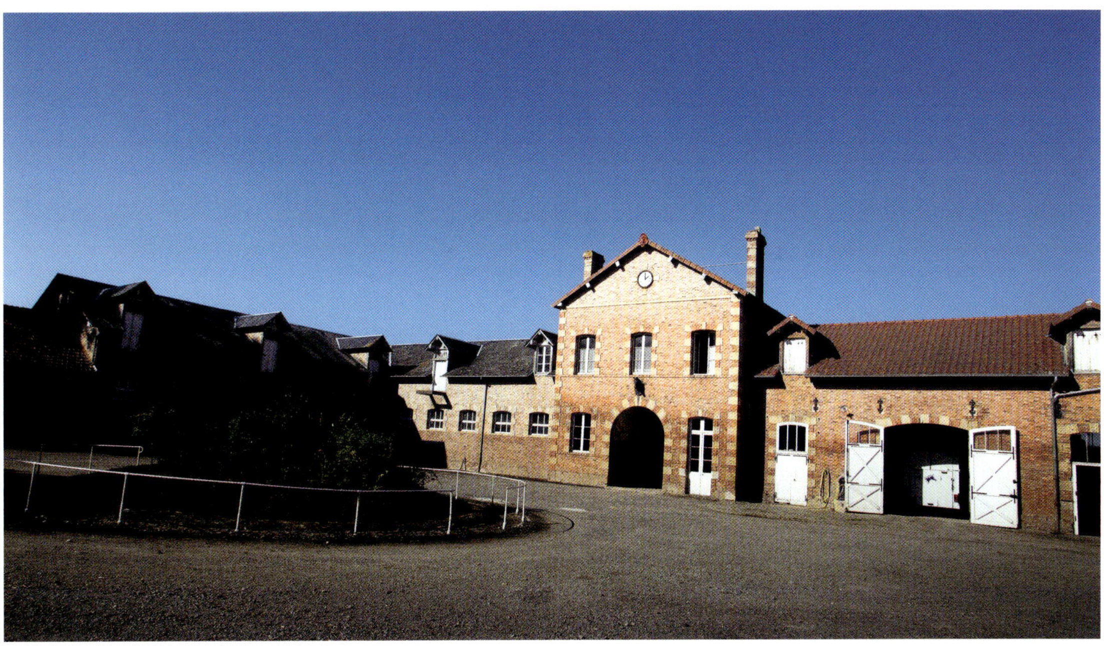

Omméel

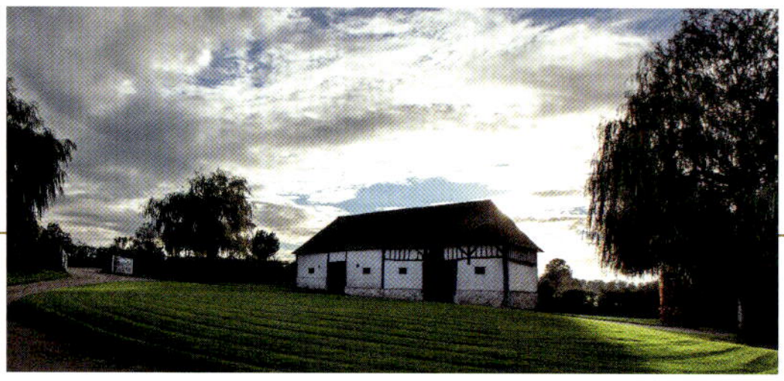

Propriété de la famille Chédeville, le Haras d'Omméel abrite cependant d'autres élevages depuis plusieurs décennies. Jorgen Permin et Godolphin Darley* y ont ainsi, tour à tour, jeté leurs bases dans les années soixante et soixante-dix. Présent animateur du haras, Hubert Honoré y a travaillé préalablement pendant dix ans, puis il a pris le relais, à son compte, le moment venu. C'était en 1981. Depuis lors, il a connu, de son propre aveu, des fortunes diverses, dans le cadre d'une activité, il est vrai, toujours aléatoire et difficile, mais a aussi élevé de très

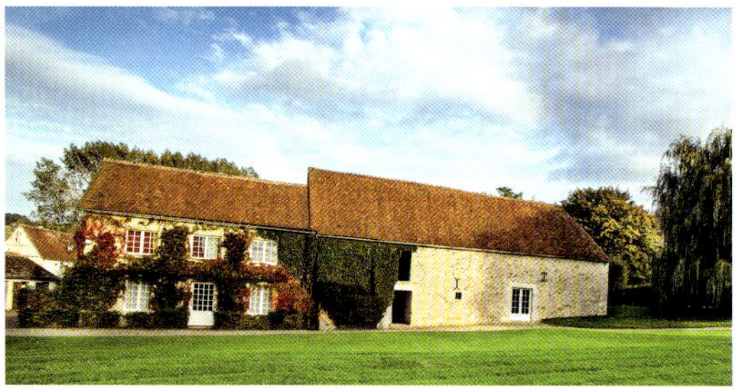

bons chevaux, dont un trio de gagnants de Groupes I, formé de Saint Andrews, qui remporta deux Prix Ganay, Molesnes, héroïne d'un Prix du Cadran, et l'actuel Toronado, vainqueur des Sussex Stakes, cet été, arrivé à Omméel au sevrage et reparti à 18 mois. Formé, dans son jeune âge, à plusieurs des métiers du cheval, au galop comme au trot, un peu partout dans le monde, Hubert Honoré est éclectique. Il excella, un temps, dans le « pin-hooking », achetant des foals outre-Manche et les revendant en France, yearlings, avec un gros profit, en partenariat avec des associés, y compris extérieurs au monde des courses, qui faisaient là un placement. Pendant quatre ans, aussi, tout en conservant Omméel, il travailla aux Émirats, à Abu Dhabi, pour le cheikh Bin Zayed, parfaisant sa connaissance des chevaux arabes et conseillant ses hôtes quant au développement de leur écurie et de leur élevage. Il fut également un étalonnier plutôt avisé, accueillant, à Omméel, Shining Steel ou encore Cricket Ball. Bref, notre homme a plus d'une corde à son arc et d'évidentes capacités à toujours rebondir. S'intéressant de près à la vie de l'Institution, il est vice-président du Syndicat des Éleveurs et membre du comité de France Galop.

Omméel prend place sur la commune ornaise éponyme, sur l'axe Gacé-Trun, avec pour plus proche voisin le Haras du Cadran de Pierre Talvard. Hubert Honoré exploite soixante hectares sur place, qui s'augmentent de quatre-vingts autres sur des territoires proches, à Exmes, Courménil et Avernes-sous-Exmes. Huit à dix personnes travaillent en permanence sur l'ensemble du haras, où paissent une quarantaine de poulinières et leurs produits, en propriété propre, en association ou en pension. Soixante-dix boxes sont à disposition, complétés d'une unité spéciale vouée à la préparation des yearlings pour les ventes. Car Omméel demeure un haras vendeur par excellence.

Owned by the Chédeville family, the Haras d'Omméel has nonetheless been home to other people's breeding entities for decades. Jorgen Permin and Godolphin Darley were each in turn based there in the sixties and seventies. Currently at the helm, Hubert Honoré had previously worked on site for ten years and then took over on his own account when the time came. That was in 1981. Since then he has by his own admission experienced varying degrees of success in this business which is well known for being so unpredictable and difficult, but he is also responsible for some very good horses including a trio of Group I winners made up of Saint Andrews who won two Prix Ganays, Molesnes, the Prix du Cadran heroine and Toronado, winner of the Sussex Stakes this summer and who arrived at Omméel as a weanling and stayed there until he was 18 months old. Rather eclectic – it has to be said that he was*

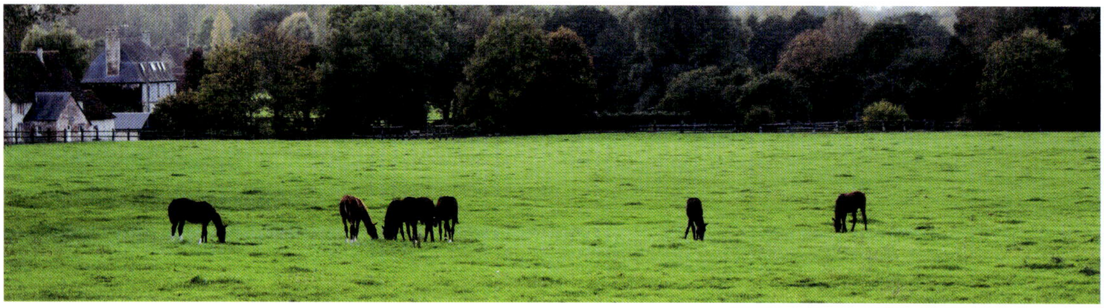

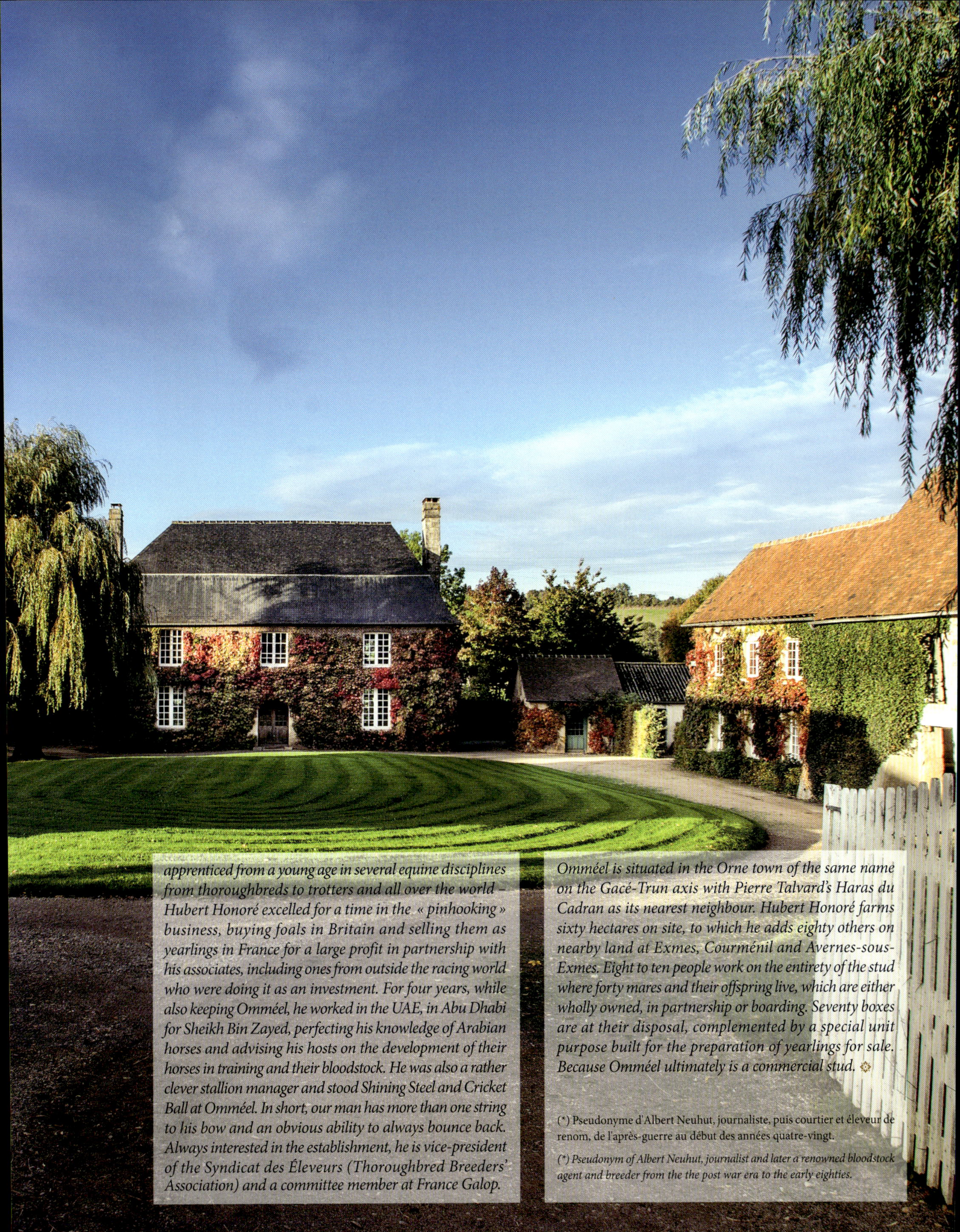

apprenticed from a young age in several equine disciplines from thoroughbreds to trotters and all over the world – Hubert Honoré excelled for a time in the « pinhooking » business, buying foals in Britain and selling them as yearlings in France for a large profit in partnership with his associates, including ones from outside the racing world who were doing it as an investment. For four years, while also keeping Omméel, he worked in the UAE, in Abu Dhabi for Sheikh Bin Zayed, perfecting his knowledge of Arabian horses and advising his hosts on the development of their horses in training and their bloodstock. He was also a rather clever stallion manager and stood Shining Steel and Cricket Ball at Omméel. In short, our man has more than one string to his bow and an obvious ability to always bounce back. Always interested in the establishment, he is vice-president of the Syndicat des Éleveurs (Thoroughbred Breeders' Association) and a committee member at France Galop.

Omméel is situated in the Orne town of the same name on the Gacé-Trun axis with Pierre Talvard's Haras du Cadran as its nearest neighbour. Hubert Honoré farms sixty hectares on site, to which he adds eighty others on nearby land at Exmes, Courménil and Avernes-sous-Exmes. Eight to ten people work on the entirety of the stud where forty mares and their offspring live, which are either wholly owned, in partnership or boarding. Seventy boxes are at their disposal, complemented by a special unit purpose built for the preparation of yearlings for sale. Because Omméel ultimately is a commercial stud.

(*) Pseudonyme d'Albert Neuhut, journaliste, puis courtier et éleveur de renom, de l'après-guerre au début des années quatre-vingt.

(*) Pseudonym of Albert Neuhut, journalist and later a renowned bloodstock agent and breeder from the the post war era to the early eighties.

La Pérelle

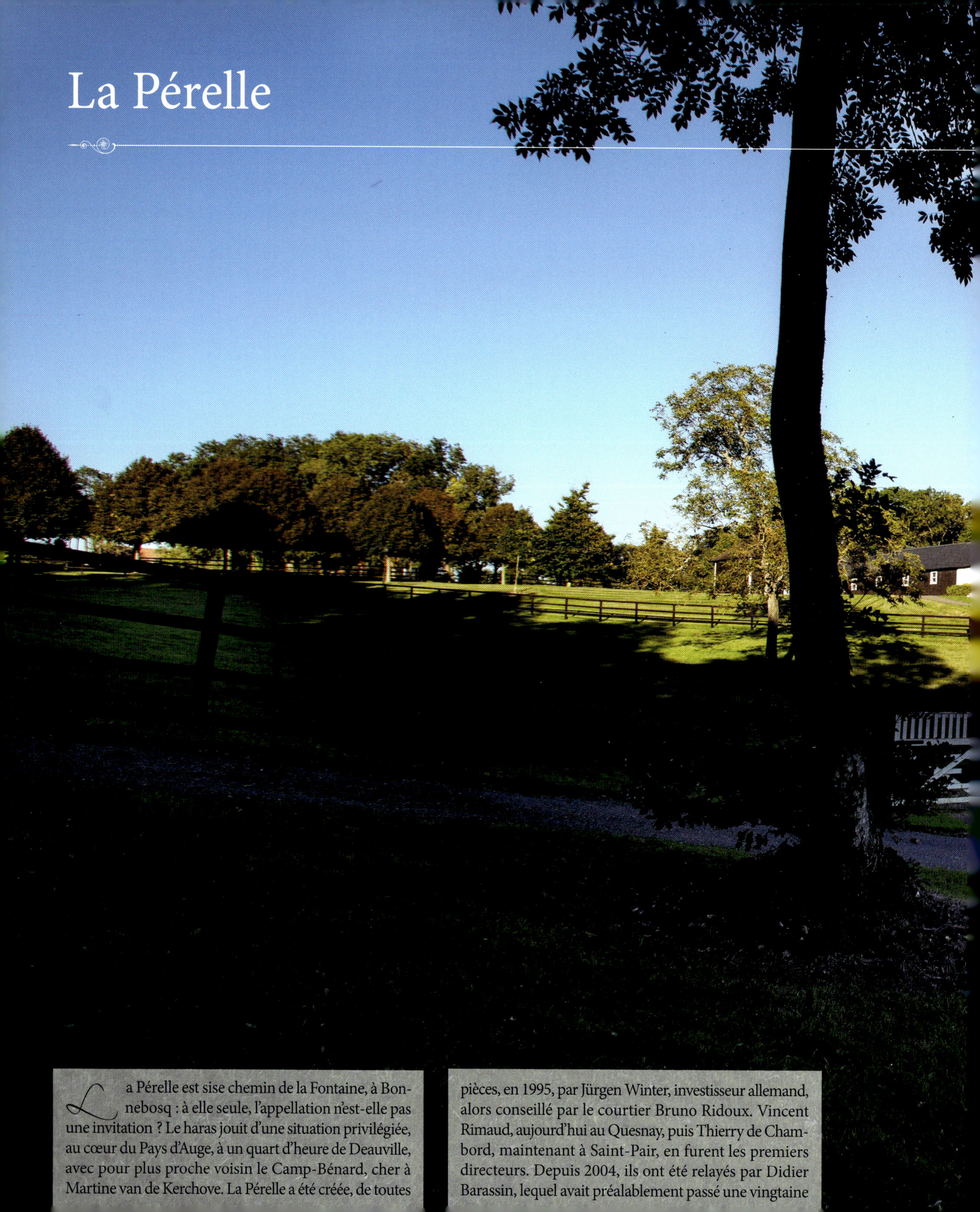

La Pérelle est sise chemin de la Fontaine, à Bonnebosq : à elle seule, l'appellation n'est-elle pas une invitation ? Le haras jouit d'une situation privilégiée, au cœur du Pays d'Auge, à un quart d'heure de Deauville, avec pour plus proche voisin le Camp-Bénard, cher à Martine van de Kerchove. La Pérelle a été créée, de toutes pièces, en 1995, par Jürgen Winter, investisseur allemand, alors conseillé par le courtier Bruno Ridoux. Vincent Rimaud, aujourd'hui au Quesnay, puis Thierry de Chambord, maintenant à Saint-Pair, en furent les premiers directeurs. Depuis 2004, ils ont été relayés par Didier Barassin, lequel avait préalablement passé une vingtaine

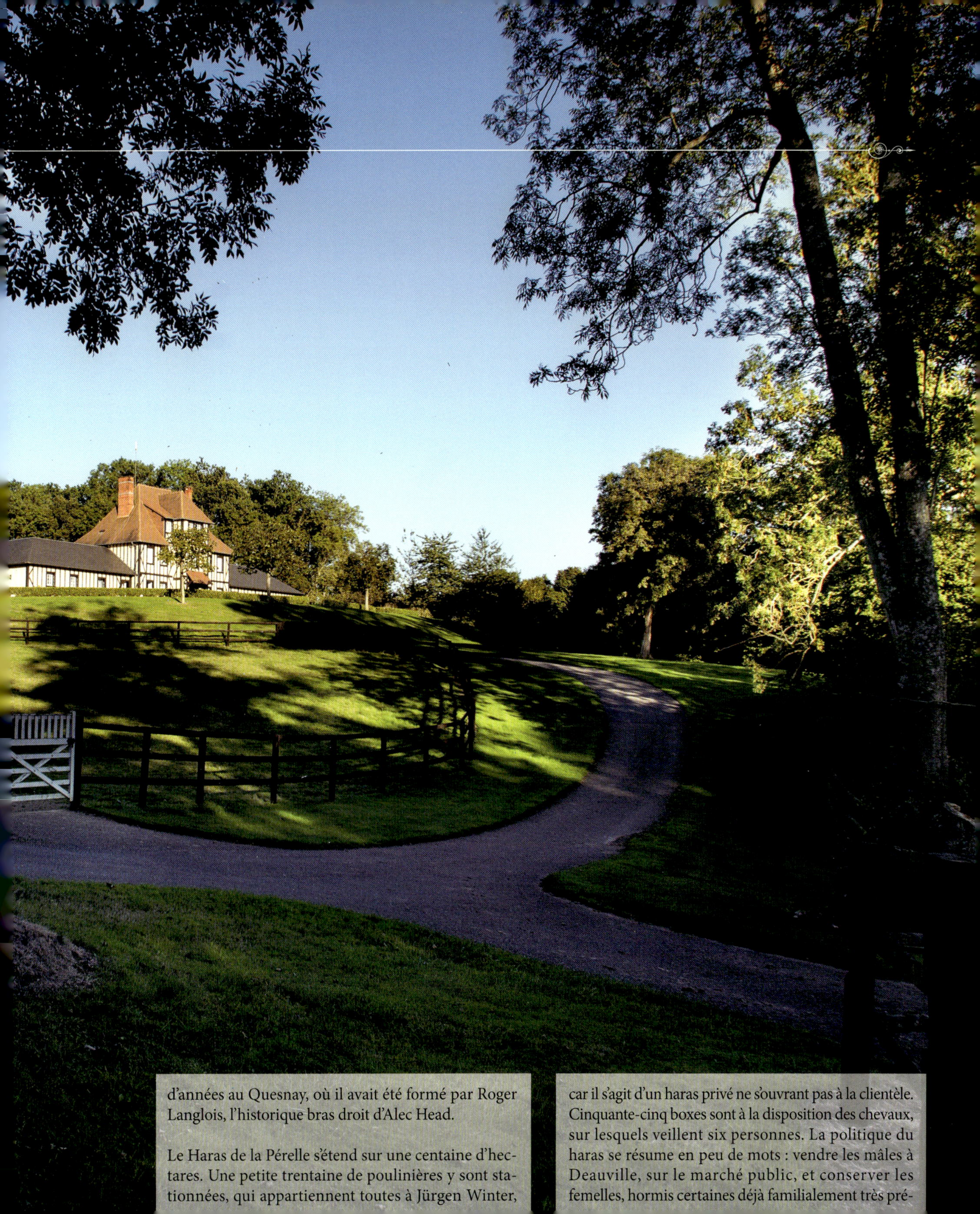

d'années au Quesnay, où il avait été formé par Roger Langlois, l'historique bras droit d'Alec Head.

Le Haras de la Pérelle s'étend sur une centaine d'hectares. Une petite trentaine de poulinières y sont stationnées, qui appartiennent toutes à Jürgen Winter, car il s'agit d'un haras privé ne s'ouvrant pas à la clientèle. Cinquante-cinq boxes sont à la disposition des chevaux, sur lesquels veillent six personnes. La politique du haras se résume en peu de mots : vendre les mâles à Deauville, sur le marché public, et conserver les femelles, hormis certaines déjà familialement très pré-

La Pérelle

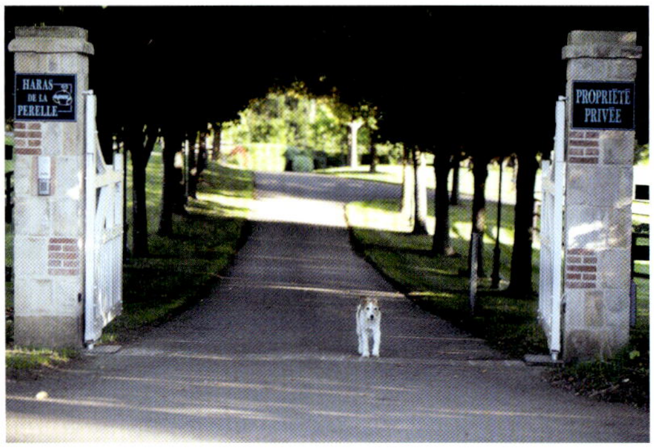

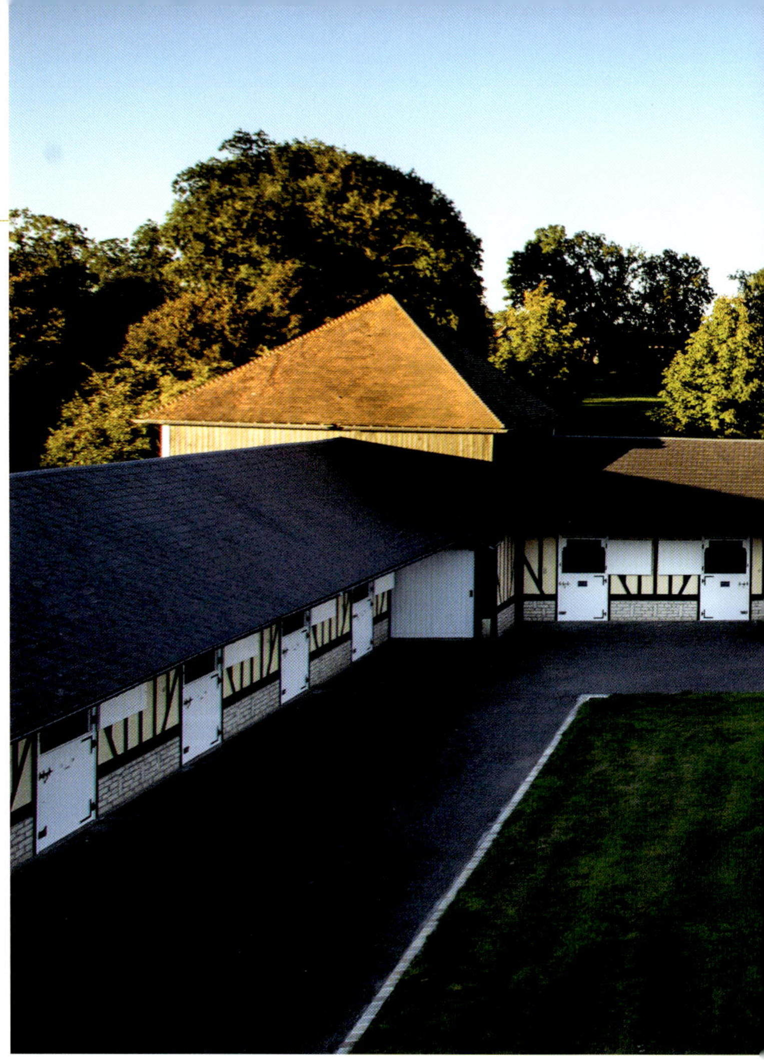

sentes. À la Pérelle ont déjà été élevés trois gagnants de Groupe I : Gentlewave (Derby italien), Reggane (E.-P. Taylor Stakes) et Giofra (Falmouth Stakes) et beaucoup d'autres bons chevaux : Alloway, Caesarion, Dalarua, High Jinx, etc. Les entraîneurs maison sont Alain de Royer-Dupré, à Chantilly, et Stéphane Wattel, à Deauville.

La Pérelle sits along the Chemin de la Fontaine in Bonnebosq: isn't the name alone quite an invitation? The stud benefits from a privileged location at the heart of the Pays d'Auge, a quarter of an hour away from Deauville, with Camp Bénard which is so dear to Martine Van de Kerckhove as its nearest neighbour. La Pérelle was created from scratch in 1995 by the German investor Jürgen Winter who at the time was advised by the bloodstock agent Bruno Ridoux. Vincent Rimaud who is now at the Quesnay and Thierry de Chambord these days at Saint Pair, were its first directors. They were replaced in 2004 by Didier Barassin who had previously spent twenty years at the Quesnay, where he learned his trade from Roger Langlois, historic right hand man to Alec Head.

The Haras de la Pérelle extends over a hundred hectares. Around thirty mares are resident there, all of which belong

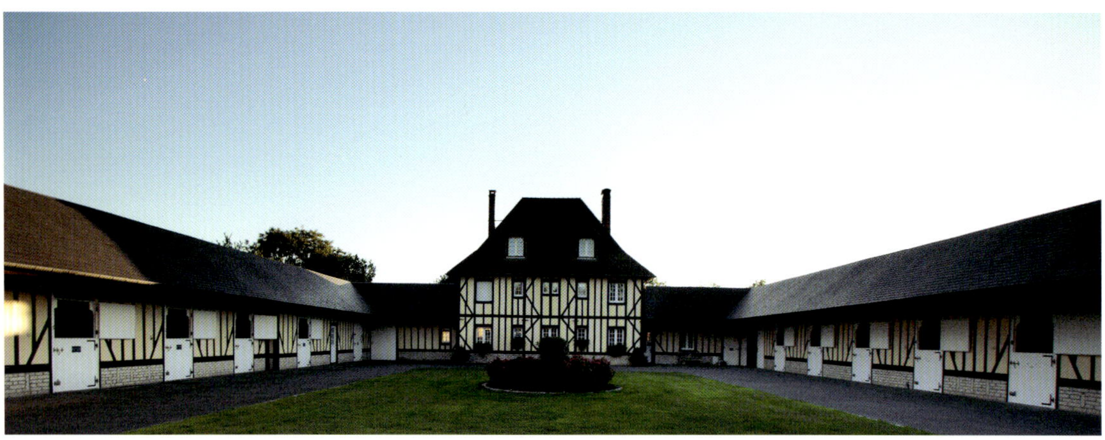

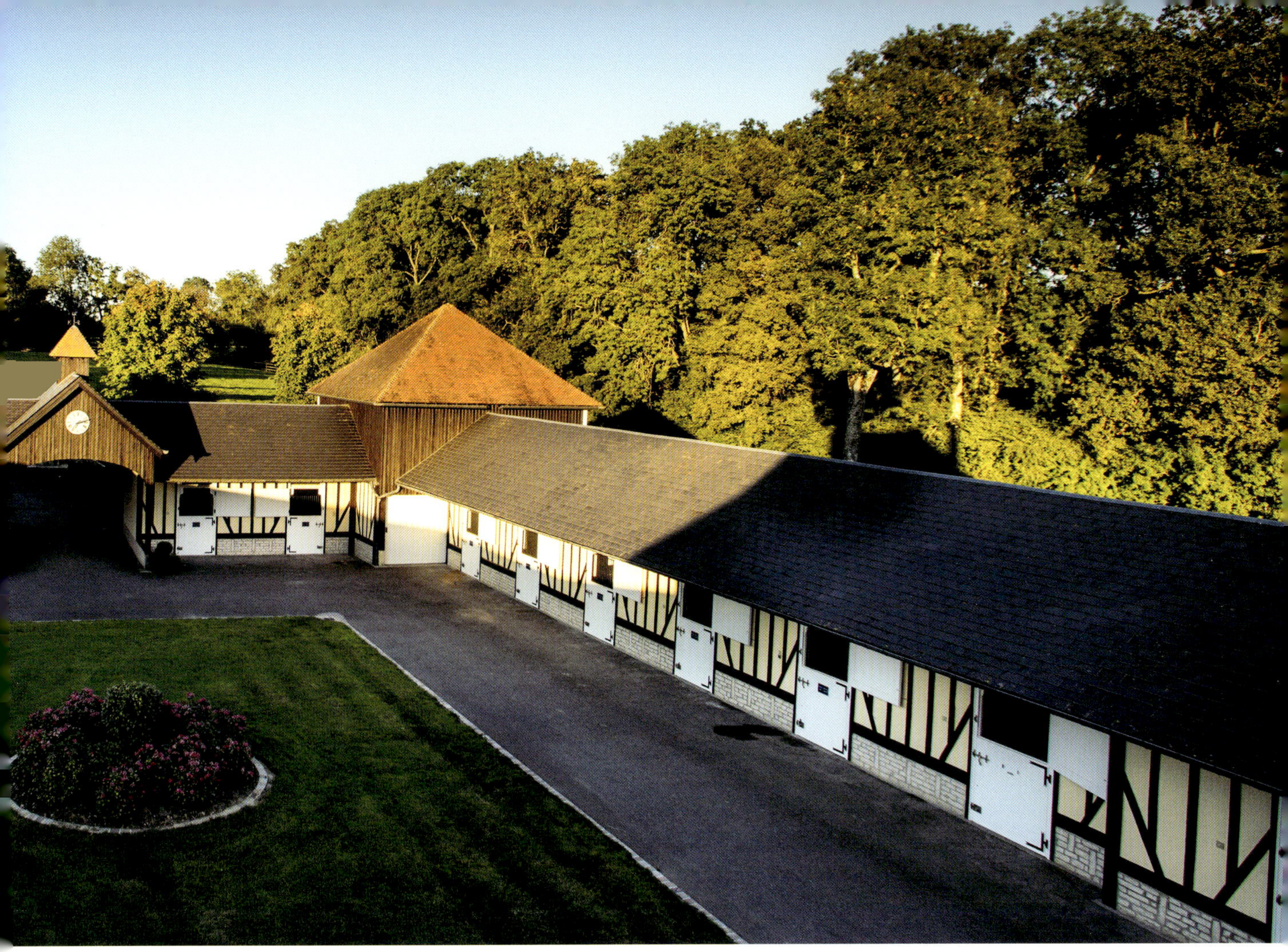

to Jurgen Winter, as this is a private stud which is not open to outside clients. Fifty five boxes are available to the horses which are looked after by a staff of six. The stud's policy can be summarized in a few words: to sell the colts at public auction in Deauville and to retain the fillies, except on the odd occasion when the family is already very well represented. Three Group I winners have already been bred at the Pérelle: Gentlewave (Italian Derby), Reggane (E.P. Taylor Stakes) and Giofra (Falmouth Stakes). As well as many other good horses: Alloway, Caesarion, Dalarua, High Jinx, etc... The in house trainers are Alain de Royer Dupré in Chantilly and Stéphane Wattel in Deauville.

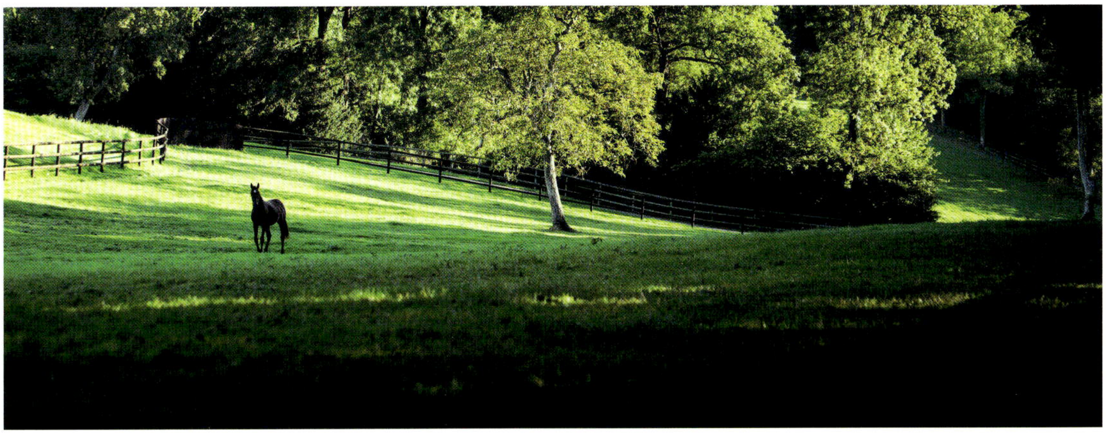

Le Petit-Tellier

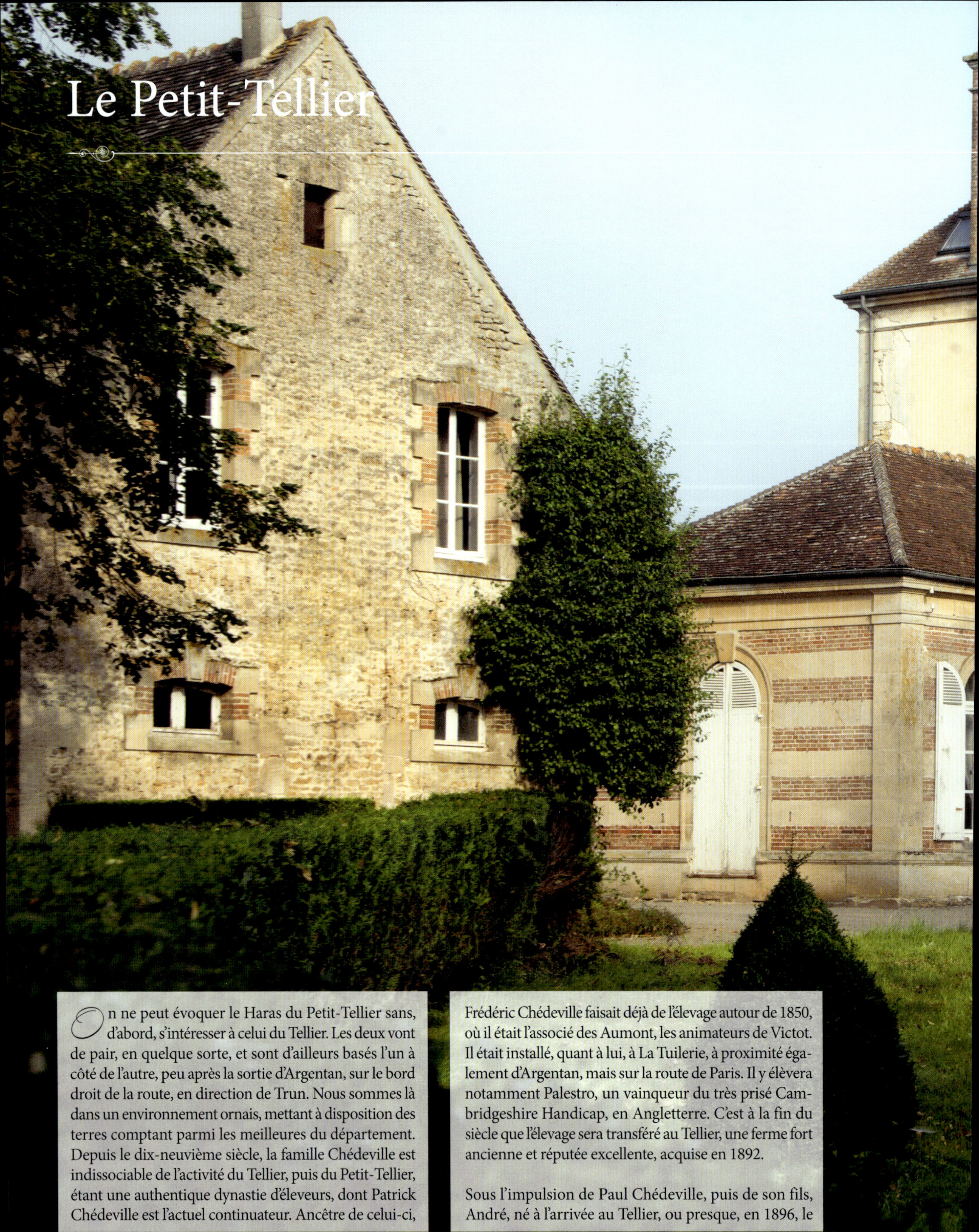

On ne peut évoquer le Haras du Petit-Tellier sans, d'abord, s'intéresser à celui du Tellier. Les deux vont de pair, en quelque sorte, et sont d'ailleurs basés l'un à côté de l'autre, peu après la sortie d'Argentan, sur le bord droit de la route, en direction de Trun. Nous sommes là dans un environnement ornais, mettant à disposition des terres comptant parmi les meilleures du département. Depuis le dix-neuvième siècle, la famille Chédeville est indissociable de l'activité du Tellier, puis du Petit-Tellier, étant une authentique dynastie d'éleveurs, dont Patrick Chédeville est l'actuel continuateur. Ancêtre de celui-ci, Frédéric Chédeville faisait déjà de l'élevage autour de 1850, où il était l'associé des Aumont, les animateurs de Victot. Il était installé, quant à lui, à La Tuilerie, à proximité également d'Argentan, mais sur la route de Paris. Il y élèvera notamment Palestro, un vainqueur du très prisé Cambridgeshire Handicap, en Angleterre. C'est à la fin du siècle que l'élevage sera transféré au Tellier, une ferme fort ancienne et réputée excellente, acquise en 1892.

Sous l'impulsion de Paul Chédeville, puis de son fils, André, né à l'arrivée au Tellier, ou presque, en 1896, le

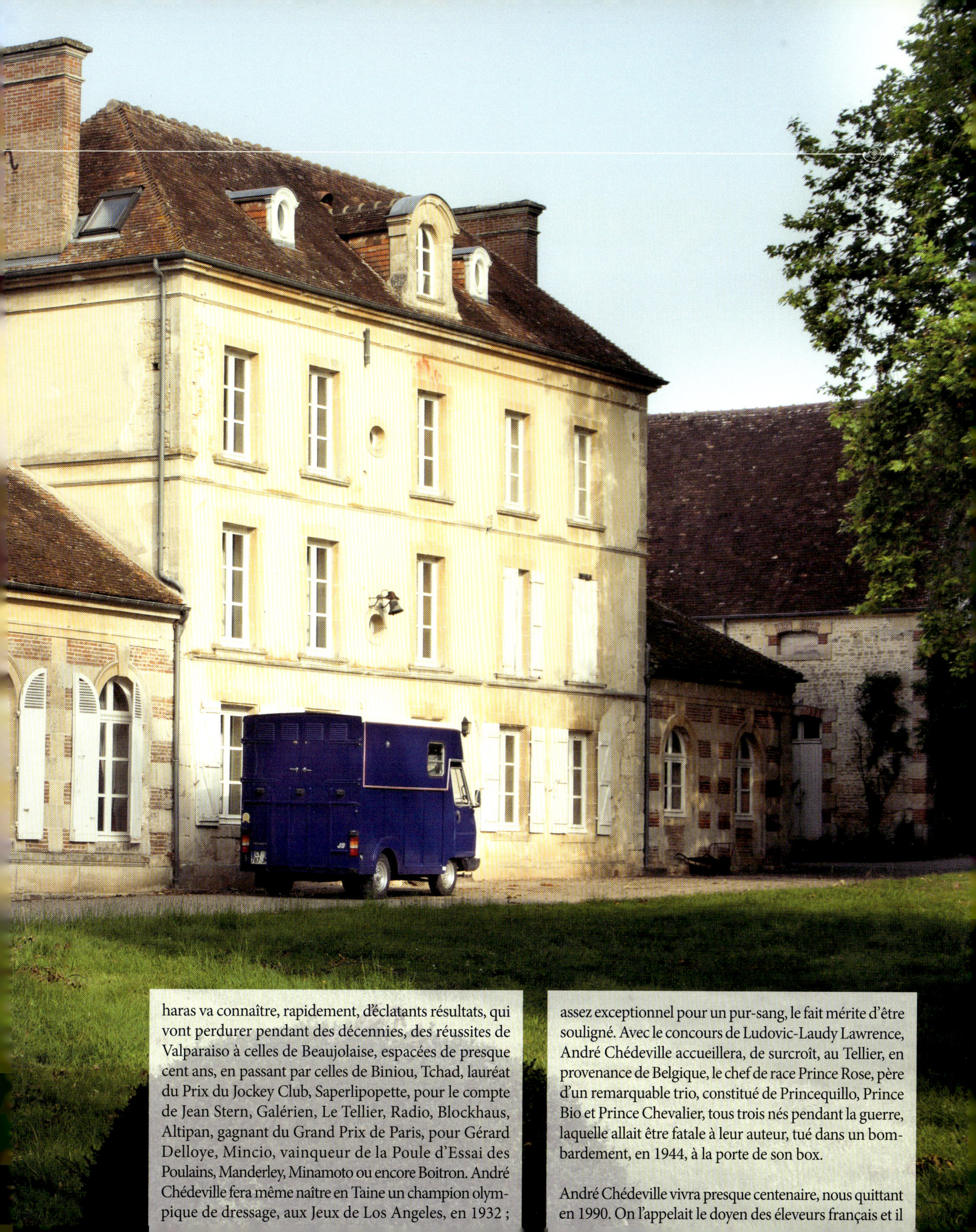

haras va connaître, rapidement, d'éclatants résultats, qui vont perdurer pendant des décennies, des réussites de Valparaiso à celles de Beaujolaise, espacées de presque cent ans, en passant par celles de Biniou, Tchad, lauréat du Prix du Jockey Club, Saperlipopette, pour le compte de Jean Stern, Galérien, Le Tellier, Radio, Blockhaus, Altipan, gagnant du Grand Prix de Paris, pour Gérard Delloye, Mincio, vainqueur de la Poule d'Essai des Poulains, Manderley, Minamoto ou encore Boitron. André Chédeville fera même naître en Taine un champion olympique de dressage, aux Jeux de Los Angeles, en 1932 ; assez exceptionnel pour un pur-sang, le fait mérite d'être souligné. Avec le concours de Ludovic-Laudy Lawrence, André Chédeville accueillera, de surcroît, au Tellier, en provenance de Belgique, le chef de race Prince Rose, père d'un remarquable trio, constitué de Princequillo, Prince Bio et Prince Chevalier, tous trois nés pendant la guerre, laquelle allait être fatale à leur auteur, tué dans un bombardement, en 1944, à la porte de son box.

André Chédeville vivra presque centenaire, nous quittant en 1990. On l'appelait le doyen des éleveurs français et il

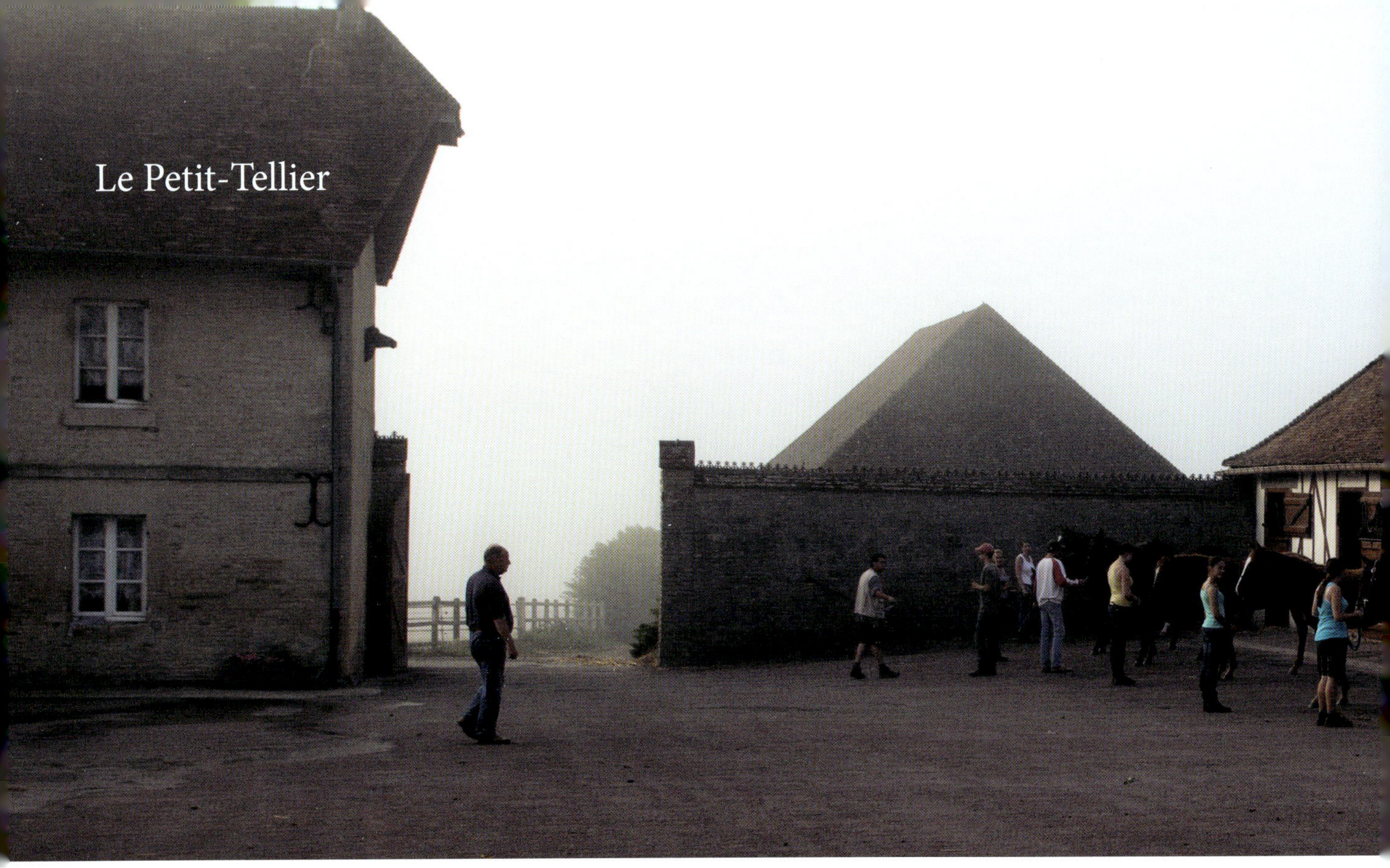

Le Petit-Tellier

l'était bel et bien. A la fin de sa vie, il était assisté par son gendre, Hervé Tillette de Clermont-Tonnerre. Il avait eu, hélas, la douleur de perdre son fils, Paul, quelques années plus tôt, en 1985. Celui-ci avait été terrassé par une crise cardiaque, dans ses herbages, au milieu de ses poulains. Une belle mort, sans doute –si tant est que la mort puisse être belle–, mais prématurée. Après avoir appris au contact de son père, puis au Haras du Pin, où il fut stagiaire, Paul Chédeville avait créé le Haras du Petit-Tellier en 1950. Sa réussite y sera aussi brillante que celle de son père sur le site voisin. Adamastor et Mélyno, gagnants de la Poule d'Essai des Poulains, Rajput Princess et Aryenne, lauréates de celle des Pouliches, ou encore Pharly, vainqueur des Prix Lupin, du Moulin de Longchamp et de la Forêt, furent ses fleurons. Paul Chédeville eut également d'excellents étalons, tels Norseman, qui a sa tombe sur le haras, Mourne et l'américain Traffic II, tête de liste des pères de vainqueurs, en France, en 1971, année où son champion, Rheffic, réalisa le coup de deux du Prix du Jockey Club et du Grand Prix de Paris. Notre homme fit aussi revenir le phénomène Sea Bird des Etats-Unis, après plusieurs saisons de monte effectuées là-bas. Mais le sort lui était contraire, car, à peine arrivé au Petit-Tellier, Sea Bird devait être victime d'une crise de coliques aux conséquences

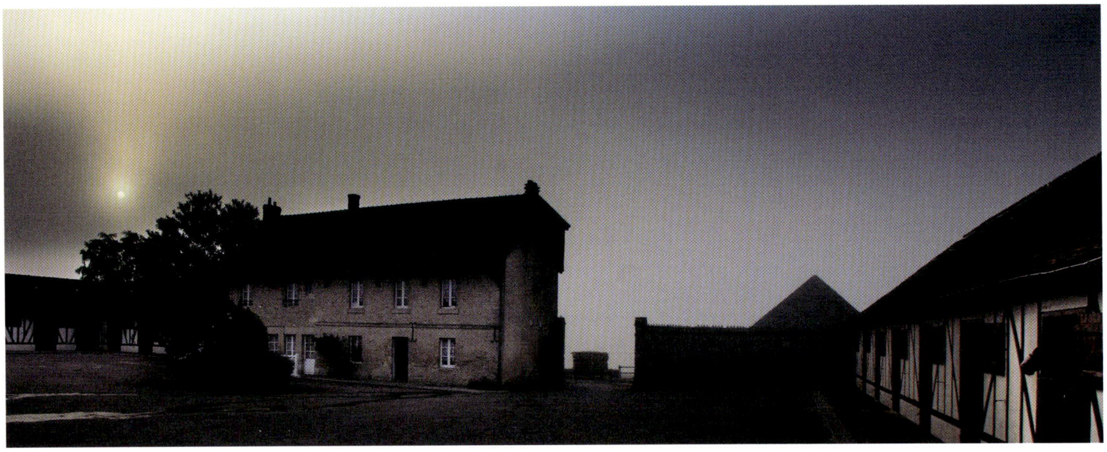

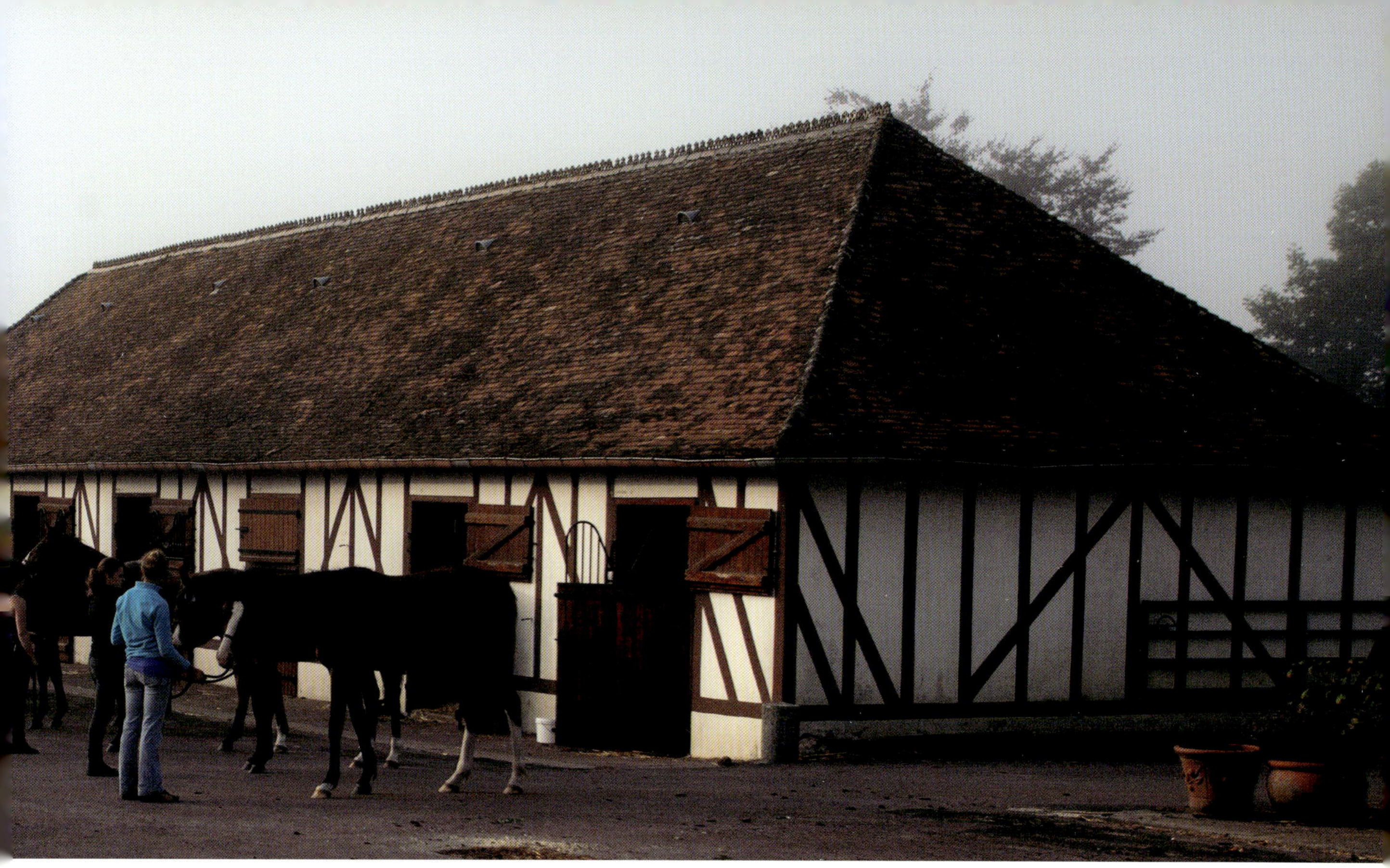

mortelles. Paul Chédeville fut, enfin, un éleveur-vendeur parmi les plus prisés sur la place de Deauville, où ses yearlings étaient toujours convoités, se recommandant d'origines commerciales et souvent précoces.

Au décès de son père, Patrick Chédeville, qui, déjà, travaillait à ses côtés, lui a, à proprement parler, succédé et a continué le chemin tracé, agrandissant même l'exploitation, qui couvre, aujourd'hui, plus de deux cents hectares, pour quelque cent quatre-vingts boxes et autant de chevaux, aux soins d'une vingtaine de personnes. Patrick Chédeville a renoué, en outre, avec le site historique de La Tuilerie, qu'il loue à Jean de Castilla et où il dispose d'une conséquente annexe. Sur le plan de l'élevage, Le Petit-Tellier et Le Tellier ne font plus qu'un, désormais, et les capacités du haras ainsi formé en sont démultipliées. Cinq étalons y sont actuellement en fonction, soit, par ordre alphabétique, Denon, Linngari, Meshaheer, Way of Light et Zafeen. Les ont précédés, à ce poste, entre autres, sous la houlette de Patrick Chédeville, les Alleged, Arctic Tern ou Hero's Honor. Le haras demeure bien représenté aux ventes de yearlings, où Vespone, futur gagnant du Grand Prix Paris, et son frère, Purple Moon, qui sera deuxième de la Melbourne Cup, ont été adjugés sous sa bannière. Tout récemment, Patrick Chédeville et sa compagne, Antoinette Tamagni, ont délégué sur les pistes deux bons 2 ans en provenance de leur élevage, This Time, lauréate du semi-classique Prix d'Arenberg, et Stillman, placé de Groupe I. L'un et l'autre sont par des étalons maison, preuve du soutien apporté à ceux-ci, ce qui a toujours été une règle dans la famille Chédeville et lui a souvent réussi.

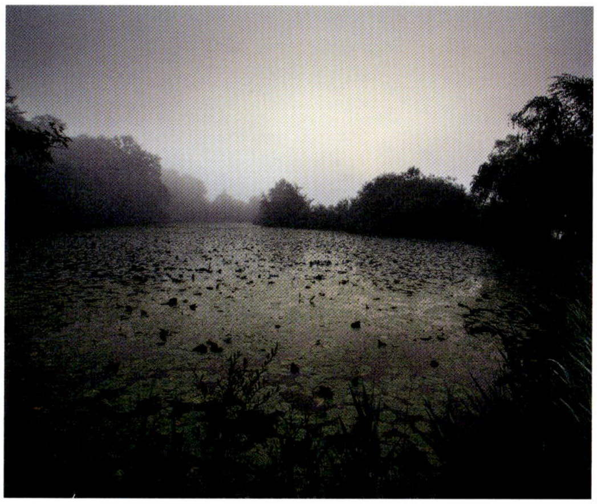

One cannot mention the Haras du Petit Tellier without first looking at Tellier. The two somehow go hand in hand and are also based next to each other, shortly after the Argentan exit on the right hand side of the road to Trun.

Le Petit-Tellier

This is the Orne area and the land on which one stands is among the best in the department. Since the nineteenth century the Chédeville family has been inseparable from the Tellier and then the Petit Tellier's activity, as an authentic dynasty of breeders of which Patrick Chédeville is the current successor. The ancestor of the last named, Frédéric Chédeville was already involved in breeding around 1850, when he was in partnership with the Aumonts who owned Victot. He, on the other hand, was based at La Tuilerie, also near Argentan but on the road to Paris. From there he most notably bred Palestro, winner of the much sought after Cambridgeshire Handicap in England. It was at the end of the century that the breeding operation was transferred to Tellier, a very old farm known for its excellence, which was bought in 1892.

Under the leadership of Paul Chédeville and later his son Andrew, who was born as they arrived at Tellier, or pretty much so in 1896, the stud very soon had some brilliant results which would last for decades, from the successes of Valparaiso to those of Beaujolaise, almost one hundred years apart, via those of Biniou, Tchad, winner of the Prix du Jockey Club, Saperlipopette, on behalf of Jean Stern, Galérien, Le Tellier, Radio, Blockhaus, Altipan, winner of the Grand Prix de Paris for Gérard Delloye, Mincio, who landed the Poule d'Essai des Poulains, Manderley, Minamoto or Boitron. André Chédeville even bred in Taine, an Olympic dressage champion at the Los Angeles Games in 1932, quite an exceptional feat for a thoroughbred, a fact worth emphasizing. With the help of Ludovic-Laudy Lawrence, André Chédeville also took on at Tellier, all the way from Belgium, the chef de race Prince Rose, sire of the remarkable trio consisting of Princequillo, Prince Bio and Prince Chevalier, all three born during the war, which turned out to be fatal for their sire who was killed in a bombing at his box door in 1944.

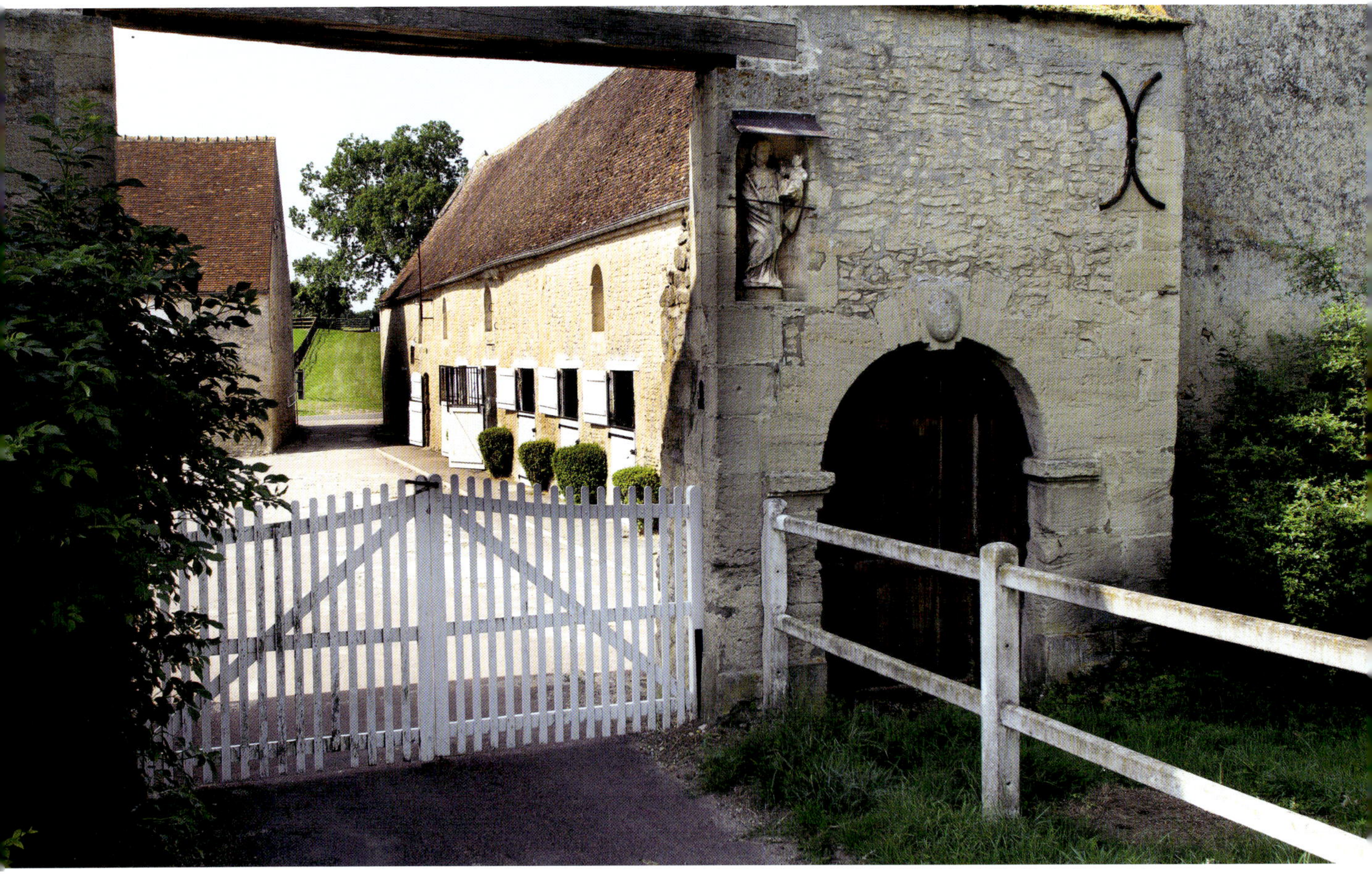

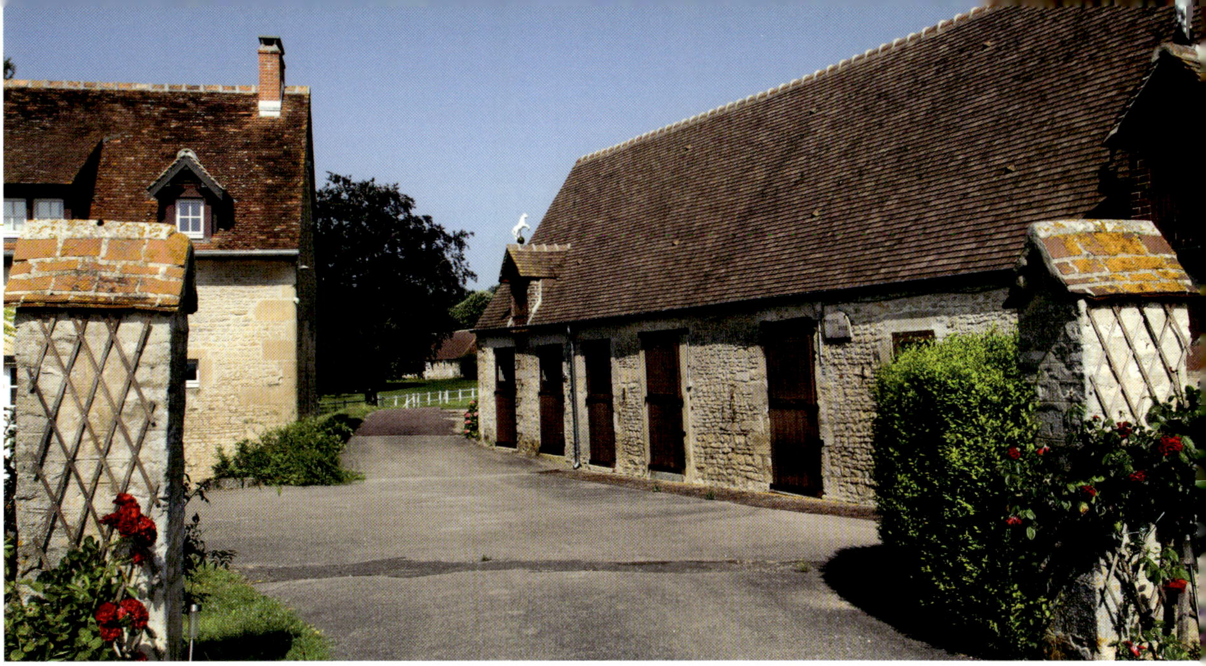

André Chédeville lived for almost a century, leaving us in 1990. He was referred to as the doyen of French breeders, which he well and truly was. Towards the end of his life he was assisted by his son-in-law Hervé Tillette de Clermont-Tonnerre. He sadly experienced the pain of losing his son Paul a few years earlier in 1985. The latter was struck down by a heart attack in his paddocks among his foals. A beautiful death, no doubt – if death can possibly be described as beautiful – but sadly premature. Having learned at his father's side, then at the Haras du Pin where he was a pupil, Paul Chédeville created the Haras du Petit-Tellier in 1950. His success there would be as brilliant as that of his father on the neighbouring site. Adamastor and Mélyno, both Poule d'Essai des Poulains victors, Rajput Princess and Aryenne who won the fillies' equivalent, or even Pharly, winner of the Prix Lupin, Prix du Moulin de Longchamp and Prix de la Forêt, were the jewels in his crown. Paul Chédeville also had excellent stallions such as Norseman, whose grave is on the stud, Mourne and the American Traffic II, who was leading sire of winners in France in 1971, the year in which his champion Rheffic achieved the Prix du Jockey Club and Grand Prix de Paris double. He was also responsible for the phenomenon Sea Bird returning home from the United States after several covering seasons completed over there. But fate dictated otherwise for no sooner had he arrived at the Petit-Tellier than Sea Bird was the victim of a colic attack which proved fatal. Paul Chédeville was also among the most sought after commercial breeders at the Deauville sales where his yearlings were always coveted, benefiting from in demand and very often precocious pedigrees.

When his father died, Patrick Chédeville, who was already working alongside him, took over from him and continued on the path he had chosen, even expanding the stud, which today covers more than two hundred hectares, for some hundred and eighty boxes and as many horses, all in the care of around twenty employees. Patrick Chédeville renewed his link with the historic site of La Tuilerie, which he rents from Jean de Castilla and where he has a sizeable annex at his disposal. On the breeding front Le Petit-Tellier and Le Tellier are now one entity and the stud's competencies are as a result multiplied. Five stallions are currently active on site namely, in alphabetical order, Denon, Linngari, Meshaheer, Way of Light and Zafeen. They were preceded in this position by, among others under the leadership of Patrick Chédeville, Alleged, Arctic Tern and Hero's Honor. The stud is to this day well represented at the yearling sales where Vespone who went on to win the Grand Prix de Paris, and his brother Purple Moon, who was second in the Melbourne Cup, were knocked down under its banner. Most recently Patrick Chédeville and his partner Antoinette Tamagni sent to the races two good two year olds from their breeding operation, This Time, winner of the Group 3 Prix d'Arenberg, and Stillman, placed in a Group I. Both are by in house stallions, evidence of their support for them, which has always been a rule in the Chédeville family and has often worked very well for them.

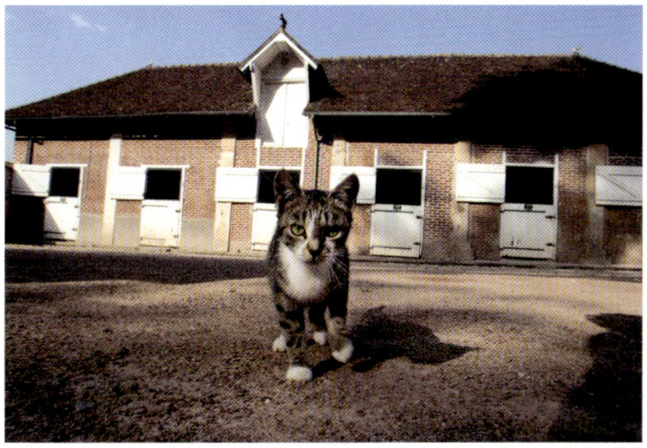

Le Pley

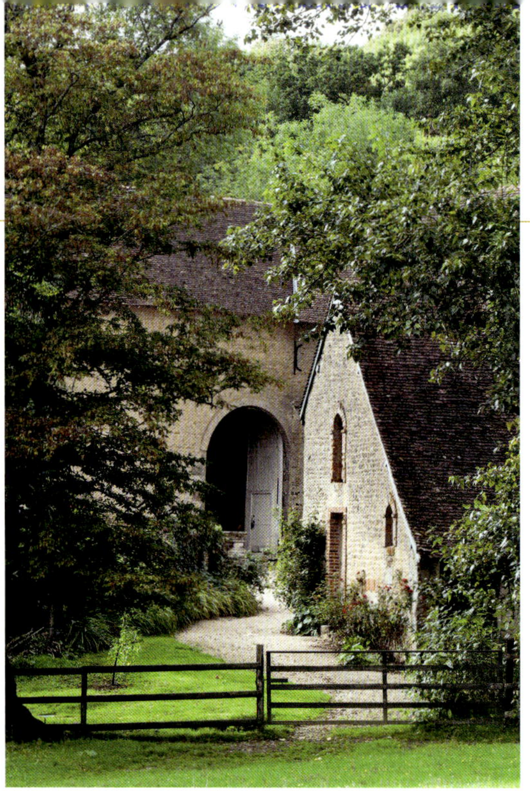

Le Haras du Pley est né, en tant que tel, juste après la guerre. Nous sommes presque à l'extrême sud du département de l'Orne, en lisière de forêt, celle d'Écouves, sur la commune de Radon. L'endroit est, initialement, un rendez-vous de chasse, le domaine prenant place autour d'une belle demeure datant du siècle de la Renaissance. Jadis, des moines élevaient là des truites, mettant à profit les sources et rus découlant de la forêt avoisinante. L'indication n'est pas neutre, au contraire, dans la perspective de l'élevage du pur-sang. Jean de Kermaingant y commença celui-ci à petite échelle, sur une trentaine d'hectares. Durant plus de trois décennies, il y éleva de bons chevaux, qu'il louait à André Adèle, Maxime Bonaventure et autres Georges Courtois. Parmi eux, Lord Gag ou encore Kerlande, qui fut la dauphine de l'exceptionnelle Allez France dans le Critérium des Pouliches, devenu, aujourd'hui, le Prix Marcel Boussac. Il y eut aussi, à titre posthume, le champion sur les haies Brillador.

Au décès de Jean de Kermaingant, en 1981, Baudouin et Anne de la Motte Saint-Pierre prirent le relais, développant considérablement le haras, qui s'étend désormais sur cent hectares. Depuis trente ans, les animateurs du Pley ont veillé sur une vingtaine d'étalons, parmi lesquels on retiendra les noms de Gairloch, Nombre Premier, Apeldoorn, Fairly Ransom ou Spadoun. Trente-cinq poulinières et leurs produits paissent présentement sur les herbages du Pley, appartenant aux maîtres des lieux ou à leurs associés et clients. All Ready, Indian River, Joursanvault, Le Conquet, Makt, Overlord, Petit Versailles, Tarla et, plus encore, Haya Landa, récente placée d'« Arc », sont les fleurons de l'élevage maison. Baudouin de la Motte Saint-Pierre s'implique, en outre, beaucoup dans la vie institutionnelle, étant par exemple vice-président

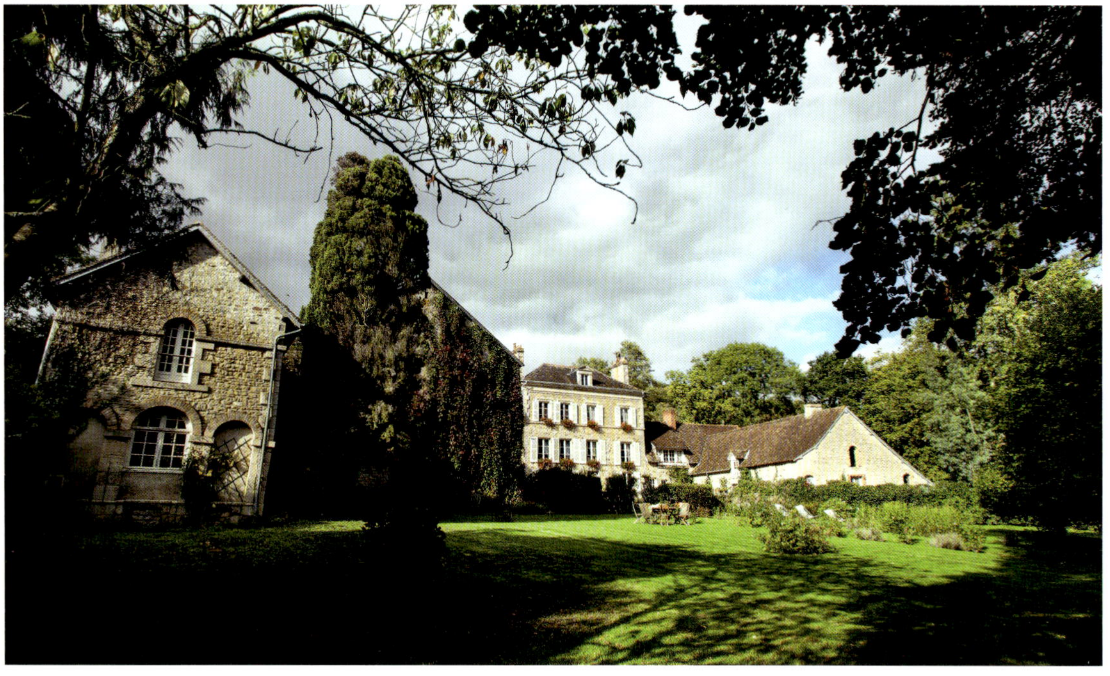

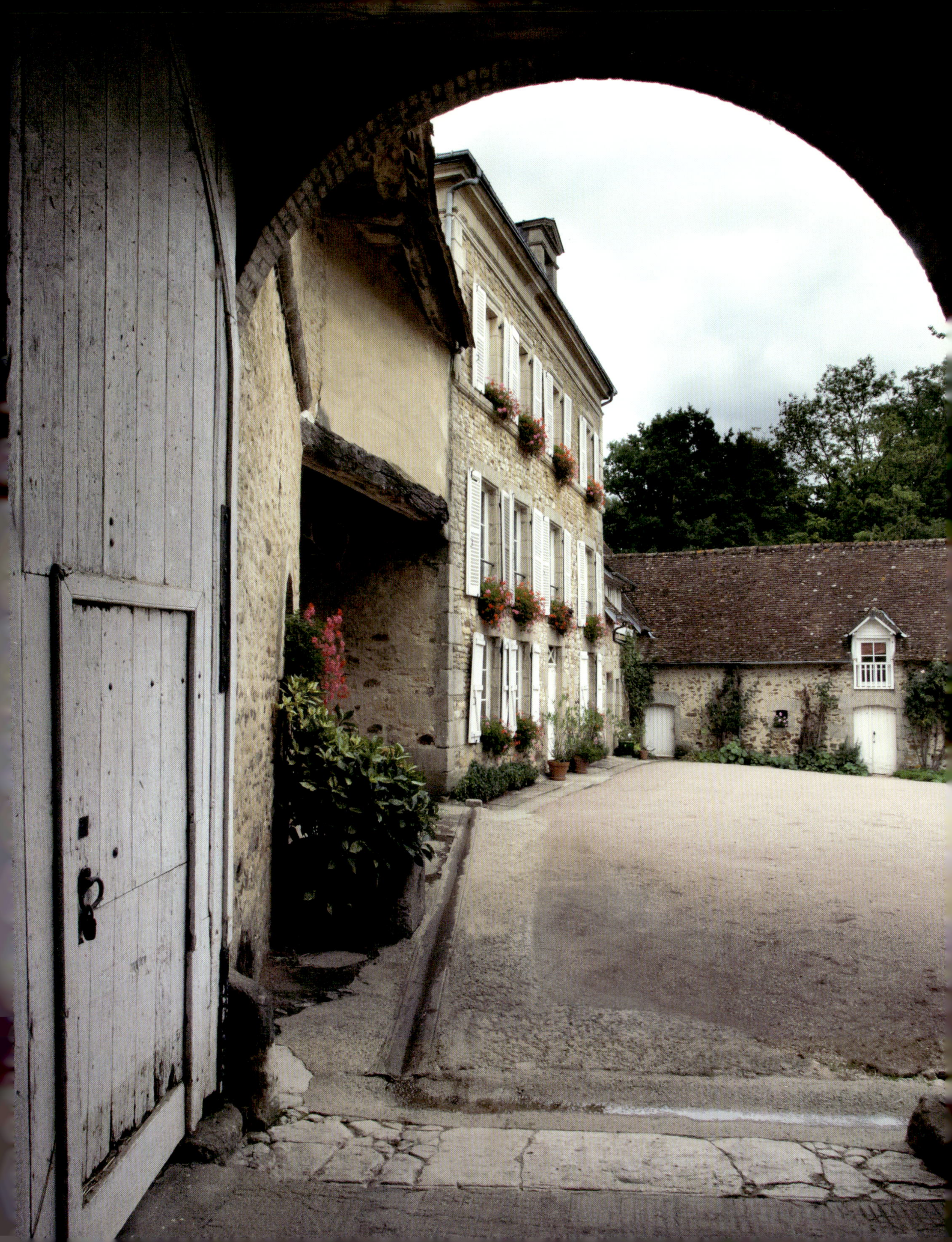

Le Pley

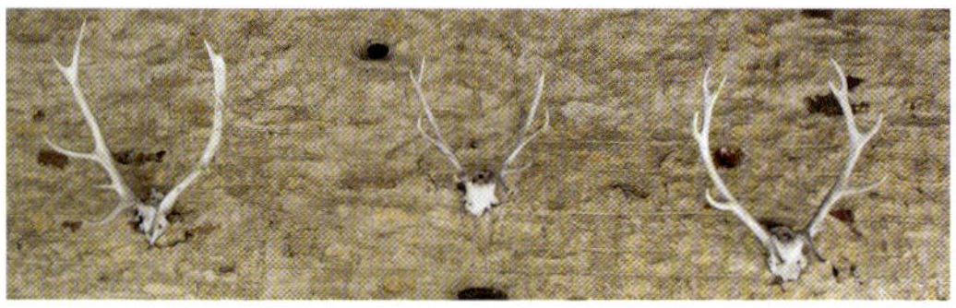

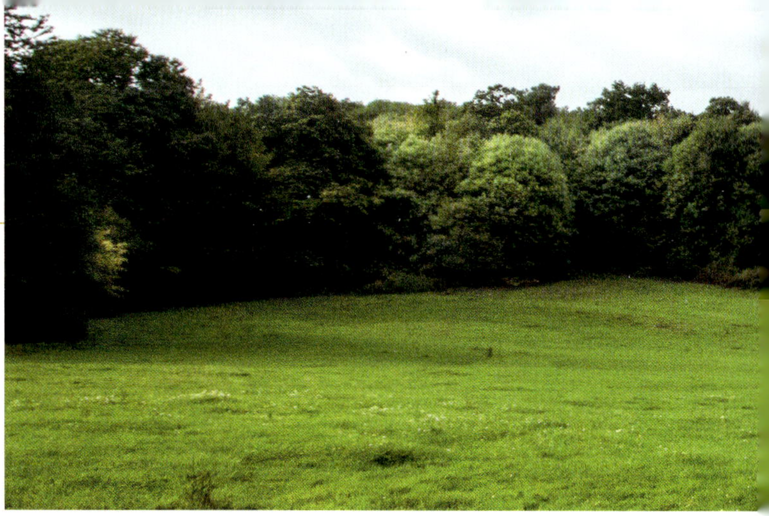

du mouvement PP (Province Paris), membre du comité de France Galop ou s'occupant des courses, voisines, du Pin-au-Haras. Chassant à courre depuis toujours, il est ce qu'il convient d'appeler un homme de cheval.

The Haras du Pley in its current state was created just after the war. It is almost at the southern tip of the Orne department, on the edge of the Écouves forest in the municipality of Radon. The place was originally a hunting lodge, the estate centred around a beautiful house dating from the Renaissance period. In those days monks farmed trout there taking advantage of the springs and brooks flowing from the surrounding forest. This ties in most favourably with breeding thoroughbreds. Jean de Kermaingant started on a small scale with about thirty hectares. For over three decades he bred good horses from there which he leased to André Adèle, Maxime Bonaventure and Georges Courtois among others. These horses included Lord Gag and Kerlande, who was runner up to the exceptional Allez France in the Critérium des Pouliches, known today as the Prix Marcel Boussac. He also posthumously bred champion hurdler Brillador.

When Jean de Kermaingant died in 1981 Baudouin and Anne de la Motte Saint-Pierre took over, greatly expanding the stud, which now extends over one hundred hectares.

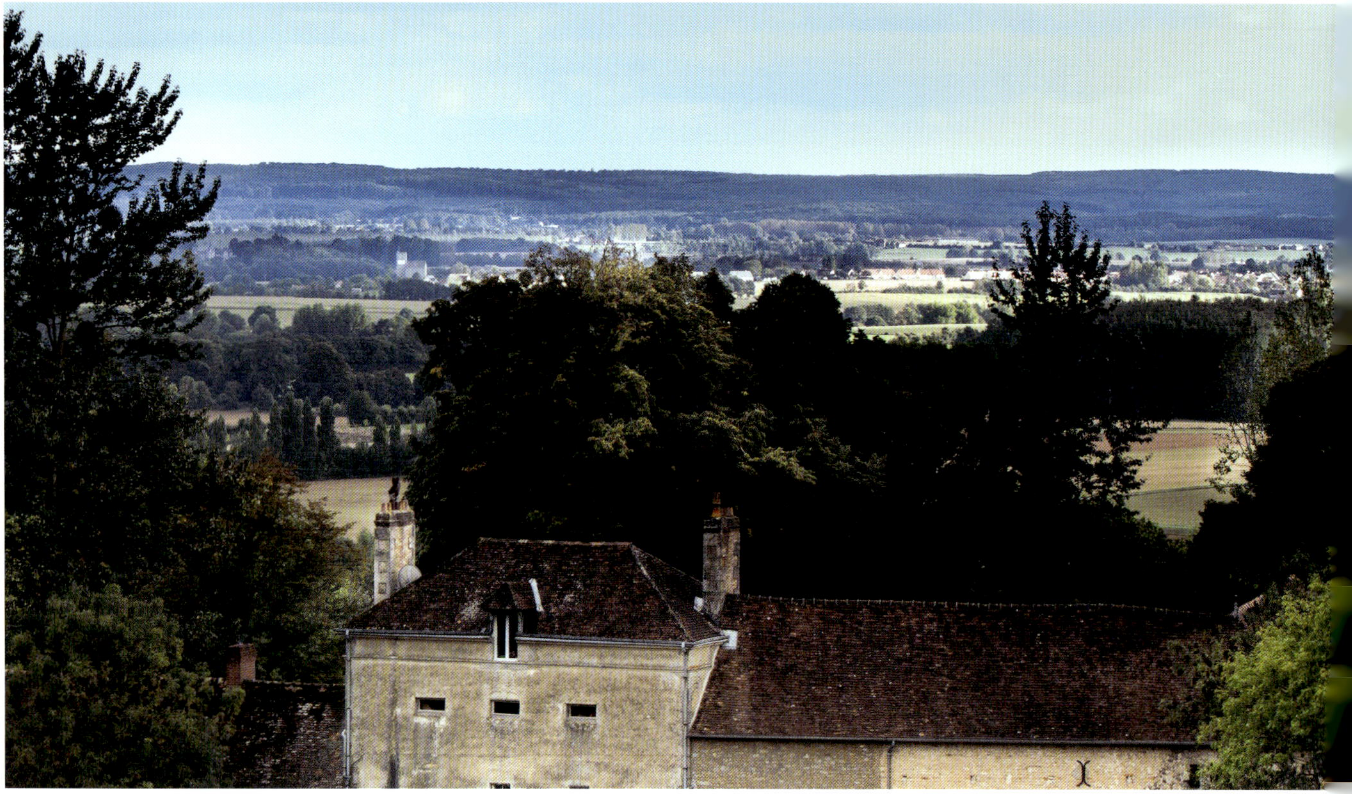

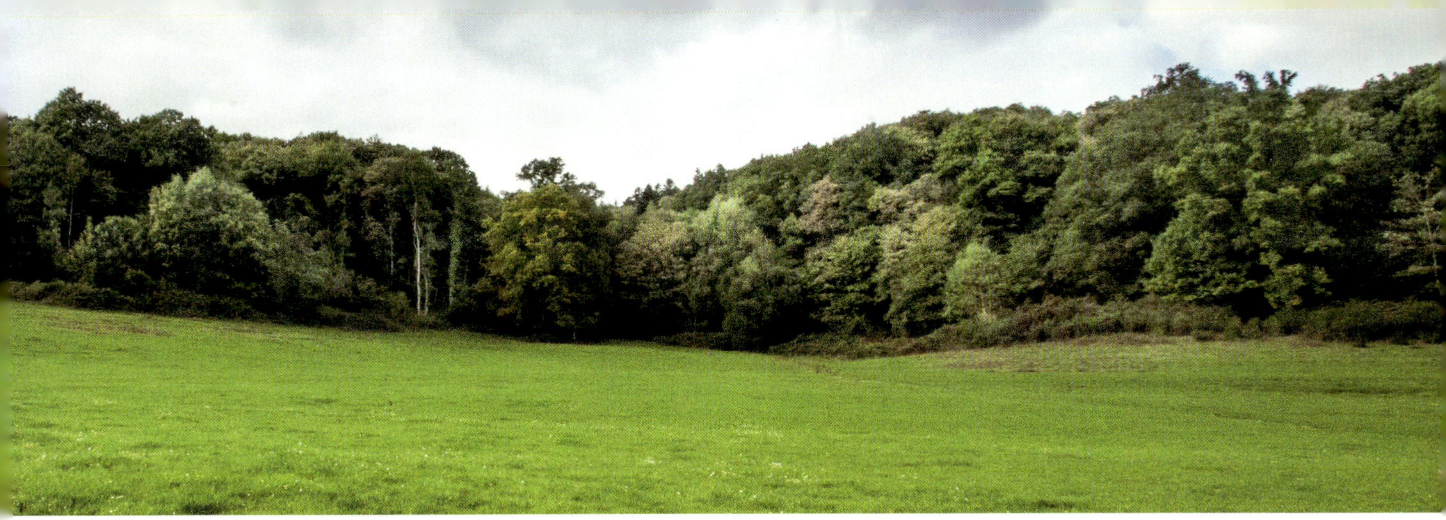

For thirty years now the owners of the Pley have managed over twenty stallions including great names such as Gairloch, Nombre Premier, Apeldoorn, Fairly Ransom and Spadoun. Thirty-five mares and their offspring currently graze on the Pley pastures, belonging to the owners of the stud or to their partners and clients. All Ready, Indian River, Joursanvault, Le Conquet, Makt, Overlord, Petit Versailles, Tarla and most importantly the recent « Arc » placed Haya Landa are the jewels in the stud's crown. Baudouin de la Motte Saint-Pierre is also very involved in many aspects of institutional life such as being a member of the France Galop committee, vice chairman of the P.P. movement (Province Paris) and managing the neighbouring racecourse of Le Pin-au-Haras. He has always hunted with hounds and can only be described as a true horseman.

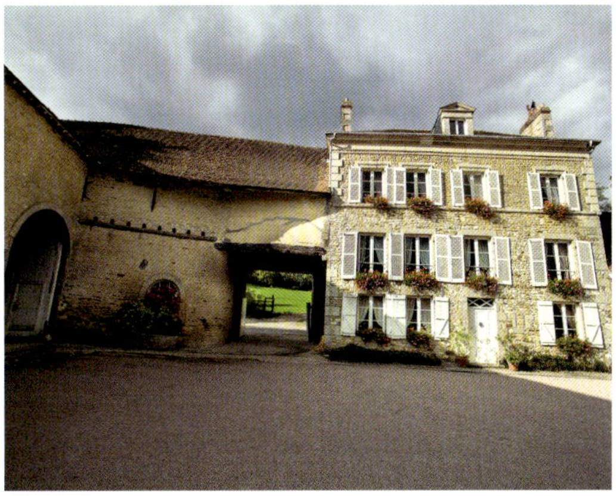

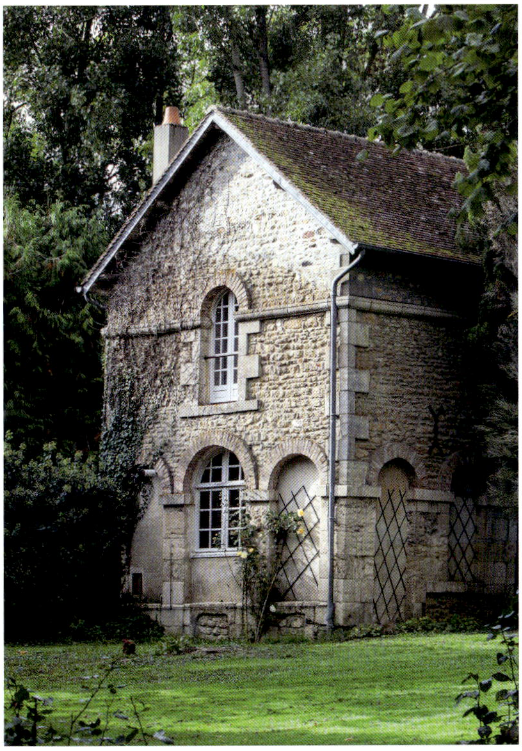

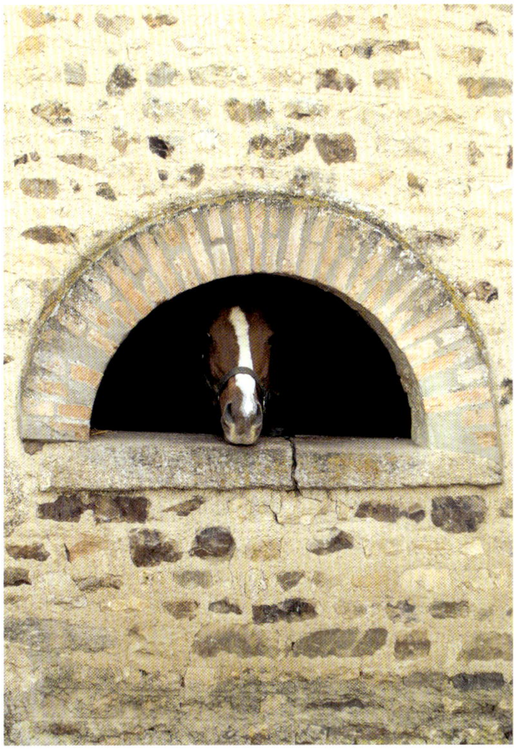

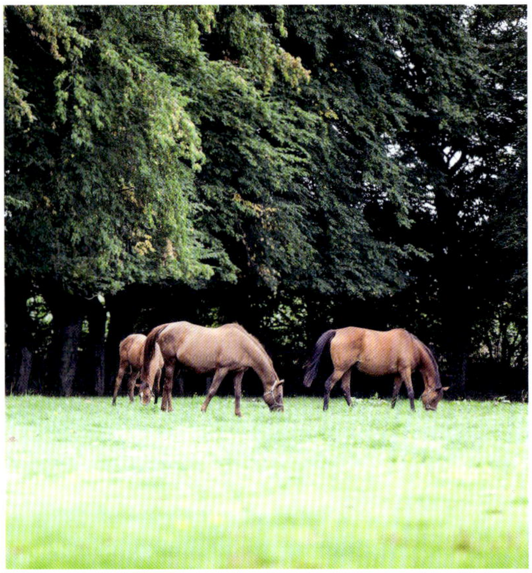

Préaux

modernisant le haras, jusqu'à y construire une clinique avec laboratoire et antenne chirurgicale. Il multiplie aussi les activités, étant, parallèlement, courtier ou encore s'associant avec des éleveurs américains de la région de Lexington, dans le Kentucky. Bref, notre homme est entreprenant, dynamique, fondant également son entreprise sur l'étalonnage, car, si, à l'heure actuelle, Préaux n'abrite plus qu'un étalon, l'allemand Solon, ce ne fut pas toujours le cas et il faut se souvenir des succès, en la matière, de Cavan, Ben Trovato, New Chapter, Sky Lawyer, Huntercombe, Baby Turk, River Mist ou Tôt ou

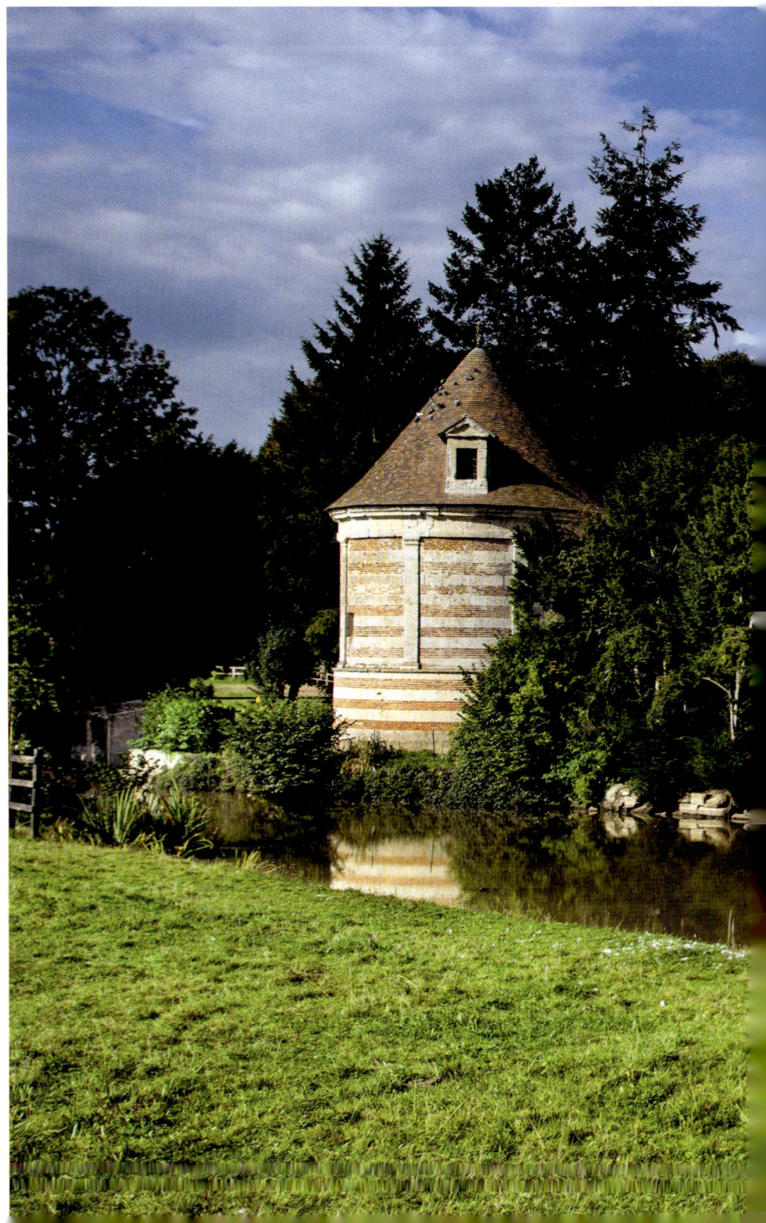

Préaux est le fief calvadosien de Jean-Louis Lucas, sis sur la commune de Préaux-Saint-Sébastien, dans la pointe sud-est du département, entre Livarot et Orbec. Le domaine a fière allure, avec son château, dont les deux tourelles datent du seizième siècle et dont la façade en pierre de taille, avec fronton, fut restaurée, en 1735, par Charles Lebas de Préaux, célèbre, dans la région, pour avoir construit l'Hôtel de Ville de Lisieux.

L'histoire des Lucas, à Préaux, commence, précisément, le 23 mars 1924, date à laquelle Louis Lucas, le grand-père de Jean-Louis, achète la propriété et les seize hectares qui l'entourent alors. Breton, Louis Lucas a fait fortune en vendant des trousseaux de mariage, à Dinan et dans sa région. Fort de sa réussite, il est monté à Paris et s'est pris de passion pour les chevaux de course, déclarant ses couleurs – casaque jaune, brassards rouges, toque verte – en 1906. Du reste, celles-ci ne diffèrent pas – à la toque près, aujourd'hui rouge –, de celles de son petit-fils et elles sont, de surcroît, encore d'actualité, aux soins des enfants de ce dernier. En son temps, Louis Lucas aura plusieurs très bons chevaux d'obstacle, dont Jim Crow, qui a donné son nom à l'une des courses préparatoires au Grand Steeple-Chase d'Enghien. À son contact, son fils, Yves, prendra goût à la chose hippique et, afin de l'installer, son père achètera Préaux. En vérité, Yves Lucas sera davantage un gentleman-farmer qu'un éleveur professionnel, ayant surtout des bovins et ne veillant que sur deux ou trois poulinières. Il n'en fera pas moins naître Fils de Roi, gagnant du Grand Prix de Deauville.

Après cinq années passées au Haras de Roiville sous la houlette de Jorgen Permin, au contact duquel il apprend son métier, Jean-Louis Lucas s'installe à Préaux en 1974. Il veut faire de l'élevage sa profession, agrandissant et

Tard. Parmi eux, Sky Lawyer était un élève du haras, dont les autres vainqueurs majeurs sont, pour n'en citer que quelques-uns, Execute, gagnant du Groupe I Prix Ganay, Roli Abi ou encore l'actuel champion hurdler Solwhit, un fils du susnommé Solon, lauréat de la bagatelle de huit Groupes I sur les haies anglaises et irlandaises. À la tête d'un cheptel restant important, qui dispose d'un espace – soixante-dix hectares – et d'infrastructures – cinquante boxes – à l'avenant, Jean-Louis Lucas est secondé par une dizaine de personnes. En 2014, il fêtera le quarantième anniversaire de son installation à Préaux, mais, si le temps a passé, l'enthousiasme a subsisté et la devise maison demeure *« un cheval par jour à l'arrivée »* !

Préaux is the Calvados stronghold of Jean-Louis Lucas and is located in the municipality of Préaux-Saint-Sébastien at the South Eastern tip of the department between Livarot and Orbec. The property looks resplendent

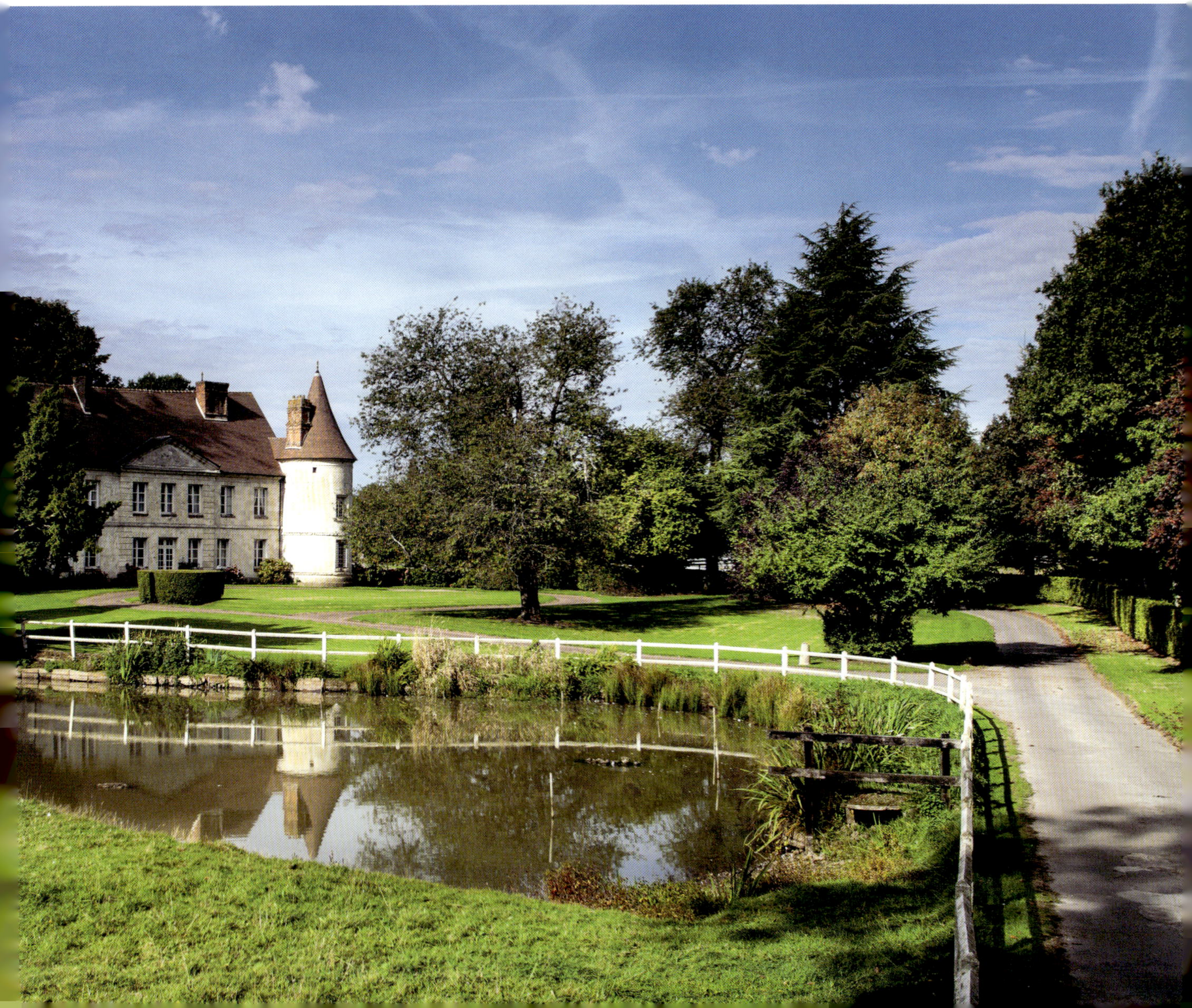

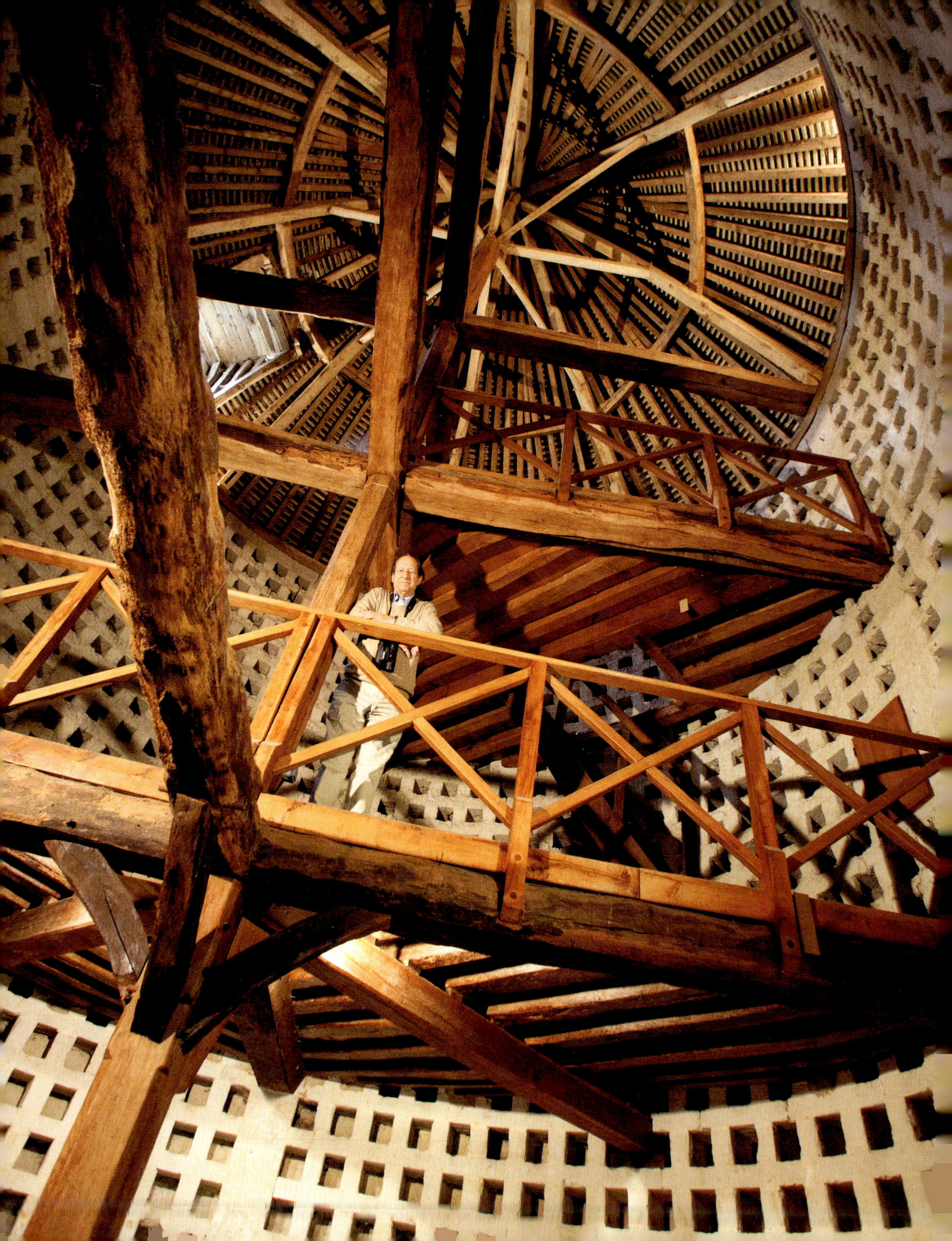

with its castle and its two sixteenth century towers and its stone facade with pediment which was restored in 1735 by Charles Lebas de Préaux, who is famous in the region for building Lisieux town hall.

The story of the Lucas family at Préaux dates back to precisely 23 March 1924 on which date Louis Lucas, grandfather of Jean-Louis, bought the property and the sixteen hectares which then surrounded it. From Brittany, Louis Lucas made his fortune by selling bridal outfits in Dinan and the surrounding area. Buoyed by his success he moved up to Paris and discovered a passion for horse racing, registering his own colours in 1906. These, with their yellow body, red armbands and green cap are no different, save for the cap which is now red, to those of his grandson's today and what's more they are still registered today in his great grandchildren's name. In his time Louis Lucas owned several very good jumpers including Jim Crow after whom one of the preparatory races for the Grand Steeple-Chase d'Enghien is named. Thanks to him, his son Yves took a liking for all things equine and his father bought Préaux with the aim of setting him up. In truth, Yves Lucas was more of a gentleman farmer than a professional breeder, focusing more on cattle and keeping just two or three mares. He nonetheless managed to breed Fils de Roi winner of the Grand Prix de Deauville. After five years at the Haras de Roiville, which was in the hands of Jorgen Permin under whom he learned his trade, Jean-Louis Lucas moved to Préaux in 1974. He wanted to breed for a living, expanding and modernizing the stud and even building a clinic with a laboratory and a surgical unit. He also multiplied his activities, simultaneously acting as a bloodstock agent and getting into partnerships with American breeders from the Lexington area in Kentucky. In other words our man is enterprising and dynamic, also basing his business on the stallion industry. For although at present Préaux is only home to one stallion, namely the German horse Solon, this was not always the case and it is worth remembering the successes in this field of Cavan, Ben Trovato, New Chapter, Sky Lawyer, Huntercombe, Baby Turk, River Mist and Tôt Ou Tard. Of these Sky Lawyer was a homebred of the stud whose major winners, to name but a few, include Execute, winner of the Group I Prix Ganay, Roli Abi or even current champion hurdler Solwhit by the aforementioned Solon, winner of a staggering eight Group Is over hurdles in England and Ireland. At the head of a still very significant broodmare band which has an attractive amount of space – seventy hectares – and infrastructure – fifty boxes – at its disposal, Jean-Louis Lucas has the support of ten staff. In 2014 he will celebrate his fortieth year at Préaux, and though time has passed his enthusiasm has never waned and the business' slogan remains « one horse per day in the frame! »

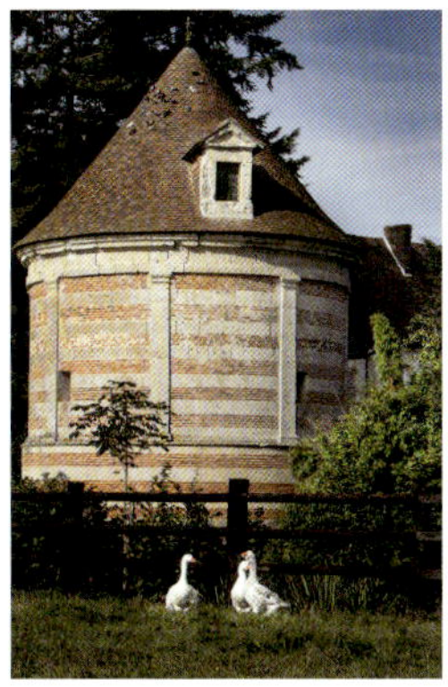

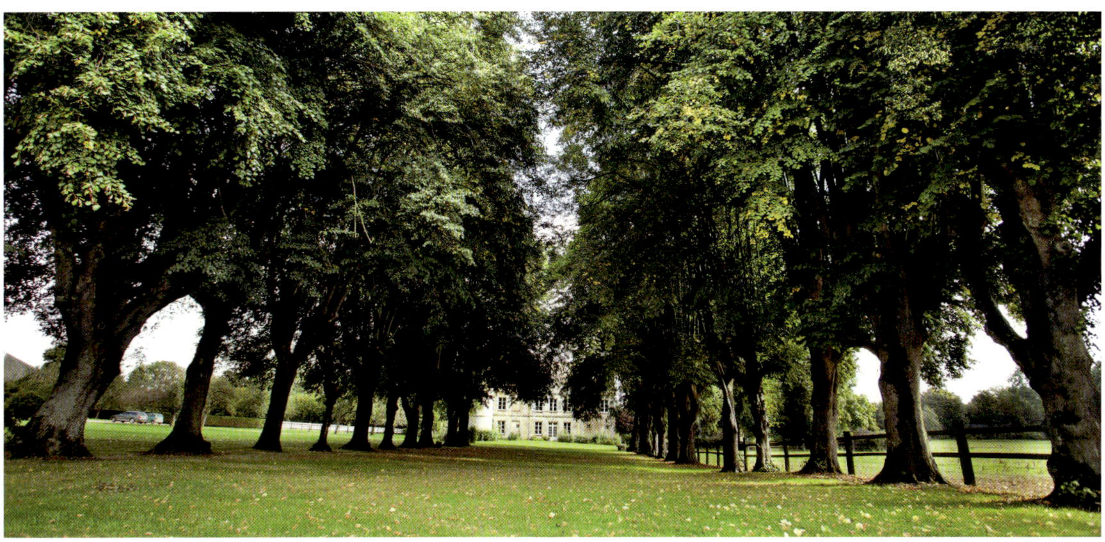

Le Quesnay

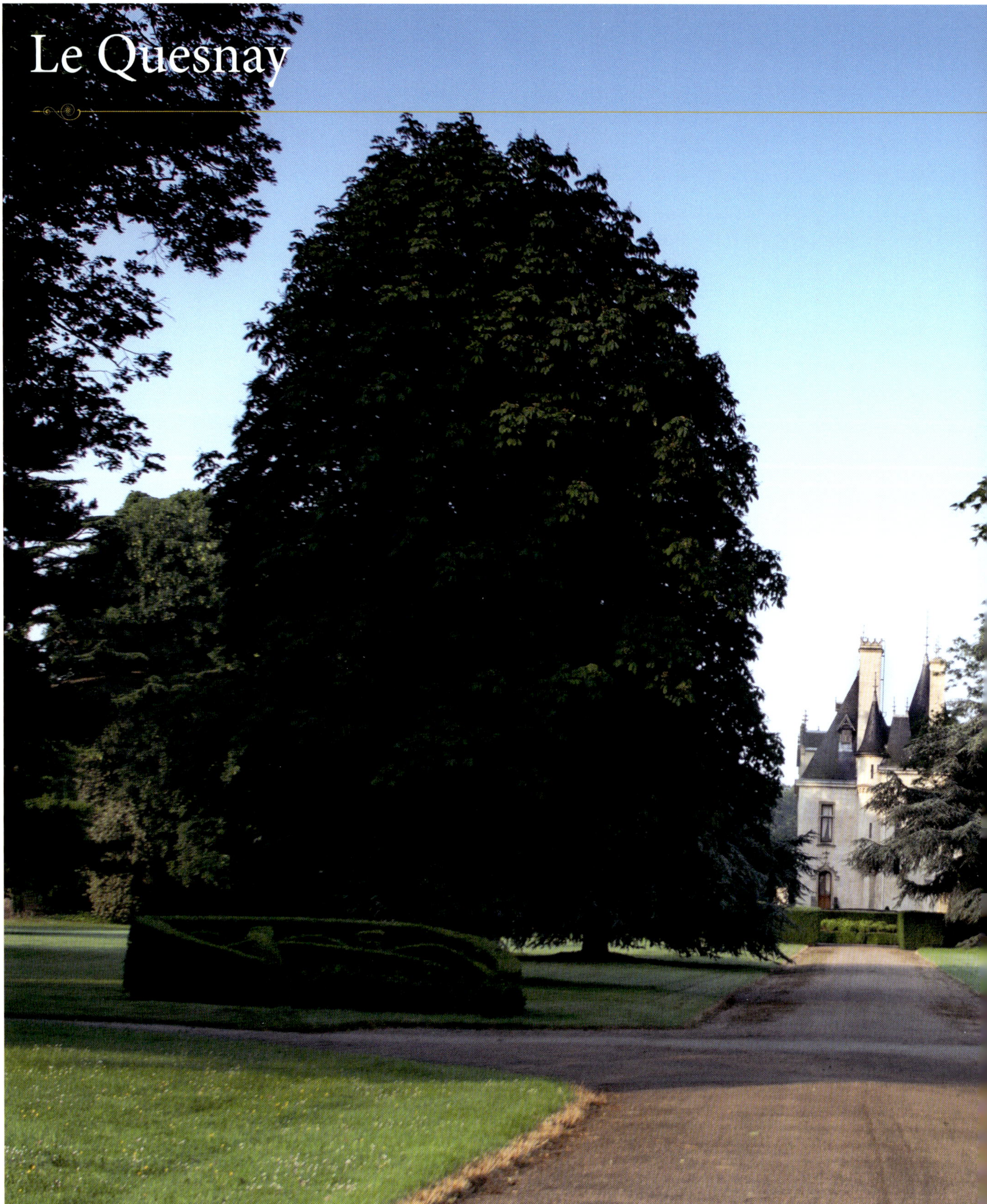

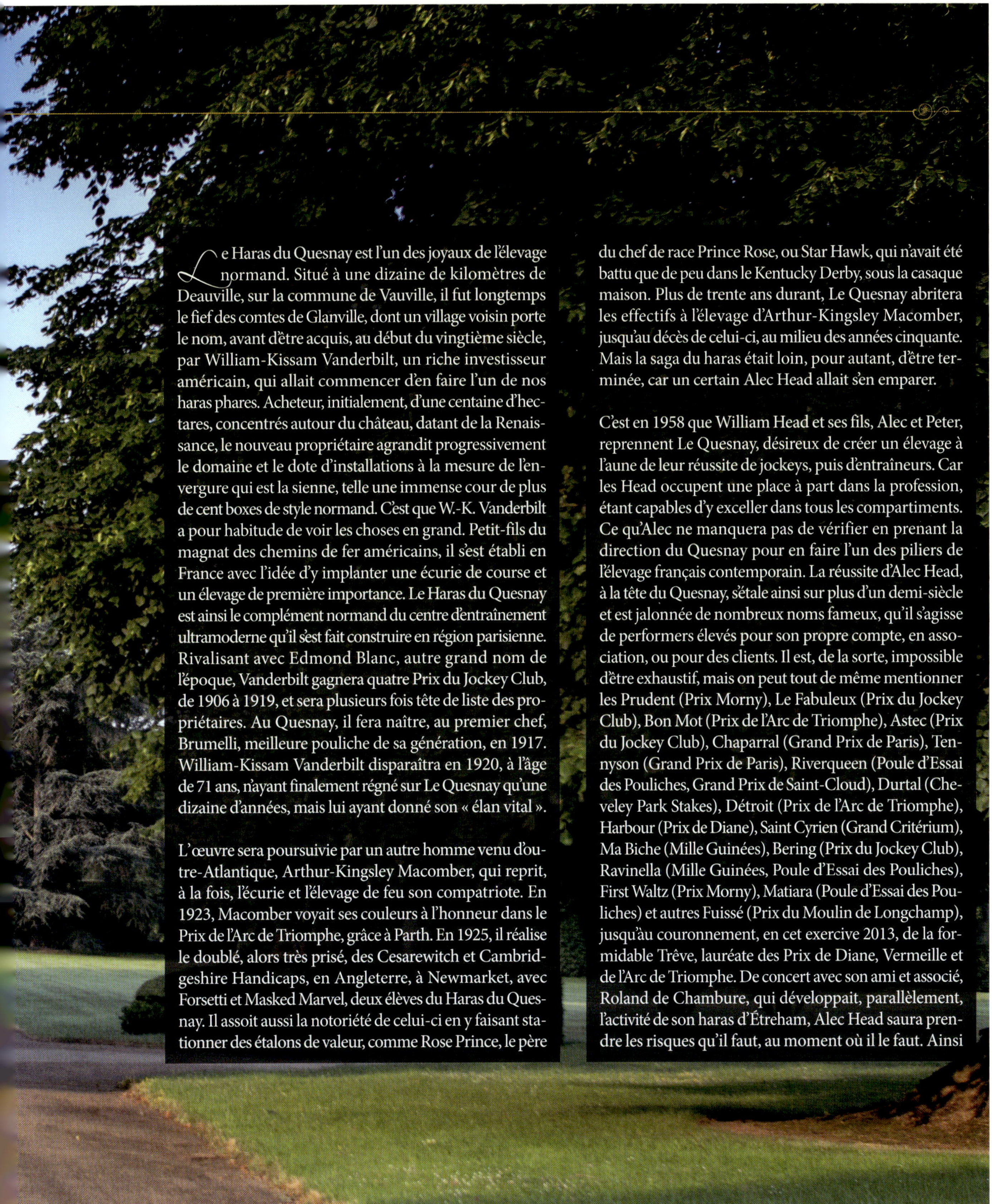

Le Haras du Quesnay est l'un des joyaux de l'élevage normand. Situé à une dizaine de kilomètres de Deauville, sur la commune de Vauville, il fut longtemps le fief des comtes de Glanville, dont un village voisin porte le nom, avant d'être acquis, au début du vingtième siècle, par William-Kissam Vanderbilt, un riche investisseur américain, qui allait commencer d'en faire l'un de nos haras phares. Acheteur, initialement, d'une centaine d'hectares, concentrés autour du château, datant de la Renaissance, le nouveau propriétaire agrandit progressivement le domaine et le dote d'installations à la mesure de l'envergure qui est la sienne, telle une immense cour de plus de cent boxes de style normand. C'est que W.-K. Vanderbilt a pour habitude de voir les choses en grand. Petit-fils du magnat des chemins de fer américains, il s'est établi en France avec l'idée d'y implanter une écurie de course et un élevage de première importance. Le Haras du Quesnay est ainsi le complément normand du centre d'entraînement ultramoderne qu'il s'est fait construire en région parisienne. Rivalisant avec Edmond Blanc, autre grand nom de l'époque, Vanderbilt gagnera quatre Prix du Jockey Club, de 1906 à 1919, et sera plusieurs fois tête de liste des propriétaires. Au Quesnay, il fera naître, au premier chef, Brumelli, meilleure pouliche de sa génération, en 1917. William-Kissam Vanderbilt disparaîtra en 1920, à l'âge de 71 ans, n'ayant finalement régné sur Le Quesnay qu'une dizaine d'années, mais lui ayant donné son « élan vital ».

L'œuvre sera poursuivie par un autre homme venu d'outre-Atlantique, Arthur-Kingsley Macomber, qui reprit, à la fois, l'écurie et l'élevage de feu son compatriote. En 1923, Macomber voyait ses couleurs à l'honneur dans le Prix de l'Arc de Triomphe, grâce à Parth. En 1925, il réalise le doublé, alors très prisé, des Cesarewitch et Cambridgeshire Handicaps, en Angleterre, à Newmarket, avec Forsetti et Masked Marvel, deux élèves du Haras du Quesnay. Il assoit aussi la notoriété de celui-ci en y faisant stationner des étalons de valeur, comme Rose Prince, le père du chef de race Prince Rose, ou Star Hawk, qui n'avait été battu que de peu dans le Kentucky Derby, sous la casaque maison. Plus de trente ans durant, Le Quesnay abritera les effectifs à l'élevage d'Arthur-Kingsley Macomber, jusqu'au décès de celui-ci, au milieu des années cinquante. Mais la saga du haras était loin, pour autant, d'être terminée, car un certain Alec Head allait s'en emparer.

C'est en 1958 que William Head et ses fils, Alec et Peter, reprennent Le Quesnay, désireux de créer un élevage à l'aune de leur réussite de jockeys, puis d'entraîneurs. Car les Head occupent une place à part dans la profession, étant capables d'y exceller dans tous les compartiments. Ce qu'Alec ne manquera pas de vérifier en prenant la direction du Quesnay pour en faire l'un des piliers de l'élevage français contemporain. La réussite d'Alec Head, à la tête du Quesnay, s'étale ainsi sur plus d'un demi-siècle et est jalonnée de nombreux noms fameux, qu'il s'agisse de performers élevés pour son propre compte, en association, ou pour des clients. Il est, de la sorte, impossible d'être exhaustif, mais on peut tout de même mentionner les Prudent (Prix Morny), Le Fabuleux (Prix du Jockey Club), Bon Mot (Prix de l'Arc de Triomphe), Astec (Prix du Jockey Club), Chaparral (Grand Prix de Paris), Tennyson (Grand Prix de Paris), Riverqueen (Poule d'Essai des Pouliches, Grand Prix de Saint-Cloud), Durtal (Cheveley Park Stakes), Détroit (Prix de l'Arc de Triomphe), Harbour (Prix de Diane), Saint Cyrien (Grand Critérium), Ma Biche (Mille Guinées), Bering (Prix du Jockey Club), Ravinella (Mille Guinées, Poule d'Essai des Pouliches), First Waltz (Prix Morny), Matiara (Poule d'Essai des Pouliches) et autres Fuissé (Prix du Moulin de Longchamp), jusqu'au couronnement, en cet exercive 2013, de la formidable Trêve, lauréate des Prix de Diane, Vermeille et de l'Arc de Triomphe. De concert avec son ami et associé, Roland de Chambure, qui développait, parallèlement, l'activité de son haras d'Étreham, Alec Head saura prendre les risques qu'il faut, au moment où il le faut. Ainsi

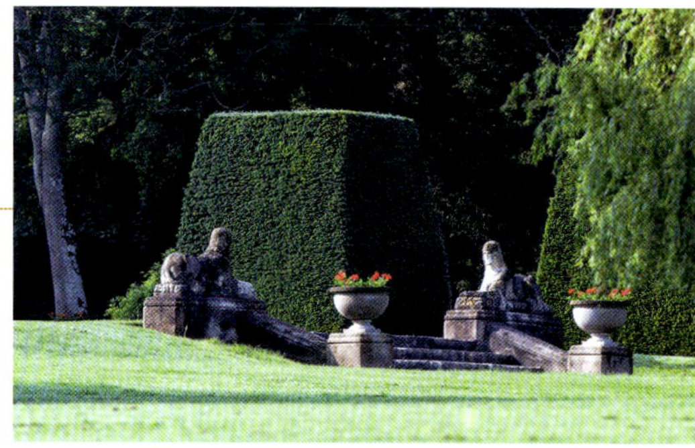

investira-t-il également, avec le concours de la famille Wertheimer, dans des yearlings et des étalons aux lignées mâles américaines – celles de Northern Dancer, Native Dancer, Nasrullah... –, qu'il fera connaître et s'épanouir en France, à la faveur d'une politique d'élevage où le « retour sur investissement » est la récompense financière à l'engagement de ses acteurs, via l'exportation, fructueuse, des sujets ainsi valorisés. En termes de préservation de notre patrimoine génétique, cela lui sera parfois reproché, mais l'homme saura se renouveler et réitérer ses succès pendant des décennies, faisant finalement taire les critiques.

Le Quesnay, aujourd'hui, c'est deux cent quatre-vingts hectares, pour autant de boxes. Le nombre de poulinières résidant sur place dépasse la centaine, cinquante d'entre elles appartenant à Alec Head et aux siens. Et puis il y a les six étalons maison, de Dunkerque à Youmzain, en passant par Fuissé, Kentucky Dynamite, Motivator et Mr Sidney. Ceux-ci sont d'une grande variété de sangs, selon un souhait qui a toujours été cher à Alec Head, et une large confiance leur est accordée par le maître des lieux qui donne l'exemple, jouant souvent la carte de ses propres géniteurs. Sous la conduite de Vincent Rimaud, le haras est présent à tous les postes de l'élevage, y compris la préparation des yearlings pour les ventes, sachant, cependant que la majorité des sujets présentés sur les rings en provenance du Quesnay le sont pour le compte de clients. C'est qu'Alec Head et son épouse ne sont vendeurs que d'une petite partie de leur production, préférant faire courir celle-ci sous leurs couleurs, aux soins, notamment, de Christiane, dite Criquette, et de Frédéric, dit Freddy, qui sont leurs enfants et aussi, un peu, ceux du Quesnay.

The Haras du Quesnay is one of the jewels of the Normandy breeding industry. Situated approximately ten kilometres from Deauville in the village of Vauville, it was for a long time home to the Earl of Glanville who also owned a nearby village bearing the same name, before being bought at the turn of the 20th century by the rich American investor William Kissam Vanderbilt, in whose name it started to become one of our flagship studs. Having initially

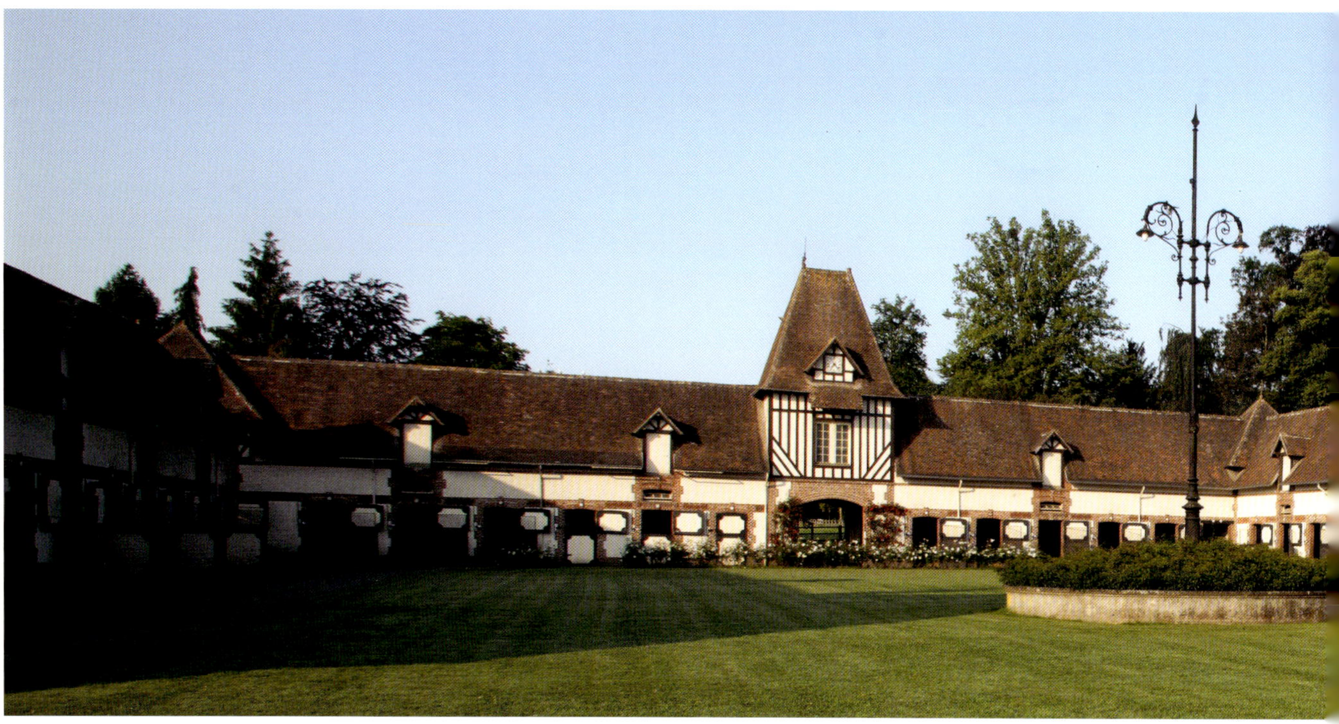

bought one hundred hectares mostly concentrated around the château which dates back to the Renaissance, the new owner gradually increased the estate and installed facilities in line with his ambition, such as a huge yard with over a hundred boxes built in the Normandie style. WK Vanderbilt was used to having big ideas. As a grandson of the American railway magnate, he came to France with the idea of setting up a first rate breeding and racing stable. The Haras du Quesnay is therefore the Normand complement to the ultra modern training centre which he built for himself in the Paris region. A great rival of Edmond Blanc, another big name at the time, Vanderbilt won the Prix du Jockey Club four times from 1906 to 1919 and was leading owner in France on a number of occasions. From the Quesnay he bred first and foremost Brumelli, who became the best filly of her generation in 1917. William Kissam Vanderbilt died in 1920 at the age of 71 having only been at the helm of Quesnay for a decade, but in that time he did give it its initial and all important kiss of life.

The good work was kept up by another man from overseas, Arthur Kingsley Macomber, who took on both the team and the stock from his late compatriot. In 1923 Macomber saw his colours triumph in the Prix de l'Arc de Triomphe carried by Parth. In 1925 he achieved the then very popular Cesarewitch and Cambridgeshire Handicap double at Newmarket in England with Forsetti and Masked Marvel, two graduates of the Haras du Quesnay. He also added to the latter's reputation by standing stallions of great value there such as Rose Prince, sire of chef de race Prince Rose and Star Hawk, who was only just beaten in the Kentucky Derby wearing the Quesnay silks. For over thirty years the Quesnay housed Arthur Kingsley Macomber's breeding operation, right up to his death in the mid fifties. But the stud's saga was far from being over with a certain young Alec Head about to take over the reins.

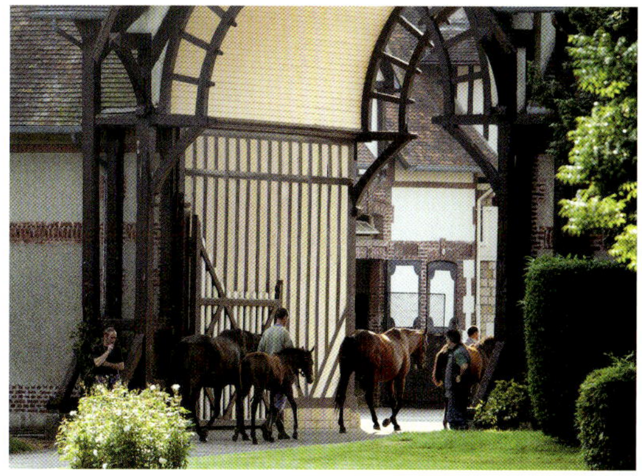

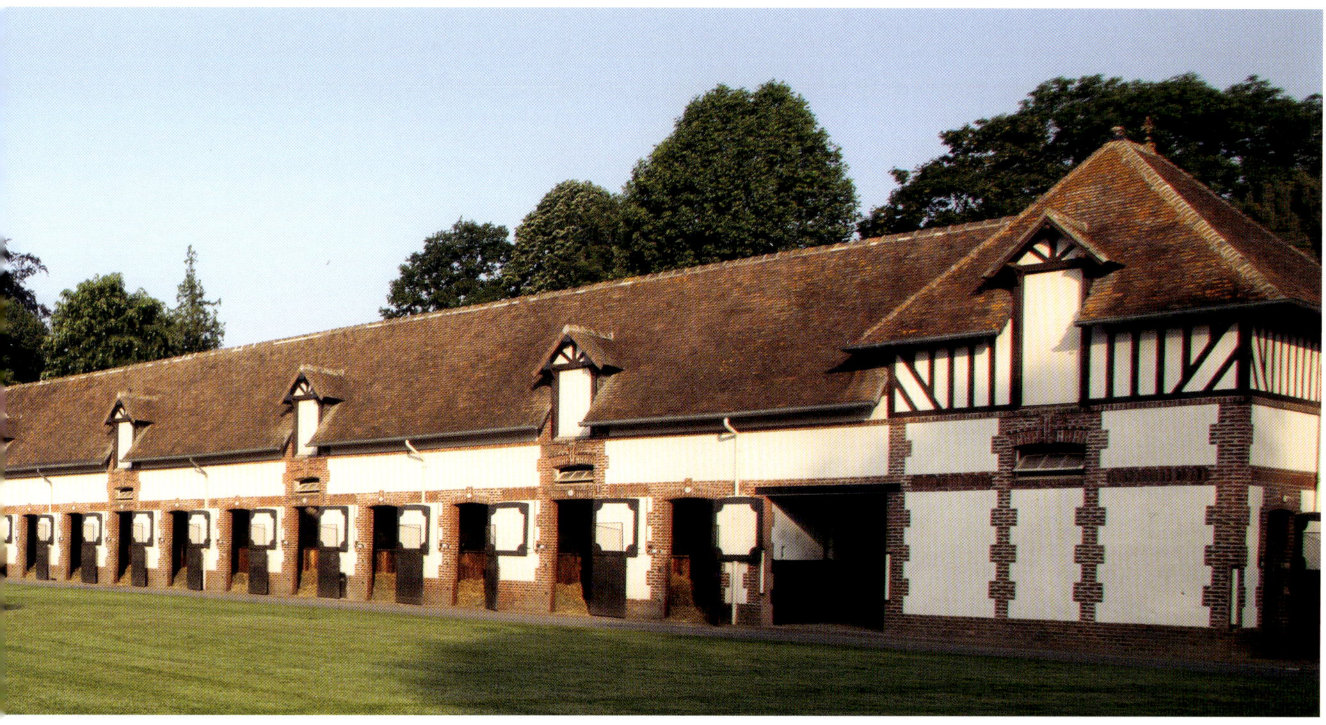

Le Quesnay

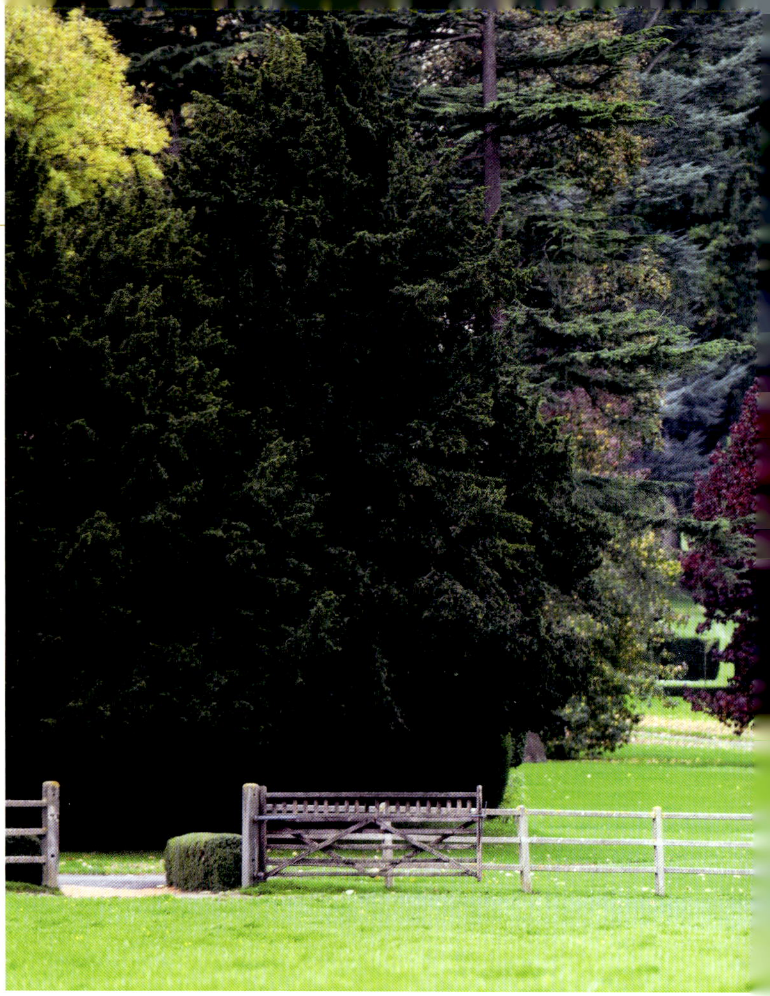

In 1958 William Head and his sons Alec and Peter took over the Quesnay, wishing to create a breeding operation mirroring their success as jockeys and then as trainers. For the Head family holds a special place in the racing profession by being capable of excelling in all its spheres. Alec very much confirmed this when taking over the management of Quesnay and turning it into one of the pillars of contemporary French breeding. His success at the head of Quesnay spans over half a century and is lined with numerous famous names running in the stud's colours or in partnerships or for clients. As a result, it is impossible to name them all but a few champions worth mentioning include Prudent (Prix Morny), Le Fabuleux (Prix du Jockey Club), Bon Mot (Prix de l'Arc de Triomphe), Astec (Prix du Jockey Club), Chaparral (Grand Prix de Paris), Tennyson (Grand Prix de Paris), Riverqueen (Poule d'Essai des Pouliches, Grand Prix de Saint-Cloud), Durtal (Cheveley Park Stakes), Détroit (Prix de l'Arc de Triomphe), Harbour (Prix de Diane), Saint Cyrien (Grand Critérium), Ma Biche (1,000 Guineas), Bering (Prix du Jockey Club), Ravinella (1,000 Guineas, Poule d'Essai des Pouliches), First Waltz (Prix Morny), Matiara (Poule d'Essai des Pouliches) and others from Fuissé (Prix du Moulin de Longchamp), to the crowning achievement in this 2013 season of the formidable Trêve, winner of the Prix de Diane, Prix Vermeille and Prix de l'Arc de Triomphe.

Together with his friend and partner Roland de Chambure who was meanwhile developing his own breeding operation at Étréham, Alec Head knew exactly when a risk was worth taking. As such and together with the Wertheimer family he also invested in yearlings and stallions from American sire lines such as Northern Dancer, Native Dancer, Nasrullah… which thanks to him developed and blossomed in France for the benefit of a breeding policy where the « return on investment » was the financial reward gained

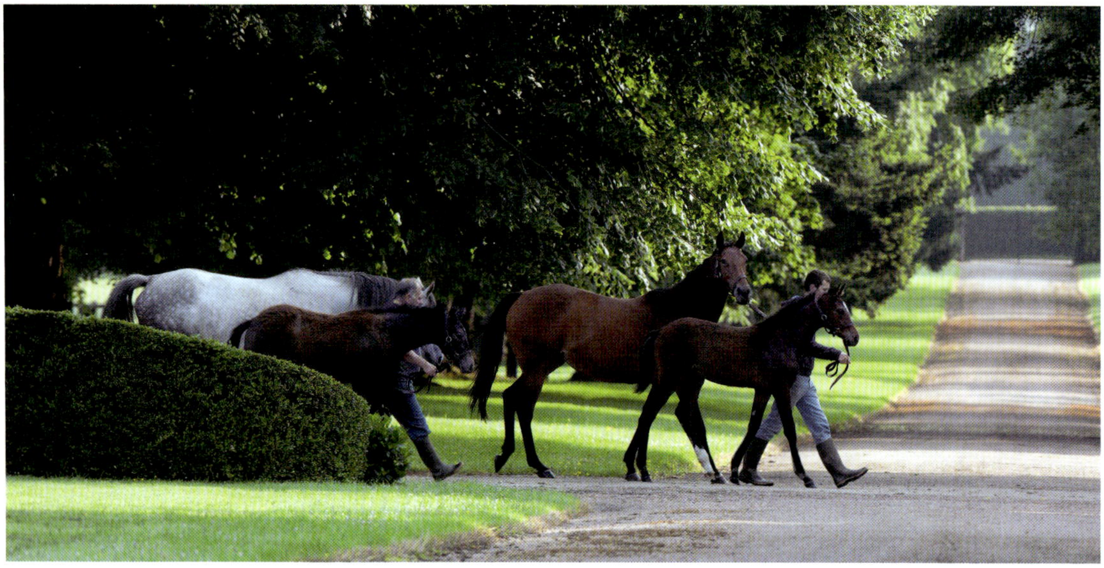

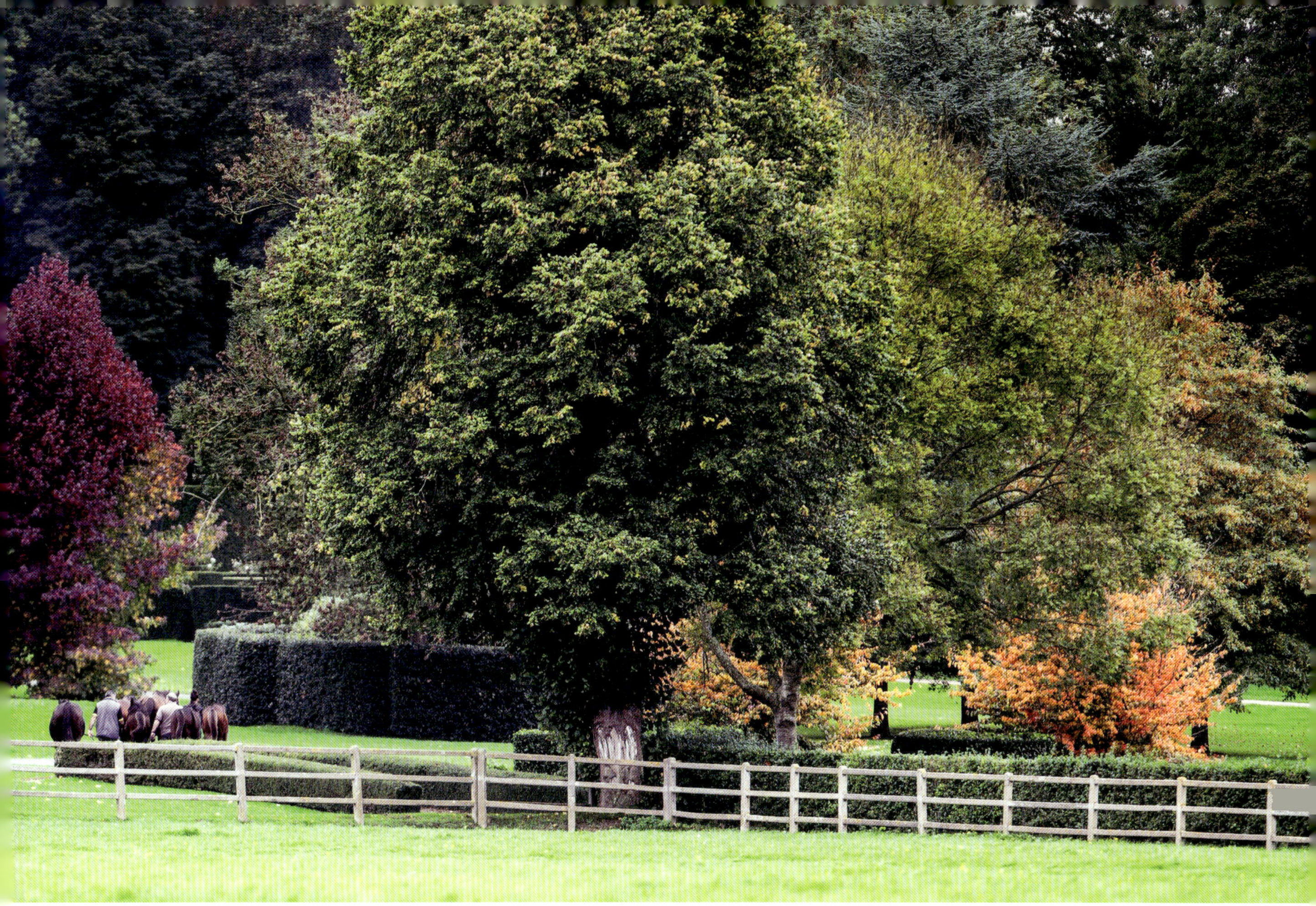

by the stakeholders through the successful export of these horses. In terms of the preservation of our genetic heritage, he was sometimes criticised for this but having confirmed and renewed the success over several decades he has successfully silenced critics.

Today the Quesnay is made up of two hundred and eighty hectares for as many boxes. The number of mares on site exceeds one hundred, with fifty of them belonging to Alec Head and his family. Added to this are the Quesnay stallions from Dunkirk to Youmzain, via Fuissé, Kentucky Dynamite, Motivator and Mr Sidney. These hail from a variety of bloodlines, according to Alec Head's dearest wish. He has great confidence in them and leads by example, often using his own young stallions. Run by Vincent Rimaud, the stud is involved in every aspect of the breeding industry including the preparation of yearlings for sale, with the knowledge however that the majority of yearlings sold by Quesnay are done so on behalf of clients. Alec Head and his wife only sell a small proportion of their own stock, preferring for it to run in their own colours and largely in the care of their children Christiane, also known as Criquette, and Frederic better known as Freddy, who can also be considered as children of the Quesnay.

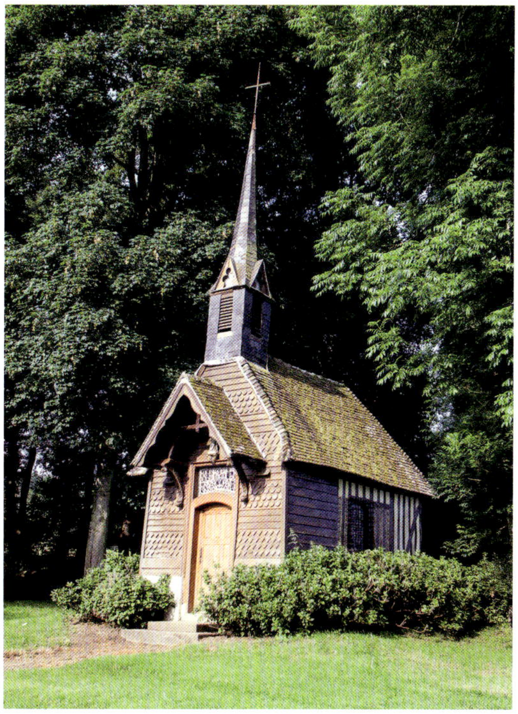

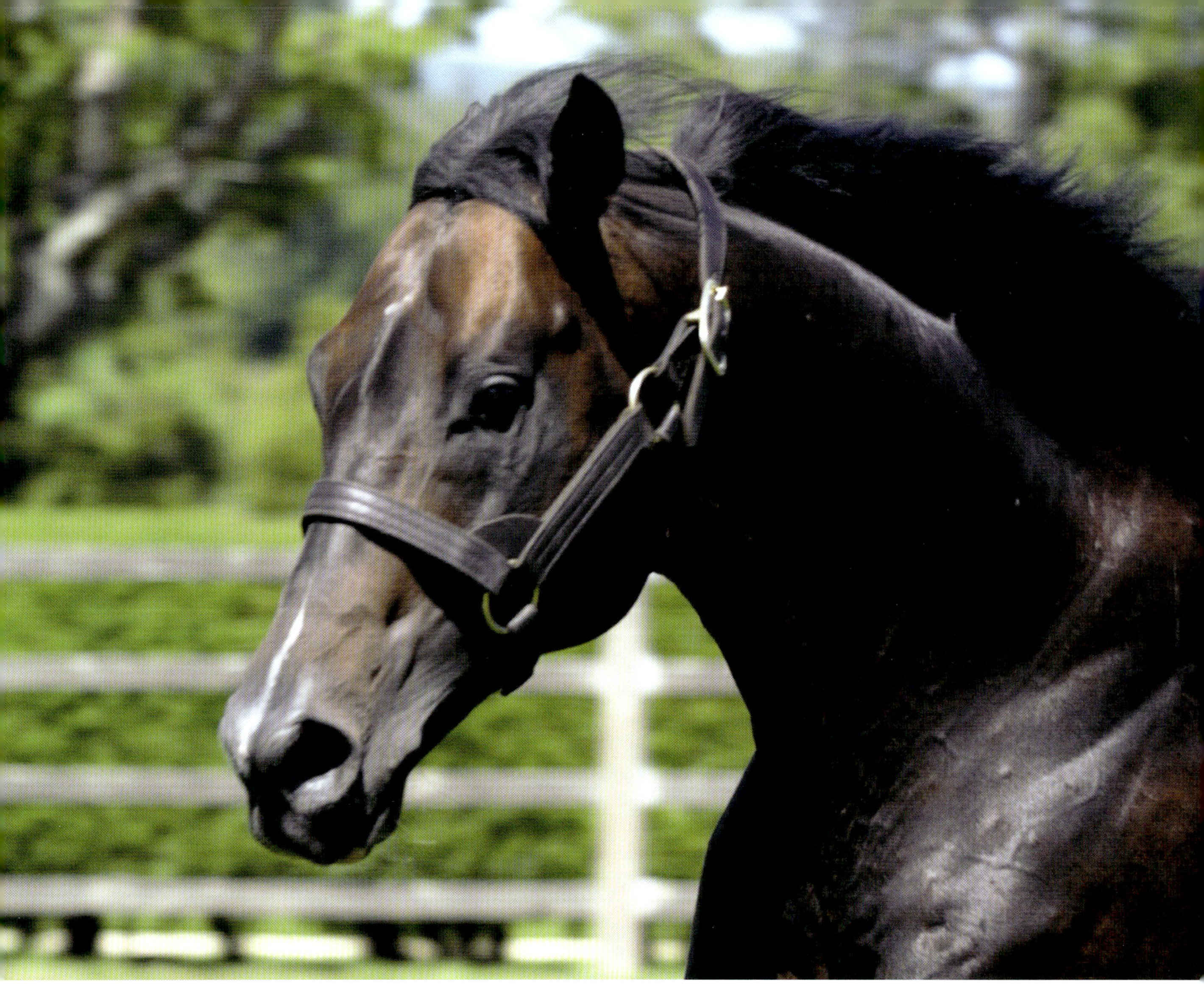

Un miracle nommé Anabaa

Anabaa compte parmi les étalons marquants qu'Alec Head aura lancés et valorisés au Quesnay. Bien sûr, il y en a eu d'autres, mais c'est assurément là le cheval de cœur du maître des lieux. Ne serait-ce que parce qu'il s'agit un peu d'un miraculé… Anabaa fut, en effet, dans son jeune âge, victime d'un accident, à l'exercice, à Chantilly, subissant, à cette occasion, un grave traumatisme vertébral, à l'issue duquel il sera condamné par la science, en l'occurrence les conseillers du cheikh Maktoum Al Maktoum, son propriétaire-éleveur. Alec Head et sa fille, Christiane, qui en avaient la responsabilité, insistèrent, cependant, pour essayer de sauver le poulain et l'émir de Dubaï leur en fit cadeau. Peu à peu, après un séjour au Quesnay, Anabaa reprit le dessus et fut guéri. Les Head voulurent alors restituer le cheval au cheikh, mais celui-ci refusa, afin de ne pas reprendre un cadeau qu'il avait fait.

La suite fut comme un conte de fées pour Alec Head et les siens, Anabaa devenant un champion sprinter, sous les couleurs familiales, vainqueur de huit de ses treize sorties. À son meilleur à 4 ans, il s'imposa à six reprises et fut une fois deuxième, en sept tentatives, survolant successivement le Prix de Saint-Georges (Groupe III), le Prix du Gros-Chêne (Groupe II), la July Cup (Groupe I) et le Prix Maurice de Gheest (Groupe I). Pour sa der-

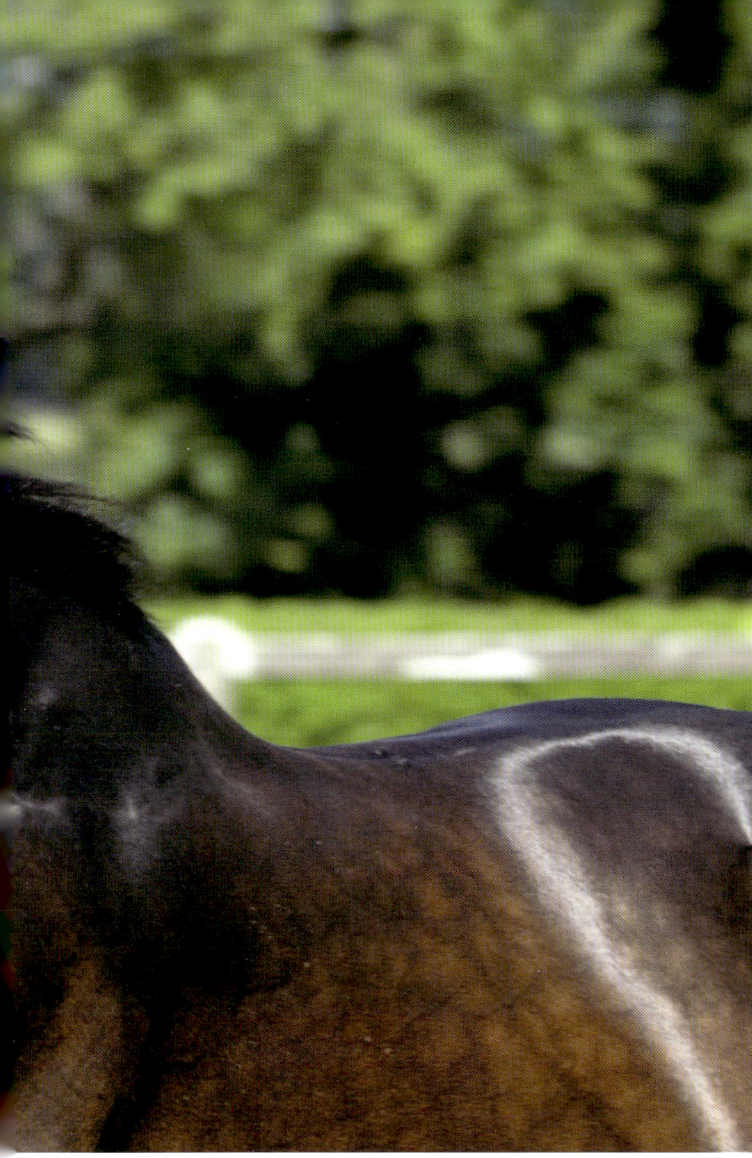

Anabaa

nière prestation, dans le Prix de l'Abbaye de Longchamp (Groupe I), il fut battu, *in extremis*, par sa compagne d'entraînement, Kistena, pouvant cependant invoquer l'excuse d'un mauvais départ et rentrant quelque peu éprouvé.

Anabaa devint ensuite étalon, au Quesnay évidemment, et il y fut, en prolongement de sa carrière de compétiteur, un géniteur de tête, à la remarquable réussite. Il est vrai qu'il avait sa naissance pour lui, en tant que fils du chef de race américain Danzig et de la toute bonne Balbonella, laquelle est le fruit du rapprochement de Gay Mécène et d'une poulinière par Riverman, deux ex-prestigieux pensionnaires du Quesnay. Au milieu des années 2000, le prix de saillie d'Anabaa culminera à 45 000 euros. Son chef-d'œuvre au haras n'est autre que la phénoménale Goldikova, aux quatorze victoires de Groupe I. On soulignera aussi que Trêve, la dernière championne en date en provenance du Quesnay, est une petite-fille d'Anabaa. Celui-ci nous a quittés à 17 ans, durant l'été 2009.

A miracle named Anabaa

Anabaa numbers among the most successful stallions stood by Alec Head at the Quesnay. Of course there have been others, but he has to be the owner's most favourite horse. If only because he was such a miracle… Indeed, as a youngster Anabaa was badly injured whilst in training at Chantilly and suffered from serious spinal trauma as a result of which he was written off by experts, in this case by the advisors of his owner breeder Sheikh Maktoum Al Maktoum. Nonetheless, Alec Head and his daughter Christiane who were responsible for Anabaa insisted on trying to save him and the emir of Dubai gifted the young horse to them. Very gradually after a spell at the Quesnay Anabaa started to improve and recover. The Head family tried to return the horse to Sheikh Maktoum but he refused, not wanting to take back a gift he had made.

The rest turned into a fairy tale for Alec Head and his family, with Anabaa becoming Champion sprinter running in the family's colors and a winner of eight of his thirteen starts. At his best as a four year old, he won six out of seven starts and was second once in quick succession dominating the Prix de Saint-Georges (Group III), the Prix du Gros-Chêne (Group II), the July Cup (Group I) and the Prix Maurice de Gheest (Group I). On his last start in the Prix de l'Abbaye de Longchamp (Group I) he was beaten at the post by his stablemate Kistena with the excuse however of a bad start and returning to the saddling enclosure somewhat distressed.

Anabaa was then retired to stud, at the Quesnay of course, where he also became as an extension of his racing career, a leading sire with remarkable success. It has to be said that he had the pedigree to suit, as a leading son of American chef de race Danzig and the top class Balbonella, herself the result of a mating between Gay Mécène and a Riverman mare, both prestigious graduates of the Quesnay nursery. In the mid-noughties the nomination fee for Anabaa reached €45,000. His masterpiece at stud is none other than the phenomenal Goldikova, winner of fourteen Group Is. It is also worth noting that the Quesnay's most recent champion filly Trêve is a granddaughter of Anabaa who sadly died at seventeen years of age in the summer of 2009.

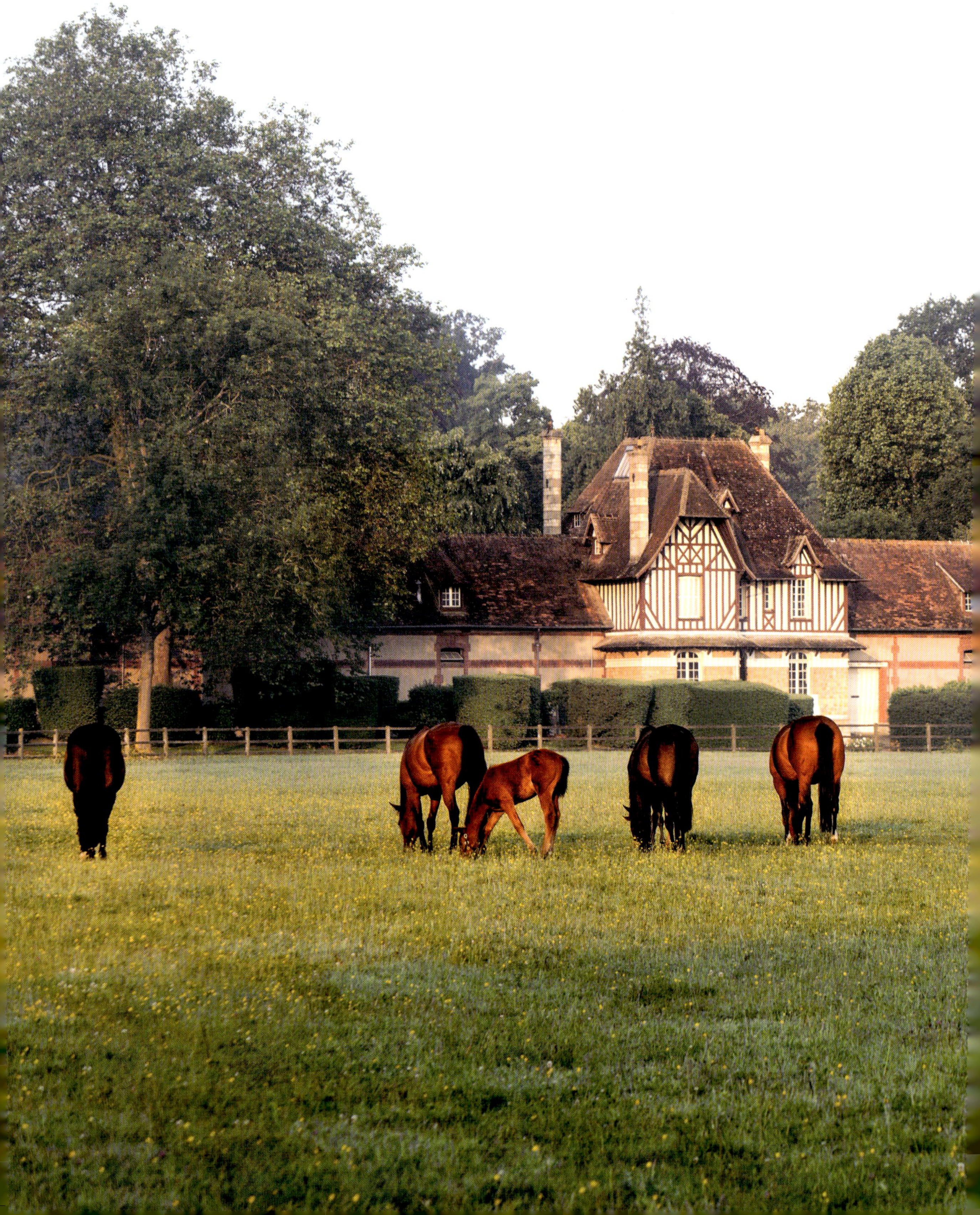

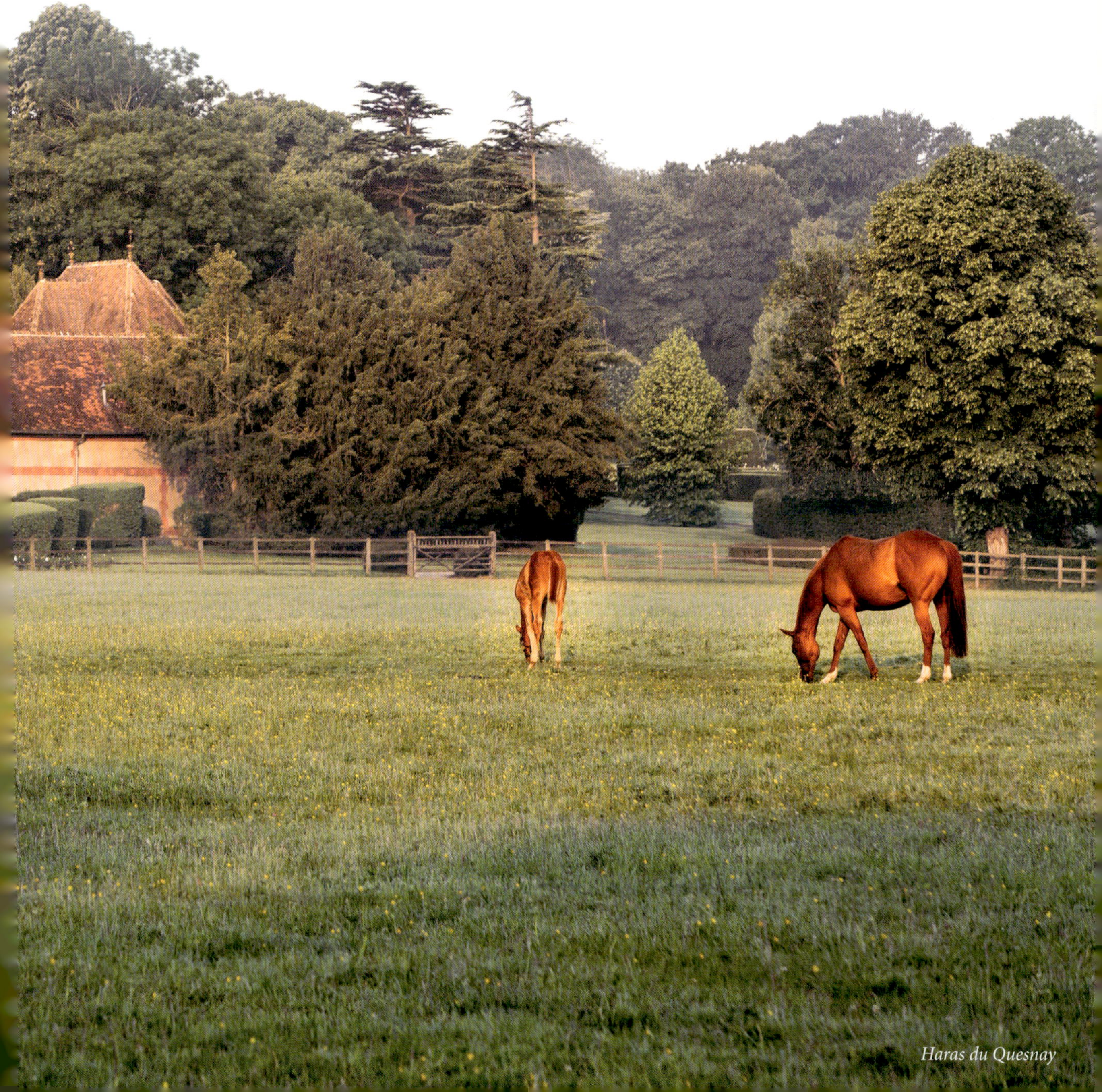

Haras du Quesnay

Quétiéville

Le Haras de Quétiéville est, à l'origine, le berceau de l'élevage Del Duca. La casaque bleue à croix de Lorraine blanche de Madame Cino Del Duca s'est distinguée, en son temps, en la compagnie la plus huppée. Il n'est que de se souvenir, chronologiquement, dans les années cinquante et soixante, de Bewitched, gagnant du Prix du Cadran, d'Herbager, vainqueur du Prix du Jockey Club et du Grand Prix de Saint-Cloud, ou encore de Soltikoff, lauréat du Prix de l'Arc de Triomphe, pour illustrer sa remarquable réussite. Pour autant, il ne s'agit pas là d'élèves maison, mais de sujets achetés, afin de porter haut les couleurs de la grande propriétaire. Mais celle-ci faisait aussi de l'élevage, à Quétiéville, dans la vallée de la Dives et de ses affluents, aux riches alluvions et aux terres demeurant fraîches en été. Le Pays d'Auge, si dense, est là en ce qu'il peut donner de meilleur, au pays de Crèvecœur, le mal nommé, car si plein de douceur…

Quétiéville est, aujourd'hui, la propriété de Guido Sels, qui y a pris, avec la même passion, le relais de Simone Del Duca. Le domaine y est resté « dans l'esprit », s'ouvrant sur l'allée bordée de grands arbres que l'on connaît. Le manoir, stylé, a été restauré et la superficie augmentée, jusqu'à atteindre quatre-vingt-cinq hectares d'herbages, s'étendant, d'un seul tenant, sur les communes de Biéville-Quétiéville et du Mesnil-Mauger. Une cinquantaine de boxes sont à la disposition de la trentaine de poulinières résidant sur place, aux soins d'une demi-douzaine de salariés. En Belgique, son pays d'origine,

Le manoir dans toute sa splendeur. | *The manor house in all its splendour.*

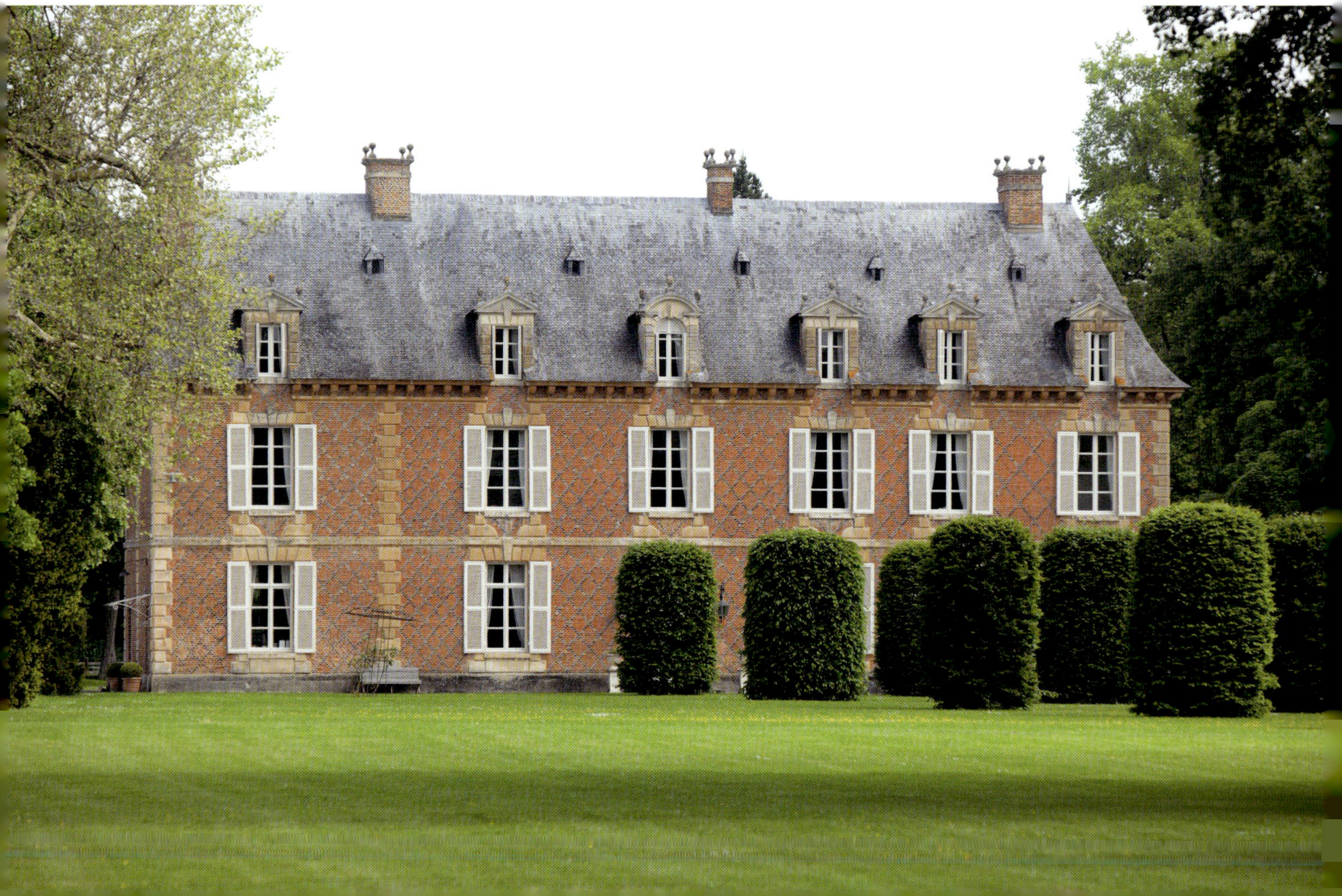

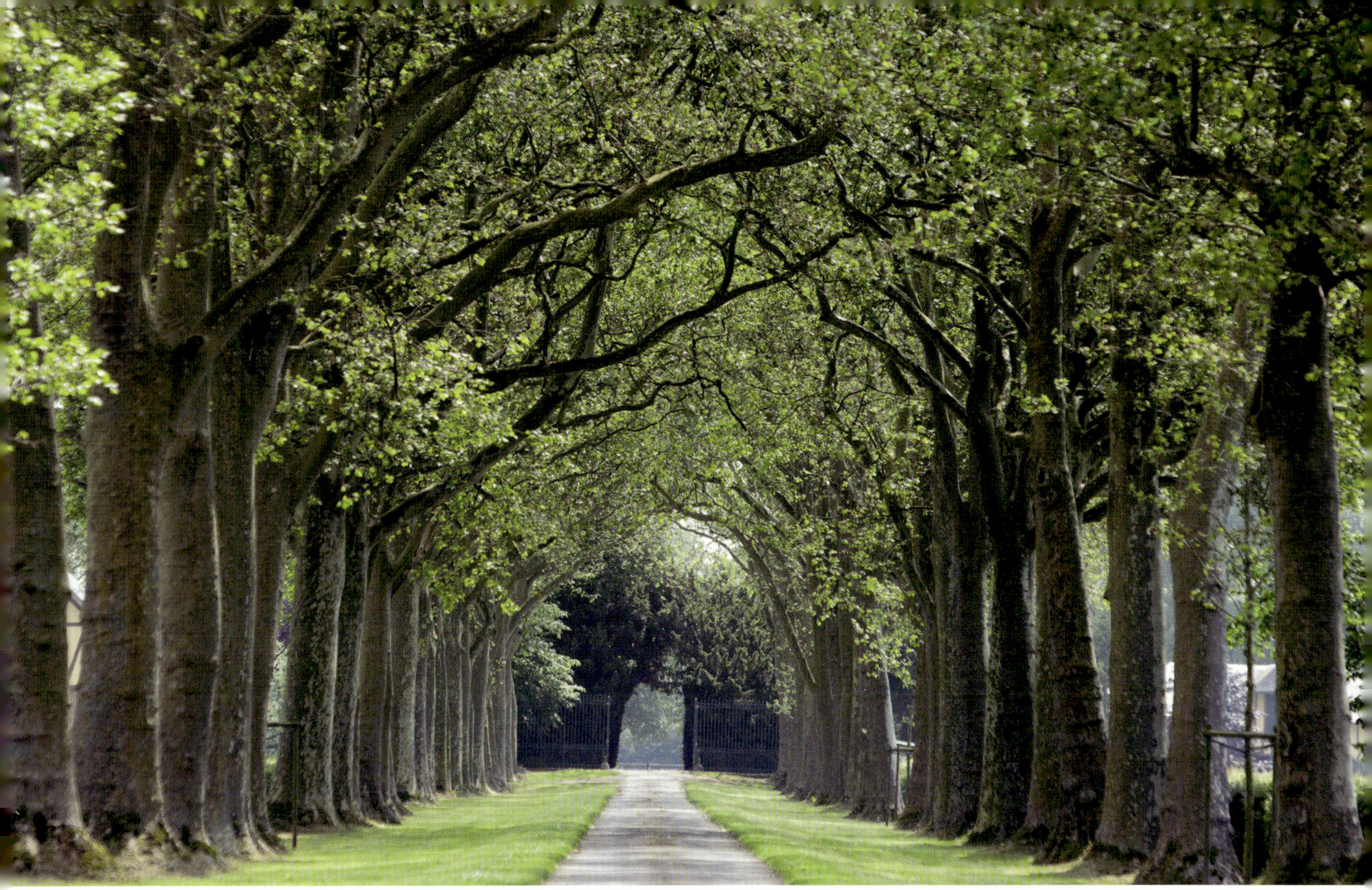

On entre dans le domaine par une somptueuse allée bordée de grands platanes.
One enters the estate through a sumptuous avenue lined with plane trees.

Guido Sels œuvre dans le bâtiment. Mais il est plus souvent qu'à son tour en France, à Quétiéville, où sa passion pour les chevaux le transporte aisément. Tantôt il vend sa production, tantôt il la conserve et la fait courir, sous la bannière vert et gros bleu du haras, qui a aligné deux partants dans le Prix du Jockey Club, en 2013. Voilà qui est déjà, en soi, un aboutissement, surtout en moins de dix années d'activité.

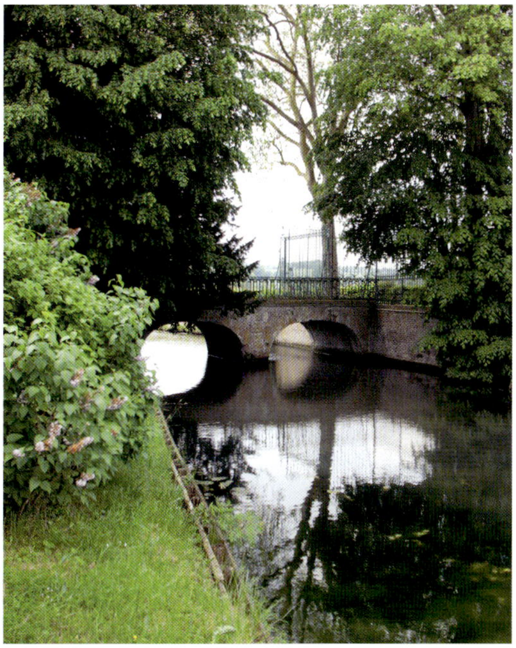

The Haras de Quétiéville was originally the cradle of the Del Duca breeding operation. The blue colours with a white crossbelt belonging to Mrs Cino Del Duca was once successful at the very highest level. Examples of her great success in the fifties and sixties include, in chronological order, Prix du Cadran winner Bewitched, Prix du Jockey Club and Grand Prix de Saint-Cloud victor Herbager and Soltikoff triumphant in the Prix de l'Arc de Triomphe. However, the aforementioned horses

were not homebred but bought at the sales in order to run in the colours of this very successful owner. That said she was also involved in breeding at Quétiéville, in the Dives Valley with all its tributaries and its rich soil and paddocks which remain cool in the summer. The dense Pays d'Auge countryside is at its finest in the Crèvecœur area which, contrary to what the name suggests, is full of sweetness.

Today Quétiéville belongs to Guido Sels who, also fuelled by the same passion for racing, took over the reins from Simone Del Duca. The estate has kept the same spirit, with the entrance opening up onto its well known tree lined avenue. The stylised Manor house has been refurbished and the acreage has been increased to eighty-five hectares of grazing spread out in one block near Biéville-Quétiéville and Mesnil-Mauger. Around fifty boxes cater to the needs of the thirty or so mares who are permanent residents and looked after by their half a dozen staff. In his native Belgium Guido Sels works in the building trade but he spends more than his fair share of time at Quétiéville in France where he is drawn to by his passion for racing. Sometimes he sells his stock and sometimes he holds onto it to run them in the blue and green colours of the stud which had two runners in the 2013 Prix du Jockey Club. This in itself is quite an achievement, particularly after less than ten years of activity.

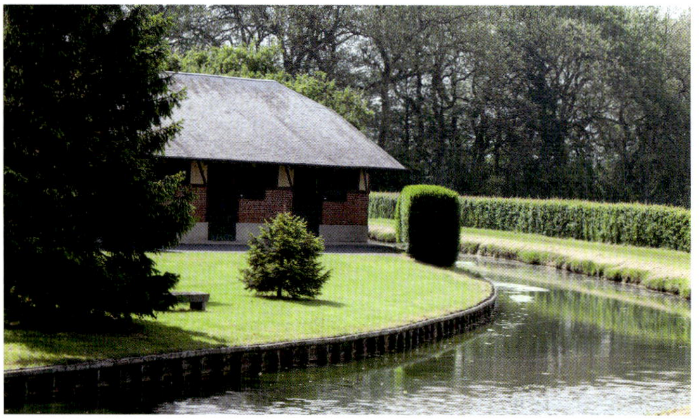

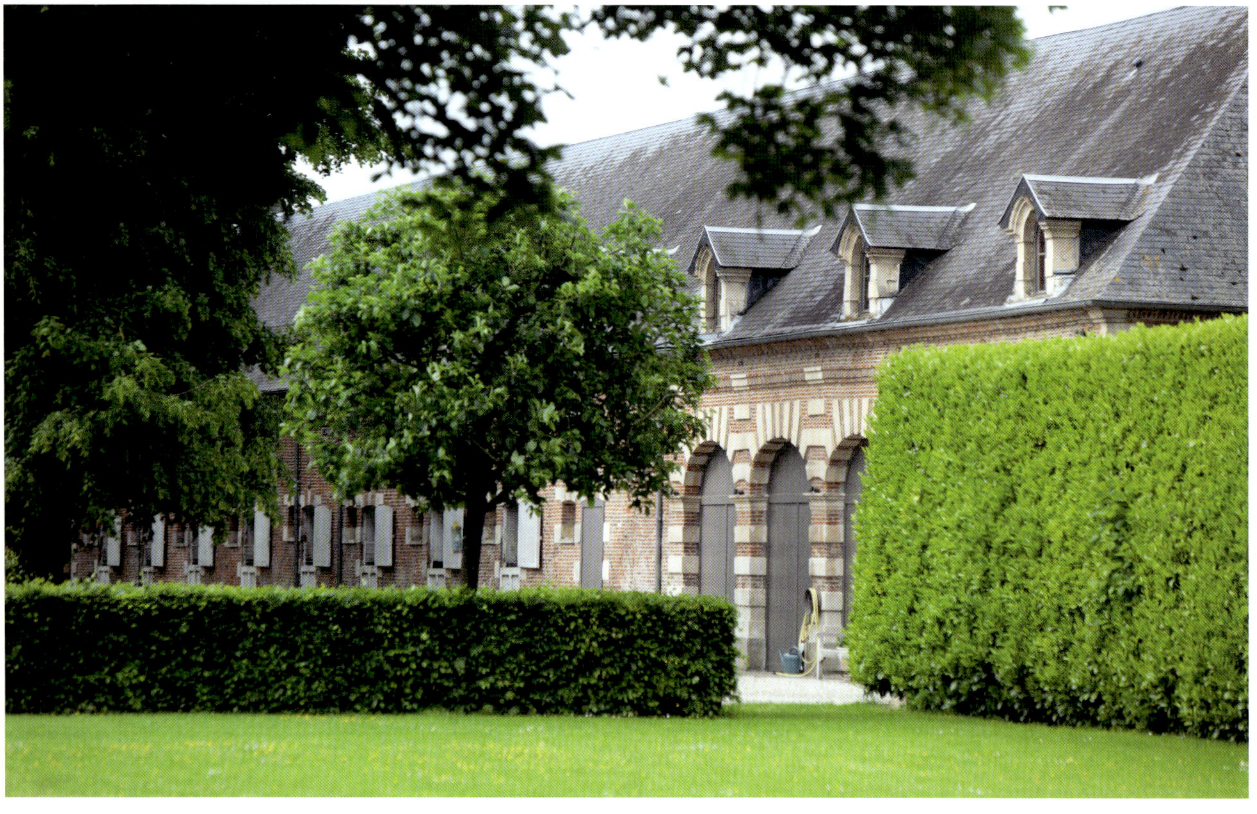

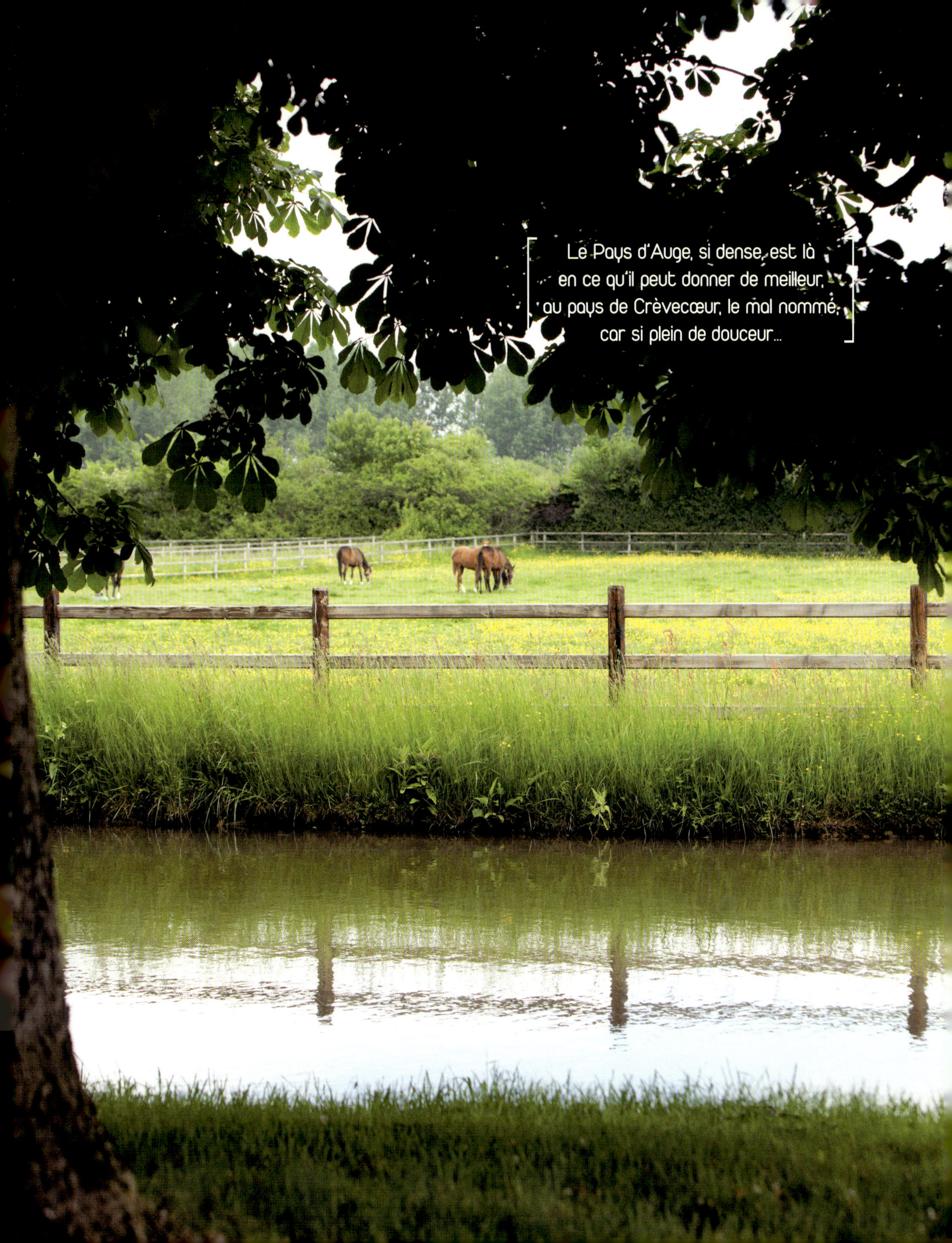

Le Pays d'Auge, si dense, est là
en ce qu'il peut donner de meilleur,
au pays de Crèvecœur, le mal nommé,
car si plein de douceur…

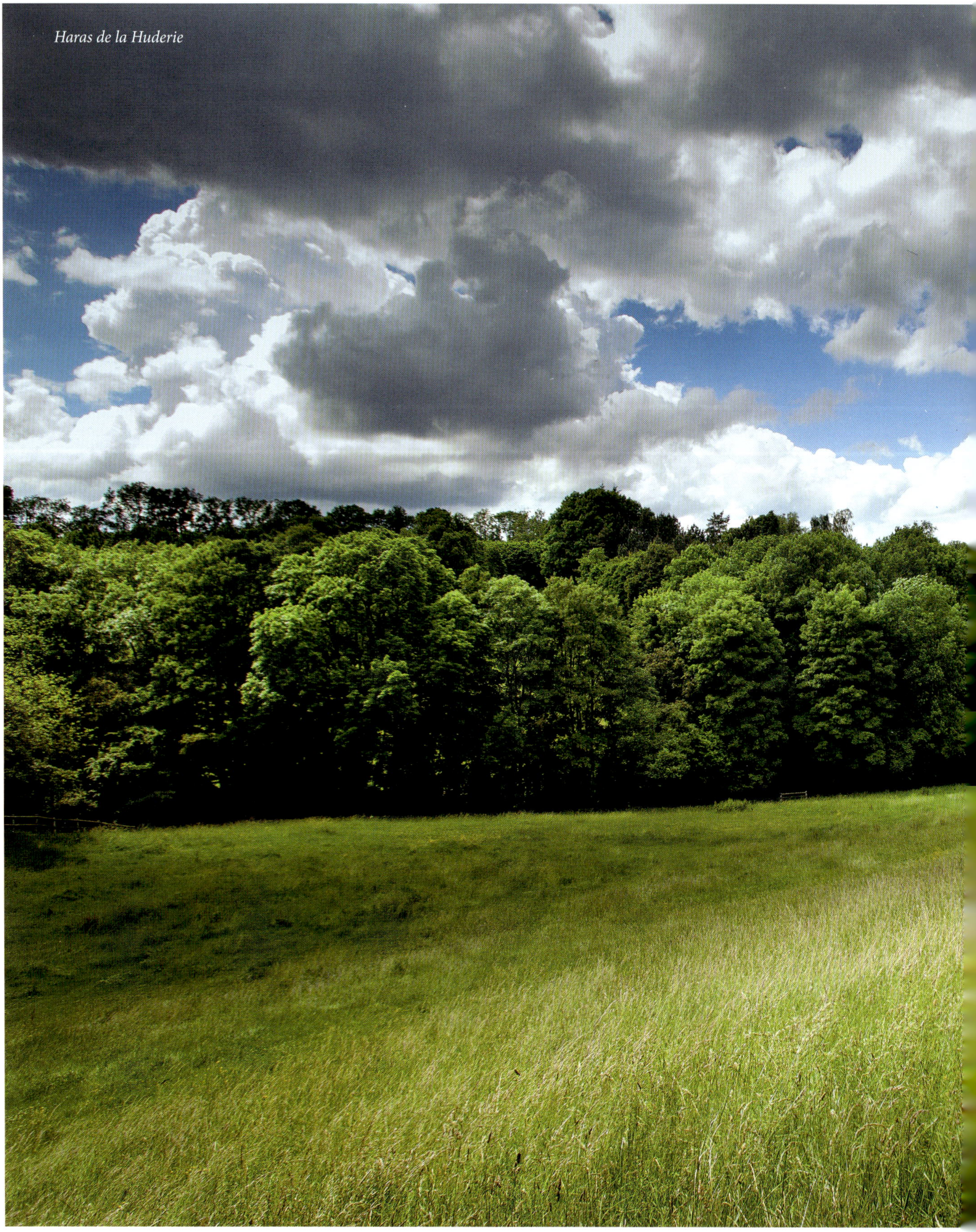
Haras de la Huderie

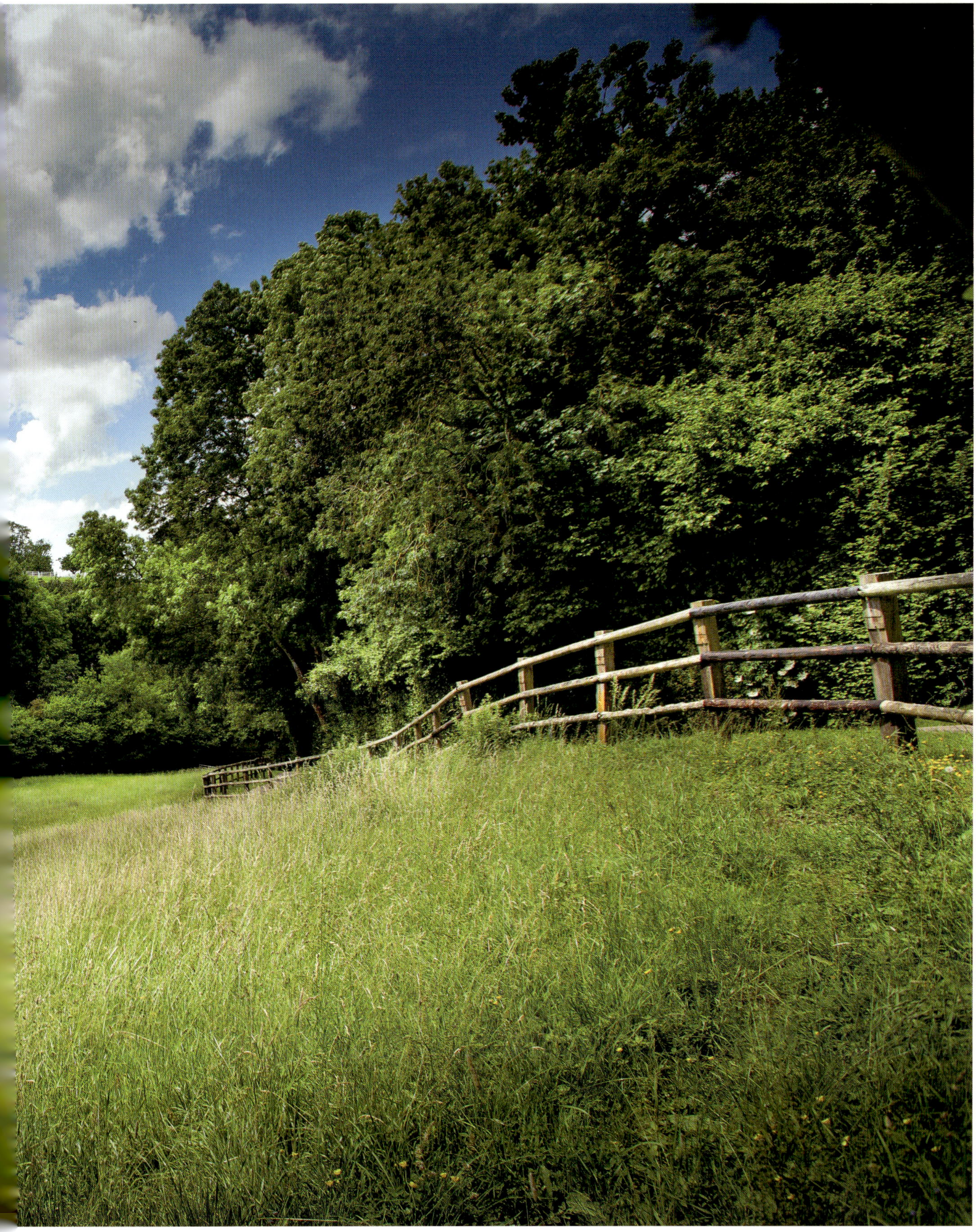

La Reboursière et Montaigu

Au début, il y avait Montaigu. C'était voilà plus de cent ans, à l'aube du siècle dernier. En 1903, pour être précis, Gabriel Guerlain, fameux parfumeur, fondait le Haras de Montaigu. Après avoir fait de l'élevage en région parisienne, ce qui n'était pas rare à l'époque, il avait jeté son dévolu sur le département de l'Orne, s'installant, d'abord, au Mêle-sur-Sarthe, puis, bientôt, à Nonant-le-Pin, au cœur de la Normandie du cheval et du meilleur de ses terres. Montaigu constitue une partie de l'ancien domaine, plein de cachet, des ducs de Narbonne. La propriété prend place sur la route qui mène au Haras du Pin, en haut de la côte, à gauche, jouxtant les herbages de la famille Corbière. Gabriel Guerlain, qui y dispose de cent soixante hectares, ne tarde pas à y connaître le succès, notamment avec Hopper, qui remporte, sous ses couleurs, le Prix du Président de la République et le Grand Steeple-Chase de Paris, en 1912, soit un exceptionnel doublé.

Vingt ans plus tard, Jacques Guerlain prend la succession de son père, délaissant, dans un premier temps, l'élevage, puis le reconstituant, sur les conseils de son voisin, Henri Corbière, en s'approvisionnant, notamment, en Angleterre. Son fils, Claude, hérite ainsi, pendant la guerre, d'un effectif entièrement renouvelé, qu'il va lui-même continuer de diversifier et de faire prospérer. Le chef-d'œuvre de Claude Guerlain sera la championne Rescousse, née en 1969, des œuvres de l'étalon brésilien Emerson, en station chez les Corbière, au Haras de Nonant-le-Pin, et de la poulinière maison, Bella Mourne. Rescousse signera, en particulier, deux performances mémorables, gagnant le Prix de Diane, de bout en bout, sous la selle du crack jockey Yves Saint-Martin – qui, sentant sa partenaire allante et généreuse, avait monté là à l'inverse des ordres reçus, préférant la détendre « sur la main » plutôt que de lui « tordre la bouche » et la forcer à patienter –, et se classant deuxième d'un Prix de l'Arc de Triomphe disputé à un rythme effréné et remporté par sa contemporaine, San San. Rescousse portait la casaque du baron de Rédé, qui s'en était rendu acquéreur, pour 30 000 francs – l'équivalent de 4 500 euros –, aux ventes de yearlings, à Deauville. C'est que Claude Guerlain avait fait le choix de vendre sa production, hormis quelques femelles, délibérément conservées pour l'élevage.

La politique d'Aliette Forien, qui a succédé à son père, est aujourd'hui sensiblement la même, mais à plus grande échelle. Car Aliette Forien a développé l'élevage familial, mettant l'accent sur son caractère commercial.

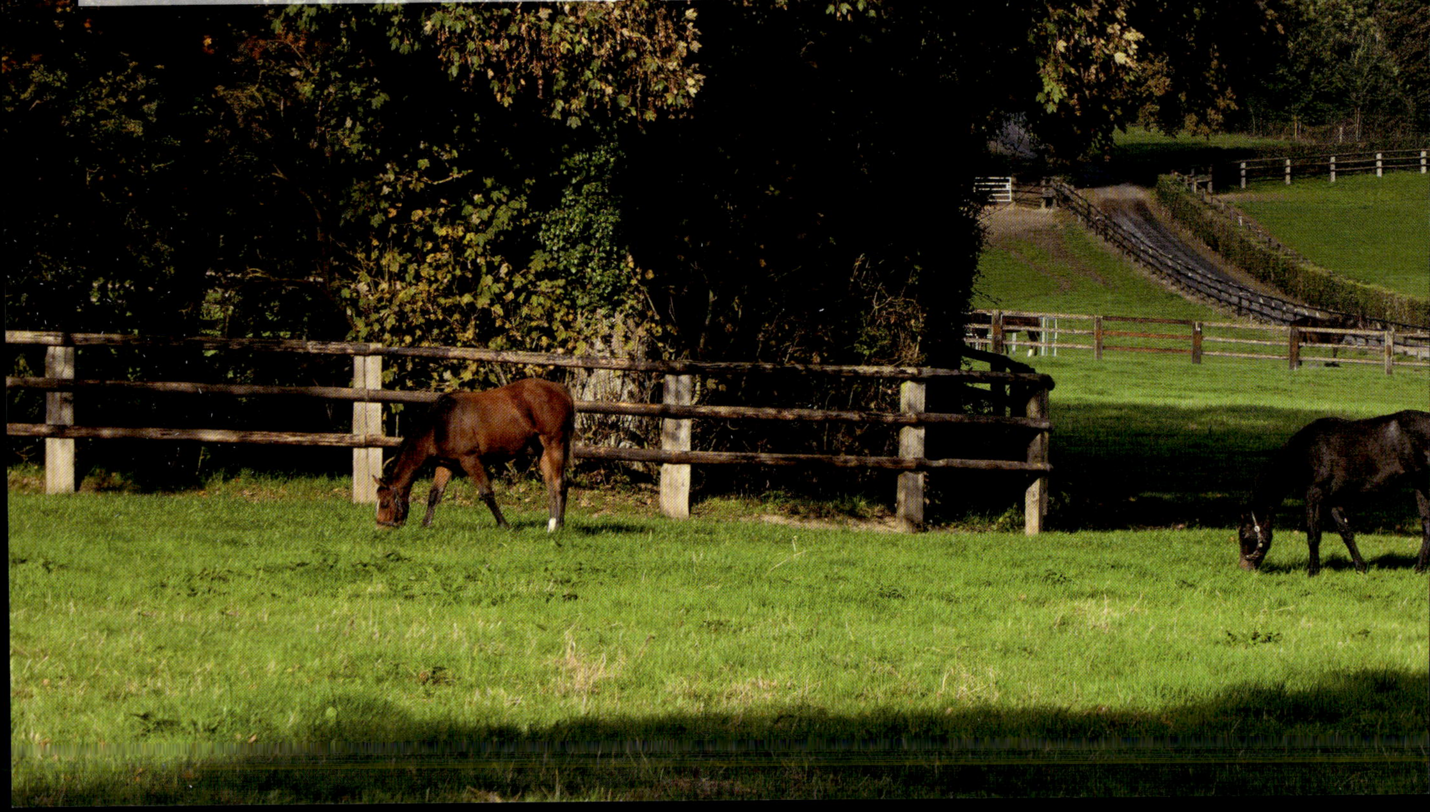

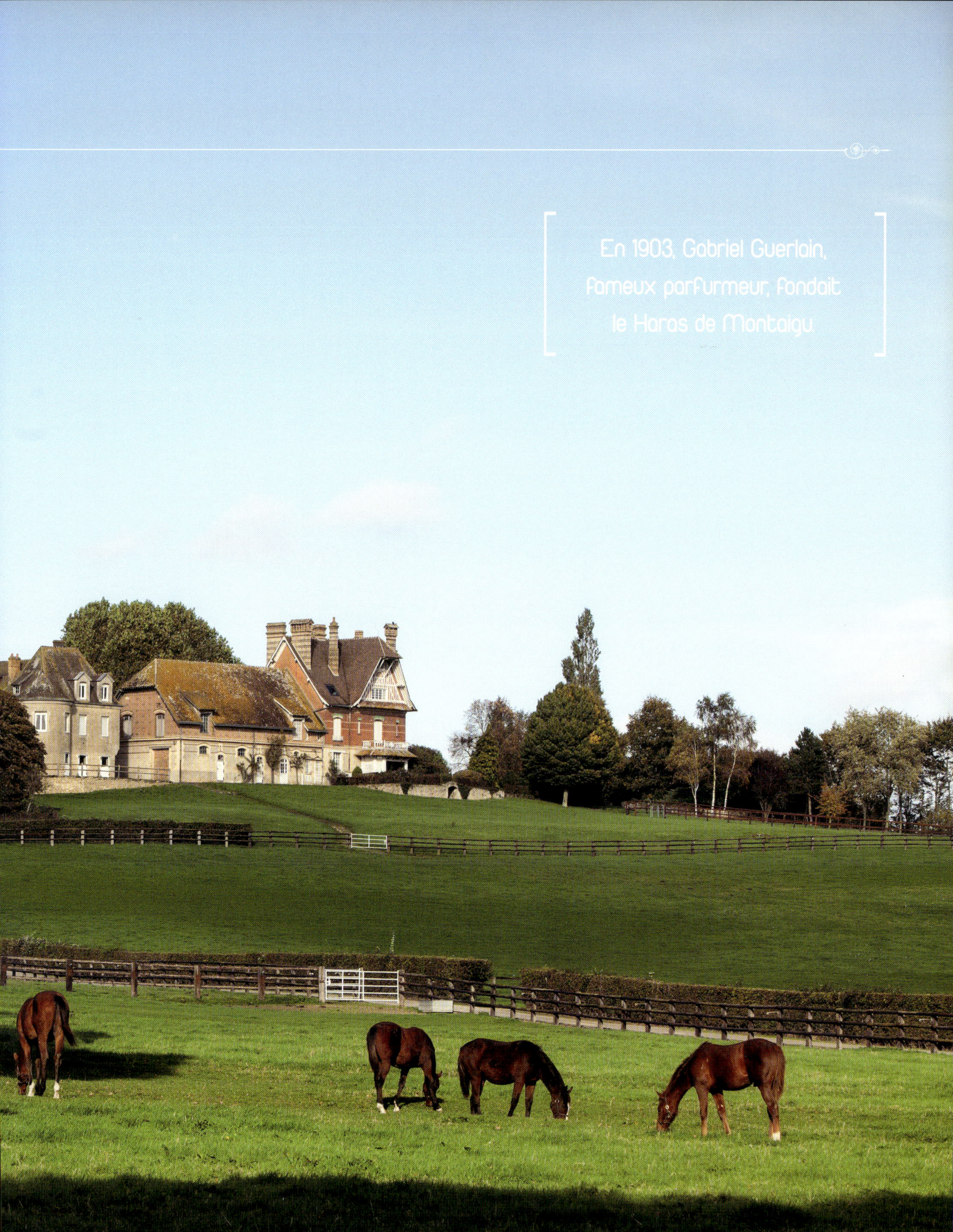

[En 1903, Gabriel Guerlain, fameux parfumeur, fondait le Haras de Montaigu.]

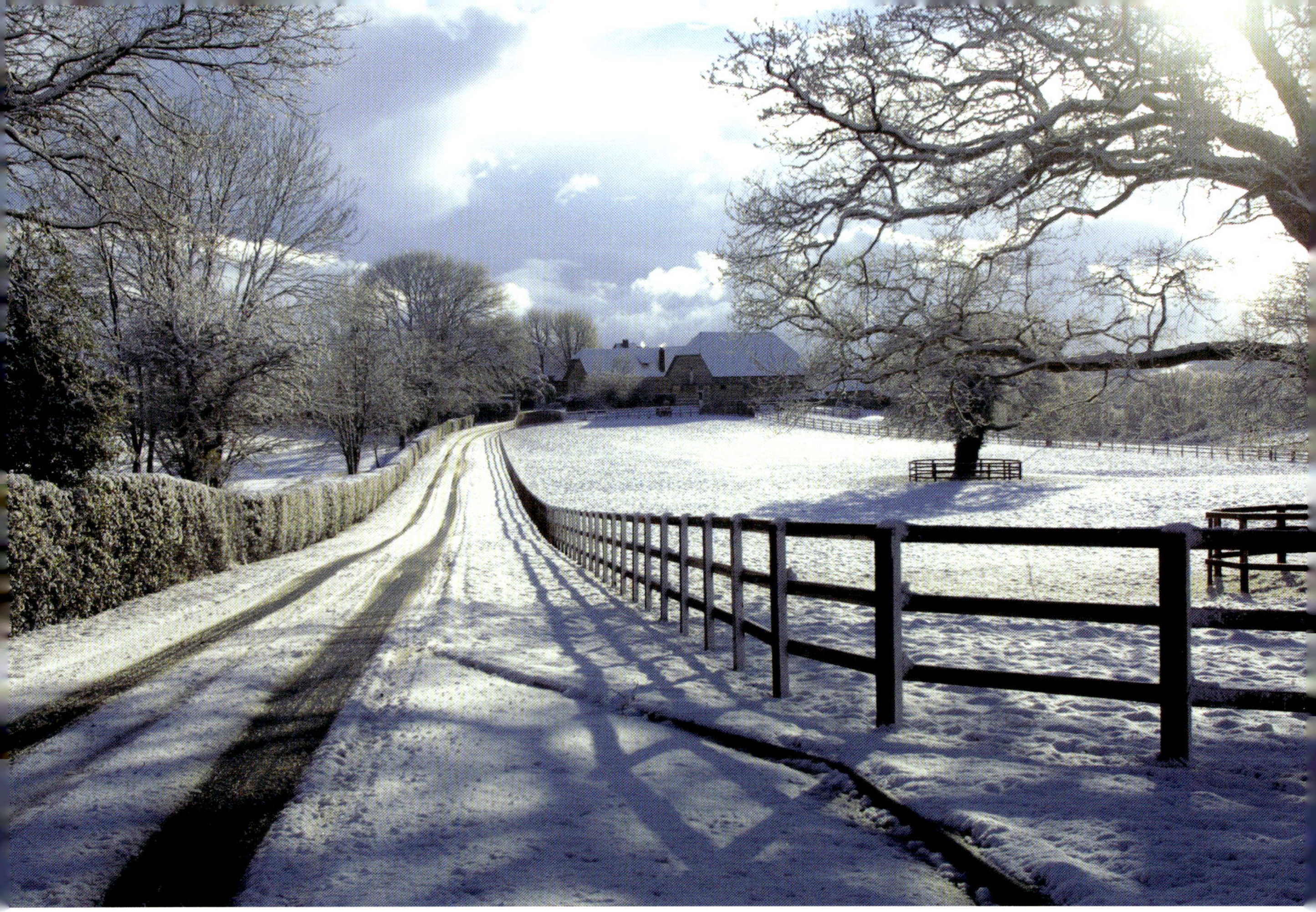

Sur le site originel de Montaigu est venue se greffer La Reboursière, d'où le nom de l'actuelle structure, qui s'étend sur près de deux cents hectares. Celle-ci offre plusieurs services et s'est ouverte à la clientèle. Elle est devenue aussi une station d'étalons, où résident présentement le très bon reproducteur d'obstacle Martaline, le prometteur Literato, élevé sur place, du reste, pour des clients, et le novice No Risk at All. En 2012, il y avait encore Turtle Bowl, dont les excellents débuts au haras ont été remarqués jusqu'au Japon, où il a été exporté. À ce jour, le meilleur produit de Turtle Bowl se nomme French Fifteen, vainqueur du Critérium International, en 2011, et deuxième des Deux Mille Guinées de Newmarket, la saison suivante. Or, French Fifteen est un élève d'Aliette Forien et de son époux, Gilles, figure bien connue du microcosme, qui fut longtemps courtier, aux commandes de l'Agence FIPS, et demeure le conseiller avisé de la marquise de Moratalla, tout en présidant la société des courses voisine du Pin-au-Haras. L'implication des animateurs du Haras de la Reboursière et de Montaigu dans le monde du cheval et des courses est ainsi totale, comme l'atteste également l'engagement sans faille d'Aliette Forien contre l'aberrante décision d'implanter un centre de déchets à Nonant-le-Pin, qui atteint en son sein une région d'élevage d'excellence, à la veille, qui plus est, de voir s'y dérouler les Jeux Équestres Mondiaux…

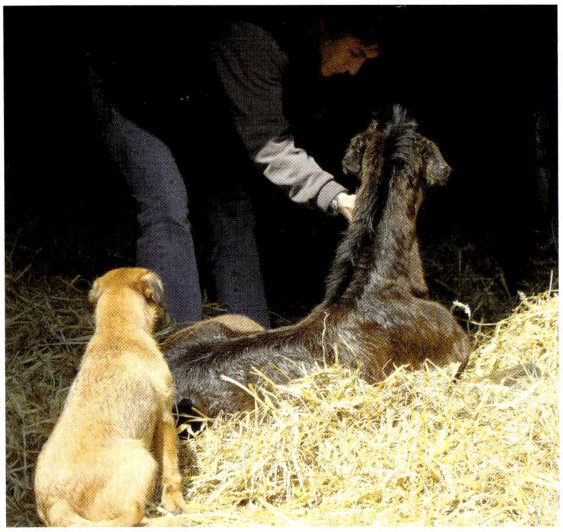

À l'image de Rescousse jadis, French Fifteen a été vendu yearling, à Deauville. Rien d'étonnant à cela, car les

La Reboursière et Montaigu

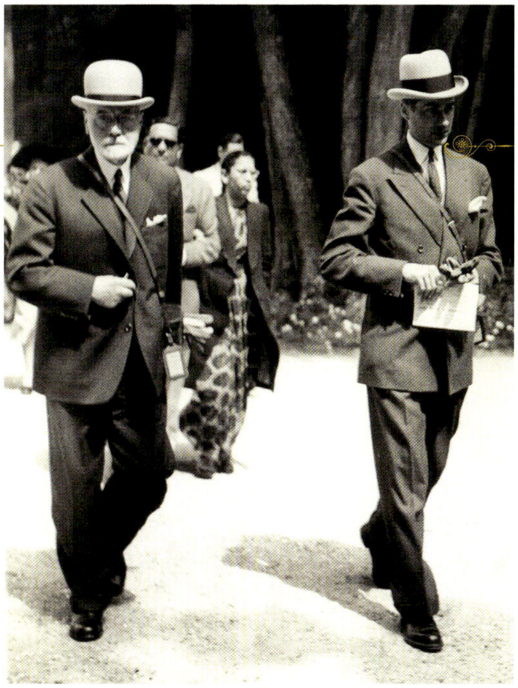

Messieurs Jacques et Claude Guerlain.

élèves du Haras de la Reboursière et de Montaigu sont, plus que jamais, des habitués des vacations d'Arqana, sur la Côte Normande. Le haras figure, en effet, parmi les vendeurs les plus importants quant au nombre de sujets inscrits et au chiffre d'affaires réalisé, pour son propre compte ou pour celui de ses clients. La visée affichée est le haut de la gamme et les ventes de sélection d'août sont privilégiées, mais La Reboursière et Montaigu ne néglige pas, pour autant, le créneau des sessions d'automne, spécialement via sa production destinée à l'obstacle. Le haras a des perspectives mixtes, effectivement, et sa clientèle avec lui. Dans les pas de son prédécesseur, Nikos, Martaline incarne ainsi le volet sauteur, tandis qu'en prolongement de son père, Kendor, Literato abat la carte du plat. Ambitieux était le pari d'Aliette Forien et d'autant plus remarquable est sa réussite.

First there was Montaigu. That was over 100 years ago at the turn of the last century. In 1983 to be precise, the famous perfumer Gabriel Guerlain created the Haras de Montaigu. Having initially dabbled in breeding in the Paris region, which wasn't unusual at the time, he turned his attention to the Orne region setting himself up initially at Mêle-sur-Sarthe, then before long at Nonant-le-Pin in the heart of equine Normandy and its most fertile land. Montaigu forms part of the very charming former estate belonging to the Dukes of Narbonne. The property is located on the road leading to the Haras du Pin at the top of the hill on the left next to the Corbière family's land. Gabriel Guerlain, who owned one hundred and sixty hectares of land, wasted no time in finding success, most notably with Hopper,

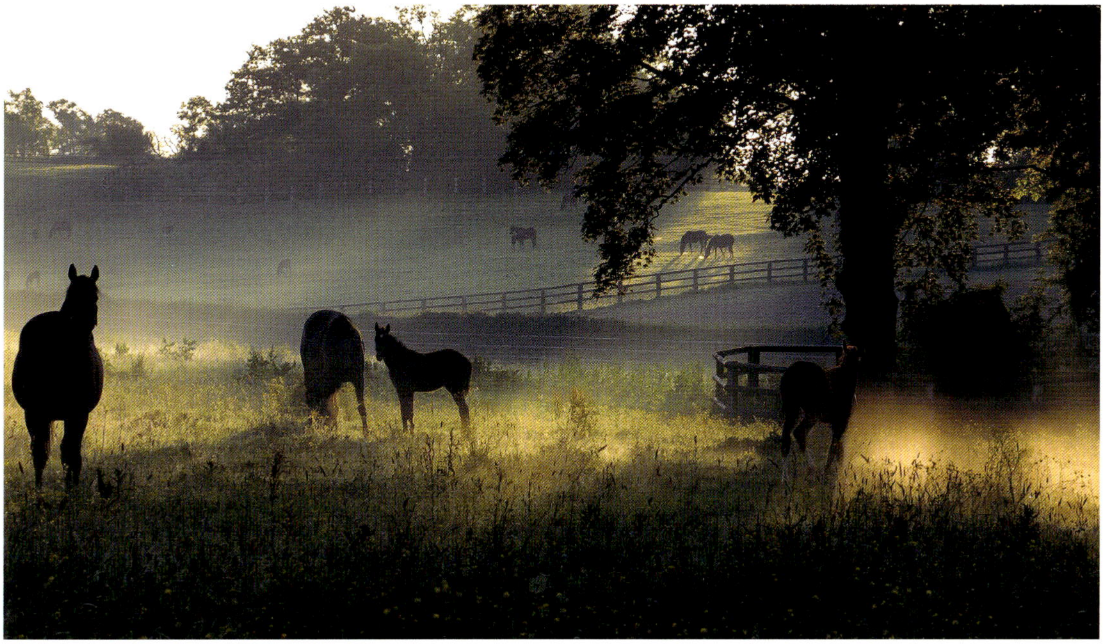

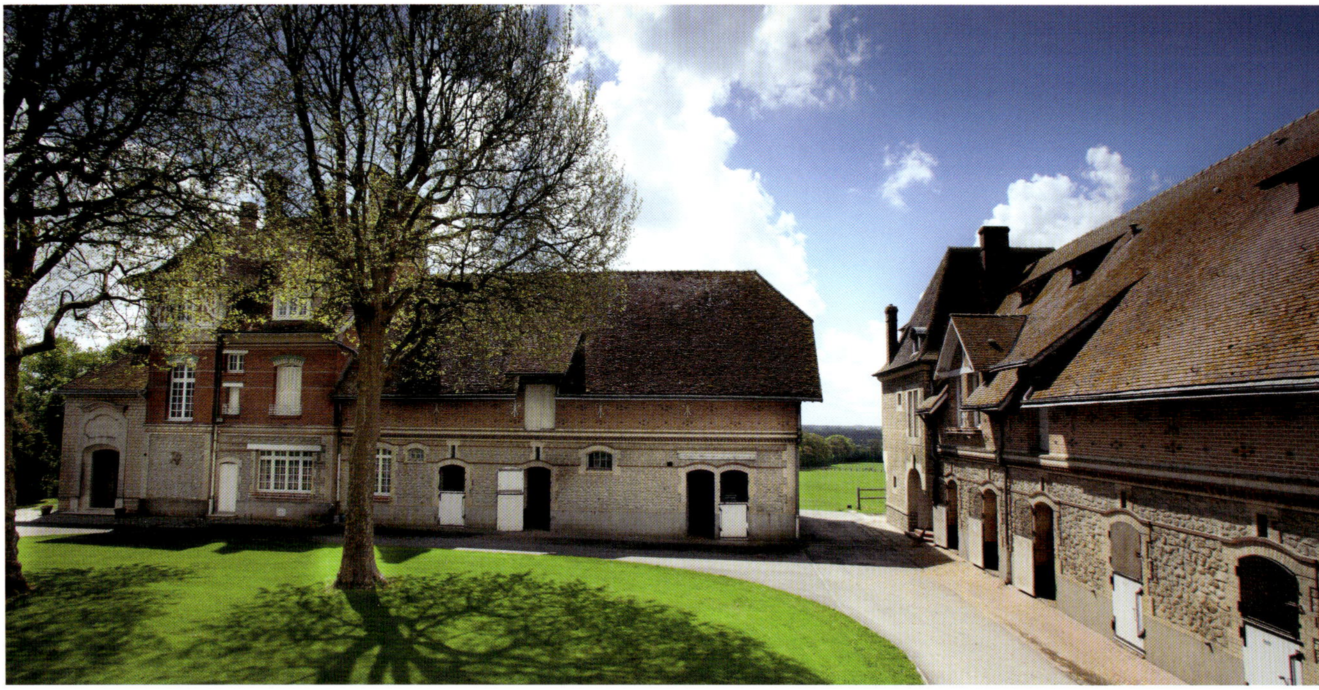

who achieved the incredible feat of completing the Prix du Président de la République and the Grand Steeple-Chase de Paris double in his colours in 1912.

Twenty years later Jacques Guerlain took over from his father and initially abandonned the breeding operation before taking it up again and reforming it under the guidance of his cousin Henri Corbière, by buying most of his stock in England. His son Claude therefore inherited a brand new broodmare band during the war which he then went on to diversify and develop himself. Claude Guerlain's greatest success was champion mare Rescousse,

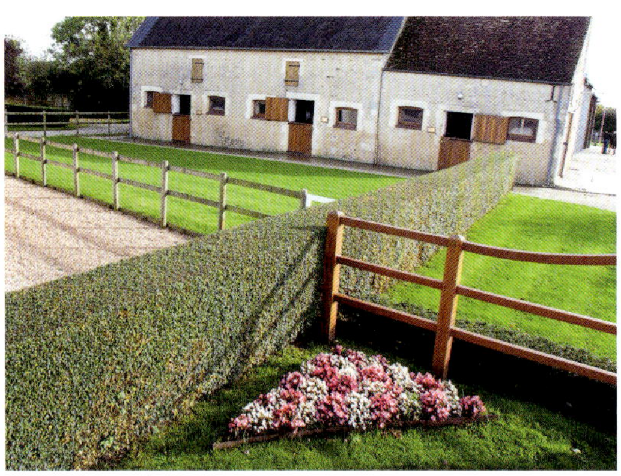

born in 1969 out of a mating between the Brazilian stallion Emerson, standing at the Corbières' Haras de Nonant-le-Pin, and his own homebred mare Bella Mourne. Rescousse put up two most memorable performances when winning the Prix de Diane from pillar to post under champion jockey Yves Saint-Martin – who was riding against orders feeling that his filly was keen and running free and preferring to give her a chance to relax « on the bridle » rather than to « rip her head off » and force her to wait – then finishing second in a Prix de l'Arc de Triomphe run at a frenetic pace and won by her contemporary San San. Rescousse ran in the colours of Baron de Rédé, who bought her for 30,000 Francs – equivalent to €4,500 – at the Deauville yearling sales. Claude Guerlain had made the decision to sell his stock bar a handful of fillies which he deliberately kept for breeding.

Aliette Forien, who took over from her father, has very much the same policy today but on a larger scale. She has developed the family breeding operation and accentuated its commercial aspect. The original Montaigu site has been joined by la Reboursière, hence the new name of the stud which now spreads over two hundred hectares. The stud in its new format offers multiple services and is open to clients. It has become a stallion station which houses the top class national hunt

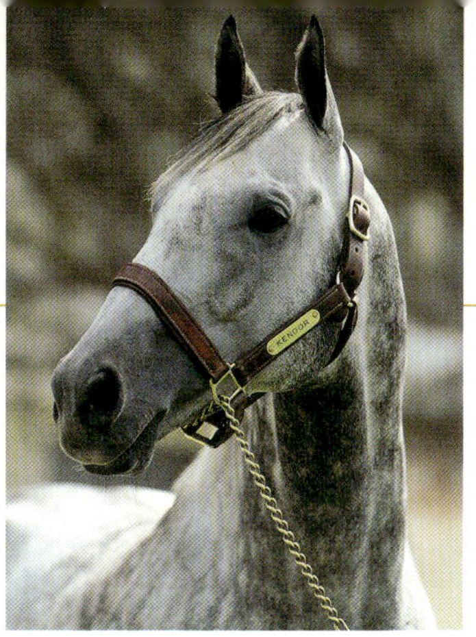

stallion Martaline, the promising Literato who was bred at home for clients, and the new stallion No Risk at All. In 2012 the stud still stood Turtle Bowl whose excellent start at stud was noticed in Japan where he was subsequently exported. To this day, the best offspring by Turtle Bowl is French Fifteen, winner of the 2011 Critérium International and second in the Newmarket 2,000 Guineas the following year. French Fifteen was bred by Aliette Forien and her husband Gilles, a well known figure of breeding industry and long time agent at the helm of Agence FIPS., who still remains advisor to the Marquesa of Moratalla whilst also presiding over the neighbouring Société des Courses du Pin-au-Haras. The directors of the Haras de la Reboursière et de Montaigu are therefore totally immersed in the world of horses, as is also noticeable from Aliette Forien's unwavering commitment against the decision to establish a landfill site at Nonant-le-Pin, which is at the heart of a region known for its excellence in the breeding world and, what's more, ahead of the World Equestrian Games... Just like Rescousse in the past, French Fifteen was sold as a yearling in Deauville. Nothing surprising in that, as young horses from the Haras de la Reboursière et de Montaigu are more than ever regulars of the Arqana sale on the Normandy coast. The stud regularly features among the leading players, both in terms of horses entered and turnover, for its own stock as well as for clients. The clear objective is to operate at the top end of the market and the Select August Yearling Sale is favoured. This does not mean to say that la Reboursière et Montaigu neglects the Autumn sales particularly through its stock intended for jumping. Indeed, the stud is dual purpose and as such so is its client base. Following in the footsteps of his predecessor Nikos, Martaline represents the jumping angle, while following in the footsteps of his sire Kendor, Literato represents the flat side. This was an ambitious punt by Aliette Forien making its success all the more remarkable.

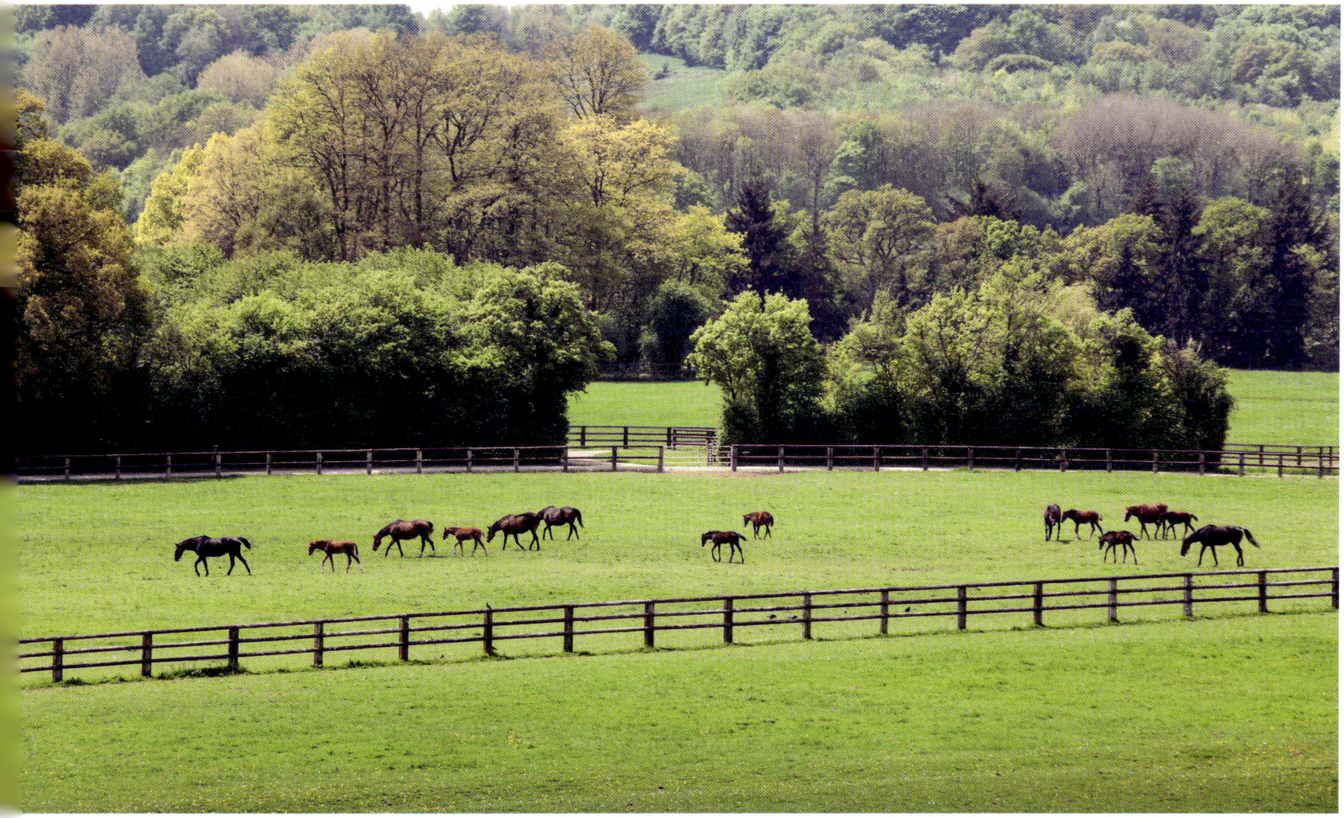

Saint-Arnoult

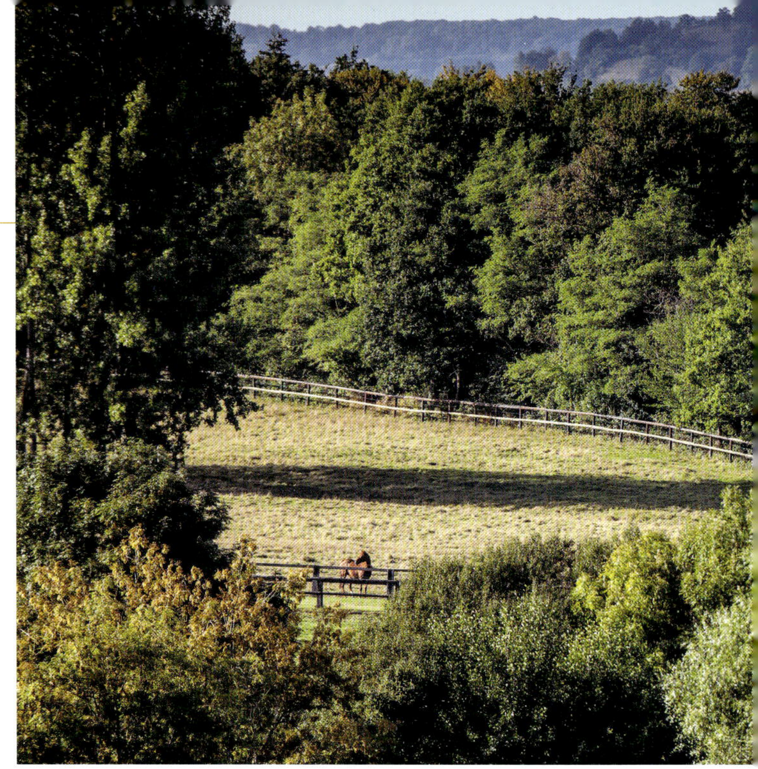

Saint-Arnoult est l'un des nombreux élevages prenant place dans les parages du Haras du Pin. Situé à Exmes, il tire son appellation du château du même nom, construit à la fin du dix-huitième siècle par le lieutenant général du bailliage de la commune, Charles Géromé de Morey. Aujourd'hui, l'âme de Saint-Arnoult, c'est Larissa Kneip, femme de cheval avertie, originaire du Luxembourg, ayant parcouru l'Europe et, finalement, posé ses valises dans l'Orne.

Éclectique, Larissa Kneip a d'abord été une cavalière de CSO, mais elle a également monté en « point-to-point », en Angleterre, ou encore drivé en amateur, en France. Avec son père, qui occupait d'importantes fonctions dans le milieu des chevaux de sport, au Luxembourg, elle a commencé par élever des chevaux pour le plaisir. Au milieu des années quatre-vingt-dix, Saint-Arnoult est ainsi acheté, mais la propriété a été laissée à l'abandon et il faut la rénover, entièrement, jusqu'au château de style Louis XVI, avec ses fenêtres de même taille, entourées de briques rouges, et ses interstices blancs au torchis de chaux. Du coup, l'activité équine se développera plus tard, à compter de l'acquisition du Haras du Buisson, ex-fief trotteur de l'élevage Deloison, dont les terres jouxtent celles du domaine de Saint-Arnoult. Nous sommes alors en 2009 et Saint-Arnoult prend son véritable envol. La superficie atteint dorénavant cent cinquante hectares et quatre-vingts boxes

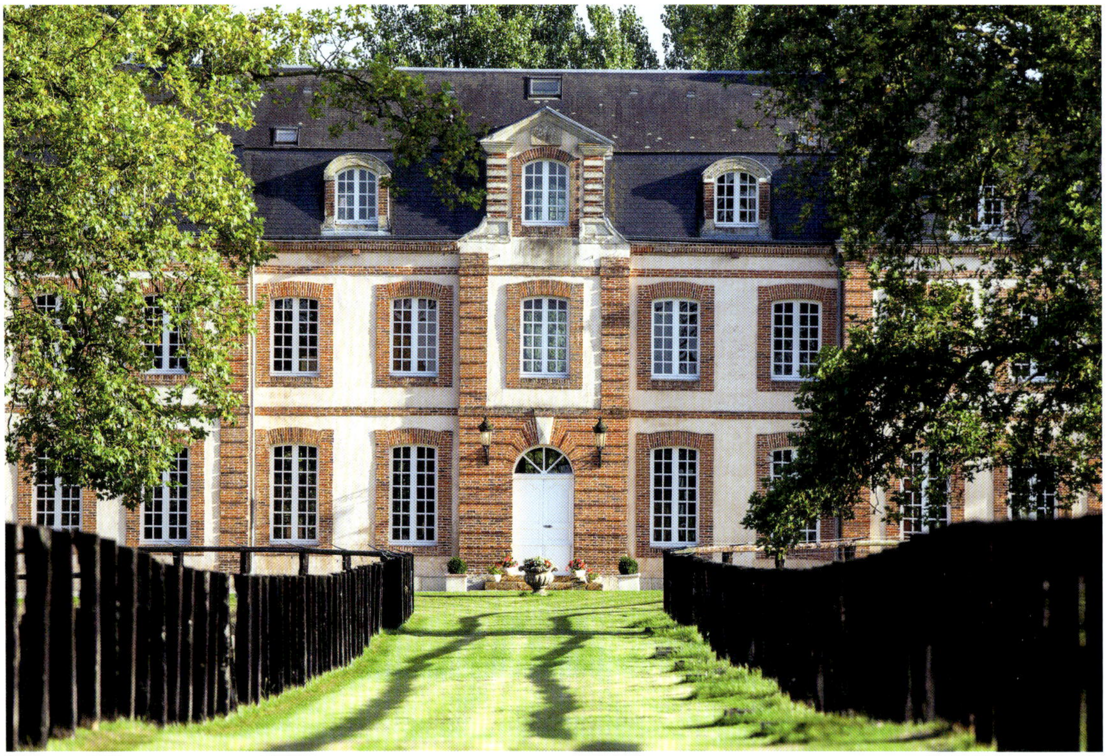

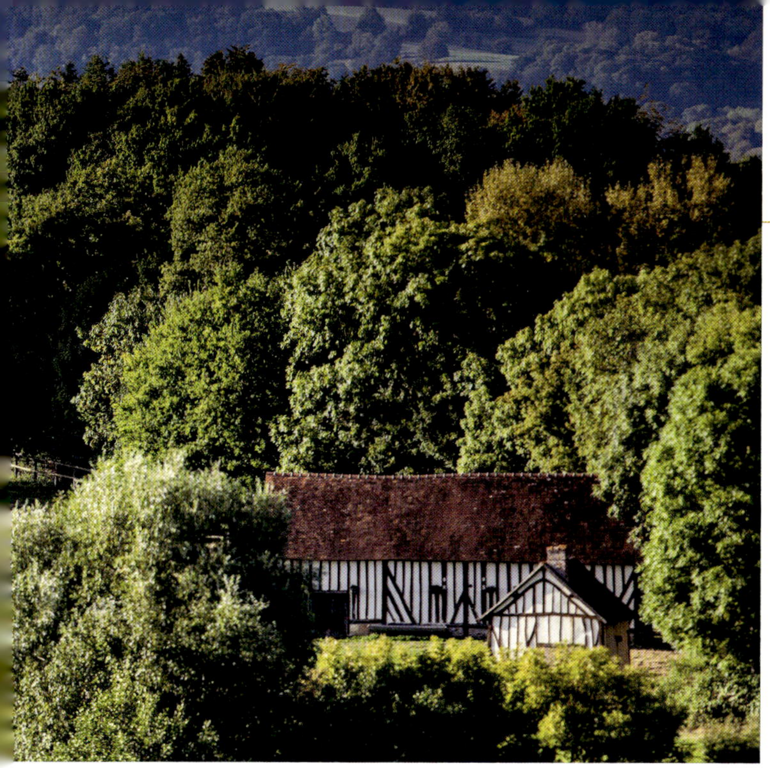

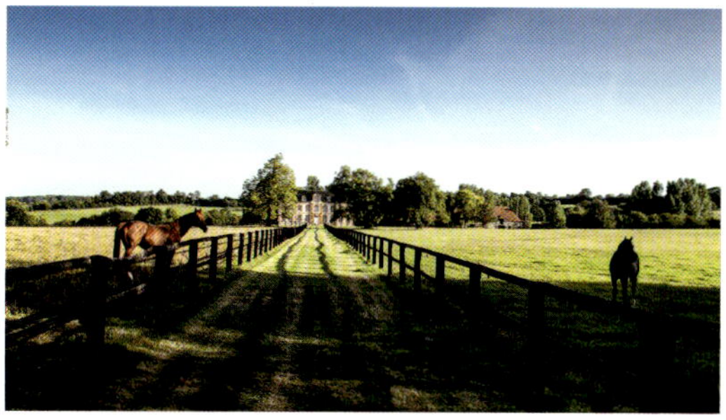

sont à disposition, sachant qu'une vingtaine d'autres sont actuellement en construction. Sous la houlette de Larissa Kneip et de sa partenaire, Sandrine Grevet, le haras propose de nombreux services, non seulement en termes d'élevage et d'étalonnage – trois étalons sont annoncés pour 2014, à savoir Captain Marvelous, Cockney Rebel et Simplex –, mais également de débourrage, de pré-entraînement et d'entraînement, avec plusieurs pistes et marcheurs. Environ quinze personnes travaillent sur place, s'occupant, en permanence, de cent à cent trente chevaux. La clientèle du haras est très cosmopolite, constituée, pour une bonne part, de propriétaires étrangers, dont l'attrait pour Saint-Arnoult est manifeste. Il faut dire que le haras allie esthétique et efficience, tout en bénéficiant d'une remarquable situation géographique. Et puis Larissa Kneip, européenne convaincue, parle six langues et est ouverte à toutes les cultures, estimant, avec raison, que le cheval n'a pas de frontières.

Saint-Arnoult is one of the many stud farms located in the vicinity of the Haras du Pin. Situated near Exmes it takes its name from the castle of the same name, built in the late eighteenth century by the lieutenant general of the town Charles Gérome de Morey. Today Saint-Arnoult is in the hands of Larissa Kneip, knowledgeable horse woman and a native of Luxembourg who has toured Europe and eventually settled in the Orne.

A rather eclectic horsewoman Larissa Kneip was originally a showjumper and also rode in point-to-points in England as well as taking part as an amateur in harness trotting races in France. Together with her father, who

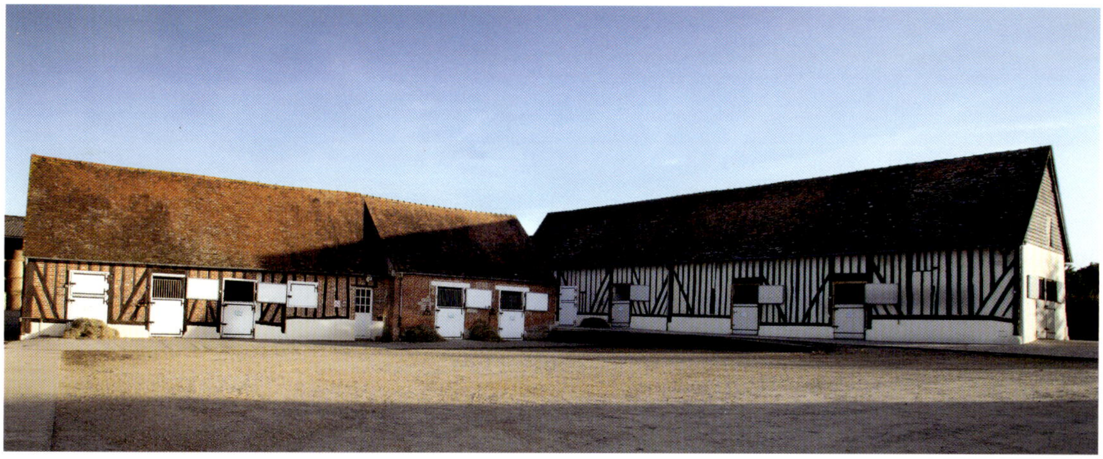

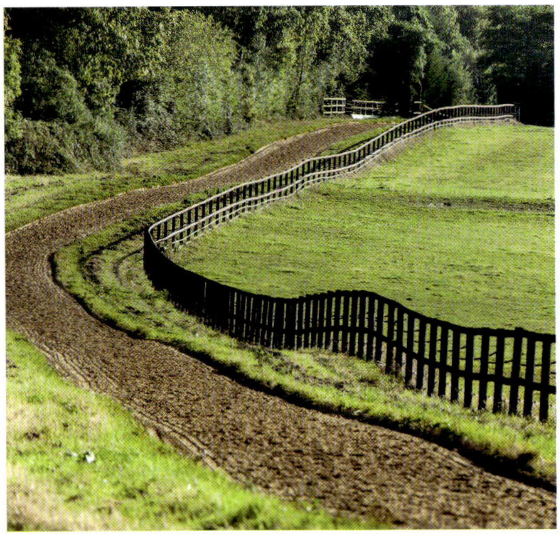

was very influential in the world of sport horses in Luxembourg, she started breeding horses for pleasure. Saint-Arnoult was thus bought in the mid nineties but the property had been neglected and needed to be fully refurbished, including the Louis XVI style chateau with its matching windows surrounded by red brick and white lime rendered crevices. As a result the development of any equine activity had to wait until later with the purchase of the Haras du Buisson, former stronghold of the trotting breeding operation of the Deloison family whose land adjoins the estate. It wasn't until 2009 that Saint-Arnoult really took off. The land now extends to over one hundred and fifty hectares with eighty boxes already built and a further twenty under construction. Under the leadership of Larissa Kneip and her partner Sandrine Grevet the stud offers many services, not just in terms of breeding and standing stallions – three stallions have already been announced for 2014, namely Captain Marvelous, Cockney Rebel and Simplex – but also for breaking, pre-training and training, with several gallops and horsewalkers on hand. About fifteen people work on site dealing with between one hundred and one hundred and thirty horses. The stud's clientele is very cosmopolitan, consisting for the most part of foreign owners for whom Saint-Arnoult has an obvious appeal. It must be said that the stud combines aesthetics and efficiency whilst enjoying an outstanding geographical location. And Larissa Kneip, a European through and through, speaks six languages and is open to all cultures, believing quite rightly that horses have no borders.

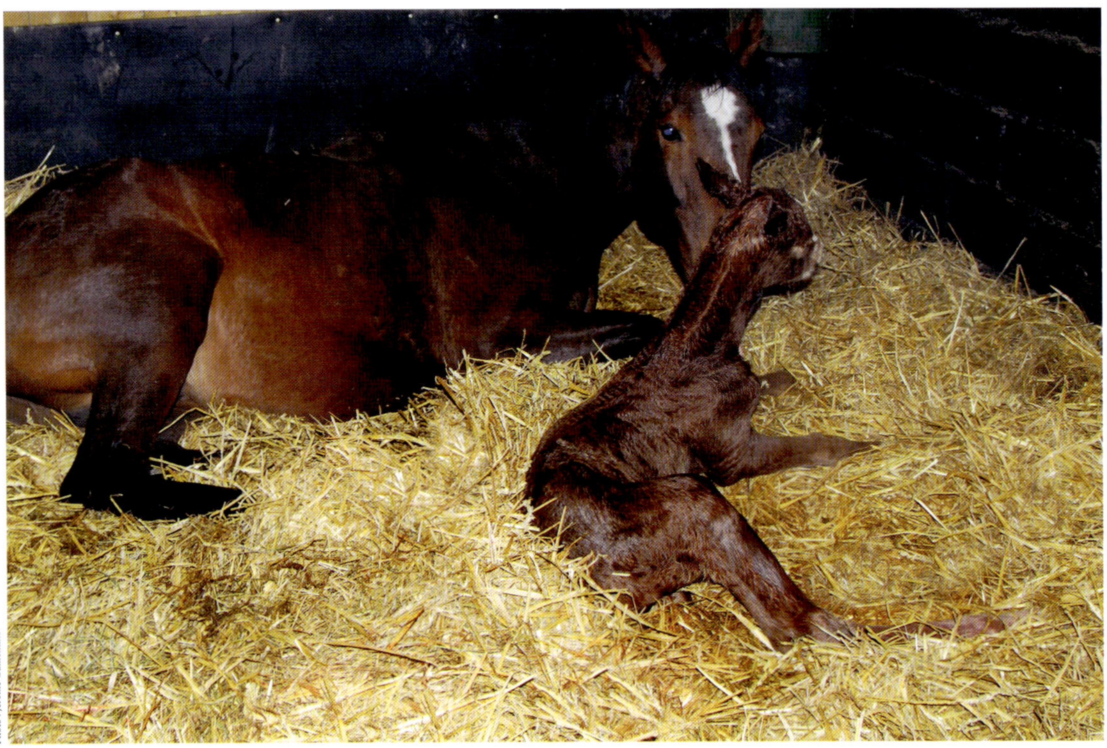

Photo : Jérôme Guillemine

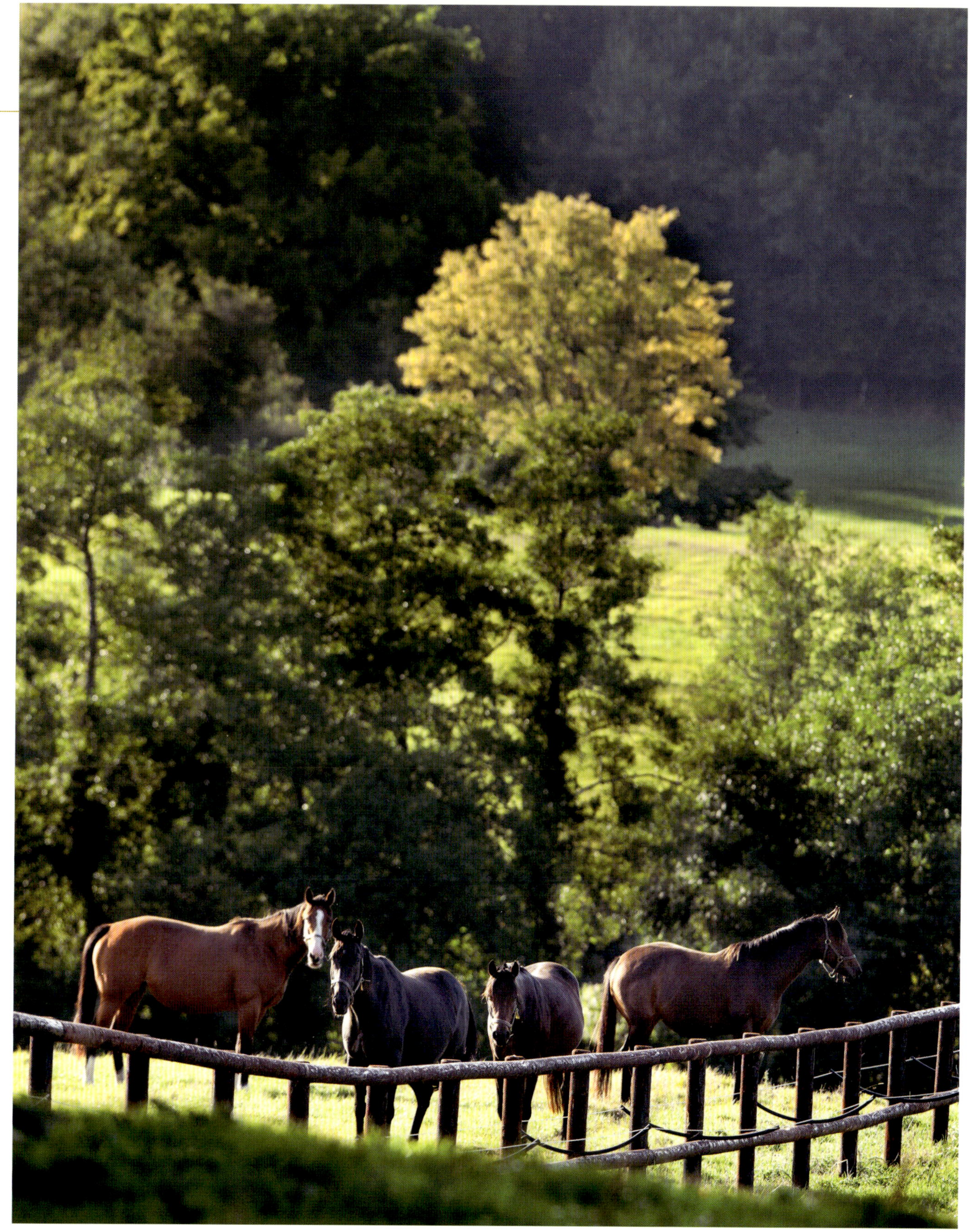

Saint-Léonard

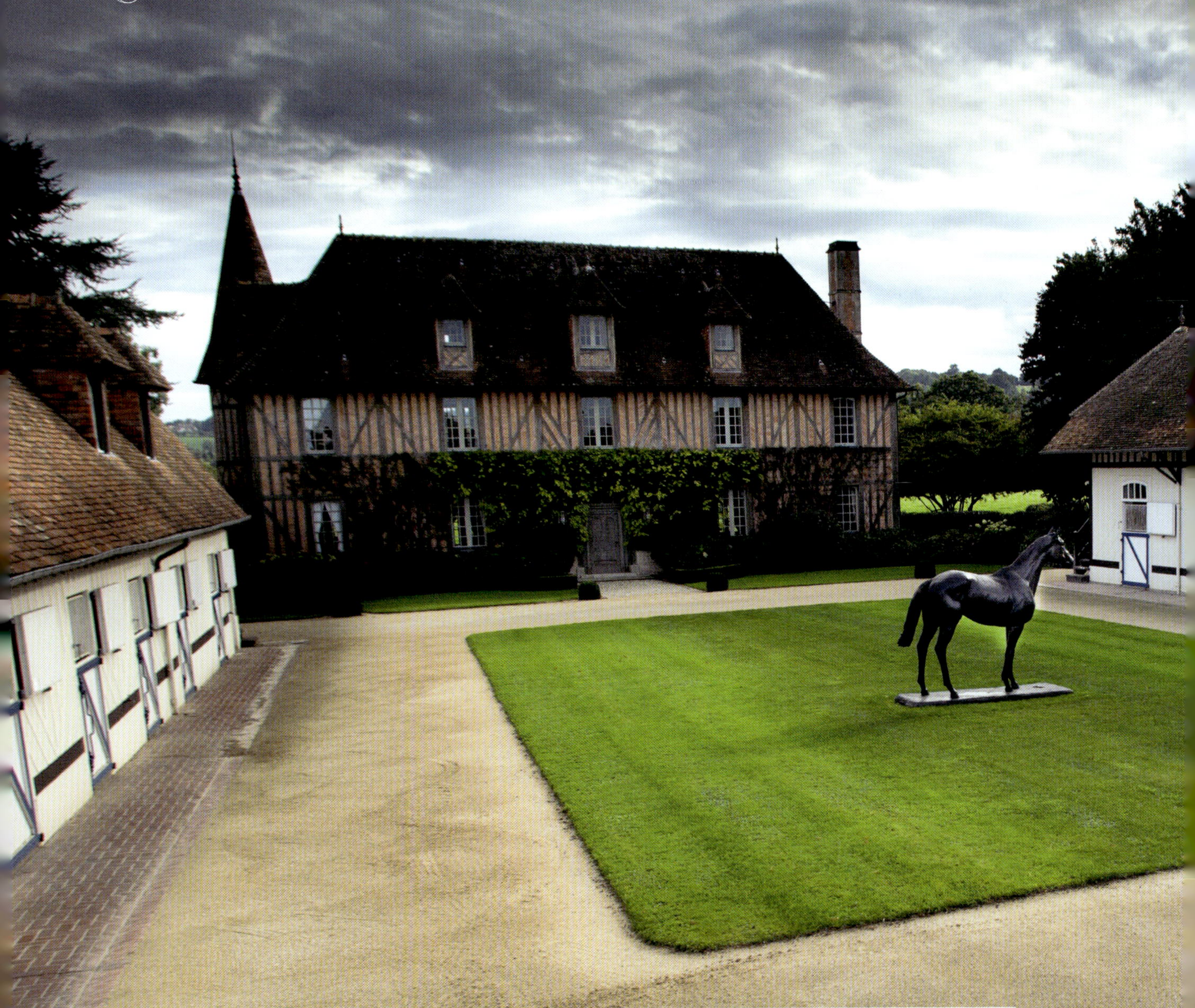

L'élevage Wertheimer des origines était basé à Bessan, dans le Médoc, d'où il délégua d'ailleurs son premier crack, le légendaire Épinard, phénomène de vitesse, qui défraya la chronique des années vingt en Europe et en Amérique. Dans le même temps, Pierre Wertheimer décide de s'implanter en Normandie et il loue à Augustin Champion le Haras de Saint-Léonard-des-Parcs, sur la commune du même nom, un peu au sud du Merlerault, dans l'Orne. La commune en question est alors déjà une référence en matière d'élevage, puisqu'elle abrite le Haras des Rouges-Terres, berceau des plus fameux trotteurs, tour à tour animé par les familles Forcinal et Olry-Roederer. Augustin Champion, lui, élève et fait courir des pur-sang. Le Haras de Saint-Léonard est sa création et il y fait naître de bons chevaux, tels Radamès et Gros Papa, sur des terres éprouvées et des plus prisées par les herbagers de l'époque. Cela n'échappe pas à Pierre Wertheimer, qui saisit l'opportunité, dès lors que le haras est libre, le louant d'abord, donc, puis l'achetant.

Dès les débuts de l'ère Wertheimer, Saint-Léonard atteint à la renommée, ne serait-ce qu'eu égard à la présence d'Épinard, venu y faire la monte et dont le meilleur produit

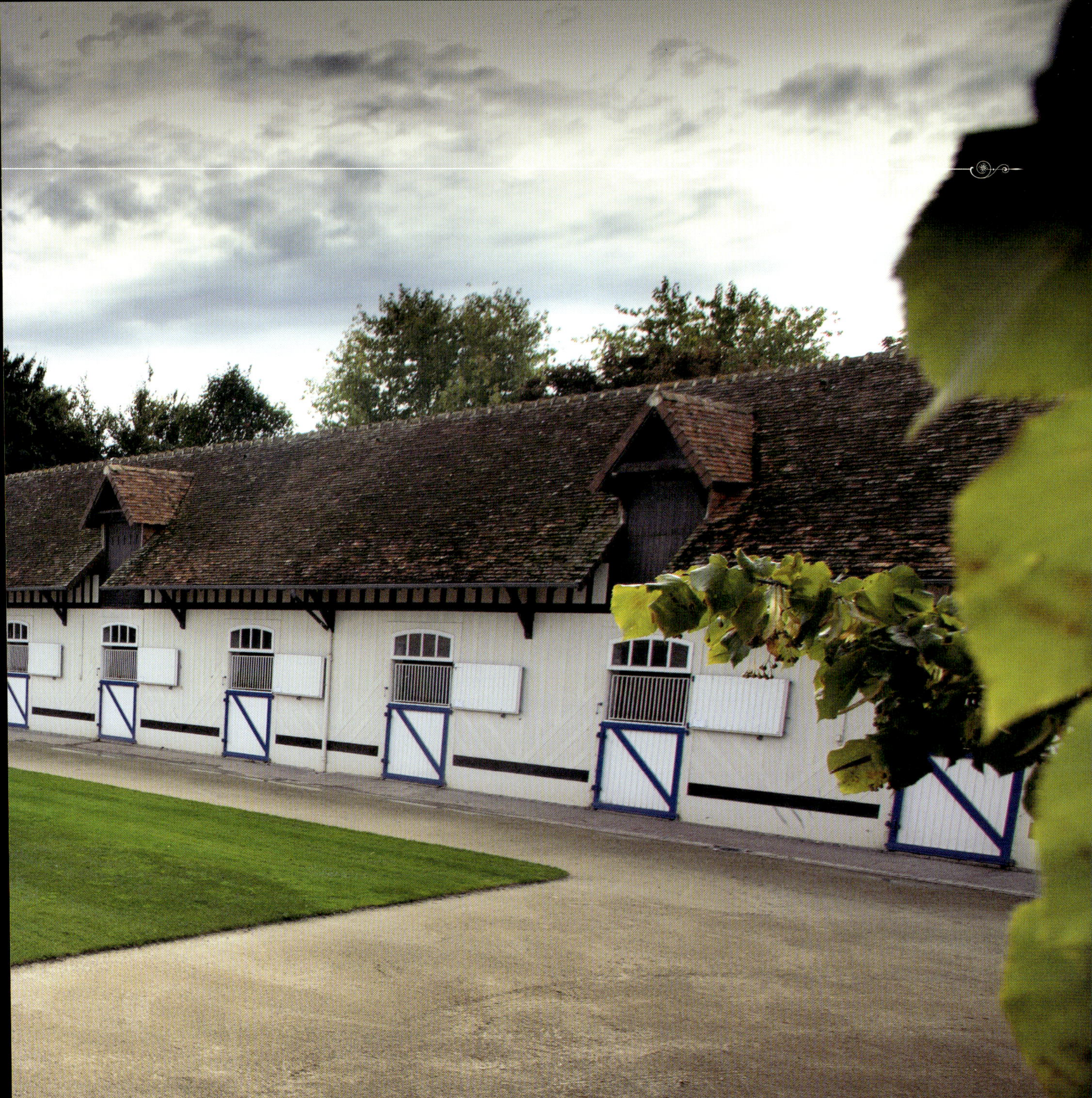

sera Rodosto, auteur du doublé des Guinées et de la Poule d'Essai des Poulains, sans oublier les autres très bons éléments que furent Fanatique, La Fayette et Rentenmark, ces deux derniers sous la bannière maison. Pendant la parenthèse de la guerre, l'élevage et l'écurie sont repris par le baron Robert de Nexon, qui, servant de prête-nom, les préserve ainsi de l'occupant allemand. Robert de Nexon était, du reste, le conseiller de Pierre Wertheimer, en matière de croisements, comme le sera plus tard Mohamed Sultan, ancien président du Jockey Club égyptien, bouté hors de son pays par l'arrivée au pouvoir de Nasser. Nous sommes dans les années cinquante et Pierre Wertheimer a relancé de plus belle son activité hippique, grâce, également, au concours de son nouvel entraîneur, Alec Head, aussi talentueux dans la mise au point que dans les conseils d'achat ou de croisements. C'est le temps de Chingacgook, qui gagne le Prix Morny et le Grand Prix de Saint-Cloud, de Vimy, qui s'impose dans les King George VI & Queen Elizabeth Stakes, à Ascot, de Lavandin, héros du Derby d'Epsom, de Midget, lauréate des Coronation Stakes et du Prix de la Forêt, ou encore de Pédéroba, qui s'illustre dans les Mille Guinées irlandaises.

Statue : Charlie Langton

Saint-Léonard

Au décès subit de Pierre Wertheimer, en 1965, son épouse, puis son fils, Jacques, continuèrent l'œuvre, toujours avec le concours d'Alec Head, qui intensifia alors sa politique d'achat et s'ouvrit aux courants de sang étrangers, un choix qui s'avéra judicieux, la réussite culminant avec les exploits, la même année, en 1972, de Lyphard et de Riverman, futurs reproducteurs de grande influence qui plus est. Quant à l'élevage en propre, il triomphait dans le Prix du Jockey Club avec Roi Lear, en 1973. Un « Jockey Club » que s'octroyait également, deux ans plus tard, Val de l'Orne, acheté yearling quant à lui, au contraire de son contemporain, Green Dancer, brillant élève maison. En 1976, Ivanjica enlevait le Prix de l'Arc de Triomphe, imitée par Gold River, fille de Riverman, cinq ans plus tard.

En ce début de vingt-et-unième siècle, ce sont Alain et Gérard Wertheimer qui ont succédé à leurs père et grand-père à la tête de l'élevage familial, lequel est plus conséquent que jamais, avec plus de cent poulinières, réparties entre la France, majoritairement, et les États-Unis. Si le lieu d'élevage a gardé l'appellation de Haras de Saint-Léonard, il n'est cependant plus le même, puisqu'il s'est déplacé à Saint-Etienne-la-Thillaye, dans le Calvados, non loin de Deauville. Les frères Wertheimer ont souhaité, en effet, ce rapprochement géographique avec la capitale de l'élevage et des courses. Leur volonté était aussi de s'agrandir, ce qu'ils ne pouvaient faire à Saint-Léonard-des-Parcs. L'ancien Haras de Saint-Léonard fut donc vendu, à la fin des années quatre-vingt-dix, étant acheté par Jean-Philippe Dubois, ce qui assurait, heureusement, la continuité, car le fils aîné de Jean-Pierre Dubois a un élevage et une écurie de grande envergure, tant au trot qu'au galop. Pendant ce temps voyait le jour le nouveau Haras de Saint-Léonard, en lieu et place du Haras de la Barberie, cédé par la marquise de Roualle. Aux soixante-quinze hectares initialement acquis se sont ajoutés, par étapes, cent soixante-quinze autres, le domaine s'étendant aujourd'hui sur deux cent cinquante hectares de prairies. Cent cinquante boxes sont à la disposition des chevaux résidant sur place, aux soins de vingt-cinq personnes. C'est Pierre-Yves Bureau qui dirige le haras et manage l'écurie, dans les pas de son père, Henri, disparu il y a peu. Les Head sont pareillement restés proches des Wertheimer, ne serait-ce que par l'entremise de Freddy, mentor de l'exceptionnelle Goldikova, dont l'aura mondiale n'est pas sans rappeler celle de son glorieux ancêtre et compagnon de couleurs, Épinard, et par celle de sa sœur, Criquette, qui présida aux exploits de Green Tune, Poliglote, Egyptband et *tutti quanti*, car on ne peut évidemment tous les citer. Autres porteurs phares de la casaque bleue à rayures et manches blanches – une livrée désormais plus que cen-

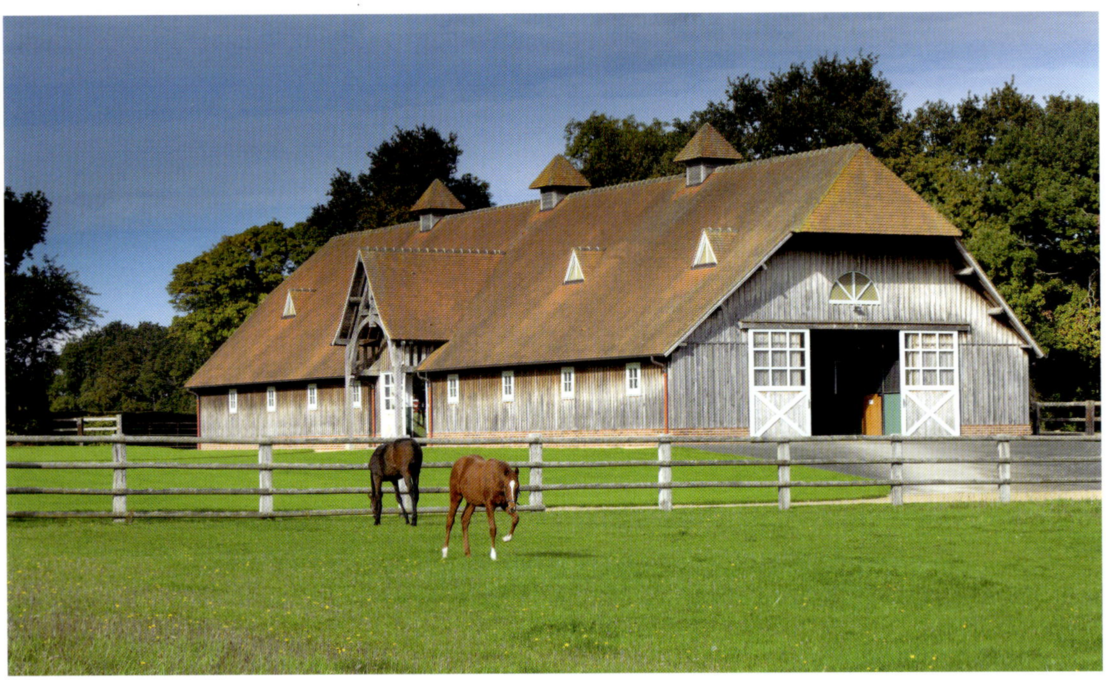

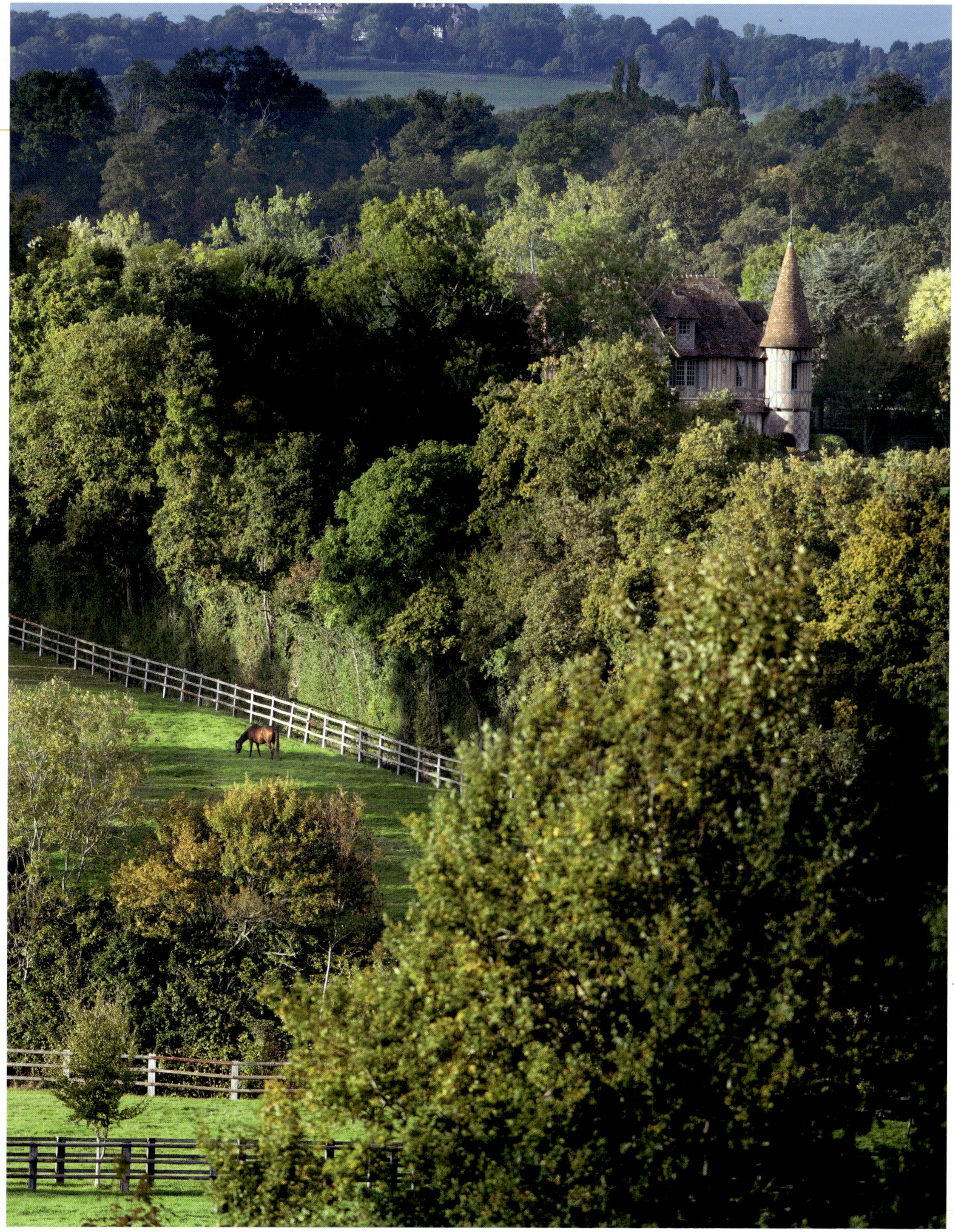

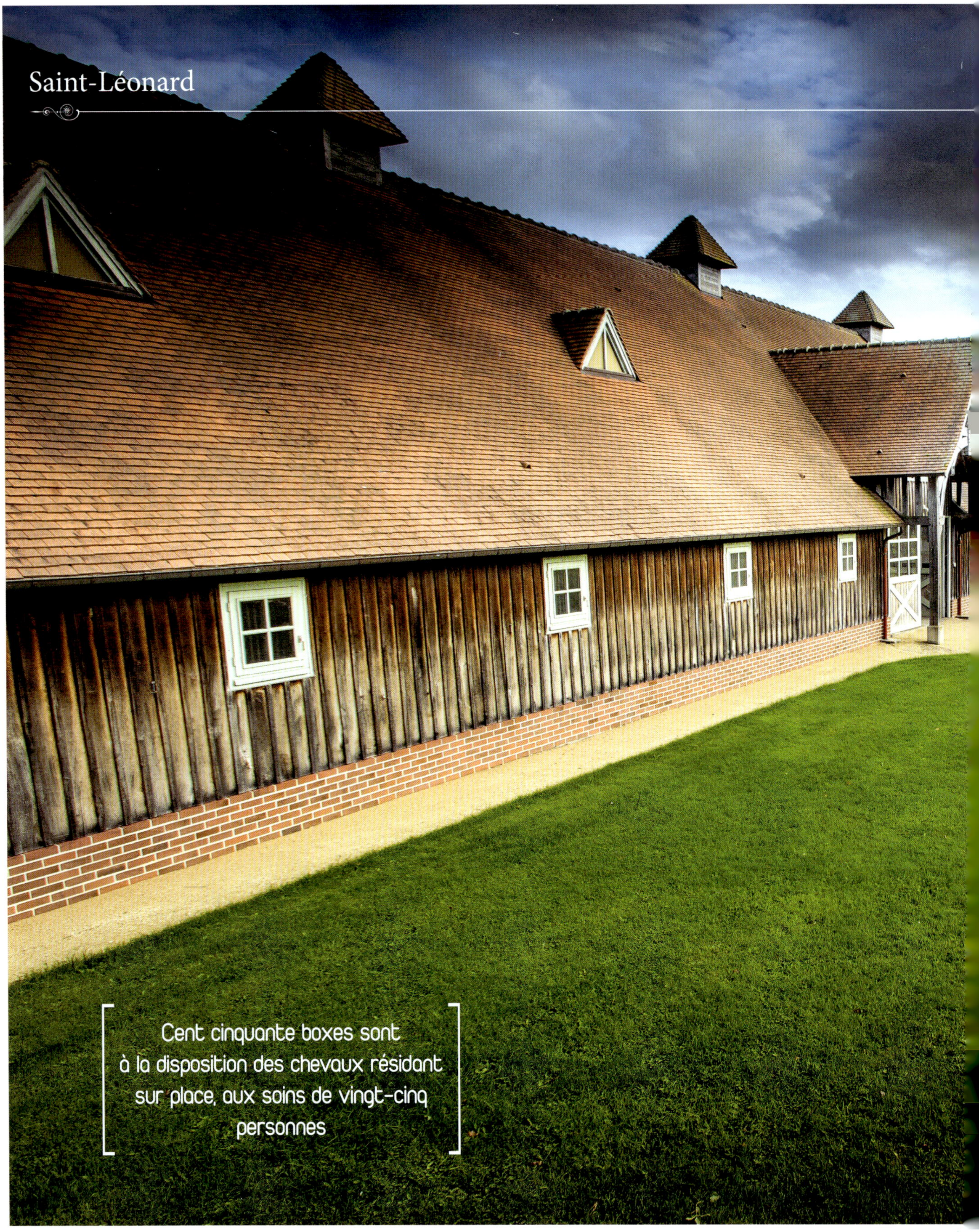

Cent cinquante boxes sont à la disposition des chevaux résidant sur place, aux soins de vingt-cinq personnes

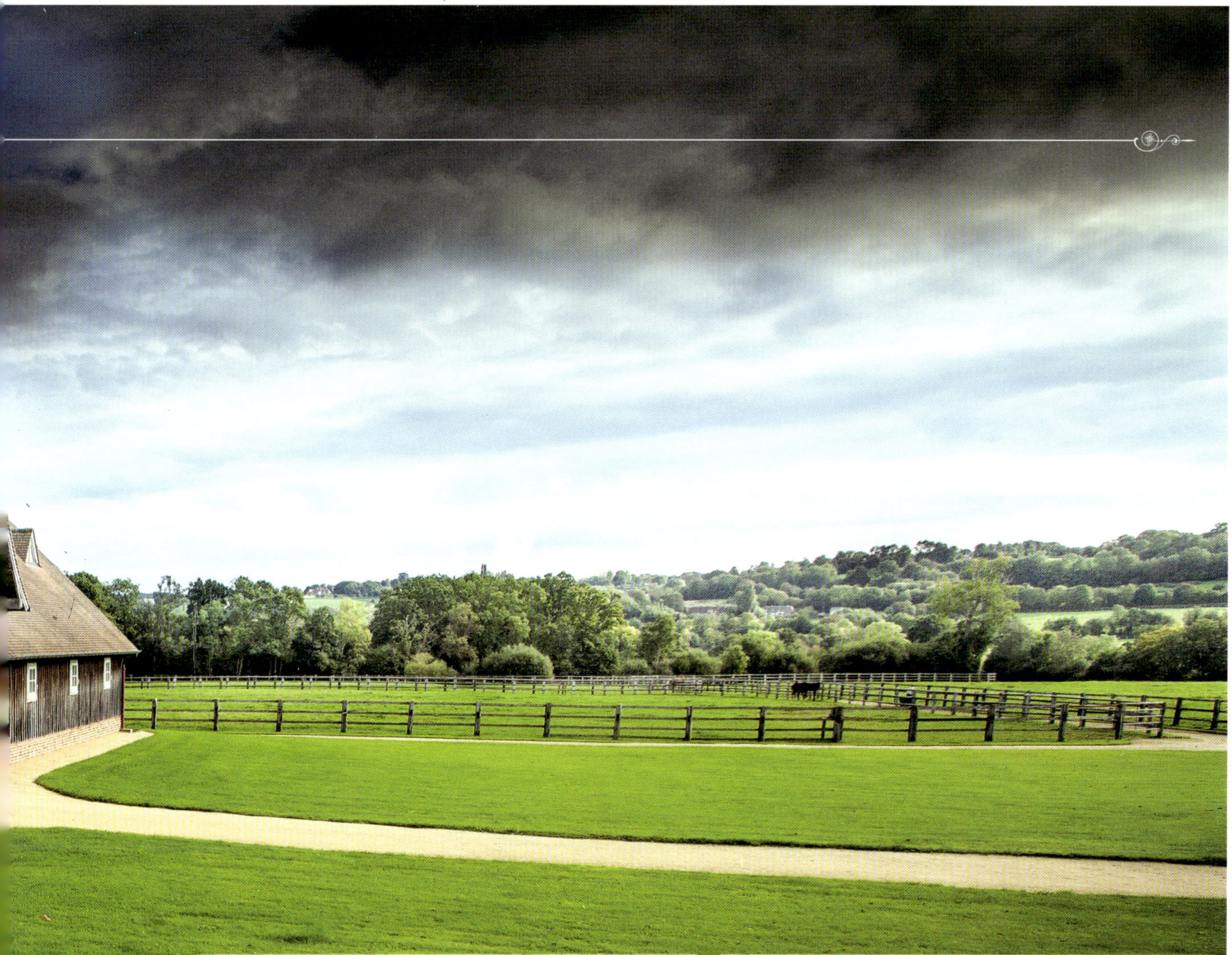

tenaire –, Solémia, sous la houlette de Carlos Laffon-Parias, et Intello, sous celle d'André Fabre, viennent de lui offrir, respectivement, un troisième Prix de l'Arc de Triomphe et un troisième Prix du Jockey Club.

The Wertheimer breeding operation was originally based at Bessan in the Médoc region, from which base it also dispatched its first superstar, the legendary speed freak Épinard who made headlines in the twenties in Europe and America. At the same time Pierre Wertheimer decided to settle in Normandy and leased the Haras de Saint-Léonard-des-Parcs from Augustin Champion, located in the village bearing the same name, just south of Merlerault in the Orne region. The town in question was already a reference in breeding at the time as it was home to the Haras des Rouges-Terres, birthplace of many famous trotting horses and in turn owned by the Forcinal and Olry-Roederer families. Augustin Champion for his part chose to breed and race thoroughbreds. The Haras de Saint-Léonard was his own creation and he bred some good horses such as Radamès and Gros Papa on land which was proven in quality and was most prized by farmers at the time. This did not go unnoticed by Pierre Wertheimer who seized the opportunity as soon as the stud became free, initially leasing the property before buying it.

Right from the very beginning of the Wertheimer era Saint-Léonard achieved fame, if nothing else thanks to the presence of Épinard who was standing there as a stallion. His best offspring became Rodosto who completed the 2,000 Guineas and Poule d'Essai des Poulains double, not to mention other great horses such as Fanatique, La Fayette and Rentenmark, the last two named running in their owners' colours. During the war all the bloodstock and the racing stock went into the ownership of Baron Robert de Nexon, which acted as a namesake thus protecting them from German occupancy. Robert de Nexon was for

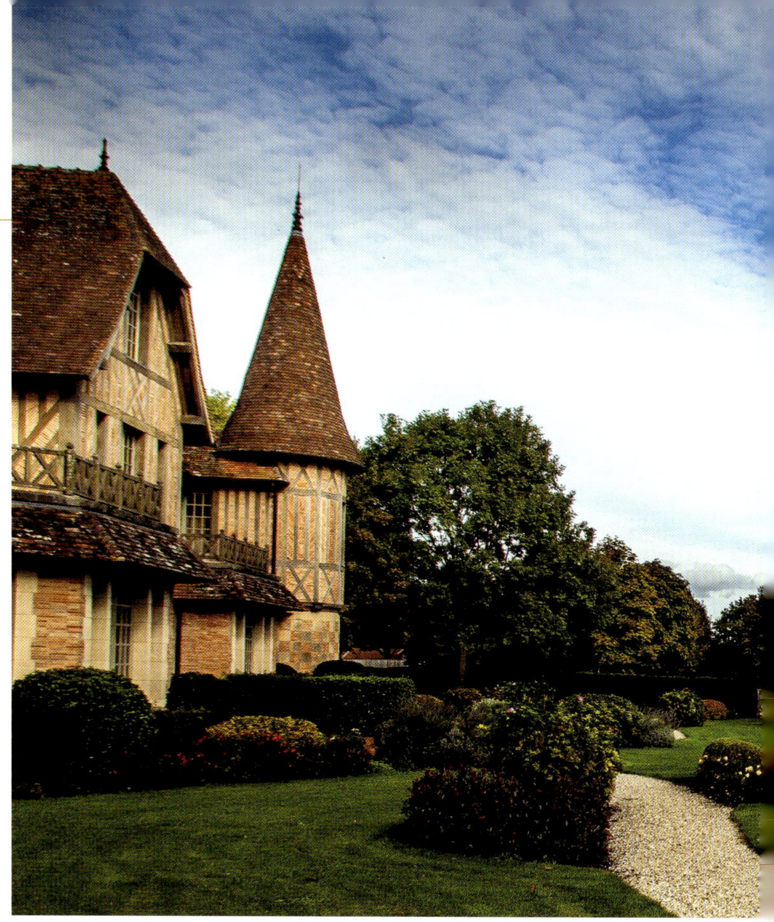

that matter advisor to Pierre Wertheimer in all his matings as was later Mohamed Sultan, former president of the Jockey Club of Egypt driven out of his country when Nasser came to power. In the fifties Pierre Wertheimer's racing and breeding operation was once again flourishing thanks in part to his new trainer Alec Head who was as talented at getting his horses prime for a race as he was at advising on the purchase of stock or on matings. This was the time of Chingacgook who won the Prix Morny and the Grand Prix de Saint-Cloud, of Vimy who dominated the King George VI & Queen Elizabeth Stakes at Ascot, of Lavandin triumphant in the Epsom Derby, Midget who won the Coronation Stakes and the Prix de la Forêt and Pédéroba winner of the Irish 1,000 Guineas.

After the sudden death of Pierre Wertheimer in 1965, his wife and then his son Jacques carried on the good work with the support of Alec Head, who then intensified his buying policy and opened it up to foreign bloodlines which proved a very judicious choice. His success culminated with the exploits of both Lyphard and Riverman in the same year in 1972, both of which were to become major influences on the breed. As for the home breeding operation, it was successful in the Prix du Jockey Club with Roi Lear in 1973. A « Jockey Club » which was also won two years later by Val de l'Orne, who was bought as a yearling unlike his contemporary the brilliant homebred Green Dancer. In 1976 Ivanjica triumphed in the Prix de l'Arc de Triomphe, as did Riverman's daughter Gold River five years later.

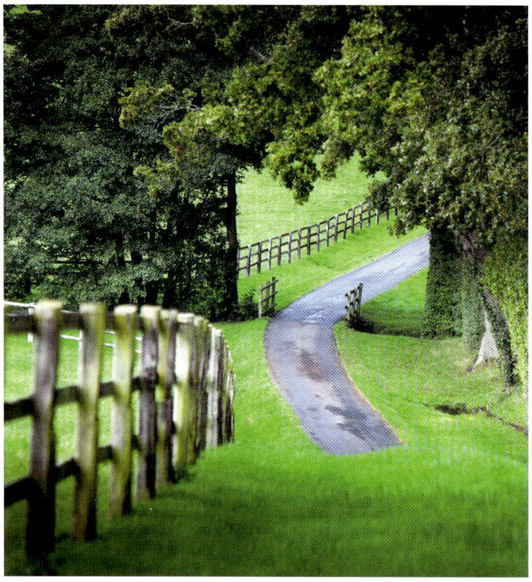

Now at the beginning of the twenty first century Alain and Gérard Wertheimer have succeeded their father and grandfather at the head of the family stud farm, which is more influential than ever with over a hundred mares distributed between France for the most part and the United States. Though the stud has kept the name of Haras de Saint-Léonard, it is no longer the same as it has moved to Saint-Étienne-la-Thillaye in the Calvados region near Deauville. Indeed the Wertheimer brothers wanted to move closer to the capital of breeding and racing. Their wish was also to expand which was not possible in Saint-Léonard-des-Parcs. The former Haras de Saint-Léonard was thus sold at the end of the nineties and was bought by Jean-Philippe Dubois, fortunately ensuring continued success as the eldest son of Jean-Pierre Dubois owns a very successful stud and racing stable base for trotters and thoroughbreds. Meanwhile the new Haras de Saint-Léonard saw the light of day in place of the former Haras de Barberie which was sold by the Marquise de Roualle. One hundred and seventy five hectares were gradually added to the seventy five hectares originally bought and today the area covers two hundred and fifty hectares of grassland. One hundred and fifty boxes are available for the horses who live on site and are looked after by a team of twenty five people. Pierre-Yves Bureau manages the stud and the racing in the footsteps of his father Henry who died recently. The Head family have stayed very close to the Wertheimers, if nothing else through

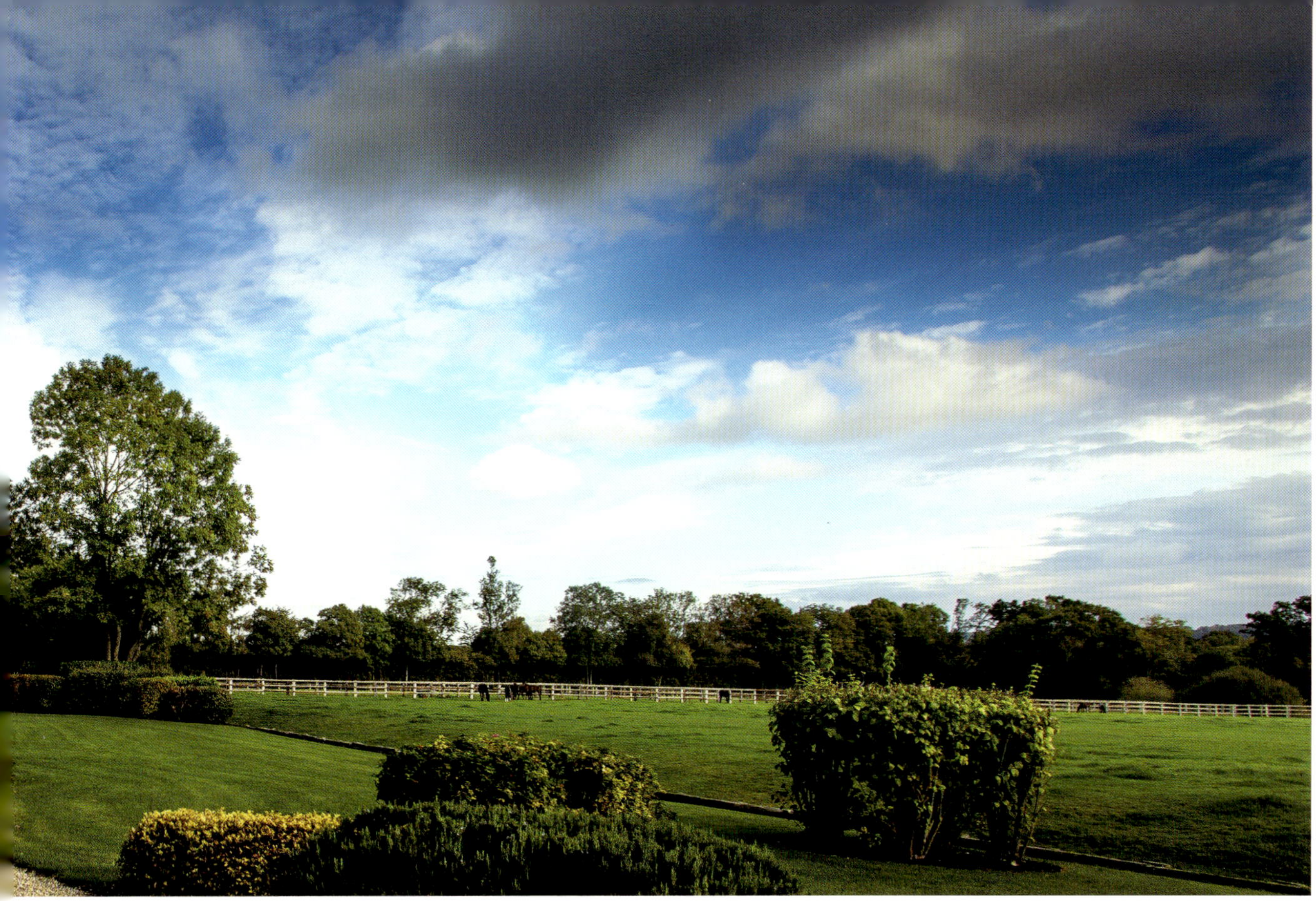

Alec's son Freddy – who trained the exceptional Goldikova, whose world fame is reminiscent of her glorious ancestor Épinard who ran in the same colours as she did –, and through his sister Criquette who oversaw the exploits of Green Tune, Poliglote, Egyptband and so many others which are too numerous to mention here. Other horses of note to have carried the now more than a century old blue silks with white stripes and their white sleeves and cap include Solemia trained by Carlos Laffon-Parias and Intello by André Fabre who have respectively just bagged their owners a third Prix de l'Arc de Triomphe and a third Prix du Jockey Club.

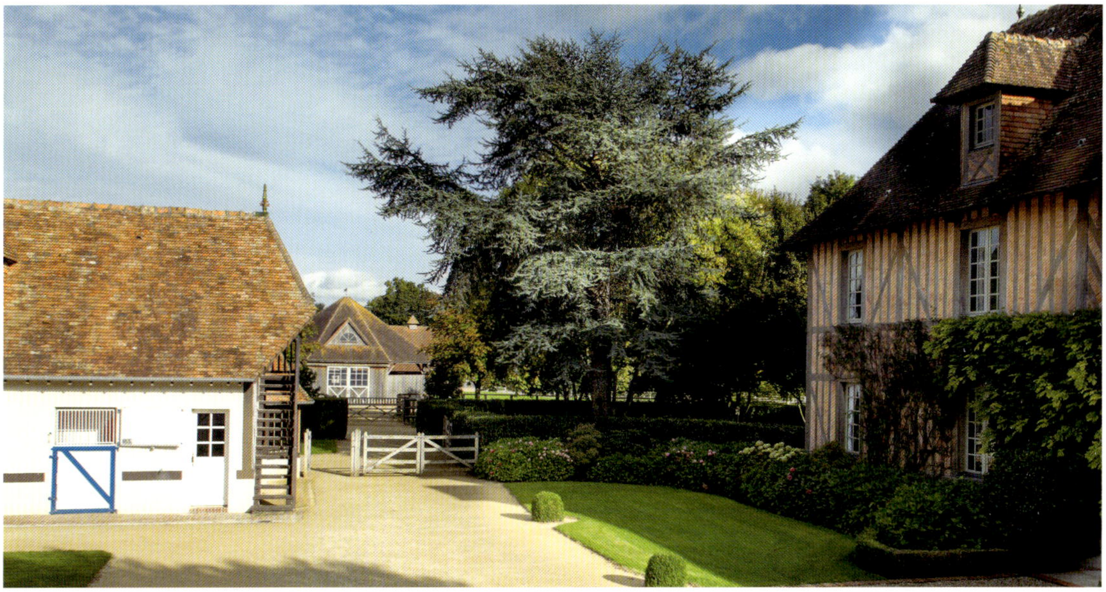

Goldikova, le chef-d'œuvre

Comment ne pas qualifier de chef-d'œuvre une compétitrice ayant signé la bagatelle de quatorze victoires de Groupe I ? Or, c'est le score fantastique de Goldikova, élève la plus fameuse des frères Wertheimer, qui, en vingt-sept sorties, de 2 à 6 ans, en France, en Angleterre et aux États-Unis, a gagné dix-sept fois et s'est placée à neuf reprises, ce qui veut dire qu'elle ne compte qu'un seul véritable échec en cinq saisons de présence au plus haut niveau international. C'est tout bonnement exceptionnel !

Au nombre des quatorze succès de Groupe I de la championne figurent trois éditions du Breeders' Cup Mile aux États-Unis, deux remportées sur l'hippodrome de Santa Anita, en Californie, et une sur celui de Churchill Downs, dans le Kentucky, soit une séquence historique. En France, Goldikova a gagné quatre Prix Rothschild, ex-Prix d'Astarté, sur la ligne droite de Deauville, où elle s'est également imposée dans le Prix Jacques Le Marois. À Longchamp, elle a inscrit deux Prix d'Ispahan à son palmarès, ainsi que le Prix du Moulin de Longchamp et le Prix de la Forêt. En Angleterre, elle s'est illustrée dans les Queen Anne Stakes, à Royal Ascot, et dans les Falmouth Stakes, au July Meeting de Newmarket. Spécialiste du mile, distance sur laquelle elle a enlevé onze de ses quatorze Groupes I, elle n'en a pas moins fait preuve d'éclectisme, puisque ses deux victoires dans le Prix d'Ispahan ont été obtenues sur 1 850 mètres, tandis qu'elle a gagné le Prix de la Forêt sur 1 400 mètres. À 3 ans, Goldikova s'est même risquée sur les 2 100 mètres du Prix de Diane, y concluant très honorable troisième d'une certaine Zarkava. Car les deux phénomènes étaient contemporaines et, si cela n'avait pas été le cas, Goldikova aurait aussi remporté la Poule d'Essai des Pouliches, où elle fut la dauphine de Zarkava.

À présent, Goldikova a rejoint le haras de ses propriétaires, où il va de soi que l'on attend beaucoup de sa part. Il est vrai que les meilleures compétitrices ne font pas forcément des poulinières à l'avenant, mais elles ne sont pas rares, tout de même, à transformer l'essai. Une chose est sûre, en tout cas : outre sa formidable classe intrinsèque, Goldikova a son pedigree à transmettre, ne serait-ce qu'en tant que fille de l'étalon de tête, Anabaa, et d'une descendante de la gagnante du Prix de l'Arc de Triomphe, Gold River. Et puis, pour ses deux premières saisons de monte, on lui a trouvé un fiancé de choix en Galileo, géniteur vedette en Europe, dont elle est présentement suitée et pleine.

Goldikova, the masterpiece

How could one not describe as a masterpiece a racemare who has won a staggering fourteen times at Group I level? For that is the fantastic tally achieved by Goldikova, the most famous graduate of the Wertheimer brothers' stud who won seventeen times and was placed nine times from twenty seven starts from two to six years in France, England and the United States, meaning she only ran badly once in five seasons of racing at the highest international level. This is simply utstanding!

Chief among the fourteen Group I successes of the champion racemare feature three wins in the Breeders' Cup Mile in the United States, two won at Santa Anita in California and one at Churchill Downs in Kentucky, representing an historic sequence. In France Goldikova won four Prix Rothschild (formerly known as Prix d'Astarté) on the Deauville straight, where she also won the Prix Jacques Le Marois. At Longchamp she has two Prix d'Ispahan to her name as well as the Prix du Moulin de Longchamp and the Prix de la Forêt. In England she triumphed in the Queen Anne Stakes at Royal Ascot and in the Falmouth Stakes at Newmarket during the July Meeting. A specialist miler, the distance over which she bagged eleven of her fourteen Group I races, she nonetheless showed plenty of versatility with her two wins in the Prix d'Ispahan obtained over 1,850 metres while she also won the Prix de la Foret over 1,400 metres. At 3 years Goldikova even took her chances over 2,100 metres in the Prix de Diane, finishing a very honourable third to a certain Zarkava. For both these phenomena were contemporaries and if this had not been the case Goldikova would have also won the Poule d'Essai des Pouliches, where she was runner up to Zarkava.

Goldikova has now joined her owners' broodmare band where it goes without saying that expectations are very high for her. It is true that the best racemares do not necessarily become the best broodmares but those who do manage the successful conversion are not rare. One thing is certain in any case: in addition to her great intrinsic class Goldikova also has a pedigree to match, if only because she is a daughter of leading sire Anabaa and a descendant of the Prix de l'Arc de Triomphe winner Gold River. And in her first two seasons at stud she has been given a choice mating to superstar stallion in Europe Galileo by whom she already has a foal and is again in foal to.

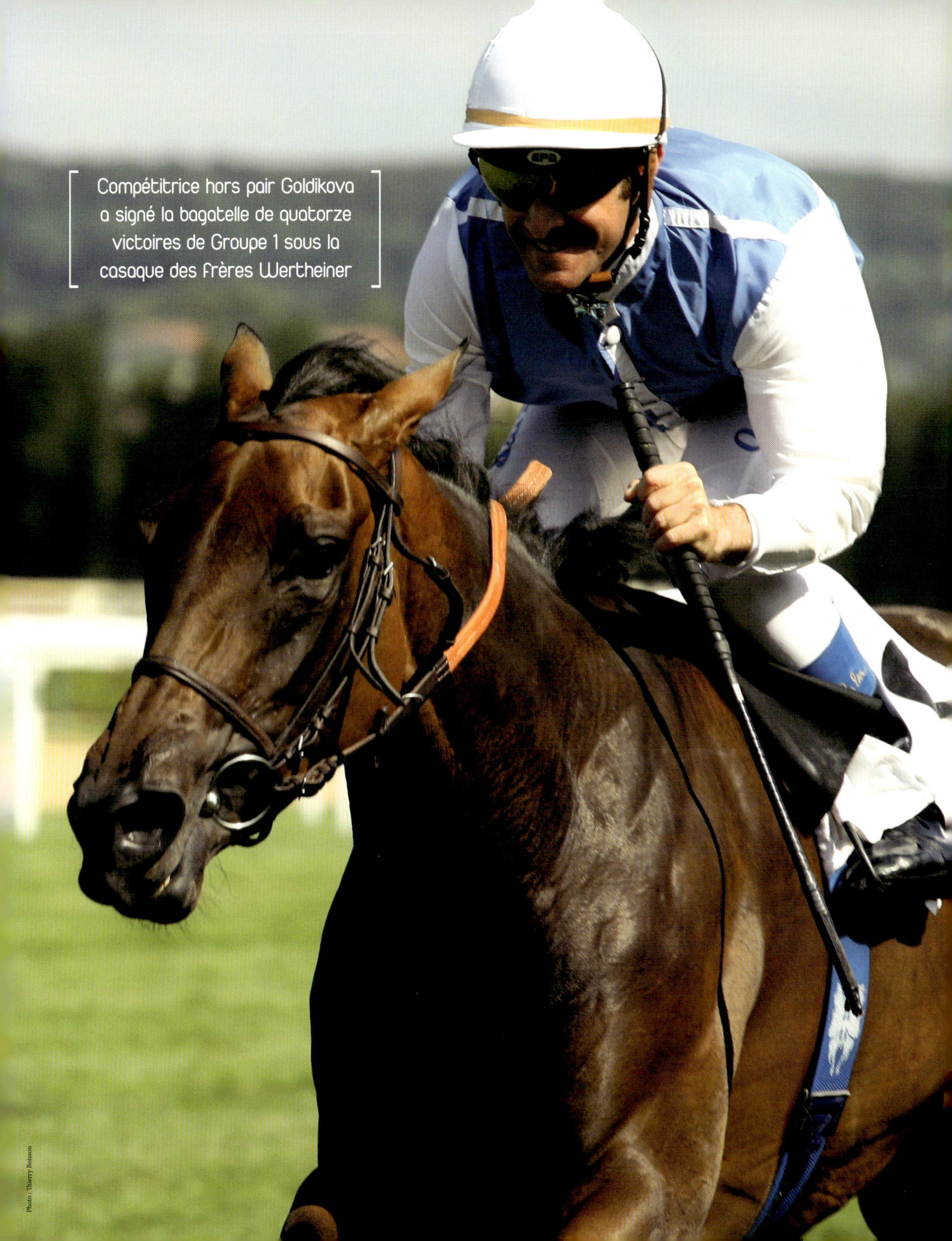

Compétitrice hors pair Goldikova a signé la bagatelle de quatorze victoires de Groupe 1 sous la casaque des frères Wertheiner

Photo : Thierry Boisson

Saint-Pair

Le Haras de Saint-Pair-du-Mont, aujourd'hui Haras de Saint-Pair, est l'un des élevages de pur-sang les plus anciens encore en activité. Il fut créé, en 1883, par Léonce Delâtre, qui lui donna le nom du village voisin. Delâtre élevait, initialement, à La Celle-Saint-Cloud, en région parisienne. Cédant sa propriété à Edmond Blanc, il émigra en Normandie et s'établit ainsi dans le Calvados, à Saint-Pair-du-Mont. À son décès, une dizaine d'années plus tard, c'est Évremond de Saint-Alary qui rachète le haras. En même temps, ou presque, il acquiert, yearling, Omnium II, l'un des élèves maison, qui va devenir un performer de tout premier plan, vainqueur, principalement, du Prix du Jockey Club. Étalon à Saint-Pair-du-Mont, Omnium II disparaîtra, hélas, prématurément, n'effectuant que deux saisons de monte, durant lesquelles il eut cependant le temps d'engendrer deux juments d'exception, Kizil Kourgan et Basse Terre. Kizil Kourgan gagna la Poule d'Essai des Pouliches, le Prix de Diane et le Grand Prix de Paris. Quant à Basse Terre, elle sera deuxième du Prix Vermeille. Poulinière, elle produisit Brûleur, lauréat du Grand Prix de Paris et du Prix Royal-Oak, sous les couleurs Saint-Alary, puis, étalon à Saint-Pair, où, uni à Kizil Kourgan, il donnera l'exceptionnel Ksar, lequel a donc pour particularité d'être vivement consanguin sur Omnium II (3x2).

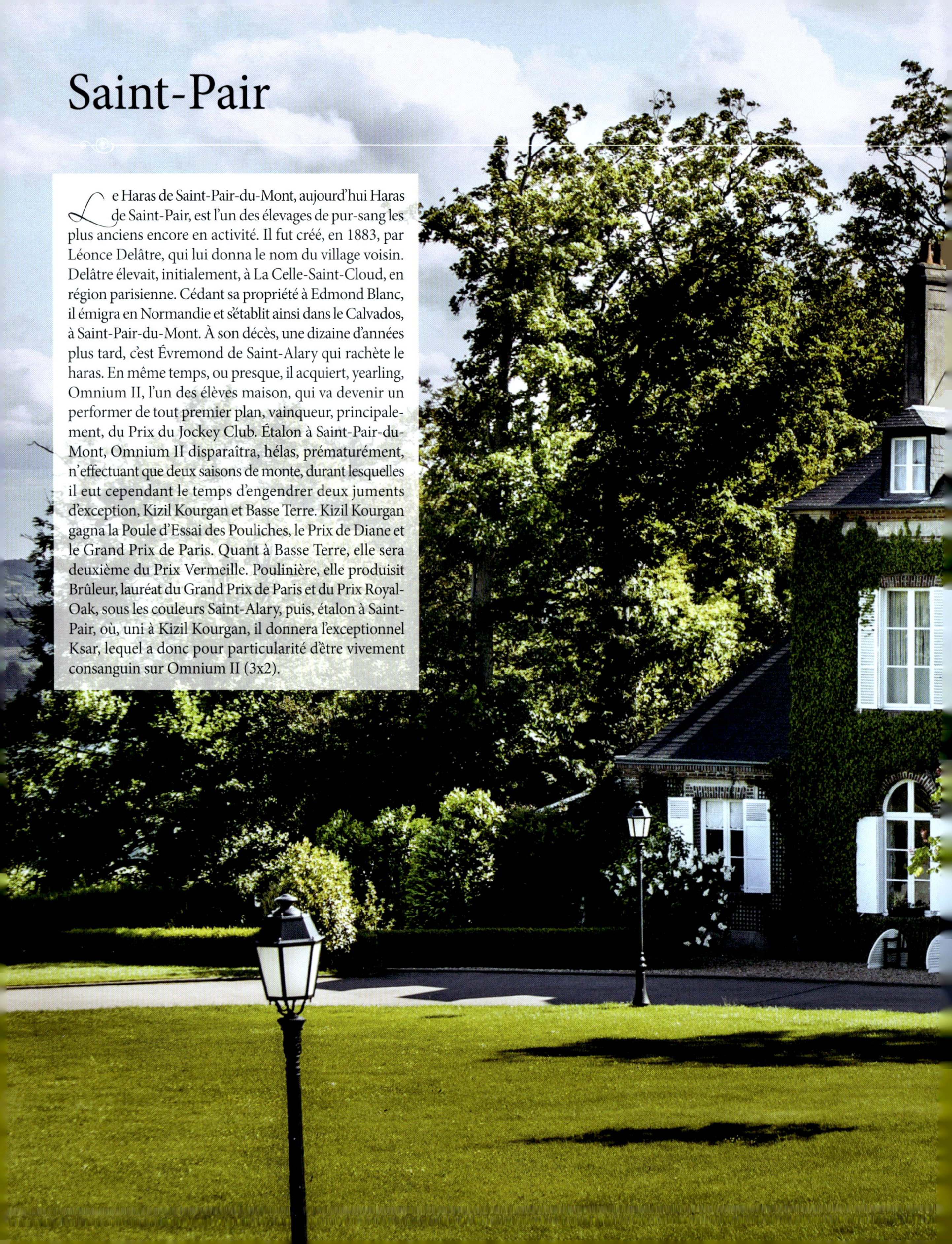

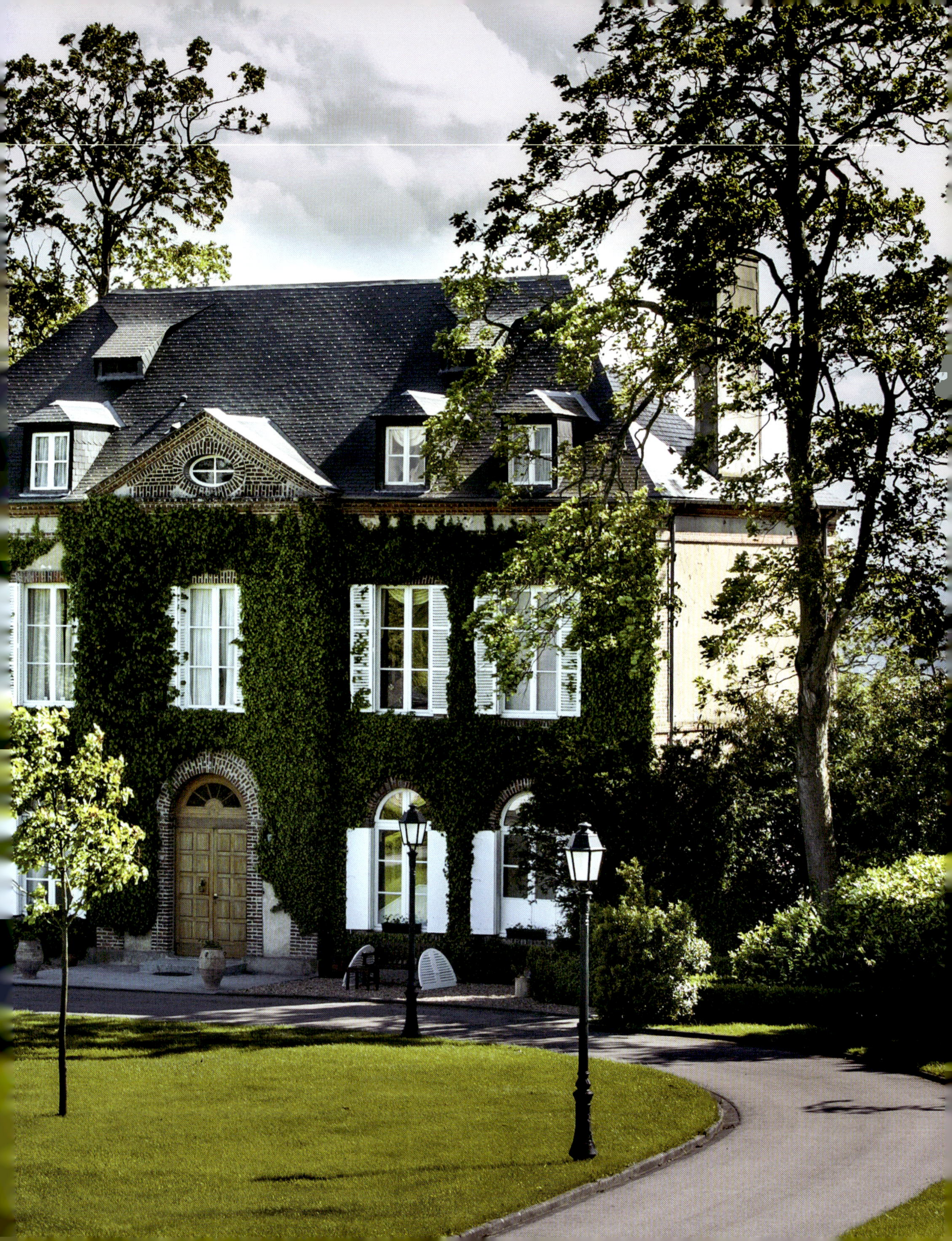

Saint-Pair

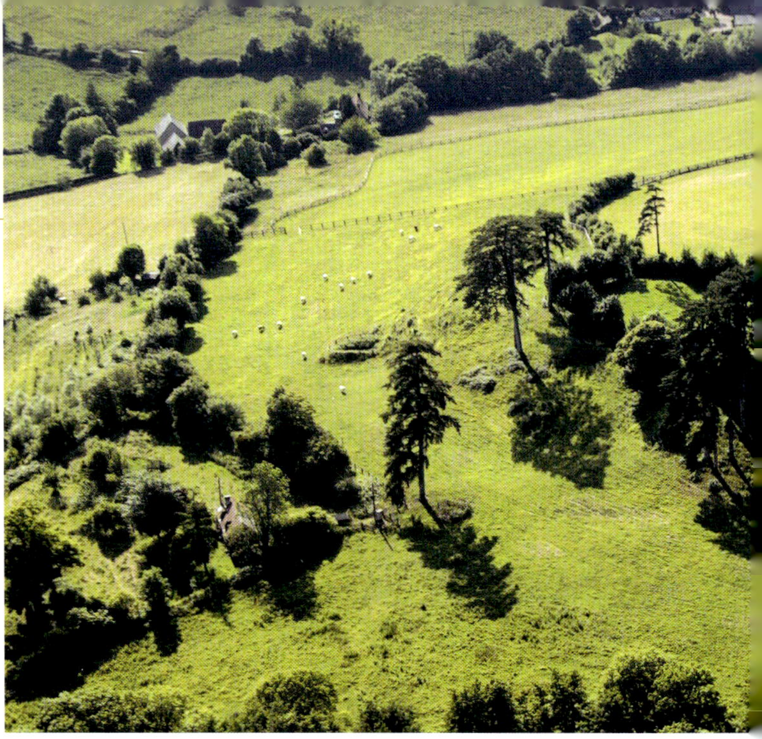

Ksar, qui demeure, à ce jour, le meilleur cheval élevé à Saint-Pair, fit d'abord afficher un prix record aux ventes de yearlings, où Edmond Blanc s'en rendit acquéreur pour 151 000 francs. C'était en 1919. Deux ans plus tard, il remportait le Prix du Jockey Club, puis le Prix de l'Arc de Triomphe, qu'il s'octroya, une nouvelle fois, la saison suivante, avant de se retirer au haras, riche des gains les plus élevés jamais amassés par un cheval dans le monde. À la reproduction, Ksar allait procurer Tourbillon, le champion et étalon phare de Marcel Boussac. Dans les années vingt et trente, Évremond de Saint-Alary éleva un certain nombre d'autres excellents sujets à Saint-Pair, dont deux s'adjugèrent l'« Arc » eux aussi, à savoir Kantar et la pouliche Samos. Il faut souligner également que Comrade, l'historique lauréat initial du championnat du monde des pur-sang, en 1920, courait sous ses couleurs ; il l'avait toutefois acheté, à dix-huit mois, en Angleterre.

Évremond de Saint-Alary s'éteindra en 1941, laissant le domaine de Saint-Pair et ses effectifs à son amie, Mademoiselle Frémont-Tousch, qui travaillera, le plus souvent, de concert avec Marcel Boussac, faisant saillir ses juments par les étalons de celui-ci, qui, en retour, était prioritaire pour acheter les produits. Ainsi est-ce le profil, notamment, de Goyama, gagnant du Grand Prix de Saint-Cloud et de la Coronation Cup ou encore deuxième de l'« Arc ».

Sans le concours de Boussac, l'élevage Frémont-Tousch produira aussi Mincio, vainqueur de la Poule d'Essai des Poulains, en 1960, et Balto, lauréat du Grand Prix de Paris, en 1961, et de la Coupe d'Or d'Ascot, la saison suivante. Mais ce furent là des réussites posthumes pour l'animatrice de Saint-Pair, disparue peu de temps auparavant. Dans l'intervalle, dès l'après-guerre, Jean Stern, autre grand éleveur, avait loué le haras qu'il achètera à la mort de Mademoiselle Frémont-Tousch, en 1960. Parmi beaucoup d'autres, Sicambre y sera son chef-d'œuvre,

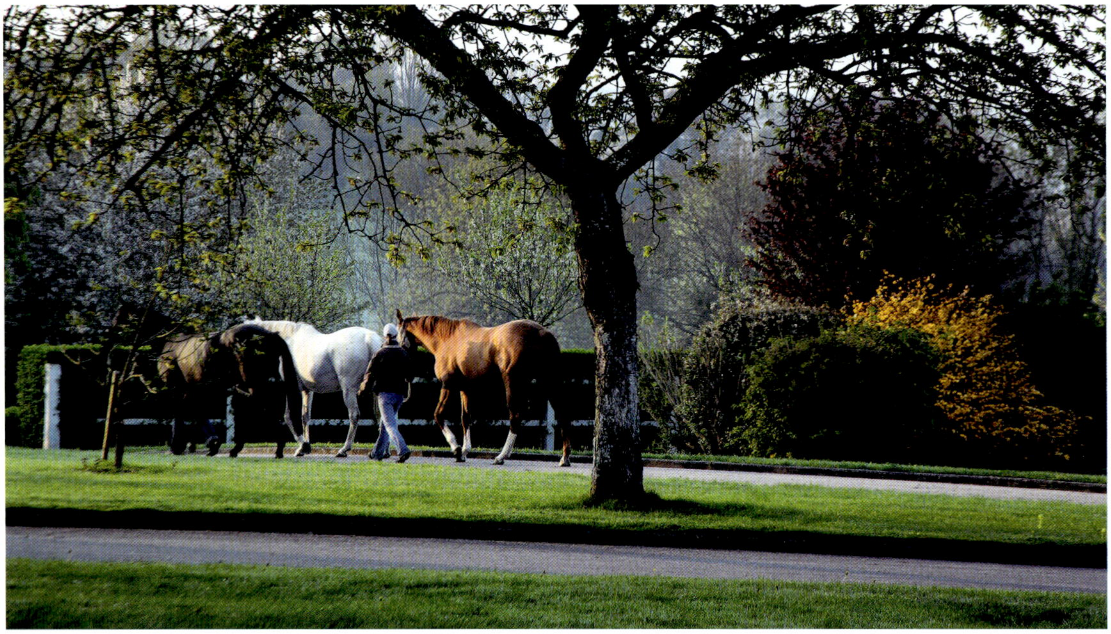

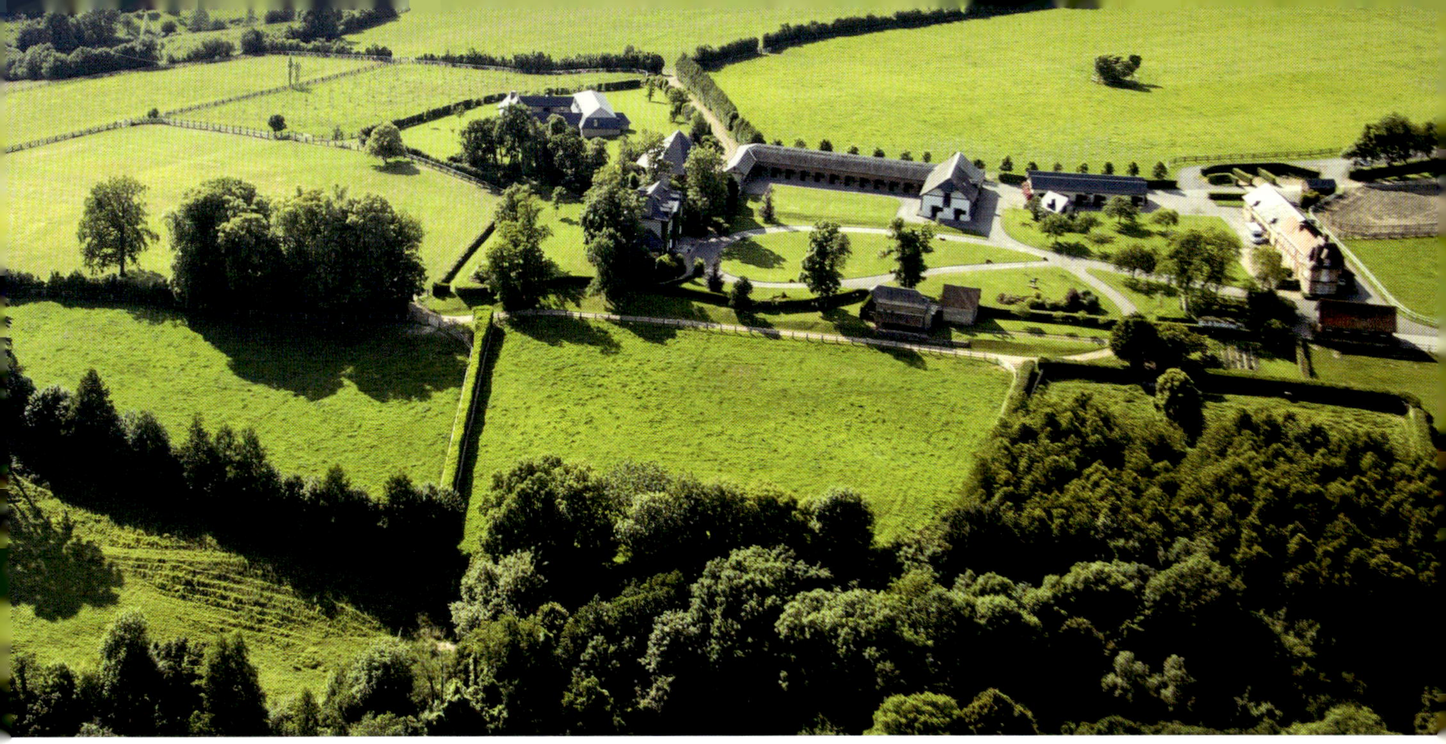

signant le doublé du Prix du Jockey Club et du Grand Prix de Paris, en 1951, puis devenant un fameux chef de race, basé à Saint-Pair. Le moment venu, la comtesse Sanjust di Teulada prendra le relais de ses parents et le dernier très bon cheval qu'elle élèvera sera, symboliquement, un fils de Sicambre, en l'occurrence Iron Duke.

Saint-Pair allait connaître ensuite une assez longue éclipse, qui, d'un certain point de vue, lui fut profitable, dans la mesure où ses terres, si fertiles et productives, se reposèrent, ce dont elles avaient sans doute besoin. L'investisseur suédois Bo Goranson devait relancer l'activité du haras, à compter de la fin des années quatre-vingt-dix, agrandissant et modernisant le site, acheté aux héritiers de la comtesse Sanjust. Il en gardait l'esprit, cependant, et le style, autour de la belle demeure principale, dont la façade sud plonge sur les vallées de la Vie et de la Dives, dévoilant un splendide paysage. C'est que Saint-Pair est à l'extrémité d'un plateau, sur la hauteur dominant l'axe Lisieux-Caen, au niveau de Crèvecœur-en-Auge, ou quasiment. Cette situation en altitude confère à l'endroit encore plus de majesté.

Bo Goranson fera naître plusieurs chevaux de qualité à Saint-Pair, telles les pouliches Cattiva Generosa et Matin de Tempête, mais, en raison d'ennuis de santé, il sera contraint de passer la main. Et le haras de changer, à nouveau, de propriétaire en janvier 2007, où Andreas Putsch, venu d'Allemagne, en prend possession, avec l'ambition d'en restaurer la grandeur passée. S'appuyant sur Thierry de Chambord, son homme de confiance – transfuge du Haras de la Pérelle, après avoir longtemps assisté l'entraîneur vedette de l'Ouest, Henri-Alex Pantall –, Andreas Putsch développe, à Saint-Pair, un élevage de choix, fort, aujourd'hui, d'une trentaine de poulinières et de leurs produits, ayant à disposition environ cent soixante hec-

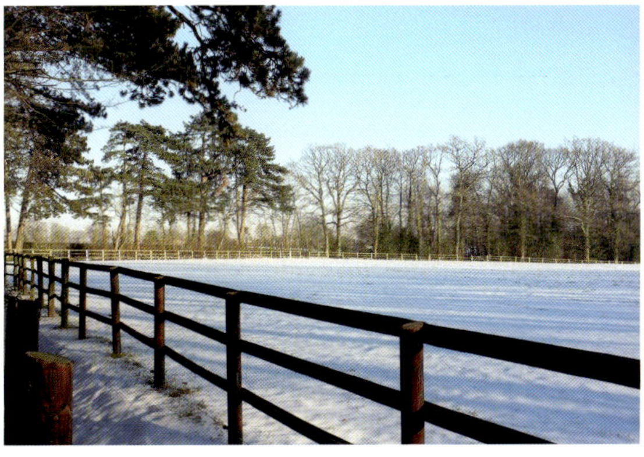

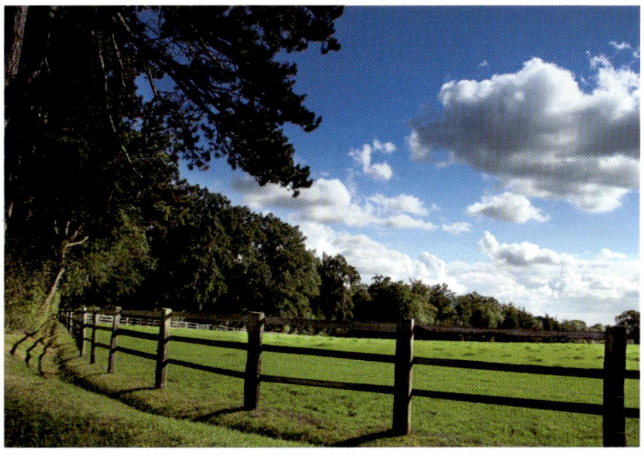

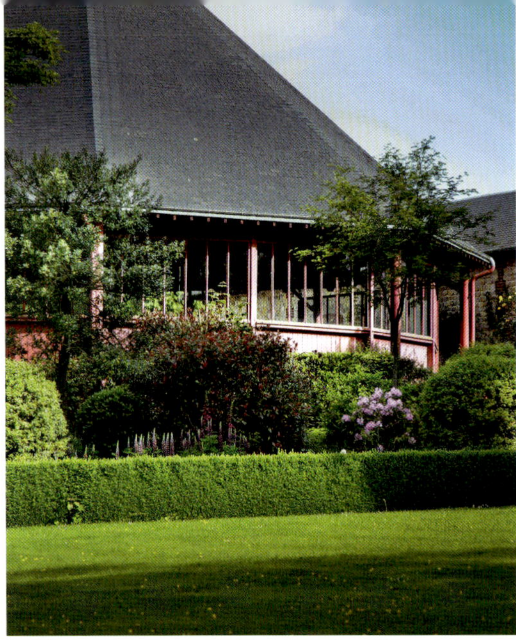

Saint-Pair

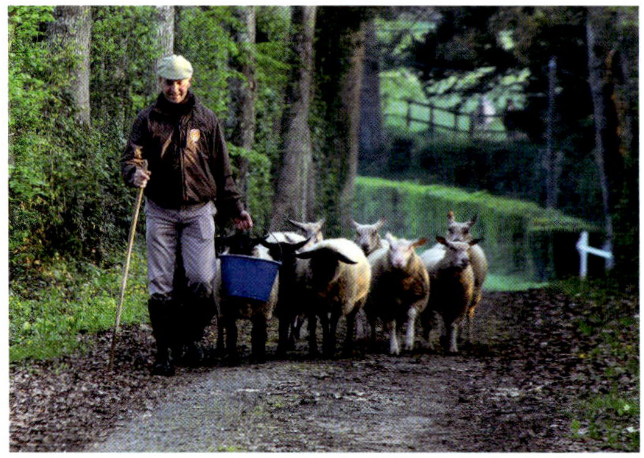

tares et quatre-vingt-dix boxes. La politique maison est de vendre les mâles et de conserver les femelles, pour les faire entraîner chez François Rohaut, Alain de Royer-Dupré ou encore Guy Henrot, non sans renouveler, tous les ans, le cheptel de juments, notamment en achetant de bonnes pouliches à l'entraînement. Déjà, le chemin parcouru est jonché de succès, orchestrés par les Pearl Banks, Via Medici, Trois Lunes, Kapour et autres Fairly Fair. En somme, le renouveau de Saint-Pair est en marche.

The Haras de Saint-Pair-du-Mont, known these days as the Haras de Saint-Pair, is one of the oldest thoroughbred stud farms in France still active today. It was created in 1883 by Léonce Delâtre who named it after the neighbouring village. Delâtre originally had a stud in La Celle-Saint-Cloud near Paris. Selling his property to Edmond Blanc he emigrated to Normandy and settled in the Calvados at Saint-Pair-du-Mont. When he died ten years later it was Évremond de Saint-Alary who bought the stud. At approximately the same time he purchased a yearling named Omnium II who was to become one of the stud's best horses, most notably winning the Prix du Jockey Club. Standing as a stallion at Saint-Pair-du-Mont, Omnium II sadly died very early, after just two seasons at stud, during which time he nonetheless managed to produce two exceptional mares in Kizil Kourgan and Basse Terre. Kizil Kourgan won the Poule d'Essai des Pouliches, the Prix de Diane and the Grand Prix de Paris. As for Basse Terre, she finished second in the Prix Vermeille. As a

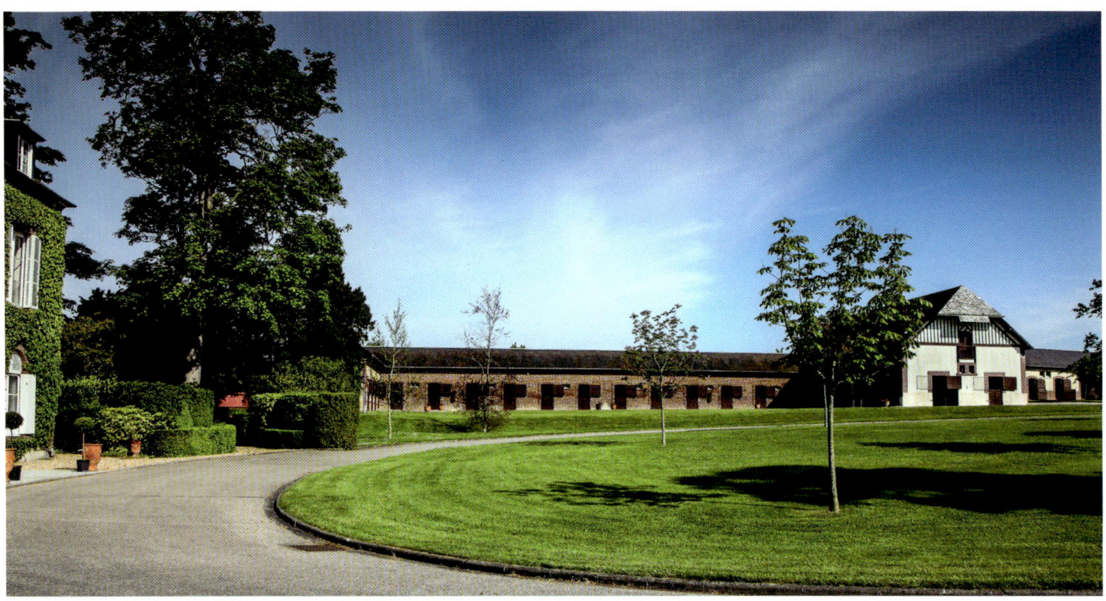

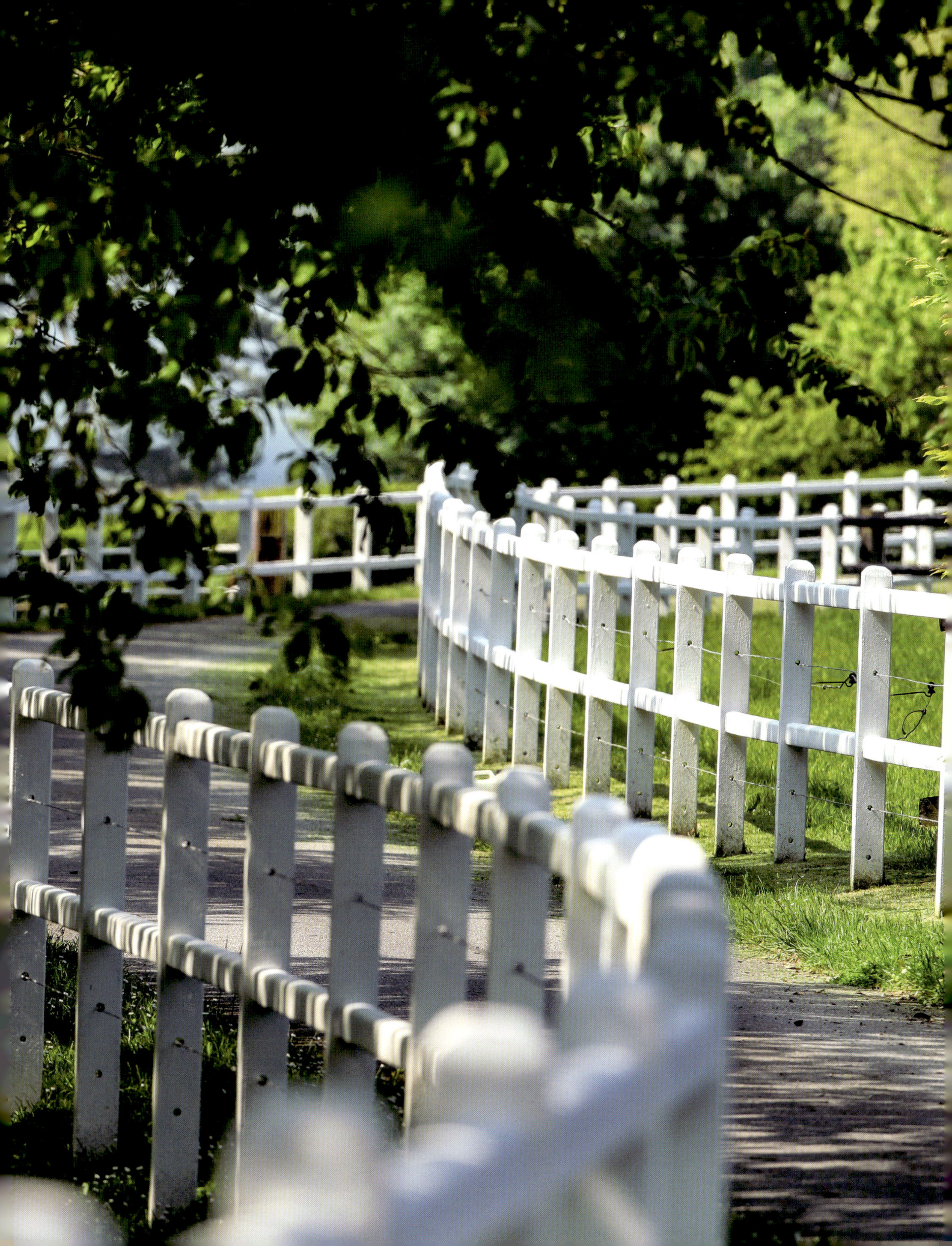

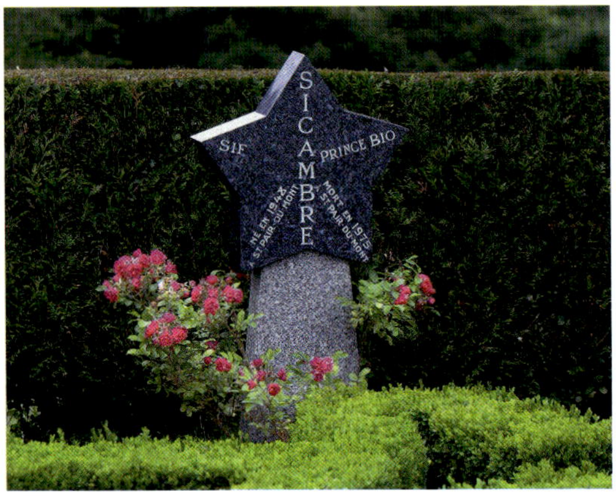

broodmare she produced Brûleur, winner of the Grand Prix de Paris and the Prix Royal-Oak in the colours of Saint-Alary before standing as a stallion at Saint-Pair where, when crossed with Kizil Kourgan, he produced the exceptional Ksar, who therefore had the peculiarity of being highly inbred to Omnium II (3x2). Ksar who to this day is the best horse to have been bred at Saint-Pair, was also before that a record price yearling at the sales where Edmond Blanc bought him for 151,000 francs. That was in 1919. Two years later he won the Prix du Jockey Club and the Prix de l'Arc de Triomphe, which he bagged once again the following season before retiring to stud having won the highest level of prizemoney ever by a racehorse at the time. At stud Ksar went on to produce Tourbillon, champion racehorse and flagship stallion of Marcel Boussac. In the twenties and thirties Saint-Alary bred a number of other excellent horses at Saint-Pair, two of which also pocketed the « Arc », namely Kantar and the filly Samos. It is also worth noting that Comrade, the historic first winner of the Prix de l'Arc de Triomphe in 1920 ran in his colors, though he had been bought as a yearling in England.

Évremond de Saint-Alary died in 1941 leaving the estate of Saint-Pair and its workforce to his friend Mrs Frémont-Tousch who often worked in partnership with Marcel Boussac, sending her mares to his stallions while he had first refusal for their offspring. One notable example of this is Goyama, winner of the Grand Prix de Saint-Cloud and the Coronation Cup and second in the « Arc ». Even without the assistance of Boussac, Frémont-Tousch also successfully bred Mincio winner of the Poule d'Essai des Poulains in

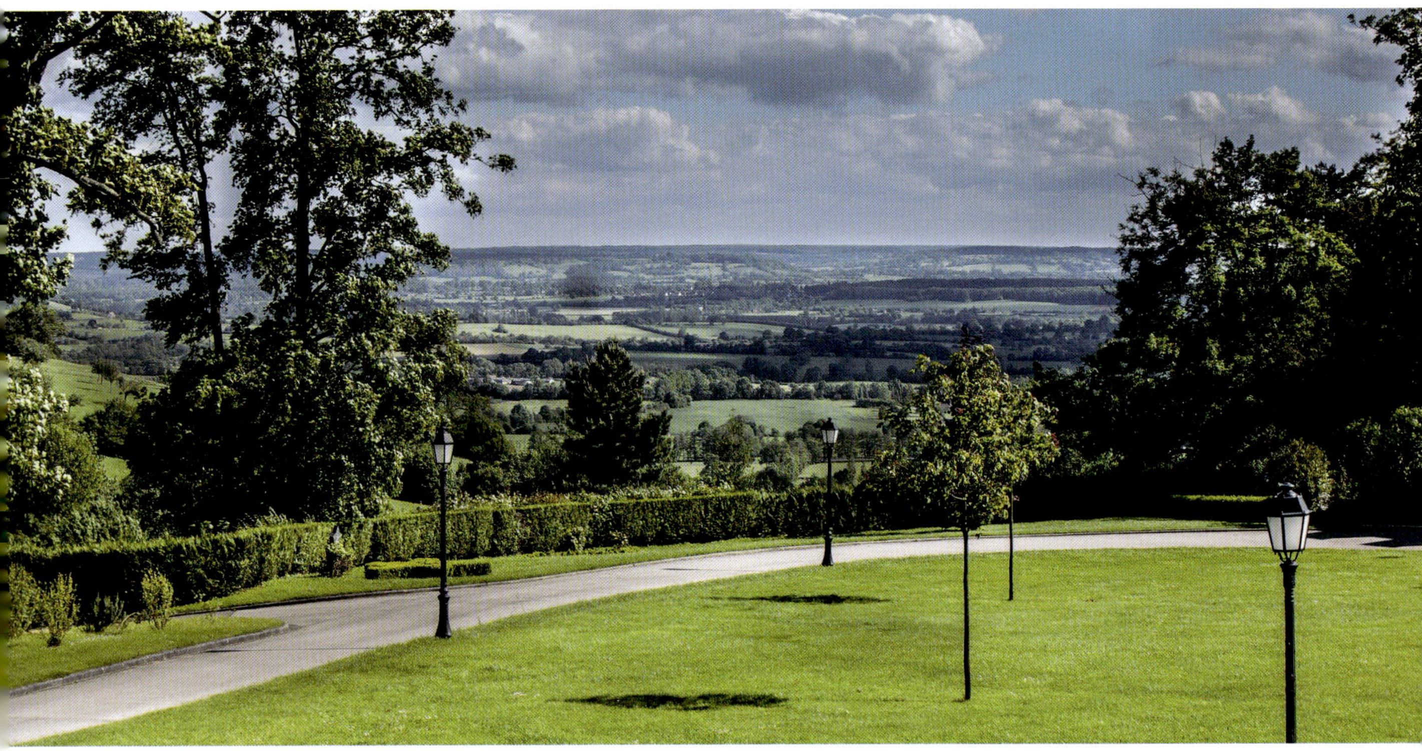

1960 and Balto, winner of the Grand Prix de Paris in 1961 and the Gold Cup at Ascot the following season. But these were posthumous successes for the owner of Saint-Pair who died a short time before. In the meantime and soon after the war Jean Stern, another great breeder, rented the stud which he then bought when Mrs Frémont-Tousch died in 1960. Among many other great horses Sicambre was his masterpiece achieving the Prix du Jockey Club and Grand Prix de Paris double in 1951, before becoming a chef de race based at Saint-Pair. In time the Countess Sanjust di Teulada took over from her parents and rather symbolically the last great horse she would breed was a son of Sicambre, namely Iron Duke.

Saint-Pair then went through a long quiet spell which from a certain point of view was probably beneficial in that the land which was so fertile and productive was rested, something which it no doubt needed. The Swedish investor Bo Goranson had to start the stud up again toward the end of the nineties, expanding and modernizing the site which he bought from the heirs of the Countess Sanjust. He kept its spirit however and its style, fashioned around a beautiful main house overlooking the south side of the Vie and the Dives valleys, revealing a splendid landscape. Saint-Pair is located at the far end of a plateau on the hill above the Lisieux Caen axis, pretty much level with Crèvecœur-en-Auge. The elevated situation of the stud gives the place even more majesty.

Bo Goranson bred several talented horses at Saint-Pair, such as the fillies Cattiva Generosa and Matin de Tempête, but sadly due to problems with his health he was forced to hand it on. So the stud changed hands again in January 2007 when Andreas Putsch from Germany became its new owner with the ambition of restoring it to its former glory. Relying on his right hand man Thierry de Chambord, his confidant formerly based at the Haras de la Pérelle, having for a long time been assistant to the West's star trainer Henri-Alex Pantall, Andreas Putsch has developed a choice breeding operation at Saint-Pair made up today of around thirty mares and their offspring who all have the use of approximately one hundred and sixty hectares and ninety boxes. The stud's policy is to sell the colts and keep the fillies to have them trained by François Rohaut, Alain de Royer-Dupré and Guy Henrot and to replenish the broodmare band each year by buying good fillies in training. The path is already littered with success orchestrated by the likes of Pearl Banks, Via Medici, Trois Lunes, Kapour and Fairly Fair. In other words the revival of Saint Pair is well under way.

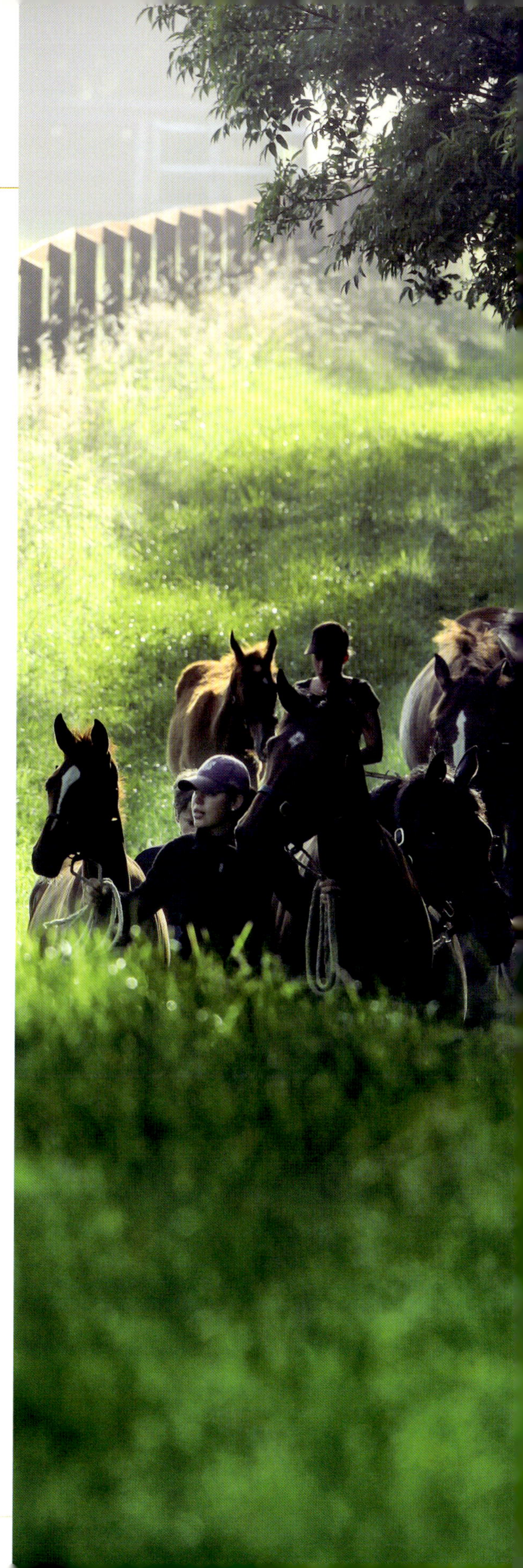

Sou

Le Haras de Sou date du milieu des années soixante-dix. Il a été créé par Marcel Deroubaix, qui dirigea longtemps le site voisin de Bois-Roussel, du temps du comte et de la comtesse de Rochefort. Se retirant en 1982, Marcel Deroubaix laissera les rênes du haras à son fils, Gilles, qui en est toujours le dynamique animateur.

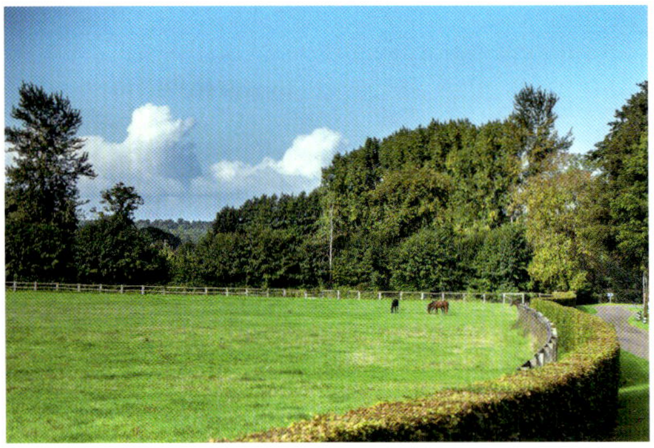

Au début, Sou était une petite ferme, que les Deroubaix, père et fils, ont rénovée, transformée. L'exploitation s'est développée au fil des ans, jusqu'à atteindre une soixantaine d'hectares aujourd'hui, pour autant de boxes et autant de chevaux. Il s'agit d'une propriété entièrement herbagère, arrosée par le ruisseau de Sou, qui descend de l'étang du moulin attenant. Sou est, du reste, le noyau d'un réseau de petits cours d'eau, coulant dans la vallée de la Vande et de la Vésonne. Les terres y sont fraîches et propices à l'élevage. Le voisinage est d'ailleurs éloquent, puisque le haras des Deroubaix prend place entre Bois-Roussel et Hamel Stud, sur la même commune ornaise de Bursard, à une dizaine de kilomètres au sud-est de Sées. Gilles Deroubaix possède peu de poulinières, mais il n'en a pas moins élevé un

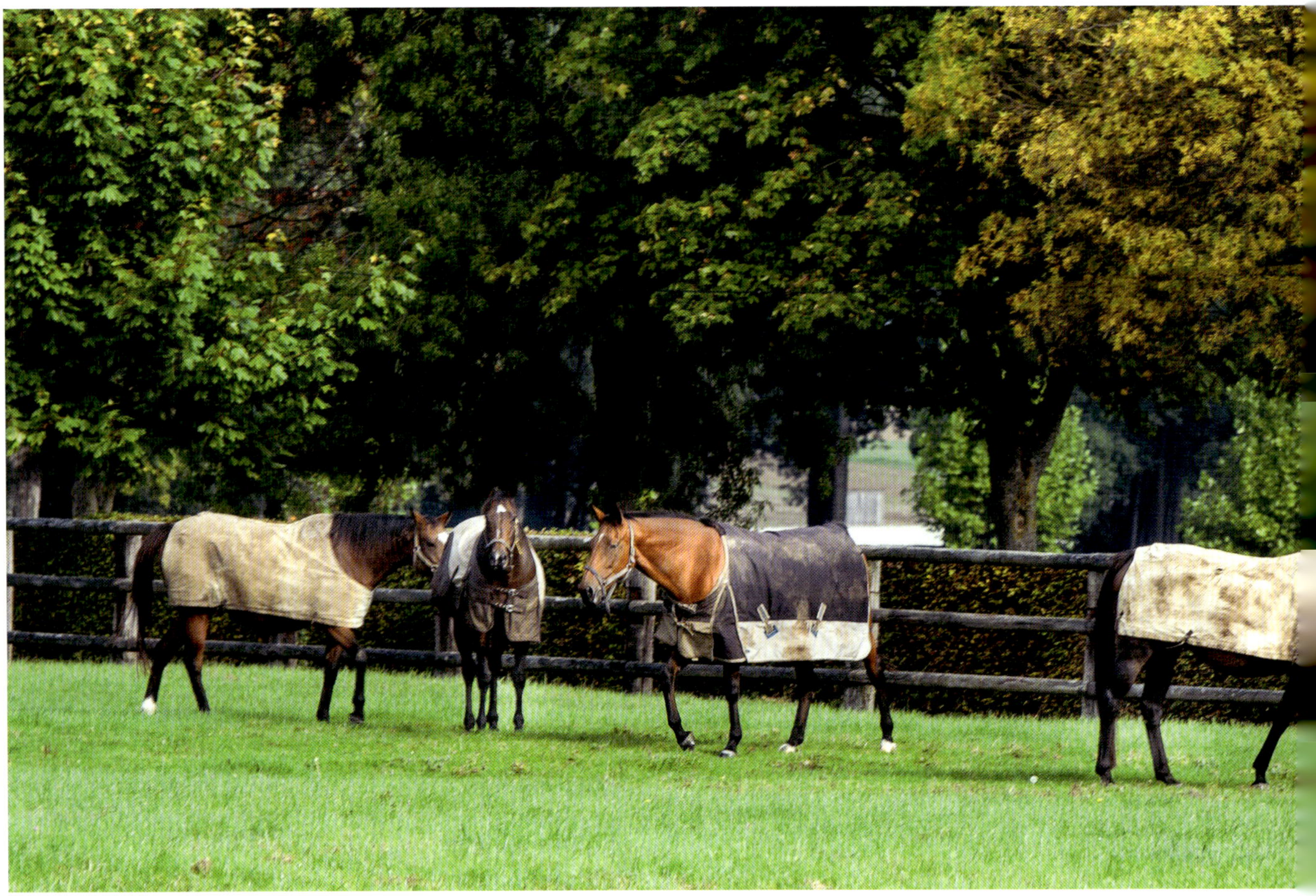

très bon cheval d'Auteuil, Marescsou, gagnant du Groupe II Prix Jean Stern. Il a, en revanche, nombre de juments appartenant à des clients, qu'il prend en pension à l'année. Il y a même parmi elles, depuis peu, des pur-sang arabes de course, appartenant à l'écurie royale d'Oman. C'est là une voie nouvelle, pour Sou, que d'accueillir ce type de poulinières. Quatre personnes travaillent aux côtés de Gilles Deroubaix, à commencer par Véronique Collin, son bras droit depuis douze ans. Il faut mentionner aussi Jean-Pierre Deroubaix, le frère de Gilles, courtier bien connu, qui sert à l'occasion de trait d'union avec la clientèle, telle celle du docteur Krief, éleveur du talentueux sprinter actuel Catcall, lequel a vu le jour et grandi à Sou.

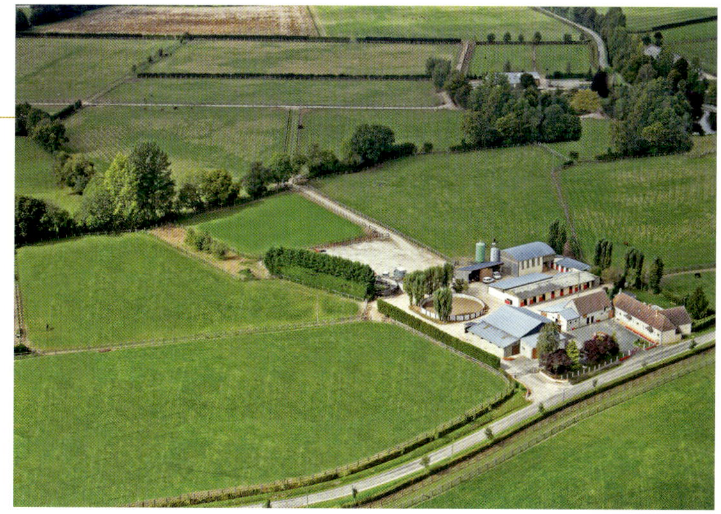

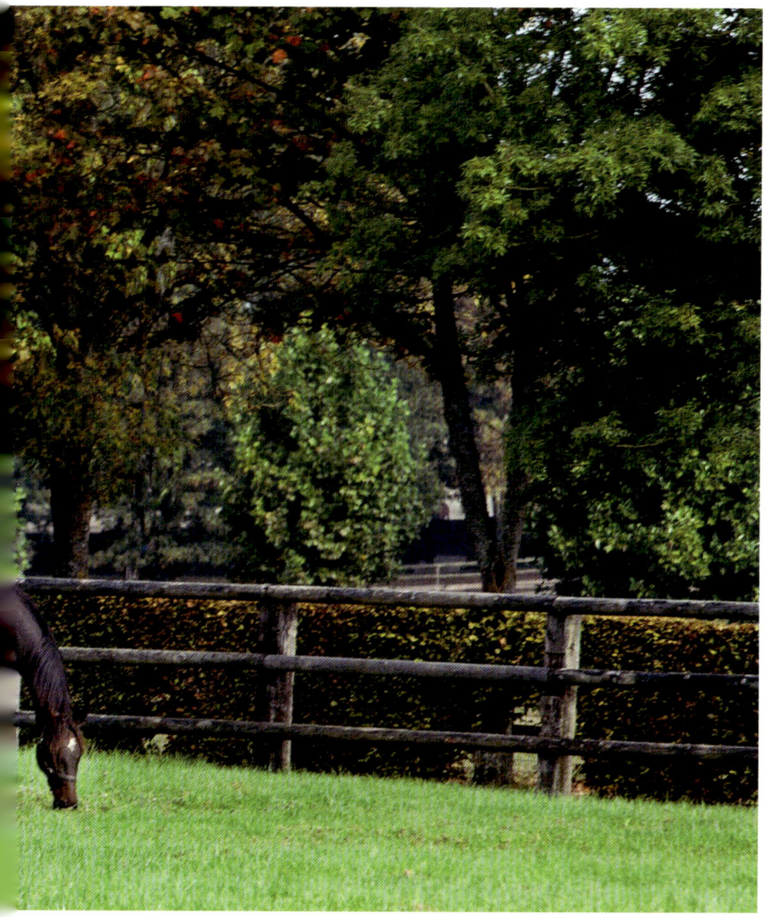

The Haras de Sou dates from the middle of the seventies. It was created by Marcel Deroubaix who for a long time ran the neighbouring stud at Bois-Roussel which at the time belonged to the Earl and Countess of Rochefort. After his retirement in 1982 Marcel Deroubaix handed over the reins of the stud to his son Gilles who is to this day its very dynamic director.

Sou was initially a small farm which the Deroubaix father and son duo renovated and transformed. The operation has grown over the years and now measures sixty hectares for as many boxes and as many horses. The property is made up entirely of grass pastures fed by the river Sou which comes down from the adjoining mill pond. Sou is actually at the core of a network of small rivers flowing in the valley of the Vande and the Vésonne. The land is fresh and very well suited to breeding. The neighbourhood speaks for itself as the Deroubaix's stud is situated between Bois-Roussel and Hamel Stud in the same Orne based town of Bursard approximately ten kilometres southeast of Sées. Gilles Deroubaix has just a few mares of his own, but this has not stopped him from breeding the very successful Auteuil horse Marescsou winner of the Group II Prix Jean Stern. On the other hand he does have numerous mares belonging to clients which he boards on a yearly basis. These have even recently included purebred Arabian mares belonging to the Oman Royal family. It is a new venture for Sou to host this type of mare. Four people work alongside Gilles Deroubaix starting with Véronique Collin who has been his right hand person for twelve years. Another important cog in this wheel is Gilles' brother the well-known bloodstock agent Jean-Pierre Deroubaix who occasionally acts as a link to clients such as Dr. Krief, breeder of the talented sprinter Catcall, who was born and raised at Sou.

La Source

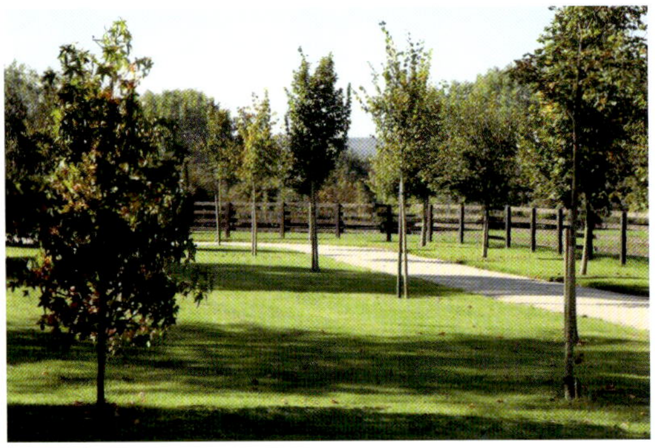

Après avoir longtemps animé le haras familial du Logis, qu'ils vendirent en 1996, Nathalie et Xavier Bozo sont repartis de zéro en créant l'Élevage de la Source, à Chambois, dans l'Orne, non loin, en vérité, de leurs anciennes bases. Chambois se situe ainsi entre Gacé et Trun, aux confins du Pays d'Auge. Il va de soi que les terres y sont de première qualité. La résidence des Bozo est d'ailleurs la très belle maison qu'habita naguère le fromager Paul Buquet. Or, celui-ci savait mieux que quiconque la valeur herbagère de l'endroit et le bon lait qu'il lui fournissait pour fabriquer ses camemberts. Ce n'est pas un hasard si Paul Buquet était aussi éleveur de chevaux. Il fut, en outre, l'un des copropriétaires de Kerjacques, le chef de race trotteur, qui courut sous ses couleurs.

L'Élevage de la Source est un petit haras, s'étendant aujourd'hui sur une quinzaine d'hectares, pour autant de boxes et moins d'une demi-douzaine de poulinières. Pendant un temps, il y en eut davantage, sur une superficie plus grande. C'est que Nathalie et Xavier Bozo, qui est également courtier, animant l'agence Intercontinental Bloodstock, sont actuellement en pleine restructuration, ayant investi dans un haras en Afrique du Sud, pays qu'ils ont découvert il y a peu et pour lequel ils ont eu comme un coup de foudre. Mais, pour autant, l'Élevage de la Source ne disparaîtra pas. Nathalie Bozo y est trop attachée. Il est vrai que, sans jamais pouvoir compter sur un grand nombre de chevaux, deux gagnants de Groupe I en sont issus, l'un en plat, Gorella, lauréate des Beverly D. Stakes, aux États-Unis, l'autre en obstacle, Top of the Sky, vainqueur du Prix Maurice Gillois, à Auteuil. Et puis il y eut aussi les bons Porto Santo et Zinzibérine, élevée pour le compte d'Élisabeth Fabre, l'épouse du maître entraîneur. Pour n'en citer que quelques-uns, car La Source a produit de nombreux gagnants, tous de vrais chevaux de course, toniques et durs. Nathalie Bozo y voit des raisons de ne pas complètement quitter la France.

Having for a long time owned the family stud of Logis which they sold in 1996, Nathalie and Xavier Bozo started again from scratch and created la Source at Chambois in the Orne, which is actually not far from their former base. Chambois is between Gacé and Trun on the border of the Pays d'Auge. It goes without

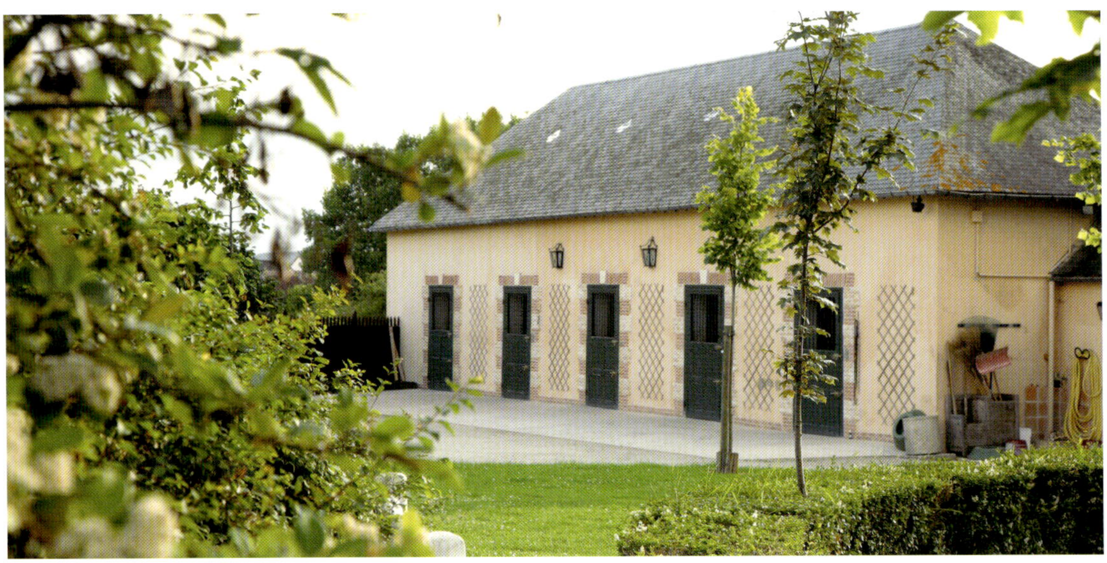

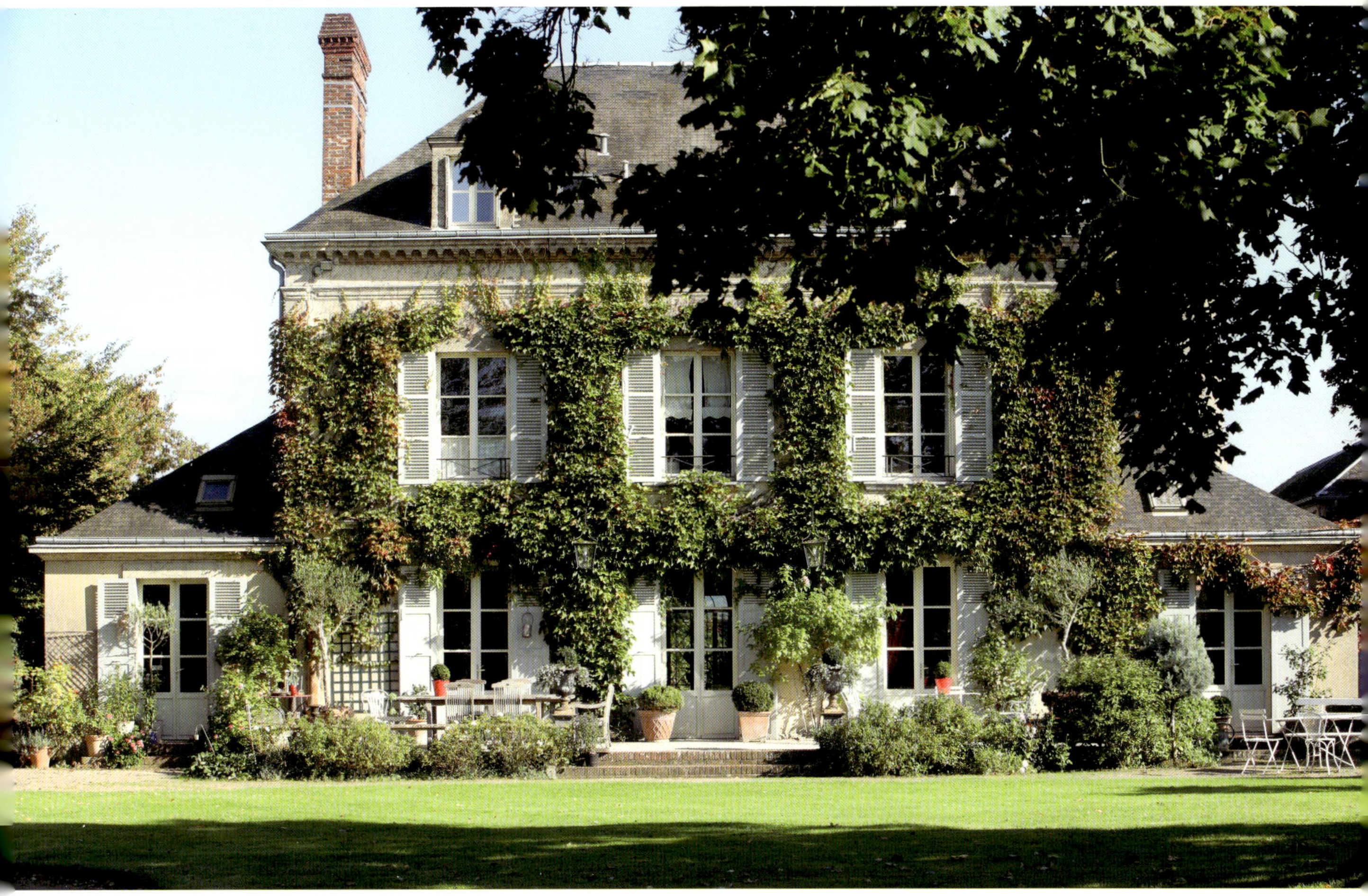

saying that the land is of first rate quality. The Bozo's house is also a very beautiful property in which the cheesemonger Paul Buquet once lived. He knew better than anyone the value of the local pastures and the fine milk it produced for making his camemberts. It is no coincidence that Paul Buquet was also a horse breeder. He was, moreover, one of the owners of Kerjacques, the trotting chef de race who ran in his colours.

La Source is a small stud, which today extends over fifteen hectares for as many boxes and less than half a dozen mares. For a time there were more and on a larger surface area. This is because Nathalie and Xavier Bozo, who are also bloodstock agents, run the Intercontinental Bloodstock Agency at the same time. They are currently undergoing a restructuring, having invested in a stud farm in South Africa, a country they discovered not so long ago and fell in love with. But for the moment la Source will not disappear. Nathalie Bozo is too attached to it. It has to be said that in spite of not relying on a large number of horses, two Group I winners have already been bred there, one on the flat, Gorella winner of the Beverly D. Stakes in the United States, the other over jumps, Top of the Sky winner of the Prix Maurice Gillois at Auteuil. Then there were also the good horses Porto Santo and Zinzibérine, who was bred on behalf of Élisabeth Fabre, wife of master trainer. These are just a few of their good horses as la Source has produced many winners, all of them real racehorses : hardy and tough. Many good reasons for Nathalie Bozo not to want to completely leave France.

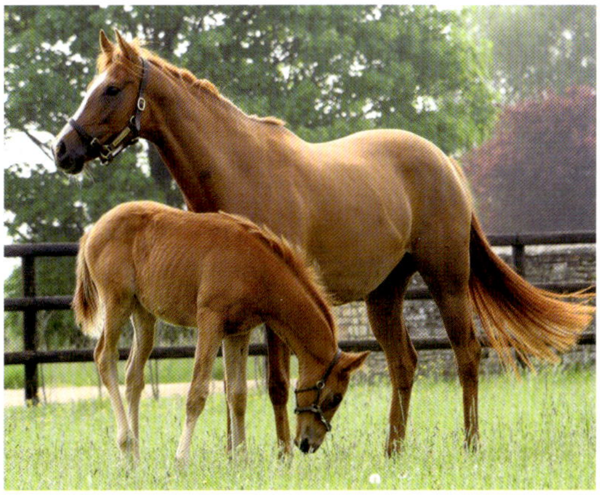

Photos : Xavier Bozo

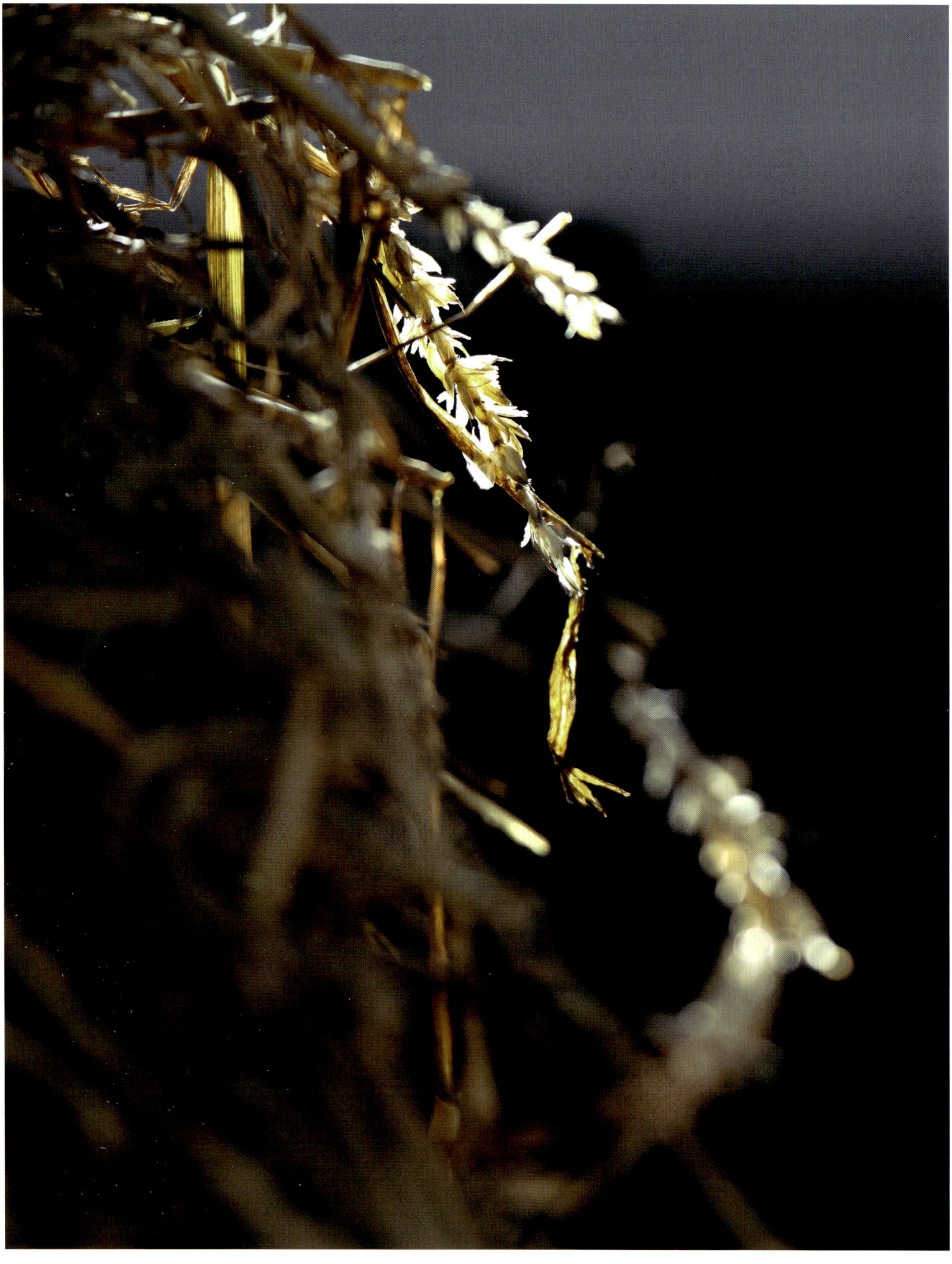

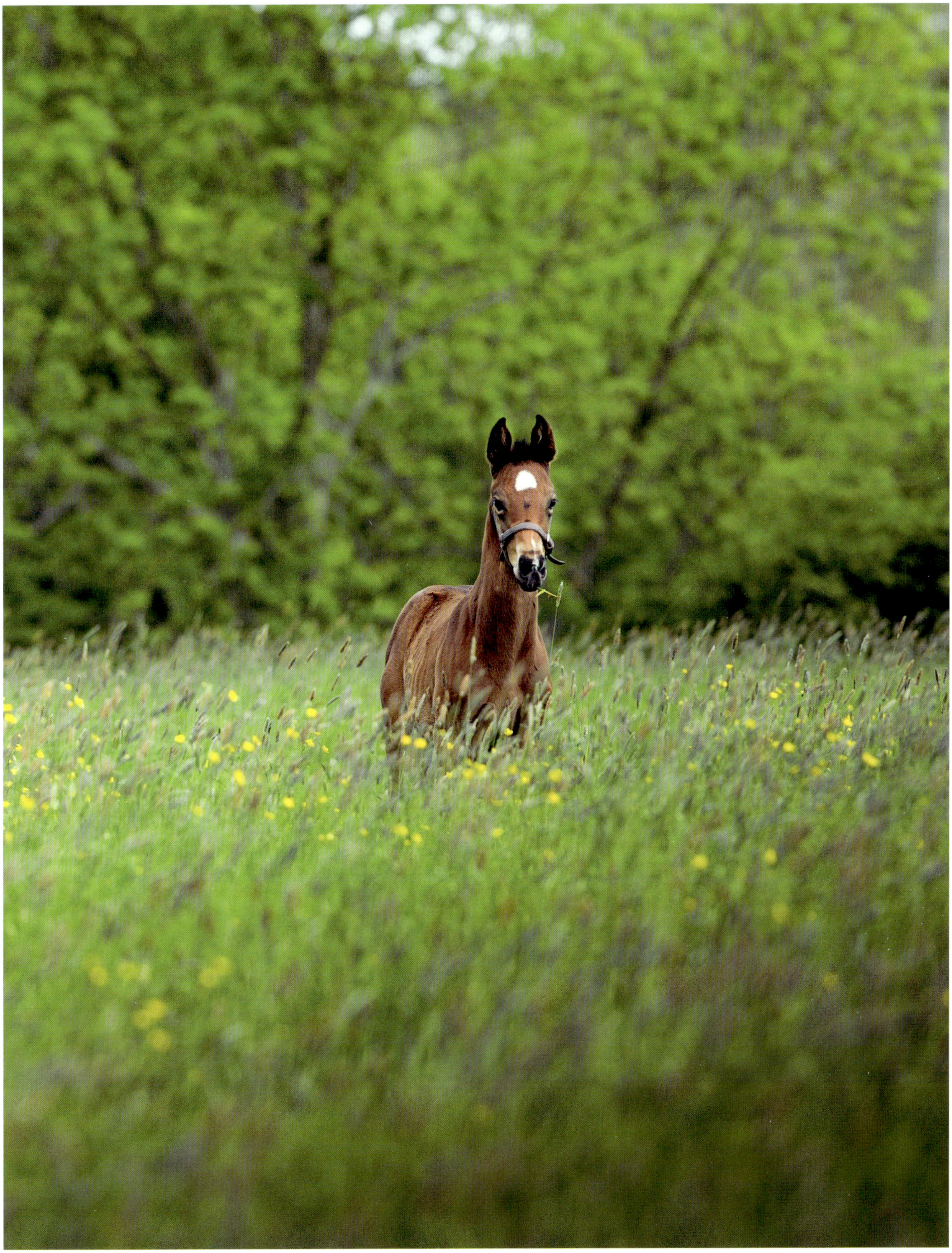

Le Taillis

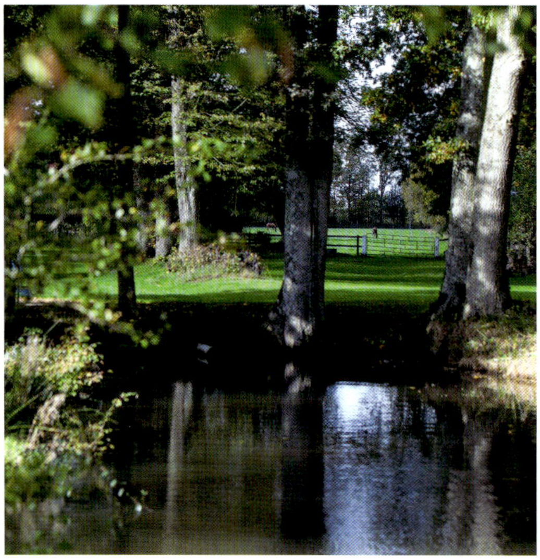

La création du Haras du Taillis remonte à 1968. Alfred Siegrist et son associé suisse, Ernst Wenger, achètent alors une ferme en ruine, entourée d'une soixantaine d'hectares, située sur la petite commune de Heugon, au nord-est du département de l'Orne, presque aux portes de celui de l'Eure. Venus de Bourgogne, ils veulent développer un élevage de pur-sang et tiennent absolument à ce que ce soit en Normandie. Mais tout est à faire au Taillis et ils le font. Assez vite, même, Alfred Siegrist se taille une réputation d'éleveur de chevaux d'obstacle de premier plan, notamment au travers de la production de son étalon, Fiasco. À l'époque, il travaille avec succès avec de grands entraîneurs de Maisons-Laffitte, tels Georges Pelat, Henri Gleizes ou Jack-Hubert Barbe.

À la disparition d'Alfred Siegrist, Ernst Wenger prendra seul la suite, rachetant l'ensemble de l'exploitation qui s'est peu à peu agrandie, comptant aujourd'hui jusqu'à cent trente-cinq hectares d'herbages et disposant de quatre-vingt-dix boxes. Dans les années quatre-vingt-dix, Bernhard Wenger vient épauler son père, prenant la direction du Taillis et embrassant, à plein titre, la profession d'éleveur. Car Ernst Wenger avait, lui, une entreprise de bâtiment, en Suisse, et ne pouvait consacrer tout son temps au haras. Grand passionné, il avait eu, à ses débuts en France, le premier cheval élevé en Suisse gagnant dans notre pays, à savoir une certaine Bella, lauréate à 2 ans à Longchamp et à Chantilly. Avant de nous quitter, en 2001, il effectuera le croisement de la toute bonne Musical Way, qu'il n'eut pas, hélas, le loisir de voir s'épanouir au plus haut niveau. À ce jour, Musical Way demeure, en classe pure, le meilleur cheval élevé au Taillis, avec, à un degré moindre, Shawnee Saga et Murray River. Mais Bernhard Wenger et son épouse, Anne-Margrethe, qui veille sur le débourrage – le haras assurant aussi, le cas échéant, le pré-entraînement –, œuvrent pour faire mieux encore dans les années à venir. Aidés de sept salariés, ils s'occupent d'une soixantaine de poulinières, dont une bonne moitié appartient à une clientèle largement européenne. En résumé, leurs bases sont solides et leurs ambitions justifiées.

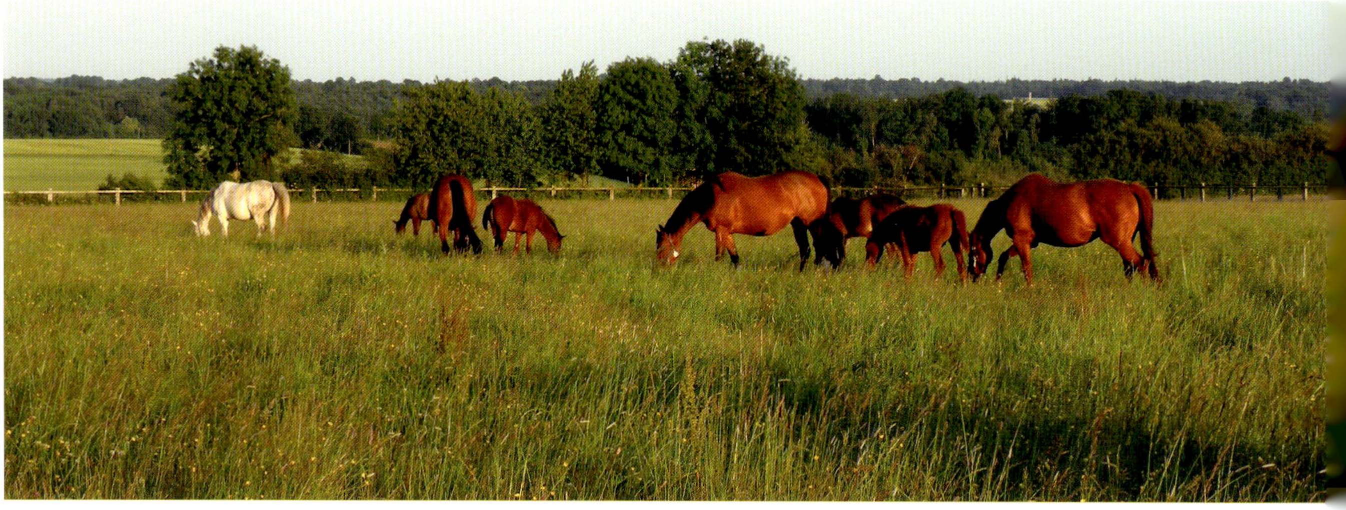

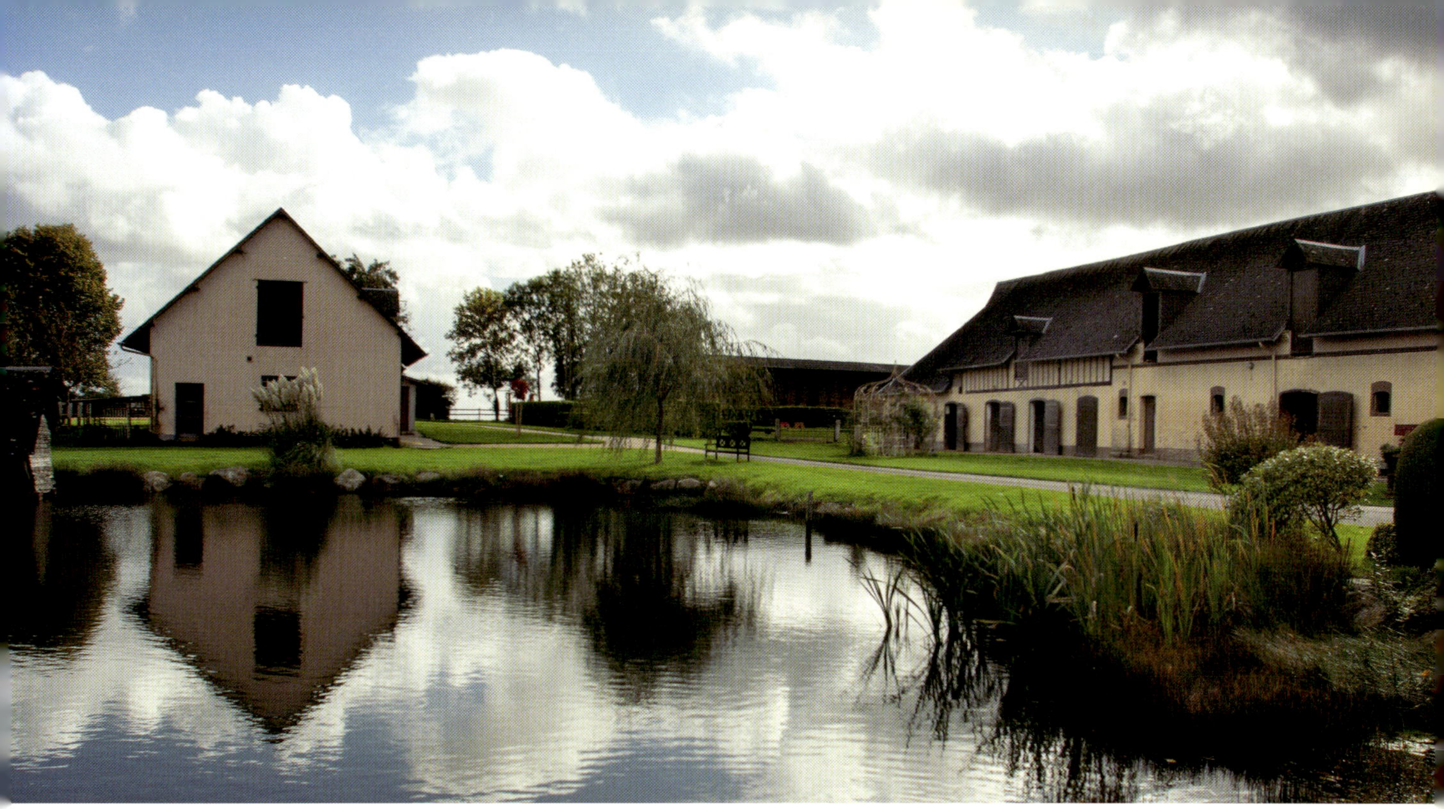

The creation of the Haras du Taillis dates back to 1968. Alfred Siegrist and his Swiss partner Ernst Wenger then bought the farm in ruins and surrounded by sixty acres in the small town of Heugon, at the north eastern tip of the Orne department, almost adjoining the Eure. Both from Burgundy they wanted to develop a thoroughbred breeding operation and were adamant that this should be in Normandy. They successfully took on the complete refurbishment of the Taillis. Relatively soon Alfred Siegrist carved himself a reputation as a leading breeder of national hunt horses, most notably through the stock of his own stallion Fiasco. At the time he had successful associations with some of the great Maisons-Laffitte trainers such Georges Pelat, Henri Gleizes and Jack-Hubert Barbe.

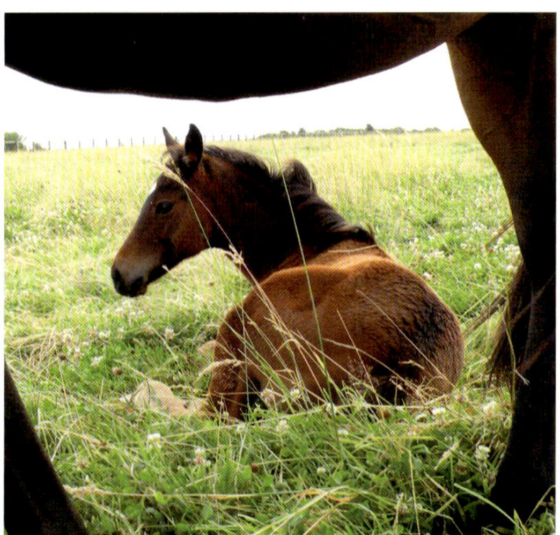

When Alfred Siegrist died Ernst Wenger took on the stud alone and bought the whole farm, which has gradually expanded and now covers one hundred and thirty five acres of pastures with ninety available boxes. In the nineties Bernhard Wenger came to support his father and took on the management of Taillis, fully embracing his new career as a breeder. Ernst Wenger himself had always owned a construction company in Switzerland and was never able to devote all his time to the stud. A huge fan of racing, he was the first person to win a race in France with a Swiss bred horse, namely the talented Bella who won at Longchamp and at Chantilly at two. Before his death in 2001 he was responsible for the mating of the very good filly Musical Way who sadly never got a chance to show her true colours at the highest level. To this day Musical Way is the best filly to have been bred at Taillis followed to a lesser extent by Shawnee Saga and Murray River. Bernhard Wenger and his wife Anne-Margrethe, who oversees the breaking and if necessary the pretraining of young horses, are both working on achieving even better results in the years to come. With the help of their seven employees they are in charge of sixty mares, a good half of which belongs to a largely European clientele. In summary their foundations are solid and their ambitions are justified.

Le Thenney

Au début du siècle dernier, Le Thenney était une annexe, relativement secondaire, du Haras du Quesnay, alors en plein épanouissement, aux soins de son initiateur américain, William-Kissam Vanderbilt. Ce n'est que beaucoup plus tard, en 1960, que la propriété est devenue, à proprement parler, un haras, sous l'impulsion de Charles Delecroix, le beau-père de l'immense éleveur de trotteurs que fut Albert Viel. D'ailleurs, Charles Delecroix éleva d'abord des trotteurs, au Thenney, avant d'y associer les pur-sang. Il faut dire que sa casaque et celle de son épouse furent assez heureuses au galop dans les années soixante-dix, où nous gardons, en particulier, le souvenir des réussites de Full of Hope, cheval de modèle, allant, à l'énorme action, qui gagna, de bout en bout, un mémorable Prix d'Ispahan et, plus tard, suivant la même tactique, un gros handicap, sous le fardeau de soixante-quatre kilos, par et de Marché Persan, poulain classique, placé du Grand Critérium, à 2 ans, et du Prix Lupin, à 3 ans, avant d'être un honnête sixième du Prix du Jockey Club.

En 1972 s'ouvre un autre volet de l'histoire du Thenney, acquis par le propriétaire-éleveur italien, vice-président du Jockey Club de son pays et grand ami de la France, Vittorio Riva. Celui-ci modernise le haras, lui donnant une unité qu'il n'avait pas forcément jusqu'alors, scindé qu'il était en deux propriétés attenantes. Vittorio Riva a, à la fois, le sens pratique et esthétique. Il fait du Thenney un outil certes efficient, à la pointe du progrès, mais où le décor n'est jamais sacrifié : l'endroit est arboré, fleuri, ponctué de plans d'eau ; en un mot, il est particulièrement séduisant. Vittorio Riva élèvera là Mendez, vendu à Stavros Niarchos, qui gagnera le Prix Jean Prat et le Prix du Moulin de Longchamp. Étalon, Mendez engendrera le champion miler de Jean-Luc Lagardère, Linamix, qui deviendra un reproducteur exceptionnel, géniteur tête de liste, se perpétuant remarquablement, en lignée mâle et femelle. Dans la foulée, en 1984, année de gloire de Mendez sur les pistes, le Haras du Thenney vendra sa sœur cadette, Miss Shirley, pour la somme record, à l'époque, à Deauville, de sept millions six cent mille francs, soit l'équivalent d'un million cent soixante mille euros. Dans l'intervalle, Vittorio Riva aura aussi atteint les sommets dans son pays, où ses élèves Red Girl, Red Arrow et Red Rocket gagnèrent, respectivement, les Oaks, en 1974, le Derby, en 1976, et les Guinées, en 1980.

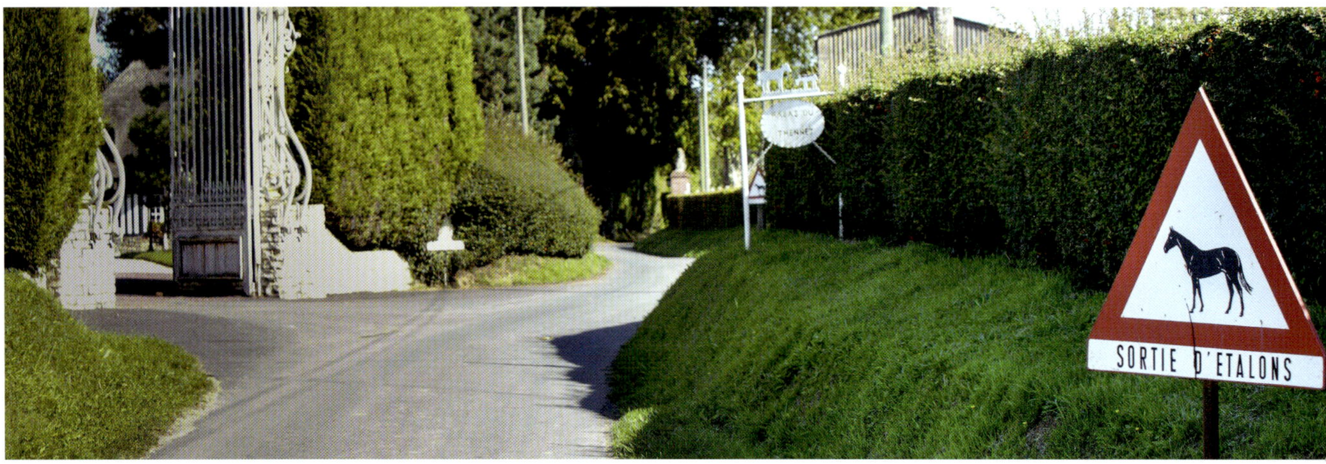

Au décès de Vittorio Riva, en 2005, son fils, Giulio, déjà très actif à ses côtés, après avoir été, dans ses jeunes années, un remarquable cavalier de concours hippique, reprend le flambeau et développe le caractère commercial du haras. Celui-ci s'étend maintenant sur cent cinquante hectares et dispose de cent quarante boxes, pour environ cent vingt chevaux. Sa réputation est allée *crescendo*, au fil des ans, grâce, en particulier, à une performante station d'étalons, composée, en 2013, de « pointures » de la trempe de Cima de Triomphe, champion italien, né des œuvres de l'étalon vedette Galileo, de Dr Fong, l'un des deux seuls fils de l'influent Kris S faisant la monte en France, de Gentlewave, gagnant du Derby italien, comme Cima de Triomphe, et géniteur tout de suite remarqué, et, surtout, d'Orpen. Ce dernier lègue la vitesse et la précocité qu'il manifesta lui-même, illustrées spécialement, cette saison, par la cham-

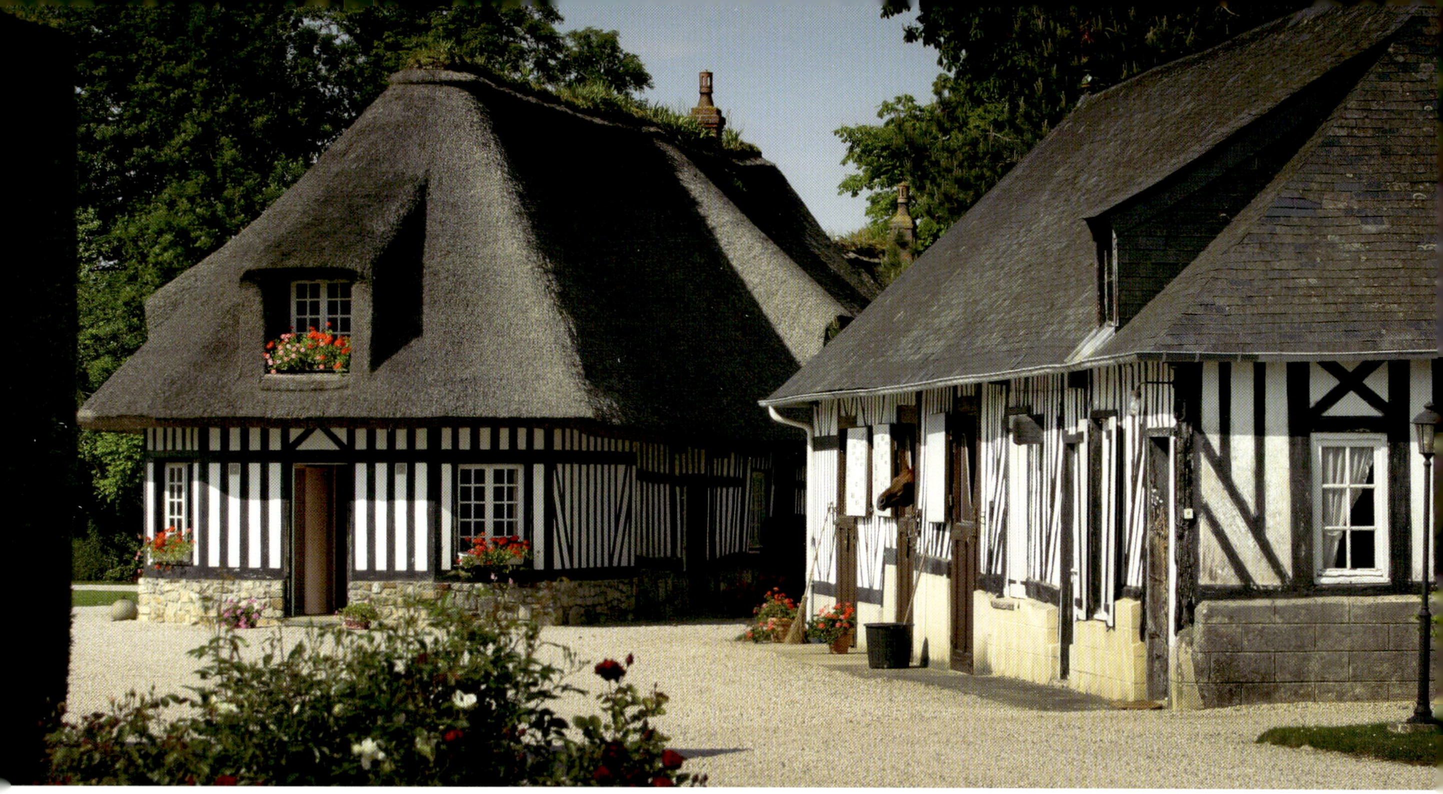

pionne d'Europe des pouliches de 2 ans, Vorda, et par la meilleure « juvenile » italienne, Ombrage, toutes deux étant, du reste, des produits du Thenney. On l'aura compris, Le Thenney, placé sous la responsabilité, sur le terrain, de François Conte, est l'un des haras les plus en vue du paysage normand, prenant place sur la commune de Saint-Pierre-Azif, à moins de dix kilomètres de Deauville, dans le voisinage d'autres haras aux résultats pareillement probants. Bon terroir, décidément, ne sait mentir.

At the beginning of last century Thenney was a relatively minor annex to the Haras du Quesnay, which was then in full bloom in the hands of its American creator William-Kissam Vanderbilt. It was only much later in 1960 that the property became strictly speaking a stud under the leadership of Charles Delecroix, father-in-law of the great trotting breeder Albert Viel. Charles Delecroix

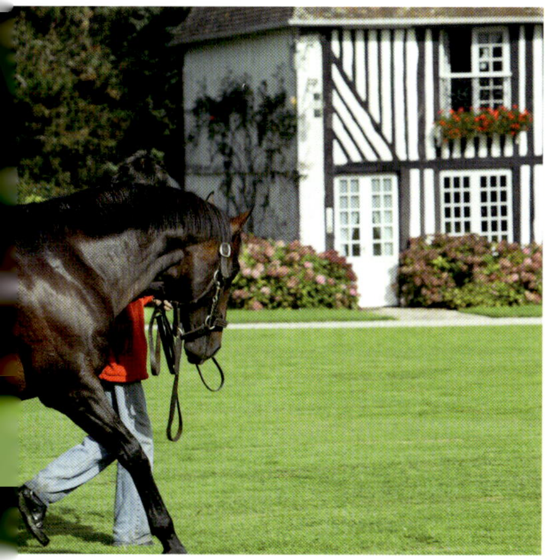

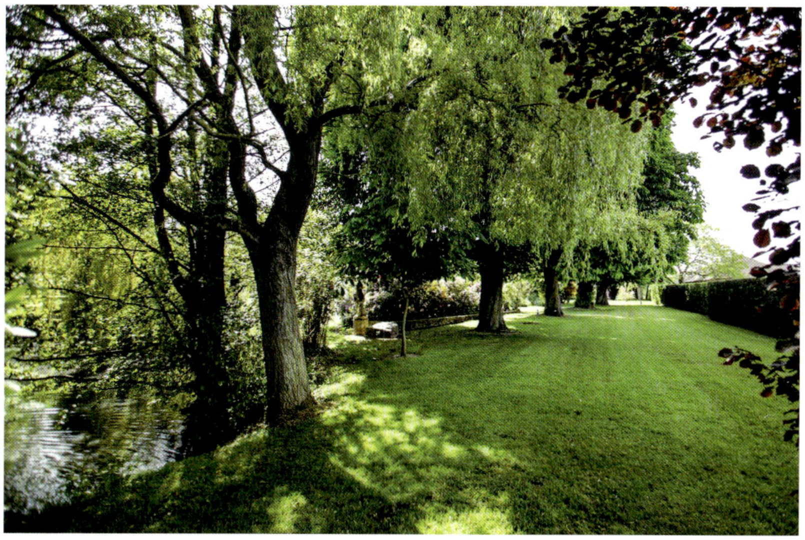

actually at first bred trotters at Thenney before throwing thoroughbreds into the mix. It has to be said that his colours and those of his wife were pretty successful in the seventies, which hold memories of the achievements of two great horses in particular. The first was Full of Hope, a good looking horse who ran very free, had an enormous action and won a memorable Prix d'Ispahan from pillar to post, followed by a major handicap under the burden of sixty-four kilos using the same tactic. Then the classic colt Marché Persan was placed in the Grand Critérium at 2, the Prix Lupin at 3 before finishing honourable sixth in the Prix du Jockey Club.

Another chapter in the history of Thenney began in 1972 when it was bought by the Italian owner breeder, vice president of the Jockey-Club of his country and a huge fan of France Vittorio Riva. He modernised the stud, giving it a unity which it has lacked until then as it was split into two adjoining properties. Vittorio Riva is blessed with both a practical and an aesthetic sense. He turned Thenney into an efficient, cutting edge tool without ever sacrificing its outlook. The property is full of trees and flowers, all interspersed with water features – in a word, it is particularly attractive. Vittorio Riva bred Mendez whom he sold to Stavros Niarchos and who won the Prix Jean Prat and Prix du Moulin de Longchamp. At stud Mendez produced Jean-Luc Lagardère's champion miler Linamix who became an outstanding stallion and champion sire, perpetuating himself remarkably both through his progeny's male and female lines. In the process, in 1984, which was Mendez's year of glory on the track, the Haras du Thenney sold his younger sister Miss Shirley in Deauville for the record sum at the time of seven million six hundred thousand Francs, the

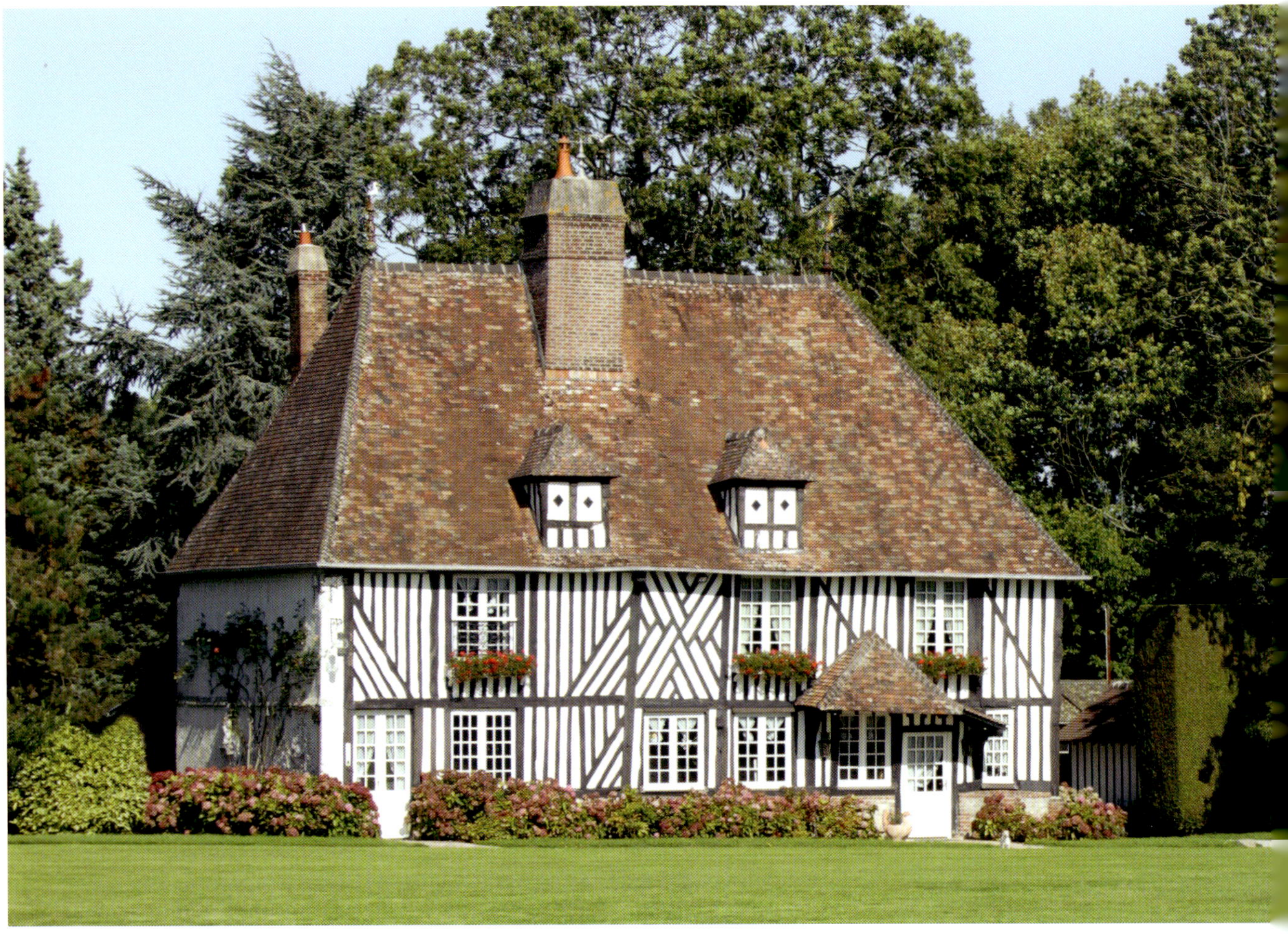

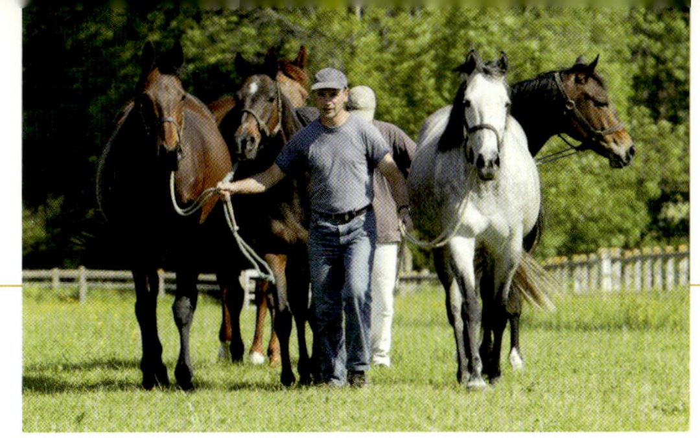

equivalent of one million one hundred and sixty thousand Euros. In the meantime Vittorio Riva had also reached the summit in his own country, where his graduates Red Girl, Red Arrow and Red Rocket respectively won the Oaks in 1974, the Derby in 1976 and the Guineas in 1980. At Vittorio Riva's death in 2005 his son Giulio who was already very active at his side, having in his younger years been a remarkable showjumper, took over and developed the stud's commercial side. It now extends over one hundred and fifty hectares and has one hundred and forty boxes for about one hundred and twenty horses. His reputation has gone crescendo over the years thanks in particular to a successful stallion station which in 2013 is made up of big names such as Italian champion Cima de Triomphe by celebrity sire Galileo, Dr Fong, one of just two sons of the influential Kris S standing in France, Gentlewave, winner of the Italian Derby – as was Cima de Triomphe – and already a stallion very much in view, and above all Orpen. The latter passes on the speed and precocity which he himself manifested, particularly well illustrated this season by European Champion two year old fillyVorda, and by leading Italian « juvenile » Ombrage, both of whom are, moreover, graduates of Thenney.Clearly, Thenney under the responsibility of Francis Conte on the ground, is one of the most in view studs in the Normandy countryside, located by the town of Saint-Pierre-Azif, within ten kilometers of Deauville and in the same neighbourhood as several other studs whose results are just as good. Good land indeed never lets you down.

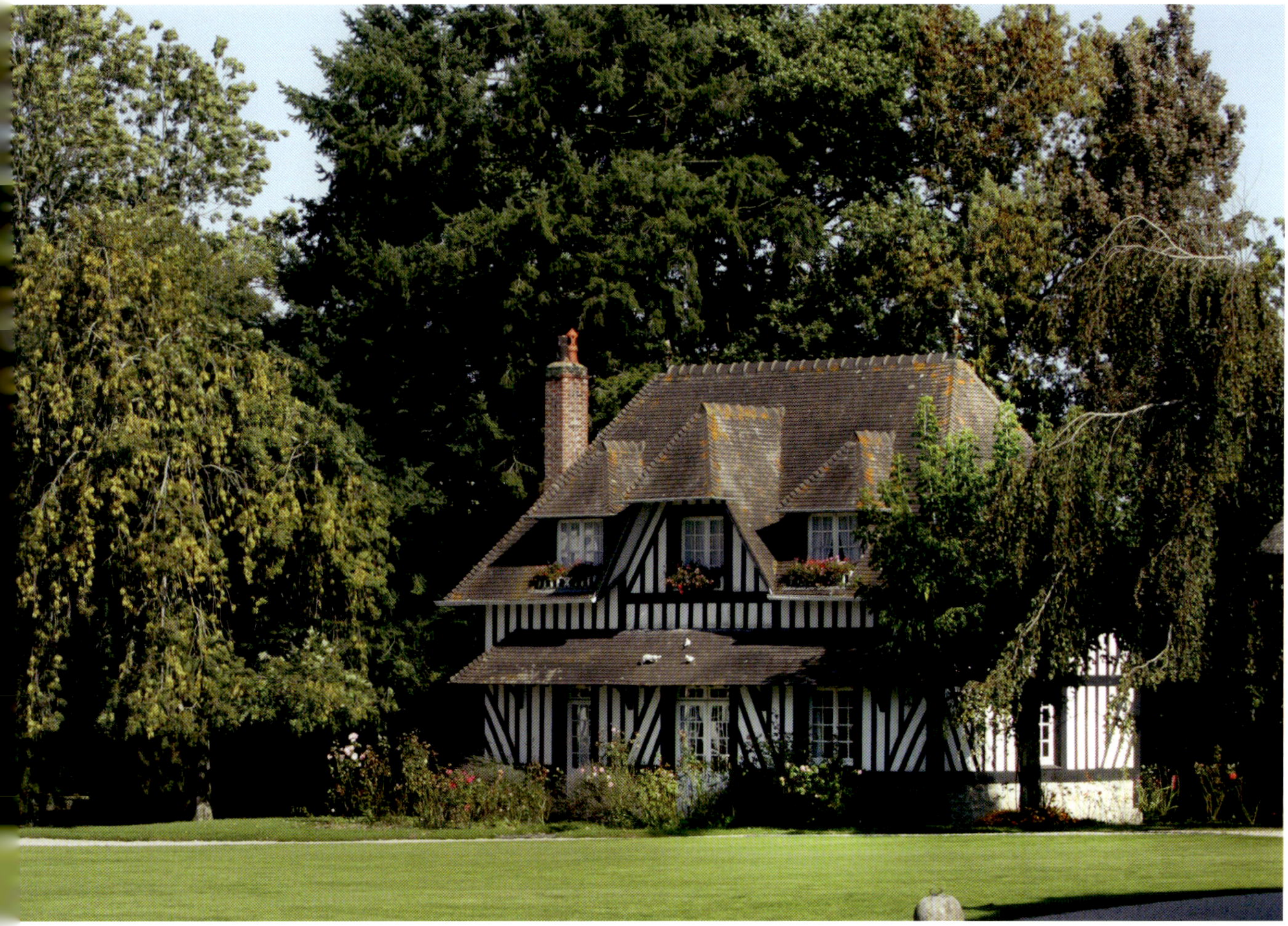

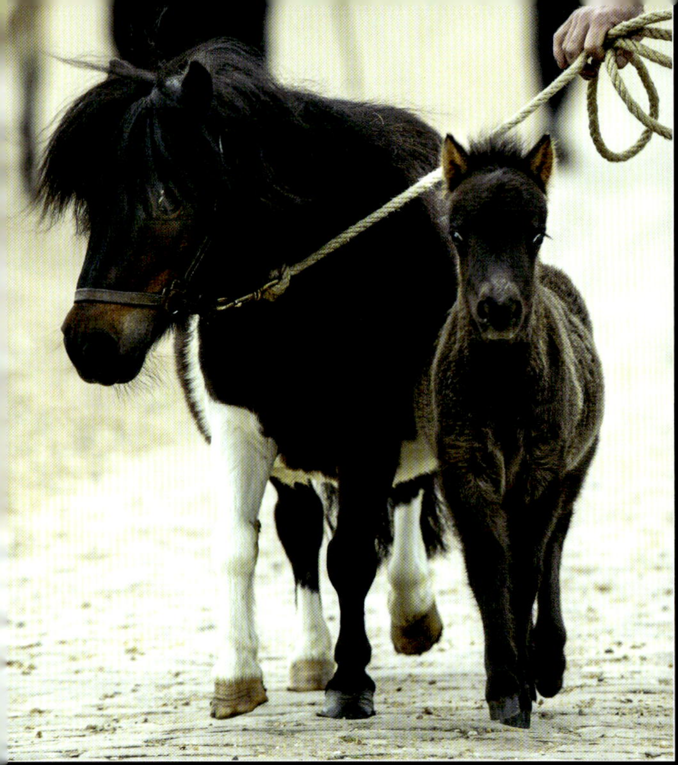
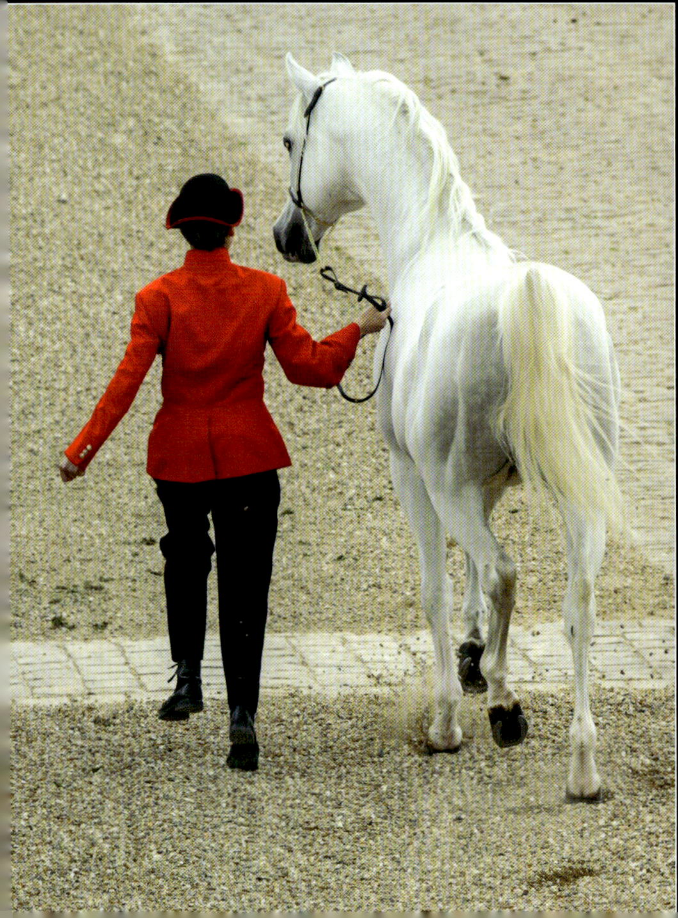
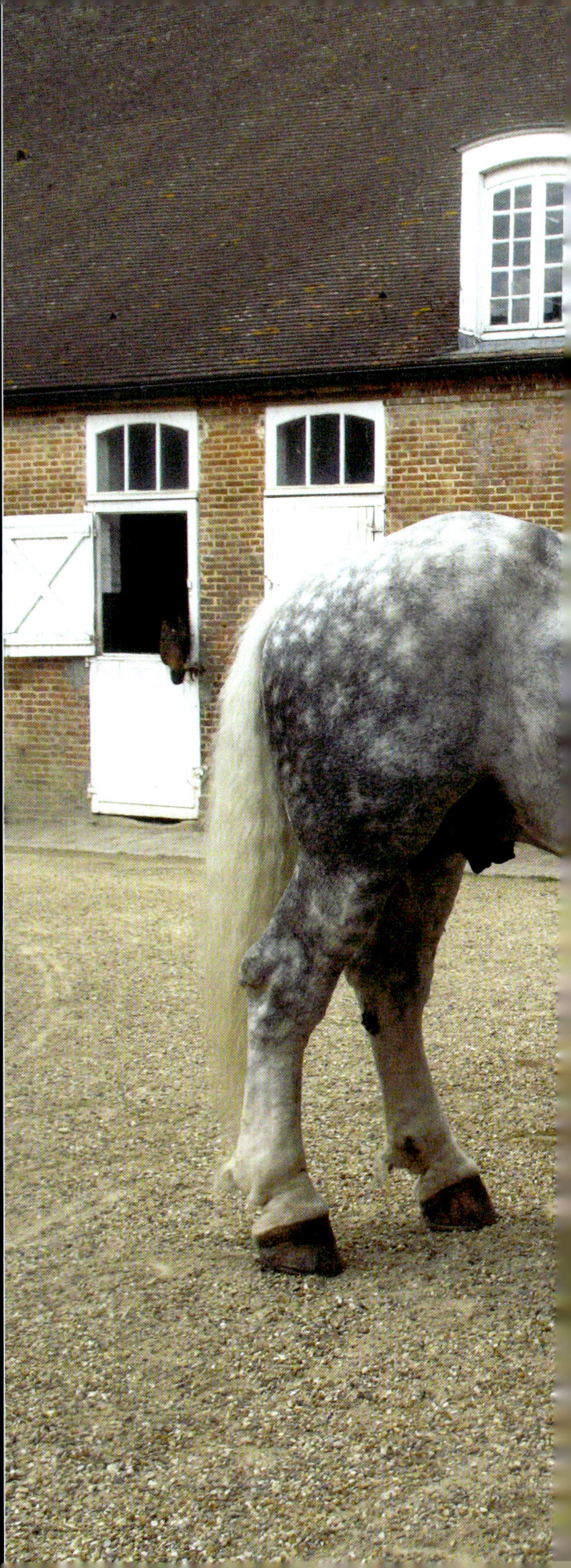

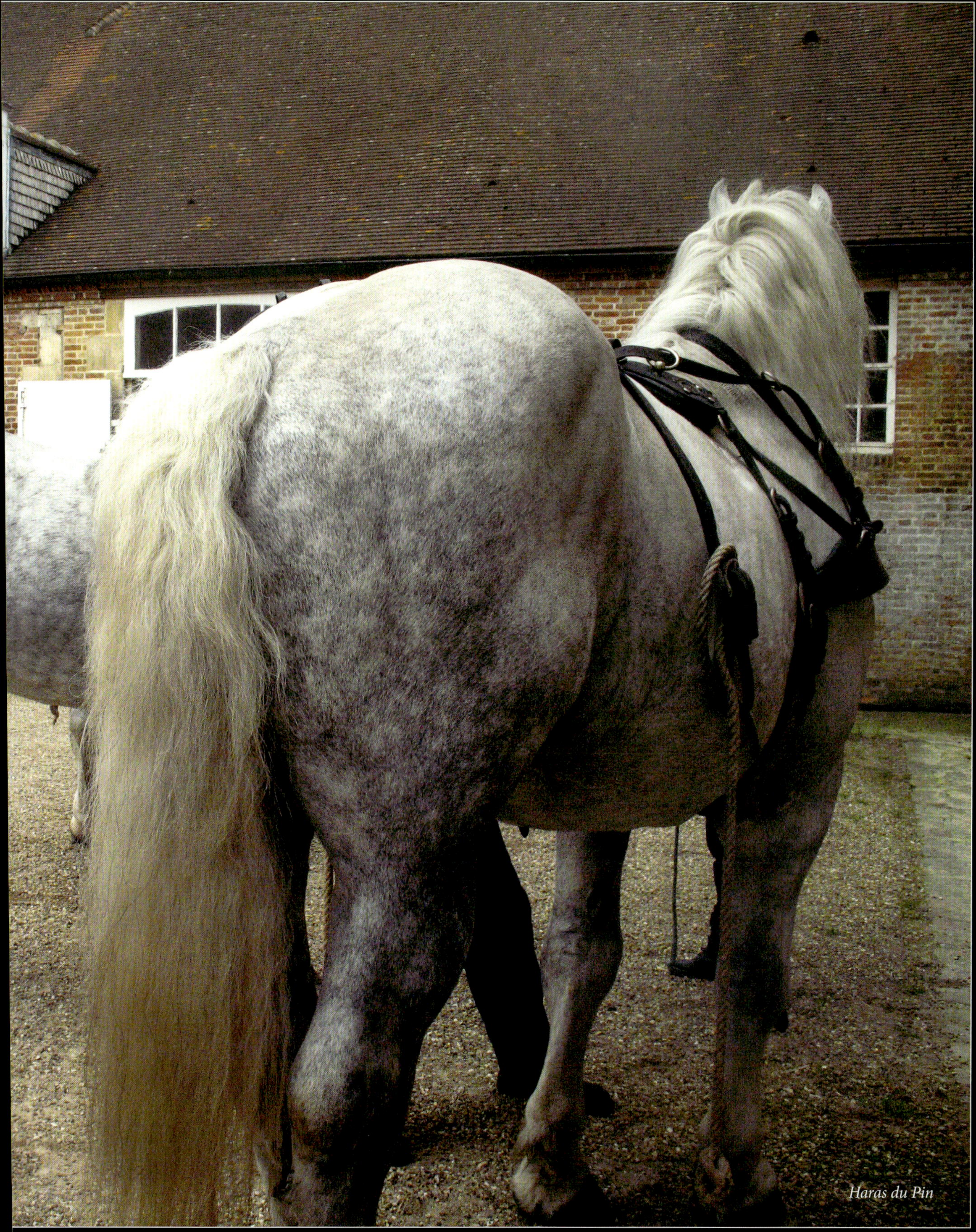

Haras du Pin

Tourgéville

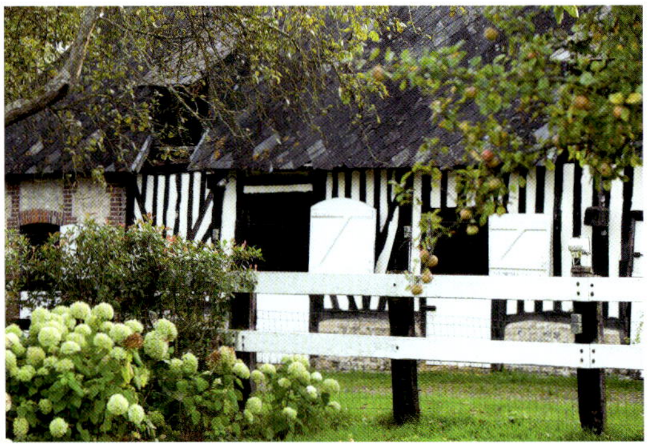

L'Élevage de Tourgéville, ancré tout près de Deauville, est le fief de la famille Lepeudry depuis plusieurs générations. Actuel maître des lieux, Antoine Lepeudry avait deux arrière-grands-pères déjà dans la partie. Pour l'anecdote, l'un des deux, transporteur de chevaux, achemina même l'un des bras de la « Statue de la Liberté » au Havre, à destination de New York... À la génération suivante, on trouve André Lepeudry, qui commença l'élevage de pur-sang avec des poulinières réformées, en provenance du Haras de Meautry. Il allait bientôt en obtenir un très bon cheval Clochard. Ensuite, il ne s'en tourna pas moins davantage vers les trotteurs, où la réussite fut également au rendez-vous. Pierre, fils d'André, retournera aux pur-sang, pour son propre compte et pour celui de Lawrence Gelb, dont il dirigera le haras, à Silly-en-Gouffern, dans l'Orne, parallèlement à ses activités calvadosiennes. Pierre Lepeudry nous a quittés il y a peu, au printemps, mais la continuité familiale est assurée, non seulement grâce à son fils, Antoine, mais à son petit-fils, Jean-Charles, qui poursuit des études de vétérinaire.

L'Élevage de Tourgéville s'étend présentement sur quatre-vingts hectares, se partageant entre la commune du même nom et celles, voisines, de Bénerville et de Saint-Arnoult. Les quarante poulinières installées sur place appartiennent soit aux Lepeudry et à leurs associés, soit à une clientèle d'habitués, très internationale. Les ventes de yearlings de Deauville accueillent régulièrement les élèves du haras, que ce soit en été ou à l'arrière-saison. Parmi les meilleurs chevaux du cru, on citera, pour les plus récents, les sœurs Liliside, qui perdit la Poule d'Essai des Pouliches sur le tapis vert, en 2010, Lily America et The Wise Lady, lesquelles ont pour ancêtre maternel commun un certain The Marshal, vainqueur d'un Prix Jacques Le Marois, à Deauville, dans les années soixante, et dont les propriétaires étaient des proches, en une belle permanence, de Pierre Lepeudry.

The Élevage de Tourgéville which is located very close to Deauville, has been the stronghold of the Lepeudry family for several generations. Both great grandfathers of current owner Antoine Lepeudry were already in the game. For the record, one of them who was a horse transporter even transferred one of the arms of the « Statue of Liberty » to Le Havre en route to New York... The next generation brought André Lepeudry who made his start in the thoroughbred breeding industry with reformed mares from Haras de Meautry. He would soon breed a very good horse in Clochard. This did not stop him from turning his attention more to trotters, where he was soon equally successful. Pierre his son then returned to thoroughbred racing both for himself and on behalf of Lawrence Gelb, for whom he managed Silly-en-Gouffern stud in the Orne region in addition to his own breeding activity in the Calvados region. Pierre Lepeudry died recently in the spring but the family's

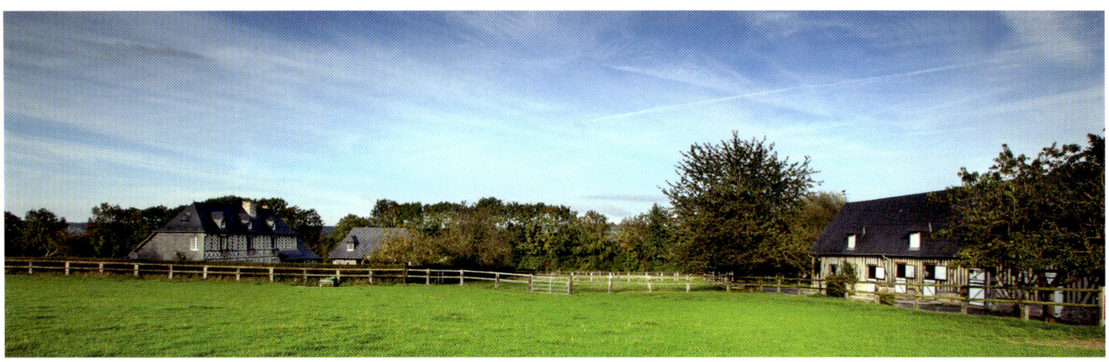

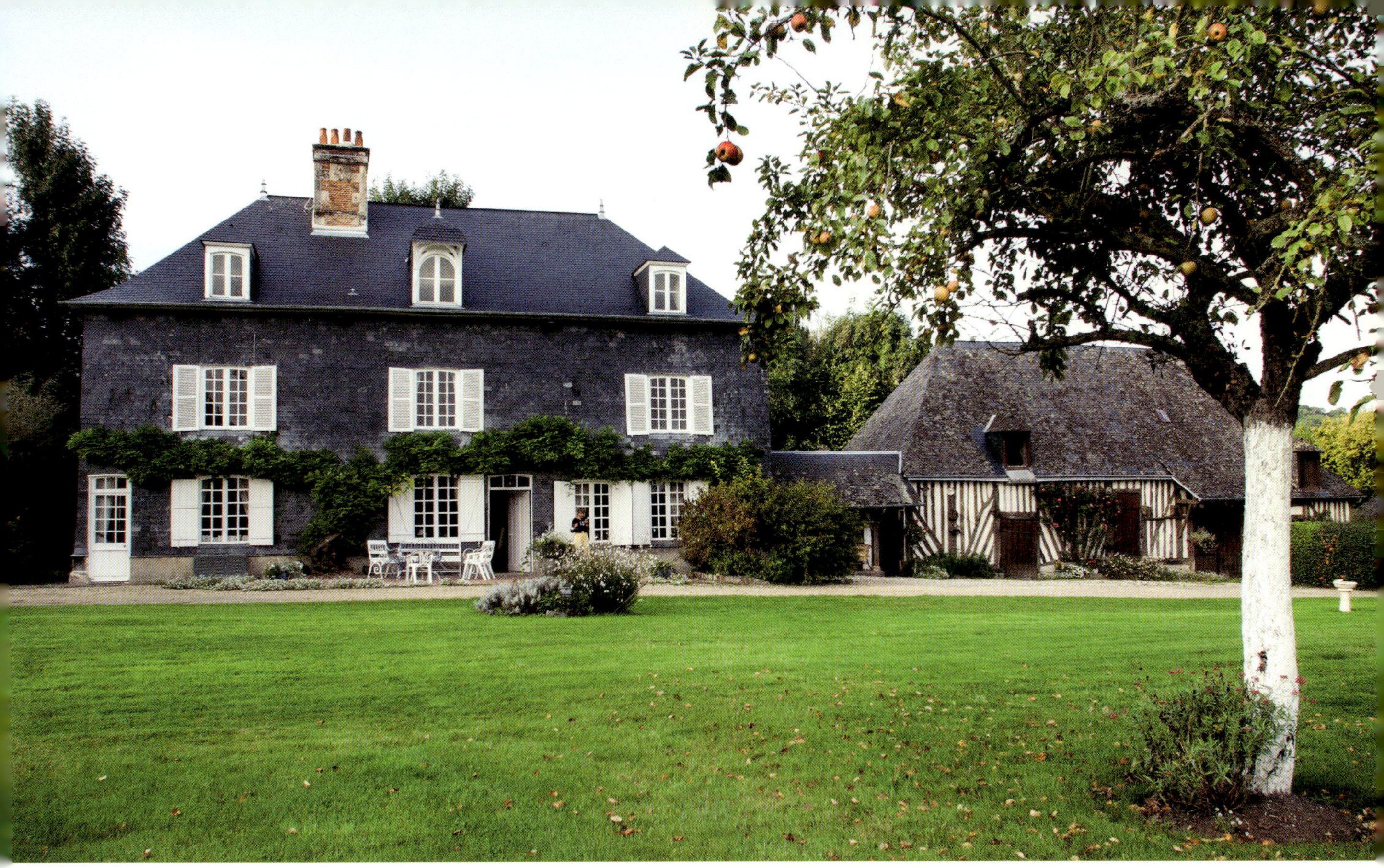

continued involvement is ensured not only by his son Anthony but also by his grandson Jean-Charles who is studying to become a vet.

The Élevage de Tourgéville currently extends to over eighty hectares situated partly in the village bearing the same name and partly in the neighbouring villages of Bénerville and Saint-Arnoult. The forty mares on site belong either to the Lepeudrys and their associates or to a loyal international clientele. The yearling sales in Deauville regularly play host to the stud's stock be it in the summer or later in the year. Their best horses recently include the sisters Liliside, who lost the Poule d'Essai des Pouliches in the stewards' room in 2010, Lily America and The Wise Lady who all share the common maternal ancestor The Marshal, winner of Prix Jacques Le Marois in Deauville in the sixties and whose owners were close friends of Pierre Lepeudry.

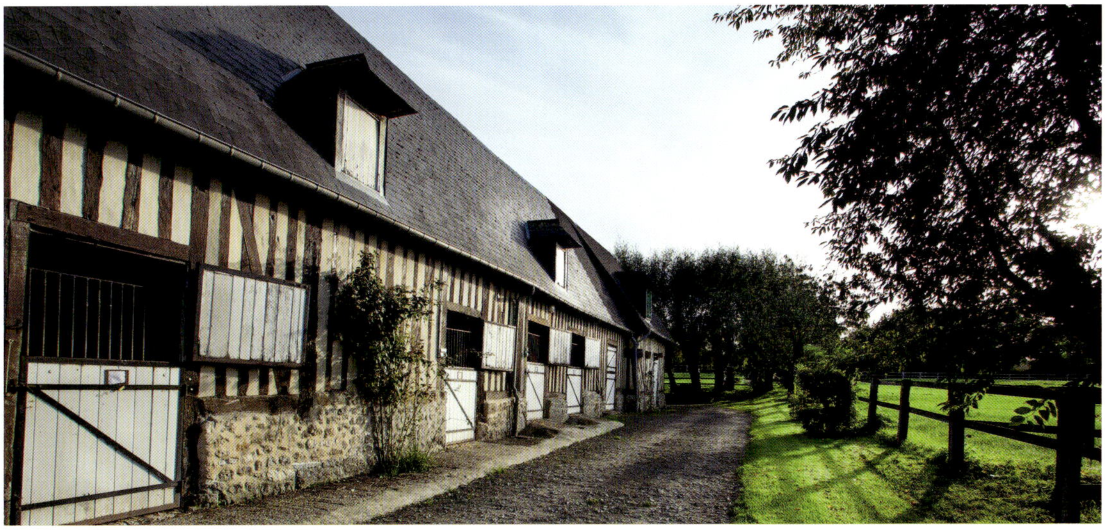

La Vallée-Martigny

Enfant, Hervé Morin rêvait d'avoir des chevaux de course et, plus encore, peut-être, de vivre dans un petit haras, entouré de ses poulinières. Fils d'un père turfiste, passionné par les courses, mais qui ne se risqua jamais à devenir propriétaire, il franchit lui-même le pas, quelques décennies plus tard, à l'image de son frère, radiologue et éleveur de trotteurs.

Pour Hervé Morin, le rêve commence à devenir réalité avec l'avènement de son champion Literato, acheté, yearling, à Deauville. Le poulain allait lui apporter les plus grandes satisfactions, en s'imposant, notamment, dans les Champion Stakes, en Angleterre, ou encore en se classant deuxième du Prix du Jockey Club. Nous sommes en 2007, une belle année, à tous points de vue, pour Hervé Morin, puisque c'est aussi celle où Nicolas Sarkozy l'appelle au Ministère de la Défense. Mais revenons aux chevaux et à l'investissement décisif que notre homme leur consent bientôt : l'acquisition d'une vingtaine d'hectares d'herbages, plus ou moins à l'abandon, sur la commune de Saint-Sylvestre-de-Cormeilles, dans la partie du département de l'Eure qui appartient encore au Pays d'Auge. C'est là, au lieu-dit La Vallée-Martigny, où coule le Doult-Tourtel, qu'Hervé Morin va édifier son haras, y construisant une vingtaine de boxes, tout en y restaurant complètement les prairies. Grâce à la vente de Literato, il investit dans des pouliches et des poulinières, bénéficiant aussi de l'amitié du regretté docteur Bousquet, alors propriétaire, comme lui, chez Jean-Claude Rouget, qui lui met le pied à l'étrier en lui cédant, en guise de cadeau d'adieu, la bonne Chill, lauréate de Listed et placée de Groupe, future mère de Childa. Avec Garrogorille et l'excellente Altérité, une fille de Literato deuxième du Prix Saint-Alary, puis gagnante de Groupe I aux Etats-Unis, Childa complète le trio des meilleurs élèves de La Vallée-Martigny, où paissent aujourd'hui une petite dizaine de juments. Parmi elles, on compte la classique Tamazirte, qu'Hervé Morin a fait le sacrifice de garder, refusant une importante offre d'achat. Les poulinières sont sous la surveillance de Valérie Leudet et Élodie Jeanne, responsables de l'élevage maison. Conscient que la superficie dont il dispose actuellement est à peine suffisante, Hervé Morin procède à l'aménagement d'une douzaine d'hectares supplémentaires. Son jeune haras est ainsi en plein devenir, à l'aune de sa réussite naissante, qui le place déjà, avec deux productions en âge de courir, parmi les cinquante meilleurs éleveurs en France.

As a child Hervé Morin dreamed of owning racehorses and even more perhaps of living on a small stud surrounded by his mares. The son of a gambler who was himself very passionate about breeding but never took the risk of becoming an owner, Hervé Morin himself did a few decades later, following in the footsteps of his brother who is a radiologist and breeds a few trotters.

For Hervé Morin the dream started to become reality with the advent of his champion Literato who was bought in

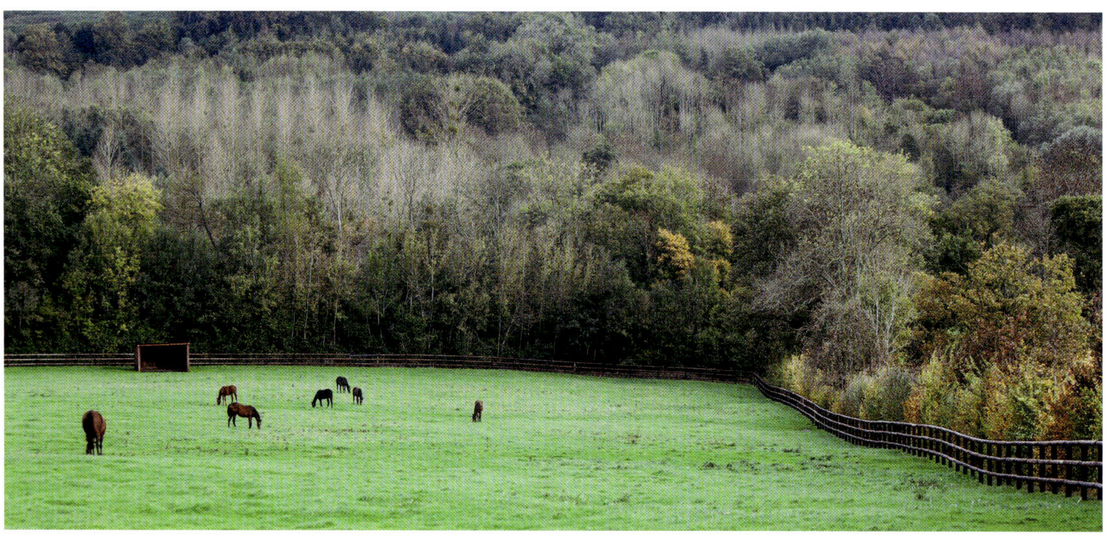

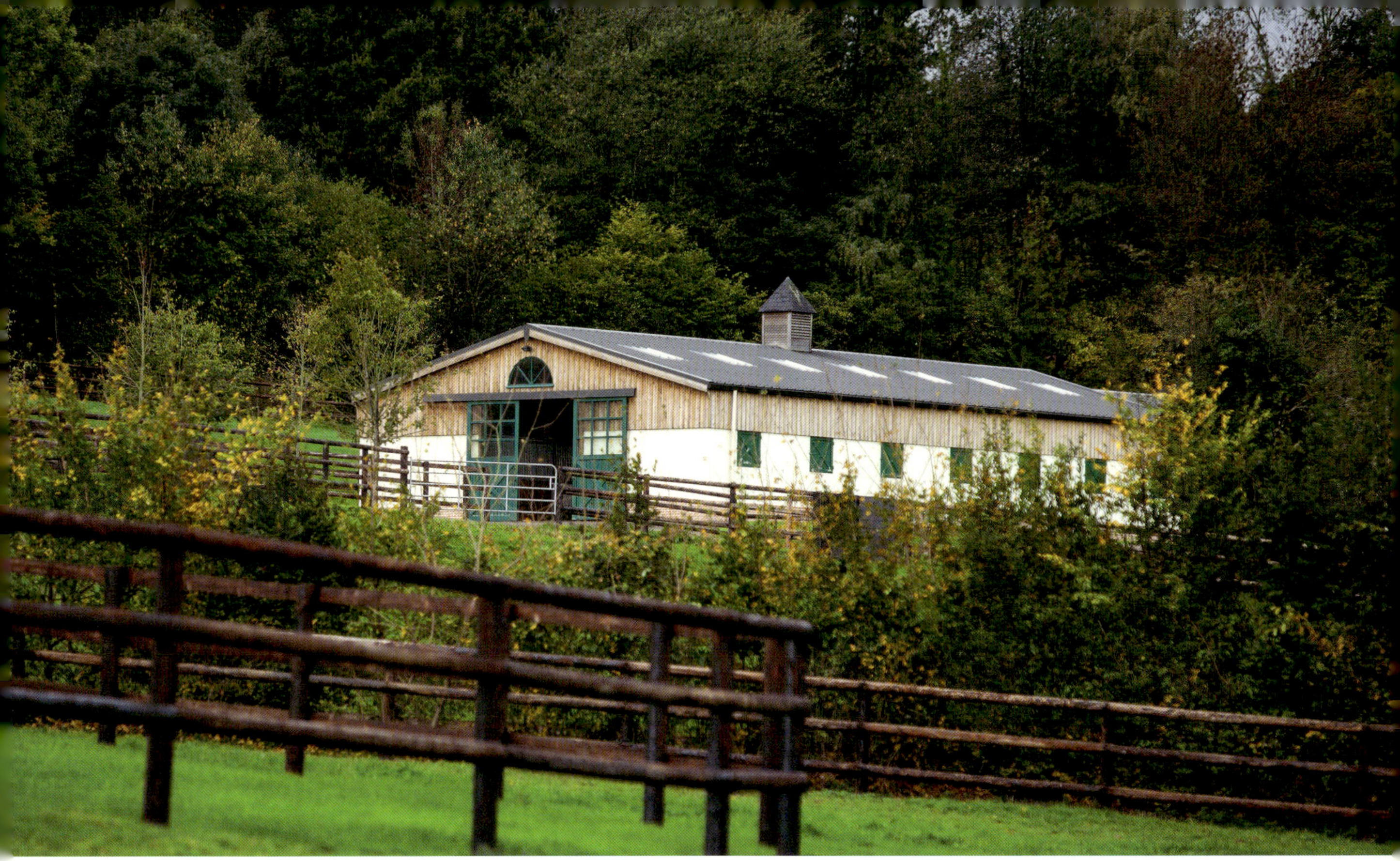

Deauville as a yearling. He was to bring him great satisfaction, notably when winning the Champion Stakes in England and when finishing second in the Prix du Jockey Club. 2007 was a great year from every perspective for Hervé Morin since this was also the year in which Nicolas Sarkozy called him to the Ministry of Defence. But back to the horses and the decisive investment that our man was soon to make on their behalf: the purchase of twenty hectares of pasture which was more or less abandoned in the municipality of Saint-Sylvestre-de-Cormeilles in the part of the Eure department which is still in the Pays d'Auge. This is where, in a place called La Vallée-Martigny where the Doult-Tourtel river flows, Hervé Morin chose to set up his stud farm, building twenty or so boxes whilst completely restoring the paddocks. Thanks to the sale of Literato he invested in fillies and mares, also benefitting from the friendship of the late Dr. Bousquet who was like him at the time an owner with Jean-Claude Rouget. The doctor gave him a leg up by giving him as a goodbye present the talented Chill, a Listed winner and Group placed mare who later became the dam of Childa. Together with Garrogorille and the excellent Altérité, a daughter of Literato who was second in the Saint-Alary before winning a Group I in the United States, Childa makes up the trio of best horses to be bred at La Vallée-Martigny, where ten or so mares now live. They also include the Classic filly Tamazirte whom Hervé Morin chose to keep, refusing a substantial offer. All these mares are supervised by Valérie Leudet and Élodie Jeanne who are both responsible for the home breeding operation. Aware that the current surface area is barely adequate, Hervé Morin is in the process of expanding with an additional twelve hectares. His fledgling stud is thus really flourishing in view of his growing success which already places him among the leading fifty breeders in France with just two crops of racing age.

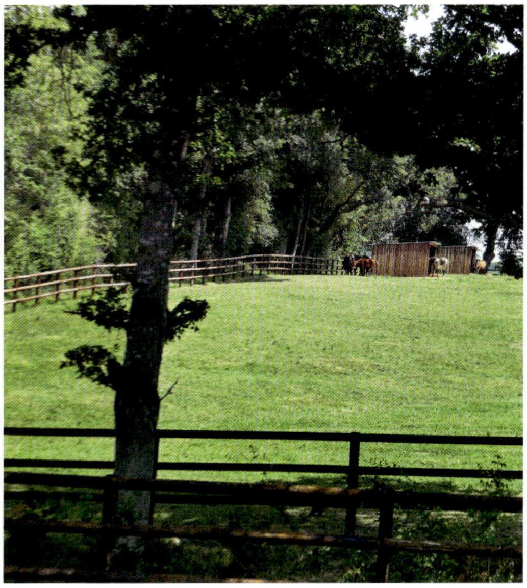

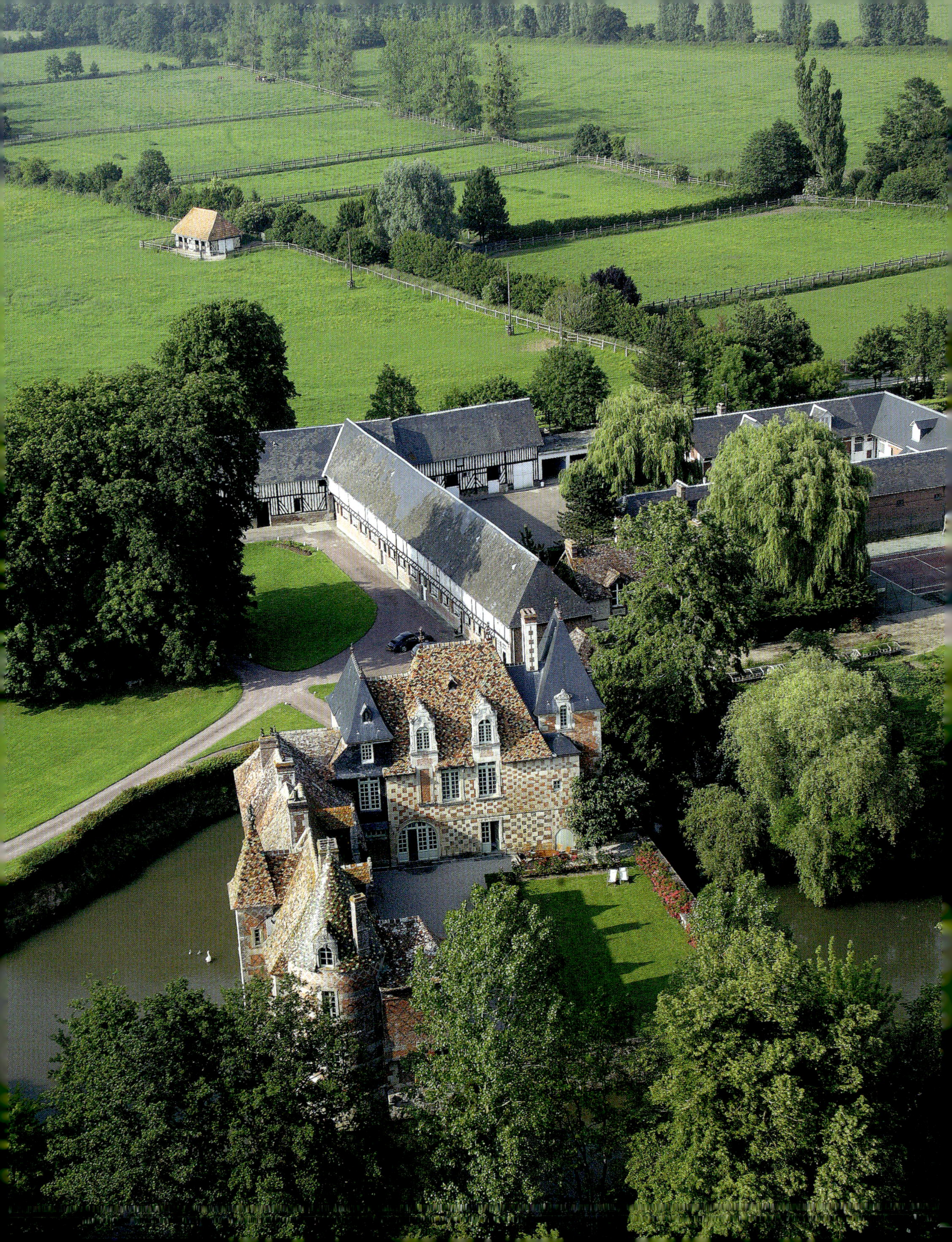

Victot

Victot est l'aîné des haras français. Indissociable du nom de la famille Aumont, qui l'acheta en 1798, il fournissait, en ce temps-là, en chevaux la Grande Armée de Napoléon. À l'origine, le domaine était vaste de six cent trente hectares. Le village où il est localisé est celui de Victot-Pontfol, que l'on trouve sur la route qui mène à Beuvron-en-Auge, puis à Dives-sur-Mer et à Cabourg. Celle-ci se situe sur la gauche, peu après le Carrefour-Saint-Jean, dès lors qu'on a pris la direction de Bonnebosq. Le haras est dans le village, l'allée menant au château étant face à l'église. Le site est magnifique. L'œil est tout de suite conquis. La partie la plus ancienne du château, entouré de douves, date de la Renaissance et, en l'occurrence, de 1574. Ce bâtiment est constitué, en alternance, de pierres et de briques vernissées, et il est assorti de deux tours d'époque. Jusqu'au milieu du dix-huitième siècle, d'autres constructions se sont greffées sur l'originelle, non sans contraster avec elle, mais en préservant une parfaite esthétique, que parachèvent les longues écuries formant la cour du haras, de l'autre coté de la pelouse. Et puis il y a les eaux de la Dorette qui arrosent et balisent la propriété, au point qu'on la comparât naguère à une petite Venise… Non seulement Victot est le plus ancien des haras français, mais n'est-il pas le plus beau ? À chacun sa réponse, selon sa propre sensibilité.

La superficie du haras a beaucoup diminué depuis les origines, puisqu'elle ne s'étend plus que sur cent trente hectares. Locataire, à compter de 1995, Roland Monnier, qui travailla, auparavant, aux côtés de Roland de Chambure, à Étreham, puis de Guy de Rothschild, à Meautry, y exploite une centaine d'hectares – les trente autres étant loués à l'entraîneur, Alexandre Fracas –, pour cent boxes. Cinq étalons et une cinquantaine de juments sont à domicile. À l'orée de la saison de monte 2014, les cinq étalons sont Alianthus, intéressante recrue allemande, Irish Wells, dont les premiers produits sauteurs s'annoncent bien, Kingsalsa, le plus chevronné du lot, My Risk, à la production mixte et éclectique, et Vatori, dont la progéniture est sérieuse. À Victot, Roland Monnier aura élevé beaucoup de bons chevaux, pour son compte ou pour celui de ses clients. Parmi eux, citons Berkoutchi, Blek, Blushing Risk, My Risk, Najaf, Nickname, No Risk at All, Pearl Sky ou encore Hippomène, qui a remporté, en cette fin d'exercice 2013, le Prix Cambacérès, la Grande Course de Haies des 3 Ans d'Auteuil, sous la selle du jockey vedette de la discipline du plat, Christophe Soumillon.

Dès la fin des années cinquante, il y eut des locataires à Victot. Le premier fut Daniel Wildenstein, le célèbre marchand de tableaux, alors en passe de développer considérablement l'activité hippique de son père, Georges, et qui s'adjoint un précieux collaborateur en Olivier Nicol, frais émoulu d'un stage effectué en Angleterre, au sein du prestigieux élevage de lord Derby. Le haras, quelque peu en stand-by depuis la guerre, se trouve ainsi relancé. Complété par une annexe pour les yearlings, au Haras de Verrières, à Lessard-et-le-

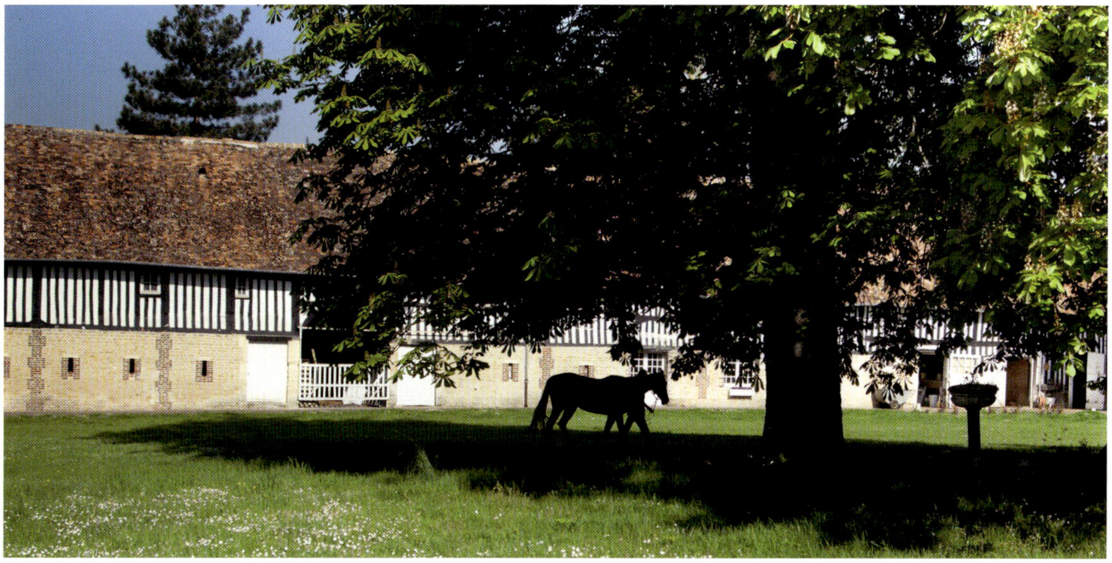

Chêne, il connaît une série de belles réussites, grâce à Félicio, Yélapa, Agujita, future mère d'All Along, lauréate du Prix de l'Arc de Triomphe, Sukawa et plusieurs autres. Fructueuse, la collaboration entre Daniel Wildenstein et Olivier Nicol s'arrêtera le jour où le premier cessera, temporairement, d'élever en France, tandis que le second s'installait à son compte, à Clarbec. Dès lors, Victot sera vide de chevaux quelques années durant, offrant ses pâtures aux seuls bovins. C'est un locataire américain, William du Pont de Nemours, attaché à la célèbre firme qui porte son patronyme et déjà éleveur dans le Kentucky, qui lui permettra de renouer avec les pur-sang, à partir de 1982. Le haras revit alors, animé par le dynamique Alain Brandebourger, qui en fera, en particulier, une importante station d'étalons. Plus tard, celle-ci sera transférée au Haras des Chartreux, pendant que Roland Monnier reprendra le flambeau à Victot.

Mais, durant plus d'un siècle, soit de 1838 à la deuxième guerre mondiale, les Aumont eux-mêmes régnèrent sur l'élevage des chevaux de course à Victot, d'Eugène, le premier à déclarer ses couleurs, à René, mort en 1962, en passant par Alexandre senior, frère d'Eugène, puis Paul et Alexandre junior. Cela porte à quatre le nombre de générations, au sein de la famille Aumont, à avoir élevé et fait courir des pur-sang. Il va de soi que ceux-ci se distinguèrent au plus haut niveau. Dès 1840, la pouliche Tontine remporte ainsi le Prix du Jockey Club. Sa victoire est cependant contestée par lord Seymour, qui estime qu'il y a eu substitution et qu'en lieu et place de la française Tontine a couru l'anglaise Herodia, d'un an son aînée. L'affaire, portée devant les tribunaux, fera grand bruit et ne sera jamais véritablement élucidée, le doute subsistant. Pendant ce temps, les élèves de Victot poursuivent leur moisson de succès, notamment dans les deux plus grandes courses du programme français de l'époque, le Prix du Jockey Club et le Prix de Diane. Le premier est gagné par Fitz Emilius, en 1845, Morok, en 1847, Porthos, en 1852, et Monarque, en 1855 ; le deuxième par Hervine, en 1851, Dame d'Honneur, en 1856, ou encore Mademoiselle de Chantilly, sous les couleurs du comte de Lagrange, en 1857. Parmi eux, Monarque deviendra l'un des plus grands étalons de l'élevage français, père, au premier chef, du crack Gladiateur, qui ouvrit le score de la France dans le Derby d'Epsom, en 1865. Plus tard, il y aura un deuxième Monarque, qui s'imposera, lui aussi, dans le Prix du Jockey Club, en 1887. Or, c'est précisément l'année des deux Monarque, en 1855 et, donc, en 1887, que les Aumont, Alexandre, puis son neveu, Paul, terminèrent en tête du classement des propriétaires. Sous

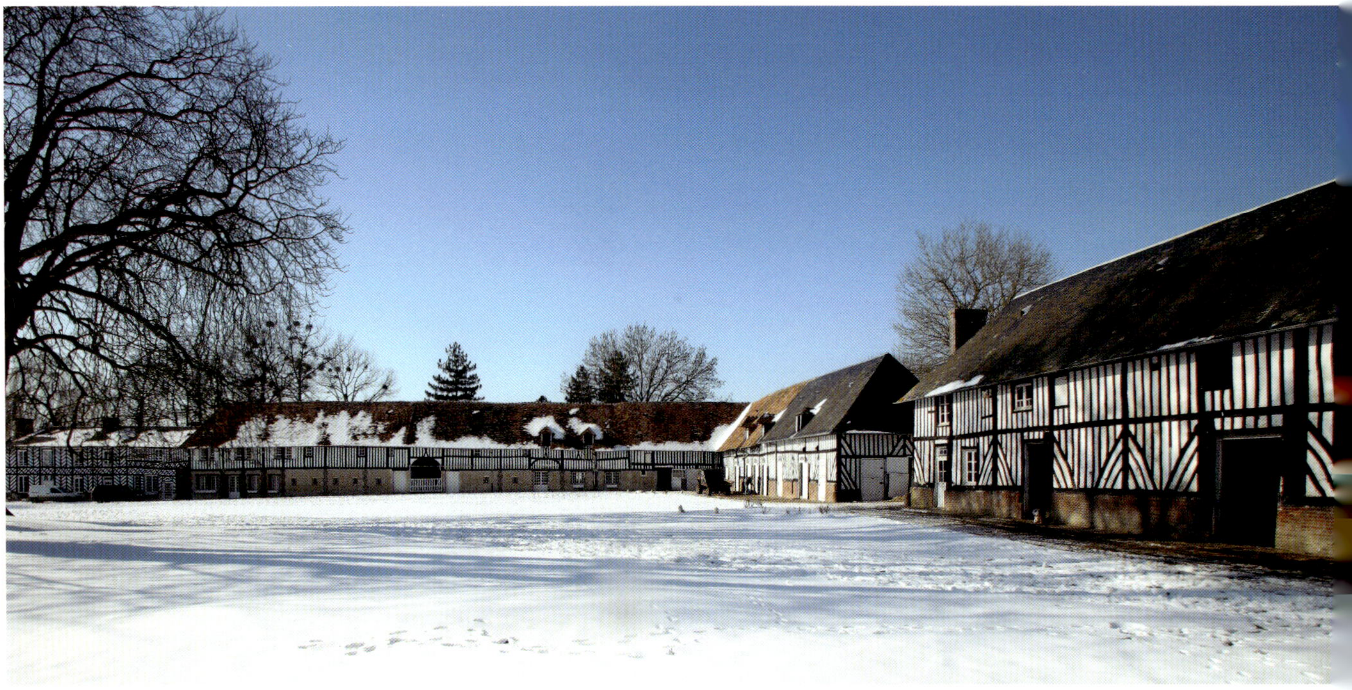

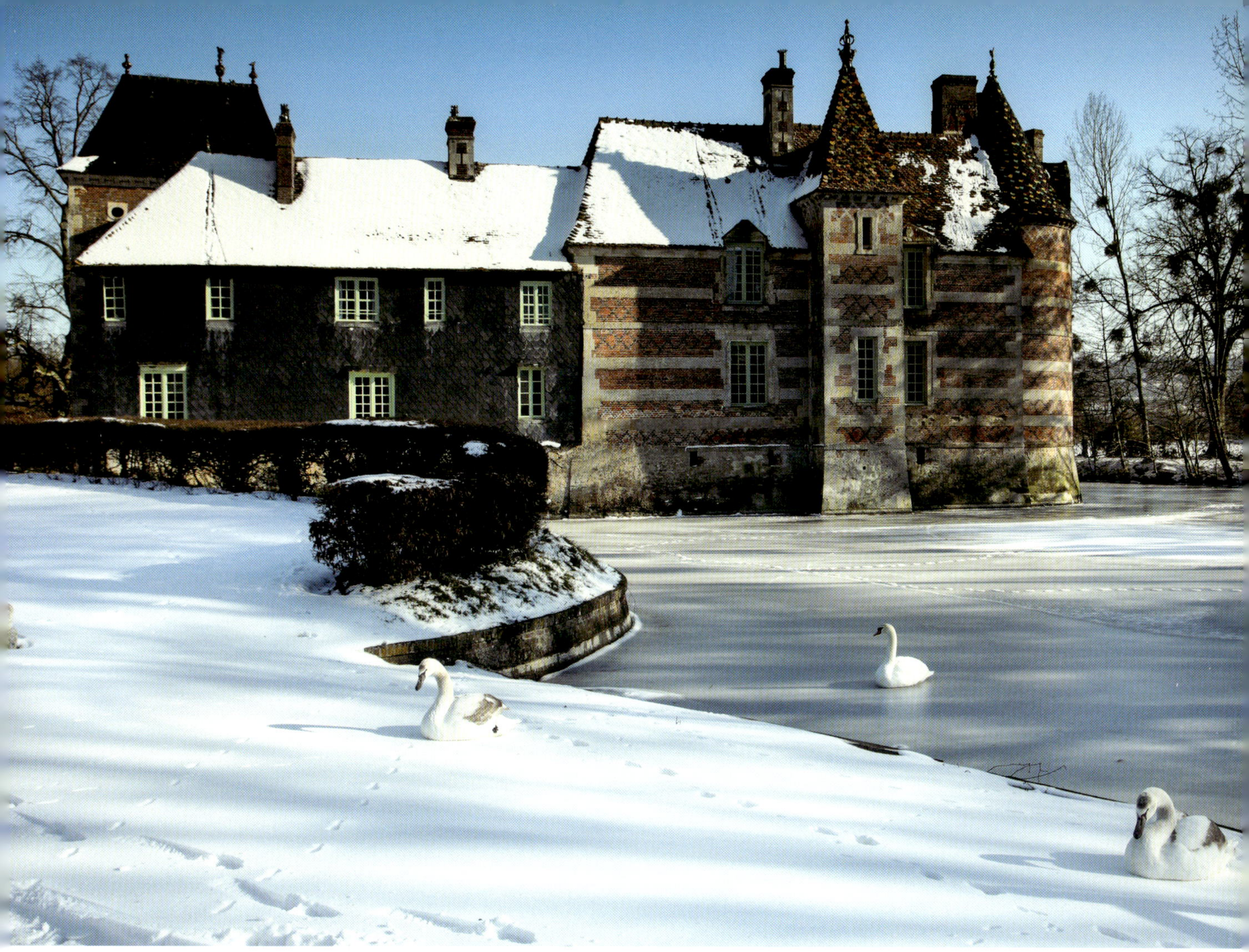

Alexandre junior, un autre vainqueur du Derby français se fera jour en Le Capucin, lauréat de l'édition 1923. Sans doute Victot avait-il alors, déjà, le meilleur de son histoire derrière lui ; pour autant, il lui restait encore quelques fort belles pages à écrire.

Victot is the oldest stud in France. Inseparable from the Aumont family name who bought it in 1798, at the time it used to provide horses for Napoléon's army. The estate was originally six hundred and thirty hectares in size. The village in which it is located is Victot-Pontfol and is found on the road which leads to Beuvron-en-Auge, then onto Dives-sur-Mer and Cabourg. It is located on the left hand side shortly after the Carrefour-Saint-Jean and soon after one has turned towards Bonnebosq. The stud is in the village, the path leading to the château is right opposite the church. The site is beautiful. Any onlooker is immediately won over. The oldest part of the château, surrounded by a moat, dates back to the Renaissance, in this case to precisely 1574. This building consists alternately of stone and varnished bricks and this is complemented by two round towers from that era. Until the mid-eighteenth century further extensions were grafted onto the original building, which are not without contrast but which maintain a perfect aesthetic that is rounded off by the long stableblock

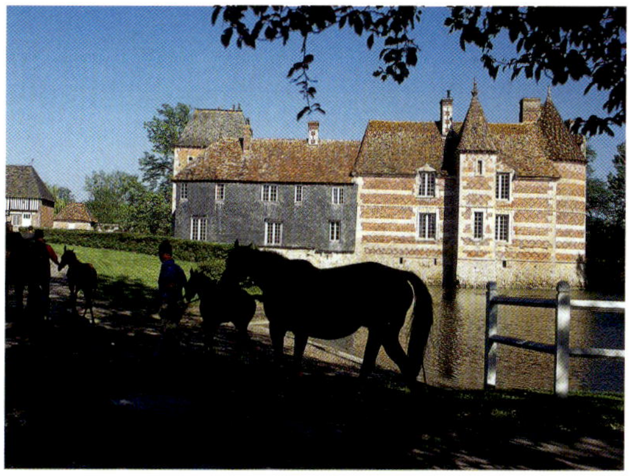

Victot

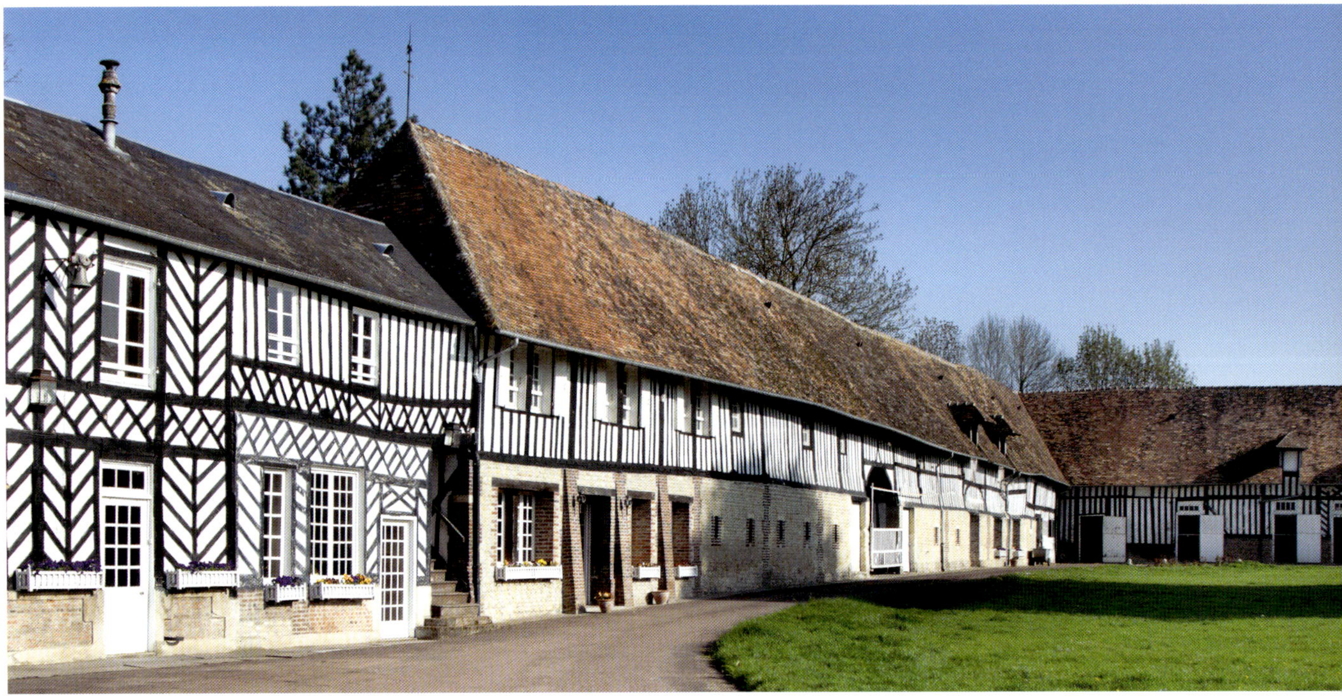

forming the stud's main yard on the other side of the lawn. Added to this are the waters of the Dorette river which feed and delineate the property to the extent that it was once compared to a little Venice… Not only is Victot the oldest stud in France, is it not also the most stunning? To each his own answer, according to his own taste.

The size of the stud has decreased significantly since its early days as it now only covers one hundred and thirty hectares. A tenant since 1995 Roland Monnier, who used to work alongside Roland de Chambure at Étreham and then Guy de Rothschild at Meautry, farms one hundred and thirty hectares – the other thirty being leased to trainer Alexandre Fracas – with one hundred boxes. Five stallions and fifty mares live on site. Coming up to the 2014 breeding season the five stallions are Alianthus, an interesting German recruit, Irish Wells, whose first offspring over jumps are looking promising, Kingsalsa, the most proven of the lot, My Risk, whose progeny is mixed and versatile and Vatori, whose stock looks serious. At Victot, Roland Monnier has bred a number of good horses for himself and on behalf of clients. Among the best are Berkoutchi, Blek, Blushing Risk, My Risk, Najaf, Nickname, No Risk at All, Pearl Sky and Hippomène, who won the Prix Cambacérès, three year old Champion Hurdle, at the end of 2013 under superstar flat jockey Christophe Soumillon.

Since the end of the fifties there have been tenants at Victot. The first was Daniel Wildenstein, the famous art dealer who was at the time significantly expanding the equine interests of his father Georges and availed himself of the precious collaboration of Olivier Nicol, fresh from an nternship in England with Lord Derby's prestigious breeding operation. The stud, somewhat on stand by since the war, was thus given a new lease of life. Complemented with an annex for yearlings at the Haras de Verrières in Lessard-et-le-Chêne, it experienced a series of good successes thanks to Félicio, Yélapa, Agujita, who later became the dam of Prix de l'Arc de Triomphe winner All Along, Sukawa and

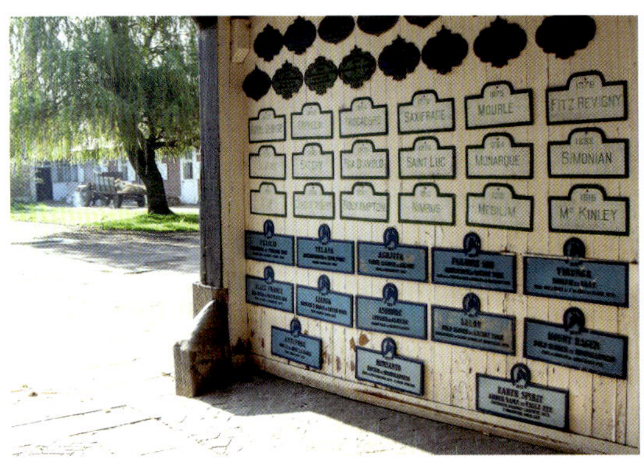

many others. Very fruitful, the partnership between Daniel Wildenstein and Olivier Nicol only came to an end the day the former temporarily gave up breeding in France, while the latter set up on his own account at Clarbec. As of then Victot was empty of horses for a few years, with only cattle grazing on its pastures. It was the American tenant, William du Pont de Nemours, linked to the famous firm which bears the same name and already a breeder in Kentucky, who allowed it to renew its links with thoroughbreds from 1982. The stud was then once again revived, run by the dynamic Alain Brandebourger, who above all turned it into a sizeable stallion station. Later this was transferred to the Haras des Chartreux while Roland Monnier took over the reins again at Victot.

But for more than a century from 1838 to the Second World War, the Aumonts themselves ruled over the breeding of racehorses at Victot from Eugène, the first to register his colours, René who died in 1962, via Alexandre senior who was Eugène's brother, to Paul and Alexandre junior. This brings the number of generations the Aumont family have bred and raced thoroughbreds for to four. It goes without saying that they made their mark at the highest level. In 1840 the filly Tontine won the Prix du Jockey Club. However her victory was challenged by Lord Seymour who claimed that she was substituted and that instead of the French filly Tontine, the English filly Herodia ran, who was her senior by one year. The case was brought before the courts, caused a huge furore and was never truly resolved, with doubt forever lingering. Meanwhile Victot homebreds continued their haul of success, particularly in the two biggest races of the French racing programme at the time, the Prix du Jockey Club and the Prix de Diane. The first was won by Fitz Emilius in 1845 Morok in 1847, Porthos in 1852 and Monarque in 1855, the second by Hervine in 1851, Dame d'Honneur in 1856, as well as Mademoiselle de Chantilly, in the colours of the Comte de Lagrange in 1857. Among them Monarque became one of the greatest stallions in French breeding, sire first and foremost of the champion Gladiateur, who opened France's account in the Epsom Derby in 1865. Later there was a second Monarque who also landed the Prix du Jockey Club in 1887. Yet it was precisely the two Monarque years in 1855 and 1887 that Alexandre and then his nephew Paul Aumont were leading owners. Under Alexandre Junior another French Derby winner emerged in the form of Le Capucin, winner of the 1923 edition. It is possible that by then Victot already had its best days behind it; for all that, some very beautiful pages in its history have yet to be written.

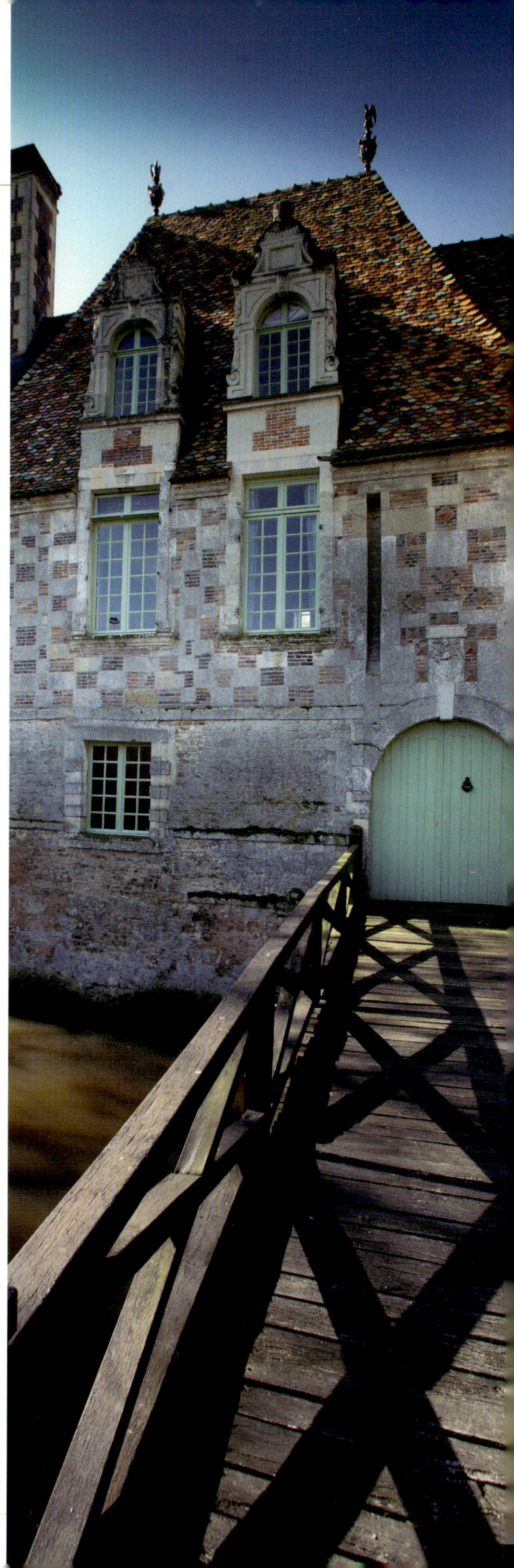

Vieux-Pont

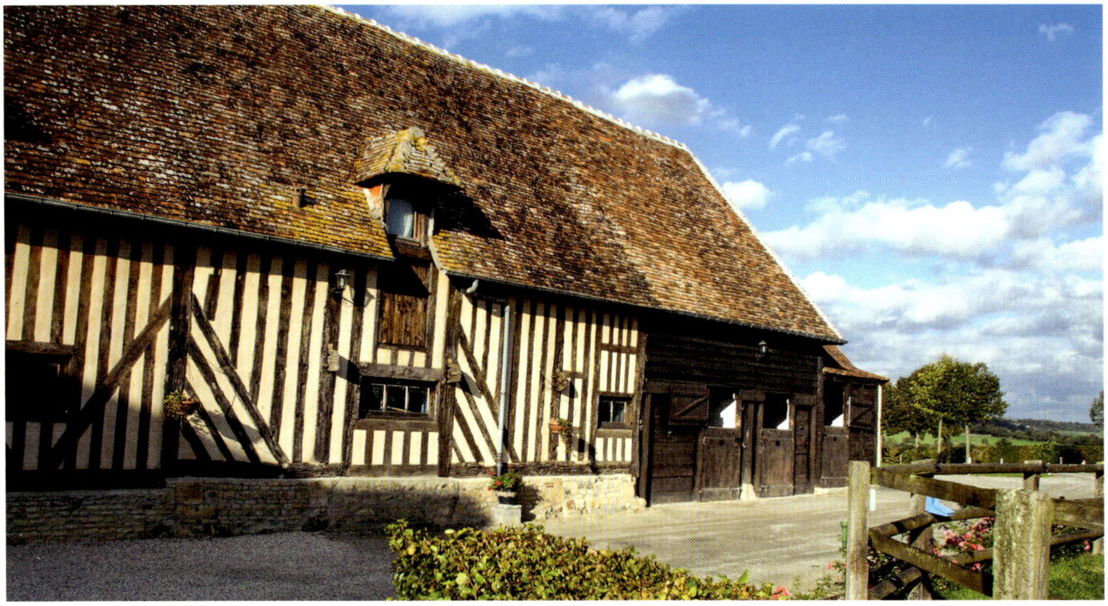

En vingt années d'existence, le Haras de Vieux-Pont, géré par Carina Klingberg-Hanson, compte plusieurs champions à son actif, à commencer par Pride, triple lauréate de Groupe I, à la faveur des Champion Stakes, du Grand Prix de Saint-Cloud et de la Hong Kong Cup, sans oublier son accessit d'honneur dans le Prix de l'Arc de Triomphe, en 2006. Et puis, en 2011, il y a eu Reliable Man, vainqueur du Prix du Jockey Club, et Colour Vision, qui s'est octroyé la Coupe d'Or d'Ascot. En 2013, Reliable Man a enlevé les Queen Elizabeth Stakes, autre Groupe I, en Australie, où Always Aloof s'était déjà illustré, au plus haut niveau, à la fin des années quatre-vingt-dix. Nous ne citons là que les principaux, ceux qui nous viennent sous la plume. On pourrait, en effet, en mentionner davantage, y compris en obstacle. Il est vrai que le Haras de Vieux-Pont n'a qu'une ambition, depuis sa création, celle d'élever des chevaux de courses capables de briller dans les meilleures compétitions internationales ; or, il y parvient, dans les plus intéressantes proportions.

Ancienne ferme laitière, transformée en haras, Vieux-Pont est un fort bel endroit. La demeure principale, datant du dix-huitième siècle, à colombages, est un édifice typique du Pays d'Auge et des fermes qui le peuplent. Elle est, en outre, centrale sur l'exploitation, ce qui fait que l'on y a vue sur les herbages. Ceux-ci s'étendent sur quatre-vingt-six hectares de terres vallonnées. Les parcelles sont délibérément grandes – jusqu'à dix hectares – et l'herbe y est riche et neuve, les chevaux n'y ayant fait leur apparition qu'en 1992, date de l'éta-

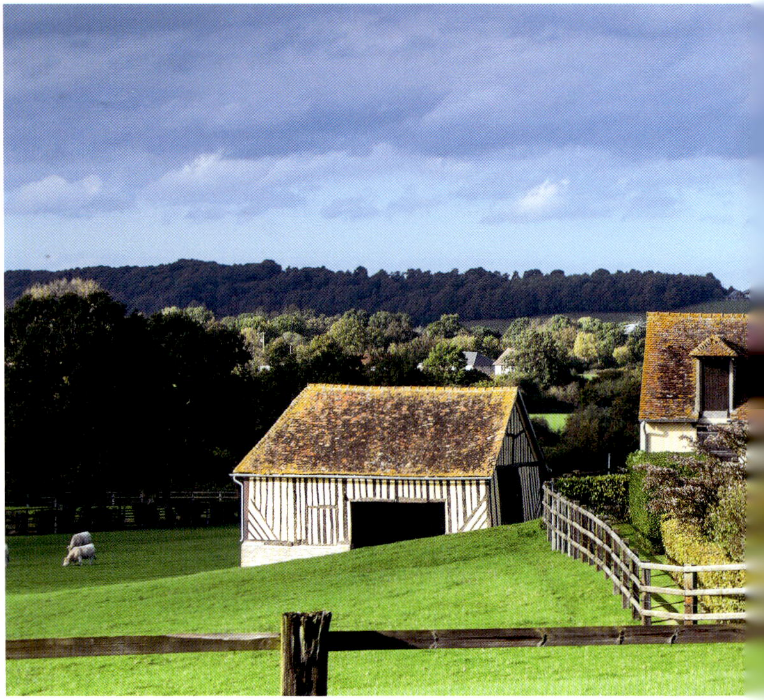

blissement du haras. Il faut ajouter, à ce sujet, que la plupart des juments sont saillies à l'étranger et s'en vont au printemps, ne revenant que quelques mois plus tard. Les prairies en sont soulagées d'autant et se reposent à tour de rôle. Dans le même souci d'un élevage plutôt extensif qu'intensif, il est pris soin de ne pas laisser le nombre de poulinières augmenter par trop ; aussi ne dépasse-t-il guère la vingtaine. Parmi elles, il y a Pride et sa mère, Specificity. Longtemps, aussi, il y eut Fair Salinia, jument de cœur de Sven Hanson, l'époux de Carina, qui l'acheta, yearling, et auquel elle offrit le triplé des Oaks d'Epsom, du Curragh et de York. C'était en 1978. Trente-trois ans plus tard, son petit-fils, Reliable Man, gagnait le Prix du Jockey-Club et promouvait encore un peu plus Vieux-Pont, décidément marqué de l'empreinte de la glorieuse ancêtre, qui y avait terminé ses jours, paisiblement, quelques années plus tôt, en 2004, à l'âge vénérable de 29 ans, après avoir été à l'origine de sa création et de l'aventure hippique de son propriétaire et de la compagne de celui-ci.

Vieux-Pont, c'est encore quarante-deux boxes, se répartissant sur quatre unités, un vaste manège couvert, un marcheur et une piste d'entraînement, longue de près de mille mètres. Essentiellement étrangère, la clientèle est peu nombreuse, mais de qualité. Les produits du haras courent un peu partout dans le monde, en France, en Angleterre, en Australie, en Argentine… On n'achèvera pas ce périple sans souligner que le voisinage est prestigieux, puisque, non loin, au Mesnil-Mauger, sont les haras de Son Altesse l'Aga Khan, Bonneval et Saint-Crespin. Là, nous sommes à Vieux-Pont-en-Auge, dont le site a tiré son nom. Le département est, bien sûr, celui du Calvados, si bien représenté dans ces pages.

In twenty years of existence the Haras de Vieux-Pont, managed by Carina Klingberg-Hanson, already has several champions to his credit starting with Pride, triple Group I winner of the Champion Stakes, Grand Prix de Saint-Cloud and the Hong Kong Cup, not to mention her second place in the Prix de l'Arc de Triomphe in 2006. Then in 2011 came Reliable Man, winner of the Prix du Jockey Club and Colour Vision who landed the Ascot Gold Cup. In 2013 Reliable Man took the Queen Elizabeth Stakes, another Group I, in Australia, where Always Aloof had already made his mark at the highest level at the end of the

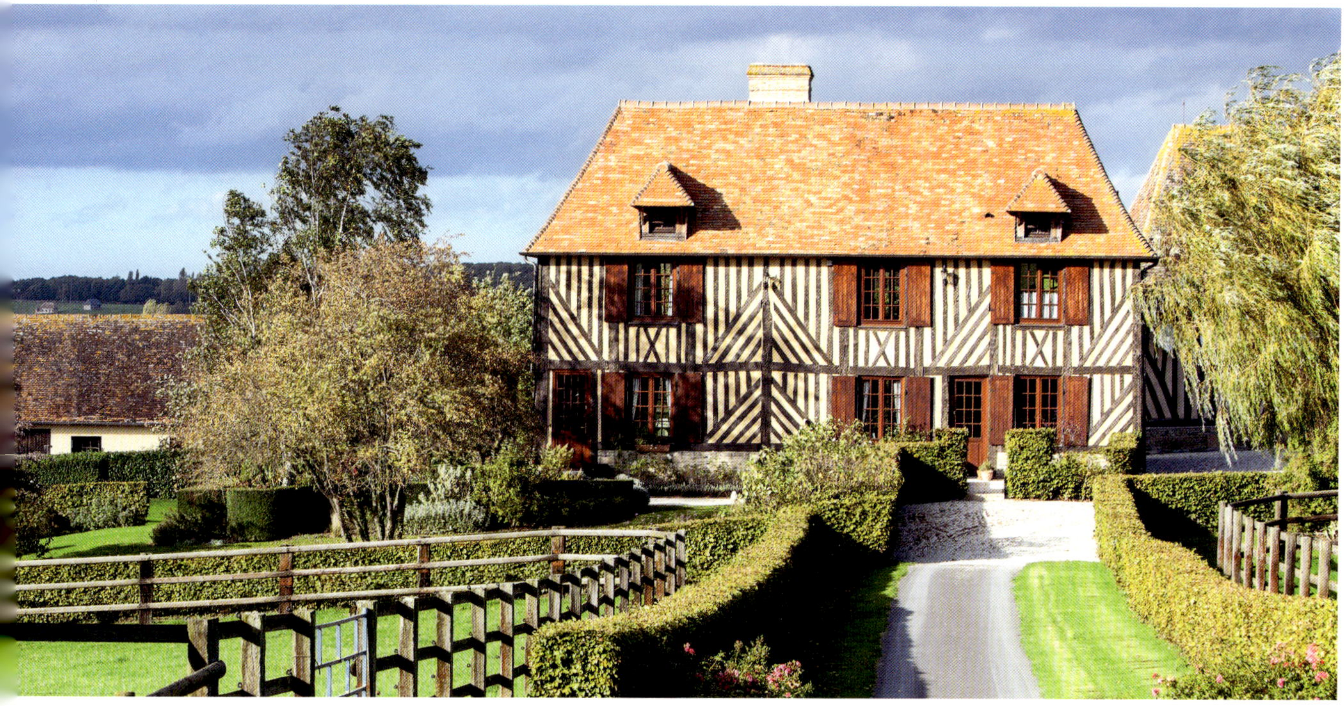

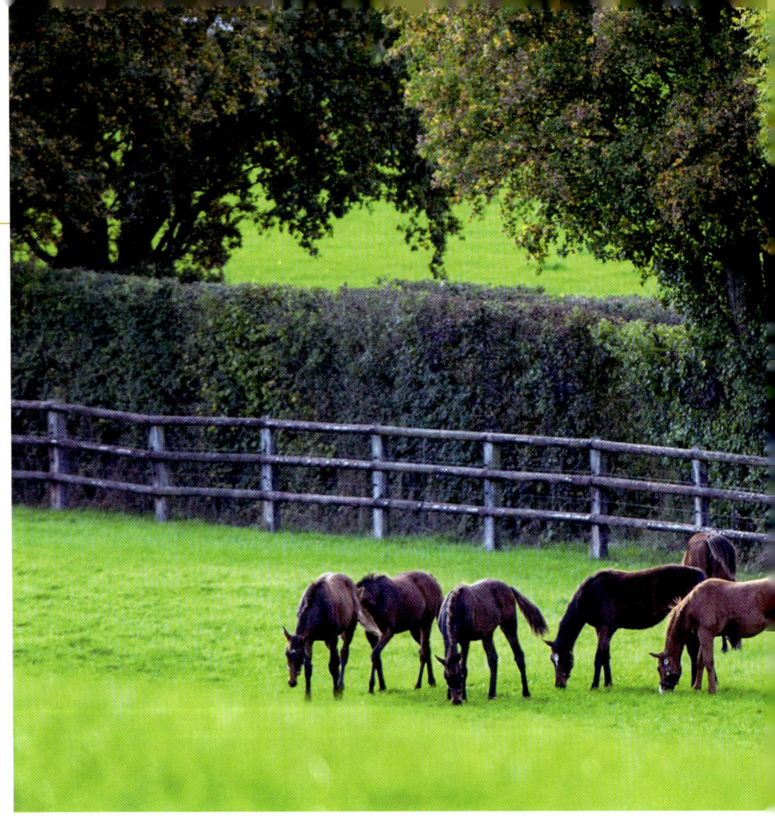

nineties. Here are mentioned only the main ones, those who spring to mind immediately. One could in fact mention many more, including over jumps. It has to be said that the Haras du Vieux-Pont has had only one ambition since its creation and that is to breed racehorses which are capable of winning the best international races; which it has already achieved and with considerable success.

A former dairy farm which has been transformed into a stud, Vieux-Pont is a very beautiful place. The main house which dates back to the eighteenth century is a half timbered building typical of the Pays d'Auge and the farms which populate it. It is also central to the operation which means it has views over the pastures. These extend to eighty-six hectares of rolling fields. The paddocks are deliberately large – up to ten hectares – and the grass there is rich and new as horses only made their first appearance in 1992 when the stud was first established. On that note, it is also worth adding that most mares are covered abroad and go away in the spring, only returning a few months later. The paddocks therefore all get a break and are rested in turn. In the same spirit of running an extensive rather than intensive operation, care is taken not to let the number of mares increase too much; as a result they rarely exceed twenty. Among them are Pride and her dam Specificity. For a long time there was also Fair Salinia, a mare who means so much to Sven Hanson, Carina's husband, having bought her as a yearling and who then went on to complete the Epsom Oaks, Irish Oaks and Yorkshire Oaks treble. That was in 1978. Thirty-three years later her grandson Reliable Man won the Prix du Jockey Club, proving another great advertisement for Vieux-Pont and undoubtably stamped with the seal of his glorious ancestor who finished her days there peacefully a few years earlier in 2004 at the

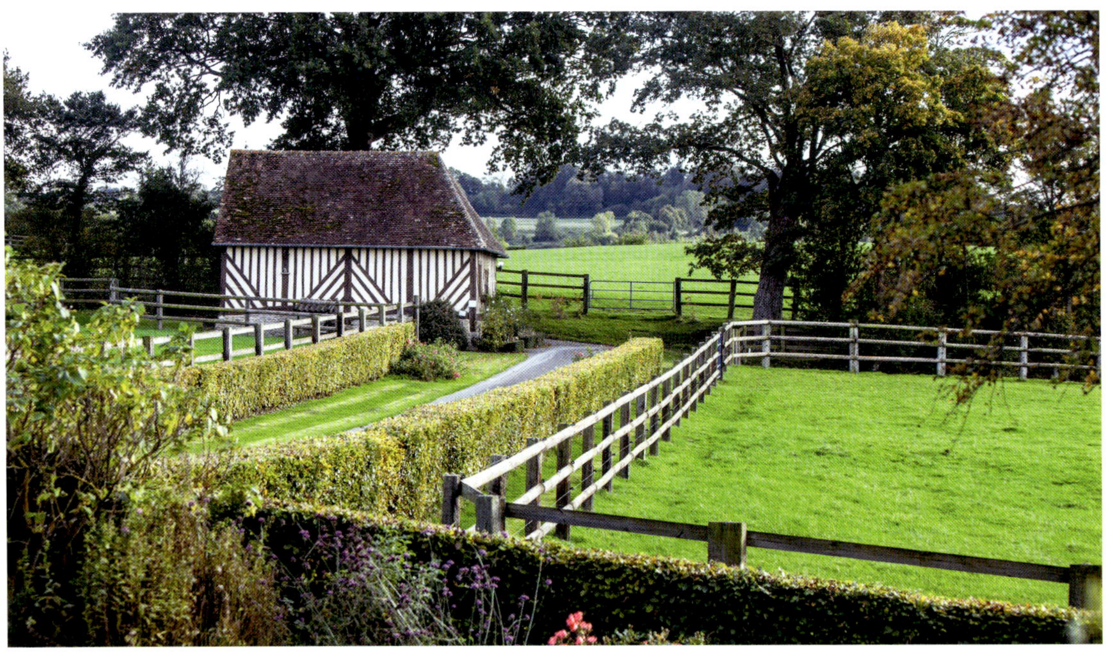

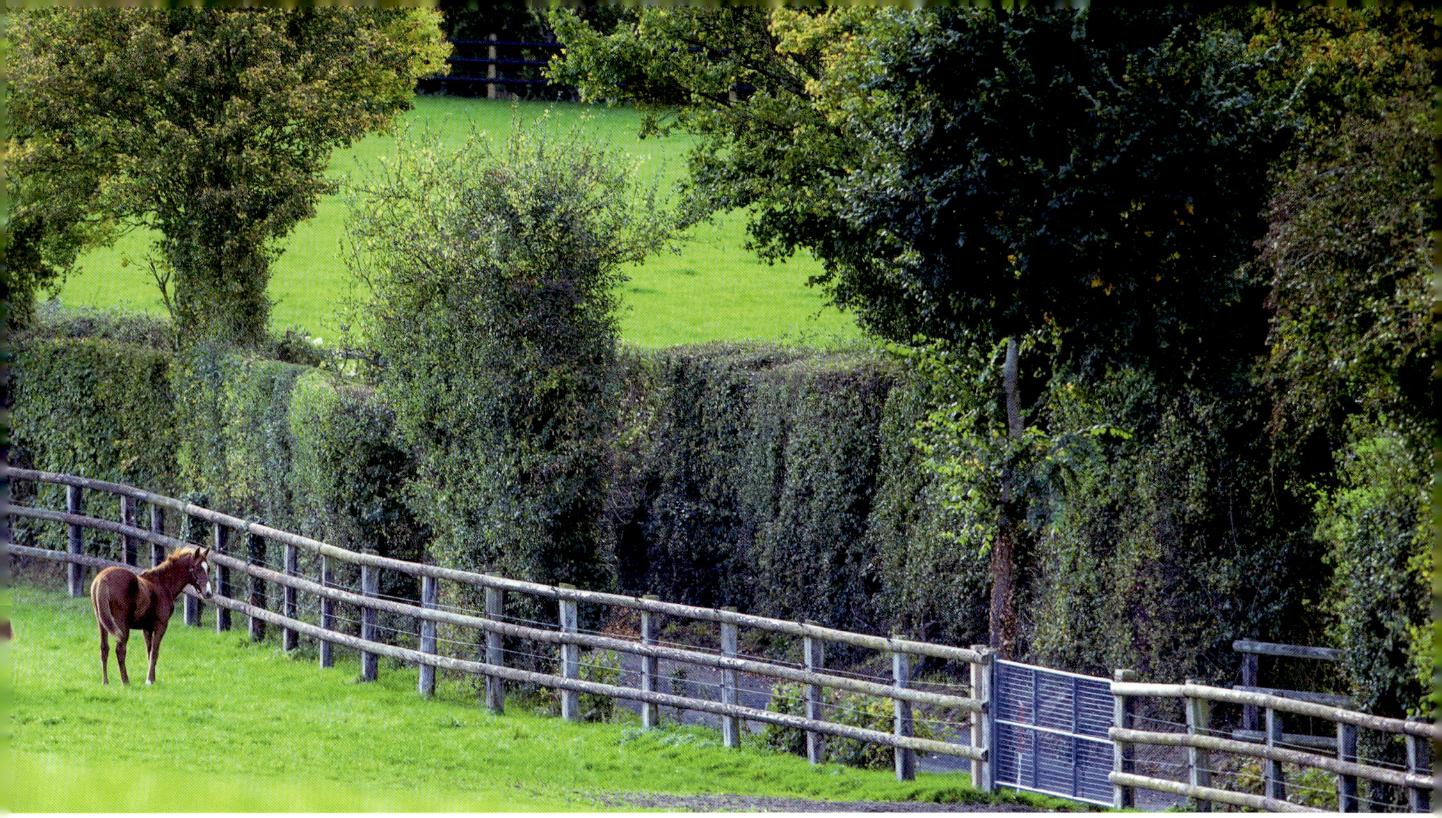

ripe old age of 29, having been responsible for its creation and for the equine adventure of her owner and his companion.

Vieux-Pont is also a property with forty-two boxes divided in four yards, a large indoor ride, a walker and a one housand metre training track. The client base is mainly foreign and small but of high quality. The stud's offspring run all over the world including France, England, Australia, Argentina... One cannot conclude without adding that the neighborhood is very prestigious with nearby at Le Mesnil-Mauger His Highness The Aga Khan studs Bonneval and Saint-Crespin. This stud is in Vieux-Pont-en-Auge from which town the site has derived its name. The department is of course that of Calvados which is so well represented in these pages.

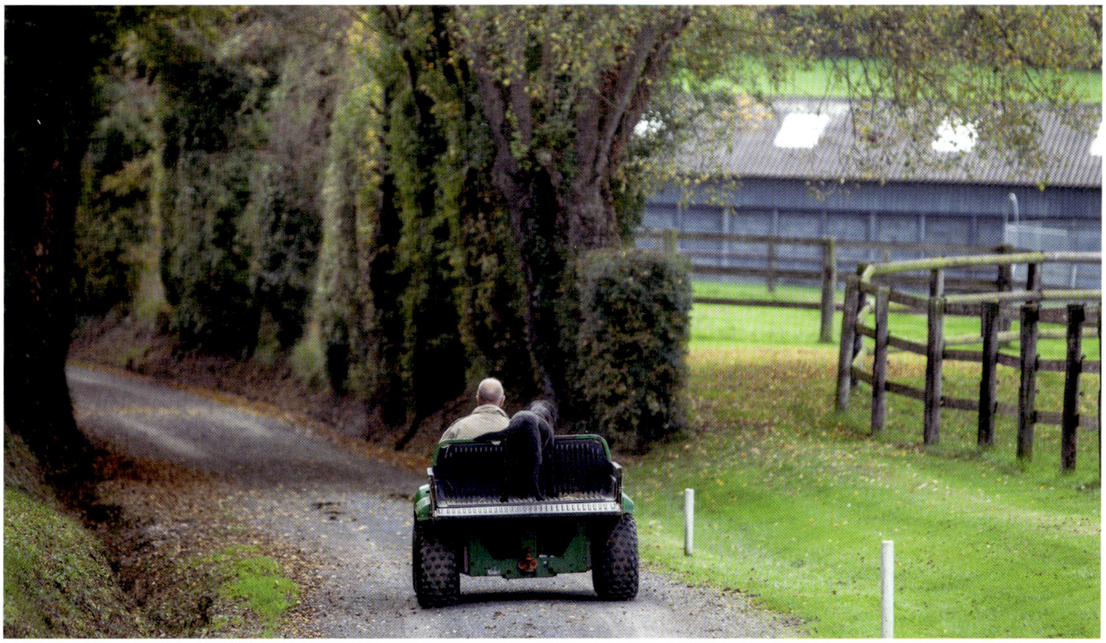

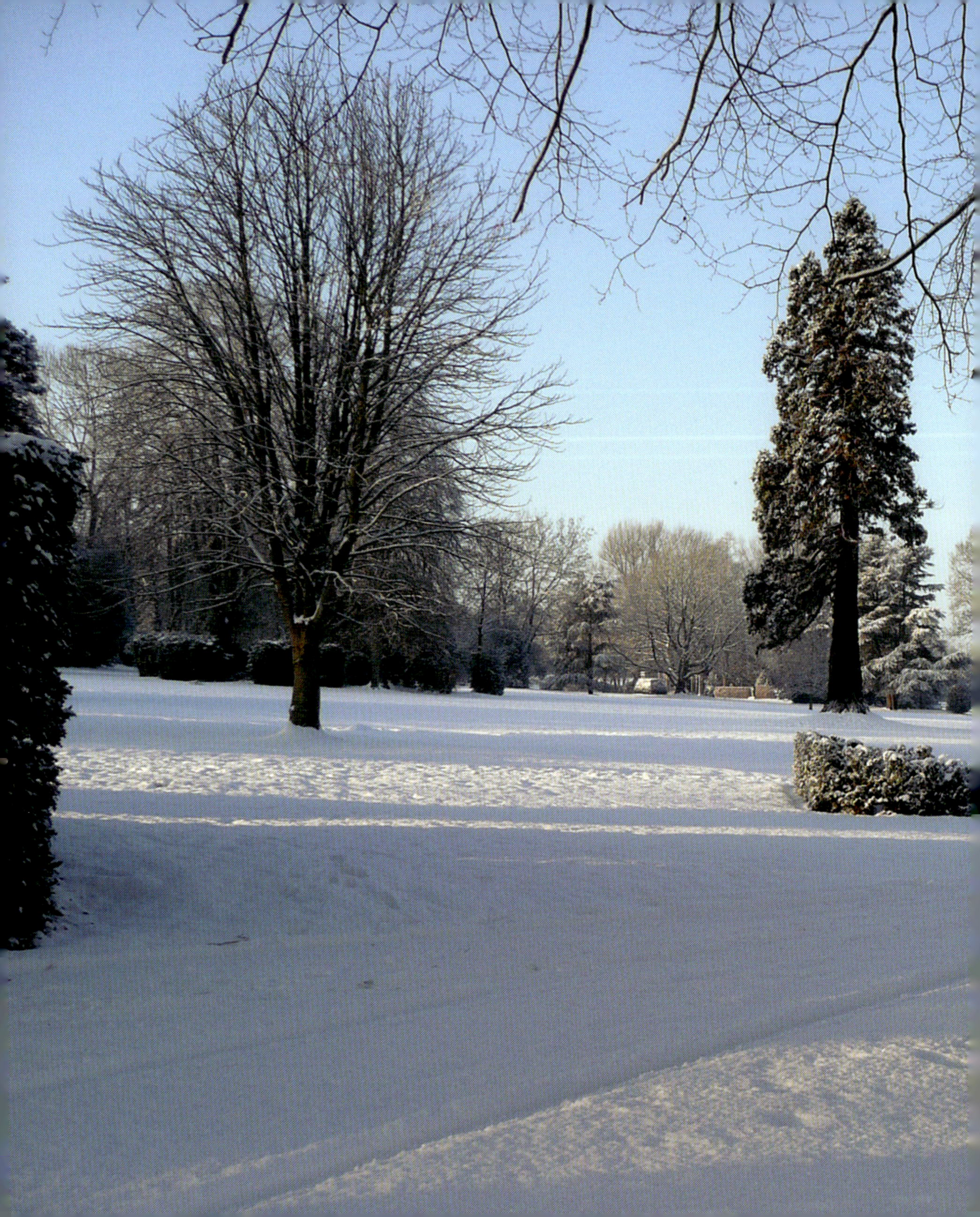

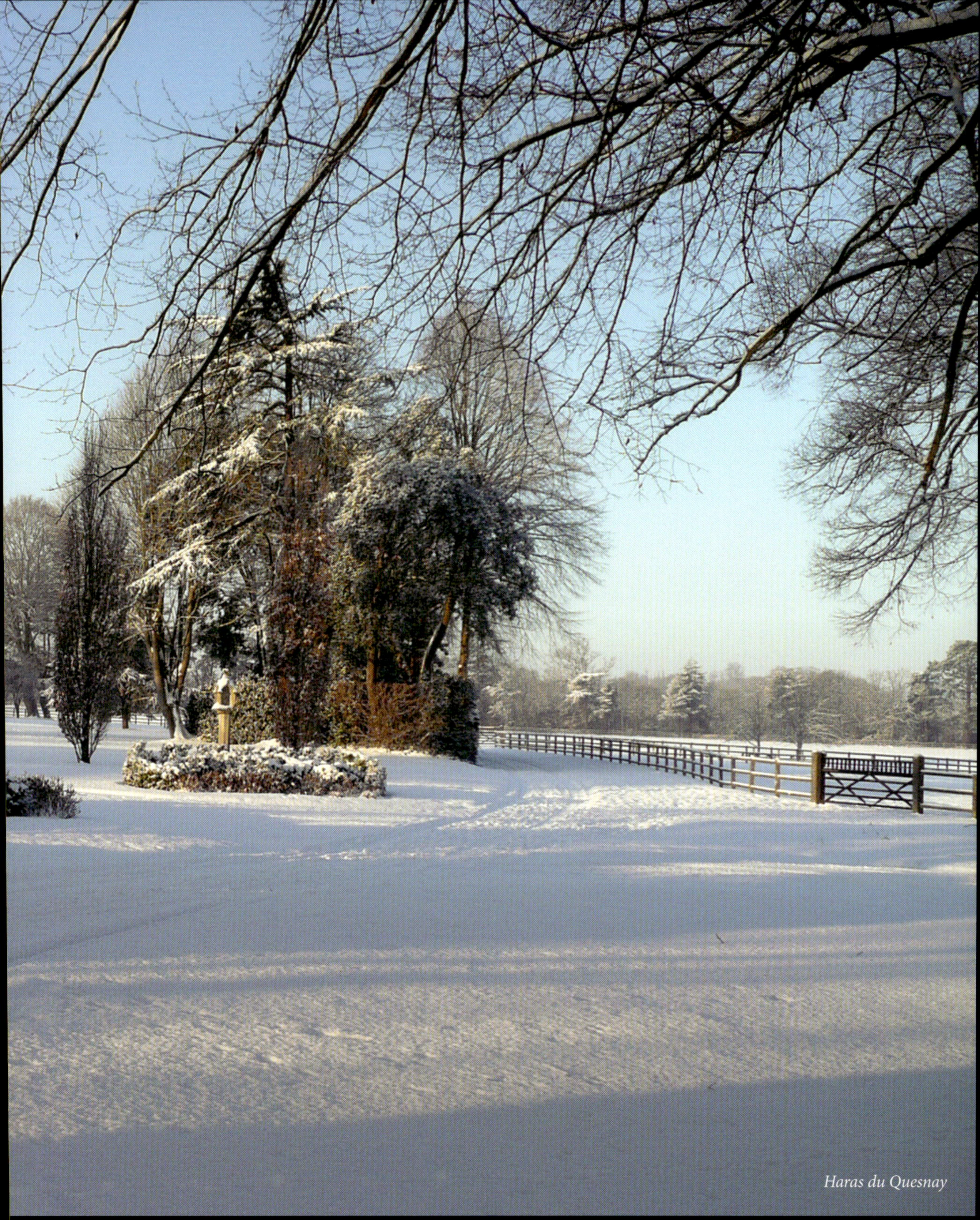
Haras du Quesnay

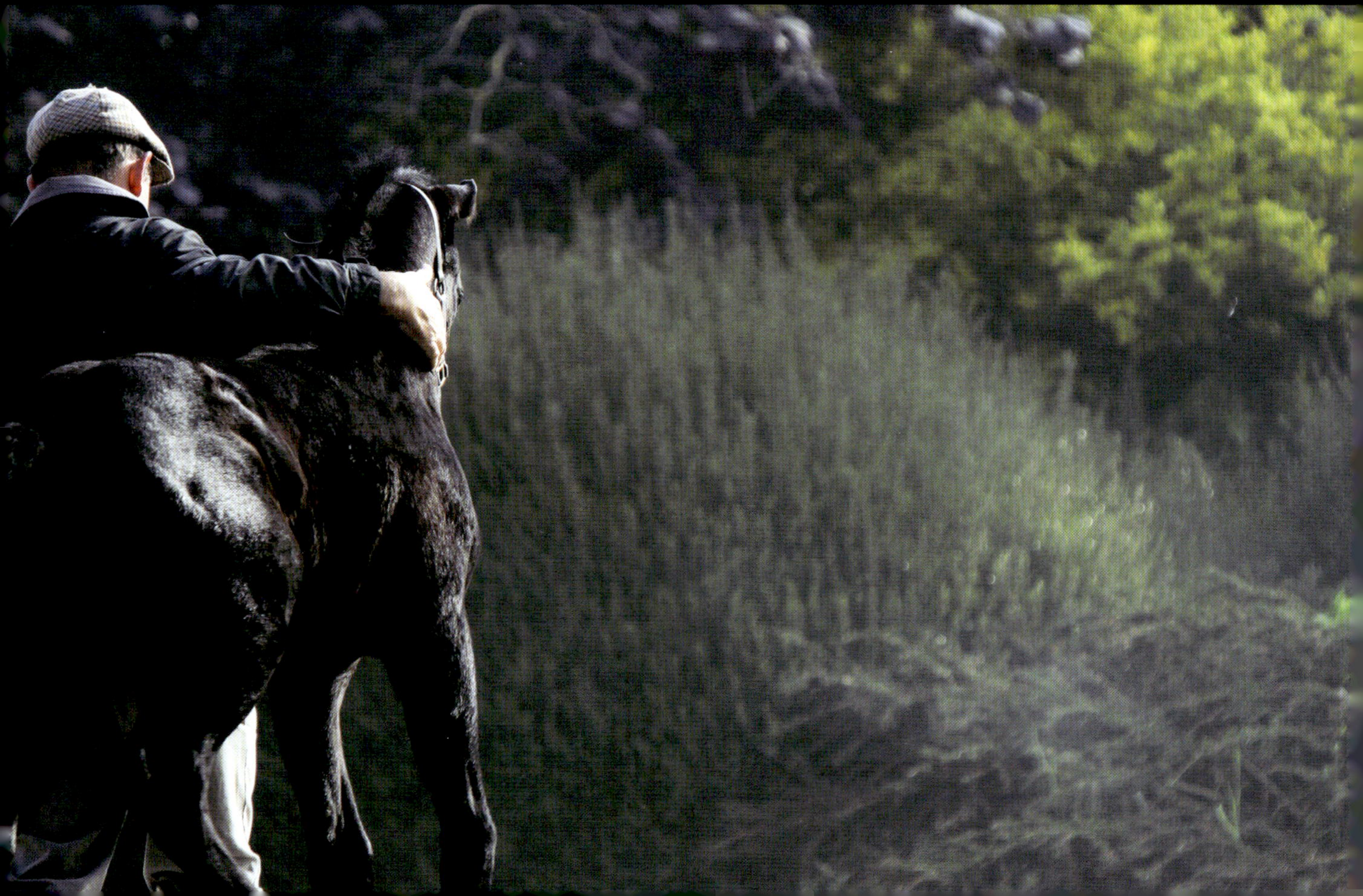

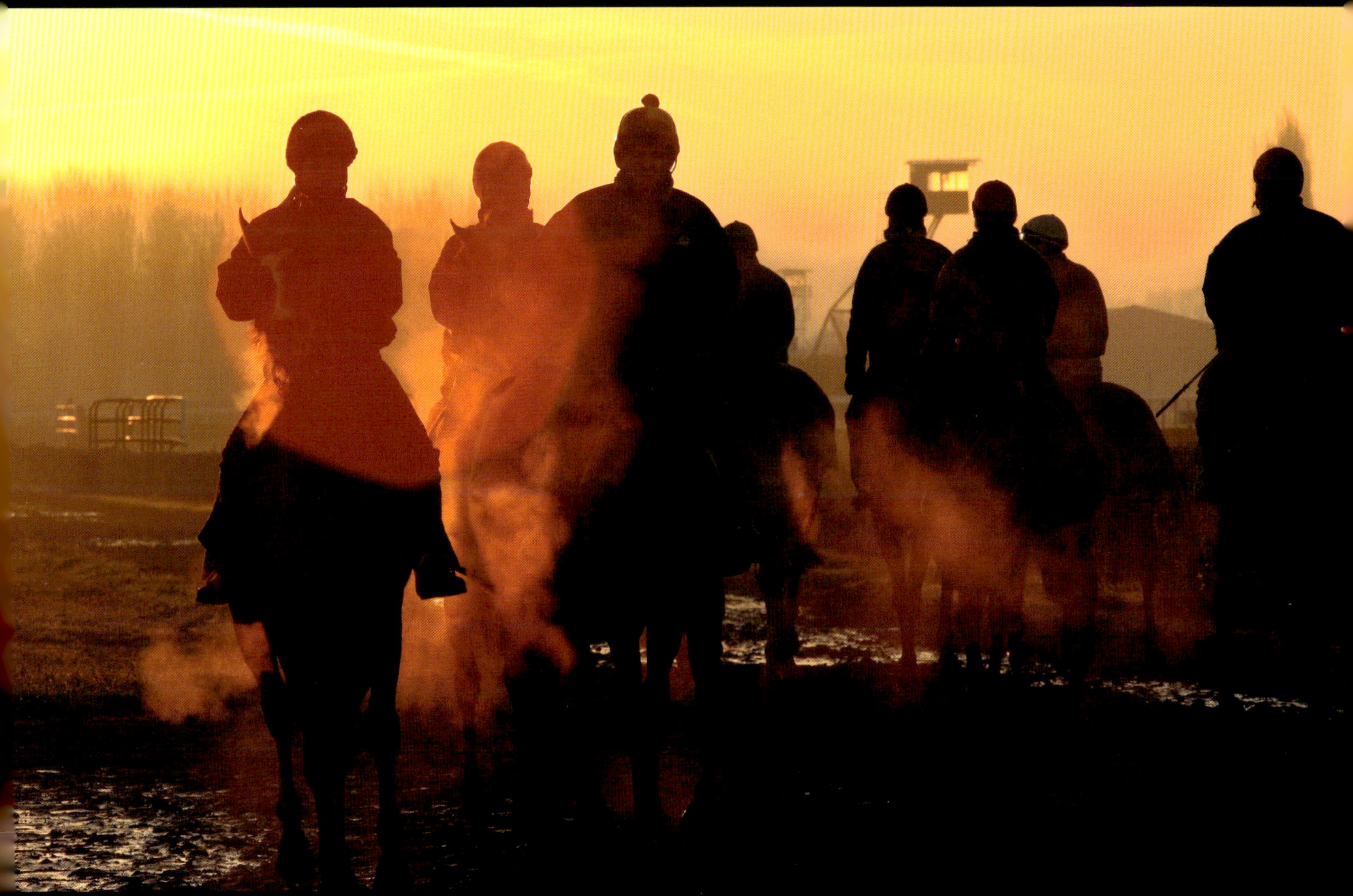

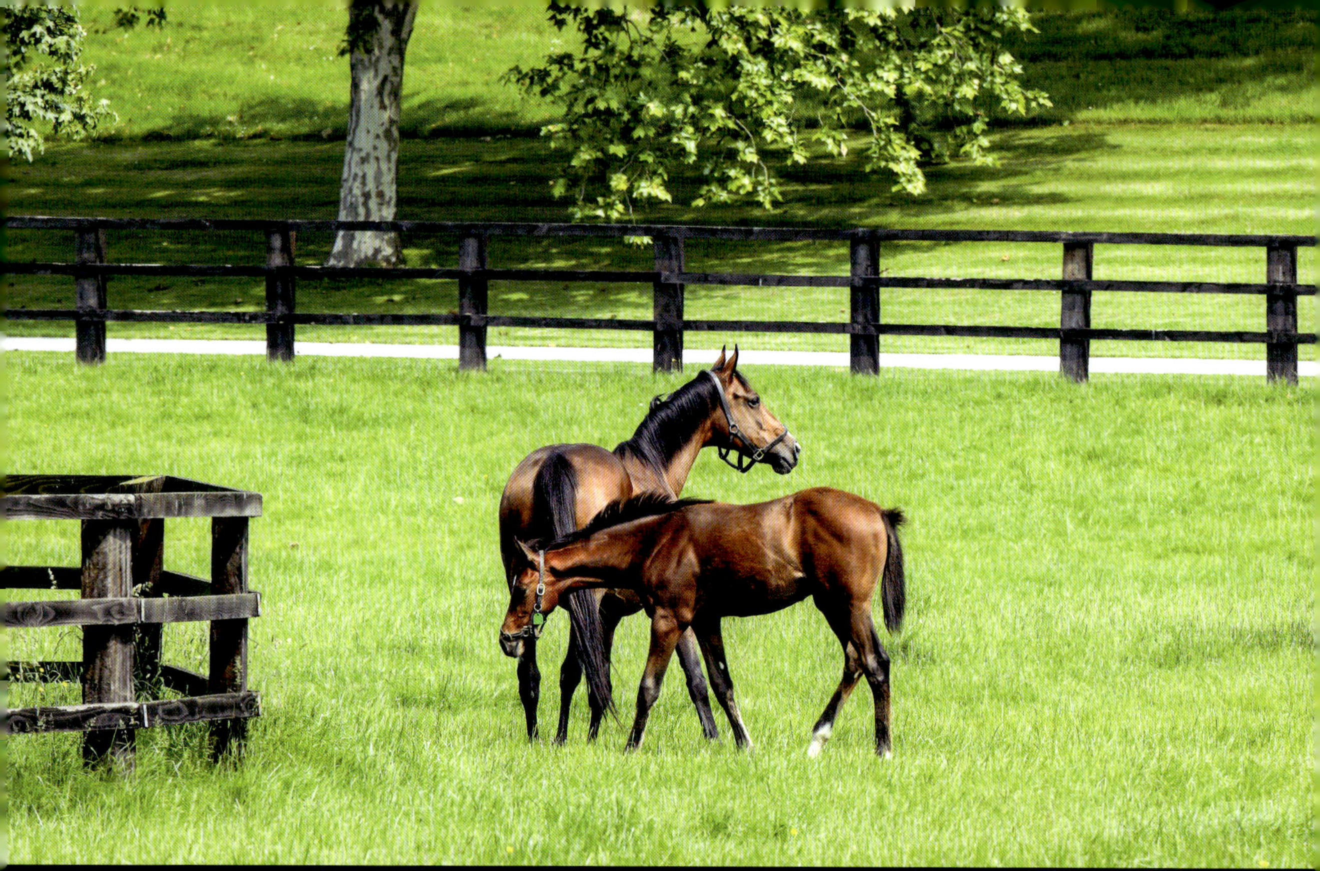
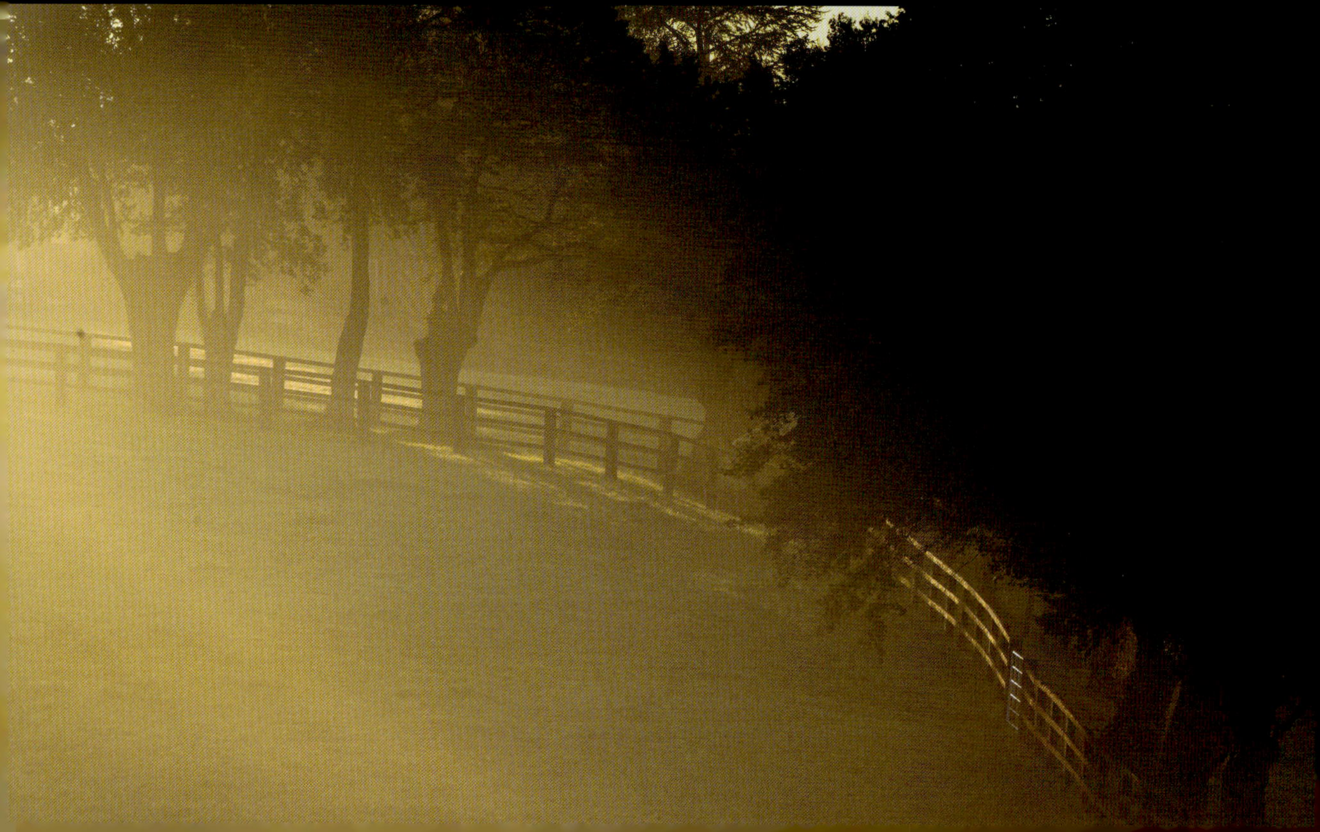

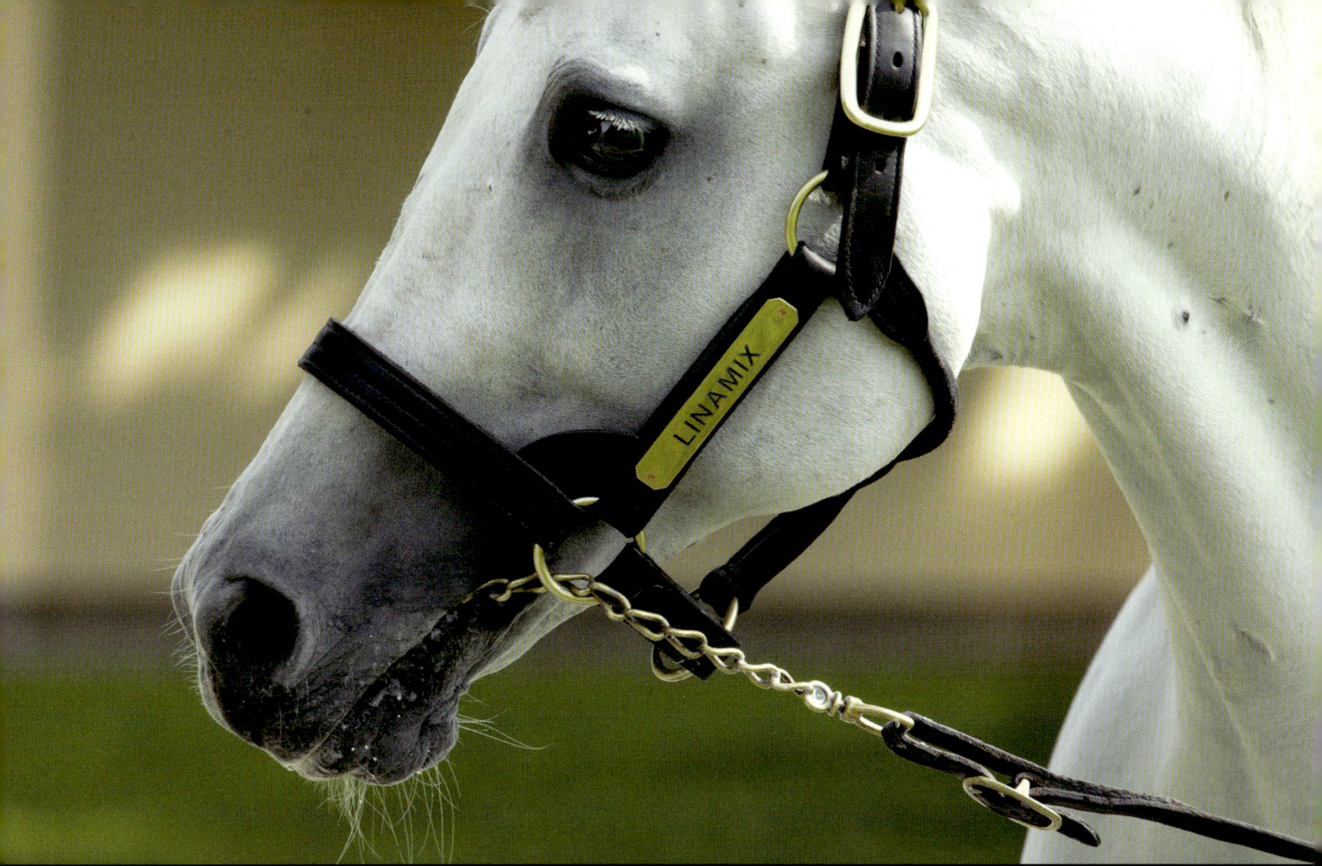
LINAMIX

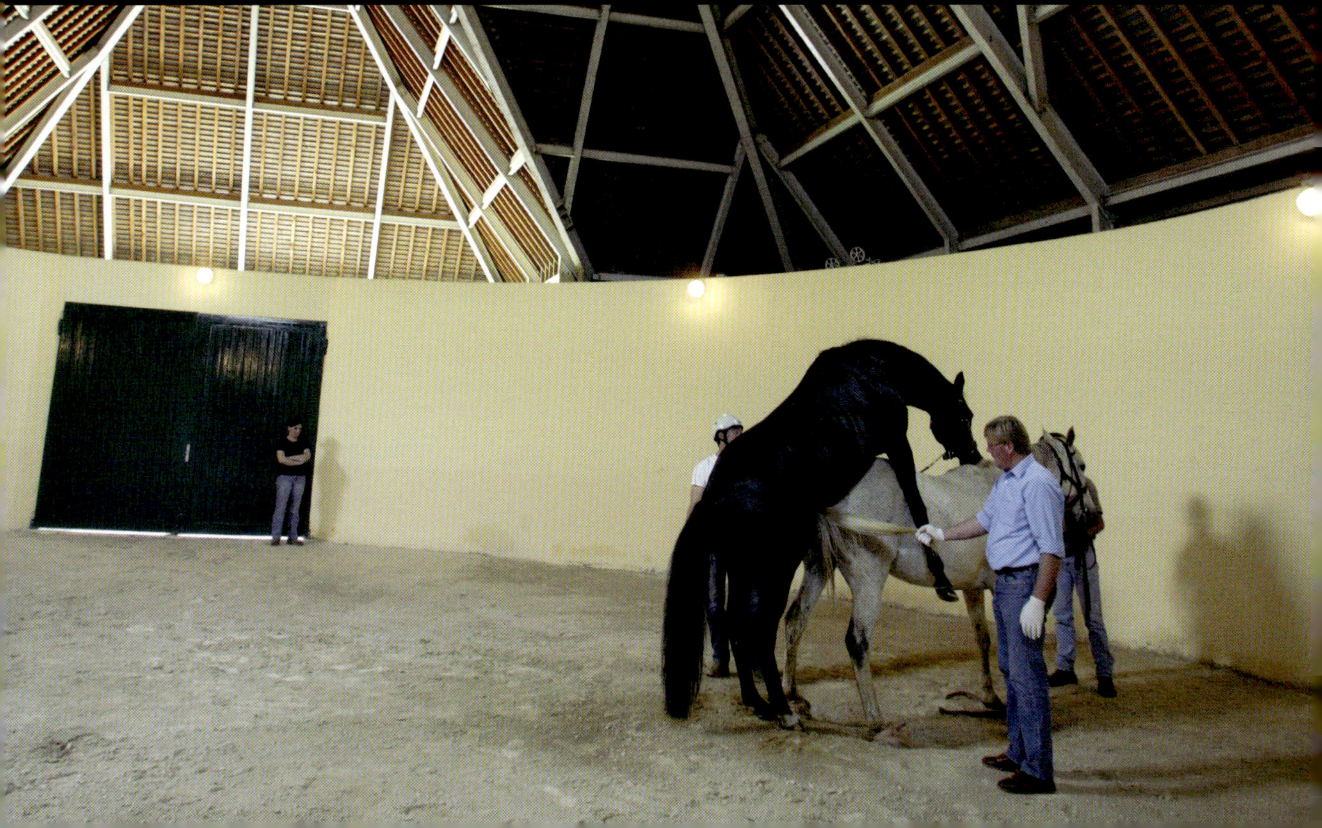

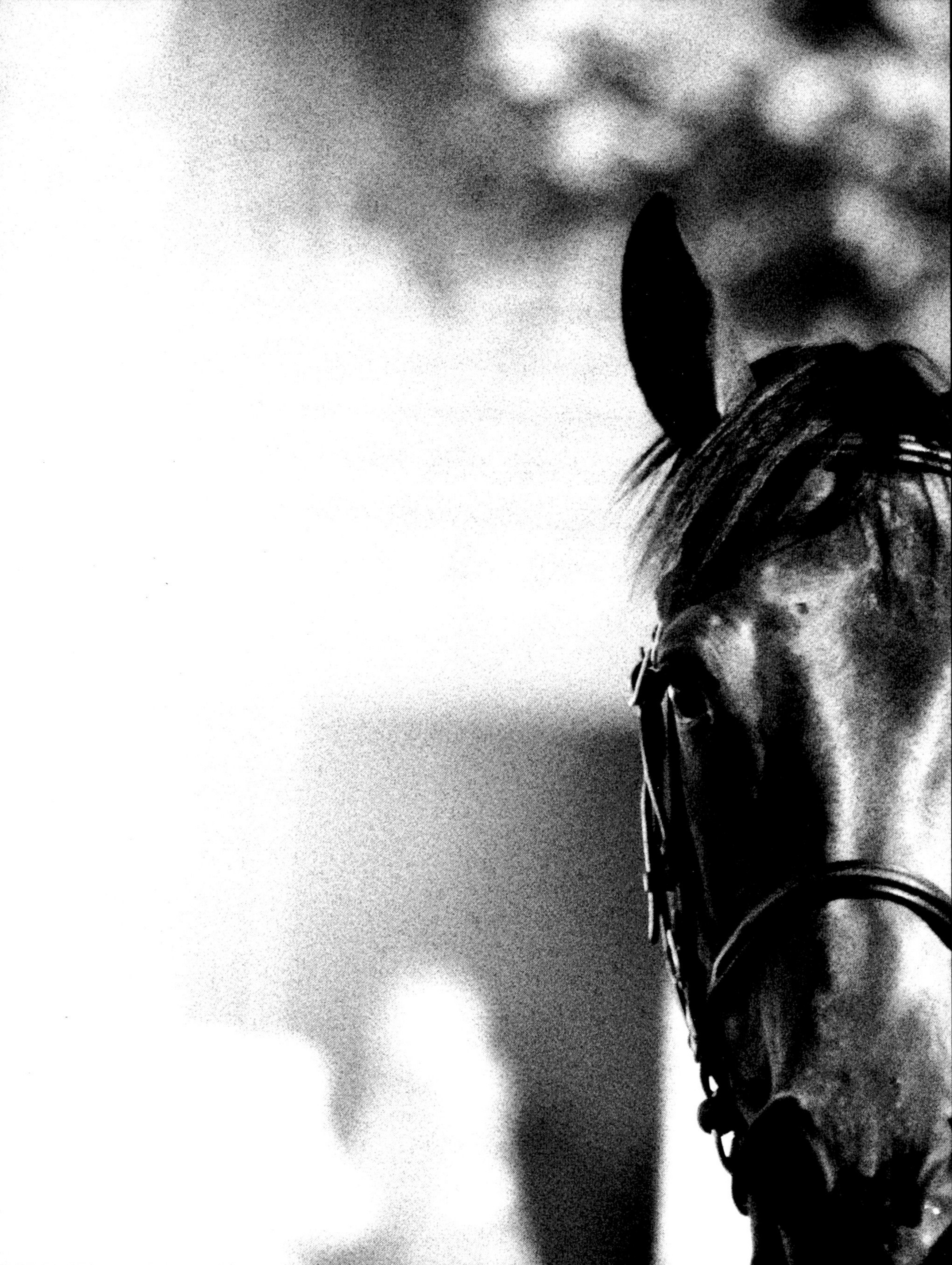

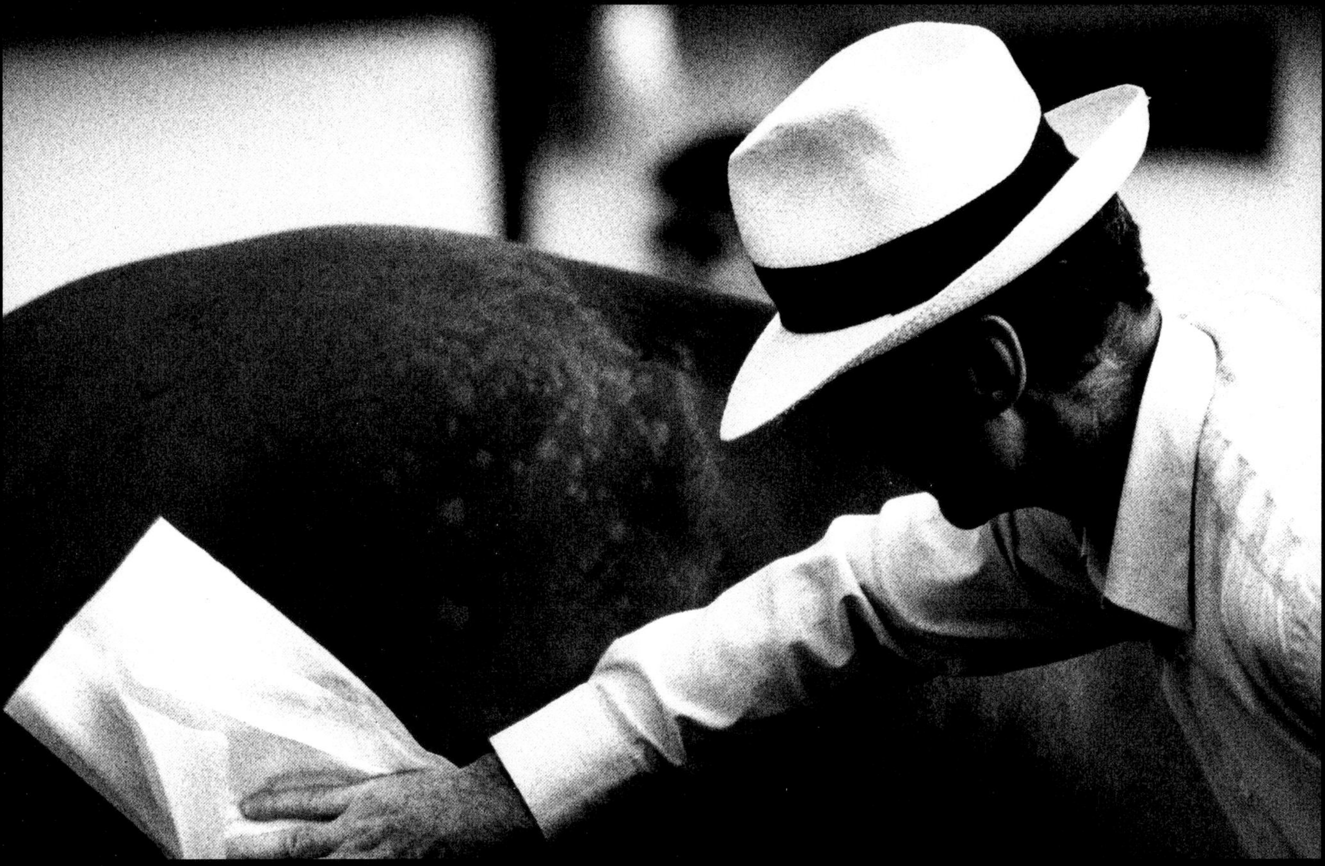

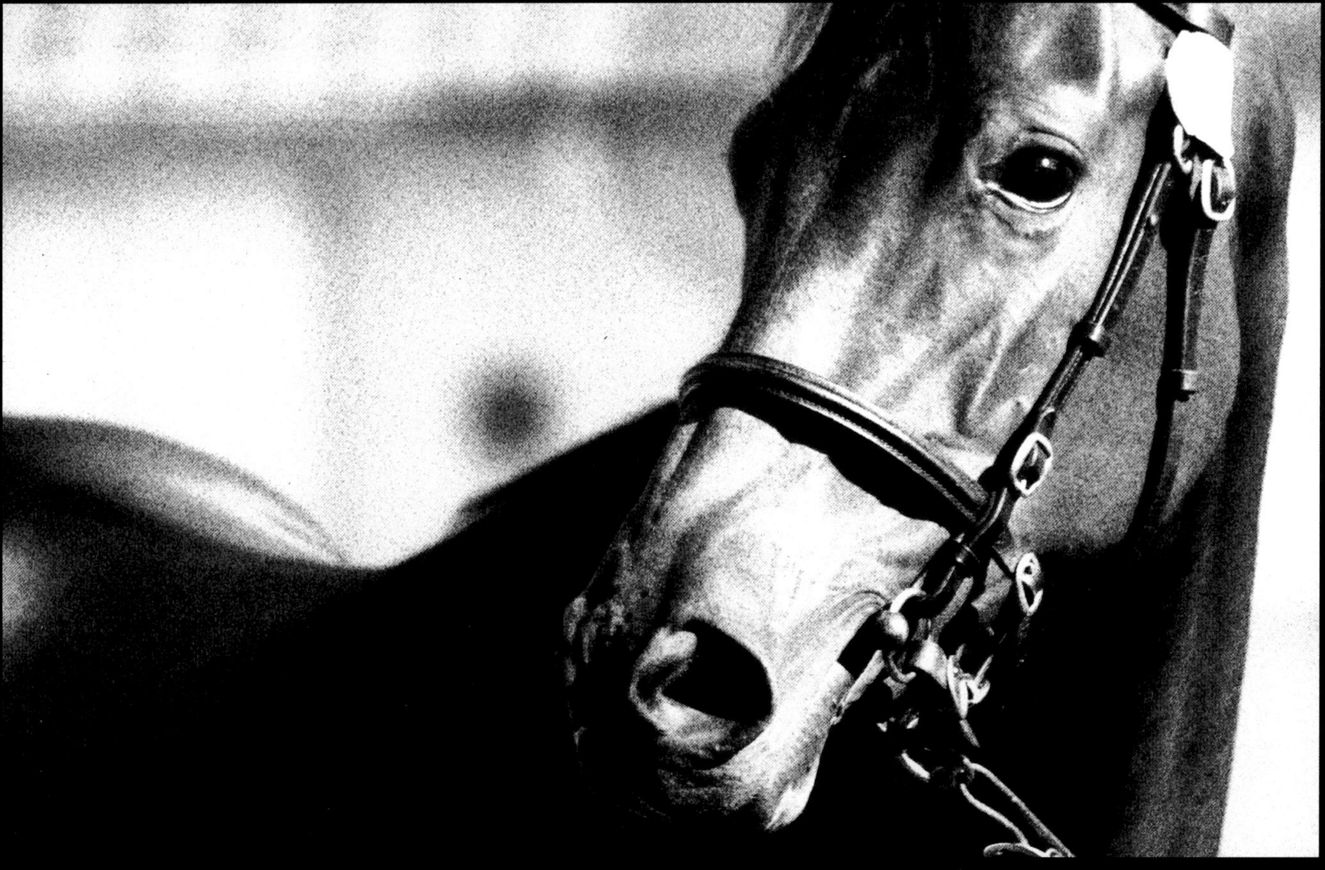

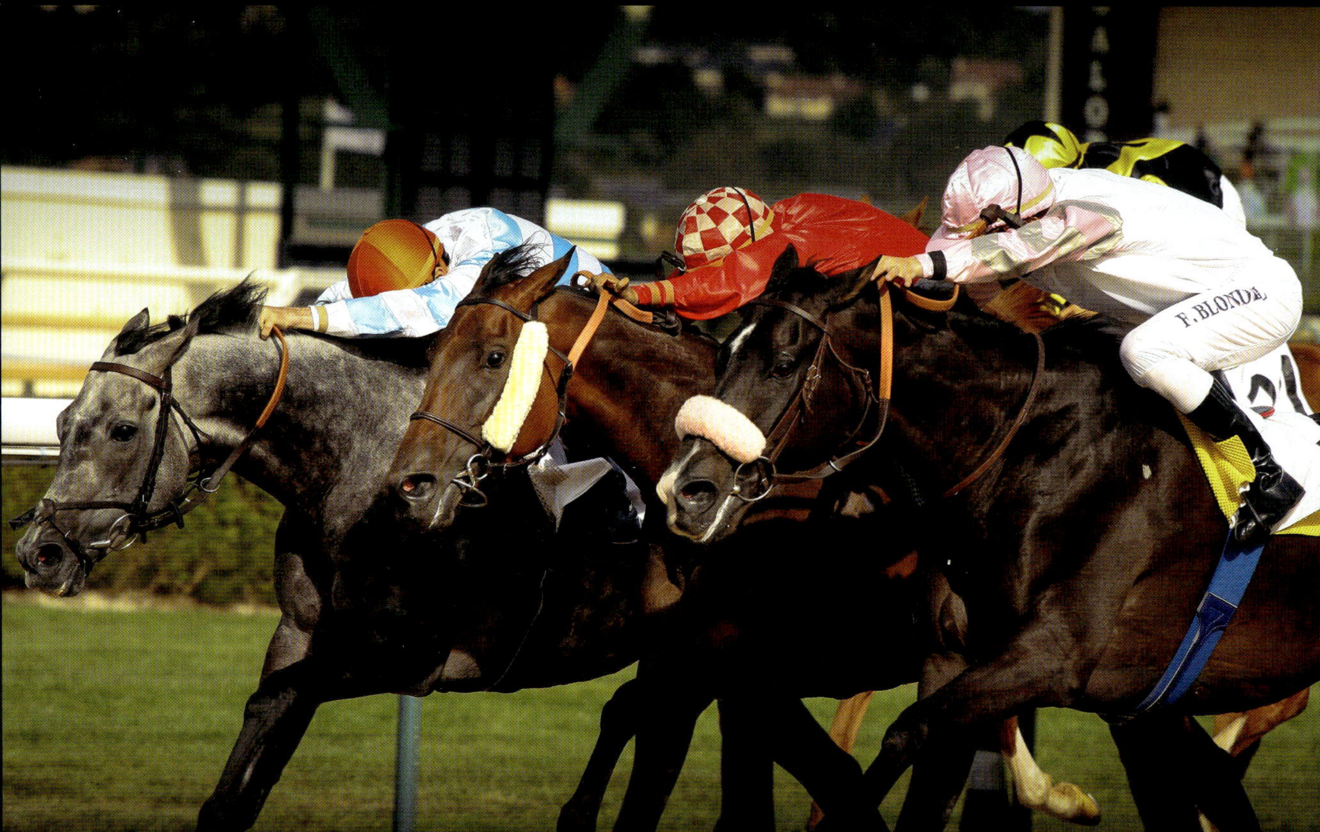
F. BLONDEL

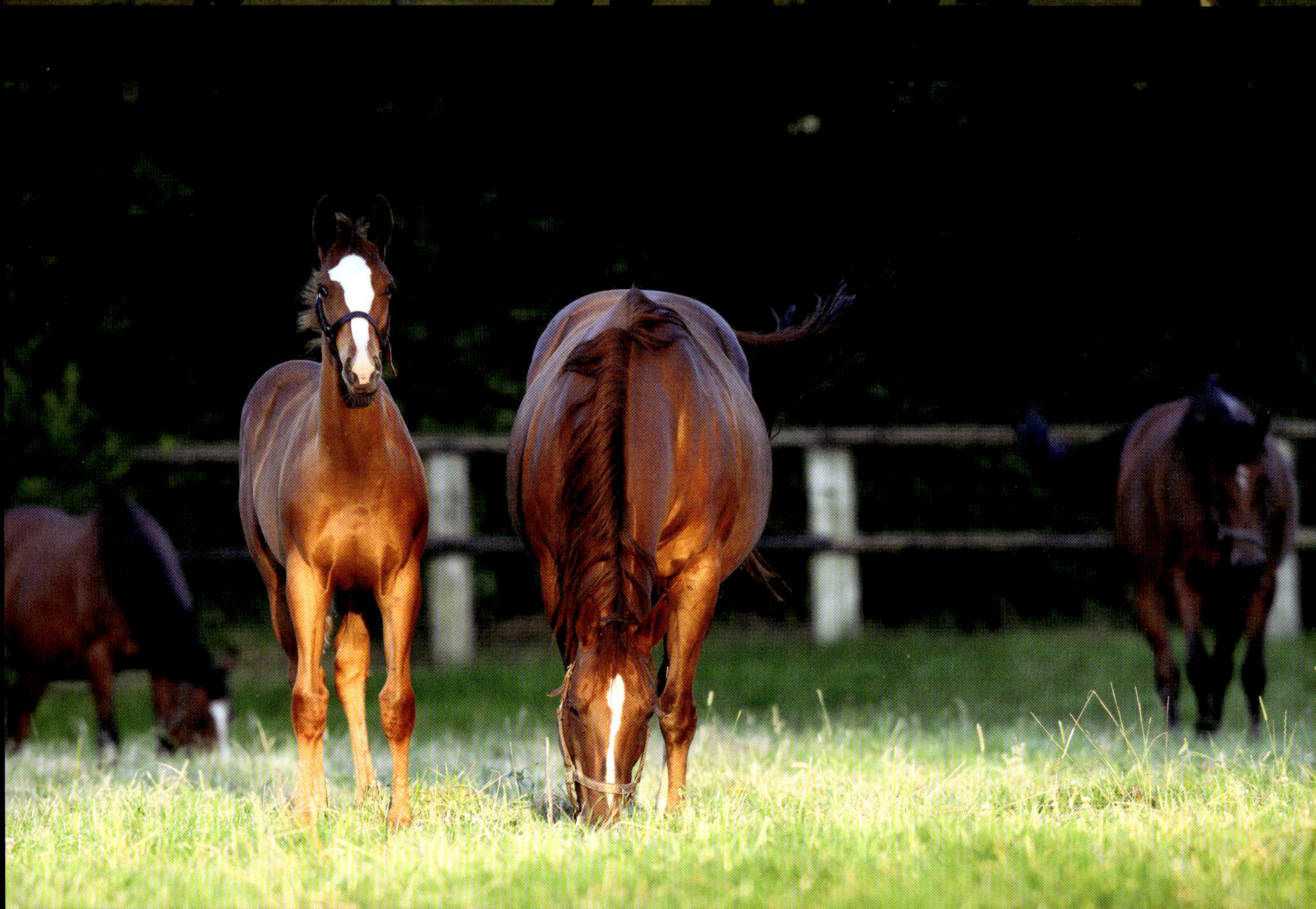

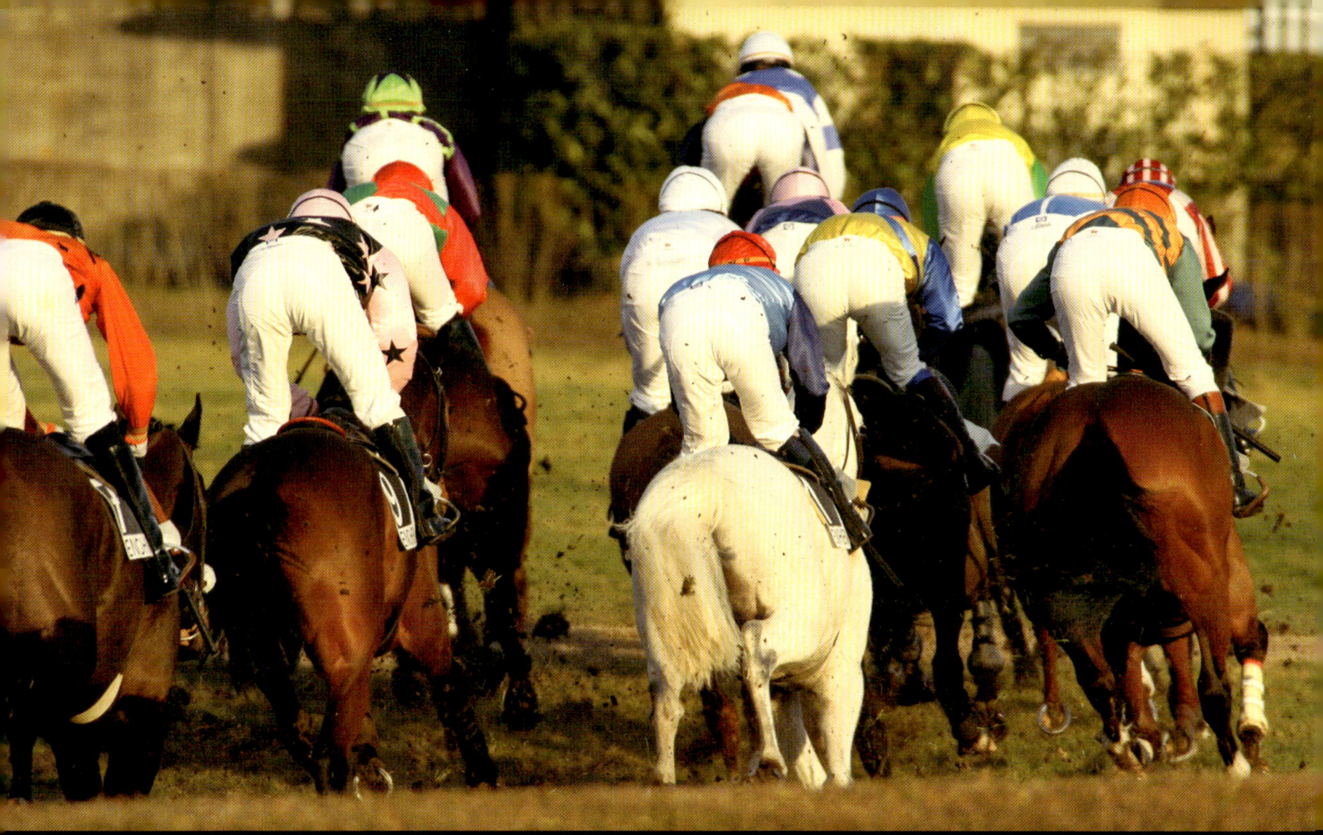

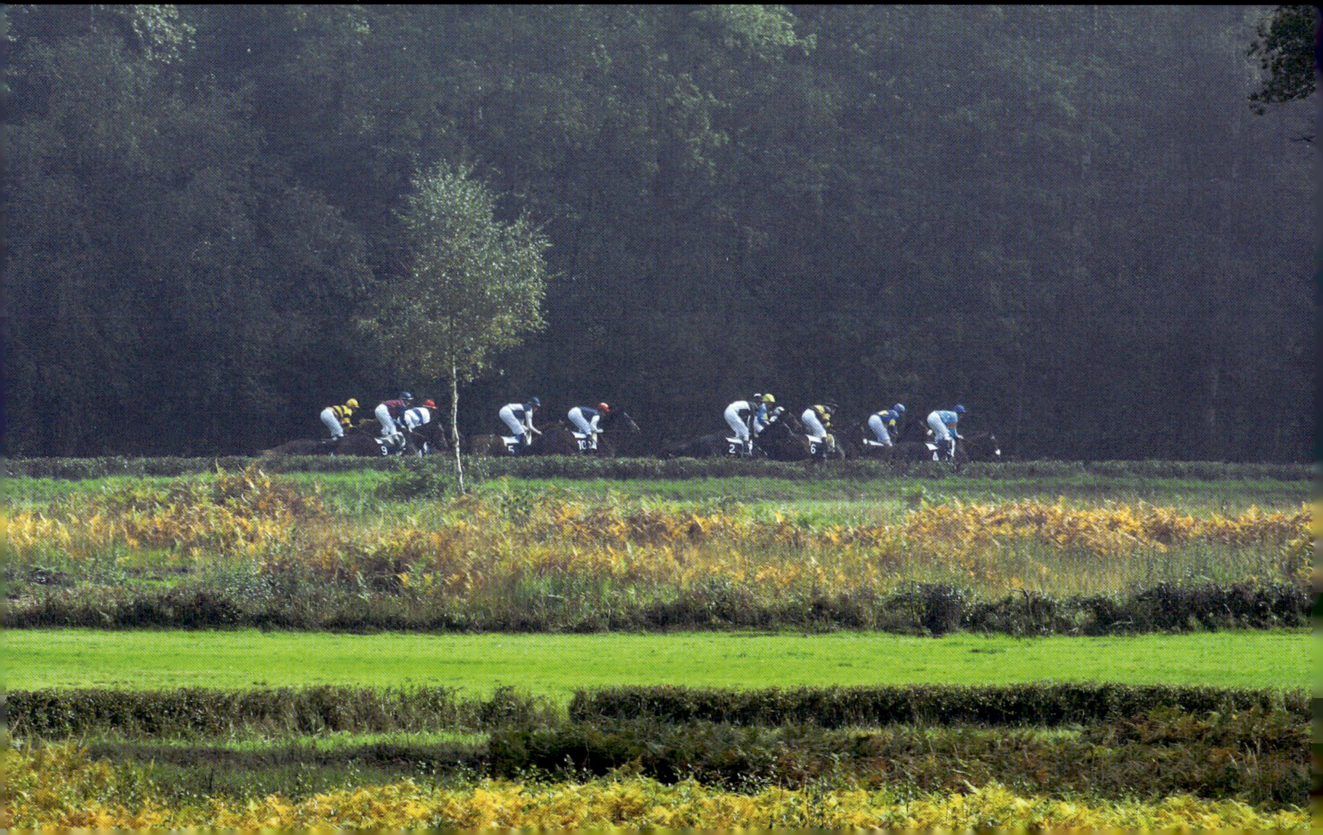

Les courses de Groupe en France

Les meilleurs chevaux s'affrontent à l'occasion des courses de sélection, classées de Groupe I à Groupe III et assorties, juste en dessous, des Listeds. Les Groupes I sont les compétitions les plus prestigieuses. Ils réunissent les meilleurs chevaux, qui, en règle générale, finissent leur carrière de sportifs de haut niveau en tant que reproducteurs au haras.

The best horses take each other on in Pattern races classified from Group I to Group III, with the level just below named Listed. Group Is are the most prestigious races. They bring together the best horses, who as a rule follow up their careers as top flight athletes with a life at stud.

COURSES DE PLAT - GROUPE I / FLAT RACES - GROUP I

PRIX GANAY – PRIX AIR MAURITIUS
POULE D'ESSAI DES POULAINS
POULE D'ESSAI DES POULICHES
MONTJEU COOLMORE PRIX SAINT-ALARY
PRIX D'ISPAHAN
PRIX DU JOCKEY CLUB
PRIX DE DIANE – LONGINES
GRAND PRIX DE SAINT-CLOUD
PRIX JEAN PRAT
JUDDMONTE GRAND PRIX DE PARIS
PRIX ROTHSCHILD
PRIX MAURICE DE GHEEST
PRIX DU HARAS DE FRESNAY-LE-BUFARD – JACQUES LE MAROIS
DARLEY PRIX MORNY
DARLEY PRIX JEAN ROMANET
QATAR PRIX VERMEILLE
QATAR PRIX DU MOULIN DE LONGCHAMP
TOTAL PRIX MARCEL BOUSSAC – CRITÉRIUM DES POULICHES
PRIX JEAN-LUC LAGARDÈRE (GRAND CRITÉRIUM)
QATAR PRIX DU CADRAN
QATAR PRIX DE LA FORÊT
PRIX DE L'OPERA – LONGINES
QATAR PRIX DE L'ARC DE TRIOMPHE
QATAR PRIX DE L'ABBAYE DE LONGCHAMP
PRIX ROYAL-OAK
CRITÉRIUM INTERNATIONAL
CRITÉRIUM DE SAINT-CLOUD

COURSES DE PLAT - GROUPE II / FLAT RACES - GROUP II

PRIX D'HARCOURT
PRIX NOAILLES
PRIX DU MUGUET
PRIX GREFFULHE
PRIX HOCQUART
PRIX VICOMTESSE VIGIER
PRIX CORRIDA
PRIX DU GROS-CHÊNE
PRIX DE SANDRINGHAM
GRAND PRIX DE CHANTILLY
ABU DHABI PRIX DE MALLERET
PRIX MAURICE DE NIEUIL
PRIX ROBERT PAPIN
PRIX EUGÈNE ADAM (GRAND PRIX MAISONS-LAFFITTE)
PRIX DE POMONE HARAS D'ÉTREHAM
PRIX GUILLAUME D'ORNANO – HARAS DU LOGIS-SAINT-GERMAIN
DARLEY PRIX KERGORLAY
PRIX DE LA NONETTE-SHADWELL
LUCIEN BARRIÈRE GRAND PRIX DE DEAUVILLE
QATAR PRIX NIEL
QATAR PRIX FOY
QATAR PRIX DOLLAR
QATAR PRIX DE ROYALLIEU
QATAR PRIX DANIEL WILDENSTEIN
QATAR PRIX CHAUDENAY
PRIX DU CONSEIL DE PARIS
CRITERIUM DE MAISONS-LAFFITTE

COURSES DE PLAT - GROUPE III / FLAT RACES - GROUP III

PRIX EXBURY
PRIX EDMOND BLANC
PRIX IMPRUDENCE
PRIX DJEBEL
PRIX LA FORCE
PRIX DE LA GROTTE
PRIX DE FONTAINEBLEAU
PRIX PENELOPE
PRIX VANTEAUX – BEACHCOMBER HOTELS LE ROYAL PALM PALACE
PRIX DE BARBEVILLE – BEACHCOMBER HOTELS LE DINAROBIN ***** LUXE
PRIX ALLEZ FRANCE
PRIX D'HÉDOUVILLE
PRIX DE GUICHE
PRIX DE SAINT-GEORGES
PRIX CLÉOPATRE
PRIX DU PALAIS-ROYAL
PRIX DE ROYAUMONT
PRIX PAUL DE MOUSSAC
PRIX LA COUPE
PRIX DU LYS
PRIX DU CHEMIN DE FER DU NORD
PRIX DE LA PORTE MAILLOT
PRIX DAPHNIS

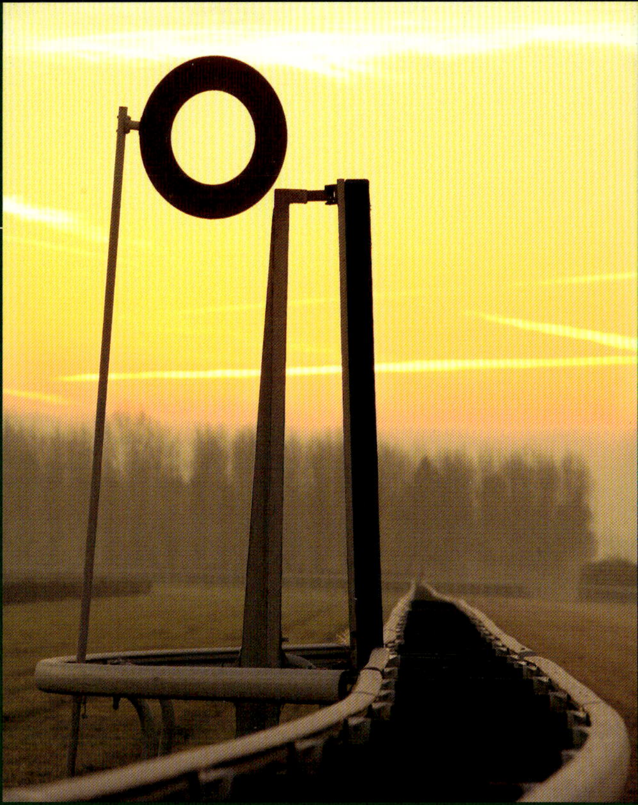

PRIX DU BOIS
PRIX CHLOÉ
PRIX MESSIDOR
PRIX DE RIS-ORANGIS
GRAND PRIX DE VICHY AUVERGNE
PRIX DE PSYCHÉ
PRIX DE CABOURG – JOCKEY CLUB DE TURQUIE
PRIX GONTAUT-BIRON – HONG KONG JOCKEY CLUB
PRIX MINERVE
PRIX DE LIEUREY
PRIX DU CALVADOS – HARAS DES CAPUCINES
PRIX QUINCEY LUCIEN BARIÈRRE
PRIX DE MEAUTRY LUCIEN BARIÈRRE
PRIX LA ROCHETTE
PRIX DU PIN
PRIX DE LUTÈCE
PRIX D'AUMALE
PRIX D'ARENBERG
QATAR PRIX GLADIATEUR
QATAR PRIX DU PETIT COUVERT
LA COUPE DE MAISONS-LAFFITTE
PRIX DU PRINCE D'ORANGE
PRIX DES CHÊNES
PRIX THOMAS BRYON
PRIX ÉCLIPSE
PRIX ANDRÉ BABOIN (GRAND PRIX DES PROVINCES)
PRIX DE CONDÉ
PRIX DES RÉSERVOIRS – HARAS D'ÉTREHAM
PRIX DE FLORE
PRIX PERTH
PRIX MIESQUE
PRIX DE SEINE-ET-OISE
PRIX FILLE DE L'AIR

COURSES D'OBSTACLES - GROUPE I / NH PATTERN RACES - GROUP I

GRAS SAVOYE CINÉMA PRIX FERDINAND DUFAURE (STEEPLE-CHASE)
GRAS SAVOYE GRAND STEEPLE-CHASE DE PARIS
PRIX ALAIN DU BREIL – COURSE DE HAIES D'ÉTÉ DES 4 ANS
GRANDE COURSE DE HAIES D'AUTEUIL (HAIES / *HURDLE*)
GRAND PRIX D'AUTOMNE (HURDLE)
PRIX MAURICE GILLOIS – GRAND STEEPLE-CHASE DES 4 ANS
PRIX LA HAYE JOUSSELIN (STEEPLE-CHASE)
PRIX CAMBACERES – GRANDE COURSE DE HAIES DES 3 ANS (HAIES / *HURDLE*)
PRIX RENAUD DU VIVIER – GRANDE COURSE DE HAIES DES 4 ANS (HAIES / *HURDLE*)

COURSES D'OBSTACLES - GROUPE II / NH PATTERN RACES - GROUP II

PRIX MURAT (STEEPLE-CHASE)
PRIX LÉON RAMBAUD (HAIES / *HURDLE*)
PRIX JEAN STERN (STEEPLE-CHASE)
PRIX AMADOU (HAIES / *HURDLE*)
GRAS SAVOYE HIPCOVER PRIX LA BARKA (HAIES / *HURDLE*)
PRIX DES DRAGS (STEEPLE-CHASE)
PRIX GEORGES DE TALHOUET-ROY (HAIES / *HURDLE*)
GRAND STEEPLE-CHASE D'ENGHIEN (STEEPLE-CHASE)
PRIX CONGRESS (STEEPLE-CHASE)
PRIX LEON OLRY-ROEDERER (HAIES / *HURDLE*)
PRIX GEORGES COURTOIS (STEEPLE-CHASE)

COURSES D'OBSTACLES - GROUPE III / NH PATTERN RACES - GROUP III

GRAND PRIX DE LA VILLE DE NICE (STEEPLE-CHASE)
GRAND PRIX DE PAU-BIRABEN FOIE GRAS (ANDRÉ LABARRÈRE) (STEEPLE-CHASE)
PRIX ROBERT DE CLERMONT-TONNERRE (STEEPLE-CHASE)
PRIX JUIGNÉ (HAIES / *HURDLE*)
PRIX DUC D'ANJOU (STEEPLE-CHASE)
PRIX JACQUES D'INDY (HAIES / *HURDLE*)
PRIX TROYTOWN (STEEPLE-CHASE)
PRIX HYPOTHÈSE (HAIES / *HURDLE*)
PRIX FLEURET (STEEPLE-CHASE)
PRIX DE PEPINVAST (HAIES / *HURDLE*)
PRIX DU PRÉSIDENT DE LA RÉPUBLIQUE (STEEPLE-CHASE)
PRIX INGRE (STEEPLE-CHASE) – GRANDE COURSE DE HAIES DE PRINTEMPS
PRIX LE PARISIEN (HAIES / *HURDLE*)
GRAS SAVOYE PASTEURDON – PRIX DE LONGCHAMP (HAIES / *HURDLE*)
PRIX LA PÉRICHOLE (STEEPLE-CHASE)
PRIX DE COMPIÈGNE (HAIES / *HURDLE*)
PRIX EDMOND BARRACHIN (STEEPLE-CHASE)
PRIX DE MAISONS-LAFFITTE (HAIES / *HURDLE*)
PRIX ORCADA (STEEPLE-CHASE)
PRIX HÉROS XII (STEEPLE-CHASE)
PRIX CARMARTHEN (HAIES / *HURDLE*)
PRIX PIERRE DE LASSUS (HAIES / *HURDLE*)
PRIX MONTGOMERY (STEEPLE-CHASE)
PRIX BOURNOSIENNE (HAIES / *HURDLE*)
PRIX LÉOPOLD D'ORSETTI (HAIES / *HURDLE*)
PRIX GÉNÉRAL DE SAINT-DIDIER (HAIES / *HURDLE*)
PRIX MORGEX STEEPLE-CHASE
PRIX ANDRÉ MICHEL (HAIES / *HURDLE*)

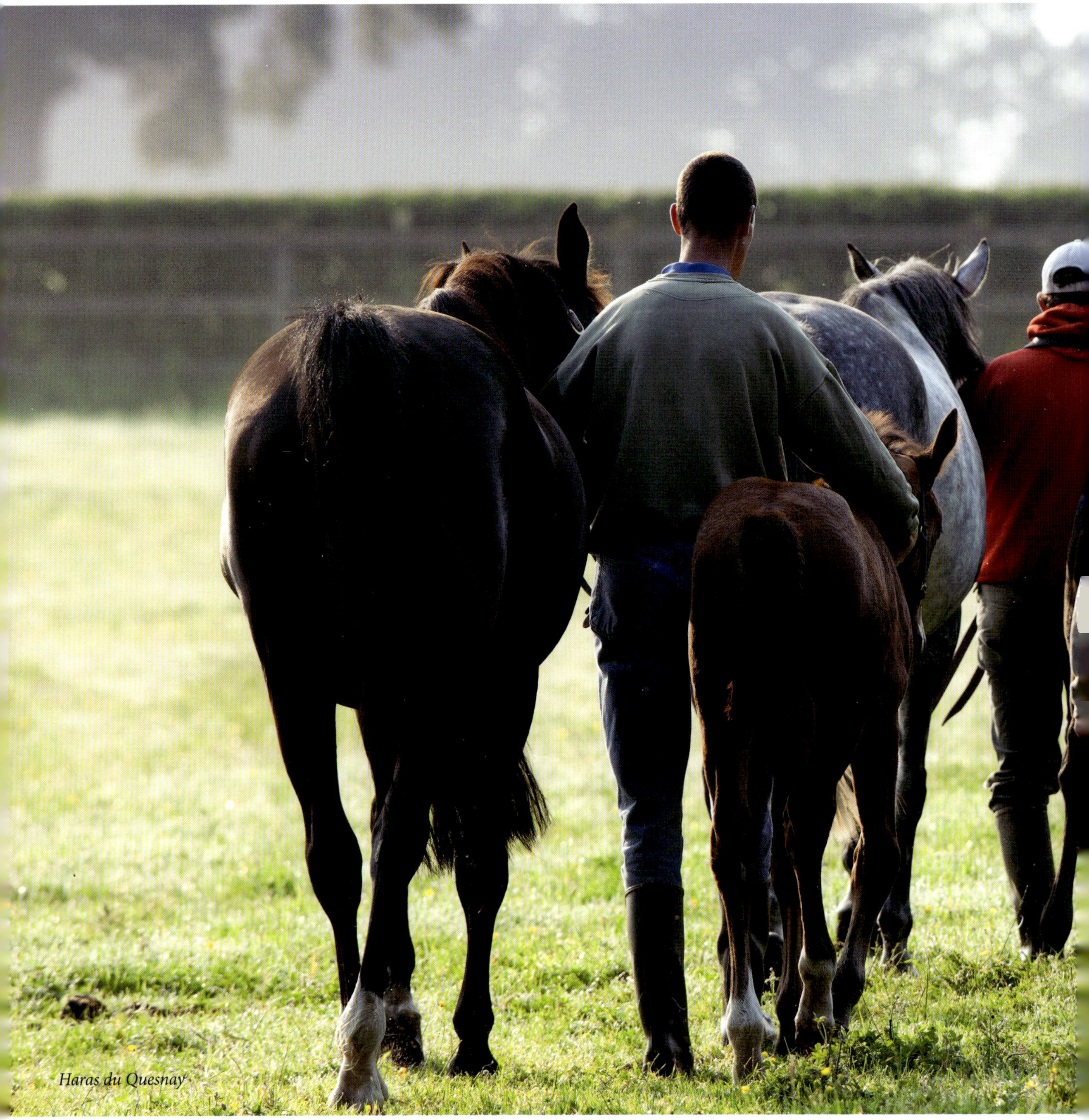

Haras du Quesnay

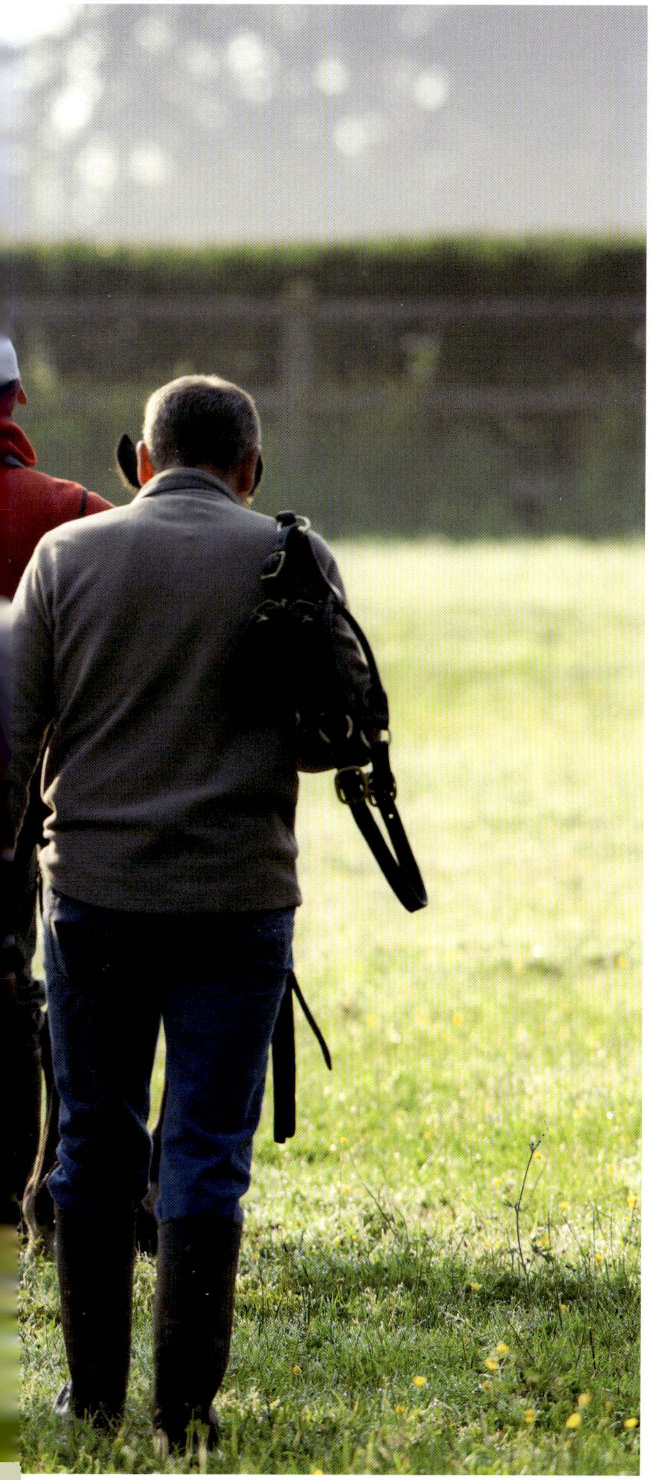

Cet ouvrage n'aurait pu voir le jour sans le précieux concours et la confiance des personnes auxquelles nous exprimons ici notre sincère gratitude.

Nos remerciements vont, en particulier, aux propriétaires et aux responsables des haras qui ont eu la gentillesse et l'amabilité de nous ouvrir leurs portes et de nous guider sur leurs terres.

Merci également au personnel des haras, hommes et femmes passionnés, pour leur disponibilité.

Merci à Georges et Vincent Rimaud, Henri Bozo, Bertrand Le Métayer, Gilles Forien, Humbert Rambaud, Natacha Harry, Joël Cerqueuil et Thierry Graindorge pour leurs précieux conseils et leur soutien.

Merci à Constant, Adélaïde, Armelle, Marie, Eugénie, Katia, Cyprien, Sylvie, Maxime, Alexandre et Jamie qui, de près ou de loin, ont soutenu notre projet et facilité sa réalisation.

This book would not have been possible without the valuable support and confidence of those to whom we express our sincere gratitude.

Our thanks go in particular to the owners and managers of the studs who were kind and friendly enough to open their doors to us and show us their properties.

Thanks also to the stud staff, all men and women who are passionate about their work, for their availability.

Thank you to Georges and Vincent Rimaud, Henri Bozo, Bertrand Le Métayer, Gilles Forien, Humbert Rambaud, Natacha Harry, Joël Cerqueuil and Thierry Graindorge for their valuable advice and support.

Thank you to Constant, Adélaïde, Armelle, Marie, Eugénie, Katia, Cyprien, Sylvie, Maxime, Alexandre and Jamie who, one way or another, have supported our project and facilitated its implementation.